한 번에 합격, 자격증은 이기적

이렇게 기막힌 적중률

 함께 공부하고 특별한 혜택까지!
이기적 스터디 카페

 구독자 약 15만 명, 전강 무료!
이기적 유튜브

오직 스터디 카페 멤버에게만
주어지는 특별 혜택!

이기적 스터디 카페

 합격을 위한 기적 같은 선물
또기적 합격자료집

 혼자 공부하기 외롭다면?
온라인 스터디 참여

 모든 궁금증 바로 해결!
전문가와 1:1 질문답변

 1년 내내 진행되는
이기적 365 이벤트

 도서 증정 & 상품까지!
우수 서평단 도전

 간편하게 한눈에
시험 일정 확인

합격까지 모든 순간 이기적과 함께!

이기적 365 EVENT

QR코드를 찍어 이벤트에 참여하고 푸짐한 선물 받아가세요!

1. 기출문제 복원하기

이기적 책으로 공부하고 시험을 봤다면 7일 내로 문제를 제보해 주세요!

2. 합격 후기 작성하기

당신만의 특별한 합격 스토리와 노하우를 전해 주세요!

3. 온라인 서점 리뷰 남기기

온라인 서점에서 책을 구매하고 평점과 리뷰를 남겨 주세요!

4. 정오표 이벤트 참여하기

더 완벽한 이기적이 될 수 있게 수험서의 오류를 제보해 주세요!

※ 이벤트별 혜택은 변경될 수 있으므로 자세한 내용은 해당 QR을 참고해 주세요.

기적의 적중률, 여러분의 참여로 완성됩니다
기출 복원 EVENT

1	이기적 수험서로 공부하고 시험에 응시했다면 누구나 참여 가능
2	응시일로부터 7일 이내 복원 문제만 인정(수험표 첨부 필수!)
3	중복, 누락, 허위 문제는 당첨 대상에서 제외

※ 이벤트별 혜택은 변경될 수 있으므로 자세한 내용은 해당 QR을 참고해 주세요.

도서 인증하면 고퀄리티 강의가 따라온다!
100% 무료 강의

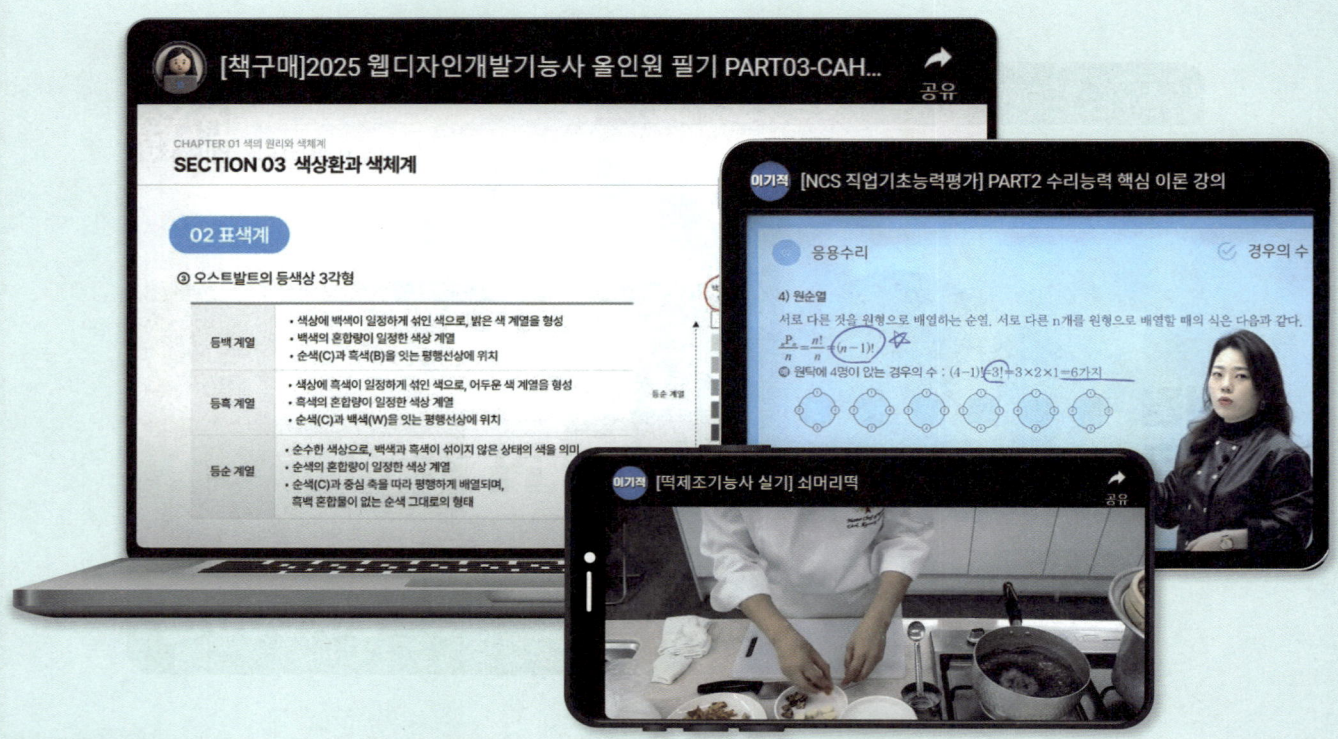

이용방법

| STEP 1 | STEP 2 | STEP 3 | STEP 4 |

 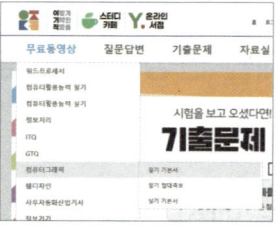 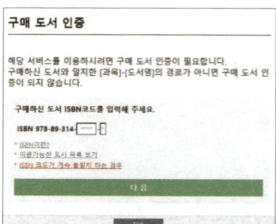 

이기적 홈페이지 (https://license.youngjin.com/) 접속 | 무료 동영상 게시판에서 도서와 동일한 메뉴 선택 | 책 바코드 아래의 ISBN 코드와 도서 인증 정답 입력 | 이기적 수험서와 동영상 강의로 학습 효율 UP!

※ 도서별 동영상 제공 범위는 상이하며, 도서 내 차례에서 확인할 수 있습니다.

◀ 이기적 홈페이지 바로가기

영진닷컴 이기적

합격을 위해 모두 드려요.
이기적 합격 솔루션!
이기적이 여러분을 위해 준비했어요

고퀄리티 저자 직강, 무료 동영상 강의

저자가 직접 강의하는 고퀄리티 동영상 강의를 100% 무료로 제공합니다.
핵심을 콕콕 짚어 주는 동영상 강의로 빠른 합격이 가능합니다.

또기적 합격자료집 제공, 핵심요약 & 추가 기출문제

필기 핵심요약과 추가 기출문제 5회분을 또기적 합격자료집(PDF)으로 제공합니다.
이기적 스터디 카페에서 구매 인증을 통해 받으실 수 있습니다.

자주 출제되는 지문만 쏙쏙, 빈출 기출지문 OX 퀴즈

시험 전 실력 점검 및 마무리 학습을 위한 빈출 기출지문 OX 퀴즈(Excel 파일)를 제공합니다.
이기적 스터디 카페에서 구매 인증 시 또기적 합격자료집과 함께 보내드립니다.

쉽고 빠르게 확인하는, 자동 채점 서비스

자동 채점 서비스 QR 코드를 스캔하면 OMR 카드가 오픈됩니다.
답안을 제출하면 자동 채점되어 결과를 바로 확인할 수 있습니다.

※ 〈2026 이기적 워드프로세서 필기 최신문제집〉을 구매하고 인증한 독자에게만 드리는 자료입니다.

◀ 이기적 홈페이지 바로가기

또, 드릴게요! 이기적이 준비한 선물
또기적 합격자료집

1. **시험에 관한 A to Z 합격 비법서**
   책에 다 담지 못한 혜택은 또기적 합격자료집에서 확인

2. **편리하고 똑똑한 디지털 자료**
   PC·태블릿·스마트폰으로 언제든 열람하고 필요한 부분만 출력 가능

3. **초보자, 독학러 필수 신청**
   혼자서도 충분한 학습 플랜과 수험생 맞춤 구성으로 한 번에 합격

※ 도서 구매 시 추가로 증정되는 PDF용 자료이며 실제 도서가 아닙니다.

◀ 또기적 합격자료집 받으러 가기

이렇게
기막힌
적중률

워드프로세서
필기 최신문제집

"이" 한 권으로 합격의 "기적"을 경험하세요!

차례

▶ **합격 강의 제공** 표시된 부분은 동영상 강의가 제공됩니다. 동영상 강의는 이기적 홈페이지(license.youngjin.com)에 접속하여 시청할 수 있습니다.

핵심이론 POINT 65선   ▶ 합격 강의 제공

1과목 워드프로세서 용어 및 기능

SECTION 01 워드프로세서 일반	18
SECTION 02 워드프로세서의 기능	20
SECTION 03 전자출판의 개념	28
SECTION 04 문서 작성 일반	32
SECTION 05 문서 관리하기	35
SECTION 06 공문서 처리하기	38

2과목 PC 운영체제

SECTION 07 한글 Windows 10의 기초	44
SECTION 08 한글 윈도우의 활용	49
SECTION 09 보조프로그램과 앱 활용	55
SECTION 10 한글 윈도우의 고급 사용법	60
SECTION 11 컴퓨터 시스템 관리	65
SECTION 12 네트워크 관리	70

3과목 PC 기본상식

SECTION 13 컴퓨터 시스템의 개요	76
SECTION 14 PC의 구성 요소-하드웨어	81
SECTION 15 PC의 구성 요소-소프트웨어	85
SECTION 16 PC의 유지와 보수	88
SECTION 17 멀티미디어 활용하기	91
SECTION 18 정보 통신과 인터넷	95
SECTION 19 정보 사회와 보안	101
SECTION 20 ICT 신기술 활용하기	104
SECTION 21 전자 메일 관리하기	107

자주 출제되는 기출문제 110선   ▶ 합격 강의 제공

1과목 워드프로세서 용어 및 기능	110
2과목 PC 운영체제	119
3과목 PC 기본상식	134

해설과 함께 보는 상시 기출문제 ▶ 합격 강의 제공

2023년 상시 기출문제 01회	146
2023년 상시 기출문제 02회	159
2023년 상시 기출문제 03회	172
2023년 상시 기출문제 04회	185
2023년 상시 기출문제 05회	198

해설과 따로 보는 상시 기출문제 ▶ 합격 강의 제공

	문제	해설
2024년 상시 기출문제 01회	212	312
2024년 상시 기출문제 02회	222	316
2024년 상시 기출문제 03회	232	320
2024년 상시 기출문제 04회	242	323
2024년 상시 기출문제 05회	252	328
2025년 상시 기출문제 01회	261	332
2025년 상시 기출문제 02회	270	336
2025년 상시 기출문제 03회	280	340
2025년 상시 기출문제 04회	290	344
2025년 상시 기출문제 05회	300	348

- 각 문항을 문제의 난이도 등급에 따라 상·중·하로 분류하였습니다.
- 중요 ✔ 표시가 있는 문제는 출제 빈도가 높은 문제입니다.
- 문제의 이해도에 따라 ○△✕ 체크하여 완벽하게 정리하세요.
- 동영상 강의가 제공되는 문제는 QR 코드를 스캔하여 동영상 강의를 이용하세요.

부록 BONUS 또기적 합격자료집

- 필기 핵심요약
- 2022년 상시 기출문제 01~05회
- 빈출 기출지문 OX 퀴즈(Excel 파일)

※ 참여 방법 : '이기적 스터디 카페' 검색 → https://cafe.naver.com/yjbooks 접속 → '구매 인증 PDF 증정' 게시판 → 구매 인증 → 메일로 자료 받기

이 책의 구성

STEP 1 핵심이론 POINT 65선

단기 합격을 위한
초압축 이론 정리

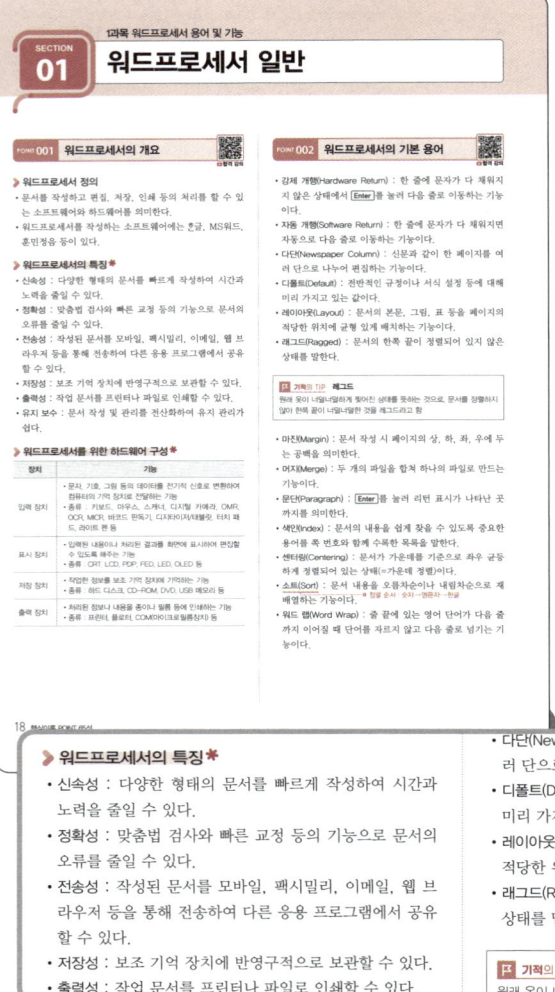

- 65가지 포인트로 빠르게 핵심이론 정리
- 보충 학습을 위한 기적의 TIP 제시
- 출제 예상 문제로 개념 체크

STEP 2 자주 출제되는 기출문제 110선

빈출 문제 풀이로
출제 유형 파악

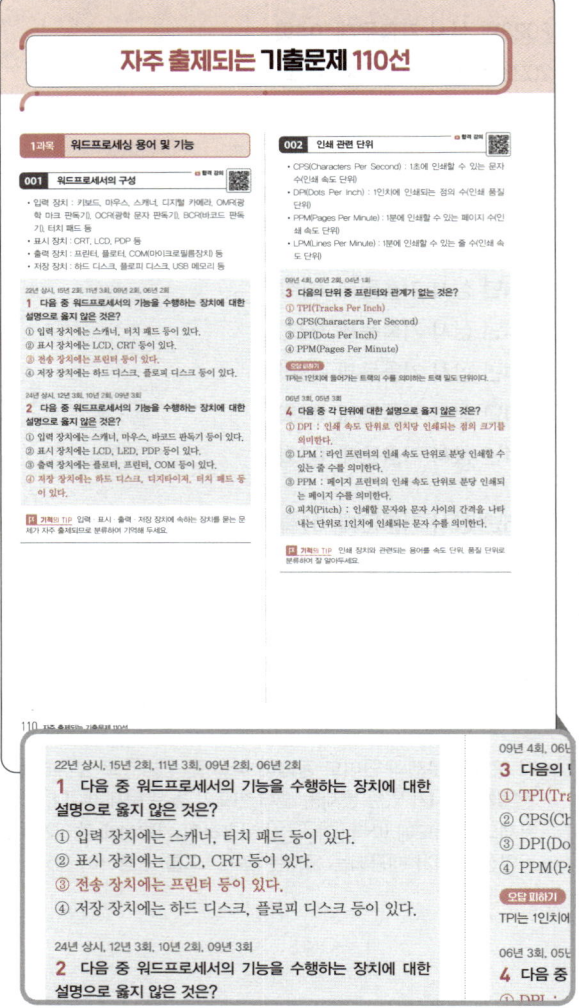

- 필수 개념만 한 번 더 체크
- 빈출 기출문제 110개 엄선 수록
- QR 코드로 동영상 바로 시청 가능

STEP 3   상시 기출문제 총 15회

2023~2025년 상시 기출문제로 실전 완벽 대비

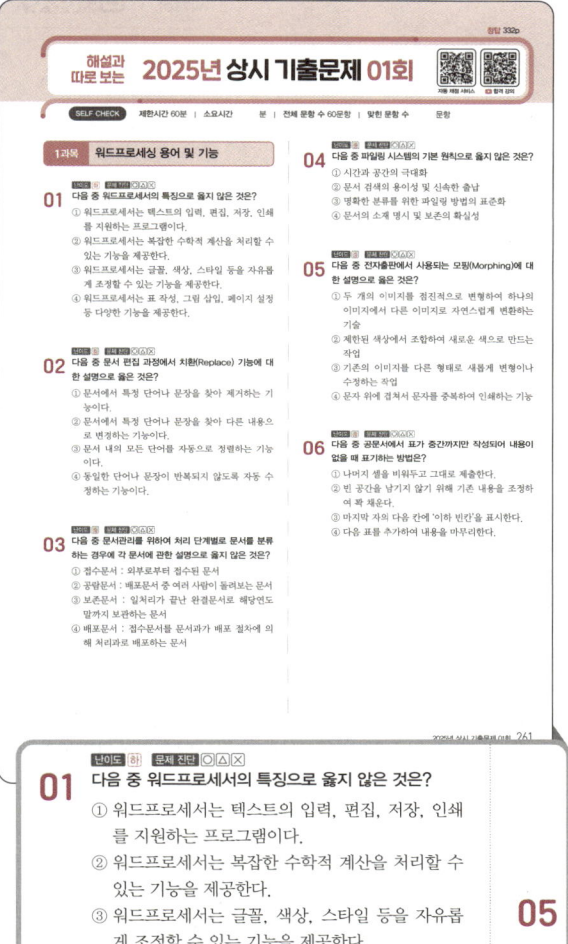

- ✓ 해설과 함께/따로 보는 상시 기출문제
- ✓ SELF CHECK로 실력 점검&약점 보완
- ✓ 빠른 채점을 위한 자동 채점 서비스

부록 BONUS   또기적 합격자료집

도서 구매자 특별 제공
핵심요약 + 추가 기출문제 + 기출 OX 퀴즈

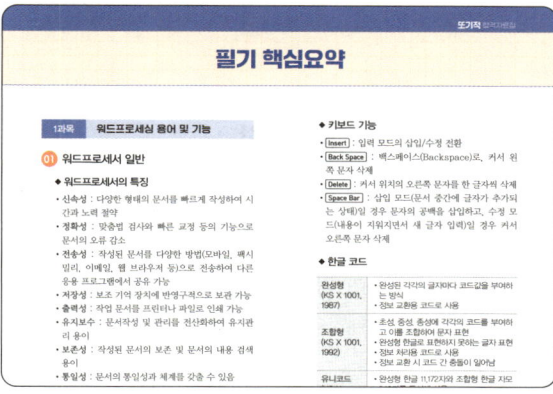

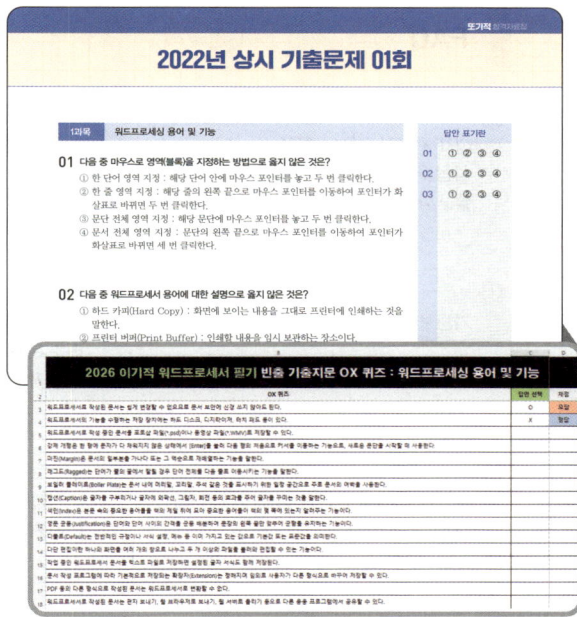

- ✓ 필기 핵심요약
- ✓ 2022년 상시 기출문제 01~05회
- ✓ 빈출 기출지문 OX 퀴즈(Excel 파일)

CBT 시험 가이드

CBT란?

CBT는 시험지와 필기구로 응시하는 일반 필기시험과 달리, 컴퓨터 화면으로 시험 문제를 확인하고 그에 따른 정답을 클릭하면 네트워크를 통하여 감독자 PC에 자동으로 수험자의 답안이 저장되는 방식의 시험입니다.

오른쪽 QR코드를 스캔해서 큐넷 CBT를 체험해 보세요!

큐넷 CBT 체험하기

CBT 응시 유의사항

- 수험자마다 문제가 모두 달라요. 문제은행에서 자동 출제됩니다!
- 답지는 따로 없어요!
- 문제를 다 풀면, 반드시 '제출' 버튼을 눌러야만 시험이 종료되어요!
- 시험 종료 안내방송이 따로 없어요!

FAQ

Q. CBT 시험이 처음이에요! 시험 당일에는 어떤 것들을 준비해야 좋을까요?

A. 시험 20분 전 도착을 목표로 출발하고 시험장에는 주차할 자리가 마땅하지 않은 경우가 많으므로, 대중교통을 이용하는 것을 추천합니다. 무사히 시험 장소에 도착했다면 수험자 입장 시간에 늦지 않게 시험실에 입실하고, 자신의 자리를 확인한 뒤 착석하세요.

Q. 기존보다 더 어려워졌을까요?

A. 시험 자체의 난이도 차이는 없지만, 랜덤으로 출제되는 CBT 시험 특성상 경우에 따라 유독 어려운 문제가 많이 출제될 수는 있습니다. 이러한 돌발 상황에 대비하기 위해 이기적 CBT 온라인 문제집으로 실제 시험과 동일한 환경에서 미리 연습해 두세요.

Q. 풀었던 문제의 답안 수정은 어떻게 하나요?

A. 마킹한 답안을 수정할 경우에는 문제지 화면에서 수정하고자 하는 문제의 답을 다시 클릭하면 먼저 체크한 번호는 없어지고 새로 선택한 번호가 검은색으로 마킹됩니다.

Q. 기존보다 더 어려워졌을까요?

A. 문제를 다 풀고 시험을 종료하려면, '시험 종료' 버튼을 클릭하면 됩니다. 마킹하지 않은 문제가 있을 경우 남은 문제의 문제번호 목록을 보여 주고, 남은 문제번호를 선택한 다음 [문항으로 이동] 버튼을 클릭하면 문제화면에 클릭한 문제가 나타납니다. 남은 문제가 없을 경우 최종적으로 종료 여부를 확인하는 대화상자가 나타나며 [예]를 클릭하면 시험이 종료되고 수험자가 작성한 답안은 자동으로 저장되어 서버로 전송됩니다.

CBT 진행 순서

좌석번호 확인 — 수험자 접속 대기 화면에서 본인의 좌석번호를 확인합니다.

↓

수험자 정보 확인 — 시험 감독관이 수험자의 신분을 확인하는 단계입니다.
신분 확인이 끝나면 시험이 시작됩니다.

↓

안내사항 — 시험 안내사항을 확인하고, 다음을 클릭합니다.

↓

유의사항 — 시험과 관련된 유의사항을 확인합니다.

↓

문제풀이 메뉴 설명 — 시험을 볼 때 필요한 메뉴에 대한 설명을 확인합니다.
메뉴를 이용해 글자 크기와 화면 배치를 조정할 수 있습니다.
남은 시간을 확인하며 답을 표기하고, 필요한 경우 아래의 계산기를 이용 할 수 있습니다.

↓

문제풀이 연습 — 시험 보기 전, 연습을 해 보는 단계입니다.
직접 시험 메뉴화면을 클릭하며, CBT가 어떻게 진행되는지 확인합니다.

↓

시험 준비 완료 — 문제풀이 연습을 모두 마친 후 [시험 준비 완료] 버튼을 클릭하면 시험 감독관의 지시에 따라 시험이 시작됩니다.

↓

시험 시작 — 시험이 시작되었습니다. 수험자는 제한 시간에 맞추어 문제풀이를 시작합니다.

↓

답안 제출 — 시험을 완료하면 [답안 제출] 버튼을 클릭합니다. 답안을 수정하기 위해 시험화면으로 돌아가고 싶으면 [아니오] 버튼을 클릭합니다.

↓

답안 제출 최종 확인 — 답안 제출 메뉴에서 [예] 버튼을 클릭하면, 수험자의 실수를 방지하기 위해 한 번 더 주의 문구가 나타납니다.
시험 문제 풀이가 완벽히 끝났다면 [예] 버튼을 클릭하여 최종 제출합니다.

↓

합격 발표 — CBT 시험이 모두 종료되면, 퇴실할 수 있습니다.

이기적 CBT 바로가기

이제 완벽하게 CBT 필기시험에 대해 이해하셨나요?
그렇다면 이기적이 준비한 CBT 온라인 문제집으로 학습해 보세요!

이기적 온라인 문제집 : https://cbt.youngjin.com

시험의 모든 것

시험 알아보기

● **자격 소개**
- 〈워드프로세서〉 검정은 컴퓨터의 기초 사용법과 효율적인 문서 작성을 위한 워드프로세서 프로그램 운영 및 편집 능력을 평가하는 국가기술자격 시험으로, 대한상공회의소에서 시행
- 상시 검정으로 2012년부터 단일 등급(구 1급)으로만 시행

● **응시 자격**

제한 없음(단, 실기 시험은 필기 합격 후 2년 이내에 있는 실기 시험 응시 가능)

● **필기 시험 방식**
- 시험 과목
  - 워드프로세싱 용어 및 기능
  - PC 운영체제
  - PC 기본상식
- 출제 형태 : 객관식 60문항
- 시험 시간 : 60분
- CBT(Computer Based Test) 형식으로 진행

● **실기 시험 방식**
- 시험 과목 : 문서편집 기능
- 출제 형태 : 컴퓨터 작업형
- 시험 시간 : 30분
- 지시사항과 문서를 보고 답안 작성 후 파일 제출

● **필기 검정현황**

연도	응시자	합격자	합격률
2023년	38,417명	22,900명	59.6%
2022년	42,098명	23,922명	56.8%
2021년	55,707명	30,152명	54.1%
2020년	51,954명	33,803명	65.1%
2019년	64,199명	39,458명	61.5%

출제 기준

● **적용 기간**

2024.01.01.~2026.12.31.

출제 기준 상세 보기

● **필기 출제 기준**

• 워드프로세싱 용어 및 기능

워드프로세서 일반	워드프로세서의 특징, 워드 랩, 영문균등
워드프로세서의 기능	확장자, 한글 코드, 인쇄 용지
전자출판의 개념	전자출판 특징, 그림/사진 삽입, HTML 추출
문서 작성하기	맞춤법, 두문/본문/결문, 연역법
교정부호	교정부호의 종류와 사용법
문서 관리하기	문서 관리, 파일링, 전자문서, 공문서

• PC 운영체제

한글 윈도우의 기본 기능	바로 가기 키, 상태 표시줄, 작업 관리자
한글 윈도우의 활용	작업 표시줄, 시작 메뉴, 파일과 폴더, 휴지통
보조프로그램과 앱 활용	보조프로그램, 원격 데스크톱 연결, 인쇄
한글 윈도우의 고급 사용법	프로그램 및 기능, 시스템, 개인 설정, 장치 관리자
컴퓨터 시스템 관리	시스템 복원, 디스크 조각 모음 및 최적화, 문제 해결
네트워크 관리	네트워크 연결, 서브넷 마스크, 웹 브라우저

• PC 기본상식

컴퓨터 시스템의 개요	컴퓨터의 세대별 분류, 디지털 컴퓨터
컴퓨터의 하드웨어와 소프트웨어	레지스터, 기억 장치, 입/출력 장치, 운영체제
멀티미디어 활용하기	파일 형식, 그래픽, 사운드
정보 통신과 인터넷	인터네트워킹, 정보 통신망, 프로그래밍 언어
정보 사회와 보안	정보 윤리, 바이러스, 정보 보안, 암호화
ICT 신기술 활용하기	최신 기술 용어, 융합 서비스
전자우편과 개인정보 관리	메일 전송, 메일 관리, 개인정보 보호/관리

접수 및 응시

● 접수 기간
개설일로부터 시험일 4일 전까지

● 시험 일자
상시(시험 개설 여부는 시험장 상황에 따라 다름)

● 시험 접수
- 대한상공회의소 홈페이지(license.korcham.net)에서 접수
- 시험 기간 조회 후 원하는 날짜와 시간에 접수

● 수험료
- 필기 시험 : 19,000원
- 실기 시험 : 22,000원

(인터넷 접수 시 수수료 1,200원이 가산되며, 계좌 이체 및 신용카드 결재 가능)

● 합격 기준

필기 시험	매 과목 100점 만점에 과목당 40점 이상이고 평균 60점 이상
실기 시험	100점 만점에 80점 이상

● 시험 응시
수험표, 신분증을 필히 지참하고 고사장에 30분 전에 입실

합격 발표

● 발표 안내
- 대한상공회의소 홈페이지(license.korcham.net)에서 발표
- 발표일로부터 60일간 확인 가능

필기 시험	시험일 다음날 오전 10시
실기 시험	매주 수요일~그 다음 주 화요일까지 응시한 경우, 그로부터 2주 후 화요일 오전 10시

● 자격증 발급
- 휴대할 수 있는 카드 형태의 자격증으로, 신청한 자에 한해 발급
- 인터넷(license.korcham.net)을 통해 자격증 발급 신청 가능
- 자격증 신청 기간은 따로 없으며, 신청 후 10~15일 사이 수령 가능
- 합격 확인서를 필요로 하는 경우 자격취득 확인서 발급(동일 종목에 한하여 하루 3회로 발급 제한)

준비물	스캔 받은 여권사진(3.5×4.5cm)
수수료	• 접수 수수료 : 3,100원 • 배송료 : 3,300원
수령 방법	우편 등기배송만 가능

● 자격 특전
- 공무원 채용 가산점
  - 경찰공무원 : 2점 가점
  - 해양경찰공무원 : 1점
- 학점은행제 학점인정 : 4학점

※ 시험과 관련된 사항은 시행처를 다시 한 번 확인하세요.

고사장 및 시험 관련 문의

- 시행처 : 대한상공회의소
- 홈페이지 : license.korcham.net

📞 02-2102-3600

시험 출제 경향

1과목　워드프로세싱 용어 및 기능　기본을 튼튼하게, 최대한 많이 맞자!　20문항

1과목은 세 과목 중 비교적 학습이 수월한 편이므로, 높은 점수를 받을 수 있도록 집중하여 학습해야 합니다. 특히 '워드프로세서의 기능'에서 입력, 저장, 표시, 편집, 출력 기능에 관한 많은 문제가 출제되며, '문서 작성하기'에서는 문서의 종류와 서식 구성, '문서 관리하기'에서는 파일링 시스템, 문서정리 방법 등 전반적인 개념을 묻는 문제가 자주 출제됩니다. '워드프로세서의 기능' 관련 문제의 출제 비중이 높기 때문에 이 부분을 철저히 정리하는 것이 중요합니다. 1과목은 출제 유형의 변동이 크지 않으므로, 기출문제를 반복 학습하고 오답 중심으로 복습하는 것이 효과적입니다.

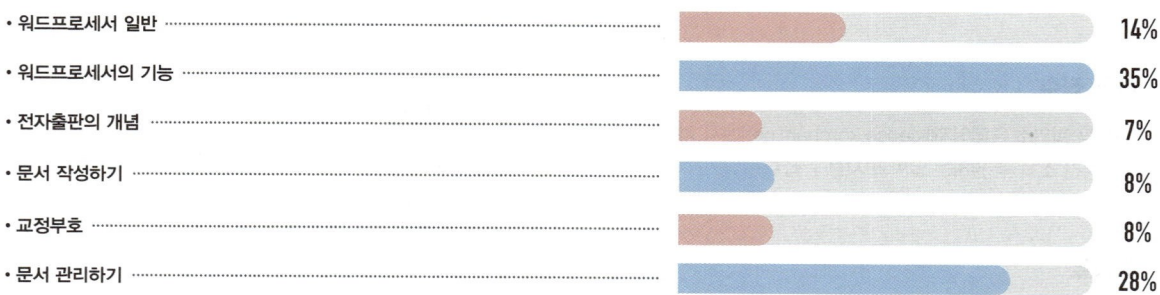

- 워드프로세서 일반 — 14%
- 워드프로세서의 기능 — 35%
- 전자출판의 개념 — 7%
- 문서 작성하기 — 8%
- 교정부호 — 8%
- 문서 관리하기 — 28%

2과목　PC 운영체제　실제 컴퓨터를 사용하는 것처럼!　20문항

2과목은 사용자에게 가장 친숙한 과목으로, 컴퓨터를 사용할 때 반드시 알아야 할 기능들이 다양한 형태로 출제됩니다. 주로 한글 윈도우의 기능을 비롯해 파일과 폴더의 관리, 시스템 관리, 네트워크 관리 등 컴퓨터 조작 전반에 관한 문제가 출제됩니다. 특히 '한글 윈도우의 활용'은 출제 비중이 가장 높은 영역으로, 바로 가기 아이콘, 작업 표시줄, 파일 탐색기, 휴지통 등에서 매회 꾸준히 문제가 출제됩니다. 실제 컴퓨터를 활용해 직접 실습하면 학습 효과를 높일 수 있으며, 기출문제를 반복해서 풀고 부족한 부분을 보완하면 높은 점수를 받을 수 있는 과목입니다.

- 한글 윈도우의 기본 기능 — 16%
- 한글 윈도우의 활용 — 28%
- 보조프로그램과 앱 활용 — 13%
- 한글 윈도우의 고급 사용법 — 16%
- 컴퓨터 시스템 관리 — 13%
- 네트워크 관리 — 14%

3과목 PC 기본상식 어렵지만 힘내서 해보자! — 20문항

3과목은 세 과목 중 학습 분량이 가장 많고 암기해야 할 내용도 많아, 상대적으로 고득점이 어려운 과목입니다. '컴퓨터의 하드웨어와 소프트웨어'는 출제 빈도가 높은 영역이므로, 기본 개념을 정확히 이해하는 것이 중요합니다. '정보 통신과 인터넷'에서는 인터넷 서비스, 전자 상거래의 개념, 인터넷 프로그래밍 언어와 관련된 내용이 자주 출제되며, 'ICT 신기술 활용하기'에서는 비교적 쉬운 수준의 용어 문제가 반복적으로 출제되므로, 자주 출제되는 용어를 중심으로 확실히 정리하도록 합니다. 3과목은 컴퓨터 전반의 기초 지식부터 최신 IT 동향까지 폭넓게 다루는 과목이므로, 개념 중심의 이해와 기출문제의 반복 학습이 핵심 전략입니다.

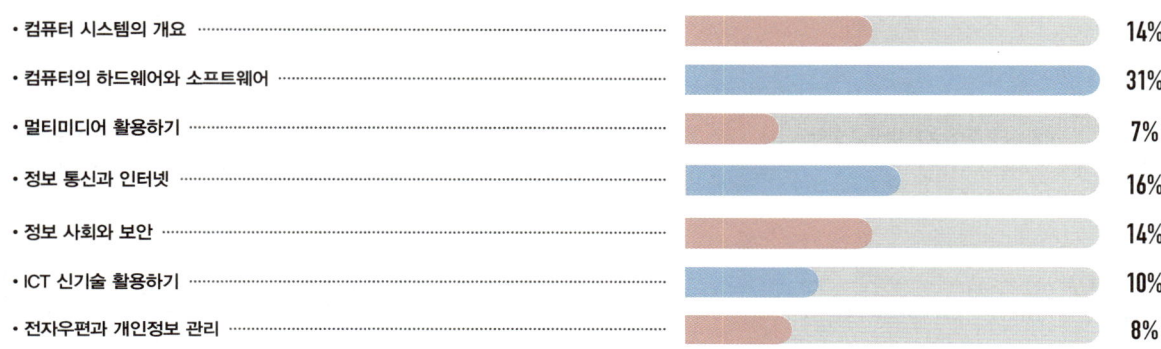

- 컴퓨터 시스템의 개요 — 14%
- 컴퓨터의 하드웨어와 소프트웨어 — 31%
- 멀티미디어 활용하기 — 7%
- 정보 통신과 인터넷 — 16%
- 정보 사회와 보안 — 14%
- ICT 신기술 활용하기 — 10%
- 전자우편과 개인정보 관리 — 8%

Q & A

Q 워드프로세서 시험 일정이 궁금해요.

A 워드프로세서 시험은 상시 검정입니다. 원서 접수는 개설일부터 시험 4일 전까지 가능하며, 시험 일자는 수험생이 선택할 수 있습니다. 상시 검정 시험 일정은 각 지역마다 개설되는 시기와 시험 일자가 다릅니다. 평균적으로는 보름이나 한달 간격으로 개설되고 있습니다.

Q 상시 검정은 무엇인가요?

A 상시 검정이란 정해진 날짜가 아닌 수험자가 원하는 날짜와 시간을 선택하여 상시 시험장에서 시험을 볼 수 있도록 한 제도입니다. 상시 검정은 상공회의소 내에 시험장이 있어 정기 검정보다 많은 시험일을 개설할 수 있으므로 더 많은 응시 기회가 있습니다.

Q 시험 접수 후 일정을 바꾸고 싶어요.

A 접수 기간 내 접수를 취소하는 경우에는 수수료의 100% 환불(접수 수수료 포함)이 가능합니다. 단, 시험 일자 변경은 접수일로부터 시험 4일 전까지 가능합니다. 자세한 사항은 시행처에 문의해 주세요.

Q 시험장에 무엇을 가져가야 하나요?

A 시험장에는 신분증과 수험표를 지참하여 가시기 바랍니다. 신분증이 없으면 시험 응시를 하실 수 없으니 신분증은 반드시 준비해야 합니다.

Q 시험 응시를 위해 수험표를 꼭 준비해야 하나요?

A 수험표는 대한상공회의소 자격평가사업단 홈페이지에서 시험일까지 출력이 가능하며, 코참패스(Korcham Pass) 앱을 통한 모바일 수험표도 확인이 가능합니다. 시험 전 수험표를 확인하는 별도의 절차는 없으나, 수험생의 시험실 및 입실 시간에 혼란이 없도록 가급적 수험표를 지참하시기 바랍니다.

Q 워드프로세서 필기 합격 결정 기준과 과락에 대해 알고 싶어요.

A 매 과목 100점 만점에 과목당 40점 이상이고 평균 60점 이상으로, 한 과목이라도 40점 미만으로 나올 경우 과락으로 불합격 처리됩니다.

Q 워드프로세서 필기 합격 유효 기간은 어떻게 되나요?

A 필기 합격 유효 기간은 필기 합격 발표일을 기준으로 만 2년입니다. 필기 시험 합격자 발표일로부터 2년 이내에 실기 시험에 응시하여 합격해야 합니다.

수험 일반 및 시험 관련 문의

- 워드프로세서 자격시험은 대한상공회의소에서 시행하고 있으며, 시험에 관한 내용은 시행처 사정에 따라 변경될 수 있습니다.
- 시험 전에 반드시 대한상공회의소 홈페이지(license.korcham.net)를 방문하여 궁금한 사항이나 시험 관련 내용을 확인하시기 바랍니다.
- 대한상공회의소 홈페이지(license.korcham.net)에서 확인이 어려운 사항은 고객센터(02-2102-3600)를 통해 문의하시기 바랍니다.

핵심이론 POINT 65선

CONTENTS

1과목 워드프로세싱 용어 및 기능 ················ **18p**
2과목 PC 운영체제 ································· **44p**
3과목 PC 기본상식 ································· **76p**

▶ **합격 강의 제공**

암기가 필요한 부분만 모아 핵심이론으로 구성하였습니다. 동영상 강의에서는 추가로 더 자세한 이론 설명을 담았습니다. 동영상 강의는 **이기적 수험서 홈페이지** (license.youngjin.com)에서 시청하거나, QR 코드를 통해 시청하실 수 있습니다.

SECTION 01 워드프로세서 일반

1과목 워드프로세서 용어 및 기능

POINT 001 워드프로세서의 개요

▶ 워드프로세서 정의
- 문서를 작성하고 편집, 저장, 인쇄 등의 처리를 할 수 있는 소프트웨어와 하드웨어를 의미한다.
- 워드프로세서를 작성하는 소프트웨어에는 흔글, MS워드, 훈민정음 등이 있다.

▶ 워드프로세서의 특징 *
- **신속성** : 다양한 형태의 문서를 빠르게 작성하여 시간과 노력을 줄일 수 있다.
- **정확성** : 맞춤법 검사와 빠른 교정 등의 기능으로 문서의 오류를 줄일 수 있다.
- **전송성** : 작성된 문서를 모바일, 팩시밀리, 이메일, 웹 브라우저 등을 통해 전송하여 다른 응용 프로그램에서 공유할 수 있다.
- **저장성** : 보조 기억 장치에 반영구적으로 보관할 수 있다.
- **출력성** : 작업 문서를 프린터나 파일로 인쇄할 수 있다.
- **유지 보수** : 문서 작성 및 관리를 전산화하여 유지 관리가 쉽다.

▶ 워드프로세서를 위한 하드웨어 구성 *

장치	기능
입력 장치	• 문자, 기호, 그림 등의 데이터를 전기적 신호로 변환하여 컴퓨터의 기억 장치로 전달하는 기능 • 종류 : 키보드, 마우스, 스캐너, 디지털 카메라, OMR, OCR, MICR, 바코드 판독기, 디지타이저/태블릿, 터치 패드, 라이트 펜 등
표시 장치	• 입력된 내용이나 처리된 결과를 화면에 표시하여 편집할 수 있도록 해주는 기능 • 종류 : CRT, LCD, PDP, FED, LED, OLED 등
저장 장치	• 작업한 정보를 보조 기억 장치에 기억하는 기능 • 종류 : 하드 디스크, CD-ROM, DVD, USB 메모리 등
출력 장치	• 처리된 정보나 내용을 종이나 필름 등에 인쇄하는 기능 • 종류 : 프린터, 플로터, COM(마이크로필름장치) 등

POINT 002 워드프로세서의 기본 용어

- **강제 개행(Hardware Return)** : 한 줄에 문자가 다 채워지지 않은 상태에서 Enter를 눌러 다음 줄로 이동하는 기능이다.
- **자동 개행(Software Return)** : 한 줄에 문자가 다 채워지면 자동으로 다음 줄로 이동하는 기능이다.
- **다단(Newspaper Column)** : 신문과 같이 한 페이지를 여러 단으로 나누어 편집하는 기능이다.
- **디폴트(Default)** : 전반적인 규정이나 서식 설정 등에 대해 미리 가지고 있는 값이다.
- **레이아웃(Layout)** : 문서의 본문, 그림, 표 등을 페이지의 적당한 위치에 균형 있게 배치하는 기능이다.
- **래그드(Ragged)** : 문서의 한쪽 끝이 정렬되어 있지 않은 상태를 말한다.

> **기적의 TIP — 래그드**
> 원래 옷이 너덜너덜하게 찢어진 상태를 뜻하는 것으로, 문서를 정렬하지 않아 한쪽 끝이 너덜너덜한 것을 래그드라고 함

- **마진(Margin)** : 문서 작성 시 페이지의 상, 하, 좌, 우에 두는 공백을 의미한다.
- **머지(Merge)** : 두 개의 파일을 합쳐 하나의 파일로 만드는 기능이다.
- **문단(Paragraph)** : Enter를 눌러 리턴 표시가 나타난 곳까지를 의미한다.
- **색인(Index)** : 문서의 내용을 쉽게 찾을 수 있도록 중요한 용어를 쪽 번호와 함께 수록한 목록을 말한다.
- **센터링(Centering)** : 문서가 가운데를 기준으로 좌우 균등하게 정렬되어 있는 상태(=가운데 정렬)이다.
- **소트(Sort)** : 문서 내용을 오름차순이나 내림차순으로 재배열하는 기능이다. → 정렬 순서 : 숫자→영문자→한글
- **워드 랩(Word Wrap)** : 줄 끝에 있는 영어 단어가 다음 줄까지 이어질 때 단어를 자르지 않고 다음 줄로 넘기는 기능이다.

- 영문 균등(Justification) : 워드 랩 등으로 인한 공백을 처리하기 위해 단어와 단어 사이를 균등하게 배분함으로써 균형을 맞추는 기능이다.
- 옵션(Option) : 메뉴나 기능을 수행할 때 제시되는 선택 항목을 의미한다.
- 캡션(Caption) : 문서에 포함된 표나 그림에 붙이는 제목이나 간단한 설명을 의미한다.
- 클립아트(Clip Art) : 잘라낸 그림이라는 의미로, 컴퓨터로 문서를 작성하거나 편집할 때 편리하게 사용할 수 있도록 만들어 놓은 그래픽 데이터 모음이다.
- 피치(Pitch) : 1인치에 표시되는 문자 수로 숫자가 클수록 글자 사이의 간격이 좁아진다.
- 화면 캡처(Screen Capture) : 화면에 표시된 문자나 도형의 정보를 하나의 파일에 저장하는 것이다.
- 보일러 플레이트(Boiler Plate) : 작성 중인 문서의 일부분에 주석, 메모 등을 적어 놓기 위해 따로 설정한 구역을 말한다.
- 커닝(Kerning) : 글자와 글자 사이의 간격을 미세하게 조정하는 작업으로 특정 문자들의 간격을 조정하는 기능이다.
- 클립보드(Clipboard) : 윈도우 운영체제 하에서 프로그램과 프로그램 사이의 정보 교환을 위해 사용되는 임시 기억 장소이다.

개념 체크 ✓

1 워드프로세서의 특징으로 옳지 않은 것은?
① 워드프로세서를 이용하면 문서 작성에 드는 시간과 노력을 줄일 수 있다.
② 워드프로세서로 작성된 문서는 쉽게 변경할 수 없으므로 문서 보안에 신경 쓰지 않아도 된다.
③ 문서 작성 및 관리를 전산화함으로써 유지 관리가 쉽다.
④ 작성한 문서를 다른 응용 프로그램에서 사용할 수 있다.

2 다음 중 워드프로세서의 기능을 수행하는 장치에 대한 설명으로 옳지 않은 것은?
① 입력 장치에는 디지타이저, 태블릿, DDR3 SDRAM 등이 있다.
② 표시 장치에는 LCD, CRT, PDP 등이 있다.
③ 출력 장치에는 프린터, 마이크로필름장치(COM), 플로터 등이 있다.
④ 저장 장치에는 USB 메모리, 하드 디스크, DVD 등이 있다.

3 다음 중 워드프로세서의 용어에 대한 설명으로 옳지 않은 것은?
① 옵션(Option) : 어떤 기능에 대한 지시를 부여하거나 지시할 때 선택할 수 있는 항목을 말한다.
② 마진(Margin) : 문서의 균형을 위해 비워두는 페이지의 상, 하, 좌, 우 공백을 말한다.
③ 센터링(Centering) : 문서의 중심을 비우고 문서의 내용을 정렬하는 기능이다.
④ 캡션(Caption) : 문서에 포함된 표나 그림에 붙이는 제목 또는 설명이다.

SECTION 02 워드프로세서의 기능

1과목 워드프로세서 용어 및 기능

POINT 003 입력 및 저장 기능

저장하기
- 주기억 장치(RAM)의 내용을 보조 기억 장치에 저장하는 기능이다.
- 워드프로세서 간의 파일 저장 형태에 따라 다양한 형태로 저장할 수 있다.
- 저장 시 암호(Password)를 지정하여 문서의 보안을 유지할 수 있다.
- 갑자기 전기가 나가는 경우 등의 예기치 않은 사고에 대비하여 일정한 시간 간격으로 저장해 주는 자동 저장(ASV) 기능을 제공한다.
- 원본 파일이 삭제되거나 파괴되었을 경우 복구를 위해 백업(BAK) 파일을 만들어 주는 기능을 제공한다.

저장 기능 관련 용어
- 세이브(Save) : 작성된 파일을 보조 기억 장치에 저장하는 기능이다.
- 로드(Load) : 저장된 파일을 주기억 장치로 불러오는 기능이다.
- 확장자(Extension) : 파일 이름 뒤에 붙어 파일의 저장 형식과 의미를 나타낸다.
  - BMP, GIF, JPG : 이미지 파일 형식
  - TXT, DOC : 일반 텍스트 파일 형식
  - HTML : 인터넷 문서 파일 형식
  - RTF : 응용 프로그램 간의 문서 호환을 위해 만든 파일 형식

내보내기
- 워드프로세서로 저장된 문서 파일을 전자 메일이나 웹 브라우저로 '내보내기'하는 기능이다.
- [파일]-[보내기]-[편지 보내기(본문으로)], [편지 보내기(파일 첨부로)], [웹 브라우저로 보내기], [웹 서버로 올리기], [훈ODT로 보내기] 중에서 선택한다.

[편지 보내기(본문으로)]	Outlook Express 앱으로 편지 보내기 기능에서 받는 사람, 참조, 제목과 내용을 입력한 후 현재 문서를 '보내기'하는 기능
[웹 브라우저로 보내기]	HTML 형식으로 웹 브라우저에서 '열기'하는 기능
[훈ODT로 보내기]	개방형 사무용 전자문서 형식의 파일로 변환하여 '보내기'하는 기능

- ODT : 웹상에서 공문이나 한글문서를 열람하기 위한 파일 형식

키보드의 기능*

토글키	• 하나의 키로 두 가지의 기능을 수행하는 키 • 한/영, Insert, Caps Lock, Num Lock, Scroll Lock 등
조합키	• 단독으로 사용하지 않고 다른 키와 함께 사용하여 특수한 기능을 수행하는 키 • Shift, Ctrl, Alt
바로 가기 키 (단축키)	• 자주 사용되는 기능을 빠르게 실행하기 위해 사용하는 키 • 복사하기 Ctrl+C, 오려두기 Ctrl+X, 붙이기 Ctrl+V, 되살리기 Ctrl+Z

기타 키의 기능

Esc	선택된 기능이나 명령을 취소 또는 이전 상태로 복귀
Enter	다음 줄로 이동, 줄 삽입, 새로운 문단 시작, 명령 실행
Back Space	커서 왼쪽 문자 삭제
Space Bar	삽입 모드일 경우 문자의 공백을 삽입하고, 수정 모드일 경우 커서 오른쪽 문자 삭제
Delete	커서 위치의 오른쪽 문자를 한 글자씩 삭제

한글 코드*

완성형 한글 (KS X 1001, 1987)	• 완성된 각각의 글자마다 코드를 부여하는 방식 • 정보 교환용 코드로 사용 • 코드가 부여되지 않은 한글은 사용할 수 없음 • 영문 · 숫자는 1바이트, 한글 · 한자 · 기타 특수문자는 2바이트로 표현
조합형 한글 (KS X 1001, 1992)	• 초성, 중성, 종성에 각각의 코드를 부여하고 조합하여 문자를 표현 • 정보 처리용 코드로 사용
유니코드 (KS X 1005-1)	• 완성형 한글 11,172자와 조합형 한글 자모 240자를 사용하며, 모든 문자를 2바이트로 표현 • 영어도 2바이트를 차지하므로 기억 공간을 많이 차지함 • 국제 표준 코드로 사용

한글 입력
- 한/영을 눌러 한글 모드로 전환하여 입력한다.
- 한글 2벌식이나 한글 3벌식 자판을 이용하여 입력한다.

영문 입력
- 한/영을 눌러 영문 모드로 전환하여 입력한다.
- 대/소문자의 전환은 Caps Lock을 이용한다.
- Shift를 누른 상태에서 입력하면 대/소문자로 전환된다.

▶ 한자 입력*

- 한자의 음을 아는 경우에는 한글/한자 음절 단위 변환, 단어 변환, 문장 자동 변환 등을 이용한다.
- 한자의 음을 모르는 경우에는 부수/총 획수 입력, 외자 입력, 2Stroke 입력 등을 이용한다.

▶ 특수문자 입력

- 한글 자음(ㄱ, ㄴ, ㄷ…)을 입력한 다음 [한자]를 눌러 특수 문자로 바꾸어 준다.
- 문자표에서 해당 문자를 선택하여 입력한다.

▶ 표 만들기

- 미리 입력된 문자열을 표로 전환하거나 표를 문자열로 전환할 수 있다.
- 표 안의 수치에 대해 합계 및 평균값을 자동으로 구할 수 있다.

▶ 그리기 기능

- 개체 이동 : 마우스로 드래그
- 개체 복사 : [Ctrl]을 누른 채 드래그

- [Shift]를 누른 채 원이나 사각형을 그리면 정원이나 정사각형이 그려진다.
- [Ctrl]을 누른 채 도형을 그리면 도형의 중심부터 그려진다.
- [Shift]를 누른 채 개체들을 마우스로 클릭하면 개체 묶기를 위한 연속적인 선택이 가능하다.

▶ 금칙 처리*

문서에서 행의 처음이나 마지막에 올 수 없는 문자나 기호를 말한다.

행두 금칙 문자	. , ' " : ; ? !)] } 」 》 ℃ ℉
행말 금칙 문자	' " ([{ 「 《 # $ No ☎

▶ 상용구(Glossary)

자주 사용되는 어휘, 도형 등을 약어(준말)로 미리 등록시켜 두고 필요할 때 불러와 입력하는 기능으로 정형구, 약어 등록이라 한다.

▶ 하이퍼텍스트(Hypertext)

색인이나 사전처럼 내용이 서로 유기적으로 연결되어 있어 어떤 부분을 보다가 그와 연관된 다른 부분을 임의로 참조할 수 있도록 만들어진 문서 형식이다.

개념 체크 ✓

1 다음 중 저장 기능에 대하여 설명한 것으로 옳지 <u>않은</u> 것은?
① 주기억 장치인 RAM에 기억되어 있던 문서를 보조 기억 장치로 옮기는 것을 말한다.
② 워드프로세서에서는 여러 가지 다른 형태의 파일로 저장할 수 있다.
③ **작업 중인 워드프로세서 문서를 작성한 그대로 텍스트 파일로 저장할 수 있다.**
④ 일반적으로 확장자 TXT로 저장된 문서는 메모장이나 워드패드에서 편집이 가능하다.

2 다음 중 유니코드(KS X 1005-1)에 대한 설명으로 옳은 것은?
① 영문과 공백은 1바이트, 한글과 한자는 2바이트로 처리한다.
② **'必勝 KOREA'라는 문자열을 입력할 경우 최소 16바이트의 기억 공간이 필요하다.**
③ 정보 교환 시 제어 문자와 충돌이 발생할 가능성이 크다.
④ 조합형 한글 코드에 비해 적은 기억 공간을 사용한다.

3 다음 한자 입력 방법 중 한자 음을 모를 때 입력하는 방법으로 옳은 것은?
① 단어 단위 변환 방법
② 문장 자동 변환 방법
③ **부수 입력 방법**
④ 음절 단위 변환 방법

4 문서의 일부분이 또 다른 문서와 연결되어 있어서 연결된 문서를 필요시 임의로 참조할 수 있도록 구성된 문서의 형식은?
① **하이퍼텍스트**
② 개체 연결
③ 메일 머지
④ 스풀

POINT 004 표시 기능

화면 구성*

- 도구 모음 : 쉽고 빠르게 작업할 수 있도록 자주 사용되는 기능을 아이콘화한 것으로 사용자가 재구성하여 사용할 수 있다.
- 눈금자(Ruler) : 왼쪽·오른쪽 여백, 들여쓰기와 내어쓰기의 위치, 탭의 위치 등을 표시하며 문서의 규격을 설정하는 데 도움을 준다.
- 커서(Cursor) : 작업 위치를 화면에 나타내는 것으로 밑줄(_), 사각형(■), 세로 직선(|) 등으로 표시된다.
- 상태 표시줄(Status Line) : 편집상의 여러 가지 정보를 표시하는 곳으로 자판 종류, 커서 위치, 입력 상태 등이 표시된다.
- 스크롤 바(Scroll Bar) : 마우스 포인터를 이용하여 화면을 상, 하, 좌, 우로 이동할 때 사용한다.
- 격자(Grid) : 그림을 그릴 때 정확한 간격을 맞추어 세밀한 편집을 할 수 있도록 편집 화면에 보이는 점 또는 선이다.

편집 화면 나누기

하나의 모니터 화면을 분할하여 작업하는 기능이다. [나누지 않음], [가로로 나누기], [세로로 나누기], [가로 세로 나누기] 중에서 선택할 수 있으며, 최대 4개의 화면으로 나누어 볼 수 있다.

화면 표시 형식

구분	텍스트 모드	그래픽 모드
화면 구성	점(Dot)	픽셀(Pixel)
장점	• 표시 속도가 빠름 • 기억 장소를 적게 차지	• 위지윅(WYSIWYG) 방식 • 인쇄 결과를 예측할 수 있음 • 글자체가 다양하고 섬세함
단점	• 인쇄 결과를 예측할 수 없음 • 글자체가 다양하지 않고 거침	• 표시 속도가 느림 • 기억 장소를 많이 차지

> **기적의 TIP** 위지윅(WYSIWYG)
> What You See Is What You Get의 약자로, 화면에 표현된 그대로 출력 결과를 얻을 수 있다는 것을 의미

글꼴(Font) 구현 방식*

비트맵(Bitmap)	• 글자를 점으로 구성하는 방식 • 글자를 확대하면 글자가 울퉁불퉁해지는 계단 현상이 발생함
아웃라인(Outline)	• 몇 개의 점과 그것을 연결하는 선을 이용하여 윤곽을 나타내는 방식 • 트루타입, 벡터, 포스트스크립트, 오픈타입이 여기에 속함

글자 속성

- 글자에 특수한 꾸밈이나 속성을 지정하여 시각적인 효과를 높이기 위한 기능이다.
- 진하게, 밑줄, 그림자, 역상, 기울임, 외곽선, 음영 등이 포함된다.

속성	예문
진하게	**YoungJin.com**
기울임	*YoungJin.com*
밑줄	YoungJin.com
외곽선	YoungJin.com
그림자	YoungJin.com
음영	YoungJin.com
역상	YoungJin.com
밑줄, 외곽선, 기울임, 음영	*YoungJin.com*

글자 크기

- 포인트(Point) : 인쇄에서 활자의 크기를 나타내는 단위로, 소수 표현이 가능하다.
- 장평 : 글자의 가로와 세로의 비율로 글자의 가로 폭을 늘이거나 줄여서 글자의 모양에 변화를 주는 기능이다.
- 문자 크기

전각 문자	문자의 가로와 세로의 비율이 1:1인 문자
반각 문자	전각 문자를 가로로 1/2 축소
횡배 문자	전각 문자를 가로로 2배 확대
종배 문자	전각 문자를 세로로 2배 확대
양배 문자	전각 문자를 가로·세로로 2배 확대
첨자 문자	전각 문자의 1/4 크기 문자

> **기적의 TIP** 문자의 종류
> • 전각 문자 : 한글, 한자
> • 반각 문자 : 영문, 숫자
> • 첨자 문자 : 위첨자, 아래첨자

▶ 정렬(Align)

○ 문서 내용을 가, 나, 다(오름차순) 또는 하, 파, 타(내림차순) 순으로 재배열하거나 크기 순서에 따라 오름차순이나 내림차순으로 재배열하는 기능은 정렬(Sort) 기능임

문서 전체 또는 일부분을 일정한 기준으로 정렬하는 기능으로 왼쪽, 오른쪽, 가운데, 양쪽 정렬 등이 있다.

▶ 들여쓰기(Indent)/내어쓰기(Outdent)

문단 시작 시 첫 줄의 단어가 몇 자 들어가거나 내어서 입력되는 기능이다.

▶ 탭(Tab) 설정

- 커서를 지정한 위치로 한 번에 빠르게 이동시키기 위해 사용한다.
- 탭 간격은 사용자가 임의로 변경할 수 있으며, 8칸 간격을 기본으로 지정된다.
- 탭의 종류로는 왼쪽 탭, 오른쪽 탭, 가운데 탭, 소수점 탭, 점 끌기 탭 등이 있다.

○ 소수점을 기준으로 정수와 소수 부분이 정렬되는 기능

▶ 스타일(Style)*

- 자주 사용하는 글자 모양이나 문단 모양을 미리 스타일로 만들어 놓고 필요할 때 해당 문단의 글자 모양과 문단 모양을 한꺼번에 바꿀 수 있는 기능이다.
- 긴 글에 대해 일관성 있는 문단 모양과 문서의 통일성을 유지할 수 있다.

> **🏆 기적의 TIP 스타일 저장하기**
> 동일한 스타일을 여러 문서에 적용할 때는 스타일을 새로 만들지 않고 별도의 파일로 저장한 후 불러와서 사용할 수 있음

▶ 줄 간격

- 현재 줄의 시작 부분과 아래 줄 첫 부분까지의 간격을 지정하는 기능이다.
- 줄에서 크기가 가장 큰 글자를 기준으로 간격을 조정하는 비례 줄 간격 방식을 디폴트로 제공한다.

○ 전반적인 규정이나 서식 설정, 메뉴 등 이미 가지고 있는 값을 의미하며 기본값 또는 표준값이라고 함

개념 체크 ✓

1 문서 편집 시 행 길이, 여백, 들여쓰기, 탭 위치 등을 설정하는 데 도움을 주기 위해 사용하는 기능은?
① 다단 설정
② 눈금자
③ 상황줄
④ 격자

2 글꼴(Font)의 구성 방식에 대한 설명으로 옳지 않은 것은?
① 비트맵 : 점으로 글꼴을 표현하는 방식이다.
② 포스트스크립트 : 글자의 외곽선 정보를 각종 소프트웨어에 제공하며, 위지윅을 지원할 수 있다.
③ 오픈타입 : 외곽선 글꼴 형태로 고도의 압축을 통해 용량을 줄여 통신을 이용한 폰트의 전송을 간편하게 할 수 있다.
④ 벡터 : 글자를 선, 곡선으로 처리한 글꼴로 확대하면 테두리 부분이 계단 모양으로 변형되어 흐려진다.

3 다음의 보기에서 설명하는 워드프로세서의 기능은?

> 문단에서 첫 번째 줄의 입력 위치를 다음 줄의 시작 위치보다 들어가거나 나오도록 설정하여 문단의 시작 위치가 자동으로 지정되어 문자가 입력되도록 하는 기능

① 인덴트/아웃덴트
② 옵션
③ 다단 편집
④ 래그드

4 다음 중 스타일에 대한 설명으로 옳지 않은 것은?
① 문서마다 스타일 서식을 새로 만들어야만 한다.
② 일관성 있는 문단 모양을 유지하는 데 사용한다.
③ 스타일 유형을 추가, 삭제하거나 수정할 수 있다.
④ 블록 설정을 해서 한꺼번에 지정할 수 있다.

POINT 005 편집 기능

▶ 수정, 삽입, 삭제
- 수정 : 새로운 내용을 입력하면 원래의 내용이 지워지며 다른 내용이 입력되는 상태로 겹쳐쓰기라고 한다.
- 삽입 : 새로운 내용을 입력하면 원래의 내용이 뒤로 밀리면서 다른 내용이 추가된다.
- 삭제 : 필요 없는 내용을 특정 키를 이용하여 지우는 기능으로 [Back Space], [Delete], 수정 상태에서 [Space Bar]를 사용하여 삭제한다.

▶ 영역 지정 ★
- 단어 : 해당 단어에서 마우스로 두 번 클릭한다.
- 행(줄) : 화면의 왼쪽 끝에서 마우스 포인터 모양이 바뀌면 한 번 클릭한다.
- 문단 : 화면의 왼쪽 끝에서 마우스 포인터 모양이 바뀌면 두 번 클릭한다.

▶ 영역 이동
- 지정된 영역의 내용을 원하는 위치로 이동시키는 기능이다.
- 지정된 영역의 원래 내용은 화면에서 지워지며 버퍼에 저장된다.
- 영역 지정 → 오려두기([Ctrl]+[X]) → 붙이기([Ctrl]+[V])

▶ 영역 복사
- 지정된 영역의 내용을 그대로 두고 원하는 위치에 다시 복사하는 기능이다.
- 지정된 영역의 내용에는 변화가 없다.
- 영역 지정 → 복사하기([Ctrl]+[C]) → 붙이기([Ctrl]+[V])

▶ 이동과 복사의 비교

구분	이동	복사
공통점	영역 지정, 버퍼 및 클립보드의 사용, 붙여넣기	
차이점	문서의 분량 변화 없음	문서의 분량 증가

↳ 버퍼와 같은 기능으로 Windows에서 사용되는 임시 기억 장소

▶ 영역 삭제
- 지정된 영역의 내용을 모두 지우는 기능이다.
- 영역 지정 후 [Delete]를 누른다.

▶ 검색과 치환 ★
① 검색(찾기)
문서에서 원하는 글자나 문자열을 찾아 커서를 옮겨주는 기능으로 검색 작업 후 문서에는 아무런 변화가 없다.

② 치환(바꾸기)
- 문서에서 원하는 글자나 문자열을 찾아 다른 문자열로 바꿔주는 기능으로 문서의 분량에 변화가 생길 수 있다.
- 문서 내에서 특정 문자를 찾아 크기, 서체, 속성 등을 바꿀 수 있으며, 그림이나 도형을 다른 그림이나 도형으로 치환할 수는 없다.
- 사용자가 정의해 놓은 스타일을 적용하여 바꿀 수 있다.

> **기적의 TIP** 문서의 분량 변화
> - 분량이 변하는 기능 : 수정, 삽입, 삭제, 치환 등
> - 분량이 변하지 않는 기능 : 이동, 검색, 정렬 등

▶ 머리말(Header)과 꼬리말(Footer) ★
- 머리말은 매 페이지 상단에 고정적으로 표시되는 글을 말하며 두문이라고도 한다.
- 꼬리말은 매 페이지 하단에 고정적으로 표시되는 글을 말하며 미문이라고도 한다.
- 홀수 페이지와 짝수 페이지에 각각 다른 내용의 머리말이나 꼬리말이 들어갈 수 있다.

▶ 각주(Footnote)와 미주(Endnote)
- 각주란 문서에 나오는 내용의 보충 구절로 페이지의 하단에 표시한다.
- 미주란 문서에 나오는 내용의 보충 구절로 문서의 맨 뒤에 모아서 표시한다.

▶ 맞춤법 검사 ★
- 작성된 문서와 워드프로세서에 내장된 사전을 서로 비교하여 틀린 단어를 찾아주는 기능이다.
- 맞춤법, 표준말, 띄어쓰기, 대/소문자 검사, 기호나 숫자에 알맞은 토씨 등을 검사한다.
- 수식의 오류는 검사할 수 없다.

▶ 매크로(Macro) ✱

- 반복되는 일을 빠르고 효율적으로 처리하기 위해 일련의 작업 순서를 기록해 두었다가 특정 키를 눌러 그대로 재생하는 기능이다.
- 매크로는 별도의 파일로 저장해 두거나 정의된 매크로를 편집할 수도 있다.
- 키 매크로는 키보드 입력만을 기억하지만, 스크립트 매크로는 키보드뿐 아닌 마우스 동작을 포함한 사용자의 모든 동작을 특정 단축키에 기록할 수 있다.

▶ 차례(목차) 만들기

- 문서 작성 시 목차로 표시될 부분에 특별한 표시를 지정해 주면 자동으로 목차를 만들어 주는 기능이다.
- 차례 만들기 결과는 지정된 파일로 저장된다. ○ 차례는 별도의 파일로 만들어짐

▶ 메일 머지(Mail Merge) ✱

- 몇 가지만 다르고 나머지는 내용이 같은 편지를 만들어 내는 기능으로 내용문 파일(Form Letter File)과 데이터 파일(Data File)을 결합(Merging)시켜서 만든다.
- 초청장, 안내장, 청첩장 등을 만들 경우에 효과적이다.
- 본문(내용문) 파일에 커서를 위치시킨 후 메일 머지 기능을 실행한다. ○ 병합이라고 하며 두 개 이상의 문서를 하나로 합치는 기능

> **기적의 TIP** 편집 기능
> - 맞춤법 검사 : 맞춤법에 어긋난 곳을 고침
> - 매크로 : 반복되는 작업에 효율적
> - 차례(목차) 만들기 : 제목, 표, 그림의 차례 작성
> - 메일 머지 : 초대장이나 안내장 작성

▶ 참고 문헌

학술 논문집, 책, 보고서, 판례, 웹 사이트 등의 출처에서 태그를 달아 참고 문헌으로 등록하여 관리하는 기능으로, 새로운 참고 문헌을 추가([도구]-[참고 문헌]-[인용]-[참고 문헌 추가하기])하거나, 문헌을 현재 문서의 위치에 삽입([도구]-[참고 문헌]-[참고 문헌 삽입])할 수 있다.

개념 체크 ✓

1 다음 중 이동과 복사에 대한 설명으로 옳지 <u>않은</u> 것은?
① 복사를 위해 영역 지정을 하지만 잘라내기(오려두기)는 영역 지정이 필요 없다.
② 복사와 이동은 붙여넣기 기능을 이용한다.
③ 이동과 복사를 위해 클립보드라는 임시 저장 장소를 사용한다.
④ 복사는 문서의 크기를 변화시킬 수 있다.

2 다음 중 검색과 치환에 대한 설명으로 옳지 <u>않은</u> 것은?
① 표 내에 들어 있는 특정 단어의 위치를 쉽게 찾을 수 있다.
② 한자나 특수문자에 대해서도 검색이 가능하다.
③ 치환할 때 사용자가 정의해 놓은 스타일은 적용할 수 없다.
④ 한글 단어를 한자 단위나 영문 단위로 치환할 수 있다.

3 머리말에 대한 설명으로 옳지 <u>않은</u> 것은?
① 각 쪽의 위(상단) 부분에 인쇄되는 문구이다.
② 홀, 짝 쪽에 다른 내용의 머리말이 가능하다.
③ 형식은 일반적으로 꼬리말도 동일하거나 유사하다.
④ 미주와 같은 의미이다.

4 다음 중 워드프로세서의 매크로 기능을 적용하기에 적합하지 <u>않은</u> 경우는?
① 여러 개의 문단에서 동일한 정렬을 사용하고자 할 때
② 동일한 도형을 여러 곳에 사용하고자 할 때
③ 문서의 여러 곳에 동일한 서식을 이용하고 싶을 때
④ 문서에 그림 개체를 삽입하고자 할 때

POINT 006 출력 기능

인쇄
- 프린터의 해상도를 높게 설정하면 출력 시간은 길어지지만 대신 선명하게 인쇄할 수 있다.
- 팩스 인쇄를 통해 팩시밀리가 없어도 작업한 문서를 상대방의 팩스로 보낼 수 있다.
- 미리 보기 기능을 이용하면 편집한 내용의 전체 윤곽을 확인할 수 있다.

인쇄 용지

① 낱장 용지
- 레이저 프린터나 잉크젯 프린터에서 사용된다.
- A판과 B판의 가로 : 세로의 비는 $1 : \sqrt{2}$이다.
- A판과 B판에서 모두 번호가 작을수록 면적이 크다.
- 같은 번호일 경우에는 B판이 더 크다.
- A판, B판 용지 뒤의 숫자가 1씩 커질수록 용지의 크기는 절반으로 작아진다. B0 〉 A0 〉 B1 〉 A1 〉 B2 〉 A2…

② 연속 용지
- 주로 충격식 프린터에서 사용된다.
- 한 줄에 출력되는 문자 수에 따라 80자와 132자 용지가 있다.

기타 인쇄 기능*
- 스풀링(Spooling) : 인쇄할 내용을 일정한 공간에 저장해 두었다가 출력하는 기능으로 인쇄하는 동안에 다른 작업을 할 수 있도록 지원해준다.
- 프린터 드라이버(Printer Driver) : 워드프로세서에서 산출된 출력값을 특정 프린터 모델이 요구하는 형태로 번역해 주는 소프트웨어를 말한다.
- 프린터 버퍼(Printer Buffer) : 컴퓨터의 처리 결과를 프린터로 출력하기 전에 임시 보관하는 기억 장소로, 용량이 클수록 출력 속도를 향상시킬 수 있다.
- 라인 피드(Line Feed) : 인쇄 용지를 줄 단위로 밀어 올리는 기능이다.
- 폼 피드(Form Feed) : 인쇄 용지를 한 페이지 밀어 올려 다음 페이지의 처음에 위치시키는 기능이다.
- 하드 카피(Hard Copy) : 화면에 보이는 내용을 그대로 프린터로 인쇄하는 기능이다.
- 소프트 카피(Soft Copy) : 화면을 통해 결과물을 표시하는 기능이다.

인쇄 관련 단위

단위	의미	비고
CPS (Characters Per Second)	1초에 인쇄할 수 있는 문자 수	인쇄 속도 단위
LPM (Lines Per Minute)	1분에 인쇄할 수 있는 줄 수	
PPM (Pages Per Minute)	1분에 인쇄할 수 있는 페이지 수	
DPI (Dots Per Inch)	1인치에 인쇄되는 점의 수	인쇄 품질 단위

POINT 007 교정부호

교정부호의 사용법
- 정해진 부호를 사용해야 한다.
- 의미가 명확히 전달되도록 가지런히 표기한다.
- 표기하는 색깔은 원고의 색과 다르면서 눈에 잘 띄는 색으로 한다.
- 수정하려는 글자를 정확하게 지적해야 한다.
- 교정할 부호가 서로 겹치지 않도록 주의하며, 부득이 서로 겹칠 경우에는 겹치는 각도를 크게 하여 교정 내용을 알아볼 수 있게 한다.

> **기적의 TIP** 상반되는 의미의 교정부호
> - ✓ ↔ ⌒
>   (사이 띄우기) (붙이기)
> - ∨ ↔ ♂
>   (삽입) (삭제)
> - ⌐ ↔ ⌒
>   (줄 바꾸기) (줄 잇기)
> - ⌐ ↔ ⌐
>   (들여쓰기) (내어쓰기)
> - ⊓ ↔ ⊔
>   (끌어 내리기) (끌어 올리기)

> **기적의 TIP** 문서의 분량이 바뀌는 교정부호
> - 증가 가능 교정부호 : ✓, ∨, ⌐, ⌐, 〉, ♂
> - 감소 가능 교정부호 : ⌒, ♂, ⊔, ⌐, ♂
> - 문서 분량과 관계없는 교정부호 : ⌒, ✿, ✎

▶ **교정부호 종류** ✱

교정부호	기능	교정 전	교정 후
∨	사이 띄우기	푸른하늘에 새를	푸른 하늘에 새를
⌒	붙이기	하얀 물 보라	하얀 물보라
⌣	삽입	종이를 띄우듯 (배)	종이배를 띄우듯
♋	수정	내 마음 엽서(편지)	내 마음 편지
✧	삭제	다 나는 갖고 싶은게	나는 갖고 싶은게
∽	자리 바꾸기	금 뚝딱 나와라	금 나와라 뚝딱
⌐	줄 바꾸기	동산 위에 올라서서	동산 위에 올라서서
⌒	줄 잇기	파란 하늘 바라보면	파란 하늘 바라보면
>	줄 삽입	천사 얼굴 선녀 얼굴	천사 얼굴 선녀 얼굴
ㄷ	들여쓰기	마음속에 그려 봅니다	마음속에 그려 봅니다
ㄱ	내어쓰기	언제나 함께 하는 소중한 사람	언제나 함께 하는 소중한 사람
⊓	끌어 내리기	모두 내 친구	모두 내 친구
⊔	끌어 올리기	노을 강가에서 지는	노을 지는 강가에서
☼	되살리기, 원래대로 두기	키 작은 코스모스가	키 작은 코스모스가
⌒	글자 바로 하기	Apple	Apple

▶ **글자 간격을 조정하는 교정부호**

∨, ⌒, >

▶ **글자 위치를 조정하는 교정부호**

⌐, ⌒, ∽, ㄷ, ㄱ, ⊓, ⊔

▶ **글자를 수정하는 교정부호**

⌣, ♋, ✧, ☼, ⌒

> 📌 **기적의 TIP** 줄 단위의 이동이 발생하는 교정부호
> ⌐, >, ⌒

개념 체크 ✓

1 다음 중 용지의 종류에 대한 설명으로 가장 거리가 먼 것은?

① 낱장 용지는 한국공업규격에 따라 A판과 B판으로 나눈다.
② 연속 용지는 1줄에 출력되는 문자 수에 따라 80자와 132자 용지가 있다.
③ 낱장 용지는 주로 잉크젯이나 레이저 프린터에 많이 사용한다.
④ 번호가 같을 경우에는 A형이 B형보다 큰 용지이다.

2 다음 중 워드프로세서의 인쇄 기능에 대한 설명으로 옳지 않은 것은?

① 기본 프린터의 드라이버는 새로 등록할 수 있다.
② 프린터 아이콘을 더블클릭하면 인쇄 대기 중인 문서의 목록을 볼 수 있다.
③ 문자의 크기를 나타내는 단위는 픽셀이며, 전각 문자는 가로와 세로의 비율이 1 : 2이다.
④ 낱장 인쇄 용지의 A판과 B판의 가로 : 세로는 $1 : \sqrt{2}$이다.

3 다음 중 교정부호에 대한 설명으로 옳지 않은 것은?

① > : 문서에서 줄 간격을 띄우라는 부호이다.
② ∽ : 단어나 문자의 위치를 변경하라는 부호이다.
③ ⊔ : 지정된 부분을 아래로 내리라는 부호이다.
④ ✧ : 불필요한 내용을 삭제하는 부호이다.

4 다음 중 서로 상반되는 의미를 지닌 교정부호로 짝지어진 것은?

① ⌐, ㄱ
② ㄷ, ⌒
③ ∨, ⌒
④ ⌐, ⌣

SECTION 03 전자출판의 개념

1과목 워드프로세서 용어 및 기능

POINT 008 전자출판

▶ 전자출판(Electronic Publishing)
- 전자 출판시스템이란 전자출판물을 제작하기 위한 모든 전자기기를 의미하며 컴퓨터 등의 저장매체에 저장하고 주변기기를 이용하여 자료를 입력, 편집, 출력, 제판 등의 작업을 하는 시스템이다.
- 기업의 홍보용 책자나 소규모 출판 등에 많이 사용된다.
- 우리나라의 전자출판협회로 KEPA(Korea Electronic Publication Association)가 있다.
- 전자출판을 이용한 종이책, HTML을 이용한 화면책, 종이책을 PDF로 만든 E-Book 등을 출판할 수 있다.

▶ 출판의 변화
활자 인쇄 → 사진 식자 → 전자출판 → 전자 통신 출판

▶ 전자출판의 특징*
- 전자출판이란 컴퓨터 및 인쇄 품질이 높은 프린터 등의 장비를 이용해 출판 기획에서부터 도서 제작에 이르는 모든 과정을 말한다.
- 출판의 전 과정이 컴퓨터를 사용하여 이루어진다.
- 위지윅(WYSIWYG) 방식을 이용하므로 사진, 도표, 그리기 등의 작업이 자유롭다.
- 다양한 글꼴(Font)과 미리 보기(Preview)를 지원한다.
- 문자뿐만 아니라 소리, 그림, 영상, 애니메이션 등의 복합적인 표현이 가능하다.

장점	• 출판 내용에 대한 추가 및 수정이 신속하고 용이 • 출판물의 제공뿐만 아니라 부가 정보 및 서비스가 가능 • 출판물 제공자와 수용자 간의 상호 대화가 가능한 양방향 매체 • 출판물 내용에 대하여 수용자가 원하는 부분만을 선택하여 전송 가능 • 다수의 사용자가 동시에 같은 내용에 접근하여 이용 가능 • 출판 과정의 개인화가 가능 • 출판과 보관 비용이 감소
단점	• 컴퓨터와 소프트웨어의 사용법을 익혀야 함 • 컴퓨터에 전원이 공급되어야 출판물의 내용을 볼 수 있음 • 출판물의 전체 내용을 비교·분석하기가 어려움 • 저장 매체의 일부가 손상되면 전체 자료를 보지 못함

▶ 전자출판 진행 과정
원고 입력 → DTP 편집 → 필름 출력 → 터잡기 → 소부 → 인쇄

> Desk Top Publishing
> 탁상출판으로, 컴퓨터를 이용하여 출판물을 입력, 편집, 인쇄하는 시스템

▶ 편집 용지 지정하고 페이지 번호 넣기
- [쪽] 메뉴의 [편집 용지] 또는 바로 가기 F7을 눌러 나오는 [편집 용지] 창에서 전자출판에 사용할 용지의 종류를 선택한 후 [설정]을 한다.
- [쪽] 메뉴의 [쪽 번호 매기기]에서 번호 위치, 번호 모양, 시작 번호를 선택하고 [넣기]한다.

▶ 그림/사진 삽입하기
- 웹 문서의 그림에서 바로 가기 메뉴의 [다른 이름으로 사진 저장]을 눌러 내 컴퓨터에 그림을 저장하거나 [이미지 복사]하여 붙여넣기로 사용할 수 있다.
- 그림 저장 파일 형식은 JPG, GIF, PNG, JFIF 등이 있다.
- 워드프로세서에서 그림 불러오기 기능을 이용하여 문서에 추가하여 사용할 수도 있다.

▶ 표시/숨기기 기능
- 전자출판 등을 위해 편집에 활용할 수 있는 기능을 표시하거나 숨기는 기능이 있다.
- [보기] - [표시/숨기기] 메뉴에서 조판 부호, 문단 부호, 교정부호, 투명 선, 그림을 표시할지 선택할 수 있다.

▶ HTML 추출하기
- 웹 문서는 HTML(Hyper Text Markup Language) 언어로 작성되며 웹 페이지로 부른다.
- 웹 문서는 HTML, CSS, JavaScript 언어로 구성된다.
- [파일] 메뉴의 [다른 이름으로 저장하기]를 선택하여 파일 이름을 입력하고 파일 형식(서식 있는 인터넷 문서 (*.html))을 선택한 후 [저장]하면 웹문서(HTML)가 추출된다.
- 폴더 창에서 저장된 '파일명.html' 파일을 선택한 후 바로 가기 메뉴에서 [열기]를 하면 연결이 설정된 웹 브라우저를 통해 웹 문서를 볼 수 있다.

- 웹 문서가 저장된 폴더에는 html 원본 파일(*.html), 스타일시트 파일(*.css), 이미지 파일(*.png) 세 개의 파일이 생성된다.
- 하이퍼링크(Hyper Link)를 이용하여 다른 웹 문서로 이동할 수 있어 상호작용을 원활히 할 수 있다.
- HTML은 크게 HEAD 부분과 BODY 부분으로 나뉘며 다음과 같이 구성된다.

```
〈HTML〉
  〈HEAD〉
    문서의 제목, 자바스크립트 코드, CSS 스타일 정의, 메타 데이터 정의 등
  〈/HEAD〉
  〈BODY〉
    문서의 본문 텍스트, 이미지, 테이블, 자바스크립트 코드, 동영상 등
  〈/BODY〉
〈/HTML〉
```

- 웹 문서를 저장할 때는 '파일명.HTML' 파일 형식이 필요하다.
- HTML은 P, BR, IMG, A, DIV, SPAN, HR 등의 여러 가지 태그로 구성되며 태그는 '〈 〉' 기호를 사용한다.
- HTML 태그는 대·소문자를 구분하지 않는다.
- 태그 이름에 〈태그명 속성="값" 내용 〈/종료 태그〉의 형태로 입력한다.
- 웹 문서를 표시하기 위해 웹 브라우저가 필요하다.

○ 마이크로소프트 엣지, 크롬, 오페라, 파이어폭스 등

▶ OLE 기능 *

- OLE(Object Linking Embedding)은 개체 연결 포함 기능이라고도 한다.
- Windows 응용 프로그램 간의 자료 교환 방식에 사용되는 용어로 데이터와 그것을 작성한 응용 프로그램을 밀접하게 결부시키는 것을 말한다.
- 여러 개의 응용 프로그램이 데이터를 서로 공유하면서 한쪽의 데이터 변화가 데이터 공유 프로그램 모두에 반영되도록 하는 기능이다.

▶ 전자출판의 종류

온라인 데이터베이스형	• 온라인을 통해 과학 기술, 비즈니스, 사회 과학, 인문 과학 등의 정보를 검색하는 형태 • 온라인 정보 검색 서비스, 비디오텍스, 쌍방향 CATV, 텔레텍스트 등이 포함
패키지형	• CD-ROM 타이틀, DVD 등 종이가 아닌 매체에 기록을 하는 형태 • 문자, 사진, 영상, 음성 등의 멀티미디어를 표현할 수 있음
컴퓨터 통신형	• 토털 전자출판 시스템으로, 온라인 데이터베이스형과 비슷하지만 저자의 집필·전송·편집·축적·이용자의 액세스까지 포함 • 전자 잡지, 전자 회의 시스템, 전자 메일 박스 등이 포함

▶ DTP 소프트웨어

- 페이지 레이아웃용 : 글자, 사진, 도표 등을 배치하는 조판 과정을 처리하는 프로그램이다.
  예) 문방사우, 페이지메이커, 쿼크익스프레스 등
- 이미지 리터치용 : 이미지를 생성하거나 변형시키는 프로그램이다.
  예) 포토샵
- 벡터 그래픽용 : 2차원이나 3차원 공간에 선이나 형상 혹은 애니메이션을 처리하는 프로그램이다.
  예) 일러스트레이터, 코렐드로 등

> **기적의 TIP** DTP 프로그램
> 글자, 사진, 도표 등의 조판 과정을 처리할 수 있는 페이지 레이아웃 프로그램으로 주로 도서 출판 제작용으로 사용

▶ 전자책(E-Book)

- 개인용 컴퓨터나 PDA, 전용 단말기를 통해 책의 내용을 다운로드해서 볼 수 있는 책이다.
- 종이책에서는 구현이 불가능한 동영상, 사운드, 애니메이션 등 각종 멀티미디어 기능을 포함한다.

> **기적의 TIP** 인터넷 정보 표시 언어
>
> | HTML(HyperText Markup Language) | 인터넷을 통해 볼 수 있는 문서를 만들 때 사용하는 프로그래밍 언어 |
> |---|---|
> | PDF(Portable Document Format) | 컴퓨터의 기종이나 소프트웨어의 종류에 관계없이 정보를 공유하고 활용할 수 있는 형식으로, 이것을 읽기 위해서는 아크로뱃 리더(Acrobat Reader) 프로그램이 필요함 |
> | XML(eXtensible Markup Language) | HTML과 SGML의 단점을 개선하여 전자출판이나 웹에서 구조화된 폭넓고 다양한 문서들을 상호 교환할 수 있는 형식으로, 멀티미디어와 PDF도 포함됨 |

▶ 전자출판 관련 용어 ✱

- **디더링(Dithering)** : 제한된 색상을 조합 또는 비율을 변화하여 새로운 색을 만드는 작업이다.
- **렌더링(Rendering)** : 3차원 컴퓨터 그래픽에서 화면에 그려지는 물체의 각 면에 색깔이나 음영 효과를 넣어 화상의 입체감과 사실감을 나타내는 기법이다.
- **리딩(Leading)** : 인쇄에서 한 행의 하단에서 다음 행의 상단 사이의 간격이다.
- **리터칭(Retouching)** : 기존의 그림을 다른 형태로 새롭게 변형하거나 수정하는 작업이다.
- **모핑(Morphing)** : 두 개의 이미지를 부드럽게 연결해 변환, 통합하는 것으로 컴퓨터 그래픽, 영화 등에서 응용되는 기법이다.
- **베타테스트(Beta Test)** : 전자출판 매체를 정식으로 내놓기 전에 오류가 있는지를 발견하기 위해 미리 정해진 사용자 계층이 활용해 보는 것을 말한다.
- **스프레드(Spread)** : 대상체의 컬러가 배경색의 컬러보다 옅을 때 배경색에 가려 대상체가 보이지 않는 현상이다.
- **스타일 시트(Style Sheet)** : 단락이나 문자의 속성에 해당하는 스타일을 모아 DTP에서 쉽게 사용할 수 있도록 정해 놓은 서식 파일을 의미한다.
- **오버프린트(Overprint)** : 문자 위에 겹쳐서 문자를 중복 인쇄하는 작업이나 배경색이 인쇄된 후 다시 인쇄하는 방법이다.
- **워터마크(Watermark)** : 그림을 밝고 명암 대비가 작은 그림으로 바꾸는 것으로, 회사 로고 등을 작성하여 배경으로 옅게 나타낼 때 사용한다.
- **초크(Choke)** : 이미지 변형 작업, 입출력 파일 포맷, 채도, 조명도, 명암 등을 조절한다.
- **커닝(Kerning)** : 자간의 미세 조정으로 특정 문자들의 간격을 조정하는 기능이다.
- **클립아트(Clip Art)** : 작업 문서에 자주 사용되는 다양한 그림을 모아 둔 조각 그림 모음집이다.
- **필터링(Filtering)** : 작성된 이미지를 필터 기능을 이용하여 여러 가지 형태의 새로운 이미지로 탈바꿈시켜 주는 기능이다.
- **하프톤(Halftone)** : 그래픽 파일의 효과 넣기로, 신문에 난 사진과 같이 미세한 점으로 나타내며 각 점의 크기나 명암을 달리하여 영상을 표시한다.

개념 체크 ✓

1 다음 중 전자 통신 출판의 이점으로 볼 수 <u>없는</u> 것은?
① 다수가 같은 내용을 이용할 때 반드시 접근 순서대로 이용 가능하다.
② 출판물 내용을 사용자가 원하는 부분만 선택하여 전송받을 수 있다.
③ 제공자와 사용자 간의 상호 대화가 가능한 양방향 매체이다.
④ 내용에 대한 추가 및 수정이 신속하고 배포가 용이하다.

2 다음은 전자출판의 어떤 기능을 설명한 것인가?

> 한글 Windows 10의 응용 프로그램 간 자료 교환 방식에 사용되는 것으로, 여러 개의 응용 프로그램들이 데이터를 서로 공유하면서 한쪽의 데이터 변화가 데이터 공유 프로그램 모두에 반영되도록 하는 기능

① OLE 기능
② Merge 기능
③ Margin 기능
④ ODBC 기능

3 다음 중 전자출판에 대한 설명으로 옳지 <u>않은</u> 것은?
① 컴퓨터를 이용하여 원고의 입력부터 출력까지의 전 과정을 관리할 수 있다.
② 전자출판을 이용하면 문자뿐만 아니라 그림, 소리, 동영상 등의 표현도 가능하다.
③ 미리 보기 기능을 이용하여 최종 결과물의 결과를 미리 화면으로 확인할 수 있다.
④ 전자출판의 최종 결과물은 인화지나 필름을 이용한 사진 식자를 통해 인쇄된다.

4 다음 중 그림을 밝고 명암 대비가 작은 그림으로 바꾸는 것으로 기관의 로고 등을 작성하여 배경으로 희미하게 나타낼 때 사용하는 것을 무엇이라 하는가?
① 워터마크(Watermark)
② 스프레드(Spread)
③ 리터칭(Retouching)
④ 하프톤(Halftone)

5 다음 중 전자출판에서 이미지 변형 작업, 입출력 파일 포맷, 채도, 조명도, 명암 등을 조절하는 것을 무엇이라 하는가?
① 모핑
② 커닝
③ 초크
④ 하프톤

6 다음 중 전자출판과 관련된 용어에서 커닝(Kerning)에 관한 설명으로 옳은 것은?

① 글자와 글자 사이의 간격을 미세하게 조정하는 작업이다.
② 제한된 색상을 조합하여 복잡한 색이나 새로운 색을 만드는 작업이다.
③ 문자 위에 겹쳐서 문자를 중복 인쇄하거나 배경색을 인쇄한 후에 그 위에 대상체를 인쇄하는 기능이다.
④ 이미지 변형 작업, 입출력 파일 포맷, 채도, 조명도, 명암 등을 조절하는 작업이다.

7 다음에서 설명하는 전자출판 기능은?

> 2차원의 이미지에 광원, 위치, 색상 등을 첨가하여 사실감을 불어넣어 3차원적인 입체감을 갖는 화상을 만드는 작업이다.

① 디더링(Dithering)
② 렌더링(Rendering)
③ 리터칭(Retouching)
④ 필터링(Filtering)

8 다음 중 전자출판의 특징으로 옳지 않은 것은?

① 개인용 컴퓨터를 이용하여 출판의 전 과정이 가능하다.
② 위지윅(WYSIWYG) 방식으로 편집 과정을 편집자가 의도한 대로 구현할 수 있다.
③ 다양한 글꼴(Font)을 지원하며, 아날로그 방식으로 문자를 저장한다.
④ 문자뿐만 아니라 소리, 그림, 영상, 애니메이션 등의 복합적인 표현이 가능하다.

9 다음 중 전자출판의 특징으로 옳지 않은 것은?

① 저장 매체의 일부가 손상되어도 전체 자료를 볼 수 있다.
② 문자나 소리, 그림, 동영상 등의 멀티미디어 요소의 복합적인 표현이 가능하다.
③ CD-ROM 등을 저장 매체로 이용하여 보관 공간을 줄이고 영구적인 보관이 가능하다.
④ 컴퓨터 통신망을 이용하여 다수의 사용자가 동시에 자료의 사용이 가능하다.

10 다음 중 전자출판에서 그림 사용에 대한 설명으로 옳지 않은 것은?

① 전자출판에 사용되는 그림 형식은 HTML, MP3, MP4 등이 있다.
② 웹 문서의 그림에서 마우스 오른쪽 단추를 눌러 그림을 복사하거나 저장할 수 있다.
③ 내 컴퓨터에 저장된 그림은 워드프로세서로 불러들여 전자출판에 이용할 수 있다.
④ 전자문서 내의 그림은 자르기하여 불필요한 부분을 없앨 수 있다.

11 다음 중 HTML에 대한 설명으로 옳지 않은 것은?

① 웹 브라우저에서 표시되는 웹 문서의 파일 형식이다.
② 크게 웹 문서의 제목 등을 표시하는 HEAD 부분과 웹 문서의 내용을 표시하는 BODY 부분으로 나뉜다.
③ 현재 웹 문서에서 다른 웹 문서로의 이동을 나타내는 하이퍼링크는 텍스트에만 설정되어 사용된다.
④ HTML은 구조와 내용을 나타내고 CSS는 웹 문서의 모양을 나타낸다.

12 다음 중 출판물의 입력, 편집, 인쇄, 저장 등의 전 과정을 컴퓨터화한 전자출판시스템을 무엇이라고 하는가?

① DTP
② LED
③ RAM
④ CRT

SECTION 04 문서 작성 일반

1과목 워드프로세서 용어 및 기능

POINT 009 문서의 기능 및 종류

문서의 기능

의사 전달의 기능	자신의 의사나 내용을 정확하게 상대방에 전달하는 기능
의사 보존의 기능	문서가 일정한 기준으로 정리 및 보관되어 증빙 자료나 역사 자료로 사용되는 기능
의사 교환의 기능	문서를 타 부서 간에 교환하는 기능
자료 제공의 기능	보관, 보존된 문서는 다시 활용되어 경영 활동을 촉진시키는 자료로 제공되는 기능
부서 간의 협조 기능	문서를 전달, 회람, 결재하는 과정에서 부서 간 문서를 공유하는 기능

문서의 종류

- 작성 주체에 따른 분류

공문서	• 행정기관 또는 공무원이 그 직무상 작성 또는 접수한 문서 • 일반적인 문서와 도면, 사진, 디스크, 테이프, 필름, 슬라이드 등이 포함 • 종류 : 법규 문서, 훈령, 지시, 예규, 일일명령, 고시, 공고, 회보
사문서	• 개인이 사적인 목적으로 작성한 문서 • 사문서를 행정기관에 제출하여 접수되면 공문서로 간주

- 유통 대상에 따른 분류

대내문서 (사내문서)	• 조직체의 내부에서 지시, 명령하거나 협조하기 위해 오고가는 문서 • 종류 : 지시문, 전달문, 보고서, 선언 통신문, 각종 장표 등
대외문서 (사외문서)	• 국민이나 단체 및 다른 행정기관에 오고가는 문서 • 통지, 조회, 의뢰, 초대, 독촉 등의 형식을 취하는 문서 • 종류 : 주문서, 청구서, 송품장, 검수증, 영수증, 인사장, 안내문, 초대장, 부고장, 채용 공고, 신제품 광고 문서 등
전자문서	컴퓨터, 워드프로세서 전용기 등의 전자적인 형태로 작성하여, 이메일, 팩스 등으로 저장하고 전송되는 문서

- 처리 단계에 의한 분류 ★

접수문서	문서과에서 일정한 절차에 따라 기관이 접수한 문서
배포문서	문서과에서 접수한 문서를 처리과로 배포(배부)한 문서
공람문서	처리과에서 배부 받은 문서를 결재권자가 열람에 붙이는 문서
기안문서	배포문서의 내용에 따라 기관의 의사 결정을 위하여 일정한 형식에 따라 문안을 작성한 문서

> **기적의 TIP** 보관문서와 보존문서
> • 보관문서 : 일처리가 끝난 완결문서로 해당연도 말까지 보관하는 문서
> • 보존문서 : 가치 있는 자료라고 판단되어 일정 기간 동안 보존하는 문서

- 일반 문서

전표	• 기입해 넣을 것을 미리 예정해서 빈 칸을 만들어 놓은 문서 • 종류 : 매출전표, 출고전표, 출고지시서, 납품서, 청구서 등
장표	• 준비된 빈 칸에 때에 따라 일어나는 정보를 기입하여 사무절차의 도구로 이용하는 문서 • 종류 : 회계장부, 급여대장, 주주명부 등
표	• 여러 가지의 정보를 일정 기준에 따라 만들어 놓은 문서 • 종류 : 정산표, 일계표, 월계표, 재무제표, 재고표, 각종 통계표 등

문서 작성 원칙 ★

① 문서 작성의 요건

- **정확성** : 표기법이 정확하고 합리적이며, 내용이 시행 불가능한 사항이 없이 작성자의 의사를 정확하게 표현하여 작성되어야 한다.
- **간결성** : 의사전달이 용이한 형태의 간결체로 문장을 짧고 긍정적으로 작성하며, 결론 및 문제점을 먼저 쓴다.
- **신속성** : 표준적인 예문을 사용하고 빠르게 전송해야 한다.
- **경제성** : 경비 절감을 원칙으로 문서 작성 방법을 고안한다.
- **보존성** : 문서는 증빙자료, 역사자료 또는 정보원으로 활용할 수 있으므로 보존이 가능한 형태로 작성한다.

② 문장의 작성 방법
- 긴 문장은 적당히 끊어 작성하고 주어와 술어의 관계를 분명히 한다.
- 수식어를 정확히 사용한다.
- 이해하기 쉬운 용어를 사용한다.
- 결론을 먼저 제시한다.
- 아마도, 오히려, 도리어, 반드시, 만약 등의 예고형 부사를 활용한다.
- 애매모호한 표현을 하지 않는다.
- 문서의 구성은 두문, 본문, 결문 등으로 구분한다.
- 항목을 구분할 때에는 1. 가. 1) 가) (1) (가) 순으로 사용한다.

개념 체크 ✓

1 문서를 처리 단계에 따라 분류하고자 한다. 이에 해당되지 않는 것은?
① 접수문서
② 배포문서
③ 공람문서
④ **대외문서**

2 다음 중 워드프로세서를 이용한 문서 작성법의 설명으로 옳지 않은 것은?
① 문장은 되도록 간결하게 쓰고 긴 문장은 적당히 끊어 작성한다.
② 작성자의 의사가 명확히 표시되어야 하며 이해하기 쉬운 용어를 사용한다.
③ 문서의 구성은 두문, 본문, 결문 등으로 구분한다.
④ **단어마다 한자, 영어를 넣어 작성하여 문서의 내용을 가급적 어렵게 인식되도록 한다.**

POINT 010 문서의 형식

▶ 사내문서

명령(지시)문서	명령서, 지시서, 계획서, 통지서, 기획서, 상신서 등
보고문서	일보, 출장 보고서, 조사 보고서, 일계표 등
연락문서	업무 연락서, 조회문서, 의뢰문서, 회답문서, 통지서 등
기록문서	의사록, 사원카드, 인사기록, 장표류 등

▶ 사외문서

의뢰서	견본 청구서, 견적 의뢰서, 견적서, 주문서 등
통지서	송금 통지서, 거절장 등
법률문서	거래 계약서, 내용증명서, 입찰서 등

POINT 011 사내문서의 서식 구성

▶ 두문(머리말)
- 상단에 수신자와 발신자명, 문서번호, 발신 연월일 등을 기록한다. 이때 수신자와 발신자는 직위명을 사용해도 된다.
- 문서 번호는 다른 문서와 구별되는 표시가 되며 문서의 왼쪽 상단에 표시한다.
- 발신 연월일은 문서 상단 오른쪽에 쓰고 마지막 글자를 오른쪽에 맞추어 정렬한다. 연, 월, 일을 생략할 경우 마침표(.)를 찍어서 대신한다.
- 수신자명은 문서를 받아볼 상대방으로 직명과 성명만 기입한다.
- 발신자명은 그 문서 내용에 책임을 지는 발신인의 성명을 기재한다.
- 예 인발 제125호 – 인사부 발령과 발신 125번째 문서

▶ 본문
- 제목은 본문의 내용을 간략하게 한마디로 간추려서 표시한다.
- 주요 문장을 간결하고 정확하게 표현한다. 본문의 내용을 보기 좋게 하기 위해 '별기', '다음', '아래' 등으로 표시하고 본문의 내용을 함축하여 작성한다.

▶ 결문
- 문서의 아래에 담당자명을 기록한다.
- 발신인은 일반적으로 그 문서의 내용을 실제로 처리한 담당자를 입력한다.

POINT 012 사외문서의 서식 구성

▶ 두문(머리말)
- 문서 번호는 생략하나 관공서로 보낼 경우에는 문서의 왼쪽 상단에 표시한다.
- 발신 연월일은 사내 문서의 서식과 같이 문서 상단 오른쪽에 쓰고 마지막 글자를 오른쪽에 맞추어 정렬한다. 연, 월, 일을 생략할 경우 마침표(.)를 찍어서 대신한다.
- 수신인은 주소를 써도 되고 생략해도 된다.
- 발신인은 그 문서에 책임을 지는 발신자의 주소, 회사명, 성명을 기재한다.

▶ 본문
- 제목은 본문의 내용을 간략하게 추린 것으로 그 문서의 내용을 파악할 수 있도록 표시한다.
- 전문에는 용건을 말하기 전에 간단한 인사말을 한다.
- 주문에는 문서의 핵심으로 전하고자 하는 내용을 간결, 명확하게 나타낸다.
- 말문에는 문장을 요약해서 매듭을 짓는다.

▶ 결문
- 본문의 내용을 보충하기 위한 것으로 추신, 첨부물, 담당자의 직위 및 성명을 쓴다.
- 추신은 본문에서 빠뜨린 것을 보충하거나 내용의 일부를 강조하기 위해 기록하는 부분으로 본문이 끝나는 곳에서 2~3행 띄어서 쓴다.
- 첨부물은 동봉하여 보내는 문서가 있을 경우, 그 문서의 명칭과 수량을 표시한다.
- 이상은 본문과 추신이 끝난 다음 오른쪽 끝에 쓰며, 문서의 내용이 끝났음을 나타낸다.

개념 체크 ✓

1 사내문서를 작성하는 방법으로 적당한 것은?
① 하위자가 상위자에게 보내는 문서에는 전문을 집어넣는 것이 일반적이다.
② 발신일자는 월일만 적고 연도는 적지 않는 것이 일반적이다.
③ 발신자명에는 직명을 쓰지만, 수신자명에는 쓰지 않는 것이 일반적이다.
④ 내용은 간결하게 쓰는 것이 좋고 문체는 '~한다'라는 투가 일반적이다.

2 다음은 사외문서의 본문에 대한 설명이다. 본문에 해당되지 않는 것은?
① 주문에는 문서의 핵심으로 전하고자 하는 내용을 간결, 명확하게 나타낸다.
② 제목에는 본문의 내용을 간략하게 추린 것으로 그 문서의 내용을 파악할 수 있게 표시한다.
③ 추신에는 본문에서 빠뜨린 내용을 보충하기 위해 기록한다.
④ 전문에는 용건을 말하기 전에 간단한 인사말을 쓴다.

SECTION 05 문서 관리하기

1과목 워드프로세서 용어 및 기능

POINT 013 문서관리 일반

▶ 문서관리의 표준화
- 문서 양식의 표준화 : 용지 규격 통일, 장부와 전표의 표준화, 일반 문서 양식의 표준화이다.
- 문서 처리의 표준화 : 일정 기준으로 분류하기 위한 문서 분류 방법과 분류 번호, 분류 체계, 관리 방법의 표준화이다.
- 문서 취급의 표준화 : 문서의 발송, 접수의 수발 사무에 대한 방법과 절차에 관한 표준화이다.
- 문서 보존 관리의 표준화 : 문서의 보존, 이관, 폐기 등에 관한 표준화이다.

> **기적의 TIP** 문서관리의 기본 원칙
> - 신속성, 정확성
> - 용이성
> - 표준화, 간소화
> - 전문화
> - 기계화, 자동화
> - 경제성
> - 일일 처리

▶ 문서관리 절차★

문서의 분류 → 문서의 편철 → 문서의 보관 → 문서의 이관 → 문서의 보존 → 문서의 인계 → 문서의 폐기

> **기적의 TIP** 문서보관 방법
> - 집중식 관리 : 문서를 전담하는 부서에서 모든 문서를 보관하고 관리
> - 분산식 관리 : 각 부서에서 문서를 직접 정리
> - 절충식 관리 : 일정 한도의 문서는 각 부서별로 분산 관리하고 중요 문서는 주관 부서에서 집중 관리

> **개념 체크** ✓
> 1 다음 중 문서관리의 기본 원칙이 아닌 것은?
> ① 정확성
> ② 신속성
> ③ 용이성
> ④ 사실성

2 다음 중 문서관리의 기본 원칙으로 옳지 않은 것은?
① 문서 사무 처리의 절차나 방법 등을 간결하게 하여 시간 절약과 문서 업무 능률을 증진시킨다.
② 문서 처리의 절차나 방법 중에서 중복되는 것이나 불필요한 것을 없애고, 동일 종류의 문서 사무 처리를 하나로 묶어서 통합하여 처리한다.
③ 문서 사무 처리에 적용할 수 있는 여러 가지의 수단이나 방법 중에서 가장 합리적인 것을 선정하여 적용한다.
④ 문서가 이동되고 경유하는 곳을 늘리고 지체 시간은 줄여야 한다.

POINT 014 문서 파일링하기

▶ 문서 파일링(Filing)
- 필요한 문서는 언제든지 쉽게 찾고 필요 없는 문서는 적시에 폐기할 수 있도록 문서를 유형별로 정리, 보관, 폐기하는 일련의 제도를 파일링 시스템이라고 한다.
- 문서관리는 신속한 검색, 개방화, 원활한 정보 전달, 정확한 의사 결정, 시간과 공간의 절약, 사무환경의 정리와 기록물의 효과적인 활용을 목적으로 한다.

▶ 파일링 시스템의 기본 원칙★
- 개인별 점유, 보관의 금지 : 문서 담당자가 개인의 서랍 속이나 다른 문서에 끼워 보관하면 안 된다.
- 문서의 소재 명시 : 문서가 보관된 서류함의 위치를 누구나 쉽게 알 수 있도록 한다.
- 문서검색의 용이화 및 신속성 : 필요한 문서를 쉽게, 신속하게 찾을 수 있도록 정리한다.
- 문서의 적시 폐기 : 불필요한 문서는 지체없이 폐기하도록 한다.
- 파일링 방법의 표준화 : 파일링 방법 전반에 대해 내부 규정을 정하여 표준화한다.

POINT 015 문서의 정리(배열)

▶ 가나다식 문서정리 방법(Alphabetic Filing System)

- 명칭별 분류법(거래처별 정리) : 거래자나 거래 회사명에 따라 이름의 첫머리 글자를 기준으로 가나다 순 혹은 알파벳 순으로 분류한다.

장점	• 동일한 개인 혹은 회사에 관한 문서가 한 곳에 집중 • 직접적인 정리와 참조가 가능하며 색인이 불필요 • 가이드나 폴더의 배열 방식이 단순 • 잡건(雜件)의 처리가 용이
단점	• 비슷한 명칭이 밀집 • 명칭, 특히 조직명의 표시 방법에 관련하여 문서가 분산

○ 잡건(雜件): 많이 중요하지 않은 여러 가지 일

- 주제별 정리법 : 문서의 내용으로부터 주제를 결정하고 이 주제를 토대로 문서를 분류한다.

장점	• 같은 내용의 문서를 한 곳에 모아 관리 • 무한하게 확장 가능
단점	• 분류하는 것이 어려움 • 색인 카드가 필요 • 잡건(雜件)의 취급이 어려움

- 지역별 분류법 : 거래처의 지역이나 범위에 따라 가나다 순으로 분류한다.

장점	• 장소에 따른 문서의 집합이 가능 • 직접적인 정리와 참조가 가능 • 잡건(雜件)의 처리가 용이
단점	• 지역별로 분류하고 한글 순, 알파벳 순으로 구분하므로 착오가 많고 시간과 노력이 많이 소요 • 명칭과 같은 장소를 모르면 조사하기 어려움 • 색인 카드에 의존적

▶ 번호식 문서정리 방법(Numeric Filing System)

- 문서가 처리되어 검사된 문서가 일정량 모이면 개별 폴더에 넣어 숫자를 지정하여 정리 서랍에 보관하는 방식이다.
- 충분히 축적되기 전 상태의 문서는 한글 순 혹은 알파벳 순으로 잡(雜)폴더에 수용한다.
- 개별 폴더에 보관 중인 거래처나 항목의 명칭을 카드에 기재하고 지정된 숫자를 적는다. 모든 카드는 거래처나 항목의 명칭에 따라 한글 순, 혹은 알파벳 순으로 배열한다.

○ 잡(雜)폴더: 같은 내용의 문서가 몇 장 되지 않을 때, 개별 폴더를 만들기 전 단계에 넣어두는 임시 보관 성격의 폴더

- 번호 순으로 이미 지정된 명칭을 기록해 둔다. 분류되는 문서는 우선 100단위, 10단위, 그리고 마지막에 정확한 번호 순으로 분류하여 해당 개별 폴더에 보관한다.

장점	• 정확성과 무한 확장 가능 • 카드 색인이 그대로 거래처의 목록표가 됨 • 문서의 기밀 유지 가능
단점	• 간접적인 정리 방법 • 잡문서가 별도의 철에 보관 • 인건비 등의 비용이 많이 듦

▶ 혼합형 문서정리 방법(Mixed Filing System)

문서를 주제별, 명칭별, 형식별 등의 다양한 방법으로 혼합하여 배열하는 방법이다.

개념 체크 ✓

1 다음 중 숫자식 문서정리 방법의 특징에 대한 설명으로 옳지 <u>않은</u> 것은?
① 폴더의 무한정 확장이 가능하다.
② 배정된 숫자로 폴더를 정리하는 직접 정리 방법을 사용한다.
③ 숫자가 명칭(이름)을 대신하므로 정보 보안 유지에 탁월하다.
④ 동일한 숫자가 한 번만 배정되어 정확한 분류가 가능하다.

2 가나전자(주)는 냉장고, 세탁기, 에어컨 등을 만드는 회사로 각 제품에 들어가는 부품별로 관련 문서를 정리하려고 한다. 이때 사용하기 가장 적절한 문서정리 방법은?
① 명칭별 분류법
② 형식별 분류법
③ 혼합식 분류법
④ 주제별 분류법

POINT 016 전자문서 관리하기

전자문서 관리 시스템의 장점과 단점 *

장점	• 표준화된 문서 양식의 사용 • 사무의 생산성 향상 • 쾌적한 사무환경 조성 • 문서수발의 시간, 인력, 비용 절감 • 불필요한 서류의 중복을 피함 • 문서 저장 공간의 낭비를 줄여 효율적 관리 • 신속하고 정확한 문서 검색
단점	• 전자문서 접근 권한에 관한 문제 • 보안 유지 문제 • 프로그램의 버전 관리 문제

> **기적의 TIP** 공인전자문서보관소(Certified e-Document Authority)
> 전자문서의 이용을 활성화하기 위하여 전자문서를 안전하게 보관하고, 전자문서의 내용 및 송수신 여부 등을 증명해 줄 수 있는 제3의 기관(Trusted Third Party)이다.

전자결재시스템

- 문서 양식을 단순화시킨다.
- 문서 작성과 유통을 표준화시켜 일반 사용자가 간편하게 작성할 수 있다.
- 문서에 작성자의 이름이 자동으로 삽입되어 실명제를 실현한다.
- 실명제를 통해 문서 유통의 투명성을 높여준다.
- 사무 처리의 신중성을 제고한다.
- 전자이미지서명 등록, 결재암호 등으로 보안을 유지하는 기능을 갖춘다.
- 결재에 필요한 시간을 줄여주며, 문서정리 및 관리를 효율적으로 할 수 있다.
- 업무 흐름도에 따라 결재 파일을 결재경로에 따라 자동으로 넘겨주므로, 따로 출력하여 보관하지 않아도 된다.
- 이미 작성된 문서를 수정하거나 재가공해서 사용하는 것이 가능하다.

개념 체크 ✓

1 다음 중 전자문서에 대한 설명으로 옳지 않은 것은?
① 전자문서는 일반 문서와 동일한 법적 효력을 갖는다.
② 전자문서는 정보처리시스템에 의해 전자적 형태로 작성된다.
③ 전자문서의 효력은 수신자의 컴퓨터에 파일로 등록된 때부터 발생한다.
④ 전자문서의 내용 및 송수신 여부를 증명해 주는 공신력 있는 제3의 기관으로 공인인증센터가 있다.

2 전자문서의 장점에 대한 설명으로 가장 거리가 먼 것은?
① 문서의 접수, 결재, 보관, 검색 등에 소요되는 시간이 절약된다.
② 컴퓨터 파일로 결재되고 시행되어 문서 처리에 소요되는 비용이 절감된다.
③ 종이 문서보다 체계적인 분류와 보관이 가능하다.
④ 새로운 정보 습득의 용이성으로 인한 정보량 증가로 문서 작성 시간이 늘어난다.

3 거래처에서 보낸다고 하는 이메일이 도착하지 않는다. 거래처 김 대리는 분명 발송을 여러 차례 하였다고 한다. 아래 지문 중에 고려할 수 없는 상황은?
① 자신의 메일에 저장용량이 부족하여 수신하지 못하였다.
② 메일 주소에 오류가 있어서 수신하지 못하였다.
③ 스팸메일로 처리되어 수신하지 못하였다.
④ 문서 처리과에서 전달하지 않아 수신하지 못하였다.

4 전자결재시스템은 전산망을 이용하여 문서의 승인이나 신고 등 업무를 처리하는 시스템으로 결재에 필요한 시간을 최소화하고 정보관리의 효율성을 증대시킬 수 있다. 이 시스템의 특징에 대한 설명으로 가장 적절하지 않은 것은?
① 문서 양식을 단순화시킨다.
② 관리자 편의 중심의 시스템이다.
③ 문서 작성과 유통을 표준화시킨다.
④ 문서 작성자의 실명제를 통해 유통의 투명성을 높여준다.

SECTION 06 공문서 처리하기

1과목 워드프로세서 용어 및 기능

POINT 017 공문서의 일반적 지식

▶ 공문서의 종류

- **법규 문서** : 법규 사항을 규정하는 문서로 헌법·법률·대통령령·총리령·부령·조례·규칙 등에 관한 문서를 말한다. 조문 형식에 의해 작성하며 누년 일련 번호를 사용한다.
- **지시 문서** : 행정기관이 그 하급 기관 또는 소속 공무원에 대하여 일정한 사항을 지시 또는 명령하는 문서를 말한다.

훈령	상급 기관이 하급 기관에 대하여 장기간에 걸쳐 그 권한의 행사를 일반적으로 지시하기 위하여 발하는 명령
지시	상급 기관이 직권 또는 하급 기관의 문의에 의하여 하급 기관에 개별적·구체적으로 발하는 명령
예규	행정 사무의 통일을 기하기 위하여 반복적 행정 사무의 처리 기준을 제시하는 법규 문서 외의 문서
일일 명령	당직·출장·시간 외 근무·휴가 등 일일 업무에 관한 명령

- **공고 문서** : 행정기관이 일정한 사항을 일반에게 알리기 위한 문서를 말한다.

고시	행정기관이 일정한 사항을 일반에게 알리기 위한 문서로 효력이 계속 유지
공고	행정기관이 일정한 사항을 일반에게 알리기 위한 문서로 내용의 효력이 단기적이거나 일시적인 것

- **비치 문서** : 비치 대장·비치 카드 등 행정기관이 일정한 사항을 기록하여 행정기관 내부에 비치하면서 업무에 활용하는 문서를 말한다.
- **민원 문서** : 민원인이 행정기관에 대하여 허가·인가·기타 처분 등 특정 행위를 요구하는 문서 및 그에 대한 처리 문서를 말한다.
- **일반 문서** : 위에 속하지 않는 모든 문서로 회보와 보고서가 이에 속한다.

▶ 공문서의 성립 및 효력 발생 ✱

- **공문서의 성립** : 당해 문서에 대한 서명(전자문자서명, 전자이미지서명 및 행정전자서명을 포함)에 의한 결재가 있음으로써 성립하며, 당일 또는 즉시 처리가 원칙이다.

🏁 기적의 TIP 전자이미지서명
기안자·검토자·협조자·결재권자 또는 발신명의인이 전자문서상에 전자적인 이미지 형태로 된 자기의 성명을 표시하는 것

- **공문서의 효력 발생 시기** : 효력 발생 시기란 문서의 내용이 실제적으로 영향을 미치는 시기를 의미하며, 우리나라에서는 문서가 수신자에게 도달된 때 효력이 발생하는 도달주의를 채택하고 있다.

일반 문서	수신자에게 도달(도달주의)된 때
전자문서	수신자의 컴퓨터 파일에 기록된 때
공고 문서	고시 또는 공고가 있은 후 5일이 경과한 날
법규 문서	공고 후 20일이 경과한 날

🏁 기적의 TIP 형식에 따른 구분
- 조문 : 법규 문서, 훈령, 예규
- 시행문 : 훈령, 지시, 예규, 일일 명령, 민원 문서, 일반 문서
- 회보 : 일일 명령, 회보
- 기안문 : 보고서

개념 체크 ✓

1 다음 공문서에 대한 설명으로 옳지 않은 것은?
① 지시 문서에는 훈령, 예규, 지시, 회보 문서가 있다.
② 공고 문서는 고시 또는 공고 후 5일이 경과하면 효력이 발생한다.
③ 법규 문서는 조문 형식에 의해 작성하고 누년 일련 번호를 사용한다.
④ 훈령, 지시, 예규, 일반 문서 등은 시행문의 형식을 따른다.

2 다음 중 지시 문서로만 짝지어진 것은?
① 총리령, 대통령령, 지시
② 훈령, 예규, 일일 명령
③ 조례, 지시, 고시
④ 공고, 법률, 부령

3 다음의 내용은 공고 문서에 대하여 설명한 것이다. 괄호 안에 적당한 용어를 순서대로 올바르게 나열한 것은?

> 법령이 정하는 바에 따라 일정한 사항을 일반에게 알리는 문서로 개정이나 폐지가 없는 한 그 내용의 효력이 계속되는 것은 (   )이고, 그 내용의 효력이 단기적이거나 일시적인 것은 (   )이다.

① 지시, 공고 ② 공고, 고시
③ 고시, 지시 **④ 고시, 공고**

4 문서의 효력 발생에 대한 다음 견해 중 우리나라에서 채택한 것은?
① 표백주의 ② 발신주의
③ 도달주의 ④ 요지주의

5 다음 중 문서의 성립 및 효력 발생 시기에 관한 설명으로 옳지 <u>않은</u> 것은?
① 공고 문서인 경우에는 고시 또는 공고가 있은 후 5일이 경과한 날로부터 효력이 발생한다.
② 일반 문서인 경우에는 수신자에게 도달된 때 효력이 발생한다.
③ 전자문서인 경우에는 수신자의 컴퓨터에 파일로 기록된 때부터 효력이 발생한다.
④ 문서는 당해 문서에 대한 구두 결재가 있음으로써 성립한다.

POINT 018 공문서의 구성

▶ 문서의 구성
- 기안문 및 시행문은 두문, 본문, 결문으로 구성된다.
- 전자문서는 두문, 본문, 결문 및 붙임으로 구성하거나 표제부와 본문부로 구성할 수 있다.
- 표제부는 두문과 본문의 제목 및 결문으로, 본문부는 제목과 내용 및 붙임으로 구성한다.

두문	행정기관명, 수신, (경유)
본문	제목, 내용, 붙임
결문	• 발신명의 • 기안자, 검토자, 협조자, 결재권자의 직위/직급 및 서명 • 생산등록번호와 시행일자 • 접수등록번호와 접수일자 • 행정기관의 우편번호, 도로명주소, 홈페이지 주소, 전화번호/팩스번호 • 공무원의 전자우편 주소 • 공개 구분

▶ 두문
- **행정기관명** : 문서를 기안한 부서가 속한 행정기관명을 가장 윗부분 가운데에 기재한다.
- **수신자** : 수신자가 많을 경우 수신자란에 '수신자 참조'라 쓰고 결문의 발신명의 아래 왼쪽 기본선에 맞추어 수신자란을 설치하여 수신자명(수신처 기호)을 표시한다.

▶ 본문
- **제목** : 문서의 내용을 쉽게 알 수 있도록 간단하고 명확하게 기재한다.
- **내용** : 문서로 표현하고자 하는 뜻을 쉬운 말로 간략하게 기재한다.
- **붙임** : 문서 외 붙임물이 있을 때 표시하는 란으로, 문서의 내용이 끝난 다음 줄에 표시한다.

▶ 결문
- **발신명의** : 문서를 발신하는 기관의 장을 기입한다.
- **서명** : 발신명의인이 공문서상에 자필로 자신의 성명을 다른 사람이 알아볼 수 있도록 한글로 표시하는 것을 말한다.
- **등록번호 및 일자** : 처리과명(처리과 기관 번호)과 일련번호로 구성된다.
  <u>행정자치부장관이 정한 행정 전산망 기관별 코드 번호</u>

개념 체크 ✓

1 공문서 작성 시 수신 기관이 두 군데 이상인 경우에 '수신자 참조' 란이 새로이 설정되는 위치는?
① 두문에 표시한다.
② 본문에 표시한다.
③ 수신란에 표시한다.
④ 발신명의 왼쪽 아래에 표시한다.

2 행정 사무의 표준화를 위하여 행정자치부장관이 정한 행정 전산망 공통 행정 코드 중 기관별 코드 번호를 무엇이라고 하는가?
① 분류 번호
② 누년 일련 번호
③ 문서 번호
④ 기관 번호

3 다음 중 공문서의 두문으로만 짝지어진 것은?
① 행정기관명, 서명
② 발신명의, 등록 번호
③ 행정기관명, 수신자
④ 발신명의, 공개 구분

4 공문서 중 기안문 및 시행문은 두문, 본문, 결문으로 구성된다. 다음 중 기안문 및 시행문의 결문에 해당되는 내용으로만 바르게 짝지어진 것은?

① 기안자, 수신자, 결재권자의 직위/직급
② 우편번호/주소, 시행 및 접수 처리과명-일련번호와 일자, 붙임
③ 행정기관명, 전화번호/전송번호, 검토자/협조자
④ 발신명의, 결재권자의 직위/직급, 전자우편 주소 및 공개 구분

POINT 019 공문서의 작성 방법

▶ 용지 규정

- 용지 크기 : 특별한 사유가 있는 경우를 제외하고는 A4 용지(가로 210mm×세로 297mm)를 사용한다.
- 용지 색깔 : 특별한 사유가 있는 경우를 제외하고는 흰색을 사용한다.
- 용지 여백 : 위 30mm, 왼쪽 20mm, 오른쪽 15mm, 아래 15mm의 여백을 둔다.
- 글자 색깔 : 검은색 또는 푸른색으로 한다.

▶ 표기 방법 *

- 글자 표기 : 어문 규범에 맞게 한글로 작성하되 쉽고 간명하게 표현하고, 뜻을 정확하게 전달하기 위하여 필요한 경우에는 괄호 안에 한자 및 외국어를 쓸 수 있다. 특별한 사유가 있는 경우를 제외하고는 가로로 쓴다.
- 숫자 표기 : 특별한 사유가 있는 경우를 제외하고는 아라비아 숫자로 한다.
- 날짜 표기 : 숫자로 표기하되 연, 월, 일의 글자는 생략하고 그 자리에 마침표(.)를 찍어 표시한다. 예 2021년 5월 28일(X) → 2021. 5. 28.(O)
- 시각 표기 : 시·분은 24시각제에 따라 숫자로 표기하되, 시·분의 글자는 생략하고 그 사이에 쌍점(:)을 찍어 구분한다. 예 오후 5시 27분(X) → 17:27(O)
- 금액 표기 : 금액을 표시할 때에는 아라비아 숫자로 쓰되, 변조의 위험을 막기 위해 숫자 다음에 괄호를 하고 한글로 기재한다. 예 금123,456원(금일십이만삼천사백오십육원)

- 로고 표기 : 기안문 및 시행문에는 가능한 한 행정기관의 로고, 상징, 마크 또는 홍보 문구 등을 표시하여 행정기관의 이미지를 높일 수 있도록 해야 한다.
- 바코드 표기 : 문서에 시각장애인 등의 편의 도모를 위해 음성정보 또는 영상 정보 등이 수록되거나 연계한 바코드 등을 표기할 수 있으며, 바코드는 문서 상단의 '행정기관명' 표시줄의 오른쪽 끝에 2cm×2cm 범위 내에서 표기한다.

▶ 공문서의 항목 구분 *

- 첫째 항목 : 1., 2., 3., 4. …
- 둘째 항목 : 가., 나., 다., 라. …
- 셋째 항목 : 1), 2), 3), 4) …
- 넷째 항목 : 가), 나), 다), 라) …
- 다섯째 항목 : (1), (2), (3), (4) …
- 여섯째 항목 : (가), (나), (다), (라) …
- 일곱째 항목 : ①, ②, ③, ④ …
- 여덟째 항목 : ㉮, ㉯, ㉰, ㉱ …

▶ 끝 표시

- 문서의 본문이 끝날 때 : 한 글자(2타) 띄우고 '끝' 표시를 한다.
- 첨부물이 있을 때 : 붙임의 표시문 끝에서 한 글자(2타) 띄우고 '끝' 표시를 한다.
- 오른쪽 한계선에서 끝날 때 : 다음 줄의 왼쪽 기본선에서 한 글자(2타) 띄우고 '끝' 표시를 한다.
- 서식의 마지막 칸까지 작성될 때 : 아래 왼쪽 기본선에서 한 글자(2타) 띄우고 '끝' 표시를 한다.
- 서식의 중간에서 기재 사항이 끝날 때 : 다음 칸에 '이하 빈 칸' 표시를 한다.

▶ 공문서의 면 표시

문건별 면 표시는 중앙 하단에, 철 단위 면 표시는 우측 하단에 표시한다.

▶ 공문서의 수정
- 문서의 일부분을 수정할 때 : 원안의 글자를 알 수 있도록 글자의 중앙에 가로로 두 선을 긋고, 삭제 또는 수정한 자가 그 곳에 서명 또는 날인한다.
- 문서의 중요한 내용을 수정할 때 : 문서의 여백에 삭제 또는 수정한 글자 수를 표시하고 서명 또는 날인한다.
- 시행문을 수정할 때 : 문서의 여백에 정정한 글자 수를 표시하고 관인으로 날인한다.
- 전자문서를 수정할 때 : 수정한 내용대로 재작성하여 시행한다.

개념 체크 ✓

1 다음 중 공문서 항목 구분 시 셋째 항목의 항목 구분으로 사용할 수 있는 기호는?
① 거, 너……
② 1), 2)……
③ 가), 나)……
④ 가, 나……

2 다음 중 공문서의 작성 방법에 대한 설명으로 틀린 것은?
① 문건별 면 표시는 중앙 하단에 표시하고, 문서철별 면 표시는 우측 하단에 표시한다.
② 문서를 수정할 경우에는 원안의 글자를 알 수 있도록 당해 글자의 중앙에 가로로 두 선을 그어 수정하고, 수정한 자가 그 곳에 서명 또는 날인한다.
③ 시행문을 정정한 때에는 문서의 여백에 정정한 글자 수를 표기하고 정정한 자가 그 곳에 서명 또는 날인한다.
④ 금액을 표기할 경우에는 아라비아 숫자를 사용하되, 숫자 다음의 괄호 안에 한글로 기재한다.

POINT 020 공문서의 처리

▶ 공문서 처리의 원칙
- 즉시처리의 원칙 : 효율적인 업무 수행을 위해서 문서는 당일 또는 즉시 처리한다.
- 책임처리의 원칙 : 문서는 국민의 권리, 의무에 영향을 주는 경우가 많으므로 직무 범위 내에서 책임을 가지고 처리한다.
- 적법처리의 원칙 : 해당 법규에 따라 요건은 갖추고 권한 있는 자에 의해 처리한다.
- 전자처리의 원칙 : 모든 처리 절차가 전자문서시스템 또는 업무관리시스템상에서 전자적으로 처리되어야 한다.

▶ 문서의 기안
- 문서의 기안은 특별한 사정이 있는 경우를 제외하고는 전자문서로 한다.
- 종류로는 일반 기안, 전자문서의 일괄 기안, 공동 기안, 수정 기안, 서식에 의한 기안 등이 있다.

▶ 문서의 결재 ✱
- 전결 : 행정기관의 장으로부터 결재권을 위임받은 자가 행하는 결재를 말한다.
- 대결 : 결재권자가 휴가, 출장 기타의 사유로 결재할 수 없을 때 직무를 대리하는 자가 결재하는 것을 말한다.
- 사후 보고 : 대결한 문서 중 내용이 중요한 문서에 대해서는 결재권자에게 사후에 보고한다.

▶ 문서의 간인
- 두 장 이상으로 이루어지는 중요한 문서 앞장의 뒷면과 뒷장의 앞면에 걸쳐 찍는 도장 또는 그 행위를 말한다.
- 전후 관계를 명백히 할 필요가 있는 문서, 사실 또는 법률관계의 증명에 관계되는 문서, 허가 · 인가 · 등록 등에 관계되는 문서, 기타 결재권자가 중요하다고 인정하는 문서 등에 사용한다.

▶ 관인 날인 및 서명 ✱
- 관인은 행정기관의 명의로 발송 또는 교부하는 문서에 사용하는 청인과 행정기관의 장 또는 보조 기관의 명의로 발송 또는 교부하는 문서에 사용하는 직인으로 구분한다.
- 관인은 그 기관 또는 직위 명칭의 끝 자가 인영의 중앙에 오도록 찍는다.

관인 인영의 색깔은 빨간색으로 함

▶ 문서의 발송*

- 처리과에서 발송하며 정보 통신망을 이용하여 발신함을 원칙으로 한다.
- 인편 또는 우편으로 발송하는 문서는 문서과의 지원을 받아 발송할 수 있다.
- 전자문서 중 정보 통신망을 이용하여 발송할 수 없는 문서는 이를 출력하여 발송할 수 있다.
- 행정기관의 장은 공문서를 수발함에 있어서 문서의 보안 유지와 분실, 훼손 및 도난 방지를 위한 적절한 조치를 강구해야 한다.

▶ 문서의 접수

- 문서는 처리과에서 접수한다.
- 문서과에서 직접 받은 문서는 기록물 배부 대장에 기록하고 접수 일시를 기재하여 처리과에 배부한다.

> **기적의 TIP 문서의 접수**
> - 처리과 : 문서의 수발 및 사무 처리를 주관하는 과 · 담당관 또는 계
> - 문서과 : 행정기관 내의 공문서의 분류 · 배부 · 수발 업무 지원 및 보존 등 문서에 관한 사무를 주관하는 과 · 담당관 또는 계. 문서과 또는 처리과에서 받은 문서가 2개 이상의 기관에 관련된 경우 관련성이 가장 높은 기관으로 이송

▶ 보고 사무

- 행정기관 간 보고 : 행정기관이 다른 행정기관으로부터 보고를 받으려는 경우에는 충분한 보고 기일을 정하여 필요한 범위에서 보고를 요구하여야 한다.
- 보고 기일 : 보고 기관의 범위, 보고 내용의 난이도 및 보고 작성에 소요되는 시간 등을 참작하여 정한다.
- 보고의 촉구 : 보고 요구 기관의 장은 보고가 기일 내에 도달되지 아니한 경우에는 보고 기관의 장에게 보고를 촉구할 수 있다.

▶ 업무 편람*

- 행정 편람 : 업무 처리 절차와 기준, 장비 운용 방법, 그 밖의 일상적 근무 규칙 등에 관하여 각 업무 담당자에게 필요한 지침, 기준 또는 지식을 제공하는 업무 지도서 또는 업무 참고서를 말한다.
- 직무 편람 : 단위 업무에 대한 업무 계획, 업무 현황 및 그 밖의 참고자료 등을 체계적으로 정리한 업무 자료철 등을 말한다.

▶ 업무 협조

- 다른 기관의 업무 협조가 필요한 경우에는 당해 업무의 기획 · 확정 · 공표 또는 시행 전에 관계 기관의 업무 협조를 받아야 한다.
- 업무 협조 요청을 받은 기관이 협조 요청 문서에 흠이 있음을 발견한 때에는 보완을 요구할 수 있다.
- 업무 협조 요청 기관은 협조 문서가 처리 기간 내에 도달되지 아니한 때에는 당해 협조 기관에 대하여 업무 협조를 촉구할 수 있다.

개념 체크 ✓

1 다음 중 대결한 문서에 대한 설명으로 옳지 않은 것은?
① 내용이 중요한 문서는 결재권자에게 사후에 보고하여야 한다.
② 정규 결재권자의 결재와 동일한 효력을 지닌다.
③ 대결함으로써 문서로서의 성립이 이루어진다.
④ **대결 후 결재권자에게 사후 보고 시 문서 수정이 가능하다.**

2 "관인에는 행정기관의 명의로 발송 또는 교부하는 문서에 사용하는 (   )과 행정기관의 장 또는 보조 기관의 명의로 발송 또는 교부하는 문서에 사용하는 (   )으로 구분한다"에서 괄호 안에 들어갈 적당한 용어를 순서대로 나열한 것은?
① 직인, 청인
② **청인, 직인**
③ 직인, 인영
④ 인영, 직인

3 다음 중 문서의 간인이 필요하지 않은 경우는?
① **법률 관계의 결과가 확인된 문서**
② 허가, 인가 및 등록 등에 관계되는 문서
③ 전후 관계를 명백히 할 필요가 있는 문서
④ 사실 또는 법률 관계의 증명에 관계되는 문서

4 공문서에서 관인을 찍는 위치에 관한 설명으로 옳은 것은?
① 기관 또는 직위 명칭의 첫 자가 인영의 가운데 오도록 찍는다.
② 기관 또는 직위 명칭의 끝 자와 그 바로 앞 글자의 가운데 오도록 인영을 찍는다.
③ **기관 또는 직위 명칭의 끝 자가 인영의 가운데 오도록 찍는다.**
④ 기관 또는 직위 명칭이 끝난 후 옆에 인영을 찍는다.

5 다음 중 단위 업무에 대한 업무 계획, 업무 현황 및 그 밖의 참고자료 등을 체계적으로 정리한 업무 자료철을 무엇이라고 하는가?

① 직무 편람
② 기구 편람
③ 행정 편람
④ 업무 배분 편람

POINT 021 기록물 관리

사무 관리의 원칙

① 신속성 · 정확성
- 문서가 이동되고 경유되는 곳을 줄이고 지체 시간을 줄여준다.
- 문서 사무에서 오류를 계획적 · 제도적으로 방지하여야 한다.
- 문서를 착오 없이 올바르게 처리하기 위해 직접 적거나 수정하지 않고, 복사하여 사용하거나 자동화된 사무기기를 이용하여 처리한다.

> **기적의 TIP** GIGO(Garbage In Garbage Out)
> 필요 없는 데이터가 입력되면 필요 없는 결과가 나온다는 의미로 컴퓨터의 정확성을 의미함

② 표준화 · 간소화
- 문서 사무 처리에 적용할 수 있는 여러 가지 수단이나 방법 중에서 가장 합리적인 것을 선정하여 항상 적용하는 것이다.
- 문서 처리의 절차나 방법 중에서 중복되는 것이나 불필요한 것을 없애고, 동일 종류의 문서 사무 처리를 하나로 묶어서 통합하여 처리한다.
- 문서 사무 처리의 절차나 방법 등을 간결하게 하여 시간 절약과 문서 업무 능률을 증진시킨다.

③ 전문화
문서의 작성, 배포, 접수, 보관 등의 업무에 전담자를 두어 전문성을 높여 능률을 증대시킨다.

④ 기계화 · 자동화
워드프로세서로 작성하고 전자 메일 등으로 배포하고 하드디스크나 CD-ROM 등을 활용하여 보관한다.

⑤ 경제성
- 소모품을 절감하고 사무기기의 관리를 효율화하여 유지 및 보수 비용을 줄인다.
- OA 기기를 사용하여 문서 작성과 유통비를 절감시킨다.

⑥ 용이성
- 문서 사무의 절차와 방법을 간단하고 쉽게 하고 사무실 환경을 개선한다.
- 사무 기계화를 추진하여 쉽고 간단하게 처리한다.

⑦ 일일 처리
효율적인 문서 사무를 위해 문서는 그날 중에 처리한다.

기록물 등록
처리과별로 생산, 접수된 기록물을 통합하여 등록 관리한다.

기록물 편철 및 보관
- 문서의 내용이 처리가 끝나면 참고자료 등 불필요한 문서를 제거한 후 보존, 활용할 문서를 묶어 편철한다.
- 문서 편철이 끝난 날이 속하는 연도의 말일까지 처리과의 서류 보관함에 보관한다.

기록물 보존
- 1년, 3년, 5년, 10년, 30년, 준영구, 영구(7종)가 있다.
- 보존 기간 계산의 기산일은 당해 기록물의 처리가 완결된 날이 속하는 해의 다음 해 1월 1일로 한다.

기록물의 폐기
- 보존 기간이 만료된 기록물은 특별한 사건이 없는 한 폐기 심의를 거쳐 지체 없이 폐기한다.
- 처리과에서는 기록물을 폐기할 수 없으며, 모든 기록물은 기록물 관리 기관으로 이관한 후 심사 및 심의를 거쳐 폐기한다.

> **개념 체크** ✓
>
> **1** 다음 중 컴퓨터 입력 시 GIGO(Garbage In Garbage Out)와 관련 있는 사무 관리의 원칙은?
> ① 용이성　　② 정확성
> ③ 신속성　　④ 경제성
>
> **2** 다음 중 문서의 보존 기간에 포함되기 시작하는 날은?
> ① 문서 완결한 날의 다음 해 1월 1일
> ② 문서 기안한 해의 1월 1일
> ③ 문서 시행일
> ④ 문서 기안일

2과목 PC 운영체제

SECTION 07 한글 Windows 10의 기초

POINT 022 한글 Windows 10의 기본 기능

▶ **한글 Windows 10의 특징** ★

- 그래픽 사용자 인터페이스 : 그래픽 아이콘을 마우스와 키보드로 실행하여 정보를 교환하는 방식의 환경이다.
- 선점형 멀티태스킹 : 운영체제가 제어권을 행사하여 특정 응용 프로그램이 제어권을 독점하는 것을 방지하는 안정적인 체제이다.
- 자동 감지 기능(PnP : Plug and Play) : 컴퓨터에 설치된 새로운 하드웨어를 자동으로 감지하여 하드웨어를 구성하고 충돌을 방지하는 기능이다.
- 빠른 검색 : 더 지능적이고 사용자와 친숙한 검색 방법으로, 검색어를 입력하면 기본 라이브러리 폴더뿐만 아니라 다른 위치에 있는 관련 문서, 그림, 음악, 이메일 목록이 항목별로 분류되어 검색된다.
- 에어로 스냅 : 창을 화면의 가장자리로 드래그하여 위치에 따라 자동으로 크기가 변경되는 기능이다.
- 에어로 피크 : 작업 표시줄 오른쪽 끝에 마우스 포인터를 위치하여 바탕 화면 미리 보기를 제공한다.
- 에어로 쉐이크 : 창의 제목 표시줄에서 마우스를 흔들면 현재 창을 제외한 모든 창을 최소화하고 다시 흔들면 원래대로 복원하는 기능이다.
- 장치 스테이지 : 다양한 디지털 기기를 PC에서 간편하게 연결하여 사용할 수 있는 기능이다.
- OneDrive : 마이크로소프트사에서 제공하는 클라우드 저장소로 파일 탐색기와 동기화하여 연동할 수 있다.
- 라이브러리 : 라이브러리에서 문서, 비디오, 사진, 음악 등의 파일을 쉽게 찾고 파일을 저장하는 안전한 위치의 관리 폴더이다.
- 새 데스크톱(가상 데스크톱) : 개인용 작업과 업무용 작업을 분리하여 하나의 시스템에서 서로 다른 바탕 화면으로 관리하는 기능이다.
- 마이크로소프트 엣지 : 웹 내용 중 필요한 부분을 저장하고 메모하는 등의 기능이 추가되었으며 스마트폰이나 태블릿 PC와 같은 모바일 기기와도 손쉽게 연동되는 웹 브라우저이다.
- 메일 앱과 일정 앱이 서로 연결 : 메일 앱과 일정 앱 간에 서로 전환해서 간단히 사용할 수 있다.
- 마이크로소프트 앱 스토어 활용하기 : 홈, 게임, 엔터테인먼트, 생산성, 특가 카테고리로 분류되어 무료 또는 유료로 앱을 다운로드 및 설치하고 관리한다.

▶ **한글 Windows 10의 도움말 사용법**

- 도움말은 새로운 기능이나 문제 해결 등 사용자가 잘 모르는 문제들을 해결하거나 지원 센터에 문의하는 기능이다.
- 피드백 보내기를 사용하면 문제에 대한 보고와 기타 개선 사항을 제안하는 등 멀리 떨어져 있는 사용자가 내 컴퓨터에 연결하여 해결 방법을 얻을 수 있다.
- 도움말은 웹과 같은 하이퍼텍스트(Hypertext)의 기능을 지원하며 텍스트를 클릭하여 연관성 있는 다른 도움말로 이동할 수 있다.
- 도움말의 내용을 확인한 후 복사하거나 인쇄할 수 있다.
- 도움말을 사용자가 추가하거나 이동, 삭제 등의 편집은 할 수 없다.
- 바로 가기 키, 작업 표시줄, Windows 업데이트, 시스템 복원, 디스크 정리와 같은 명령어를 입력하여 실행할 수 있다.
- 도움을 원하는 단어의 검색어를 입력하여 단어가 포함된 도움말 항목을 이용해서 찾아보는 방법이 있어 관련 있는 도움말로 많은 정보를 얻을 수 있다.

▶ **컴퓨터 시스템의 부팅**

- 컴퓨터 시스템의 전원 장치를 눌러 한글 Windows 10이 실행된 후 컴퓨터를 사용할 수 있는 상태로 만드는 것을 부팅이라고 한다.
- 부팅 과정 : 전원 켜기 → 롬 바이오스(ROM BIOS)에서 CMOS 점검 → POST(Power On Self Test) 수행 → 마스터 부트 레코드(MBR) 읽기 → 시스템 파티션 찾아 부트 섹터 실행, 메모리에 로딩 → 윈도우로 로그온 → 이용자 정보를 읽은 후 바탕 화면 표시
- 윈도우 로그인 옵션 : Windows Hello 얼굴, Widows Hello 지문, Windows Hello PIN, 보안 키, 비밀번호, 사진 암호가 있다.

▶ 한글 Windows 10의 [고급 옵션]

디버깅 사용	윈도우 시스템 관리자용으로 커널 디버거를 사용하여 시작
부팅 로깅 사용	오류가 발생하기 전에 마지막으로 로드한 파일을 포함하여 시작하는 동안 로드한 모든 드라이버를 나열하는 ntbtlog.txt 파일에 저장하면서 시작
저해상도 비디오 사용	디스플레이 해상도를 저해상도 디스플레이 모드(1024×768)로 윈도우를 시작
안전 모드	• 최소의 핵심 드라이버 및 서비스만으로 Windows를 시작하는 것으로 새 장치나 드라이버를 설치한 후 부팅이 되지 않을 때 사용. Windows 그래픽 사용자 인터페이스(파일 탐색기)를 열고 네트워크는 사용할 수 없음 • 안전 모드에서는 기본적인 제어만 실행되므로 네트워크, CD-ROM 드라이브, 프린트 등은 사용하지 못함
안전 모드 (네트워킹 사용) 사용	핵심 드라이버와 네트워킹 지원으로 윈도우를 시작
안전 모드 (명령 프롬프트 사용) 사용	핵심 드라이버와 명령 프롬프트를 사용하여 윈도우를 시작
드라이버 서명 적용 사용 안 함	부적절한 서명이 포함된 드라이버가 로드될 수 있도록 허용
멜웨어 방지 보호 조기 실행 사용 안 함	멜웨어 방지 드라이버 조기 실행이 시작되지 않도록 하여 멜웨어가 포함되어 있을 수 있는 드라이버가 설치되도록 함
오류 발생 후 자동 다시 시작 사용 안 함	오류가 발생한 경우 윈도우가 자동으로 다시 시작되지 않도록 함

개념 체크 ✓

1 다음 중 한글 Windows 10의 도움말 기능에 관한 설명으로 옳지 않은 것은?
① 관련된 항목의 도움말을 쉽게 찾을 수 있는 하이퍼텍스트 기능이 있다.
② 필요한 도움말을 제목별로 검색할 수 있으며, 프린터로 출력할 수 있다.
③ 온라인에서 원격 지원으로 도움을 받거나 전문가에게 문의할 수 있다.
④ **새로운 기술에 대한 내용을 도움말에 추가하거나 수정할 수 있다.**

2 다음 중 한글 Windows 10에서 부팅 시 고급 옵션에서 지원하는 부팅 모드에 대한 설명으로 옳은 것은?
① 안전 모드 : 기본 드라이버 및 DVD 드라이브, 네트워크 서비스만으로 부팅한다.
② 부팅 로깅 사용 : 화면 모드를 저해상도 디스플레이 모드인 '640×480' 해상도로 설정하여 부팅한다.
③ 디버깅 모드 : 잘못된 서명이 포함된 드라이버를 설치할 수 있도록 설정한다.
④ **시스템 복원 : 부팅에 문제가 있거나 시스템이 정상적으로 동작하지 않을 때 PC에 기록된 복원 지점을 사용해 Windows를 복원시키고자 할 때 사용한다.**

POINT 023 마우스와 키보드 사용법

▶ 합격 강의

▶ 마우스 사용법

클릭(Click)	하나의 아이콘을 선택하거나 취소
더블클릭(Double Click)	프로그램 아이콘을 실행
드래그 앤 드롭(Drag&Drop)	창의 이동, 창의 크기 조절, 파일의 이동과 복사

▶ 마우스 포인터

○ 마우스 포인터 파일 종류
• 정적인 마우스 포인터 파일의 확장자 : .CUR
• 움직이는 마우스 포인터 파일의 확장자 : .ANI

• 마우스 포인터란 프로그램의 사용 상태에 따라 마우스의 위치를 알려주는 표시이다.
• [시작]-[제어판]-[마우스]-[포인터] 탭에서 마우스 포인터의 모양을 다양하게 변경할 수 있다.

포인터	기능	포인터	기능
▷	일반 선택	⊘	사용할 수 없음
▷?	도움말 선택	↕	수직 크기 조절
▷	백그라운드 작업	↔	수평 크기 조절
○	사용 중	⤡ ⤢	대각선 방향 크기 조절 1, 2
+	정밀도 선택	✥	이동
I	텍스트 선택	⇧	대체 선택
✎	필기	👆	연결 선택
👆📍	위치 선택	👆?	사용자 선택

▶ 한글 Windows 10 로고 키의 바로 가기 키*

바로 가기 키	기능
⊞	시작 화면 열기 또는 닫기
⊞+A	알림 센터 열기
⊞+B	알림 영역에 초점 설정
⊞+D	바탕 화면 표시 및 숨기기
⊞+E	파일 탐색기 열기
⊞+F	피드백 허브를 열고 스크린샷을 생성
⊞+I	Windows 설정 창 열기
⊞+K	연결 바로 가기
⊞+L	PC 잠금 또는 계정 전환
⊞+M	모든 창의 최소화
⊞+Shift+M	최소화된 창 복원
⊞+R	실행 대화상자 열기
⊞+S	검색 창 열기
⊞+T	작업 표시줄의 앱을 차례로 선택
⊞+U	접근성 열기
⊞+V	클립보드의 검색 기록 보기
⊞+X	빠른 연결 메뉴 열기
⊞+.	일시적으로 바탕 화면 미리 보기
⊞+Pause Break	시스템 속성 대화상자 표시
⊞+숫자	작업 표시줄에 고정된 앱 중 누른 [숫자] 번째 앱을 실행 또는 전환
⊞+Tab	가상 데스크톱 작업 보기 열기
⊞+ +	돋보기 창 열기
⊞+Ctrl+D	새로운 가상 데스크톱 생성

▶ 한글 Windows 10의 바로 가기 키*

바로 가기 키	기능
F1	Windows 도움말 브라우저 보기
F2	파일이나 폴더를 선택한 항목의 이름 바꾸기
F3	파일 탐색기에서 파일 또는 폴더 검색
F4	파일 탐색기에서 주소 표시줄 목록 표시
F5	활성 창의 새로 고침
F6	창이나 바탕 화면의 화면 요소를 순환하며 이동
F10	활성 앱의 메뉴 모음 활성화
Alt+F4	사용 중인 항목을 닫거나 활성 앱 끝내기
Alt+Esc	항목을 열린 순서대로 선택
Alt+밑줄 그어진 문자	해당 문자에 대한 명령 수행
Alt+Enter	선택한 항목의 속성 표시
Alt+Space Bar	활성 창의 창 조절 메뉴를 표시
Alt+←	활성 창의 뒤로(이전) 이동
Alt+→	활성 창의 앞으로(이후) 이동
Alt+Tab	열려 있는 앱 간 전환
Ctrl+F4	동시에 여러 문서를 열 수 있는 앱(MDI)에서 활성 문서 닫기
Ctrl+A	문서나 창에서 있는 모든 항목 선택
Ctrl+C (또는 Ctrl+Insert)	선택한 항목 복사
Ctrl+D (또는 Delete)	선택한 항목을 삭제하고 휴지통으로 이동
Ctrl+V	선택한 항목 붙여넣기
Ctrl+X	선택한 항목 잘라내기
Ctrl+Y	작업 다시 실행
Ctrl+Z	작업 실행 취소
Ctrl+드래그 앤 드롭	선택한 파일이나 폴더를 같은 드라이브로 복사
Shift+드래그 앤 드롭	선택한 파일이나 폴더를 다른 드라이브로 이동
Ctrl+Shift+드래그 앤 드롭	선택한 항목의 바로 가기 아이콘 만들기
Shift+Delete	선택한 항목을 휴지통으로 이동하지 않고 바로 삭제
Ctrl+Alt+Tab	화살표 키를 사용하여 열린 모든 앱 간 전환
Ctrl+Esc	시작 화면 열기
Esc	현재 작업 중지 또는 끝내기
Ctrl+Shift+Esc	작업 관리자 창 바로 열기
Print Screen	화면 전체를 캡처하여 클립보드에 복사
Alt+Print Screen	활성 창을 캡처하여 클립보드에 복사

개념 체크 ✓

1 다음 중 한글 Windows 10에서 사용하는 바로 가기 키에 대한 설명으로 옳은 것은?

① ■+L : **컴퓨터 시스템을 잠그거나 사용자를 전환한다.**
② ■+U : 선택된 항목의 속성 대화상자를 화면에 표시한다.
③ Alt+Enter : 활성 창의 바로 가기 메뉴를 표시한다.
④ Alt+Tab : 작업 표시줄의 프로그램들을 차례대로 선택한다.

POINT 024 창과 메뉴 사용법

▶ 창(Window)과 메뉴(Menu) 사용법

제목 표시줄	현재 선택된 폴더명을 표시
빠른 실행 도구 모음	실행 취소, 다시 실행, 삭제, 속성, 새 폴더, 이름 바꾸기, 리본 메뉴 아래에 표시, 리본 메뉴 최소화의 메뉴와 도구가 표시되고 사용자가 지정 가능
창 조절 단추	최소화, 최대화, 닫기 아이콘 표시
메뉴 표시줄	파일, 홈, 공유, 보기 등의 메뉴
리본 메뉴	메뉴를 눌렀을 때 표시되는 리본 메뉴
주소 표시줄	현재 사용하는 드라이브와 폴더의 위치가 표시되어 이동되는 곳
검색 상자	파일명이나 폴더명으로 원하는 항목 검색
탐색 창	바탕 화면, 라이브러리, 내 PC 등의 목록을 표시
내용 표시 창	선택한 폴더의 내용이 표시되며 기본적인 작업이 이루어지는 공간
상태 표시줄	전체 항목 수와 선택한 항목 수를 표시
스크롤 바	• 한 화면에 내용을 모두 표시할 수 없을 때 화면을 이동하여 표시하기 위해 가로 또는 세로 스크롤 바가 표시 • 스크롤 바의 이동은 스크롤 바를 누르고 드래그하기, 스크롤 바의 공백을 누르기, 스크롤 단추(∧, ∨) 누르기 순으로 빠르게 이동

▶ 창 조절 메뉴
• 제목 표시줄 왼쪽에 있는 아이콘을 클릭하거나 Alt+Space Bar를 누르면 표시되는 메뉴로 시스템 조절 메뉴라고도 한다.
• 열려 있는 창의 크기를 조정하거나 창을 이동, 최대화, 최소화, 닫기할 수 있다.

▶ 창 조절 단추

아이콘	기능	설명
−	최소화	현재 실행 중인 창을 작업 표시줄에 표시
□	최대화	전체 화면으로 표시
❐	이전 크기로 복원	이전의 화면 크기로 되돌리기
×	닫기	실행 중인 앱을 종료

▶ 바로 가기 메뉴
• 폴더나 시작 단추 등을 선택한 후 마우스 오른쪽 버튼을 클릭하면 나타나는 메뉴이다.
• 팝업 메뉴, 단축 메뉴라고도 하는데 바로 가기 메뉴는 선택된 개체에 따라 메뉴 항목이 다르게 표시된다.

개념 체크 ✓

1 다음 중 한글 Windows 10에서 바탕 화면의 바로 가기 메뉴를 사용하여 할 수 있는 작업으로 옳지 않은 것은?
① 바탕 화면에 새 폴더를 만들 수 있다.
② 바탕 화면에 있는 아이콘의 표시 유무를 지정할 수 있다.
③ 화면 해상도를 변경할 수 있다.
④ **컴퓨터의 전원을 켜거나 끌 수 있다.**

2 다음 중 한글 Windows 10의 바탕 화면에 있는 폴더 아이콘의 바로 가기 메뉴를 사용하여 할 수 있는 작업으로 옳지 않은 것은?
① 바탕 화면에 해당 폴더의 새로운 바로 가기 아이콘을 만들 수 있다.
② **바로 이전에 삭제한 폴더를 복원할 수 있다.**
③ 공유 대상 폴더를 설정할 수 있으며, 동기화할 수 있다.
④ 해당 폴더의 속성을 수정할 수 있다.

POINT 025 앱의 실행과 종료

▶ 연결 프로그램
- 연결 프로그램이란 바탕 화면 등에서 특정한 파일을 더블 클릭했을 때 실행되는 프로그램을 말한다.
- 응용 프로그램을 설치하면 파일은 확장자에 따라서 연결 프로그램이 자동으로 설정된다.
- 연결 프로그램을 변경할 때에는 파일에서 마우스 오른쪽 버튼의 바로 가기 메뉴에서 [연결 프로그램]을 클릭하여 앱을 선택한다. 연결할 앱이 없을 때는 [다른 앱 선택]을 눌러 앱을 추가할 수 있다.
- 파일의 속성 창에서 연결 프로그램의 [변경]을 선택하여 연결 프로그램을 변경할 수 있다.

▶ 응답하지 않는 앱의 종료(작업 관리자) ✱
- 사용 중 응답하지 않는 앱을 강제로 종료하거나 프로세스를 끝낼 때 Ctrl + Shift + Esc 를 누르거나 Ctrl + Alt + Delete 를 눌러 나오는 [작업 관리자] 창에서 해당 앱을 선택하여 [작업 끝내기]한다.
- [작업 관리자] 창은 Esc 나 창 조절 단추인 X 를 눌러 종료한다.

[프로세스] 탭	실행 중인 앱 목록과 백그라운드 프로세스가 표시되며, 특정 앱에 대해 [작업 끝내기]할 수 있음
[성능] 탭	CPU 이용률과 속도, 작동 시간, 메모리, 디스크, Wi-Fi 속도, GPU 사용률 등을 표시
[앱 기록] 탭	사용 중인 앱의 CPU 시간, 네트워크, 데이터 통신 연결을 통한 네트워크 활동, 타일 업데이트를 표시
[시작프로그램] 탭	시작프로그램 이름, 게시자, 상태, 시작 시 영향을 표시
[사용자] 탭	현재 로그인 사용자 이름, 연결 끊기 등을 표시
[세부 정보] 탭	실행 중인 프로그램 이름, 사용자 이름, CPU 이용률, 실제 메모리 사용 등을 표시
[서비스] 탭	서비스의 이름, 서비스 프로세스 ID, 서비스에 대한 설명 등을 표시

개념 체크 ✓

1 다음 중 한글 Windows 10에서 프로그램이 응답하지 않는 경우에 문제 해결 방법으로 가장 옳은 것은?
① 사용자의 컴퓨터를 보호하기 위해 Windows 방화벽을 설정한다.
② [장치 관리자] 창에서 중복 설치된 경우 해당 장치를 제거한다.
③ Windows [작업 관리자] 대화상자의 [프로세스] 탭에서 응답하지 않는 프로그램의 작업을 종료한다.
④ [시스템 파일 검사기]를 이용하여 손상된 파일을 찾아 복구한다.

2 다음 중 한글 Windows 10에서 Windows [작업 관리자] 창에 관한 설명으로 옳지 않은 것은?
① 기본적으로 운영체제에서 실행되는 프로그램들과 응용 프로그램 프로세스 정보를 제공한다.
② 실행 중인 프로세스의 작업을 평가하고 CPU 및 메모리 사용에 대한 그래프와 데이터를 볼 수 있다.
③ 작업 표시줄의 바로 가기 메뉴에서 [작업 관리자] 시작을 선택하거나 Ctrl + Shift + Esc 를 누르면 표시된다.
④ 설치된 응용 프로그램의 실행뿐만 아니라 새로운 프로그램을 추가나 제거할 수 있다.

3 다음 중 한글 Windows 10에서 Windows [작업 관리자] 창의 각 탭에서 표시하고 있는 작업으로 옳은 것은?
① [성능] 탭은 실행 중인 프로그램의 목록이 표시된다.
② [사용자] 탭은 실행 중인 이미지 이름과 CPU 사용량 등을 표시한다.
③ [앱 기록] 탭은 사용 중인 앱의 CPU 시간, 네트워크, 네트워크 활동, 타일 업데이트를 표시한다.
④ [응용 프로그램] 탭은 CPU와 메모리 사용량을 수치와 백분율, 그래프로 각각 표시한다.

SECTION 08 한글 윈도우의 활용

2과목 PC 운영체제

POINT 026 바탕 화면 활용하기

▶ 바로 가기 아이콘★
- 바로 가기 아이콘은 프로그램을 빠르게 실행하기 위해 만들어 사용하는 것으로, 모든 파일, 폴더, 프린터, 디스크 드라이브 등에 대해 바로 가기 아이콘을 만들 수 있다.
- 바로 가기 아이콘(Shortcut Icon)은 원본 프로그램의 경로를 지정한 1KB 크기 정도의 작은 파일로 .LNK 확장자를 가진다.
- 바로 가기 아이콘은 이름을 바꾸어 하나의 프로그램 아이콘에 대해 여러 개를 만들 수 있다. 다른 폴더에 같은 이름의 바로 가기 아이콘을 여러 개 만들 수 있으나 하나의 폴더에 같은 이름의 바로 가기를 만들 수는 없다.
- 바로 가기 아이콘에는 왼쪽 아래에 꺾인 화살표()가 표시된다.
- 바로 가기 아이콘을 삭제하더라도 연결된 원본 프로그램은 삭제되지 않지만, 원본 프로그램을 삭제하면 해당 파일의 바로 가기 아이콘은 실행되지 않는다.
- 바로 가기 아이콘을 만드는 방법은 다양하고 위치에 따라 다른 방법을 선택할 수 있다.

▶ [시작] 메뉴
- 작업 표시줄 가장 왼쪽에 있는 시작(🪟) 단추를 눌러 한글 Windows 10의 여러 가지 기능을 실행하는 곳이다.
- [시작] 메뉴의 앱 목록은 사용자가 원하는 대로 추가하거나 제거하여 사용할 수 있다.

▶ [시작] 메뉴에 앱 고정 및 제거
- [시작] 메뉴에 최근에 추가한 앱 목록과 이전에 추가된 앱 목록이 표시된다. 이 목록은 아이콘의 바로 가기 메뉴에서 [시작 화면에 고정]하거나 [시작 화면에서 제거]할 수 있다.
- 타일 형식 아이콘의 바로 가기 메뉴에서는 [크기 조정]에서 아이콘의 크기를 작게, 보통, 넓게, 크게 중에서 설정할 수 있다.
- [자세히]를 눌러 [작업 표시줄에 고정/제거], [관리자 권한으로 실행], [파일 위치 열기]를 선택할 수 있다. [파일 위치 열기]를 눌러 나오는 파일 탐색기 창에서 파일을 복사, 이동, 이름 바꾸기 등으로 관리한다.

▶ 라이브 타일
- 라이브 타일은 날씨, 뉴스, 일정, 메일 앱 등 실시간으로 정보를 표시해 주는 기능이다.
- 라이브 타일은 타일 형식 날씨 아이콘의 바로 가기 메뉴에서 [자세히]-[라이브 타일 끄기/켜기]를 선택한다.

▶ 작업 표시줄★
- 작업 표시줄에서 실행 중인 앱 목록을 클릭하여 화면을 전환한다.
- 작업 표시줄의 위치는 상·하·좌·우로 드래그 앤 드롭하여 이동할 수 있고 화면의 1/2 정도(50%)까지 크기를 조절할 수 있다. 단, 작업 표시줄 잠금이 해제되어 있어야 한다.

작업 표시줄 잠금	'켬'이면 작업 표시줄의 이동이나 크기 변경을 할 수 없도록 잠그는 기능
데스크톱 모드에서 작업 표시줄 자동 숨기기	'켬'이면 작업 표시줄이 숨기기되어 마우스를 작업 표시줄에 위치시키면 표시
태블릿 모드에서 작업 표시줄 자동으로 숨기기	'켬'이면 태블릿 모드에서 작업 표시줄이 숨기기되어 마우스를 위치시키면 표시되는 기능
작은 작업 표시줄 단추 사용	'켬'이면 작업 표시줄의 단추를 작게 표시하고, '끔'이면 단추를 크게 표시
바탕 화면 미리 보기 실행	작업 표시줄 끝에 있는 바탕 화면 보기 단추로 마우스를 이동할 때 미리 보기를 사용하여 바탕 화면 미리 보기
명령 프롬프트를 Windows PowerShell로 바꾸기	• [시작] 단추를 마우스 오른쪽 단추로 누르거나 🪟+X를 누르면 표시되는 메뉴 • '켬'이면 Windows PowerShell로 표시되고 '끔'이면 명령 프롬프트로 변경되어 표시
작업 표시줄 단추에 배지 표시	'켬'이면 특정 작업이 발생해야 함을 알려주는 기능
화면에서 작업 표시줄 위치	작업 표시줄의 위치를 '왼쪽', '위쪽', '오른쪽', '아래쪽' 중에서 설정
작업 표시줄 단추 하나로 표시	'항상, 레이블 숨기기', '작업 표시줄이 꽉 찼을 때', '안 함' 중에서 설정
여러 디스플레이	'켬'이면 여러 디스플레이 장치를 사용할 때 모든 디스플레이에 작업 표시줄 위치와 단추 표시를 설정
피플	'켬'이면 작업 표시줄에 표시할 연락처 수와 피플 알림 표시 등을 설정

개념 체크 ✓

1 다음 중 한글 Windows 10의 작업 표시줄에 대한 설명으로 옳지 <u>않은</u> 것은?
① 작업 표시줄은 현재 실행되고 있는 프로그램 단추와 프로그램을 빠르게 실행하기 위해 등록한 고정 프로그램 단추 등이 표시되는 곳이다.
② 작업 표시줄은 위치를 변경하거나 크기를 조절할 수 있으며, 크기는 화면의 1/4까지만 늘릴 수 있다.
③ '작업 표시줄 잠금'이 지정된 상태에서는 작업 표시줄의 크기나 위치 등을 변경할 수 없다.
④ 작업 표시줄은 기본적으로 바탕 화면의 맨 아래쪽에 있다.

2 다음 중 한글 Windows 10에서 시작 메뉴에 대한 설명으로 옳지 <u>않은</u> 것은?
① [시작] 단추를 누르면 현재 로그온한 사용자의 로고가 표시된다.
② [시작] 단추를 누르면 내 컴퓨터에 설치된 응용 프로그램 목록이 나타난다.
③ [시작] 메뉴의 프로그램 목록은 사용자가 원하는 대로 추가하거나 삭제할 수 있다.
④ [시작] 메뉴의 링크, 아이콘 및 메뉴의 모양과 동작을 사용자가 변경할 수 없다.

3 다음 중 한글 Windows 10에서 바로 가기 아이콘에 대한 설명으로 옳지 <u>않은</u> 것은?
① 하나의 원본 파일에 대해 바로 가기 아이콘은 여러 개 만들 수 있으며 여러 폴더에 저장할 수 있다.
② 특정 폴더의 바로 가기 아이콘을 바탕 화면에 만들면 해당 폴더의 위치가 바탕 화면으로 옮겨진다.
③ 파일의 바로 가기 아이콘을 삭제해도 원본 파일은 삭제되지 않는다.
④ 네트워크상의 다른 컴퓨터에 있는 디스크 드라이브, 프린터에 대해서도 바로 가기 아이콘을 만들 수 있다.

4 다음 중 한글 Windows 10에서 [작업 표시줄] 창을 이용하여 할 수 있는 작업으로 옳지 <u>않은</u> 것은?
① 작업 표시줄 잠금을 설정할 수 있다.
② 작업 표시줄 자동 숨기기를 설정할 수 있다.
③ 앱을 작업 표시줄에 고정할 수 있다.
④ 시작 메뉴의 표시 위치를 위쪽이나 아래쪽으로만 변경할 수 있다.

POINT 027 내 PC와 파일 탐색기

▶ 내 PC(내 컴퓨터)
- 사용자의 컴퓨터 정보를 보여주는 곳으로 드라이브, 파일, 폴더 등에 대한 정보를 나타낸다.
- 내 PC(내 컴퓨터)의 [속성] 창은 [제어판]의 [시스템]과 같은 기능이다.
- 내 컴퓨터의 위치에서 로컬 디스크 열기, 포맷, 복사, 바로 가기 만들기, 이름 바꾸기, 속성 등을 할 수 있다.
- 로컬 디스크 드라이브의 속성

[일반] 탭	디스크의 종류, 파일 시스템 유형, 사용 중인 공간, 사용 가능한 공간을 확인하고 디스크 정리를 실행
[도구] 탭	오류 검사, 드라이브 최적화 및 조각 모음
[하드웨어] 탭	모든 디스크 드라이브 장치의 속성을 확인 및 장치 설정을 변경
[공유] 탭	네트워크 파일 및 폴더 공유와 고급 공유에서 사용자 수를 제한
[보안] 탭	개체 이름 확인과 그룹 또는 사용자 이름을 편집하고 사용 권한 설정
[이전 버전] 탭	파일 히스토리 또는 복원 지점에서 가져오기
[할당량] 탭	하드 디스크는 각 사용자에 대해 디스크 공간 제한을 지정하여 한 명의 사용자가 모든 공간을 사용하지 않도록 예방하기 위해 할당량 제한을 설정하고 변경

> **기적의 TIP 할당량**
> 로컬 디스크의 [속성]–[할당량] 탭은 새 사용자에 대한 할당량 한도를 설정하는 곳으로, 디스크 공간 할당의 최대 크기는 KB, MB, GB, TB, PB, EB 단위로 설정 가능

▶ 파일 탐색기 *
- 디스크와 폴더의 구조를 표시하는 탐색 창이 있어 파일과 폴더의 구조를 확인하고 프로그램을 실행한다.
- 탐색 창을 통해 간편하게 파일을 이동, 복사, 삭제할 수 있다.
- '즐겨찾기에 고정'은 자주 사용하는 개체로 빠르게 이동하기 위하여 사용하는 기능이다.
- '라이브러리'는 컴퓨터의 여러 장소에 저장된 자료를 한 곳에 보고 정리할 수 있는 가상폴더로 문서, 비디오, 사진, 음악으로 분류한다.
- 'OneDrive'는 파일과 사진을 저장하고 어떤 디바이스에서든지 액세스할 수 있는 개인 클라우드 저장소이다.

- '내 PC'는 내 컴퓨터에 설치된 모든 구성 요소를 표시하며, 각 구성 요소를 관리할 수 있는 여러 가지 기능을 제공한다.
- '네트워크'는 개인 네트워크에서 폴더 및 프린터에 공유된 네트워크 인프라와 폴더를 표시한다.
- 파일 탐색기를 실행하는 방법

방법 1	[시작] 단추의 바로 가기 메뉴에서 [파일 탐색기]를 클릭
방법 2	[시작]-[Windows 시스템]-[파일 탐색기]를 클릭
방법 3	[시작]-[Windows 시스템]-[실행]에서 'explorer'을 입력
방법 4	시작 메뉴나 작업 표시줄에 고정된 [파일 탐색기(▣)] 아이콘을 클릭
방법 5	▣ + E 누르기

▶ 숫자 키패드를 이용한 폴더 목록 보기

*	현재 폴더 하위의 모든 폴더 구조를 표시
+	현재 폴더에 하위 폴더가 있음을 알려주고 +를 누르면 ˅로 표시되어 확장
−	현재 폴더가 확장되었음을 보여주고 −를 누르면 ›로 표시되어 축소
Back Space	현재 폴더의 상위 폴더로 이동
키보드 방향키 ←	탐색기에서 선택한 폴더의 하위 폴더가 보이면 닫고, 하위 폴더가 닫힌 상태이면 상위 폴더를 선택
키보드 방향키 →	탐색기에서 선택한 폴더의 하위 폴더를 열고, 하위 폴더가 열려 있는 상태이면 하위 폴더를 선택

▶ 아이콘 보기 형식

아주 큰 아이콘	아주 큰 아이콘 모양으로 표시
큰 아이콘	큰 아이콘 모양으로 표시
보통 아이콘	중간 크기의 아이콘 밑에 폴더나 파일명이 표시
작은 아이콘	작은 크기의 아이콘 옆에 폴더나 파일명이 표시
목록	작은 아이콘 크기의 목록이 세로로 표시, 작은 아이콘 레이아웃보다 더 많은 자료를 표시할 수 있음
자세히	이름, 수정한 날짜, 유형, 크기, 디스크인 경우 전체 크기, 사용 가능한 공간 등을 표시
타일	타일 모양으로 폴더명 장치와 드라이브명별 표시
내용	파일, 폴더명, 유형, 크기, 만든이 등을 자세히 표시

▶ 아이콘 정렬 기준

이름	한글은 '가나다'순, 영문은 'ABC' 순으로 아이콘을 정렬
수정한 날짜	파일이나 폴더명이 최종 수정된 날짜별로 정렬
유형	파일 종류별(파일 형식)로 정렬
크기	아이콘의 크기별로 정렬
만든 날짜	아이콘을 작성한 최초 만든 날짜별로 정렬
만든 이	만든 사용자별로 정렬
태그	태그별로 정렬
제목	만든 제목별로 정렬
오름차순/내림차순	오름차순은 '가나다'순, 내림차순은 '가나다'의 역순(반대)으로 정렬

▶ 폴더 옵션

- [일반] 탭 : 같은 창에서 폴더 열기, 새 창에서 폴더 열기, 한 번 클릭해서 열기, 두 번 클릭해서 열기, 파일 탐색기 기록 지우기 등을 설정한다.
- [보기] 탭 : 폴더의 보기 형식을 모든 폴더에 적용, 모든 폴더를 원래대로, 탐색 창 표시 항목, 파일 및 폴더에 표시할 항목, 숨김 파일 표시, 주소 또는 제목 표시줄에 전체 경로를 표시, 알려진 파일 형식의 파일 확장명 숨기기 등의 여부를 설정한다.
- [검색] 탭 : 폴더에서 시스템 파일을 검색할 때 색인 사용 여부, 색인되지 않은 위치 검색 시 시스템 디렉터리 포함 등을 설정한다.

개념 체크 ✓

1 다음 중 한글 Windows 10에서 파일 탐색기 창의 구성 요소에 관한 설명으로 옳지 않은 것은?
① '즐겨찾기에 고정'은 자주 사용하는 개체를 등록하여 해당 개체로 빠르게 이동하기 위하여 사용하는 기능이다.
② '라이브러리'는 컴퓨터의 여러 장소에 저장된 자료를 한 곳에 보고 정리할 수 있는 가상폴더이다.
③ '네트워크'는 윈도우 사용자들을 그룹화하여 권한 등의 사용자 관리를 용이하도록 하는 기능이다.
④ '내 PC'는 컴퓨터에 설치된 모든 구성 요소를 표시하며, 각 구성 요소를 관리할 수 있는 여러 가지 기능을 제공한다.

2 다음 중 한글 Windows 10의 [파일 탐색기] 창에 대한 설명으로 옳지 않은 것은?

① 파일 탐색기 창에서 특정 폴더를 선택하고 숫자 키패드의 ✱를 누르면 선택된 폴더의 모든 하위 폴더를 표시해 준다.
② 세부 정보 창에는 현재의 위치를 알려주는 경로가 표시된다.
③ 파일 영역(폴더 창)에서 키보드의 영문자 키를 누르면 해당 영문자로 시작하는 폴더나 파일 중 첫 번째 개체가 선택된다.
④ 리본 도구 모음은 현재 선택한 개체에서 가장 많이 사용하는 기능을 표시하는 곳이다.

3 다음 중 한글 Windows 10의 [폴더 옵션]의 '보기' 탭에서 할 수 없는 기능은?

① 메뉴 모음의 항상 표시 여부를 지정한다.
② 숨김 파일이나 폴더의 표시 여부를 지정한다.
③ 폴더나 파일을 가리키면 해당 항목의 정보를 표시하는 팝업 설명의 표시 여부를 지정한다.
④ 제목 표시줄에 현재 선택된 위치에 대한 일부분 경로 표시 여부를 지정한다.

POINT 028 파일과 폴더의 관리

파일과 폴더 만들기

- 파일 이름은 .(Dot)을 기준으로 왼쪽은 파일명, 오른쪽은 확장자(파일 형식)이다.
- 같은 폴더에서는 파일명과 확장자가 같은 이름이 두 개 이상 존재할 수 없다.
- 바탕 화면, 파일 탐색기 창 등에서 [홈] 메뉴나 바로 가기 메뉴의 [새로 만들기]를 이용하여 파일이나 폴더를 만든다.
- 한글 Windows 10에서는 약 260자 이내의 긴 파일명을 지원하며, 폴더나 파일명에 영문, 숫자, 한글, 공백, 특수문자 등을 사용할 수는 있지만 CON, PRN, AUX, NUL과 같은 예약어와 ₩ / : * ? " 〈 〉 | 과 같은 9개 특수문자는 사용할 수 없다.

- 파일이나 폴더를 선택한 후 바로 가기 메뉴의 [속성]에서 파일 형식, 연결 프로그램, 파일의 종류, 위치, 크기, 디스크 할당 크기, 내용, 만든 날짜, 수정한 날짜, 액세스한 날짜, 특성 등을 표시한다. 특성에는 읽기 전용과 숨김 특성이 있다.

읽기 전용 (폴더의 파일에만 적용)	읽을 수만 있고 지울 수 없는 특성
숨김	파일 탐색기 목록에 표시되지 않는 특성

- 폴더의 바로 가기 메뉴에서 [속성]-[사용자 지정] 탭을 통해 폴더에 표시할 사진이나 폴더 아이콘의 모양을 변경할 수 있다.

파일과 폴더의 관리 ✱

① 파일이나 폴더의 선택

클릭	클릭하여 하나의 파일이나 폴더를 선택
Shift +[클릭]	연속적인 파일이나 폴더의 선택
Ctrl +[클릭]	비연속적인 파일이나 폴더의 선택
마우스로 드래그	특정 영역에 사각형을 이루면서 마우스로 드래그하여 선택
Ctrl + A	모두 선택

② 파일이나 폴더의 실행

방법 1	응용 프로그램이나 폴더를 더블클릭
방법 2	파일이나 폴더의 바로 가기 메뉴의 [열기]를 선택
방법 3	파일이나 폴더를 선택한 후 [홈]-[열기] 그룹에서 [열기]를 선택
방법 4	[시작]-[Windows 시스템]-[실행]에서 파일명을 입력하여 열기

③ 파일이나 폴더의 복사와 이동

- 한글 Windows 10에서 복사나 이동, 붙여넣기를 사용하면 정보가 클립보드에 기억된다.
- 복사나 이동을 선택한 후에는 붙여넣기를 실행해야 한다.
- 복사는 원본이 그대로 있고, 이동은 원본이 새로운 장소로 옮겨진다.
- 마우스로 드래그 앤 드롭하여 복사할 때에는 마우스 포인터 옆에 가 표시되고 이동할 때에는 ➔ 표시가 나타난다.

④ 파일이나 폴더의 이름 바꾸기
- 이름을 변경할 파일이나 폴더를 선택한 후 ₩ / : * ? " 〈 〉 │ 의 9개 특수문자를 제외한 긴 파일명으로 변경할 수 있다.
- 이름을 바꾸는 도중에 Esc 를 누르면 이름 바꾸기가 취소된다.

⑤ 파일이나 폴더의 삭제
- 저장된 파일이나 폴더 중 필요 없는 파일이나 폴더는 삭제한다.
- 삭제한 파일이나 폴더는 [휴지통]에 임시 보관된다.

⑥ 압축(ZIP) 폴더
- 한글 Windows 10의 압축 폴더 기능을 사용하면 폴더를 압축하여 디스크 공간을 절약하고 다른 컴퓨터로 빠르게 전송할 수 있다.
- 압축 폴더와 그 안에 포함된 폴더나 프로그램 파일은 일반 폴더에서 사용하는 것과 똑같이 사용할 수 있다.
- 압축하려는 파일과 폴더들을 선택한 후 바로 가기 메뉴의 [보내기]-[압축(ZIP) 폴더]를 선택하거나, 파일 탐색기 창의 [공유] 메뉴에서 [보내기]-[압축(ZIP)]을 선택한다.
- 압축을 해제하려면 압축된 파일을 더블클릭하고 [압축 풀기 도구] 메뉴의 [압축 풀기]를 눌러 해제한다.
- 압축 해제를 하지 않고 파일을 선택하여 읽기 전용으로 열기는 할 수 있으나, 편집하여 같은 위치에 저장할 수는 없다. 편집했을 때에는 다른 이름으로 저장하여 사용한다.

⑦ 클립보드
- 복사, 이동(잘라내기), 캡처 등의 작업을 저장하는 임시 기억 장소이다.
- 윈도우에서 항목을 선택한 후 [복사] 또는 [잘라내기]를 실행하면 클립보드에 임시로 보관되었다가 [붙여넣기]를 실행하면 클립보드의 내용이 붙여진다.
- 클립보드의 내용을 보려면 ⊞+V 를 눌러 붙여넣기한다.
- 최대 25개까지 저장할 수 있고 삭제하거나 고정, 모두 지우기할 수 있다.
- [시작]-[시스템]-[클립보드]에서 설정한다.

파일이나 폴더의 검색
- 컴퓨터에 저장된 파일 이름, 폴더, 프로그램 및 일정, 연락처, 문서, 전자 메일, 사진, 비디오 등의 종류를 찾는 기능이다.
- 단어나 단어의 일부인 파일이나 폴더 이름, 파일 내용, 태그 및 다른 파일 속성(수정한 날짜, 크기)을 기준으로 검색한다.

검색 실행 방법	• [시작] 단추 오른쪽의 [검색(🔍)] 창에 검색어 입력으로 검색 • 파일 탐색기 창의 검색 상자(검색 도구)를 이용하여 단어 검색 • [고급 검색]의 와일드카드를 사용하여 ?(물음표)나 *(별표)를 사용하여 검색
[검색 도구]의 [검색] 메뉴	• 검색할 위치를 컴퓨터 내의 드라이브, 모든 폴더, 현재 폴더 등으로 검색 • 수정한 날짜는 오늘, 어제, 이번 주, 지난 주, 이번 달, 지난 달, 올해, 작년 중 선택한 후 검색 • 종류는 일정, 통신, 연락처, 문서, 전자 메일, 피드, 폴더, 게임 등으로 설정 • 크기는 비어 있음, 매우 작음, 작음, 중간, 큼, 매우 큼, 굉장히 큼 중에 크기를 직접 입력하여 검색 • 최근 검색에서는 크기, 종류 등 최근 검색어를 선택하고 검색 기록 지우기도 사용 • 고급 옵션에서는 색인 위치 변경 및 색인되지 않은 위치의 항목을 제외하거나 선택하여 검색

휴지통 *
- 한글 Windows에서 필요 없는 파일을 삭제하면 Windows의 휴지통에 우선 보관된다.
- 휴지통에서는 파일을 실행할 수 없고, 그림이나 사진 파일의 미리 보기도 할 수 없다.
- 휴지통의 파일은 필요할 때 삭제한 위치로 복원하여 사용할 수 있다.
- 휴지통이 가득 차면 공간을 확보하기 위해 휴지통을 자동으로 정리한다.

휴지통의 속성	• 휴지통의 크기는 드라이브마다 동일하게 또는 다르게 설정할 수 있고, 휴지통의 속성에서 MB 단위로 크기 지정 가능 • [파일을 휴지통에 버리지 않고 삭제할 때 바로 제거]를 선택하면 휴지통으로 들어가지 않고 즉시 제거 가능 • 파일을 삭제할 때마다 삭제 확인 대화상자가 표시되도록 설정 가능
휴지통의 실행	• [휴지통] 아이콘을 더블클릭하거나 휴지통의 바로 가기 메뉴에서 [열기]를 선택 • 휴지통 아이콘은 바로 가기 메뉴에서 [이름 바꾸기]는 할 수 있으나 휴지통 [삭제]는 불가
휴지통에서의 복원	• 휴지통에서 복원할 파일이나 폴더를 선택하고 [관리]-[휴지통 도구] 메뉴의 [선택한 항목 복원]을 클릭하거나 바로 가기 메뉴의 [복원] 선택 • 복원한 파일이나 폴더는 삭제한 원래 위치로만 복원되고 다른 위치로 이동하여 사용
휴지통 비우기	• 휴지통에서 영구히 삭제할 파일을 선택하고 바로 가기 메뉴의 [삭제] 선택 • 휴지통을 선택한 후 바로 가기 메뉴의 [휴지통 비우기]를 하거나 휴지통을 열기한 후 [휴지통 도구]의 [휴지통 비우기]를 선택 • 휴지통을 비우거나 삭제한 후에는 복원 불가 • [시작]-[Windows 관리 도구]-[디스크 정리]에서도 휴지통 비우기 가능

> **기적의 TIP** 휴지통 파일 복원 위치 변경
> 마우스로 복원할 위치에 끌어놓기하거나, [잘라내기]한 후 [붙여넣기]하면 원래의 위치가 아닌 다른 위치로 복원 가능

 ◀ 비워진 휴지통   ◀ 채워진 휴지통

▶ 라이브러리(Library)

- 여러 종류의 자료를 분야별로 그룹화하여 저장하고 쉽게 찾을 수 있도록 관리하는 기능이다.
- 각종 문서, 비디오, 사진, 음악, 카메라 앨범 등의 분야별 파일을 라이브러리 폴더에 보관하여 관리할 수 있다.
- 파일 탐색기에서 [보기] 메뉴 [창] 그룹의 [탐색 창]-[라이브러리 표시]를 선택하면 라이브러리가 표시된다.
- 새 라이브러리를 만들려면 라이브러리 위치에서 바로 가기 메뉴의 [새로 만들기]-[라이브러리]를 클릭한다.
- 작성된 라이브러리를 선택한 후 파일 탐색기의 [라이브러리 관리] 메뉴 [관리] 그룹의 [라이브러리 관리]에서 폴더를 추가할 수 있다.
- CD, DVD 등의 이동식 미디어는 라이브러리에 포함할 수 없으나 USB 플래시 드라이브의 파일이나 폴더는 포함할 수 있다.
- 라이브러리 폴더의 위치는 'C:\사용자\USER'이다. 즉, '문서' 라이브러리의 위치는 'C:\사용자\USER\Documents'이고 '사진' 라이브러리의 위치는 'C:\사용자\USER\Pictures'이다.
- 새로 만든 라이브러리를 삭제하려면 라이브러리 폴더를 선택한 후 바로 가기 메뉴의 [삭제]를 클릭한다. 라이브러리를 삭제하면 라이브러리에 포함된 폴더나 파일도 삭제되어 휴지통에 들어가므로 필요할 때 복원이 가능하다.

개념 체크 ✓

1 다음 중 한글 Windows 10에서 사용하는 [휴지통]에 대한 설명으로 옳은 것은?
① USB 메모리에 있는 파일을 선택한 후 Delete를 눌러 삭제하면 휴지통으로 가지 않고 완전히 지워진다.
② 지정된 휴지통의 용량을 초과하면 가장 최근에 삭제된 파일부터 자동으로 지워진다.
③ 삭제할 파일을 선택하고 Shift + Delete를 누르면 해당 파일이 휴지통으로 이동한다.
④ 휴지통의 크기는 사용자가 원하는 크기를 KB 단위로 지정할 수 있다.

2 다음 중 한글 Windows 10에서 파일이나 폴더를 삭제할 수 없는 경우에 대한 설명으로 옳은 것은?
① 다운로드한 프로그램 파일을 디스크 정리로 삭제할 경우
② 휴지통에 있는 특정 파일을 선택한 후에 Delete를 눌러 삭제할 경우
③ 현재 편집 중인 문서 파일이 포함된 폴더를 선택한 후에 Delete를 눌러 삭제할 경우
④ 모든 권한이 설정된 특정 폴더의 바로 가기 메뉴에서 [삭제]를 선택하여 삭제하는 경우

3 다음 중 한글 Windows 10의 파일과 폴더의 특징으로 옳지 <u>않은</u> 것은?
① 파일의 효율적인 관리를 위해 서로 관련 있는 파일들을 한 폴더에 저장한다.
② CON, PRN, AUX, NUL은 시스템에 예약된 단어이므로, 파일 이름과 확장자명으로 사용할 수 없다.
③ 하나의 폴더 내에는 동일한 이름의 파일이나 폴더가 존재할 수 없다.
④ 파일과 폴더의 이름은 기본적으로 260자 이내로 작성하며, 공백을 포함할 수 있다.

2과목 PC 운영체제

SECTION 09 보조프로그램과 앱 활용

POINT 029 Windows 보조프로그램

메모장

- 크기가 작은 간단한 문서를 만들 수 있는 기본적인 텍스트 편집기이다.
- 메모장에서 작성된 파일은 별도로 지정하지 않으면 확장자는 '.TXT'로 저장된다.
- 메모장 파일의 인코딩 방식에는 ANSI, UTF-16, UTF-8 방식 등이 있다.
- 글꼴 설정은 문서 전체에 대해 글꼴, 글꼴 스타일, 크기를 한꺼번에 변경할 수 있고 부분 변경은 되지 않는다.
- 글꼴 색은 검은색이며 변경할 수 없고, 단 나누기의 기능은 없다.
- 자동 맞춤법이나 특수한 서식이 있거나 다른 문서와의 개체 연결 및 포함(OLE) 기능, 그래픽 기능은 지원하지 않는다.
- 문서의 첫 행 왼쪽에 대문자로 '.LOG'를 입력하면 문서를 열 때마다 현재의 시간과 날짜가 맨 마지막 줄에 자동으로 입력된다.
- [보기]-[상태 표시줄]을 선택하면 메모장 오른쪽 아래에 현재 커서가 위치하는 라인과 컬럼 번호가 표시된다.

워드패드

- 워드패드는 서식 있는 텍스트 편집 문서 작성기로 Office Open XML 문서(*.docx), 텍스트 문서(*.txt), 유니코드 텍스트 문서(*.txt) 형식으로 저장할 수 있다.
- 작성된 문서는 다른 이름으로 저장, 인쇄, 전자 메일로 보내기를 할 수 있다.
- 문서 전체나 일정 부분에 대해 글꼴의 크기, 글꼴의 종류, 문단 설정을 지정할 수 있다.
- 복사, 잘라내기, 글머리 기호, 단락, 들여쓰기, 내어쓰기, 탭 기능, 찾기, 바꾸기 기능이 있다.
- 워드패드 문서에는 다양한 서식과 사진, 그림판 파일과 같은 그래픽을 포함할 수 있으며, 사진 또는 기타 문서 등의 개체를 연결하거나 포함(OLE) 기능이 있다.

그림판★

- 간단한 그림에서 정교한 그림까지 그릴 수 있고, 저장된 그림을 불러와서 편집하는 데 사용한다.
- 이미지 속성에서 화면의 단위는 인치, 센티미터, 픽셀 단위 중 선택하여 너비와 높이를 사용한다.
- 저장 파일 형식은 PNG, BMP, GIF, JPEG, TIFF, HEIC 등의 이미지 형식을 모두 지원한다.
- 색 1(전경색)은 마우스 왼쪽 단추로 드래그 앤 드롭하면 표시되는 색이고, 색 2(배경색)는 마우스 오른쪽 단추로 드래그 앤 드롭하면 표시되는 색이다.
- 선이나 원, 사각형 등을 그릴 때 Shift 를 누른 채 드래그하면 수직선, 수평선, 45° 대각선, 정원, 정사각형을 그릴 수 있다.
- 연결된 장치에서 이미지를 가져와 그림판에서 이미지 작업을 할 수 있다.
- 개체 연결 및 포함(OLE) 기능으로 그림판의 그림을 다른 문서에 삽입할 수 있다.

캡처 도구

- 내 컴퓨터의 전체 화면이나 특정 부분을 그림 형식으로 캡처하여 저장한다.
- 캡처 모드는 자유형/사각형/창/전체 화면 캡처 중에서 선택하여 캡처한다.
- 캡처하면 자동으로 클립보드에 복사되므로 캡처를 다른 파일에 붙여넣기할 수 있다.
- 파일은 PNG, GIF, JPG, HTML의 형식으로 저장하고 전자 메일로 보내기할 수 있다.
- 캡처된 화면은 펜, 형광펜, 지우개 도구를 사용하여 효과를 표현할 수 있으며, 펜은 색, 두께, 모양을 변경할 수 있으나, 형광펜은 색 변경이 불가능하다.
- 캡처된 화면을 [그림판 3D로 편집] 기능으로 그림판 3D로 보내서 수정할 수 있다.

문자표

- 한글 Windows 10에서 각종 Windows용 프로그램을 사용할 때 특수문자를 입력한다.
- 글꼴의 종류에 따라 다양한 모양의 특수문자를 표시한다.
- 키보드에 없는 특수문자를 [선택]하여 클립보드에 [복사]한 후 문서에 붙여넣기로 사용한다.

▶ 원격 데스크톱 연결과 원격 지원

- 원격 데스크톱이란 현재의 컴퓨터 앞에서 원격 위치의 데스크톱 컴퓨터에 연결하여 각종 응용 프로그램, 네트워크 리소스를 액세스하고 제어하는 기능이다.
- 연결 시 원격 데스크톱의 화면 크기와 연결 속도를 선택할 수 있으며, 연결이 끊어지면 자동으로 다시 연결을 시도할 수 있도록 설정할 수 있다.
- 연결할 컴퓨터의 이름 또는 IP 주소, 사용자 이름을 입력하여 연결한다.
- 현재 연결 설정은 RDP 파일로 저장하거나 저장된 파일로 연결한다.
- 원격 지원 작업을 하려면 네트워크에 연결되어 있는 컴퓨터와 제2의 원격 컴퓨터가 있어야 한다.
- 원격 지원을 허용하려면 [시작]-[Windows 시스템]-[제어판]-[시스템] 왼쪽 창의 [원격 설정]에서 [고급]을 선택하여 원격으로 제어하도록 허용과 초대 시간 등을 설정한다.

개념 체크 ✓

1 다음 중 한글 Windows 10의 [Windows 보조프로그램] 중에서 [메모장]에 관한 설명으로 옳은 것은?
① 그림이나 차트 등의 OLE 개체를 삽입할 수 있다.
② 편집하는 문서의 특정 영역(블록)에 대한 글꼴의 종류나 속성, 크기를 변경할 수 있다.
③ 자동 맞춤법과 같은 고급 기능을 제공한다.
④ 서식이 없는 텍스트 형식의 문서만 열거나 저장할 수 있다.

2 다음 중 한글 Windows 10의 [Windows 보조프로그램]에 있는 [그림판]에 대한 설명으로 옳지 <u>않은</u> 것은?
① 스마트폰으로 촬영한 jpg 파일을 불러와 편집한 후 png 파일 형식으로 저장할 수 있다.
② 편집 중인 이미지의 일부분을 선택한 후 삭제하면 삭제된 빈 공간은 '색 1'(전경색)로 채워진다.
③ 그림판에서 편집한 그림은 Windows 바탕 화면의 배경으로 사용할 수 있다.
④ 오른쪽 버튼으로 그림을 그릴 경우에는 모두 '색 2'(배경색)로 그려진다.

3 다음 중 한글 Windows 10의 캡처 도구에 대한 설명으로 옳지 <u>않은</u> 것은?
① [시작] → [Windows 보조프로그램] → [캡처 도구]를 선택하여 실행할 수 있다.
② 캡처한 화면은 JPG, PNG, GIF, BMP, HTML 파일 중 하나를 선택하여 저장할 수 있다.
③ 자유형 캡처, 사각형 캡처, 창 캡처, 전체 화면 캡처 중 하나를 선택하여 캡처할 수 있다.
④ 캡처 후 주석을 달 때 사용할 펜은 색, 두께, 모양 변경이 가능하지만, 형광펜은 색 변경이 불가능하다.

POINT 030 유니버설 앱 활용하기

▶ 다양한 유니버설 앱 *

계산기	• 한글 Windows 10용 소형 계산기로, 복잡한 계산까지 작업 가능 • 계산기의 결과는 복사한 후 다른 응용 프로그램에 붙여넣기하여 사용 가능 • 표준, 공학용, 프로그래머, 날짜 계산, 변환기 모드가 있음
그림판 3D	• 한글 윈도우 10에서 기본 설치된 3D 모델링, 시각화를 할 수 있는 앱 • 그림판에서 작성한 그림을 [그림판 3D 편집] 기능으로 보내 3D 모델 생성·수정이 가능 • 두께를 지정한 브러시로 금속 형태의 그리기 가능 • 브러시, 2D 세이프, 3D 세이프, 스티커, 텍스트, 효과, 캔버스 도구를 활용하거나, 3D 라이브러리에서 이미지를 불러와 편집 가능
스티커 메모	• 태블릿 펜 또는 표준 키보드로 작성 가능 • 굵은 텍스트, 기울임 꼴, 밑줄, 취소선, 글머리 기호, 이미지 추가 가능 • 메모의 추가, 삭제와 메모지 색 등을 변경 가능
캡처 및 스케치	• 현재 화면이나 전체 창을 캡처하는 앱 • 지금/3초 후/10초 후 캡처 가능, 사각형/자유형/창/전체 화면 캡처 가능 • 터치 쓰기, 지우개로 편집하고 저장과 인쇄 가능
사진	• 다양한 그림 형식을 보여주는 앱 • 사진을 편집하여 연락처에 있는 사람이나 주변 디바이스에 공유 가능 • 슬라이드 쇼 형식으로 재생하거나 다른 이름으로 저장, 복사, 연결 프로그램 기능 가능
알람 및 시계	• 알람이나 시계, 타이머, 스톱워치를 표시하는 앱 • 이름, 반복횟수, 소리, 다시 알림 시간을 설정하여 사용. 단 절전 모드 해제 상태에서만 알림이 표시 • 전 세계의 시간 확인, 타이머 알람, 스톱워치 기능 가능

명령 프롬프트	• 키보드로 MS-DOS형 명령어를 입력하여 실행 • 창 조절 메뉴의 [속성]에서 커서 크기, 창의 배경색, 텍스트 색과 글꼴, 크기, 터미널 색상 등을 설정
Windows PowerShell	• 새로운 크로스 플랫폼으로 개체를 처리하도록 디자인되어 기존의 MS-DOS 특정 명령어와 개체를 조작하는 명령어를 입력하여 실행 • [Windows PowerShell 속성] 창에서 커서 크기 등의 옵션, 글꼴, 레이아웃, 색, 터미널 색상 등을 변경
사용자 정의 문자 편집기	• 글꼴 라이브러리에 사용할 특수문자나 로고와 같은 독특한 문자를 사용자가 직접 만들어 문자표로 삽입하여 사용하는 기능 • 문자 집합은 완성형이나 유니코드를 사용하여 작성

▶ 엔터테인먼트 앱

음성 녹음기	• 사운드 카드와 마이크, 스피커를 준비해 사용자의 목소리를 녹음하는 기능 • 컴퓨터에 오디오 파일로 사용자의 소리 녹음 폴더에 저장(.m4a) • 녹음 파일은 공유, 자르기, 삭제, 이름 바꾸기 가능
볼륨 조정	• '오디오' 설정 창에서 [장치 볼륨 변경]에서 장치 볼륨을 변경 • 작업 표시줄의 [알림 영역]에서 [스피커( )]를 클릭해서 변경 가능 • 바로 가기 메뉴에서 [볼륨 믹서 열기]를 클릭하면 스피커, 응용 프로그램의 시스템 사운드 등 다양한 장치의 볼륨이나 밸런스를 조절하거나 음소거 가능
Windows Media Player	• 컴퓨터와 CD, 인터넷에 있는 디지털 미디어 파일을 재생하고 설정 • 미디어, 비디오, 오디오, 동영상, CD 오디오 트랙 등의 미디어 파일의 재생하고, 그림 파일을 재생 • 실행할 목록을 만들어 재생, 파일을 디스크에 굽기, 휴대용 장치와 콘텐츠 동기화 가능 • 지원되는 파일 형식 : cda, aif, asf, asx, wm, avi, wav, mpg, mpeg, midi, au, mp3, vod 등 • 다른 위치의 컴퓨터나 미디어 장치의 멀티미디어 파일을 홈 네트워크를 사용하여 재생 가능 • 오디오 CD에 있는 음악 파일을 내 컴퓨터에 MP3, WMA, WAV 등의 형식으로 복사 가능
비디오 편집기	• 사진 앱에서 동영상 편집기를 사용하여 사진과 동영상을 음악, 동작, 텍스트 등과 결합한 동영상 슬라이드 쇼를 작성 가능 • 반짝거림 또는 불꽃놀이와 같은 애니메이션 3D 효과도 추가 가능

개념 체크 ✓

1 다음 중 한글 Windows 10의 [계산기] 프로그램에 대한 설명으로 옳은 것은?

① 표시된 숫자를 저장할 때는 〈MS〉 단추를, 저장된 숫자를 불러와 입력할 때는 〈MR〉 단추를 누른다.
② 공학용은 삼각함수나 로그 등을 최대 64자리까지 계산할 수 있다.
③ 프로그래머용은 값의 평균/합계, 제곱의 평균/합계, 표준 편차 등을 계산할 수 있다.
④ 날짜 계산용은 두 시간 간의 차이를 계산할 수 있다.

2 다음 중 한글 Windows 10의 [사용자 정의 문자 편집기]에 대한 설명으로 옳지 않은 것은?

① 글꼴 라이브러리에 사용할 특수문자나 로고와 같은 독특한 문자를 6,400개까지 만들 수 있다.
② 문자를 만들고 편집하는 기본 도구와 많은 고급 옵션이 포함되어 있다.
③ 기본적으로 ASCII 코드의 문자 집합을 사용하여 문자를 만든다.
④ 사용자 정의 문자를 글꼴 라이브러리의 모든 글꼴에 연결할 수 있으므로 모든 글꼴에서 사용자 정의 문자를 표시할 수 있다.

3 다음 중 한글 Windows 10의 엔터테인먼트 앱에 관한 설명으로 옳지 않은 것은?

① [음성 녹음기]를 이용하면 사운드를 녹음하여 '.m4a' 확장자를 갖는 파일로 저장할 수 있다.
② [볼륨 조정]을 이용하면 소리가 나지 않도록 음소거 기능을 설정할 수 있다.
③ [Windows Media Player]는 AVI, MPG 등의 동영상 파일을 재생할 수 있다.
④ [Windows 보조프로그램]의 [멀티미디어]를 이용하면 프로그램에서 나오는 음성이나 소리를 화면에 자막으로 표시할 수 있다.

4 다음 중 한글 Windows 10의 Windows Media Player에 대한 설명으로 옳지 않은 것은?

① 비디오 목록을 자녀 보호 등급별로 분류하여 표시할 수 있다.
② xlsx, hwp, doc 등과 같은 파일 형식의 문서 파일을 열 수 있다.
③ mp3 파일을 재생할 수 있다.
④ 재생 목록에 있는 파일을 비어 있는 CD 또는 DVD로 복사할 수 있다.

POINT 031 인쇄

▶ 프린터 추가 및 제거
- 각종 응용 프로그램에서 작성한 파일이나 인터넷 문서를 출력하려면 프린터가 설치되어 있어야 한다.
- 한글 Windows 10에서는 대부분의 프린터에 대한 드라이버를 제공하나 인식하지 못하는 프린터를 설치할 때는 프린터 제조업체에서 제공하는 드라이버를 추가하여 설치한다.

프린터 추가	• 프린터 추가를 클릭하면 [장치 추가] 창이 표시되면서 [이 PC에 추가할 장치 또는 프린터 선택]에서 검색된 프린터를 선택한 후 [다음]을 클릭. 이때 원하는 프린터가 목록에 없으면 다른 옵션으로 프린터 찾기를 할 수 있음 • 프린터 드라이버를 설치한 후 [닫기]를 클릭 • 프린터가 추가되고 [테스트 페이지 인쇄]를 할 수 있고 [마침]을 클릭
프린터 제거	• 제거할 프린터를 선택한 후 [제어판]의 [장치 및 프린터] 창에서 [장치 제거]를 클릭 • 장치 제거 창에서 [예]를 클릭하면 프린터 장치가 제거

▶ 기본 프린터 설정 *
- 기본 프린터는 한글 Windows 10의 응용 프로그램에서 인쇄 명령을 내리면 기본적으로 인쇄되는 프린터로 새로운 프린터를 추가할 때 지정할 수 있다.
- 기본 프린터는 한 대만 지정할 수 있고, 아이콘 모양에 표시가 있다.
- 설치된 프린터의 바로 가기 메뉴에서 기본 프린터를 변경할 수 있다.
- 기본 프린터는 삭제한 후 다시 설정할 수 있다.

▶ 프린터의 속성
- 프린터 아이콘을 선택한 후 마우스 오른쪽 버튼을 눌러 나오는 바로 가기 메뉴의 [프린터 속성]을 선택하여 각종 정보를 확인하고 설정할 수 있다.
- 각 프린터마다 [속성] 탭이 다르게 표시될 수 있고 색 관리, 보안, 장치 설정, 하드웨어, 웹 서비스 탭 등이 있다.

[일반] 탭	프린터 모델명과 위치, 설명이 표시, 기본 설정(해상도 옵션, 인쇄 급지, 형식, 크기, 방향 등)과 테스트 페이지 인쇄를 할 수 있음
[공유] 탭	이 프린터를 네트워크의 다른 사용자와 공유하도록 설정, 추가 드라이버 설치
[포트] 탭	프린터 포트를 선택하고 새로운 포트를 추가하거나 제거
[고급] 탭	프린터 시간제한 설정, 프린터 우선순위, 드라이버 확인 및 새 드라이버, 문서의 스풀 설정

▶ 스풀
- 스풀이란 프린터와 같은 저속의 입·출력 장치를 상대적으로 빠른 중앙 처리 장치와 병행하여 작동시켜 컴퓨터 전체의 처리 효율을 높이는 기능이다.
- 프린터에서 인쇄하기 전에 인쇄 내용을 하드 디스크에 임시로 보관하고 출력할 파일을 백그라운드 작업의 프린터로 보내준다.
- 스풀 기능을 사용하려면 스풀에 사용될 디스크의 추가 용량이 필요하다.
- 프린터 속성의 [고급] 탭에서 스풀 여부를 설정하면 인쇄를 하면서 다른 작업을 할 수 있으나, 인쇄 처리 속도는 느려진다.

▶ 문서 인쇄
- 앱에서 문서를 인쇄하면 작업 표시줄의 알림 영역에 프린터 아이콘( )이 표시된다.
- 프린터 아이콘을 더블클릭하면 인쇄 중인 문서의 이름, 상태(스풀링, 일시 중지, 인쇄 중), 소유자, 페이지 수, 크기, 제출, 포트가 표시된다.
- [프린터 및 스캐너] 창에서 [대기열 열기]를 클릭하여 인쇄 관리자 창을 열기할 수 있다.
- 인쇄 관리자 창에서 필요에 따라 드래그 앤 드롭하여 인쇄할 문서의 인쇄 순서를 변경한다.
- 문서 이름을 선택하여 바로 가기 메뉴에서 인쇄를 취소하거나 일시 중지, 다시 시작을 할 수 있다.
- 대기 중인 문서에 대해 용지 방향, 용지 공급, 인쇄 매수와 같은 설정은 볼 수 있으나, 문서 내용을 변경할 수는 없다.

개념 체크 ✓

1 다음 중 한글 Windows 10에서 프린터 설치와 사용에 관한 설명으로 옳지 않은 것은?
① 이미 설치된 프린터도 다른 이름으로 다시 설치할 수 있다.
② 한 대의 프린터를 네트워크로 공유하여 여러 대의 컴퓨터에서 사용할 수 있다.
③ **스풀 기능은 저속의 CPU와 고속의 프린터를 병행 사용할 때 효율적이다.**
④ 기본 프린터는 한 대만 설정이 가능하며 변경도 가능하다.

2 다음 중 한글 Windows 10에서 설치된 프린터의 바로 가기 메뉴에 있는 [프린터 속성]을 선택하여 표시되는 프린터 속성 상자에 대한 설명으로 옳지 않은 것은?
① [일반] 탭 : 프린터 모델명 확인과 인쇄 기본 설정
② [공유] 탭 : 프린터를 네트워크상의 다른 컴퓨터와 공유할 것인지를 결정하고 추가 드라이버를 설치
③ [포트] 탭 : 프린터 포트를 선택하고 새로운 포트를 추가하거나 삭제
④ **[고급] 탭 : 프린터 시간을 제어하고 인쇄 해상도를 설정하며, 테스트 페이지 인쇄 등을 지정**

3 다음 중 한글 Windows 10에서 사용 중인 프린터의 공유 설정을 하려고 할 때 해당 프린터의 팝업 메뉴에서 선택해야 하는 메뉴 항목으로 옳은 것은?
① 인쇄 기본 설정
② **프린터 속성**
③ 속성
④ 기본 프린터로 설정

4 다음 중 한글 Windows 10에서 기본 프린터에 관한 설명으로 옳지 않은 것은?
① 사용할 프린터를 마우스 오른쪽 단추로 클릭한 다음 [기본 프린터로 설정]을 클릭한다.
② 현재 기본 프린터를 해제하려면 다른 프린터를 기본 프린터로 설정하면 된다.
③ 인쇄 시 특정 프린터를 지정하지 않으면 자동으로 기본 프린터로 인쇄 작업이 전달된다.
④ **기본 프린터만 바탕 화면에 바로 가기 아이콘을 만들 수 있다.**

5 다음 중 한글 Windows 10에서 프린터의 스풀(Spool) 기능에 대한 설명으로 옳지 않은 것은?
① 고속의 CPU 처리 속도와 저속의 출력 장치의 문제를 해결하므로 컴퓨터 시스템의 효율성을 증가시킬 수 있다.
② 프린터에 인쇄하기 전에 인쇄 내용을 하드 디스크에 임시로 보관한다.
③ 스풀 기능을 사용하려면 스풀에 사용될 디스크의 추가 용량이 필요하다.
④ **인쇄의 효율성을 위하여 인쇄가 끝날 때까지 CPU가 다른 데이터를 처리하지 못하도록 독점하는 기능이다.**

6 다음 중 한글 Windows 10에서 프린터 설치에 대한 설명으로 옳지 않은 것은?
① 10대 이상의 프린터도 설치할 수 있으며 기본 프린터는 하나의 프린터만 설정할 수 있다.
② 공유된 프린터를 네트워크 프린터로 설정하여 설치할 수 있다.
③ LAN 카드가 설치되어 IP 주소가 부여된 프린터를 로컬 프린터로 설치할 수 있다.
④ **공유된 프린터는 기본 프린터로 설정할 수 없다.**

7 다음 중 한글 Windows 10에서 문서 인쇄에 대한 설명으로 옳지 않은 것은?
① **[프린트] 메뉴 중 [모든 문서 취소]는 스풀러에 저장되어 있는 문서 중 오류가 발생한 문서에 대해서만 인쇄 작업을 취소한다.**
② 일단 프린터에서 인쇄 작업이 시작된 경우라도 잠시 중지시켰다가 다시 인쇄할 수 있다.
③ 인쇄 대기 중인 문서를 삭제하거나 출력 대기 순서를 임의로 조정할 수 있다.
④ 인쇄 중 문제가 발생한 인쇄 목록을 확인할 수 있다.

SECTION 10 한글 윈도우의 고급 사용법

2과목 PC 운영체제

POINT 032 한글 윈도우 환경 설정하기

▶ **개인 설정**★

바탕 화면의 배경, 잠금 화면, 색, 테마, 글꼴 등에 대한 설정을 할 수 있다.

배경	• Windows 바탕 화면으로 사용할 배경 사진을 선택 • .BMP, .JPG, .GIF, .PNG, TIF 등의 이미지 파일 형식을 배경 화면으로 선택 가능 • 사진의 맞춤 선택은 채우기, 맞춤, 확대, 바둑판식 배열, 가운데, 스팬 중 선택
색	• 기본 Windows 모드 선택, 기본 앱 모드 선택, 투명 효과 설정 • 제목 표시줄 및 창 테두리, 시작 메뉴, 작업 표시줄 및 알림 센터 등의 색을 밝게, 어둡게, 사용자 지정으로 변경 • 자동으로 내 배경 화면에서 테마 컬러를 선택하여 색 지정 가능
잠금 화면 (화면 보호기)	• Windows 추천, 사진, 슬라이드 쇼, 사용자 사진 선택으로 잠금 화면 설정 • [화면 시간 제한 설정]을 하여 화면이나 전원 사용 시 지정 시간이 경과하면 끄기 절전 모드 시간을 설정 • 화면 보호기 설정은 모니터를 보호하기 위해 화면 보호 프로그램을 지정하는 것으로 모니터를 장시간 켜두면 모니터의 수명이 단축되기 때문에 일정한 시간이 지나면 자동으로 화면에 움직이는 그림 등을 표시하여 모니터를 보호하는 화면 보호 프로그램을 지정 • 화면 보호기를 사용하다가 마우스나 키보드를 누르면 원래의 화면으로 되돌아옴 • 한글 Windows 10은 화면 보호기에 별도로 암호를 설정할 수 없고 [다시 시작할 때 로그온 화면 표시]를 선택하면 보호기가 해제될 때 로그온 창을 표시
테마	• 배경, 색, 소리, 마우스 커서를 저장하여 한꺼번에 변경시키는 기능 • 앱 스토어에서 많은 테마를 다운받아 사용 가능 • 바탕 화면 아이콘 설정에서 컴퓨터, 휴지통, 문서, 제어판, 네트워크를 바탕 화면에 표시할 아이콘의 선택, 아이콘 모양 변경과 기본값 복원 가능

> **기적의 TIP** 화면 보호 프로그램
> 일정 시간 키보드와 마우스를 움직이지 않았을 때 움직이는 이미지나 텍스트 등을 표시하여 모니터 화면에 손상이 가지 않게 하기 위한 프로그램

▶ **글꼴**

- 컴퓨터에 설치되어 있는 글꼴을 미리 보기하여 표시, 삭제, 숨기는 기능이다.
- 설치할 글꼴을 [제어판]의 [글꼴] 폴더로 끌어서 설치할 수 있다.
- 글꼴은 'C:\Windows\Fonts' 폴더를 사용하며 이곳에 파일을 복사하면 각종 윈도용 응용 프로그램에서 사용할 수 있다.
- 글꼴 아이콘을 더블클릭하면 글꼴 이름, 버전, 글꼴 크기(12~72포인트)를 확인하고 인쇄도 할 수 있다.
- 폰트 파일의 확장자는 TTF, TTC, FON 등으로 표시되고, 인터넷에서 다운받아 추가할 수 있다.
- 글꼴의 바로 가기를 사용하여 글꼴 설치를 허용할 수 있다.
- 설치된 글꼴은 바로 가기 메뉴의 [삭제]를 통해 삭제할 수 있다.

> **기적의 TIP** 글꼴의 종류
> • 트루타입 : 선과 곡선으로 구성된 글꼴로, Windows에서 기본적으로 사용되며 글꼴 크기와 관계없이 선명하고 읽기 쉽게 표시
> • 오픈타입 : 트루타입의 확장된 글꼴로, 작은 대문자 표시, 이전 스타일 숫자 형식을 지원하며 보다 세밀한 모양을 표현 가능
> • 벡터 : 점과 점 사이에서 이어지는 선의 집합으로 정의된 글꼴
> • 래스터 : 점으로 만든 비트맵 글꼴

▶ **디스플레이**

- 컴퓨터의 모니터 화면에 대한 설정을 한다.
- 기본 제공되는 디스플레이의 밝기를 변경하고 야간 모드를 설정한다.
- 모니터의 종류에 따라 해상도를 설정하고 디스플레이 방향(가로, 세로)을 지정한다.
- 야간 모드 시간을 설정하면 숙면을 방해하는 청색광 방출을 억제하여 숙면을 도와준다.
- 배율 및 레이아웃에서 화면의 텍스트, 앱 등의 크기를 100%(권장), 125%로 설정하면 읽기 편하다.
- 고급 디스플레이 설정에서 해상도, 색 형식, 색 공간 등의 정보와 어댑터의 속성을 표시하여 드라이버 업데이트를 할 수 있다.

▶ 접근성 설정 ★

컴퓨터 시스템 사용자의 시각이나 청각적인 설정을 위해 다양한 옵션을 제공하여 컴퓨터를 사용하기 쉽게 만든다.

항목	설명
[디스플레이가 없는 컴퓨터 사용]	• 내레이터 켜기 : 내레이터가 화면의 모든 텍스트를 읽어줌 • 오디오 설명 켜기 : 비디오에서 발생하는 상황에 대한 설명 • 시간 제한 및 깜빡이는 시각 신호 조정 : 필요 없는 애니메이션 끄기
[컴퓨터를 보기 쉽게 설정]	• 고대비 테마 선택 : 특수 색 구성표를 사용하여 모니터를 잘 보이게 하는 기능 • 텍스트 및 설명 소리내어 읽기 : 내레이터 켜기와 오디오 설명 켜기 • 돋보기 켜기 : 화면의 항목을 더 크게 하는 기능 • 화면의 항목을 읽기 쉽도록 표시 : 포커스 영역을 더 두껍게 만들기, 필요 없는 애니메이션 모두 끄기, 배경 이미지 제거를 설정
[마우스 또는 키보드가 없는 컴퓨터 사용]	• 화상 키보드 사용 : 화상 키보드로 입력 포인트 장치 사용 • 음성 인식 사용 : 음성 명령으로 Windows 작업 수행(한국어는 지원 안됨)
[마우스를 사용하기 쉽게 설정]	• 마우스 포인터의 색과 크기를 변경 • 마우스키 켜기 : 숫자 키패드로 화면에서 마우스를 이동 • 창을 쉽게 관리하기 : 마우스로 가리키면 창 활성화, 화면 가장자리로 이동할 때 창이 자동으로 배열되지 않도록 방지하는 기능
[키보드를 사용하기 쉽게 설정]	• 마우스키를 켜서 숫자 키패드로 마우스 이동 • 고정키를 켜서 키를 눌린 상태로 고정하여 동시에 여러 키를 누르는 효과 • 토글키를 켜서 두 가지 기능을 하는 키를 누를 때 신호음 발생 설정 • 필터키를 켜서 반복 입력한 키를 무시하거나 속도 조정
[소리 대신 텍스트나 시각적 표시 방법 사용]	• 소리에 대한 시각적 알림과 시각적 경고를 선택 • 음성 대화에 텍스트 자막 사용 선택
[보다 쉽게 작업에 집중할 수 있도록 설정]	• 로그인할 때마다 자동으로 내레이터 켜기, 배경 이미지 제거 설정 • 고정키, 토글키, 필터키 켜기, 필요 없는 애니메이션 모두 끄기, 창을 쉽게 관리하기 등을 설정
[터치 및 태블릿을 사용하기 쉽게 설정]	• 로그인할 때마다 자동으로 터치 및 태블릿이 시작되도록 설정 • 태블릿에서 Windows 단추와 볼륨 크게 단추를 함께 누르면 접근성 도구가 시작되도록 설정

▶ 사용자 계정 관리 ★

- 한글 Windows 10에서는 사용자 계정을 통해 시스템의 사용 권한을 제한하고 설정한다.
- [PC 설정에서 내 계정 변경]은 내 마이크로소프트 계정 관리와 사용자 계정에 사용할 사진을 변경한다.
- [계정 이름 변경]은 계정에 사용할 이름을 변경하여 시작 화면에 표시한다.
- [계정 유형 변경]에는 표준 계정과 관리자 계정이 있다.
- [다른 계정 관리]는 변경할 다른 계정을 선택할 수 있다.
- [사용자 계정 컨트롤 설정 변경]은 유해한 프로그램이 컴퓨터를 변경하는 것을 방지한다.

개념 체크 ✓

1 다음 중 한글 Windows 10의 화면 보호기에 대한 설명으로 옳지 않은 것은?
① 사용자 계정에 암호가 설정되어 있지 않아도 화면 보호기의 암호를 사용할 수 있다.
② 일정 시간 모니터에 전달되는 정보에 변화가 없을 때 화면 보호기가 작동되게 설정한다.
③ 화면 보호기는 마우스를 움직이거나 키보드에서 임의의 키를 누르면 해제된다.
④ 대기 시간, 다시 시작할 때 로그온 화면 표시를 지정할 수 있다.

2 다음 중 한글 Windows 10의 [개인 설정] 창에서 할 수 있는 작업으로 옳지 않은 것은?
① 바탕 화면에 새로운 테마를 지정하여 적용할 수 있다.
② 화면 보호기 설정을 사용하여 화면의 해상도를 변경할 수 있다.
③ 사용 가능한 글꼴을 추가하거나 확인할 수 있다.
④ 창 테두리, 시작 메뉴, 작업 표시줄의 색을 변경할 수 있다.

3 다음 중 한글 Windows 10의 [접근성 센터] 창에서 수행 가능한 작업에 대한 설명으로 옳지 않은 것은?
① 돋보기 기능을 사용하면 화면에서 원하는 영역을 확대할 수 있다.
② 내레이터 시작 기능을 사용하면 화면의 텍스트를 소리내어 읽어 줄 수 있다.
③ 청각 장애가 있는 사용자를 위해 경고음 등의 시스템 소리를 화면 깜박임과 같은 시각적 신호로 표시되도록 지정할 수 있다.
④ 화상 키보드 기능을 사용하여 마우스 포인터의 모양을 변경하거나 포인터의 이동 속도를 변경할 수 있다.

4 한글 Windows 10의 사용자 계정 유형 중 다음과 같은 권한을 갖는 것은?

> 프로그램, 하드웨어 등을 설치하거나 중요한 파일을 삭제할 수 없고, 별도의 암호 없이 자신의 계정 이름 및 계정 유형을 변경할 수 없지만, 이미 설치된 프로그램을 실행하거나 테마, 바탕 화면 설정, 자신의 계정에 대한 암호 등을 설정할 수 있다.

① 관리자 계정
② 표준 사용자 계정
③ Guest 계정
④ 임시 사용자 계정

POINT 033 장치 관리하기

합격 강의

▶ 시스템*

- 컴퓨터에 대한 기본 정보 보기를 확인하고 여러 가지 시스템 설정을 할 수 있다.
- 윈도우 운영체제 버전, 시스템 프로세서, 설치된 메모리 용량, 시스템 종류를 확인한다.
- 컴퓨터 이름과 전체 컴퓨터 이름, 작업 그룹에 대한 정보를 표시한다.

[컴퓨터 이름] 탭	컴퓨터 설명, 컴퓨터 이름 변경, 작업 그룹 이름 표시와 변경
[하드웨어] 탭	• 컴퓨터에 설치된 하드웨어 장치 관리자 속성 변경 • 각 장치에 대해 제조업체 앱과 사용자 지정 아이콘 다운로드 여부
[고급] 탭	• 성능 : 시각 효과, 프로세서 일정, 메모리 사용 및 가상 메모리 설정 • 사용자 프로필 : 사용자 로그온에 관련된 바탕 화면 설정 • 시작 및 복구 : 시스템 시작, 시스템 오류 및 디버깅 정보 • 환경 변수 : 현재 로그온 사용자와 시스템 변수 작성과 삭제와 편집
[시스템 보호] 탭	시스템 복원과 보호 설정
[원격] 탭	원격 지원 연결에 대한 허용 설정

▶ 장치 관리자

- [보기] 메뉴에서 종류별, 연결별, 컨테이너별 디바이스와 리소스 보기를 설정할 수 있다.
- 한글 Windows 10에서는 대부분의 하드웨어는 PnP(자동 감지 기능)로 자동으로 인식하여 드라이버를 설치한다. 설치된 목록은 장치 관리자 창에서 표시된다.
- PnP(Plug and Play)를 지원하지 않는 장치를 설치할 때는 [장치 관리자] 창의 [동작]-[레거시 하드웨어 추가] 메뉴를 선택하여 나타나는 [하드웨어 추가] 마법사를 사용한다.
- 각 장치의 속성에서 드라이버 정보를 표시하고 드라이버 업데이트 등의 작업을 할 수 있다.

▶ 마우스

[단추] 탭	왼손잡이 사용자를 위해 오른손과 왼손 단추의 기능을 바꾸거나, 두 번 클릭 속도 조절, 클릭 잠금 사용의 설정
[포인터] 탭	마우스 포인터의 모양을 변경, 포인터 그림자 사용
[포인터 옵션] 탭	포인터의 동작 속도, 대화상자의 기본 단추로 포인터 자동 이동, 포인터 자국 표시의 유형을 설정
[휠] 탭	• 세로 스크롤에서 휠을 한 번 돌렸을 때 스크롤되는 양(1~100줄) 설정 • 가로 스크롤에서 휠을 상하로 이동할 때 스크롤할 문자의 수(1~100글자) 설정
[하드웨어] 탭	• 마우스 장치의 이름과 제조업체, 위치, 장치 상태와 속성을 설정 • 속성에서는 드라이버 정보와 드라이버 업데이트 등을 할 수 있음

▶ 키보드

[속도] 탭	문자 재입력 시간, 반복 속도, 키 반복 속도 테스트, 커서 깜박임 속도를 변경
[하드웨어] 탭	키보드 장치명을 표시하고 드라이버를 제거하거나 업데이트

▶ 소리

[재생] 탭	시스템에 설치된 스피커 등의 재생 장치를 설정
[녹음] 탭	마이크와 같은 녹음 장치를 설정
[소리] 탭	Windows 및 프로그램의 이벤트에 적용되는 소리를 선택하거나 저장
[통신] 탭	Windows에서 전화를 받거나 걸 때 실행할 볼륨 작업을 설정

개념 체크 ✓

1 다음 중 한글 Windows 10에서 [시스템] 속성 창에 관한 설명으로 옳지 않은 것은?
① 윈도우의 버전을 확인할 수 있다.
② 프로세서의 종류, 메모리, 시스템의 종류를 확인할 수 있다.
③ 컴퓨터의 이름과 작업 그룹을 변경할 수 있다.
④ [제어판]의 [개인 설정]을 실행한다.

2 다음 중 한글 Windows 10에서 하드웨어 추가 또는 제거에 관한 설명으로 옳지 않은 것은?
① 설치된 하드웨어는 [제어판]의 [장치 관리자]에서 확인할 수 있다.
② 플러그 앤 플레이를 지원하는 장치를 설치하고 Windows 10을 재시작하면 자동으로 인식하여 설치된다.
③ 플러그 앤 플레이를 지원하지 않는 장치를 설치할 때는 [장치 관리자] 창의 [동작]-[레거시 하드웨어 추가] 메뉴를 선택하여 나타나는 [하드웨어 추가] 마법사를 사용한다.
④ 설치된 하드웨어의 제거는 [프로그램 및 기능] 창에서 해당 하드웨어의 드라이버를 제거하면 된다.

3 다음 중 한글 Windows 10의 [키보드 속성] 창에서 수행할 수 있는 설정 항목으로 옳지 않은 것은?
① 키보드의 제조업체, 연결된 포트 위치, 장치 상태 등의 장치 속성을 확인할 수 있다.
② 키보드의 하드웨어 드라이버 정보를 확인하고 드라이버를 업데이트하거나 제거할 수 있다.
③ 키보드를 이용하여 입력 작업을 수행할 때 커서의 모양과 이동 속도 등을 변경할 수 있다.
④ 키 재입력 시간을 조절하여 문자를 연속적으로 입력할 때의 반복 속도를 변경할 수 있다.

4 다음 중 한글 Windows 10의 제어판에 있는 [마우스 속성] 창의 기능에 대한 설명으로 옳지 않은 것은?
① 포인터 자국을 표시할 수 있게 설정할 수 있다.
② 마우스의 두 번 클릭 속도를 변경할 수 있다.
③ 클릭 잠금을 설정하여 마우스 단추를 누르고 있지 않고도 항목을 선택할 수 있다.
④ 한 번에 스크롤할 줄의 수는 최대 3줄로 설정할 수 있다.

POINT 034 앱 관리하기

▶ 합격 강의

▶ 프로그램(앱) 및 기능 ★

프로그램 제거 또는 변경	• 사용하지 않을 앱(프로그램)의 이름을 클릭하여 [제거]를 눌러 삭제할 수 있음 • [변경] 또는 [복구]는 앱(프로그램)의 오류 시 변경하거나 레지스트리의 복구를 수행
설치된 업데이트 보기	설치된 앱(프로그램)의 업데이트를 제거 또는 변경
Windows 기능 켜기/보기	인터넷 익스플로러 등의 Windows 기능을 사용하려면 해당 확인란을 선택하고 사용하지 않으려면 확인란을 취소

▶ 기본 앱 설정의 기본 프로그램

기본 프로그램 설정	파일 형식 및 프로토콜을 열 때 사용할 기본 프로그램을 설정
파일 형식 또는 프로토콜을 프로그램과 연결	파일 형식 또는 프로토콜이 항상 특정 프로그램에서 열리도록 설정
자동 재생 설정 변경	• CD 또는 기타 미디어를 자동으로 재생하도록 설정 • 즉, 오디오 CD를 넣으면 Windows Media Player가 자동으로 재생되도록 설정할 수 있음
컴퓨터의 기본 프로그램 설정	• 특정 프로그램에 대한 액세스를 제어하고 컴퓨터 기본값을 설정 • 웹 브라우저나 전자 메일 작업 등에 사용할 기본 프로그램을 선택

▶ 시작프로그램

- Windows가 시작될 때 자동으로 실행할 앱(프로그램) 목록을 등록시켜 사용한다.
- 시작프로그램 폴더의 위치는 'C:₩Users₩USER₩AppData₩Roaming₩Microsoft₩Windows₩StartMenu₩Programs₩Startup' 폴더로 윈도우 시작 시 자동으로 실행될 앱을 이 위치로 복사하여 넣는다.
- [시작]-[설정]-[앱]-[시작프로그램]에서 로그인할 때 앱이 시작되도록 설정할 수 있다. 대부분의 경우 최소화된 상태로 시작되거나 백그라운드 작업이 실행될 때만 시작될 수 있다.
- Ctrl + Shift + Esc 를 눌러 [작업 관리자]-[시작프로그램] 탭에서 앱 이름을 선택한 후 [사용 안 함]을 눌러 자동 실행을 해제할 수 있다.

▶ Windows 업데이트

- [시작]-[설정]-[업데이트 및 보안]-[Windows 업데이트]를 선택한다.
- Windows 10이 출시된 후 나오는 버그, 개선 사항 등을 정리한 가장 최신의 하드웨어 드라이버 파일이나 시스템 파일을 다운로드하여 인터넷을 통해 설치한다.
- 중요 업데이트가 제공될 때 Windows에서 자동 업데이트를 설정하면 자동으로 중요 업데이트되어 보안 강화 및 안정성 향상과 같은 기능을 갖는다.
- 단순한 문제를 해결하고 컴퓨터 작업 환경을 향상시키는데 도움을 줄 수 있는 권장 업데이트를 자동으로 설정하면 선택적 업데이트는 자동으로 다운로드되거나 설치되지 않는다.
- 업데이트 장치를 사용하려면 시스템을 다시 시작해야 한다.

개념 체크 ✓

1 다음 중 한글 Windows 10에서 프로그램(앱) 설치 및 제거에 대한 설명으로 옳지 않은 것은?
① 파일 탐색기에서 설치 파일(Setup.exe)을 찾아 더블클릭하면 설치할 수 있다.
② 설치된 프로그램을 완전히 제거하려면 설치된 프로그램 파일들이 들어있는 폴더를 모두 삭제하면 된다.
③ 인터넷을 통해 설치하려면 해당 프로그램에 대한 링크를 클릭한 후 '열기' 또는 '실행'을 클릭한다.
④ [프로그램 및 기능]에서 해당 프로그램을 선택한 후 '제거/변경'을 클릭하면 설치된 프로그램을 삭제할 수 있다.

2 다음 중 한글 Windows 10에서 [프로그램 및 기능] 창에 대한 설명으로 옳지 않은 것은?
① [프로그램 및 기능] 창에서 새로운 프로그램을 설치하거나 현재 설치된 프로그램을 제거 또는 변경할 수 있다.
② [제어판]-[프로그램 및 기능]을 선택하거나, [검색(🔍)] 상자에서 '프로그램 추가/제거'를 입력한다.
③ 보기 형식을 아주 큰 아이콘, 큰 아이콘, 보통 아이콘, 작은 아이콘, 자세히 등으로 표시할 수 있다.
④ 자세히 보기에서 표시되는 이름, 게시자, 설치 날짜, 크기, 버전을 각각 클릭하여 오름차순이나 내림차순으로 정렬할 수 있다.

3 다음 중 한글 Windows 10의 [프로그램 및 기능] 창에서 할 수 있는 작업으로 옳지 않은 것은?
① 새로운 Windows 업데이트를 수행하거나 설치된 업데이트 내용을 제거, 변경할 수 있다.
② 시스템에 설치된 프로그램의 목록을 확인하거나 제거 또는 변경할 수 있다.
③ 설치된 Windows의 기능을 사용하거나 사용 안 함을 지정할 수 있다.
④ 새로운 응용 프로그램을 설치할 수 있다.

4 다음 중 한글 Windows 10에서 설치된 응용 프로그램을 정상적으로 제거하는 방법으로 옳은 것은?
① 작업 표시줄에 있는 해당 프로그램의 아이콘을 삭제한다.
② [시작]-[앱] 항목에서 해당 프로그램을 선택하고 오른쪽 마우스를 클릭하여 [삭제]를 선택한다.
③ 바탕 화면에 있는 해당 프로그램의 바로 가기 아이콘을 삭제한다.
④ [제어판]의 [프로그램 및 기능] 창에서 해당 앱(프로그램)을 선택하고 [제거/변경] 버튼을 눌러서 삭제한다.

5 다음 중 한글 Windows 10의 제어판에 있는 [기본 프로그램]을 이용하여 설정할 수 있는 내용으로 옳지 않은 것은?
① 같은 유형의 파일 형식 또는 프로토콜별로 연결된 프로그램을 설정할 수 있다.
② 파일 형식 또는 프로토콜이 항상 특정 프로그램에서 열리도록 설정할 수 있다.
③ 컴퓨터에 삽입된 CD 또는 미디어 유형에 따라 각각에 맞게 자동으로 수행할 작업을 지정할 수 있다.
④ 컴퓨터에 설치된 특정 프로그램에 대한 추가나 제거를 할 수 있다.

SECTION 11 컴퓨터 시스템 관리

2과목 PC 운영체제

POINT 035 시스템 관리하기

디스크 포맷

- [파일 탐색기] 창에서 포맷하려는 드라이브를 선택한 후 바로 가기 메뉴의 [포맷]을 선택한다.
- 사용 중인 디스크의 파일은 모두 종료한 후 포맷을 시작한다.

용량	포맷할 디스크의 용량을 선택
파일 시스템	디스크의 파일 시스템(NTFS, FAT, FAT32, exFAT) 종류를 선택
할당 단위 크기	섹터당 할당 크기 또는 클러스터의 크기를 기본 할당 크기, 바이트, KB 단위로 선택
장치 기본값 복원	장치가 가지고 있는 기본값으로 복원
볼륨 레이블	• 디스크를 구별할 수 있는 이름을 입력 • NTFS 파일 시스템에서는 최대 32자까지 입력(폴더와 파일을 압축할 수 있도록 포맷 가능)
빠른 포맷	이미 포맷한 디스크에 대해 불량 섹터를 검색하지 않고 빠르게 포맷하는 형식

레지스트리 ★

- 레지스트리란 Windows 사용자의 정보, 응용 프로그램의 정보, 설정 사항 등 Windows 실행 설정에 대한 정보를 담은 데이터베이스이다.
- 응용 프로그램 실행에 영향을 주는 각종 INI 파일(SYSTEM.INI, WIN.INI 등)에 대한 정보를 관리한다.
- 레지스트리가 손상되면 Windows에 치명적인 손상을 줄 수 있으므로 주의하여 사용해야 한다.
- 레지스트리를 편집하거나 수정하다가 실수할 경우 레지스트리가 손상될 수 있다. 따라서 레지스트리를 수정하기 전에 반드시 백업을 해 주어야 한다.
- 백업 도구로 [레지스트리 편집기]를 이용하여 레지스트리 등록 항목에 대해 [파일] 메뉴의 [내보내기]에서 저장(.reg 파일 형식)할 수 있다.

Windows 보안

- Windows 보안은 장치의 보안과 상태를 보고하고 관리하는 곳이다.
- [시작]-[설정]-[업데이트 및 보안]-[Windows 보안]을 선택한다.

바이러스 및 위협 방지	바이러스 검사의 빠른 검사, 전체 검사, 사용자 지정 검사 옵션이 있음
계정 보호	계정 및 로그온에 대한 보안 설정
방화벽 및 네트워크 보호	네트워크에 액세스할 수 있는 사용자 및 대상에 대해 도메인, 개인, 공용 네트워크 설정
앱 및 브라우저 컨트롤	앱 및 파일 검사로 디바이스를 보호
장치 보안	코어, 보안 프로세서, 보안 부팅 등 장치에 기본 제공되는 보안 설정
장치 성능 및 상태	장치의 상태를 보고
가족 옵션	자녀 보호에 관한 확인과 가족 디바이스 보기 등 설정

시스템 복원

- [시스템 복원]은 컴퓨터의 시스템 파일을 이전 시점으로 복원하는 데 도움을 준다. 전자 메일, 문서 또는 사진, 열어본 페이지 목록, 즐겨찾기 목록과 같은 개인 파일에 손상(개인 데이터 파일에는 영향 없음)을 주지 않고 컴퓨터에 대한 시스템 변경 내용을 실행 취소한다.
- 시스템에 문제가 발생할 때 시스템을 이전 상태로 되돌리는 기능으로, 한글 Windows 10에서는 정기적으로 시스템을 체크하여 수시로 복원 시점을 만들어 저장하기 때문에 이전 시스템으로 복구가 가능하다. 단, 시스템 복원 후에도 문제가 해결되지 않으면 복원 이전 시점으로 시스템 복원 취소를 할 수 있다.
- [제어판]-[시스템]의 [시스템 보호] 탭에서 사용자가 수동으로 복원 지점을 만들어 복원할 수도 있다. 현시점을 복원 지점으로 설정하려면 [시스템 속성] 창의 [시스템 보호]-[보호 설정]-[만들기]를 클릭한다.
- [시스템 복원]을 하기 전에 디스크 검사나 조각 모음, 디스크 정리 등의 작업을 하는 것이 좋다.

시스템 정보

- 내 컴퓨터 시스템의 하드웨어와 소프트웨어 등 여러 가지 정보를 알 수 있다.
- [시작]-[Windows 관리 도구]-[시스템 정보]를 선택한다.
- 운영체제의 이름과 버전, 시스템의 이름, 제조업체, 모델, 종류, RAM 메모리 용량 등을 표시한다.
- 로컬 및 원격 컴퓨터의 구성 정보를 수집하고 표시한다.
- [파일] 메뉴의 [내보내기]를 이용하여 시스템 정보를 텍스트 파일(.TXT)로 저장할 수 있다.

하드웨어 리소스	충돌/공유, DMA, 강제로 설정된 하드웨어, I/O, IRQ, 메모리 등 하드웨어와 관련된 정보를 표시
구성 요소	시스템을 구성하고 있는 멀티미디어, 입력, 네트워크, 인쇄, USB 장치 등의 정보를 표시
소프트웨어 환경	시스템 드라이버, 환경 변수 등 소프트웨어의 파일명, 상태 등을 확인

> **기적의 TIP** 하드웨어 리소스 제어 방식
> - DMA(Direct Memory Access) : 하드 디스크 또는 CD, DVD와 같은 주변 장치가 컴퓨터의 프로세서를 사용하지 않고 컴퓨터 메모리와 직접 정보를 전송할 수 있는 기술
> - IRQ(Interrupt ReQuest) : 주변 장치가 CPU에 보내는 인터럽트 요구 신호

개인정보 관리

- [시작]-[설정]-[개인정보]를 선택한다.
- [Windows 사용 권한]과 [앱 사용 권한]에 대한 개인 정보를 '켬'과 '끔', 변경으로 설정한다.
- [Windows 사용 권한]에는 맞춤형 광고를 표시하도록 허용 등에 관한 일반 설정과 음성 명령, 수동 명령 및 키 입력 개인 설정, 피드백 및 진단 활동 기록에 대한 권한을 설정한다.
- [앱 사용 권한]에는 위치, 카메라, 마이크, 라디오, 연락처, 일정, 전화 통화 기록 등의 허용을 변경할 수 있다.

개념 체크 ✓

1 다음 중 한글 Windows 10의 디스크 포맷에 대한 설명으로 옳지 않은 것은?
① 디스크 포맷은 디스크를 초기화하여 사용 가능한 상태로 만들어주는 작업을 말한다.
② '빠른 포맷'을 선택하면 디스크의 불량 섹터는 검출하지 않고, 디스크의 모든 파일을 삭제한다.
③ 볼륨 레이블에서 FAT32 볼륨은 최대 11문자, NTFS 볼륨은 최대 32문자까지 사용할 수 있다.
④ 포맷하려는 디스크의 데이터를 사용하는 중이라도 경고 없이 포맷할 수 있다.

2 한글 Windows 10의 [Windows 관리 도구]에 있는 [시스템 정보]에 대한 설명으로 옳지 않은 것은?
① [시스템 정보]는 로컬 및 원격 컴퓨터의 구성 정보를 수집하고 표시한다.
② 내 시스템의 하드웨어 리소스와 소프트웨어 환경 등을 보여준다.
③ [파일] 메뉴의 [내보내기]를 이용하여 시스템 정보를 텍스트 파일로 저장할 수 있다.
④ 구성 요소 항목에는 시스템 드라이버 등 소프트웨어의 파일명, 상태 등이 표시된다.

3 다음 중 한글 Windows 10의 백업 및 시스템 복원에서 할 수 있는 작업이 아닌 것은?
① 시스템 복원을 하면 가장 최근에 설치한 프로그램과 드라이버를 포함하여 모든 파일을 손실 없이 그대로 복원한다.
② [시스템 이미지 만들기]를 실행하여 하드 디스크나 DVD, 네트워크상의 다른 위치에 Windows를 실행하는 데 필요한 파일들의 복사본을 만들 수 있다.
③ [시스템 복구 디스크 만들기]로 CD 또는 DVD를 복구 디스크로 만들면 복구 디스크로 컴퓨터를 부팅할 수 있다.
④ 특정 시간에 백업이 시작되도록 백업 주기를 미리 예약할 수 있다.

POINT 036 시스템 최적화

○ 디스크 정리 창의 [디스크 정리] 탭과
[기타 옵션] 탭의 항목 구별하기

▶ 디스크 정리

- 불필요한 파일 때문에 컴퓨터 속도가 느려지므로 필요할 때마다 디스크를 정리(삭제)하여 디스크 공간을 확보한다.
- [디스크 정리] 탭 : 다운로드한 프로그램 파일, 임시 인터넷 파일, Windows 오류 보고서 및 피드백 진단, DirectX 셰이더 캐시, 배달 최적화 파일, 다운로드, 휴지통, 임시 파일, 미리 보기 사진에서 선택하여 삭제한다.
- [기타 옵션] 탭 : 프로그램 및 기능에서 사용하지 않는 프로그램을 제거하여 디스크 공간을 확보할 수 있으며, 시스템 복원 및 섀도 복사본에서 가장 최근의 복원 지점을 제외한 이전 복원 정보를 모두 제거하여 디스크 공간을 확보할 수 있다.

▶ 드라이브 조각 모음 및 최적화 ★

- 디스크 조각 모음 및 최적화를 통해 디스크의 액세스 속도를 향상시킨다.
- 파일의 복사, 이동, 설치 등을 자주 하게 되면 물리적인 블록 사이가 넓어진다. 이때 디스크 내에 흩어져 단편화되어 있는 파일이나 폴더의 조각들을 합쳐서 디스크의 처리 속도를 향상시켜 주는 도구가 디스크 조각 모음이다.
- 디스크 조각 모음 도중에는 되도록 컴퓨터의 사용을 멈추고 기다리는 것이 좋다. 조각 모음 도중 디스크를 액세스하거나 파일의 내용을 변경하면 다시 디스크 정보를 수집하기 때문에 시간이 오래 걸린다.
- 매일, 매주, 매월 일정한 요일, 일정한 시간, 실행할 디스크를 선택하여 진행할 수 있다.
- 디스크 조각 모음을 실행할 수 있는 경우 : 하드 디스크, USB 플래시 드라이브는 조각 모음을 실행할 수 있다.
- 디스크 조각 모음을 실행할 수 없는 경우 : CD-ROM 드라이브, DVD 드라이브, 네트워크 드라이브, Windows가 지원하지 않는 프로그램으로 압축된 드라이브, NTFS, FAT, FAT32 이외의 다른 파일 시스템으로 포맷된 경우는 조각 모음을 할 수 없다.

> **기적의 TIP** 디스크 조각 모음의 수행 시간 결정 항목
> 디스크 볼륨의 크기, 디스크 볼륨의 파일 수, 볼륨의 조각된 비율, 디스크 볼륨의 조각난 양 등

▶ 디스크 오류 검사 ★

- 디스크 내의 불량 섹터를 검사하고 복구하는 기능이다.
- [파일 탐색기]에서 디스크 드라이브의 바로 가기 메뉴에서 [속성]-[도구] 탭의 [검사]를 클릭한다.
- 물리적인 충격, 반복된 프로그램의 실행과 삭제 등으로 생긴 파일 시스템 오류를 검사하여 자동 수정할 수 있다.
- 디스크 검사는 손상된 부분을 복구할 때 교차 연결된 파일이 발견되면 제거하거나 백업한다.
- 디스크 검사 동안 드라이브를 계속 사용할 수 있고, 오류가 발견되면 수정 여부를 결정할 수 있다.
- 디스크 검사가 완료되면 전체 디스크 공간, 각 할당 단위, 전체, 할당 단위 개수, 남아있는 공간 등을 확인할 수 있다.
- 오류를 수정할 수 있는 드라이브 : 플로피 디스크 드라이브, 하드 디스크 드라이브, 램 드라이브, 압축된 드라이브, 메모리 카드, USB 드라이브이다.
- 오류를 수정할 수 없는 드라이브 : CD-ROM 드라이브, 네트워크 드라이브이다.

> **개념 체크 ✓**
>
> **1** 다음 중 한글 Windows 10에서 [오류 검사]에 대한 설명으로 옳지 <u>않은</u> 것은?
> ① 디스크 검사는 폴더와 파일의 오류를 검사하여 발견된 오류를 복구한다.
> ② 디스크 검사는 손상된 부분을 복구할 때 교차 연결된 파일이 발견되면 제거하거나 백업한다.
> ③ 오류 검사는 해당 폴더 단위로 검사할 수 있다.
> ④ 파일과 폴더의 오류뿐만 아니라 디스크 표면을 검사하여 디스크에 생긴 물리적인 오류도 찾아준다.
>
> **2** 다음 중 한글 [Windows 관리 도구] 프로그램에 대한 설명으로 옳지 <u>않은</u> 것은?
> ① [시스템 정보]를 수행하면 DMA, IRQ, I/O 주소 및 메모리 주소를 확인할 수 있다.
> ② [디스크 조각 모음 및 최적화]를 수행하면 디스크 공간의 최적화를 이루어 접근 속도가 향상된다.
> ③ [디스크 검사]를 수행하면 불필요한 파일을 검색하여 삭제한다.
> ④ [시스템 복원]을 수행하면 복원에 사용할 디스크 공간의 비율을 조절할 수 있다.

3 다음 중 한글 Windows 10의 디스크 조각 모음에 관한 설명으로 옳지 <u>않은</u> 것은?

① 디스크의 접근 속도 향상뿐만 아니라 디스크 용량 증가를 위하여 사용한다.
② Windows가 지원하지 않는 형식의 압축 파일이나, 네트워크 드라이브를 수행할 수 없다.
③ 요일과 시간을 지정하여 자동으로 수행되도록 예약할 수 있다.
④ 디스크 조각 모음을 수행하는 동안 다른 작업을 수행할 수 있다.

4 다음 중 한글 Windows 10의 디스크 검사에 관한 설명으로 옳지 <u>않은</u> 것은?

① 검사에서 발견된 파일 및 폴더의 문제를 수정할 수 있다.
② 불필요한 파일을 검색하여 삭제를 도와준다.
③ 디스크 검사는 정기적으로 수행하는 것이 좋다.
④ 디스크에 생긴 물리적인 오류도 찾을 수 있다.

POINT 037 문제 해결 방법

▶ 한글 Windows 10 사용 문제

- 윈도우 시스템의 부팅이 안되는 경우 : CMOS에서 하드 디스크의 정보가 제대로 입력되어 있는지 확인하고 잘못되었으면 하드 디스크의 타입을 재설정한다. 바이러스를 검사한 후 바이러스가 있으면 치료한다. 그 후에도 정상적으로 부팅이 되지 않을 경우 Shift+[다시 시작]을 눌러 표시되는 [고급 옵션] 메뉴의 안전 모드(Safe Mode)로 부팅하여 문제를 해결한다.
- 사용 중인 앱이 갑자기 작동하지 않는 경우 : 작업 표시줄에서 바로 가기 메뉴의 [작업 관리자] 또는 Ctrl+Shift+Esc를 눌러 나오는 [작업 관리자] 창에서 응답이 없는 앱을 [작업 끝내기]하여 종료한다.

▶ 디스크 공간 부족 문제 ✱

- 휴지통을 비우고 휴지통의 속성에서 휴지통의 크기를 줄인다.
- 디스크 정리를 통해 임시 파일이나 불필요한 파일을 삭제한다.
- 사용하지 않는 Windows 구성 요소나 사용하지 않는 응용 프로그램을 제거한다.
- 새로운 하드 디스크를 추가하여 설치한다.

▶ 메모리 부족 문제

- Windows를 시작할 때 메모리에 불러와서 사용하지 않는 응용 프로그램을 종료한다.
- 시스템의 램을 업그레이드한다.
- [작업 관리자] 창의 [시작프로그램] 탭에 있는 불필요한 램 상주 앱을 삭제한다.
- [제어판]의 [시스템 속성]-[고급] 탭에서 가상 메모리 크기를 적절하게 늘려준다.

▶ 인쇄 문제

- 인쇄가 전혀 되지 않는 경우 : 프린터 전원이나 프린터 케이블이 제대로 연결되어 있는지, 프린터의 이름이 변경되었거나 삭제되지 않았는지, 설정된 프린터의 드라이버가 제대로 설치되었는지 확인한다. 그 다음 [제어판]의 [장치 및 프린터]에서 인쇄할 프린터의 테스트 페이지 인쇄를 해본다.
- 인쇄 속도가 느린 경우 : 인쇄할 프린터의 속성에서 [스풀 설정]을 확인한다. [마지막 페이지까지 스풀한 후 인쇄 시작]이 선택되어 있으면 [바로 인쇄 시작]을 선택한다. 하드 디스크 여유 공간이 부족해 스풀 공간을 확보하지 못한다면 [스풀 기능을 사용하지 않고 인쇄]를 선택한다. 프린터 드라이버를 제거한 후 새로 설치한다.

▶ 하드웨어 장치 문제

- 하드웨어가 충돌을 일으키는 경우 : [시작]-[Windows 시스템]-[제어판]-[장치 관리자]에서 충돌한 하드웨어를 제거한다.
- 장치 관리자에 오류가 나타나는 경우 : 오류가 있는 장치 관리자를 제거한 후 PnP(자동 감지 기능) 인식의 하드웨어를 새로 추가한다.

▶ 네트워크 문제 ✽

- 네트워크 어댑터가 동작하지 않는 경우 : [시작]-[Windows 시스템]-[제어판]-[장치 관리자]에서 네트워크 어댑터와 충돌이 일어나는 장치가 있는지 확인한 후 충돌이 일어나는 장치를 제거하거나, 네트워크 어댑터의 드라이버가 제대로 된 드라이버인지 확인하고 잘못 설치되었으면 다시 설치한다.
- 네트워크 또는 인터넷의 연결이 안되는 경우 : 네트워크 케이블이 제대로 연결되었는지, 네트워크 어댑터가 제대로 동작하는지, Windows 또는 웹 브라우저가 정상적으로 설치되어 있는지 확인한다. 그리고 [시작]-[Windows 시스템]-[제어판]-[네트워크 및 공유 센터]에서 네트워크 도메인 환경이 제대로 되었는지 확인한다. 또는 명령 프롬프트 상태에서 네트워크에 연결되어 있는 시스템의 IP 주소를 'ping IP 주소'로 입력하여 응답이 오는지 확인한다.
- 네트워크에 연결된 다른 시스템이 표시되지 않거나 다른 시스템에 접속할 수 없는 경우 : 네트워크 케이블이 제대로 연결되었는지, 네트워크 어댑터가 제대로 동작하는지, 접속하려는 시스템에 네트워크의 연결 설정이 잘 되었는지 확인한다. 아니면 작업 그룹 이름이 동일한지 확인하고 다른 컴퓨터에서 공유 설정이 되어있는지 확인한다.
- 파일 및 프린터가 공유되지 않는 경우 : [시작]-[Windows 시스템]-[제어판]-[네트워크 및 공유 센터]-[이더넷] 연결을 클릭하고 [속성]을 선택하여 [Microsoft 네트워크용 파일 및 프린터 공유]가 설치되었는지 확인하고, 공유하려는 폴더나 프린터가 공유되어 있는지 확인한다.

개념 체크 ✓

1 다음 중 한글 Windows 10에서 네트워크에 이상이 있어 발생하는 문제라고 볼 수 없는 것은?
① 네트워크를 통해 다른 컴퓨터와 연결되지 않는 경우
② 네트워크에 로그온할 수 없는 경우
③ 다른 컴퓨터에 연결된 프린터를 공유할 수 없는 경우
④ 현재 실행 중인 사진 앱이 응답하지 않는 경우

2 다음 중 한글 Windows 10에서 문제 해결 방법에 관한 설명으로 옳지 않은 것은?
① 디스크 공간이 부족할 경우에는 불필요한 응용 프로그램들의 실행을 종료한다.
② 메모리가 부족할 경우에는 가상 메모리를 충분히 확보할 수 있도록 휴지통, 임시 파일, 사용하지 않는 프로그램 등을 삭제한다.
③ 정상적인 부팅이 안되는 경우에는 안전 모드로 부팅하여 문제를 해결한 후에 정상 모드로 재부팅한다.
④ 시스템 속도가 저하되는 경우에는 디스크 조각 모음을 실행하여 하드 디스크의 단편화를 제거한다.

3 한글 Windows 10에서 메모리가 부족하여 프로그램을 실행할 수 없는 경우의 해결 방안으로 가장 올바르지 않은 것은?
① 불필요한 프로그램을 종료하고 해당 프로그램을 다시 실행한다.
② [시작프로그램] 폴더에 있는 불필요한 프로그램을 삭제하고 시스템을 재시작한다.
③ [디스크 검사]를 실행하여 디스크 공간을 늘린다.
④ [가상 메모리] 크기를 적절히 설정한다.

4 다음 중 디스크 공간 부족을 해결하기 위한 방법으로 올바르지 않은 것은?
① 불필요한 파일과 사용하지 않는 Windows 구성 요소를 제거한다.
② [작업 관리자] 창의 [시작프로그램] 탭에 설정된 불필요한 프로그램을 삭제한 후 시스템을 재시작한다.
③ 휴지통에 있는 파일을 삭제한다.
④ 디스크 정리를 통해 오래된 압축 파일이나 임시 인터넷 파일 등을 삭제한다.

SECTION 12

2과목 PC 운영체제

네트워크 관리

POINT 038 네트워크 환경 설정하기

합격 강의

▶ 네트워크

- 네트워크(Network)란 두 대 이상의 컴퓨터 시스템을 통신 회선으로 연결해 놓은 통신망으로, 컴퓨터 사용자와 인터넷, 네트워크, 다른 컴퓨터 사이를 연결해 놓는다.
- LAN, 전화 접속 모뎀, 케이블 모뎀, ISDN, xDSL 등을 사용하여 네트워크를 연결한다.
- 네트워크 연결 설정을 하고 나면 웹서비스(WWW), 전자우편(E-Mail), 파일 송수신(FTP), 텔넷(TELNET), 뉴스그룹(USENET), 채팅(IRC), 온라인 게임(Game) 등의 인터넷 서비스를 사용할 수 있다.
- 네트워크 사용의 목적은 자료의 공유, 주변 장치의 공유, 전자 메일 교환 등이 있다.
- 네트워크 연결 방식에는 서버와 클라이언트 방식, 피어 투 피어 방식이 있다.

▶ 네트워크 연결 설정

① 활성 네트워크 보기

- 케이블 또는 xDSL 등의 초고속 인터넷 접속 서비스를 사용하는 한글 Windows 10에서는 네트워크 어댑터가 있으면 별도의 설치 없이 자동으로 네트워크 연결이 실행된다.
- [새 연결 또는 네트워크 설정]에서 광대역, 전화 접속 또는 VPN으로 연결을 설정하거나 새 라우터 또는 액세스 지점(AP)을 설정할 수 있다.
- 네트워크 설정 변경은 관리자 계정으로 로그온한 후 [시작]-[Windows 시스템]-[제어판]-[네트워크 및 공유 센터]에서 활성 네트워크의 액세스 형식과 연결을 확인한다.

② 네트워크 설정 변경

- [제어판]의 [네트워크 및 공유 센터]에서 네트워크 설정 변경을 할 수 있다.
- [네트워크 설정 변경]에서 [새 연결 또는 네트워크 설정]을 클릭하여 옵션을 선택한다.

인터넷에 연결	• 인터넷을 사용하기 위해 광대역 또는 전화 접속 모뎀 또는 ISDN을 사용하여 연결을 설정 • 인터넷 서비스 공급자(ISP)의 사용자 이름과 암호를 이용하여 연결
새 네트워크 설정	새 라우터 또는 액세스 지점을 설정
무선 네트워크에 수동으로 연결	무선 단말기를 사용할 때 네트워크 이름, 보안 종류, 암호화 유형, 보안 키 등의 무선 네트워크 정보를 이용하여 숨겨진 네트워크에 연결하거나 무선 프로토콜을 새로 만들기하여 연결 설정
회사에 연결	회사에 대한 전화 접속 또는 VPN 연결하거나 직접 전화 걸기로 연결을 설정

▶ 네트워크 어댑터 ✽

- 사용자의 컴퓨터를 물리적으로 네트워크에 연결하기 위한 하드웨어 장치이다.
- 한글 Windows 10에서는 부팅하면서 자동으로 어댑터(LAN 카드)를 인식하여 적절한 드라이버를 설치한다.
- [제어판]의 [장치 관리자]-[네트워크 어댑터]의 항목에서 바로 가기 메뉴의 [속성]을 선택하면 설치된 장치 유형과 제조업체, 위치 등을 확인하고 드라이버 업데이트, 드라이버 제거 등을 할 수 있다.
- 네트워크 어댑터를 설치하면 활성 네트워크 연결이 자동으로 이루어진다.
- [제어판]의 [네트워크 및 공유 센터] 창의 [어댑터 설정 변경]에서 네트워크 장치 연결을 변경할 수 있다.

▶ 소프트웨어적인 환경 ✽

- [제어판]의 [네트워크 및 공유 센터]에서 인터넷 액세스 형식인 [이더넷] 연결을 클릭하면 현재 이더넷 상태를 확인한다.
- IP 연결 상태와 미디어 상태, 시간, 속도 등을 확인할 수 있다.
- 무선 인터넷 접속이 가능한 상태라면 무선 네트워크 이름(SSID)을 선택하여 인터넷에 연결된다.
- 무선 네트워크일 경우에는 Wi-Fi 상태로 IP 연결 상태, 미디어 상태, SSID, 시간, 속도 등을 확인할 수 있다.
- 이더넷 상태 창의 [속성]을 클릭하여 네트워킹을 위한 구성 항목을 확인하며 [설치]를 눌러 [네트워크 기능 유형 선택]에서 유형을 추가하여 설치할 수 있다.

클라이언트	• 사용자가 연결하려는 네트워크에 있는 컴퓨터 및 파일을 액세스하기 위해 설치하여 사용 • 클라이언트는 네트워크의 다른 컴퓨터나 서버에 연결하여 파일이나 프린터 등의 공유 자원을 사용할 수 있도록 한 소프트웨어
서비스	• 네트워크상에 있는 파일 및 프린터 공유, 백업, 레지스트리 등의 추가 기능을 제공하기 위해 설치 • 서비스는 내 컴퓨터에 설치된 파일, 프린터 등의 자원을 다른 컴퓨터에서 공유할 수 있도록 하는 소프트웨어
프로토콜	사용자 컴퓨터와 다른 컴퓨터 간에 통신을 할 때 사용하는 통신 규약으로, 네트워크상에서 통신할 때는 같은 프로토콜을 사용

▶ 인터넷 프로토콜 TCP/IP *

① TCP/IP의 기능

- 한글 Windows 10은 TCP/IP(Transmission Control Protocol/Internet Protocol)라는 네트워크로 연결된 프로토콜을 기반으로 한다.
- TCP는 두 사용자 시스템 간의 통신(에러 제어, 흐름 제어, 데이터 순서 보장, 데이터 손실 및 중복 해결)을 담당하는 프로토콜이다.
- IP는 네트워크와 네트워크를 통한 데이터를 목적지까지 전송하는 프로토콜이다.

② TCP/IP의 속성

IP 주소		• 인터넷상에서 구별되는 자신만의 고유한 숫자로 된 주소 • 인터넷 서비스 업체(ISP)에서 자동으로 IP 주소를 부여받거나 직접 할당된 주소를 입력하여 설정
	IPv4	• IPv4는 32비트로 구성되었고 10진수 4자리로 도트(.)로 구분됨 • 네트워크 규모에 따라 A, B, C, D, E 클래스로 나뉨 • 예 192.12.0.125
	IPv6	• IPv6는 128비트로 구성되었고 16진수 8자리로 콜론(:)으로 구분됨 • 기능으로는 IPv4와 호환성, 인증성, 기밀성, 데이터 무결성의 지원으로 보안 문제 해결, 빠른 속도, 실시간 흐름 제어를 지원 • 예 12ef:78bc:ffff:ffff:ffff:ab47:0000:fe80
서브넷 마스크		• 1개의 IP 네트워크 물리적 주소를 여러 개의 논리적 주소로 나누는 것 • 컴퓨터의 규모를 알리는 정보가 됨 • IP 주소와 결합하여 네트워크 주소와 호스트 주소를 구분하기 위하여 사용
기본 게이트웨이		• 게이트웨이란 네트워크로 들어가는 입구 역할로 두 개의 서로 다른 LAN을 연결하는 장치 • 일반적으로 라우터라는 연결 장치에서 지정된 게이트웨이의 주소를 입력

③ 고급 TCP/IP 설정

- [이더넷] 창의 [인터넷 프로토콜 버전 4(TCP/IPv4) 속성] 대화상자에서 [고급]을 선택하여 표시되는 [고급 TCP/IP 설정]에서 설정한다.
- DHCP(Dynamic Host Configuration Protocol)와 DNS(Domain Name System or Server) 시스템이 있다.

▶ 네트워크 관련 명령어

ipconfig	• c:₩)ipconfig 입력 • 자신의 컴퓨터 어댑터의 상태, 할당된 IP 주소, 서브넷 마스크의 주소, 게이트웨이에 대한 정보를 확인
ping	• c:₩)ping ip 주소 입력 • 입력한 IP 주소가 네트워크에 잘 연결되어 있는지 확인하는 명령어 • 패킷 보냄 수와 왕복 시간, TTL 등을 확인
tracert	• c:₩)tracert 입력 • 연결하려는 IP 라우터들이 제대로 패킷을 전송하는지 확인하는 명령어 • 라우터의 경로와 경로에서의 지연시간을 추적할 때 사용
netstat	• c:₩)netstat 입력 • TCP/UDP 프로토콜 네트워크 연결 상황을 표시하는 명령어 • 프로토콜, 로컬 영역 주소, 외부 주소와 포트, 연결 상태로 충돌 지점을 알아낼 때 사용
net	• c:₩)net 입력 • 네트워크에 연결된 모든 시스템의 상태를 나타내는 명령어
finger	• c:₩)finger 입력 • 현재 시스템의 사용자에 대한 정보를 표시
nslookup	• c:₩)nslookup ip 주소 입력 • DNS에 접속하여 특정한 IP 주소를 가진 컴퓨터의 도메인을 찾거나 도메인 이름으로 IP 주소를 알아내는 명령어

개념 체크 ✓

1 다음 중 한글 Windows 10에서 인터넷 IP 주소 체계를 위해 사용하는 IPv6에 대한 설명으로 옳지 <u>않은</u> 것은?
① IPv4와의 호환성이 뛰어나며, IPv4와 비교해 자료 전송 속도가 빠르다.
② 숫자로 8비트씩 4부분으로 구분하며, 총 32비트로 구성된다.
③ 인증성, 기밀성, 데이터 무결성의 지원으로 보안 문제를 해결할 수 있다.
④ 실시간 흐름 제어로 향상된 멀티미디어 기능을 제공한다.

2 다음 중 한글 Windows 10에서 인터넷이 정상적으로 작동하지 않을 때 취해야 할 조치로 옳지 <u>않은</u> 것은?
① 네트워크 카드나 케이블이 바르게 연결되었는지 점검한다.
② 속도가 느려진 경우 'config' 명령을 사용하여 속도가 느려진 원인을 확인한다.
③ Windows 또는 웹 브라우저가 정상적으로 설치되어 있는지 확인한다.
④ 'Ping' 명령을 사용해 접속하려는 사이트의 서버 상태를 확인한다.

3 다음 중 한글 Windows 10에서 네트워크 연결을 위한 [이더넷 속성] 연결 창에 관한 설명으로 옳지 <u>않은</u> 것은?
① 네트워크 연결에 사용할 네트워크 어댑터의 유형과 장치가 장착된 위치 등을 알 수 있다.
② 네트워크 기능의 유형에는 라우터, 게이트웨이, 리피터 등이 있다.
③ 네트워크가 IP 자동 설정 기능을 지원하지 않는 경우에는 해당 IP 주소, 서브넷 마스크, 기본 게이트웨이, DNS 서버 주소를 수동으로 설정하여야 한다.
④ 기본 게이트웨이와 DNS 서버 주소는 2개 이상 여러 개를 설정할 수 있다.

4 한글 Windows 10의 [네트워크 및 공유 센터]에서 '네트워크 설정 변경'과 가장 관련이 <u>없는</u> 항목은?
① 어댑터 설정 변경
② 인터넷에 연결
③ 새 네트워크에 연결
④ 회사에 연결

POINT 039 네트워크 사용하기

합격 강의

▶ 자원의 공유

컴퓨터에 저장된 파일 및 폴더, 디스크 드라이브, 프린터, CD-ROM 드라이브, 모뎀 등을 네트워크와 웹에서 공유하여 사용할 수 있으며, 공유 방법은 공유하려는 사용자와 액세스할 컴퓨터에 따라 다르다.

▶ 네트워크 드라이브 연결 ✱

- 특정한 폴더나 드라이브를 마치 내 컴퓨터의 디스크 드라이브처럼 사용하기 위해 네트워크 드라이브를 연결한다.
- [파일 탐색기] 창의 [홈]-[새로 만들기] 그룹의 [빠른 연결]-[네트워크 드라이브 연결]에서 선택한다.
- 내 PC(내 컴퓨터)의 위치일 때에는 [컴퓨터]-[네트워크] 그룹의 [네트워크 드라이브 연결]을 선택한다.
- [네트워크 드라이브 연결]은 연결할 공유 폴더의 드라이브와 경로를 지정하는 것으로 네트워크 드라이브 연결에 사용할 드라이브 문자와 공유 네트워크 폴더를 선택한 후 [마침]을 클릭한다. 드라이브 문자는 로컬 디스크나 USB 드라이브와 같이 사용하는 드라이브를 제외한 Z:드라이브에서 A:드라이브까지 네트워크에 연결하여 사용할 수 있다.
- [로그인할 때 다시 연결]을 선택하면 로그인할 때마다 자동으로 연결된 드라이브에 다시 연결되어 사용한다.
- [네트워크 드라이브 연결 끊기]는 네트워크 드라이브의 연결을 해제하여 연결된 드라이브를 끊고 새 드라이브 문자로 다시 지정하여 사용한다. 연결된 네트워크 드라이브의 바로 가기 메뉴의 [연결 끊기]를 선택한다.

▶ 드라이브나 폴더의 공유 ✱

- 컴퓨터의 파일이나 폴더를 [공용] 폴더로 이동하거나 복사하면 내 컴퓨터에 사용자 계정이 있는 모든 사람과 공유할 수 있다.
- 공유하는 방법은 공유하는 파일과 컴퓨터에 연결된 네트워크 유형에 따라 달라진다.

① 공유 폴더를 사용하기 위한 설정
- [제어판]의 [네트워크 및 공유 센터]-[고급 공유 설정 변경]을 선택한다.
- 각 개인 사용자 게스트 또는 공용, 모든 네트워크마다 별도의 네트워크 프로필을 만들고 각 프로필에 특정 옵션을 선택할 수 있다.

네트워크 검색	검색 켜기이면 이 컴퓨터에서 다른 네트워크 컴퓨터와 장치를 볼 수 있고 이 컴퓨터가 다른 네트워크의 컴퓨터에 표시될 수도 있음
파일 및 프린터 공유	공유 켜기이면 네트워크의 다른 사용자가 이 컴퓨터에서 사용자가 공유한 파일과 프린터에 액세스할 수 있음
공용 폴더 공유	공유 켜기이면 홈 그룹 구성원을 비롯한 네트워크에 연결된 다른 컴퓨터 사용자가 공용 폴더에 저장된 파일을 액세스할 수 있도록 권한을 지정함
미디어 스트리밍	[미디어 스트리밍 옵션 선택]을 클릭해서 다른 네트워크에서 이 컴퓨터에 있는 오디오, 비디오, 사진 등을 재생할 수 있는 미디어 스트리밍 기능을 켤 수 있도록 설정함
파일 공유 연결	Windows에서는 파일 공유 연결의 보안을 위해 128비트 암호를 사용하지만 이를 지원하지 않는 일부 네트워크 장치에서는 40비트 또는 56비트 암호화를 사용하도록 설정함
암호로 보호된 공유	공유 켜기일 때 이 컴퓨터에 대한 사용자 계정과 암호를 알아야만 공유 파일, 프린터를 액세스하도록 설정함

② 폴더의 액세스 권한에서 공유와 제거

폴더를 선택한 후 바로 가기 메뉴의 [액세스 권한 부여]를 선택한다.

③ [작업 그룹]에서 폴더의 공유

- 폴더를 선택한 후 바로 가기 메뉴의 [속성]-[공유] 탭에서 [공유]를 선택한다.
- 공유할 사람은 누구나 사용할 수 있는 'Everyone'을 [추가]하고 사용 권한 수준(읽기, 읽기/쓰기, 제거)을 선택하고 [공유]를 클릭한다.
- [고급 공유]를 선택하면 선택한 폴더 공유에서 공유 이름과 동시 사용자의 수를 지정할 수 있다.
- [권한]을 클릭하여 [그룹 또는 사용자 이름]을 추가하고 사용 권한(모든 권한, 변경, 읽기)을 설정할 수 있다.

▶ 네트워크 프린터 설치와 프린터의 공유

- 프린터가 없는 컴퓨터에서 네트워크상의 다른 컴퓨터에 연결된 프린터를 공유하여 사용할 수 있다.
- 공유할 프린터 이름을 직접 입력할 때는 경로를 '₩₩컴퓨터 이름₩프린터 이름'으로 입력하거나, [인터넷이나 홈 또는 회사 네트워크에 있는 프린터에 연결]을 실행하려면 'http://computername/Printers/printername/.printer'와 같은 형식으로 입력한다.

- 공유는 [제어판]의 [장치 및 프린터]에서 설치된 프린터의 바로 가기 메뉴에서 [속성]-[공유] 탭에서 [이 프린터 공유]에 체크하고 [공유 이름]을 입력하는데, 공유할 프린터 이름은 한글, 영문, 숫자, 공백과 특수문자를 사용할 수 있다('/', '₩', ','는 사용 불가).

▶ 방화벽 및 네트워크 보호 ✱

① 방화벽

- 외부로부터 내부망을 보호하고 유해 정보의 유입을 차단하기 위한 정책과 이를 지원하는 하드웨어 및 소프트웨어를 총칭하며 바이러스 백신과는 다르다.
- 외부 네트워크와 사설 네트워크의 경계에 패킷 필터링 기능을 수행하는 라우터나 응용 게이트웨이를 두어 모든 정보의 흐름이 이들을 통해서만 이루어지도록 한다.
- 방화벽은 외부로부터의 공격을 막는 역할을 하지만 내부에서 일어나는 해킹은 막을 수 없다는 단점을 가진다.

② Windows Defender 방화벽

- [제어판]의 [Windows Defender 방화벽]은 권한이 없는 사용자가 인터넷 또는 네트워크를 통해 컴퓨터에 접근하는 것이나 바이러스 침입을 막아주는 방어막으로, 다른 컴퓨터로 악성 소프트웨어를 보내지 못하도록 방지할 수도 있다.
- Windows Defender가 설정되면 스파이웨어 및 기타 사용자의 동의 없이 설치되는 소프트웨어가 컴퓨터에 자체적으로 설치 또는 실행될 때 알림이 표시된다.
- 개인 네트워크 설정이나 공용 네트워크 중 유형 설정을 한다.
- [허용되는 프로그램 목록에 있는 연결을 포함하여 모든 들어오는 연결 차단] 설정은 사용자의 컴퓨터에 무단으로 연결하려는 모든 시도를 차단하는 것으로 호텔이나 공항과 같은 공공 네트워크에 연결하려 하거나 컴퓨터를 최대로 보호해야 할 때 이 설정을 사용한다. 이 설정을 사용하면 사용자에게 알리지 않고 Windows 방화벽이 차단할 수 있는 프로그램 목록이 무시된다. 들어오는 모든 연결을 차단해도 여전히 대부분의 웹 페이지를 보고, 전자 메일을 주고받고, 인스턴트 메시지를 주고받을 수 있다.

> **기적의 TIP 고급 설정**
> - 인바운드 규칙 : 외부에서 사용자 컴퓨터로 들어오는 접속을 차단 설정
> - 아웃바운드 규칙 : 내부에서 사용자 컴퓨터로 나가는 접속을 차단 설정
> - 연결 보안 규칙 : 특정 프로그램이나 포트에 대한 연결을 허용하거나 차단하는 방화벽 규칙으로, 연결 보안 규칙의 종류에는 격리, 인증 예외, 서버 간, 터널, 사용자 지정 등이 있음

▶ 네트워크 연결 문제 해결
- [시작]-[설정]-[네트워크 및 인터넷]-[상태]에서 네트워크 상태와 설정 변경을 확인한다.
- 인터넷에 연결이 안되는 등의 문제가 발생하면 [네트워크 문제 해결사]를 선택한다.

개념 체크 ✓

1 다음 중 한글 Windows 10의 [고급 공유 설정]에 관한 설명으로 옳지 않은 것은?
① 한글 Windows 10이 설치된 두 대 이상의 컴퓨터를 네트워크로 연결하여 파일 및 프린터를 쉽게 공유할 수 있도록 하는 기능이다.
② 네트워크 검색에서 [네트워크 검색 켜기]로 설정되어야 한다.
③ 공용 폴더 공유가 설정되어 있으면 홈 그룹 구성원을 비롯한 네트워크 사용자가 공용 폴더에 있는 파일에 액세스할 수 있다.
④ 공용 폴더 공유 끄기가 되어있으면 이 컴퓨터에 로그온 하지 않은 사용자도 이 폴더에 계속 액세스할 수 있다.

2 다음 중 한글 Windows 10에서 제공하는 [Windows 방화벽]에 대한 설명으로 옳지 않은 것은?
① 해커나 악성 소프트웨어가 네트워크나 인터넷을 통해 사용자 컴퓨터에 액세스하지 못하도록 방지하는 기능이다.
② [인바운드 규칙] 사용을 설정하면 방화벽은 사용자의 네트워크에서 외부로 나가는 연결을 제어할 수 있다.
③ Windows 방화벽이 새 프로그램을 차단할 때 알림을 표시할 수 있도록 설정할 수 있다.
④ 연결 보안 규칙의 종류에는 격리, 인증 예외, 서버 간, 터널, 사용자 지정 등이 있다.

3 다음 중 한글 Windows 10에서 사용 중인 프린터의 공유 설정을 하려고 할 때 해당 프린터의 팝업 메뉴에서 선택해야 하는 메뉴 항목으로 옳은 것은?
① 인쇄 기본 설정
② 프린터 속성
③ 속성
④ 기본 프린터로 설정

POINT 040 웹 브라우저 사용

▶ 합격 강의

▶ 웹 브라우저★
- 웹 브라우저란 HTTP 프로토콜을 기반으로 월드와이드웹(WWW)에서 하이퍼텍스트로 정보를 찾고 웹 문서를 교환하는 응용 소프트웨어이다.
- 웹 문서 열기, 웹 문서 즐겨찾기, 자주 방문하는 URL 등을 설정할 수 있다.
- 전자우편을 보내거나 웹 페이지인 HTML 문서를 보거나 편집할 수 있다.
- 웹 브라우저의 종류에는 초창기의 모자이크, 넷스케이프, 마이크로소프트사의 인터넷 익스플로러, 마이크로소프트 엣지, 구글의 크롬, 파이어폭스, 사파리, 오페라 등이 있다.

> **기적의 TIP** 주요 웹 브라우저
> - 마이크로소프트 엣지(Microsoft Edge) : 마이크로소프트사에서 최신 웹 환경을 반영하여 출시한 웹 브라우저로, 새 크로미움(Chromium) 방식을 사용하여 Windows가 지원되는 모든 버전에 호환됨
> - 크롬(Chrome) : 구글에서 만든 그래픽 사용자 인터페이스 웹 브라우저로, 안정성과 보안, 속도면에서 효율적으로 널리 사용됨

▶ 웹 브라우저 환경 설정하기
- 웹 브라우저를 효율적으로 사용하기 위한 각종 환경을 설정한다.
- [시작]-[Windows 시스템]-[제어판]-[인터넷 옵션]을 선택하거나, 인터넷 익스플로러 창에서 [도구] 메뉴의 [인터넷 옵션]을 선택하여 인터넷 속성을 설정한다.
- [인터넷 속성] 창의 항목

[일반] 탭	• 홈페이지 : 홈페이지 시작할 주소 설정 • 검색 기록 : 임시 파일, 열어본 페이지 목록, 쿠키, 저장된 암호 및 웹 양식 정보의 삭제 • 모양 : 웹 페이지의 색, 언어, 글꼴, 접근성 설정
[보안] 탭	• 보안 설정을 보거나 변경할 영역을 선택하여 보안 수준 지정 • 영역 : 인터넷, 로컬 인트라넷, 신뢰할 수 있는 사이트, 제한된 사이트
[개인정보] 탭	• 웹 사이트가 쿠키를 사용할 수 있도록 허용 또는 차단할지를 설정 • 팝업 차단을 사용할지를 설정
[내용] 탭	• 인증서 : SSL 캐시 지우기, 인증서 가져오기 • 자동 완성 : 주소 표시줄(검색 기록, 즐겨찾기, 피드 등), 양식에 사용할 사용자 이름과 암호 등의 관리와 삭제 • 피드 및 웹 조각 : 피드 및 웹 조각 설정

[연결] 탭	인터넷 연결 설정, 전화(광대역) 연결 및 가상 사설망(VPN) 설정, LAN 설정, 프록시 서버 설정
[프로그램] 탭	기본 웹 브라우저 열기 설정, HTML 편집기 설정, 인터넷 서비스에 자동으로 연결할 프로그램 설정
[고급] 탭	• HTTP 설정, 가속 그래픽, 사진 표시, 멀티미디어, 검색, 보안 표시, 접근성 등을 설정 • 인터넷 익스플로러 기본 설정 복원

▶ 개인정보 및 보안 설정

- 개인정보 보호 설정을 통해 탐색 환경을 개선할 수 있다.
- 인터넷 익스플로러에서는 [도구] 메뉴의 [인터넷 옵션]에서 설정하고, 크롬 웹 브라우저에서는 방문 기록, 쿠키, 저장된 비밀번호와 같이 탐색 활동으로 인해 생성된 정보를 삭제하려면 [설정]에서 [인터넷 사용 기록 삭제]를 클릭한다.
- 쿠키 및 기타 사이트 데이터를 처리하려면 [쿠키 및 기타 사이트 데이터]를 클릭한다.
- 마이크로소프트 엣지에서는 [설정 및 기타]-[설정]의 [개인 정보 및 서비스]에서 '검색 데이터 지우기' 등에서 개인 정보에 대한 추적 설정을 할 수 있다.

개념 체크 ✓

1 다음 중 한글 Windows 10에서 사용하는 웹 브라우저의 기능에 대한 설명으로 옳지 않은 것은?
① 플러그인 프로그램을 설치하여 다양한 멀티미디어 데이터를 처리할 수 있다.
② 접속된 웹 페이지를 사용자 컴퓨터에 저장하거나 인쇄할 수 있다.
③ 전자우편을 보내거나 HTML 문서를 편집할 수 있다.
④ 네트워크 환경 설정을 할 수 있다.

2 다음 중 한글 Windows 10에서 사용하는 웹 브라우저에 관한 설명으로 옳지 않은 것은?
① 웹 페이지의 내용을 복사하여 붙여넣기할 수 있다.
② 웹 서버에 있는 홈페이지를 수정할 수 있다.
③ 자주 방문하는 웹 사이트 주소를 관리하는 기능이 있다.
④ 플러그인 프로그램을 사용하여 동영상, 소리 등의 멀티미디어 데이터를 처리할 수 있다.

3 다음 중 웹 브라우저인 크롬(Chrome)에 대한 설명으로 옳지 않은 것은?
① 구글사에서 만든 텍스트 기반 인터페이스 웹 브라우저이다.
② 안정성과 보안, 속도면에서 효율적이다.
③ 인터넷 사용기록, 쿠키 및 캐시된 파일을 삭제하여 개인 정보를 보호한다.
④ 세이프 브라우징의 사용으로 위험한 이벤트가 발생하면 감지하여 알리는 기능이 있다.

4 다음 중 한글 Windows 10에서 사용할 수 있는 웹 브라우저의 기능에 관한 설명으로 옳지 않은 것은?
① 웹 서버에 있는 홈페이지를 HTTP 프로토콜을 사용하여 편집 또는 재구성할 수 있다.
② 플러그인 프로그램을 설치하여 동영상이나 소리 등의 다양한 멀티미디어 데이터를 처리할 수 있다.
③ 자주 방문하는 웹 사이트 주소를 관리할 수 있다.
④ 전자우편을 보내거나 HTML 문서를 편집할 수 있다.

5 다음 중 마이크로소프트 엣지에 대한 설명으로 옳지 않은 것은?
① 새 크로미움(Chromium) 방식을 사용하여 Windows가 지원되는 모든 버전에 호환된다.
② 통합된 컬렉션 기능을 활용하면 웹 콘텐츠를 쉽게 수집, 구성, 공유할 수 있다.
③ 온라인의 보안 문제를 자동으로 차단하여 사용자를 보호한다.
④ Windows 디바이스에 최적화되어 있어서 macOS, iOS, Android 디바이스 등은 다운로드하여 사용할 수 없다.

SECTION 13 컴퓨터 시스템의 개요

3과목 PC 기본상식

POINT 041 컴퓨터의 기본 개념

컴퓨터
- 컴퓨터란 자료를 입력받아 프로그램에 의해 자동으로 처리하여 그 결과인 정보를 출력하는 장치이다.
- 컴퓨터는 하드웨어(Hardware)와 소프트웨어(Software)로 구성된다.
- 펌웨어(Firmware)는 하드웨어와 소프트웨어의 중간적 성격을 갖는 장치로 디지털 시스템에서 널리 이용되고 있다.

하드웨어(Hardware)	컴퓨터를 구성하는 물리적인 기계 장치
소프트웨어(Software)	컴퓨터와 관련된 장치들을 작동시키는 데 필요한 각종 프로그램
펌웨어(Firmware)	• 마이크로프로그램으로 작성되며 하드웨어와 소프트웨어의 중간적 성격의 장치 • 속도가 빠르며 운영체제에서 입출력 장치를 제어하는 부분과 같이 고속 처리가 필요한 프로그램과 디지털 시스템에서 주로 사용 • 기존에는 소프트웨어나 하드웨어에서 그 내용을 쉽게 바꿀 수 없었으나 최근에는 플래시 롬에 저장되어 내용을 간단하게 변경 가능

데이터 단위

○ 비트 → 니블 → 바이트 → 워드 → 필드 → 레코드 → 파일 → 데이터베이스

비트(Bit)	2진수인 0이나 1을 표시하는 정보의 최소 단위
니블(Nibble)	4개의 비트를 모은 단위
바이트(Byte)	8개의 비트로 영문, 숫자, 반각 문자는 1Byte, 한글, 한자, 특수문자는 2Byte
워드(Word)	정보의 저장 단위로 주소 할당과 연산에 필요한 단위
레코드(Record)	관련된 여러 개의 필드들의 집합
파일(File)	관련된 레코드의 집합
데이터베이스(Database)	상호 관련된 파일의 집합

> **기적의 TIP** 단위별 순서
> - 저장 용량 : Byte < KB < MB < GB < TB < PB < EB
> - 기억 소자 발전 순서 : 진공관 → 트랜지스터 → 집적 회로(IC) → LSI
> - 컴퓨터 발전 순서 : MARK-I → ENIAC → EDSAC → EDVAC
> - 처리 속도(느림 → 빠름) : ms → μs → ns → ps → fs → as
> - 기억 장치 속도(느림 → 빠름) : 자기 테이프 → 플로피디스크 → CD-ROM → Zip Disk → 하드디스크 → ROM → DRAM → 캐시(SRAM) → 레지스터

숫자 표현

① 부동 소수점 표현
- 부호, 지수부, 가수(소수)부로 구성되며 부호의 양수값은 0, 음수값은 1로 표현한다.
- 양수, 음수 및 소수점이 포함된 실수 데이터 표현과 연산에 사용되는 방식이다.
- 고정 소수점에 비해 큰 수나 작은 수를 표현하기 때문에 컴퓨터 내부에서 처리 시간이 많이 걸린다.

> **기적의 TIP** 부동 소수점 표현의 구성 요소
> - 지수부 : 소수부에서 실제 값이 되도록 이동시켜야 할 소수점 자리
> - 가수(소수)부 : 데이터 값을 소수점 이하로 표현하여 계산된 값

② 고정 소수점 표현
- 정수 표현 형식으로 구조가 단순하고, 표현 범위가 적다.
- 연산 속도가 빠르므로 부동 소수점 형식보다 연산 시간은 짧다.
- 부호와 절대치 방식, 부호와 1의 보수 방식, 부호와 2의 보수 방식이 있다.
  - 부호와 절대치 방식 : 첫 비트를 부호 비트로 표현하고 나머지는 절대값으로 구성하는 방식
  - 부호와 1의 보수 방식 : 부호 비트를 제외한 데이터를 0은 1로, 1은 0으로 변환하는 방식
  - 부호와 2의 보수 방식 : 1의 보수를 구한 다음 1을 더해 주는 방식

> **기적의 TIP** 숫자의 표현 방식 비교
>
> | 구분 | 부동 | 고정 |
> |---|---|---|
> | 구조 | 복잡 | 단순 |
> | 연산 속도 | 느림 | 빠름 |
> | 연산 시간 | 많음 | 적음 |
> | 표현 범위 | 넓음 | 좁음 |

▶ 문자 표현

코드	크기	표현 문자
BCD 코드 (2진화 10진 코드)	6비트	• 64(2^6) 문자 표현 • 8421 코드라고도 함
ASCII 코드 (국제 표준 코드)	7비트	• 128(2^7) 문자 표현 • 자료 처리나 통신 시스템에 사용
EBCDIC 코드 (확장된 2진화 10진 코드)	8비트	• 256(2^8) 문자 표현 • 입출력 장치와 범용 컴퓨터에서 주로 사용

○ 각 자리마다 특정 값을 곱해 유용한 실제 값을 만드는 값

▶ 가중치 코드와 비가중치 코드

① 가중치 코드
- 각 자릿 수에 고유한 값을 부여한 코드이다.
- 8421 코드(BCD), 2421 코드, 5421 코드, 7421 코드, 비퀴너리 코드(2-5진 코드) 등이 있다.

② 비가중치 코드
- 각 자릿 수에 가중치가 부여되지 않은 코드이다.
- 3초과 코드, 그레이(Gray) 코드, 2 Out-of 5 코드, Shift Counter 코드 등이 있다.

> **기적의 TIP** 주요 비가중치 코드의 특징
> - 3초과(Excess-3) 코드 : BCD(8421) 코드에 3을 더한 코드로, 보수를 간단히 구할 때 사용
> - 그레이(Gray) 코드 : 인접 비트 사이에 1비트만이 변화하여 연속된 아날로그 자료에서 오류를 쉽게 알아내는 코드

▶ 에러 검출 및 교정 코드

패리티 코드	데이터에 1비트를 추가하여 데이터의 전송 과정에서 생기는 오류를 검출
해밍 코드	데이터의 전송 과정에서 생기는 오류를 검출하고 교정하기 위해 사용

개념 체크 ✔

1 다음 중 펌웨어(Firmware)에 관한 설명으로 옳지 않은 것은?
① 하드웨어와 소프트웨어의 중간적 성격을 갖고 있다.
② **하드웨어의 기능을 추가하거나 변경을 할 수 없다.**
③ ROM에 저장되는 마이크로 컴퓨터 프로그램이 이에 속한다.
④ 디지털 시스템에서 널리 이용된다.

2 다음 중 부동 소수점 데이터 표현 방법에 대한 설명으로 옳지 않은 것은?
① **부동 소수점 표현은 양수만을 표현하며, 고정 소수점 표현에 비해 아주 큰 수나 작은 수를 표현할 수 있다.**
② 부동 소수점 표현은 실수 데이터 표현과 연산에 사용한다.
③ 부동 소수점 표현은 부호, 지수부, 가수부로 구성된다.
④ 고정 소수점 연산에 비해 부동 소수점 연산은 컴퓨터 내부의 처리 시간이 많이 걸린다.

3 다음 중 고정 소수점 데이터 표현 방법에 대한 설명으로 옳지 않은 것은?
① 연산 속도가 빠르므로 부동 소수점 형식보다 연산 시간은 짧다.
② 부호와 절대치 방식, 부호와 1의 보수 방식, 부호와 2의 보수 방식이 있다.
③ **부동 소수점에 비해 큰 수나 작은 수를 표현할 수 있다.**
④ 정수 표현 형식으로 구조가 단순하다.

4 다음 중 하드웨어와 소프트웨어의 중간 형태의 프로그램으로 롬(ROM)에 기록되어 하드웨어를 제어하며 필요시 하드웨어의 성능 향상을 위해 업그레이드할 수 있는 마이크로 프로그램의 집합을 무엇이라고 하는가?
① **펌웨어(Firmware)**
② 셰어웨어(Shareware)
③ 미들웨어(Middleware)
④ 프리웨어(Freeware)

5 다음 중 3초과 코드(Excess-3 Code)에 대한 설명으로 옳지 않은 것은?
① 보수를 간단히 얻을 수 있는 장점이 있다.
② **2421 코드와 동일한 값을 갖는다.**
③ 8421 코드에 3을 더한 코드이다.
④ 10진수로 5는 3초과 코드로 1000이다.

6 다음에서 설명하는 코드는?

> - 데이터 통신이나 정보 교환에서 전송 오류를 검출하고 교정하는 코드
> - 2bit의 오류 비트를 찾고 1bit의 오류를 교정하는 코드

① 패리티 코드
② **해밍 코드**
③ 그레이 코드
④ Excess-3 코드

7 다음 중 컴퓨터의 자료 표현에 대한 설명으로 옳지 않은 것은?

① 수치 데이터의 표현은 정수는 부동 소수점, 실수는 고정 소수점 방식으로 표현한다.
② 컴퓨터 내부에서는 주로 자료를 2진수로 표현한다.
③ 인간과 컴퓨터의 정보 교환을 위해 비트의 조합에 의해 문자를 표현하는 표준화된 코드가 필요하다.
④ 부울 대수는 2진 변수와 논리 동작을 취급하는 대수로 0과 1만의 값을 취한다.

8 다음 중 여러 가지 코드에 대한 설명으로 옳지 않은 것은?

① 패리티 비트는 정보 전송 시 에러를 검출하기 위하여 사용한다.
② Gray 코드는 연속하는 수를 이진 표현으로 하였을 경우 인접하는 두 가지 수의 코드가 1비트만 다르게 만들어진 코드이다.
③ BCD 코드는 자리에 대한 가중치가 있으며 8421 코드라고도 한다.
④ Excess-3(3초과) 코드는 자리에 대한 가중치가 있으며 정보 전송에 사용한다.

POINT 042 컴퓨터 발전 과정

▶ 컴퓨터의 역사 *

기계식	치차식 계산기	파스칼	• 톱니 바퀴를 이용한 계산기 • 최초의 기계식 계산기로 덧셈, 뺄셈이 가능
	라이프니츠 계산기	라이프니츠	• 탁상용 계산기의 시조 • 사칙 연산이 가능
	차분 기관	배비지	삼각함수 계산
	해석 기관	배비지	현재 컴퓨터와 유사한 연산, 제어, 기억, 입력, 출력이 가능한 계산기
	천공 카드 시스템	홀러리스	일괄 처리 방식으로 미국의 인구 조사에 이용
전기 기계식	MARK-I	에이컨	최초의 전기 기계식 자동 계산기

전자식	ENIAC	모클리&에커트	최초의 전자식 계산기, 프로그램 외장 방식
	EDSAC	윌키스	최초의 프로그램 내장 방식 채택
	UNIVAC-I	모클리&에커트	최초의 상업용 계산기
	EDVAC	폰 노이만	폰 노이만의 프로그램 내장 방식

• ENIAC : 외장 방식
• EDSAC, UNIVAC-I, EDVAC : 내장 방식

▶ 프로그램 내장 방식 *

• 프로그램이 기억 장치에 저장되어 있어 명령을 순서대로 꺼내어 처리하는 방식이다.
• 최초의 프로그램 내장 방식을 채택한 컴퓨터는 EDSAC이다.
• 폰 노이만(J. Von Neumann)에 의해 개발된 프로그램 내장 방식은 EDVAC이다.

▶ 컴퓨터의 세대별 분류 *

구분	주요 소자	속도 단위	특징
1세대	진공관	Tube ms(10^{-3})	• 하드웨어 개발 중심 • 부피가 크고 속도가 느림
2세대	트랜지스터	TR μs(10^{-6})	• 소프트웨어 개발 중심 (OS 개발) • 다중 프로그래밍 가능
3세대	집적 회로	IC ns(10^{-9})	• 시분할 처리(다중 처리 시스템) • 경영 정보 시스템
4세대	고밀도 집적 회로	LSI ps(10^{-12})	• 개인용 컴퓨터 개발, 슈퍼 컴퓨터 개발 • 가상 기억 장치
5세대	초고밀도 집적 회로	VLSI fs(10^{-15})	• 전문가 시스템 • 인공 지능, 퍼지 이론, 패턴 인식

기억 소자
진공관 → 트랜지스터 → 집적 회로 → 고밀도 집적 회로 → 초고밀도 집적 회로

> **기적의 TIP** 정보 및 지능형 시스템
> • 경영 정보 시스템 : 컴퓨터 자동 처리에 의해 기업의 경영 전반에 대한 정보를 종합적으로 처리하여 제공하는 시스템
> • 전문가 시스템 : 전문적인 지식을 컴퓨터에 넣어 두고 비전문가의 질문을 컴퓨터가 해결해 주는 시스템
> • 인공 지능 : 미국 매카시(J. MaCarthy)가 최초로 인공 지능 언어를 이용해 LISP 프로그램을 발표하면서 인간의 지적 기능의 일부를 컴퓨터로 구현한 방법

개념 체크 ✓

1 다음 중 프로그램 내장 방식의 컴퓨터와 거리가 먼 것은?
① ENIAC
② EDSAC
③ UNIVAC-I
④ EDVAC

2 다음 중 프로그램 내장 방식에 대한 설명으로 옳지 않은 것은?
① 폰 노이만에 의해서 제안되었다.
② 프로그램과 데이터를 주기억 장치에 저장하여 수행한다.
③ 서브루틴의 사용이 가능하며 사용 빈도에 제한이 없다.
④ UNIVAC은 프로그램 내장 방식을 채택한 최초의 컴퓨터이다.

3 다음 중 발전 순서 또는 크기 순(큰 순에서 작은 순, 느린 순에서 빠른 순)으로 나열하였을 때 옳지 않은 것은?
① 진공관 → 트랜지스터 → 집적 회로(IC) → LSI
② MARK-I → ENIAC → EDSAC → EDVAC
③ ms(10^{-3}) → μs(10^{-6}) → ns(10^{-9}) → ps(10^{-12})
④ Record → Field → Byte → Word → Bit

4 다음 중 오늘날 컴퓨터의 기본 원리인 프로그램 내장 방식에 대한 설명으로 옳지 않은 것은?
① 기억 장치에 계산의 순서를 미리 저장한다.
② 프로그램은 실행 전 주기억 장치에 저장된다.
③ 명령처리는 프로그램 계수기(Program Counter)에 의해 순차적으로 이루어진다.
④ 1671년 라이프니치에 의해 이론이 정립되었다.

5 다음 중 4세대 컴퓨터의 특징으로 볼 수 없는 것은?
① 개인용 컴퓨터(PC)가 등장하였다.
② 다중 프로그램이 처음으로 도입되었다.
③ 가상 기억 장치가 도입되었다.
④ 기억 소자로 고밀도 집적 회로(LSI)가 사용되었다.

6 다음 중 제5세대 컴퓨터에서 나타난 주요 특징으로 옳지 않은 것은?
① 다중 처리
② 인공 지능
③ 패턴 인식
④ 퍼지 이론

POINT 043 컴퓨터의 분류

▶ 합격 강의

▶ 컴퓨터 분류

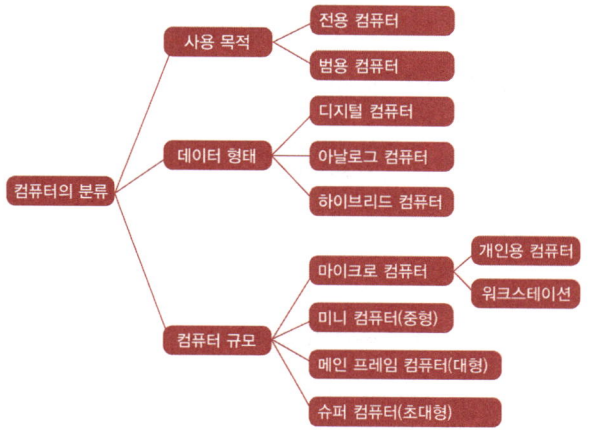

- 사용 목적에 의한 분류

범용 컴퓨터 (General Purpose Computer)	• 여러 분야에서 광범위하게 사용할 수 있도록 제작된 컴퓨터 • 사무 처리, 통계 처리, 과학 계산 등 다양한 데이터를 처리하는 데 사용
전용 컴퓨터 (Special Purpose Computer)	• 특정한 분야에 사용되기 위해 제작된 컴퓨터 • 미사일 유도 체제, 핵반응 시설의 제어, 항공기 자동 조정 장치 등 제한된 범위의 특정 업무에만 사용

- 데이터 형태에 의한 분류 ★ : 하이브리드 컴퓨터는 디지털 컴퓨터와 아날로그 컴퓨터의 장점을 결합하여 만든 것이다.

구분	디지털 컴퓨터	아날로그 컴퓨터
구성 회로	논리 회로	증폭 회로
입력 형식	코드화된 숫자나 문자	전류, 전압, 온도, 길이 등 연속되는 물리량
출력 형식	• 이산적인 데이터 • 숫자, 문자, 부호 등으로 표시	• 연속적인 데이터 • 그래프, 곡선으로 표시
연산 형식	사칙 연산(+, -, ×, ÷)	미적분(병렬 연산)
연산 속도	느림	빠름
프로그래밍	필요	불필요
기억 능력	기억이 용이하고 반영구적	기억이 제한적
적용성	범용성	특수 목적용
정밀도	필요한 한도까지	정도가 제한됨(0.01%)

- 처리 능력(규모)에 의한 분류

마이크로 컴퓨터 (개인용 컴퓨터)	• 개인적으로 사용하는 일반적인 컴퓨터 • 데스크톱, 랩톱, 노트북, 팜톱, PDA(Personal Digital Assistants)
워크스테이션	• 네트워크에 연결하여 서버로 사용 • RISC 마이크로프로세서를 이용한 컴퓨터
미니 컴퓨터	• 중형 컴퓨터 • 기업체나 학교, 연구소에서 사용
메인 프레임 컴퓨터	• 대형 컴퓨터 • 병원, 은행, 정부기관, 대기업 등에서 사용
슈퍼 컴퓨터	• 초고속 처리 가능 • 우주 및 항공, 기상 예보 등에 사용

> **기적의 TIP　PDA 및 네트워크 컴퓨터**
> - PDA(Personal Digital Assistants) : 애플사에서 개발한 개인용 정보 단말기로 간편하게 휴대하여 펜이나 터치 스크린으로 직접 입력하는 무선 통신, 개인정보 관리, MP3 기능이 가능한 장치
> - 네트워크 컴퓨터(Network Computer) : 필수적인 장치만을 장착하여 네트워크로 연결한 후 서버에 의해서 데이터 처리를 하며, 최소한의 처리 성능, 메모리, 저장 장치만을 갖추고 있어서 데이터의 처리와 저장이 네트워크에 연결된 서버를 통해 이루어지는 컴퓨터

개념 체크 ✓

1 다음 중 아날로그 컴퓨터와 비교하여 디지털 컴퓨터의 특징으로 옳은 것은?
① 입력 형태로 전류, 전압, 온도, 속도 등이 가능하다.
② 논리 회로를 사용하며, 프로그래밍이 필요하다.
③ 미분이나 적분에 관한 연산 속도가 빠르다.
④ 특수 목적용으로 기억 기능이 적다.

2 다음 중 컴퓨터의 규모에 의한 분류에 대하여 설명한 것으로 옳지 않은 것은?
① 마이크로 컴퓨터는 가정이나 사무실에서 주로 한 사람이 사용하는 용도에 쓰이며 개인용 컴퓨터나 슈퍼 컴퓨터가 이에 속한다.
② 미니 컴퓨터는 단말기를 이용하여 여러 사람이 이용할 수 있는 컴퓨터로 중형 컴퓨터라고도 하며, 마이크로 컴퓨터보다 처리 속도가 빠르다.
③ 대형 컴퓨터는 미니 컴퓨터보다 기억 용량이 크고 처리 속도가 빠른 컴퓨터로서 주로 은행, 정부기관 등에서 사용된다.
④ 워크스테이션은 개인용 컴퓨터와 미니 컴퓨터의 중간 사양 정도이며, 네트워크에 연결하여 주로 소형 서버로 사용된다.

SECTION 14 PC의 구성 요소–하드웨어

3과목 PC 기본상식

POINT 044 입·출력 장치

▶ 입력 장치

스캐너(Scanner)	그림이나 사진 자료를 입력하는 장치
광학 문자 판독기(OCR)	기록된 문자를 광학적인 방법으로 읽어 들이는 장치로 공공요금 청구서에서 사용
광학 마크 판독기(OMR)	특수한 연필이나 사인펜으로 마크한 카드를 판독하는 장치로 객관식 답안지에 사용
자기 잉크 문자 판독기(MICR)	자성을 띤 특수한 잉크로 기록된 숫자나 기호를 판독하는 장치
바코드 판독기	굵기가 서로 다른 선들의 조합으로 이루어진 코드를 판독하는 장치로 POS 시스템에서 쓰임

※ 중앙의 컴퓨터와 매장의 단말기가 연결되어 실시간으로 거래 내역이 수집되어 매출 관리, 상품 관리, 재고 관리 등의 업무를 자동으로 처리하는 시스템

▶ 출력 장치

- 영상 표시 장치는 픽셀(화소)로 나타내며, 해상도가 높을수록 선명하다. ○ 화면에 표시되는 화상의 최소 단위
- 플로터(Plotter), 마이크로필름장치(COM), 음극선관(CRT), 액정 디스플레이(LCD), 플라스마 디스플레이(PDP), 발광다이오드(LED) 등이 있다.

▶ 입·출력 제어 방식★

① DMA(Direct Memory Access)
- 주변 장치가 직접 메모리 버스를 관리하여 CPU를 거치지 않고 메모리 간에 입·출력 데이터를 전송하여 전송 속도를 향상시킨 방식이다.
- DMA 제어기가 CPU에 데이터 채널 요청을 하면 다음 사이클을 DMA 인터페이스가 사용할 수 있게 하는 방식의, 사이클 스틸(Cycle Steal)을 이용한 안정적이며 효율적인 기능이다.

② 채널(Channel)
- 중앙 처리 장치 대신에 입·출력 조작의 역할을 담당하는 입·출력 전용 처리기이다.
- 주기억 장치와 입·출력 장치 간의 속도 차이를 줄일 목적으로 사용한다.
- CPU로부터 입·출력 장치의 제어를 위임받아 한 번에 여러 데이터 블록을 입·출력할 수 있는 시스템이다.

개념 체크 ✓

1 다음은 DMA(Direct Memory Access) 입·출력 제어기에 대한 설명이다. 올바르지 않은 것은?
① CPU를 거치지 않고 입·출력 장치와 메모리 간에 입출력 데이터를 전송한다.
② 하나의 입·출력 명령어에 의하여 여러 개의 데이터 블록을 입출력할 수 있다.
③ 주기억 장치에 접근하기 위해 사이클 스틸(Cycle Steal)을 사용한다.
④ 중앙 처리 장치의 효율을 향상시킨다.

2 다음 중 주기억 장치와 입·출력 장치 간의 속도 차이를 줄일 목적으로 사용하는 것으로, CPU로부터 입·출력 장치의 제어를 위임받아 한 번에 여러 데이터 블록을 입·출력할 수 있는 시스템 하드웨어 구성 요소는 어느 것인가?
① DMA(Direct Memory Access)
② 채널(Channel)
③ AGP(Accelerated Graphics Port)
④ 버퍼(Buffer)

POINT 045 중앙 처리 장치

▶ CPU의 구조★

- 제어 장치는 주기억 장치에 있는 프로그램을 해독하고 각 장치에 명령 신호를 보내는 장치이다.
- 연산 장치는 CPU에서 산술 및 논리 연산을 수행하는 장치이다.

① 제어 장치(Control Unit)

프로그램 카운터 (PC : Program Counter)	다음에 수행할 명령어의 주소를 기억하는 레지스터
명령어 레지스터 (Instruction Register)	현재 수행 중인 명령의 내용을 기억하는 레지스터
명령 해독기 (Instruction Decoder)	현재 수행해야 할 명령을 해독한 후 수행 가능한 여러 가지 제어 신호를 발생시킴
번지 해독기 (Address Decoder)	명령어 레지스터가 보내온 주소를 해독한 후 저장되어 있던 데이터를 메모리로 보냄

부호기(Encoder)	명령 해독기로 해독한 내용을 신호로 변환하여 각 장치에 전달
메모리 주소 레지스터 (MAR : Memory Address Register)	실행에 필요한 프로그램이나 데이터가 저장되어 있는 주기억 장치의 주소를 기억
메모리 버퍼 레지스터 (MBR : Memory Buffer Register)	메모리 주소 레지스터(MAR)의 내용을 기억

② 연산 장치(ALU : Arithmetic and Logic Unit)

누산기(AC : ACcumulator)	산술 연산 및 논리 연산의 결과를 일시적으로 기억하는 레지스터
가산기(Adder)	2개 이상의 수를 입력하여 이들의 합을 출력하는 논리 회로 또는 장치
인덱스 레지스터(Index Register)	색인 주소 지정에 사용되는 레지스터로, 주소를 변경하기 위해 유효 주소를 구하는 레지스터
데이터 레지스터(Data Register)	연산에 사용할 데이터를 일시적으로 기억하는 레지스터
상태 레지스터(Status Register)	연산 실행 결과의 양수와 음수, 자리올림과 오버플로, 인터럽트 금지와 해제 상황 등의 상태를 기억하는 레지스터

> **기적의 TIP 레지스터**
> CPU가 데이터를 처리하는 동안 사용한 값이나 연산 결과를 일시적으로 저장하는 저장 장치

▶ CPU의 성능 단위

헤르츠(Hertz)	CPU를 작동하는 클록의 속도를 표시
밉스(MIPS : Million Instructions Per Second)	1초 동안에 처리할 수 있는 명령의 개수를 100만 단위로 표시
플롭스(FLOPS : FLoating-point Operations Per Second)	1초 동안에 처리할 수 있는 부동 소수점 연산의 횟수를 표시

▶ CPU 설계 방식에 따른 구분 *

구분	CISC 프로세서	RISC 프로세서
구성	복잡하고 기능이 많은 명령어로 구성	CPU 안의 명령어를 최소로 줄여 단순하게 구성
명령어의 길이	다양한 길이의 명령어	고정된 길이의 명령어
레지스터	적은 수의 레지스터	많은 수의 레지스터
속도	느림	빠름
가격	고가	저가
사용	386, 486, 펜티엄 등	네트워크 서버, 워크스테이션 프로세서 등

▶ CPU의 상태 및 특징

준비 상태(Ready State)	프로세서를 할당받기 위해 기다리는 상태
실행 상태(Run State)	프로세서에 의해 실행되는 상태
대기 상태(Wait State)	특정 자원을 요청하고 할당받을 때까지 기다리는 상태
교착 상태(Deadlock State)	가능성이 없는 사건을 한없이 기다리는 상태

▶ 프로세서 상태

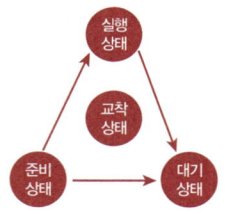

▶ 명령어의 형식

0-주소 형식	스택	2-주소 형식	범용 레지스터
1-주소 형식	단일 누산기	3-주소 형식	범용 레지스터

> **기적의 TIP 스택(Stack)**
> 자료의 삽입과 삭제가 Top이라는 부분에서 이루어지는 구조로, 가장 나중에 들어온 자료가 가장 먼저 꺼내지는 LIFO(Last-In-First-Out) 형태

▶ 명령어의 처리 및 실행

명령어 실행 과정 : 명령어 인출 → 명령어 해독 → 명령어 실행

- 인출(Fetch)은 하나의 데이터를 기억 장치로부터 읽어들이는 것이다.
- 해독(Decode)은 명령어의 해독과 실행을 위해 명령어 레지스터로 보내는 것이다.
- 실행(Execute)은 제어 장치에 의해 해독 과정을 거친 후 명령어를 실행하는 것이다.
- 인터럽트(Interrupt)는 명령어의 처리 시 예기치 않은 상태를 처리하기 위해 현재 상태를 보관하여 계속 실행되도록 처리한다.

> **기적의 TIP 인터럽트(Interrupt)**
> CPU가 명령을 실행하는 중에 컴퓨터 내외부에서 발생하는 응급 상태의 처리를 위해 CPU에게 명령 처리 중단을 요구하는 신호

> **명령어 사이클**

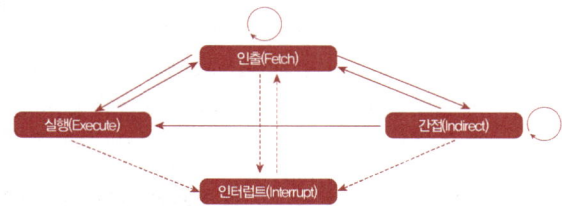

개념 체크 ✓

1 연산 장치의 구성에 대한 설명으로 옳지 <u>않은</u> 것은?
① 연산 장치에서 사칙 연산을 수행하는 기본 회로는 가산기이다.
② 연산 장치에는 연산한 결과가 기억되는 누산기가 있다.
③ **연산 장치에는 주기억 장치에서 가져온 명령어를 기억하기 위한 기억 레지스터가 있다.**
④ 연산 장치에서 뺄셈은 보수기에 의해 만들어진 보수를 이용하여 가산한다.

2 하나의 프로세스가 시스템 내에서 실행되는 동안 여러 상태의 변화 과정을 거치는데, 프로세스가 CPU를 차지하고 있다가 입·출력 편리를 위하여 CPU를 양보하고 다른 프로세스의 입·출력 처리가 종료될 때까지 기다리는 상태를 무엇이라고 하는가?
① 준비 상태(Ready State)
② 실행 상태(Run State)
③ **대기 상태(Wait State)**
④ 교착 상태(Deadlock State)

3 다음 중 RISC 마이크로프로세서의 특징으로 옳지 <u>않은</u> 것은?
① **중앙 처리 장치용 명령어 집합이 커서 많은 명령어들을 프로그래머에게 제공해 주므로 프로그래머의 작업을 쉽게 해준다.**
② 전력 소모가 적고 CISC 구조보다 처리 속도가 빠르다.
③ 복잡한 연산을 수행하기 위해서는 RISC가 제공하는 명령어들을 반복 수행해야 하므로 프로그램이 복잡해지는 단점이 있다.
④ 워크스테이션급 컴퓨터에 주로 사용되고 있다.

POINT 046 기억 장치

▶ 합격 강의

> **주기억 장치** ✱

- ROM(Read Only Memory) : 전원 공급이 중단되어도 지워지지 않는 비소멸성 메모리를 말한다.

Mask ROM	제조 시 미리 입력되어 생산되는 메모리
PROM(Programmable ROM)	사용자가 한 번만 내용 기록이 가능한 메모리
EPROM(Erasable PROM)	자외선을 이용하여 내용 변경이 가능한 메모리
EEPROM (Electrically EPROM)	전기를 이용하여 내용 변경이 가능한 메모리

- RAM(Random Access Memory) : 전원 공급이 중단되면 내용이 지워지는 소멸성 메모리를 말한다.

SRAM	캐시 메모리로 사용되며, 재충전이 필요 없음
DRAM	일반 메모리로 사용되며, 재충전이 필요함

> **보조 기억 장치** ✱

○ 보조 기억 장치의 용량
광 디스크(DVD > CD-ROM) > 자기 테이프 > 자기 디스크 > 자기 드럼

① 하드 디스크
- 하드 디스크 표면의 동심원을 트랙이라고 하고 동심원을 같은 길이로 분할한 구역을 섹터라고 한다.
- 디스크의 중심축으로부터 동일한 거리에 위치하는 트랙들의 모임을 실린더라고 한다.
- RAID는 동일한 데이터를 여러 대의 디스크에 중복해서 저장하는 미러링(Mirroring) 기술과 스트라이핑(Striping) 기술을 이용하여 여러 하드 디스크를 모아 하나의 디스크처럼 보이게 하는 기술이다.
- 액세스 시간 = 위치 설정 시간 + 회전 대기 시간 + 데이터 전송 시간

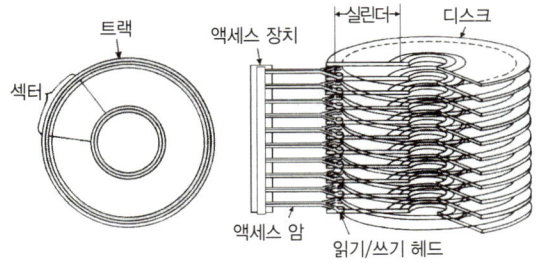

> **기적의 TIP** RAID의 주요 저장 방식
- 미러링(Mirroring) : 데이터를 다른 장치에 중복 저장하는 것
- 스트라이핑(Striping) : 논리적으로 연속된 데이터가 여러 개의 장치에 라운드 로빈 방식으로 나뉘어 기록되는 것

② 광 디스크

CD-ROM	약 650MB 용량의 데이터를 저장 가능한 장치
WORM CD	CD-R로 한 번만 기록이 가능한 장치
CD-RW	몇 번이라도 데이터를 기록, 삭제 가능한 장치
DVD	4.7~17GB 정도의 대용량을 기록할 수 있는 장치

> **기적의 TIP** 메모리 속도
> 레지스터 〉 캐시 메모리 〉 주기억 장치 〉 보조 기억 장치

▶ 기타 기억 장치★

① 캐시 메모리(Cache Memory)
- CPU와 주기억 장치 사이의 속도 차를 극복하기 위하여 사용하는 고속 버퍼 메모리이다.
- SRAM을 사용하여 빈번하게 사용되는 프로그램이나 데이터를 보관하는 메모리로 사용된다.

② 가상 기억 장치(Virtual Memory)
- 보조 기억 장치의 일부를 주기억 장치처럼 사용하여 주기억 장치의 용량을 확대해서 사용하는 메모리이다.
- 주프로그램은 보조 기억 장치(자기 테이프(반영구적 보관), 집 드라이브(100~750MB), 재즈 드라이브(2GB))에 저장시키고 사용할 부분만 주기억 장치에 적재시키는 방법을 사용한다.
- 페이징 기법(고정 길이 분할)과 세그먼테이션 기법(가변 길이 분할)이 있다.

③ 연상 기억 장치(Assaemory Memory)
- 기억 장치에 기억된 내용을 찾을 때 주소를 사용하지 않고 기억된 데이터의 내용을 이용하여 원하는 정보에 접근하는 방식의 메모리이다.
- 주기억 장치에 비해 빠른 시간 내에 정보를 검색할 수 있다.

개념 체크 ✓

1 액세스 타임이 빠른 것부터 느린 것 순으로 옳게 나열한 것은?
① **CPU 내부 레지스터 - 캐시 메모리 - 주기억 장치 - HDD - FDD**
② 캐시 메모리 - CPU 내부 레지스터 - 주기억 장치 - FDD - HDD
③ 캐시 메모리 - CPU 내부 레지스터 - 주기억 장치 - HDD - FDD
④ 주기억 장치 - 캐시 메모리 - CPU 내부 레지스터 - FDD - HDD

2 캐시 메모리에 대한 설명으로 옳지 <u>않은</u> 것은?
① 기억 용량은 작으나 속도가 아주 빠른 버퍼 메모리이다.
② **가능한 최대 속도를 얻기 위해 소프트웨어로 구성한다.**
③ 기본적인 성능은 히트율(Hit Ratio)로 표현한다.
④ CPU와 주기억 장치 사이에 위치한다.

3 다음 중 중앙 처리 장치와 주기억 장치의 속도 차이를 줄이기 위해 사용되는 메모리는 어느 것인가?
① 플래시 메모리
② 가상 기억 장치
③ 연관 기억 장치
④ **캐시 메모리**

4 다음 중 RAM(Random Access Memory)에 대한 설명으로 옳은 것은?
① 전원이 꺼져도 기억된 내용이 사라지지 않는 비휘발성 메모리로 읽기만 가능하다.
② 주로 펌웨어(Firmware)를 저장한다.
③ 컴퓨터의 기본적인 입출력 프로그램, 자가 진단 프로그램, 한글, 한자 코드 등이 수록되어 있다.
④ **주기적으로 재충전(Refresh)하는 DRAM은 주기억 장치로 사용된다.**

5 다음 중 기억 장치에 대한 설명으로 옳지 <u>않은</u> 것은?
① 주기억 장치는 컴퓨터 내부에 위치한 기억 장치로 현재 사용 중인 데이터나 프로그램이 저장된다.
② ROM은 내장 메모리를 체크하거나 주변 장치의 초기화를 수행하기 위한 자료 등을 저장한다.
③ 캐시 메모리는 주기억 장치와 CPU의 속도 차이를 보완하며, 주기억 장치의 정보를 일시적으로 저장한다.
④ **가상 메모리는 주기억 장치의 일부를 보조 기억 장치인 것처럼 사용한다.**

6 다음 중 주기억 장치에 대한 설명으로 옳은 것은?
① 현재 가장 많이 사용하는 주기억 장치는 SSD(Solid State Drive)이다.
② **EEPROM은 BIOS, 글꼴, POST 등이 저장된 대표적인 펌웨어(Firmware) 장치이다.**
③ SDRAM은 전원이 공급되지 않아도 지워지지 않는 비휘발성 메모리이다.
④ RDRAM은 가장 속도가 빠른 기억 장치이다.

3과목 PC 기본상식

SECTION 15 PC의 구성 요소-소프트웨어

POINT 047 시스템 소프트웨어

▶ 운영체제의 개념
- 운영체제(Operating System)란 시스템 소프트웨어의 대표적인 프로그램으로, 컴퓨터를 작동시키기 위해 반드시 필요한 소프트웨어이다.
- 사용자가 컴퓨터를 편리하게 사용하도록 사용자 인터페이스(User Interface)를 담당하며, 시스템 내의 자원을 관리(Resource Management)한다.
- 종류 : DOS, Windows 98/ME/NT/2000/XP, OS/2, UNIX, LINUX, XENIX 등

▶ 운영체제의 목적 ★

처리 능력(Throughput)의 향상	단위 시간 내에 처리하는 일의 양을 향상시킴
응답 시간(Turnaround Time)의 단축	사용자가 시스템에 일을 의뢰하고 그 결과를 얻을 때까지 걸리는 시간을 단축시킴
사용 가능도(Availability)의 향상	사용자가 컴퓨터를 사용하고자 할 때 가능한 정도를 향상시킴
신뢰도(Reliability)의 향상	주어진 일을 정확하게 해결하는 정도를 향상시킴

▶ 운영체제의 기능
- 사용자와 컴퓨터 간의 인터페이스 기능을 제공한다.
- 프로세서, 메모리, 입출력 장치 등을 관리한다.
- 오류 발생을 탐지하고 처리한다.

> **기적의 TIP 커널(Kernel)**
> 운영체제의 핵심 부분으로 부팅 후 메모리에 상주하며, 하드웨어를 보호하고 프로그램과 하드웨어 간의 인터페이스 역할을 담당(프로세스 관리, 기억 장치 관리, 파일 관리, 입출력 관리, 프로세스 간 통신, 데이터 전송 및 변환)

▶ 운영체제의 분류 ★

일괄 처리 시스템 (Batch Processing System)	처리할 데이터를 일정한 분량이 될 때까지 모아서 한꺼번에 처리하는 방식
실시간 처리 시스템 (Real Time Processing System)	자료가 들어오는 즉시 처리하는 방식
시분할 시스템 (TSS : Time-Sharing System)	속도가 빠른 CPU의 처리 시간을 분할하여 여러 개의 작업을 연속적으로 처리하는 방식
다중 프로그래밍 시스템 (Multi-programming System)	하나의 프로세서(CPU)로 여러 개의 프로그램을 동시에 처리하는 방식
다중 처리 시스템 (Multi-processing System)	하나의 컴퓨터에 2개 이상의 CPU를 공유하여 프로그램을 처리하는 방식
분산 처리 시스템 (Distributed Processing System)	네트워크로 연결된 컴퓨터에 의해 데이터를 처리하거나 다른 컴퓨터와 협동하여 데이터를 교환 처리하는 방식

> **기적의 TIP 듀얼 시스템과 듀플렉스 시스템**
> - 듀얼 시스템 : 두 개의 CPU를 동시에 가동시켜 한쪽에 장애가 발생하면 다른 컴퓨터가 계속 처리하여 시스템이 중단되는 것을 방지하는 방식
> - 듀플렉스 시스템 : 다른 한 개의 CPU를 대기시켜 두었다가 장애 발생 시 즉시 대처하는 방식

▶ CPU 스케줄링
- 모든 자원의 성능을 높이기 위해 시스템 내의 프로세스 실행 순서를 결정하기 위한 정책이다.
- 선점 기법과 비선점 기법이 있다.

> Preemptive. 하나의 프로세스가 프로세서를 점유하고 있을 때 다른 프로세스가 프로세서를 빼앗을 수 있는 방식

> Non-preemptive. 프로세스에게 이미 할당된 프로세서를 빼앗을 수 없는 방식

▶ 언어 번역 프로그램

컴파일러(Compiler)	C, COBOL 등의 고급 언어로 작성된 프로그램을 기계어로 번역하여 목적 프로그램을 생성하는 프로그램
인터프리터(Interpreter)	BASIC, LISP 등의 고급 언어로 작성된 프로그램 전체를 즉시 통역하여 바로 실행해 주는 프로그램
어셈블러(Assembler)	어셈블리어로 작성된 원시 프로그램을 기계어로 번역하여 목적 프로그램을 생성하는 프로그램

> **기적의 TIP 어셈블리어**
> - 0과 1로 이루어진 기계어와 1:1로 대응하는 기호로 이루어진 언어
> - 기계어에 가까워 실행 속도가 빠른 반면 어셈블러에 의해 기계어로 번역되어야 함
> - 고급 언어에 비해 프로그래밍하기가 어려우며, 주로 하드웨어 시스템 프로그램을 작성하는 데 이용

▶ 프로그램의 번역과 실행 ✱

- 원시 프로그램 : 사용자가 작성한 프로그램이다.
- 목적 프로그램 : 원시 프로그램으로부터 번역된 프로그램이다.
- 링커(Linker) : 목적 프로그램을 실행 가능한 형태의 로드 모듈로 만드는 프로그램이다.
- 로더(Loader) : 목적 프로그램을 주기억 장치에 적재하여 실행 가능하도록 해 주는 프로그램이다.

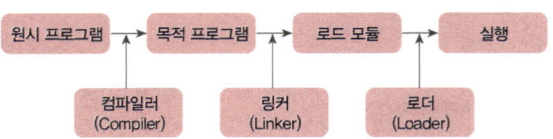

개념 체크 ✔

1 다음 중 컴퓨터를 이용한 처리 시스템의 설명으로 옳지 않은 것은?

① 시분할 시스템(Time Sharing System) : 컴퓨터의 처리 시간을 짧은 시간 단위로 분할하여 한 대의 컴퓨터를 여러 명이 동시에 사용할 수 있게 하는 방식
② 실시간 처리 시스템(Real Time System) : 자료가 발생하는 즉시 처리하는 방식
③ **멀티프로그래밍(Multi-Programming) : 한 대의 컴퓨터에 2대 이상의 CPU를 설치하여 대량의 데이터를 신속하게 처리하는 방식**
④ 분산 처리 시스템(Distribute Processing System) : 지역적으로 분산된 여러 대의 컴퓨터 시스템을 연결하여 업무를 지역적 또는 기능적으로 분산시켜 처리하는 방식

2 다음의 설명에서 괄호 안에 들어갈 용어가 순서대로 맞게 짝지어진 것은?

> 원시 프로그램은 (   )에 의해 컴퓨터가 처리할 수 있는 목적 코드로 바뀌고, 목적 코드는 (   )에 의해 실행 가능한 코드로 바뀌며 (   )에 의해 메모리에 읽혀 들여진다.

① 인터프리터, 로더, 링커
② 인터프리터, 링커, 로더
③ **컴파일러, 링커, 로더**
④ 컴파일러, 로더, 링커

POINT 048 응용 소프트웨어

▶ 응용 소프트웨어의 종류

소프트웨어	종류	특징
OA (Office Automatic)	워드프로세서	문서의 입력, 편집, 저장, 인쇄 기능 등을 제공하는 프로그램 예) 훈글, MS워드, 훈민정음 등
	데이터베이스	대량의 정보를 관리하고 내용을 구조화하여 검색이나 갱신 작업을 효율적으로 실행할 수 있도록 하는 프로그램 예) dBASE, 액세스(Access), 클리퍼(Clipper), 폭스프로(Foxpro) 등
	스프레드시트	수치 계산, 데이터베이스, 차트 작성 등의 수치 처리 기능을 제공하는 프로그램 예) 엑셀(Excel), 로터스(Lotus 1-2-3), 쿼트로 프로(QuttroPro) 등
	프레젠테이션	도표, 도형, 동영상, 애니메이션 효과 등을 이용한 슬라이드를 쉽게 작성할 수 있게 하여 기업의 회의나 판촉 활동 등에서 자신의 의견이나 판매 정보를 효율적으로 설명할 수 있도록 도와주는 프로그램 예) 파워포인트(PowerPoint), 프리랜스(Freelance) 등
그래픽 (Graphic)	그래픽 프로그램	그림을 그리거나 작성된 그림을 재편집하는 기능의 프로그램 예) 포토샵(Photoshop), 페인트샵 프로(Paint Shop Pro), 코렐드로(Coreldraw), 3D MAX 등
	DTP 프로그램	• 컴퓨터를 이용하여 출판물을 만들기 위해 사용되는 프로그램 • 그림을 확대·축소하여 삽입하고 조판된 페이지는 고품질 프린터로 인쇄하거나 필름으로 옮겨 인쇄 원판으로 사용 예) 페이지 메이커(Page Maker), 문방사우, QuarkXPress 등
	기타	OMR 소프트웨어, 이미지 편집 소프트웨어, OCR 소프트웨어, Retouching 소프트웨어 등

▶ 압축 프로그램

- 압축이란 파일의 크기를 줄이는 것으로 통신할 때 업로드와 다운로드의 속도를 절약한다.
- 파일을 압축하여 보관하면 디스크의 공간을 효율적으로 사용할 수 있다.
- 압축 프로그램에는 WinZip, WinRar, PKZIP, 알집, 밤톨이 등이 있다.
- 이미 압축된 파일을 다시 압축하여도 압축률이 증가하지는 않는다.
- 압축은 텍스트뿐만 아니라 음악, 사진, 동영상 파일 등도 압축할 수 있다.
- 압축할 때 암호를 지정하거나 분할 압축을 할 수 있다.

▶ 소프트웨어 관련 용어*

상용 소프트웨어 (Commercial)	정해진 금액을 지불하고 사용할 수 있는 프로그램
셰어웨어 (Shareware)	일정 기간 동안 무료로 사용하다가 마음에 들면 금액을 지불해야 정식으로 사용할 수 있는 제품으로 일부의 기능을 제한한 프로그램
공개 소프트웨어 (Freeware)	누구나 무료로 사용하는 것이 허가되어 있는 공개 프로그램으로 인터넷의 공개 자료실이나 FTP 서버에서 다운받아 자유로이 사용할 수 있는 프로그램
패치 프로그램 (Patch Program)	프로그램 가운데 오류가 있는 부분의 모듈을 수정하거나 기능의 향상을 위하여 프로그램의 일부를 변경해 주는 프로그램
번들(Bundle)	서비스로 제공하는 프로그램
데모 버전 (Demo Version)	소프트웨어의 홍보를 위해 어떤 기능을 가졌는지 소개하는 프로그램
벤치마크 테스트 (Benchmark Test)	하드웨어나 소프트웨어의 성능을 검사하기 위해 실제로 사용되는 조건에서 처리 능력을 테스트하는 것

> **기적의 TIP** 알파 버전과 베타 버전
> - 알파 버전(Alpha Version) : 베타테스트를 하기 전에 새로운 제품을 개발했을 때 다른 부서의 직원이 사용하여 성능을 시험하는 검사
> - 베타 버전(Beta Version) : 제품을 공식적으로 발표하기 전에 일부 관계자와 사용자에게 제공하여 성능을 테스트하는 것

개념 체크 ✓

1 다음 중 압축 프로그램에 대한 설명으로 옳지 않은 것은?
① 압축이 된 파일 여러 개를 모아 다시 한꺼번에 압축하면 압축률이 별로 좋지 않다.
② **일반적으로 텍스트 파일에 비해 그림 파일의 압축률이 좋다.**
③ 압축 프로그램을 이용하면 파일의 크기를 줄여준다.
④ 텍스트 파일의 압축은 100% 원상태로 되돌릴 수 있는 가역적 압축이다.

2 다음 중 기존 응용 프로그램의 오류 수정이나 성능 향상을 위해 프로그램의 일부 파일을 변경해 주는 프로그램을 무엇이라고 하는가?
① 링킹 프로그램(Linking Program)
② **패치 프로그램(Patch Program)**
③ 응용 프로그램(Application Program)
④ 채팅 프로그램(Chatting Program)

3 다음 용어 중 하드웨어나 소프트웨어의 성능을 검사하기 위해 실제로 사용되는 조건에서 처리 능력을 테스트하는 것을 무엇이라 하는가?
① 버그 테스트
② 베타 테스트
③ 메모리 테스트
④ **벤치마크 테스트**

4 다음 중 컴퓨터에서 사용하는 프로그램에 관한 설명으로 옳지 않은 것은?
① 상용 소프트웨어는 정식으로 대가를 지불하고 사용해야 한다.
② 셰어웨어는 기능이나 사용기간 등에 제한을 두어 배포한 것으로 무료이다.
③ **프리웨어는 개발자가 소스를 공개한 소프트웨어로 누구나 수정 및 배포할 수 있다.**
④ 알파 버전은 개발사 내에서 테스트를 목적으로 제작한 프로그램이다.

SECTION 16 · PC의 유지와 보수

3과목 PC 기본상식

POINT 049 PC의 관리

▶ PC 관리의 주의사항
- 컴퓨터를 이동하거나 부품을 교체할 때는 반드시 전원을 끄고 하며 시스템을 종료할 때에는 정상적인 방법으로 종료하도록 한다.
- 컴퓨터 내부에 쌓이는 먼지는 시스템의 수명을 단축시키므로 주기적으로 먼지를 제거한다.
- 하드 디스크의 충격은 치명적인 손상을 입힐 수 있으므로 충격을 주지 않도록 주의한다.
- 컴퓨터 사용 시에는 흡연을 하거나 음료수를 마시는 일을 삼간다.
- 정기적으로 디스크 검사와 디스크 조각 모음을 실행한다.
- 백신 프로그램과 운영체제는 자주 업데이트를 해 준다.
- 운영체제의 오류에 대비해서 하드 디스크를 분할하여 D 드라이브에 데이터를 백업해 놓는다.

▶ PC의 안전 운영 장치

자동 전압 조절기(AVR)	항상 일정한 전압을 유지해 주는 장치
무정전 장치(UPS)	정전이 되었을 때도 전원을 공급해 주는 장치
정전압 정주파 장치(CVCF)	일정한 전압과 주파수를 유지해 주는 장치
항온 항습 장치	항상 온도와 습도를 일정하게 유지해 주는 장치

▶ PC의 구성 요소 *

① CPU
- CPU는 PC의 성능을 좌우하는 가장 중요한 부품 중 하나이다.
- PC의 CPU로는 인텔, AMD, VIA의 제품이 있으며, 인텔 CPU가 가장 많이 사용되고 있다.
- 인텔의 CPU는 성능에 따라 펜티엄, 펜티엄 프로, 펜티엄 MMX, 펜티엄 II, 펜티엄 III, 펜티엄 4 등으로 나누어진다.

② 메모리(Memory)
- CPU가 처리한 프로그램이나 데이터를 기억하는 장치로, 메모리는 PC의 처리 속도와 성능에 큰 영향을 미친다.
- 현재는 메모리 단위 칩을 하나의 판 위에 여러 개 붙여 놓은 형태의 메모리인 모듈 램(Module RAM)을 사용한다.
- 처리 속도에 따라 SDRAM, RDRAM, DDR SDRAM 등으로 구분된다.

③ 메인보드(Mainboard)

CPU 소켓/슬롯	CPU를 장착하기 위한 곳으로 소켓형과 슬롯형으로 구분	
메모리 소켓	메인 메모리를 장착하는 곳으로 램의 형태에 따라 다르며 모듈 램(Module RAM)의 핀 수에 따라 30핀, 72핀, 168핀으로 구분 ○ 현재 가장 많이 쓰이는 형태로 여러 개의 메모리 칩을 한데 모아 붙여 놓은 형태의 램	
확장 슬롯	랜카드, 사운드 카드, 그래픽 카드를 꽂는 부분	
	ISA 방식	초기에 사용되는 것으로 가격이 저렴하고 호환성은 좋으나 속도가 떨어짐
	VESA 방식	486 시스템에서 쓰였고 데이터 전송 속도를 개선한 방식
	PCI 방식	CPU와 외부 버스 사이에 브리지 회로를 넣는 방식
	AGP 방식	대용량의 데이터를 전송하도록 설계된 방식
칩셋 (Chipset)	데이터의 송수신과 관련된 제어를 담당하는 것으로 CPU, 기억 장치, 시스템 버스 간의 데이터 흐름을 제어하는 역할을 함	
연결 포트	주변 장치를 연결하기 위한 부분	
	직렬 포트	모뎀이나 마우스 연결에 사용
	병렬 포트	프린터 연결에 사용
	PS/2 포트	마우스나 키보드 연결에 사용
	USB	• Universal Serial Bus • 직렬 포트의 일종으로 최대 127개의 주변 기기를 연결할 수 있으며, 플러그 앤 플레이와 핫 플러그인을 지원하는 방식
	IEEE 1394	애플사에서 개발한 고속 직렬 인터페이스로 멀티미디어 데이터 전송에 쓰이며 최대 63개까지 주변 장치를 연결 가능한 연결 포트 방식
	IrDA	• Infrared Data Association • 적외선을 이용하여 데이터를 전송하는 포트로서 케이블 없이 데이터 전송이 가능한 연결 방식

> 🎯 **기적의 TIP** 플러그 앤 플레이
> 새로운 하드웨어를 설치할 때 자동으로 설치 및 설정을 처리하여 하드웨어 구성이나 충돌을 방지하는 기능

▶ 바이오스와 CMOS ✱

① 바이오스(BIOS : Basic Input Output System)
- 컴퓨터의 기본 입·출력 장치나 메모리 등 하드웨어 작동에 필요한 명령들을 모아놓은 프로그램이다.
- PC의 전원을 켜면 POST 자체 진단 프로그램으로 시스템을 점검하고 주변 장치들을 초기화한다.

> **기적의 TIP** POST에 의해 자체 검사되는 순서
> 주기억 장치(RAM) → 하드 디스크(HDD) → CD-ROM, FDD

② CMOS 설정
- 바이오스의 각 사항을 설정해 주며 메인보드의 내장 기능 설정과 주변 장치에 대한 사항을 기록하는 것이다.
- 시스템의 날짜와 시간, 부팅 우선순위, 그래픽 카드의 종류, 램에 대한 사항, Anti-Virus 등을 설정할 수 있다.

> **기적의 TIP** 하드 디스크 장착 순서
> 점퍼 확인 작업 → CMOS 셋업 → 분할(Fdisk) → 포맷(Format)

개념 체크 ✓

1 다음 중 정전이 자주 일어나는 컴퓨팅 환경이나 신뢰성이 요구되는 서버 컴퓨터에 안정적인 전원을 공급하기 위한 장치는?
① AVR
② Surge Protector
③ **UPS**
④ CVCF

2 여러 입출력 장치와 컴퓨터 본체의 연결 방법 중 허브 구조로 연결이 가능하며 최대 127대까지의 외부 장치를 연결할 수 있는 방식은 어느 것인가?
① AGP(Accelerated Graphics Port)
② SATA(Serial ATA)
③ SCSI(Small Computer System Interface)
④ **USB(Universal Serial Bus)**

3 다음 중 CMOS 설정에 대한 설명으로 옳지 <u>않은</u> 것은?
① CMOS의 셋업은 시스템 사양에 맞게 사용자가 설정 및 저장할 수 있다.
② 컴퓨터 전원을 끈 후에도 내장 배터리에 의해 작동되며, 컴퓨터를 켜면 곧 동작한다.
③ **CMOS 설정에서 부팅 우선순위와 Anti-Virus 기능을 설정할 수 없다.**
④ CMOS는 메인보드의 내장 기능 설정과 주변 장치에 대한 사항을 기록한다.

POINT 050 PC의 응급처치와 업그레이드

▶ 하드웨어 업그레이드 ✱

CPU	• 시스템 성능을 가장 효과적으로 향상시키는 방법 • 메인보드의 지원 여부를 확인해야 함
메모리	• 램의 용량이 크면 프로그램의 실행 속도가 빨라지며 램의 속도 단위는 ns(10^{-9})로 수치가 작을수록 속도가 빠름 • 램의 속도와 핀 수 등을 확인해야 함
그래픽 카드	• 해상도와 그래픽 데이터 처리 속도를 향상시키는 것 • 그래픽 카드의 메모리가 크면 표현 가능한 해상도와 색상 수도 많아지므로 메인 메모리 용량도 고려해야 함
하드 디스크	부족한 공간을 확보하기 위한 것으로 SCSI 방식으로 하드 디스크를 추가하려면 별도의 SCSI 인터페이스 카드를 구입해야 함
CD-ROM	멀티미디어 데이터를 고속으로 재생시키기 위해 사용
모뎀	전용선, 케이블 모뎀, ADSL, VDSL 등의 초고속 인터넷 서비스를 이용하면 빠른 통신이 가능

▶ 소프트웨어 업그레이드

사용 중인 소프트웨어에 새로운 기능이 추가되거나 디버깅을 한 새로운 버전으로 바꾸어 사용하는 것을 말한다.

◉ Windows 10 → Windows 11
  한글 2020 → 한글 2022
  MS-OFFICE 2019 → MS-OFFICE 2021 등

▶ 드라이버 업그레이드

특정 하드웨어가 제대로 작동하지 않는 경우 하드웨어의 기능과 성능을 제어할 수 있도록 운영체제의 내부 구조에 알맞은 최신 드라이버를 설정하는 것으로 시스템의 안정성을 높이는 기능이다.

▶ 바이러스의 감염 증상
- 컴퓨터가 부팅되지 않거나 부팅 시간이 지연된다.
- 프로그램이 실행되지 않거나 실행 속도가 저하된다.
- 파일 목록이 화면에 나타나는 시간이 오래 걸린다.
- 화면에 이상한 글자가 나타난다.
- 파일 크기에 변화가 생긴다.
- 파일의 작성일과 시간이 변경된다.
- 윈도우 시스템 파일을 공격하여 정보를 유출한다.
- 컴퓨터 시스템이 이유 없이 자주 다운되고 재부팅된다.
- 사용 가능한 메모리 공간이 줄어드는 등 시스템 성능이 저하된다.

- 임시 Temporary 파일 등의 용량이 비정상적으로 커지는 현상이 발생한다.
- 레지스트리 정보를 수정하거나 시스템 리소스를 차지하여 성능을 저하시키고, 디스크의 용량을 차지하여 실제 프로그램을 사용할 수 없게 한다.
- 백신 관련 프로그램을 삭제 또는 그 기능을 중지하여 바이러스를 탐지하지 못하도록 한다.

▶ 바이러스 예방 방법*

- 데이터를 정기적으로 백업하고 복구 디스켓을 작성한다.
- 백신 프로그램은 항상 최신의 버전으로 업데이트한다.
- 반드시 정품 소프트웨어를 사용한다.
- 자료를 다운로드한 경우 반드시 바이러스 감염 여부를 검사한 후 사용한다.
- 출처가 불분명한 전자우편은 열어 보지 않고 삭제한다.
- 네트워크의 공유 폴더는 '읽기' 권한으로 공유하며, '쓰기' 권한으로 공유하는 경우에는 반드시 암호를 설정한다.
- 트로이 목마의 방지를 위해 PC를 함께 사용하는 곳에서는 사이버 뱅킹이나 주식 거래, 온라인 쇼핑 등을 이용하지 않는다.
- 해킹을 막기 위해 PC 방화벽을 설치한다.

▶ 바이러스 치료 방법

- 바이러스 피해 복구 시 필요한 준비물 : 부팅 디스크, 백신 프로그램, 시스템 관련 유틸리티, 하드 디스크의 백업 디스크 등이 있다.
- **백신 프로그램의 종류** : V3 Pro 시리즈, 노턴 안티바이러스, 피시시린, 유니큐어, 바이러스 체이서, 바이로봇, PC-실린, VirusScan 등이 있다.

개념 체크 ✓

1 메모리 업그레이드에 대한 설명으로 옳지 않은 것은?
① 메인 보드에 램을 꽂을 자리인 램 뱅크가 있는지 확인
② 램의 형태, 속도, 핀 수, 용량 등을 확인
③ 메인 보드에서 지원하는 메모리의 최대 크기를 확인
④ **램의 속도 단위의 ns의 수치가 큰 것을 선택**

2 다음 중 보기에서 설명하는 시스템 업그레이드로 옳은 것은?

> - 특정 하드웨어를 동작시키는 역할을 하는 시스템 소프트웨어로, 업그레이드하면 하드웨어를 교체하지 않아도 보다 향상된 기능으로 하드웨어를 사용할 수 있을 뿐만 아니라 하드웨어의 부분적 이상 현상 또는 버그 등도 해결할 수 있다.
> - 하드웨어 제조업체에서 통신망을 통해 배포하므로 다운로드하여 설치하면 된다.

① RAM 업그레이드
② ROM BIOS 업그레이드
③ **장치 제어기(드라이버) 업그레이드**
④ 펌웨어(Firmware) 업그레이드

3 다음 중 바이러스 예방법으로 가장 거리가 먼 것은?
① 새로운 디스크는 우선 바이러스 검사를 한다.
② 바이러스 예방 기능을 가진 백신 프로그램을 설치한다.
③ 주기적으로 백신 프로그램을 업데이트하여 신종 바이러스 전염을 예방한다.
④ **네트워크 메일을 통한 바이러스를 예방하기 위하여 수신된 모든 메일은 열어보지 않는다.**

3과목 PC 기본상식

SECTION 17 멀티미디어 활용하기

POINT 051 멀티미디어 개요와 시스템

▶ 멀티미디어 개념
- 다양한 형태의 미디어를 하나로 통합한 정보로 표현, 저장, 전달하는 기술이다.
- 텍스트, 그래픽/이미지, 동영상, 애니메이션, 사운드 등의 여러 가지 정보를 동시에 표현할 수 있다.
- 디지털 정보를 제공하며 상호작용을 할 수 있는 기능이 있다.
- 멀티미디어의 데이터는 정보의 양이 많기 때문에 용량을 줄일 수 있는 압축 기술이 필요하다.

▶ 멀티미디어의 특징

디지털화	멀티미디어 정보를 컴퓨터로 처리하기 위해서 디지털 방식으로 변환
쌍방향성	사용자 간에 서로 연결되어 정보 전달을 극대화하는 효과
비선형성	사용자의 선택에 따라 다양한 데이터로 처리하는 비선형 구조
통합성	텍스트, 그래픽/이미지, 오디오, 비디오, 애니메이션 등 여러 매체를 광범위하게 통합

▶ 하이퍼텍스트(Hypertext)와 하이퍼미디어(Hypermedia)
- 내용을 읽다가 특정 용어를 마우스로 클릭하면 그 용어에 관련된 페이지를 참조할 수 있는 비선형 구조를 가지는 것을 하이퍼텍스트라고 한다.
- 하이퍼텍스트 기능을 적용하여 각 미디어 간에 연결 기능을 추가한 소프트웨어를 하이퍼미디어라고 한다.

▶ 멀티미디어 응용 분야 *

CAI (교육용 시스템)	멀티미디어 정보를 이용하여 학습을 진행하는 방식이나 시스템
VOD (주문형 비디오 서비스)	영상 정보를 데이터베이스로 구축하여 사용자가 요구하면 바로 전송하여 가정에서 이용할 수 있도록 해주는 서비스
VCS (화상 회의 시스템)	멀리 떨어져 있는 곳을 통신 회선으로 연결하여 모니터 화면을 통해 회의를 진행할 수 있는 서비스
VDT (화상 전화 서비스)	기존의 전화선을 이용하여 영상 정보를 가정에 제공하는 서비스

PACS (의료 영상 저장 전송 시스템)	각종 의료 영상 자료를 저장, 전송, 검색하는 데 필요한 기능을 통합적으로 처리하는 시스템
키오스크 (Kiosk)	공공장소에 설치된 정보 검색 및 처리 단말기로, 백화점, 서점 등에서 사용하는 무인 안내 시스템
VR (가상현실)	고도의 컴퓨터 그래픽과 시뮬레이션 기술을 이용하여 실제로 존재하지 않는 가상의 세계를 만들어내는 기술

▶ 멀티미디어 하드웨어(PC)

입력 장치	키보드, 마우스, 스캐너, 디지털 카메라, 화상 카메라, 비디오 카메라, 마이크, 터치 스크린, 디지타이저 등
처리 장치	DSP, 고성능 PC, 데이터 압축 장치 등
저장 장치	하드 디스크, CD-ROM, DVD 등
출력 장치	모니터, 프린터, 사운드 카드, 스피커, VTR/VCR
영상 처리 장치	TV 수신 카드, 비디오 오버레이 보드, 프레임 그래버 보드, 멀티미디어 통합 보드 등

▶ 멀티미디어 소프트웨어
- 멀티미디어 콘텐츠 저작 도구는 대화형 멀티미디어 애플리케이션을 제작하도록 도와주는 소프트웨어이다.
  - 예) 디렉터, 툴북, 오소웨어 등
- 멀티미디어 재생 소프트웨어는 멀티미디어를 실행시켜주는 프로그램이다.
  - 예) 윈도우 미디어 플레이어, Xing MPEG Player, 리얼 플레이어 등

▶ 멀티미디어 관련 용어 *

안티앨리어싱 (Antialiasing)	이미지 외곽의 경계를 부드럽게 처리하기 위해 픽셀의 위치나 명암을 조절하는 기법
인터레이싱 (Interacing)	이미지가 처음에는 거친 모자이크 형식처럼 대략적으로 나타나다가 점점 자세하게 보여지는 기법
메조틴트 (Mezzotint)	이미지에 무수히 많은 점을 찍은 듯한 효과로 부드러운 명암을 다양하게 표현하는 기법
솔러리제이션 (Solarization)	사진의 현상 과정 중에 빛을 쏘여 주면 색채가 반전되는 효과
디더링 (Dithering)	제한된 색상을 조합 또는 비율로 변화하여 새로운 색을 만드는 작업
모델링 (Modeling)	시각적인 3차원 물체를 만들어내는 작업

렌더링 (Rendering)	물체의 각 면에 색깔이나 음영 효과를 넣어 화상의 입체감과 사실감을 나타내는 기법
모핑 (Morphing)	어떤 이미지를 서서히 다른 모습으로 변화시키는 기법
와핑 (Warping)	어떤 이미지를 유사 형태로 변형하는 것으로 이미지 왜곡에 주로 사용하는 기법
필터링 (Filtering)	이미지에 필터 기능을 이용하여 새로운 이미지로 바꾸어 주는 기법
리터칭 (Retouching)	이미지에 다양한 특수 효과를 줄 수 있는 기법

개념 체크 ✓

1 다음 중 멀티미디어 활용 분야에 대한 설명으로 옳지 <u>않은</u> 것은?
① VCS : 전화, TV를 컴퓨터와 연결해 각종 정보를 얻는 뉴 미디어
② Kiosk : 백화점, 서점 등에서 사용하는 무인 안내 시스템
③ VOD : 사용자가 원하는 영상 정보를 원하는 시간에 볼 수 있도록 전송
④ VR : 컴퓨터 그래픽과 시뮬레이션 기능을 이용해 가상 세계 체험

2 다음 설명 중에서 옳지 <u>않은</u> 것은?
① 하이퍼미디어 : 미디어와 미디어를 연결하여 관련된 정보를 쉽게 찾아볼 수 있도록 한 방식
② VRML : 2차원 그래픽을 구현하기 위한 인터넷 표준 언어
③ CD-ROM 타이틀 : CD-ROM에 기록된 대용량의 소프트웨어
④ VOD(주문형 비디오) : 시청자의 요구에 따라 비디오 프로그램을 즉각 전송해 주는 서비스

3 그림 파일을 표시하는 데 있어서 이미지의 대략적인 모습을 먼저 보여준 다음 점차 자세한 모습을 보여주는 기법을 무엇이라 하는가?
① 인터레이싱(Interacing)
② 메조틴트(Mezzotint)
③ 솔러리제이션(Solarization)
④ 디더링(Dithering)

4 그래픽 기법에서 3차원 애니메이션을 만드는 과정 중의 하나로 물체의 모형에 명암과 색상을 입혀 사실감을 나타내는 처리 과정을 무엇이라고 하는가?
① 디더링
② 모델링
③ 렌더링
④ 필터링

POINT 052 멀티미디어 데이터

그래픽 파일 형식 ✱

	BMP	윈도우 표준 비트맵 파일 형식
비트맵	GIF	• 인터넷 표준 형식으로 256(2^8)가지의 색 표현 • 애니메이션도 표현 가능
	JPG	정지 영상을 표현하는 국제 표준 파일 형식
	PCX	페인트 브러쉬에서 사용하는 이미지 파일 형식
	TIFF	DTP에서 사용하는 파일 교환을 목적으로 개발한 형식
	PNG	• 다양한 컬러 모드를 지원 • 알파 채널을 지원하여 투명한 배경의 이미지를 만들 수 있고 고해상도 이미지 표현 형식
벡터	WMF	벡터와 비트맵 정보를 함께 표시
	AI	일러스트레이터에서 사용하는 그래픽 형식
	CDR	코렐드로에서 사용하는 형식

비트맵과 벡터의 비교	
비트맵 방식	벡터 방식
• 픽셀(Pixel)의 단위로 표현 • 기억 공간을 많이 차지 • 다양한 질감과 사실적인 효과가 가능 • 확대하거나 축소하면 이미지가 손상됨	• 선이나 면의 단위로 처리 • 기억 공간을 적게 차지 • 확대하거나 축소해도 손상을 주지 않음

> **기적의 TIP** 텍스트 파일 형식
> TXT(텍스트 파일), DOC(마이크로소프트 워드 파일), HWP(한글 문서), RTF(서식이 있는 문자열 파일), PDF(Adobe Acrobat), TEX(레이텍 문서), PS(포스트스크립트) 등

사운드 파일 형식

WAVE	• 아날로그 형태의 소리를 디지털 형태로 변형하는 샘플링 과정을 통해 작성된 데이터 • 음성, 음악, 각종 효과음 등 모든 형태의 소리를 저장 가능 • 소리의 원음이 저장되어 있으므로 재생이 쉽지만 용량이 큼
MIDI	• 음악에서 사용되는 음의 특색을 기호로 정의하여 코드로 나타내는 전자악기 간 디지털 신호 전달의 통신 인터페이스 규격 • 파일 크기가 작고 여러 가지 악기로 동시에 연주가 가능 • 음성이나 효과음의 저장이 어려움
WMA	• 마이크로소프트사의 파일 포맷 • Window Media Technologies에서 음악 데이터만 압축하는 기술
MP3	• 고음질 오디오 압축의 표준 형식 • MPEG에서 규정한 MPEG-1의 압축 기술을 이용한 방식
MP4	• MPEG에서 규정한 MPEG-2의 압축 기술에서 파생 • MP3에 비해 음질이 우수하고 압축률이 높으나 호환성이 부족함

음성의 아날로그 파형을 디지털 파형으로 변환하기 위해 소리의 높이를 추출하는 과정

- **샘플링율(Sampling Rate)** : 소리가 기록되는 동안 초당 음이 측정되는 횟수이다. 사운드 카드로는 16비트, 32비트 등이 있으며 샘플링율이 높으면 높을수록 원음에 보다 가깝다.

  입력 신호를 유한한 개수의 값으로 표현하는 것
- **PCM(Pulse Amplitude Modulation)** : 아날로그 신호를 샘플링하여 양자화 과정을 거쳐 2진 디지털 부호값으로 출력하는 과정이다.
- 사운드 저장에 필요한 디스크 공간의 크기(바이트)
  = 샘플링율(Hz) × 샘플 크기(비트)/8 × 1(모노) 또는 2(스테레오) × 지속 시간(s)

동영상 파일 형식 *

AVI	마이크로소프트사의 동영상 파일 형식
DVI	인텔사의 동영상 파일 형식
MPEG	국제 표준 규격의 동영상 재생 파일 형식
DivX	비표준 동영상 파일 형식
ASF	마이크로소프트사의 스트리밍 파일 형식
MOV(Quick Time)	애플사의 동영상 파일 형식

> **기적의 TIP 압축 방식**
> - JPEG : 정지 이미지 데이터 / 손실 또는 무손실 압축 방식
> - MPEG : 동영상 데이터 / 손실 압축 방식

- **코덱(CODEC)** * : 음성이나 비디오의 아날로그 데이터를 PCM 기술을 이용하여 전송에 적합한 디지털 형태로 변환시키고, 다시 디지털 형태를 아날로그 데이터로 복구시켜 주는 장치를 말한다.

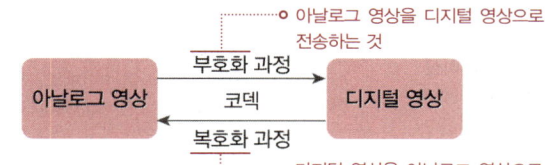

○ 아날로그 영상을 디지털 영상으로 전송하는 것
○ 디지털 영상을 아날로그 영상으로 전송하는 것

- **스트리밍(Streaming)** * : 대용량의 멀티미디어 자료를 작은 조각으로 나누어 연속적으로 전송함으로써 전체를 다운받지 않고 조금씩 다운받는 대로 실시간 재생해 주는 기술을 말한다.
- 비디오 램 크기
  = (화면 해상도 × 픽셀당 비트 수 × 프레임 수)/8

> **기적의 TIP 비디오 램 크기**
> 초당 24프레임, 30분 분량, 100:1 압축, 해상도 16비트 하이 컬러의 1,024 * 768일 때 파일 크기는 몇 GB인가?
> (1,024 * 768 * 16 * 24)/8 = 37,748,736Byte = 37MB(0.037GB)
> 30분(1,800초) 분량으로 압축하면,
> (0.037 * 1800)/100 ≒ 0.666

애니메이션 파일 형식

ANI	마이크로소프트에서 만든 움직이는 마우스 포인터를 만드는 파일 형식
MMM	마이크로미디어사의 디렉터(Director) 파일 형식
FLI/FLC	오토데스크사의 애니메이션 프로(Animator Pro) 2D 파일 형식
PICS	슈퍼 카드, 디렉터, Super3D의 파일 형식
FLX	애니메이션 에디터의 파일 형식

- **2차원 애니메이션 프로그램** : 애니메이터 프로(Animator Pro), 애니메이터 스튜디오(Animator Studio) 등이 있다.
- **3차원 애니메이션 프로그램** : 3D 스튜디오 맥스(3D Studio MAX), 라이트웨이브 3D(LightWave 3D), 마야(MAYA) 등이 있다.

관련 용어

포깅 (Fogging)	먼 거리를 어색하지 않게 안개 효과처럼 흐리게 처리하는 기법
로토스코핑 (Rotoscoping)	촬영한 영상을 애니메이션 키 프레임으로 바꿔 그 위에 덧붙여 그리는 기법
클레이메이션 (Claymation)	점토, 찰흙 등의 점성이 있는 소재를 이용하여 인형을 만들고, 소재의 점성을 이용하여 조금씩 변형된 형태를 만들어서 촬영하는 형식의 애니메이션 기법
크로마키 (Chroma Key)	움직이는 피사체에 인물 등을 합성할 때 사용하는 기술
워터마킹 (Watermarking)	오디오, 비디오, 이미지 등의 디지털 콘텐츠에 사람의 육안으로는 구별할 수 없도록 저작원의 정보를 삽입하여 불법 복제를 막는 기술

개념 체크 ✓

1 다음 중 그래픽 데이터를 표시하는 방식 중에서 벡터 방식에 대한 설명으로 옳지 않은 것은?
① 고해상도를 표현하는 데 적합하다.
② 기본적으로 직선과 곡선을 이용한다.
③ 수학적 공식을 이용해 표현한다.
④ 도형과 같은 단순한 개체 표현에 적합하다.

2 다음 중 아래에서 설명하는 오디오 데이터 파일 형식으로 가장 적합한 것은?

- 전자 악기 디지털 인터페이스를 의미하며, 컴퓨터 사이에서 음정과 같은 연주 정보를 교환하기 위한 데이터 전송 규격이다.
- 음성이나 효과음 저장이 불가능하고, 연주 정보만 저장되어 있으므로 크기가 작다.

① WAVE
② RA/RM
③ MP3
④ MIDI

3 다음 중 음성이나 비디오 등의 아날로그 데이터를 PCM 기술을 사용하여 전송에 적합한 디지털 형태로 변환시키고, 다시 이 디지털 형태를 아날로그 데이터로 복구시켜 주는 장치를 무엇이라고 하는가?
① 리피터(Repeater)
② 코덱(CODEC)
③ DSU
④ DTU

4 대용량의 멀티미디어 자료를 작은 조각으로 나누어 연속적으로 조금씩 전송함으로써 전체를 다운로드(Download) 받지 않고도 실시간(Real-Time)으로 재생시켜 주는 기술을 무엇이라고 하는가?
① Streaming
② Video On Demand
③ Hypertext
④ Animation

SECTION 18 정보 통신과 인터넷

3과목 PC 기본상식

POINT 053 정보 통신의 기초

합격 강의

▶ 정보 통신의 개념
- 정보 통신은 통신 회선에 연결된 컴퓨터를 이용하여 정보를 전달하고 처리하는 것을 말한다.
- 정보 통신은 다량의 정보를 전송할 수 있고 다른 컴퓨터의 자원을 공유할 수 있으며 전송 속도를 빠르게 함으로써 비용을 절감할 수 있다.
- 정보 통신은 전송 거리나 시간에 구애받지 않고 데이터를 전송할 수 있으며, 에러 제어 방식을 채택하여 데이터의 신뢰성을 높여준다.
- 정보 통신 시스템은 데이터 처리계, 데이터 전송계로 구성된다.

▶ 모뎀(MODEM)
디지털 신호를 아날로그 신호로 변조(MOdulation)하고, 변조된 신호를 일반 공중선이나 전용선을 이용하여 상대편 모뎀으로 전송하여 상대편 모뎀에서는 다시 변조된 신호를 컴퓨터나 단말기가 수행할 수 있도록 원래의 디지털 신호로 복조(DEModulation)하는 장치이다.

> **기적의 TIP** 모뎀의 기본 원리
> - 변조(MOdulation) : 컴퓨터가 보내는 디지털 신호를 전화선으로 전송할 수 있는 아날로그 신호로 변환하는 것
> - 복조(DEModulation) : 전화선을 통해 전송된 아날로그 신호를 컴퓨터가 처리할 수 있는 디지털 신호로 변환하는 것

▶ 정보 전송 방식*

단향 전송 (Simplex)	• 한쪽 방향으로만 데이터의 전송이 가능한 방식 • 라디오, TV 방송 등
반이중 전송 (Half-Duplex)	• 양쪽 모두 송수신이 가능하지만 동시 전송은 할 수 없는 방식 • 무전기 등
전이중 전송 (Full-Duplex)	• 동시에 양쪽 모두 송수신이 가능한 방식 • 전화, 비디오텍스 등

▶ 정보 전송 매체*

UTP 케이블 (Twisted Pair Cable)	구리선이 꼬아져 있는 형태로 비용이 저렴하여 이더넷 통신망을 구성하는 데 사용되며 전송 속도가 느리고 감쇠 현상과 잡음이 심한 케이블
동축 케이블 (Coaxial Cable)	고주파 전송이 가능하며 TV나 케이블 TV 회선에 많이 사용
광케이블 (Optical Fiber Cable)	• 전송 손실이 낮고 대역폭이 매우 커 장거리 전송에 유리 • 크기가 작고 가벼우며 정보 전달의 안정성이 매우 높음 • 설치 비용이 많이 듦

▶ 정보 전송 단위

BPS(Bits Per Second)	1초간에 전송할 수 있는 비트 수
보(Baud)	매 초당 신호 또는 상태 변환의 수
MBPS	1초에 1백만 개의 비트를 전송
T1	1.5Mbps 속도로 전송 가능

▶ 연결 방식의 분류

호스트-터미널 방식	전체를 제어하는 컴퓨터와 단순한 기능을 가지는 터미널로 연결되는 방식
클라이언트-서버 방식	특정한 구역 내에서 여러 대의 시스템을 연결하여 데이터를 전송하는 통신망
피어 투 피어 방식	네트워크를 관리하는 서버 없이 컴퓨터들이 동등하게 연결되는 방식

▶ 정보 신호 전송 과정
- 통신에서 음성, 화상, 영상 등의 아날로그 신호를 디지털 방식으로 변환해서 전송한다.
- 아날로그는 정보를 전송하는 곡선의 형태가 정현파(Sine Wave), 디지털은 구형파(Square Wave)이다.
- 데이터 코더(Coder)에 의해 아날로그 신호가 디지털 신호로 변환되고 디코더(Decoder)에 의해 디지털 신호를 아날로그 신호로 재변환한다.

네트워크 장비*

서로 다른 네트워크를 연결하기 위해 인터네트워킹을 이용한다.

> **기적의 TIP 인터네트워킹**
> 서로 다른 네트워크를 하나의 네트워크로 상호 연결하는 것으로 물리적인 연결 위에 논리적으로 네트워크를 연결해 주는 네트워크 간의 공통된 프로토콜, 라우팅 테이블과 관련된 네트워크 장치에 대한 내용으로 구성

허브 (Hub)	• 여러 대의 컴퓨터를 연결하는 장치로 각 회선을 통합적으로 관리할 수 있는 장치 • 다른 장비들과 네트워크 연결 및 네트워크 상태 점검, 신호 증폭 기능 등의 역할
리피터 (Repeater)	• 디지털 방식의 통신 선로에서 전송 신호 거리가 멀어지면 출력이 감소되는 것을 재생하여 전송하는 장치 • LAN과 LAN 사이에 리피터를 두어 서로 접속시킬 수 있고 더 확장된 시스템을 구축하는 장치
브리지 (Bridge)	• 두 개의 네트워크를 연결하며, 패킷을 적절히 중계하고 필터링하는 장치 • OSI 계층의 데이터 링크 계층에서 동작하며 병목 현상을 줄이고자 할 때 사용
라우터 (Router)	• 네트워크의 모든 컴퓨터 주소와 정보를 알고 있으면서 가장 최적의 IP 주소를 결정하여 전송하는 장치 • 서로 다른 프로토콜을 사용하는 통신망에서 정보를 전송하기 위해 경로를 설정하는 역할을 담당
게이트웨이 (Gateway)	• 서로 구조가 다른 네트워크상에서 다른 네트워크 간을 상호 접속하게 하는 장치 • OSI 7계층인 응용 프로그램 계층에서 두 망을 연결하는 역할

OSI 7계층*

서로 다른 기종 간의 접속을 위한 여러 가지 프로토콜의 집합으로 ISO에서 제정한 국제 표준이다.

7계층	응용 계층	네트워크를 이용하는 응용 프로그램으로 구성
6계층	표현 계층	데이터 표현 형식을 표준화하고 암호화와 데이터 압축 등을 수행
5계층	세션 계층	송수신 프로세스 간에 대화를 설정하고 그 사이의 동기를 제공
4계층	<u>전송 계층</u>	네트워크 종단 사이에 신뢰성 있고 투명한 데이터 전송을 제공하고, 에러 점검과 흐름 제어를 담당
3계층	<u>네트워크 계층</u>	네트워크 접속에 필요한 데이터 교환 기능을 제공하고 관리
2계층	데이터 링크 계층	물리 계층에서 사용되는 전송 매체를 이용하여 안정적인 데이터 전송을 제공
1계층	물리 계층	네트워크 미디어의 물리적 특징을 정의

○ TCP : OSI 7계층의 전송 계층
○ IP : OSI 7계층의 네트워크 계층

> **개념 체크 ✓**

1 디지털 회선의 중간에 위치하는 것으로 단순히 신호 증폭뿐만 아니라 네트워크 분할을 통해 트래픽을 감소시키며, 물리적으로 다른 네트워크를 연결할 때 사용하는 장비는?
① 허브
② 리피터
③ **브리지**
④ 라우터

2 LAN과 외부 네트워크를 연결하는 장비로 응용 계층을 연결하여 데이터 형식이나 프로토콜을 변환함으로써 서로 다른 프로토콜을 갖는 네트워크를 연결시켜 주는 장치는?
① **게이트웨이(Gateway)**
② 브리지(Bridge)
③ 리피터(Repeater)
④ 라우터(Router)

3 다음 중 ISO(국제 표준화 기구)가 정의한 국제 표준 규격 통신 프로토콜인 OSI 7계층 모듈에서 네트워크 종단 사이에 신뢰성 있고 투명한 데이터 전송을 담당하는 계층은?
① 물리 계층(Physical Layer)
② 데이터 링크 계층(Data Link Layer)
③ 네트워크 계층(Network Layer)
④ **전송 계층(Transport Layer)**

POINT 054 정보 통신망의 종류 및 특징

통신망 형태에 따른 분류*

스타(Star)형	중앙의 컴퓨터와 단말기를 1:1로 직접 연결한 형태
버스(Bus)형	모든 단말기가 일렬로 연결된 형태
링(Ring)형	중앙의 컴퓨터가 필요하지 않고 이웃한 컴퓨터를 링처럼 서로 연결한 형태
망(Mesh)형	모든 단말기를 그물처럼 서로 연결한 형태
트리(Tree)형	중앙의 컴퓨터와 단말기가 하나의 통신 회선으로 연결하는 방식으로 분산 처리 시스템이 가능한 형태

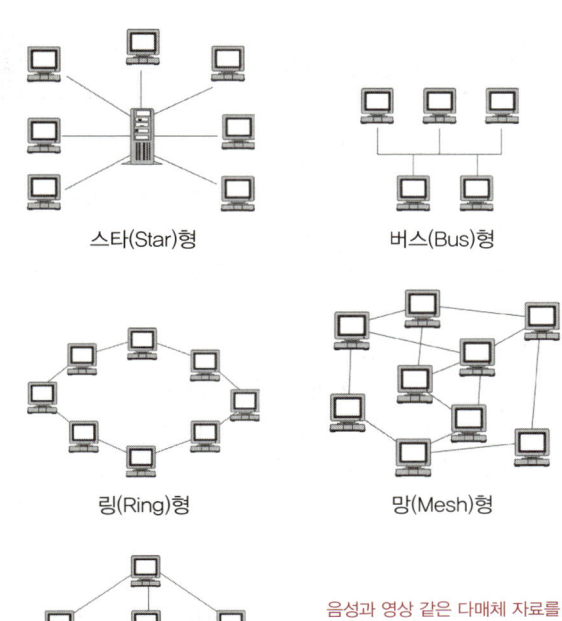

스타(Star)형　　　버스(Bus)형

링(Ring)형　　　망(Mesh)형

트리(Tree)형

음성과 영상 같은 다매체 자료를 전송할 수 있으며 패킷(53바이트 크기) 라우팅을 기반으로 한 통신 방식과 고속의 광섬유와 위성통신까지 가능한 셀 릴레이 방식을 사용

▶ LAN 접근 방식 ＊

CSMA/CD	전송 매체를 감시하다가 신호가 있으면 기다리고, 신호가 없으면 전송을 즉시 개시하는 방식
토큰 패싱	토큰이라는 제어 패킷을 통신망에 순회시켜 이것을 받은 송신자가 송신권을 얻는 방식
토큰 버스	한 스테이션이 토큰을 가지게 되면 특정 시간 동안 매체를 제어하고 하나 이상의 패킷(Packet)을 전송할 수 있는 방식
토큰 링	링 주위를 프리 토큰이 순회하다가 패킷을 전송하려는 스테이션을 만나면 프리 토큰을 잡아 제어권을 얻는 방식

전송 데이터를 일정한 길이로 잘라서 전송에 필요한 정보와 함께 보내는데, 이 데이터의 묶음

▶ 통신망 종류 ＊

① LAN(Local Area Network : 근거리 통신망)
- 특정한 구역 내에서 여러 대의 시스템을 연결하여 데이터를 전송하는 통신망이다.
- 분산 처리와 실시간 처리가 가능하므로 고속 통신이 가능하다.
- 오류율이 낮아 신뢰성 있는 정보 전송이 가능하다.

② MAN(Metropolitan Area Network : 도시권 정보 통신망)
- 도시와 위성 도시 간에 구축되는 통신망이다.
- LAN과 WAN의 중간 형태로 LAN과 같이 높은 데이터 전송률을 갖는다.

③ WAN(Wide Area Network : 광역 통신망)
- 국가나 전 세계에 걸쳐 형성되는 통신망이다.
- 넓은 지역을 연결하기 때문에 LAN보다 오류율이 높다.
- 다국적 기업이나 기관 또는 연구소 간을 연결하는 데 쓰인다.

④ VAN(Value Added Network : 부가가치 통신망)
- 공중 통신 사업자로부터 회선을 빌려 데이터 전송 이상의 부가가치를 부여하여 판매하는 통신망 서비스이다.
- 제공하는 정보가 다양하고 이용 방법이 편리하다.

⑤ ISDN(Integrated Services Digital Network : 종합 정보 통신망)
- 하나의 통신 회선을 통하여 음성, 이미지, 동영상, 텍스트 등의 다양한 데이터 통신을 제공하는 디지털 통신망이다.
- 빠른 전송 속도에 비해 사용료가 경제적이다.

⑥ B-ISDN(Broadband ISDN : 광대역 종합 정보 통신망)
- 광케이블을 사용하여 고화질의 동영상까지 전송할 수 있는 통신망이다.
- 비동기 전송 방식(ATM)을 기반으로 구축되며, 넓은 대역폭을 사용한다.
- ISDN보다 진보된 형태로 데이터, 음성뿐만 아니라 고화질의 동영상까지 손쉽게 전송한다.

⑦ ATM(Asynchronous Transfer Mode : 비동기 전송 방식)
- B-ISDN의 전송, 교환 기술로 고정 길이의 블록인 ATM 셀에 의해 순차적으로 전송하는 방식이다.
- ATM 셀은 53바이트 크기로 헤더(5바이트)와 정보 데이터(48바이트) 부분으로 나눈다.
- 높은 전송 효과로 다양한 정보를 고속으로 처리할 수 있는 기술이다.

⑧ ADSL(Asymmetric Digital Subscriber Line : 비대칭 디지털 가입자 회선)
- 미국 벨코어에서 제안된 기술로 음성보다 높은 주파수 영역에서 대역폭을 적절히 이용하는 기술이다.
- 전화국과 가정이 1 : 1로 연결되어 전화선을 이용하여 서로 다른 주파수로 데이터를 보냄으로써 빠르게 전송할 수 있는 통신망이다.
- 전화국으로부터 전송 거리에 따라 1.5Mbps 속도에서 약 5.5km 정도, 6Mbps 전송에서 약 1.8km까지 전송의 제한을 받는다.

⑨ VDSL(Very high-data Digital Subscriber Line : 초고속 디지털 가입자 회선)
- ADSL보다 전송 거리가 짧은 구간에서 고속의 데이터를 비대칭으로 전송하는 기술이다.
- 다운로드와 업로드 속도가 동일하여 인터넷 방송, HDTV, VOD 등에 활용되는 통신망이다.

개념 체크 ✓

1 다음 중 LAN의 특성에 대한 설명으로 옳지 않은 것은?
① 회사, 학교, 연구소 등의 특정 구역 내에서 자원 공유를 목적으로 사용하는 통신망이다.
② **LAN 프로토콜은 OSI 참조 모델의 상위층에 해당된다.**
③ 오류 발생률이 낮으며, 네트워크에 포함된 자원을 공유할 수 있다.
④ 망의 구성 형태에 따라서 성형, 버스형, 링형, 계층형 등으로 분류할 수 있다.

2 통신망의 종류와 특징에 대한 설명으로 옳지 않은 것은?
① LAN - 제한된 지역 내에 있는 독립된 컴퓨터 기기들로 하여금 서로 통신이 가능하도록 하는 데이터 통신 시스템
② MAN - 도시 전체를 대상으로 구축하는 네트워크
③ **WAN - 데이터, 음성, 영상 정보의 단거리 전송 서비스를 제공하는 네트워크**
④ ISDN - 하나의 통신 회선으로 문자, 음성, 이미지, 동영상 등의 다양한 데이터를 통합된 통신 서비스로 제공하는 디지털 네트워크

3 다음 보기에서 설명하는 특성들을 갖는 통신망의 구성 요소는 어느 것인가?

- 음성과 영상 같은 다매체 자료를 전송하기 위해 사용된다.
- 패킷 라우팅(Packet Routing)을 기반으로 한 통신 방식이다.
- 고속의 광섬유와 위성 통신까지 가능한 셀 릴레이(Cell Relay) 방식을 사용한다.

① ADSL   ② PSTN
③ **ATM**   ④ CSDN

4 다음 중 초고속 디지털 전송 기술의 하나로 초고속 디지털 가입자 회선이라고 부르기도 하며 양방향 서비스 속도가 이론적으로 비슷한 인터넷 통신 기술은?
① ADSL   ② **VDSL**
③ ISDN   ④ MODEM

POINT 055 인터넷 개요

▶합격 강의

▶ 인터넷과 인터넷 주소
- TCP/IP 프로토콜에 접속된 네트워크의 집합체로 AR-PANET에서 유래되었다.
- IP 주소 : 32비트의 숫자를 8비트씩 나누고 각 부분을 점(.)으로 구분한다.
  예 192.215.54.29
  - IPv4 : 32비트 체계로 현재 사용하는 IP 주소
  - IPv6 : 128비트 체계로 차세대 IP 주소
- 도메인 이름 : 문자를 이용하여 사용자가 알기 쉽게 표기하는 주소 방식으로 호스트 이름, 기관 이름, 기관 종류, 국가 도메인으로 구성한다.
  예 www.president.go.kr
- DNS(Domain Name Service) : 영문자로 된 도메인 주소를 IP 주소로 변환시켜 주는 작업이다.

> **기적의 TIP** URL(Uniform Resource Locator)
> - 다양한 인터넷 서비스들을 동일한 형태로 표기하기 위해 웹에서 사용되고 있는 표준 방법
> - 인터넷 서비스의 프로토콜://호스트 이름(또는 IP)/추가적인 경로로 표시

▶ 인터넷의 프로토콜

① TCP/IP 프로토콜
- 네트워크로 연결된 시스템 간의 데이터 전송을 위해 인터넷에서 사용하는 표준 프로토콜이다.
- TCP/IP를 이용하면 컴퓨터 기종에 관계없이 인터넷 환경에서의 정보 교환이 가능하다.

TCP	전송 데이터의 흐름을 관리하고 데이터의 에러 유무를 검사
IP	데이터 패킷(Packet)을 목적지로 전송하는 역할

② 전자우편 프로토콜

SMTP	메일을 보내주는 데 사용되는 프로토콜
POP3	메일을 받아오는 데 사용되는 프로토콜
MIME	메일로 화상이나 음성을 포함한 멀티미디어 정보를 보낼 때 사용되는 표준 규격 프로토콜

③ 기타 프로토콜★

ARP(Address Resolution Protocol)	LAN에서 어떤 컴퓨터에 IP 패킷을 물리적으로 전달하기 위해서는 먼저 그 장비의 MAC 주소를 알아야 하는데, 어떤 장비의 IP 주소로 그 장비의 MAC 주소를 찾아주는 프로토콜

SNMP(Simple Network Management Protocol)	네트워크를 관리하고 네트워크 장치와 동작을 감시 및 총괄하는 프로토콜
IMAP(Internet Message Access Protocol)	POP와 달리 전자우편의 제목이나 보낸 사람만 보고 메일을 다운로드할 것인지 선택할 수 있는 프로토콜
VoIP(Voice of Internet Protocol)	기존의 데이터 통신망을 이용해 음성 데이터를 전송하기 위한 프로토콜로 확장성이 높으며, 이를 이용할 경우 기존 전화에 비해 요금도 저렴한 방식

▶ 인터넷 서비스

WWW (World Wide Web)	인터넷 서비스로 정보 검색, 홈쇼핑, 온라인 게임, 라디오, 신문 등의 서비스를 제공
전자우편(E-mail)	인터넷으로 연결된 사용자와 편지를 주고받을 수 있는 서비스
파일 전송(FTP)	인터넷을 통하여 파일을 송수신하기 위해 사용되는 서비스
유즈넷(Usenet)	공통의 관심사를 가진 사람들이 그룹을 만들어 의견을 교환할 수 있는 서비스
아키(Archie)	익명(Anonymous) FTP 사이트를 대상으로 사용자가 원하는 파일이 어디에 위치하는지를 검색
원격 접속(Telnet)	원격지의 컴퓨터에 접속하기 위한 프로토콜
고퍼(Gopher)	메뉴 형식의 정보 검색 시스템
가상 사설망(VPN)	사무실에 할당받은 공인 IP가 부족해서 내부적으로 인트라넷을 구성하기 위해 사설 IP를 구성하여 데이터를 전송할 수 있도록 만든 것

▶ 인트라넷과 익스트라넷

- **인트라넷** : 인터넷 기술을 기업 내 정보 시스템에 적용한 것으로 전자우편 시스템, 전자결재시스템 등을 인터넷 환경으로 통합하여 사용하는 것이다.
- **익스트라넷** : 기업에서 인터넷을 기반으로 한 네트워크를 구축하여 거래처는 물론 일반 고객과의 정보 교류나 전자 상거래를 하는 것을 의미한다.

▶ 전자상거래

- 사이버 공간에서 행하는 판매, 구매 등의 상거래 행위와 광고, 발주 등의 모든 활동을 포함하는 행위로 EDI, CALS, 사이버 비즈니스를 모두 포함한다.
- **ERP**(Enterprise Resource Planning, 전자적 자원 관리) : 기업 내의 생산, 판매, 인사, 회계, 자금 등 기업의 기간 업무를 효율적으로 관리하는 통합 정보 시스템이다.

▶ 인터넷 프로그래밍 언어 *

HTML	하이퍼텍스트 문서를 만드는 데 사용되는 언어 규약으로 웹 문서의 표준으로 사용
DHTML	기존의 HTML에 디스플레이와 역동적인 개념을 추가
VRML	WWW상에서 3차원 가상 공간을 실현하기 위한 기술 언어
SGML	복잡하고 대용량인 멀티미디어 문서를 서로 원활하게 교환할 수 있도록 ISO에서 제정한 데이터 객체 양식 표준 언어
XML	HTML을 획기적으로 개선한 차세대 인터넷 언어로 SGML의 복잡한 단점을 개선하였으며 사용자가 확장하여 사용
CGI	외부 데이터베이스에 접근하거나 인터넷 호스트 내에서 다른 프로그램들을 별도로 수행한 결과를 홈페이지에서 받아볼 때 사용
Java	WWW 환경에 가장 잘 맞는 프로그래밍 환경을 제공하는 객체 지향 프로그래밍 언어
ASP	• 기존의 CGI 기술이 서버에 무리를 주고 실행이 느리다는 단점을 극복하기 위한 기술 • ASP 문서는 웹 서버에서 분석되어 실행된 후에 클라이언트 쪽으로 실행 결과만을 전달
PHP	웹 서버에 내장되어 기존의 CGI 형식을 벗어나 별도의 프로세서를 만들지 않고 빠르게 움직이는 서버 측 스크립트 언어
JSP	• 자바로 만들어진 서버 스크립트로, 다양한 운영체제에서 이용 가능 • 데이터베이스와의 연결이 쉽고, 시스템을 효율적으로 사용

개념 체크 ✓

1 컴퓨터 그래픽 기술을 이용하여 웹 사이트에서 실제로 존재하지 않는 세계를 체험할 수 있도록 하는 언어는?
① HTML
② XML
③ VRML
④ SGML

2 다음 중 인터넷에서 사용하는 표준 프로토콜인 TCP/IP에 대한 설명으로 옳지 않은 것은?
① TCP/IP를 이용하면 컴퓨터 기종에 관계없이 인터넷 환경에서의 정보 교환이 가능하다.
② TCP는 전송 데이터의 흐름을 제어하고 데이터의 에러 유무를 검사한다.
③ IP는 패킷 주소를 해석하고 목적지로 전송하는 역할을 한다.
④ TCP/IP의 응용 계층에 속하는 것은 UDP, ICMP가 있다.

3 인터넷 기술을 기업 내 정보 시스템에 적용한 것으로 전자우편 시스템, 전자결재시스템 등을 인터넷 환경으로 통합하여 사용하는 것을 무엇이라고 하는가?
① 익스트라넷
② 인트라넷
③ 고퍼
④ 원격 접속

POINT 056 인터넷 정보 검색

▶ 웹 브라우저와 검색 엔진

- 웹 브라우저는 하이퍼미디어 방식의 WWW를 이용할 수 있도록 해주는 프로그램이다.
- 모자이크, 넷스케이프 네비게이터, 인터넷 익스플로러, 크롬, 사파리 등이 있다.
- 검색 엔진에는 주제별 검색 엔진과 키워드 검색 엔진, 메타 검색 엔진이 있다.
- 검색 연산자의 연산 순위 : NEAR → NOT → AND → OR
   자체적으로 데이터베이스를 가지고 있지 않고 여러 개의 검색 엔진을 대상으로 정보를 검색하는 방식

▶ 인터넷 관련 용어 ✱

핑 (Ping)	TCP/IP 프로토콜이 정상적으로 작동하는지 원격으로 네트워크상의 호스트 연결이 되었는지 확인할 수 있는 명령
푸시(Push) 기술	이용자가 미리 지정한 정보를 자동으로 PC에 가져다주는 기술
풀(Pull) 기술	이용자가 인터넷에 접속하여 정보를 직접 찾아보는 방식
포털 사이트 (Portal Site)	인터넷 접속, 전자우편, 홈페이지, 채팅, 게임, 쇼핑 등의 모든 서비스와 콘텐츠를 종합적으로 제공하는 서비스
유비쿼터스 (Ubiquitous)	개별 물건에 극소형 전자태그가 삽입되어 있어 언제 어디서나 자유롭게 네트워크를 통해서 컴퓨터에 접속할 수 있는 환경을 의미하는 용어로, 시간과 장소에 구애받지 않고 언제나 네트워크에 접속할 수 있는 통신 환경
GPS (Global Positioning System)	미 국방성에서 개발한 위성을 이용한 범세계적인 무선항법 시스템으로, 사용자의 현재 위치, 속도 및 시간을 정확하게 계산할 수 있도록 해주는 시스템
데몬 (Daemon)	인터넷상에서 발생하는 서비스들을 처리하기 위해 웹 서버에 항상 실행 중인 상태로 있는 프로그램
미러 사이트 (Mirror Site)	인터넷상의 어느 사이트와 똑같은 것을 다른 장소에 만든 사이트
캐싱 (Caching)	자주 사용하는 사이트의 자료를 하드 디스크에 저장하고 있다가 다시 접속하게 되면 빠르게 보여주는 기능
쿠키 (Cookie)	사용자의 방문 날짜와 그 사이트에서의 행동을 기록한 정보가 들어 있는 파일로 웹 서버로 접속하면 쿠키를 통하여 사용자의 정보와 인터넷 접속에 연계성을 부여

개념 체크 ✓

1 다음 중 인터넷 사용자가 인터넷에 처음 접속할 때 방문하게 되는 웹 페이지를 지칭하는 용어로, 전자우편, 홈페이지, 채팅, 게시판, 쇼핑 등의 서비스를 통합하여 제공하는 것을 의미하는 용어는 어느 것인가?
① 아키(Archie)
② 포털 사이트(Portal Site)
③ 미러 사이트(Mirror Site)
④ 고퍼(Gopher)

2 개별 물건에 극소형 전자태그가 삽입되어 있어 언제 어디서나 자유롭게 네트워크를 통해서 컴퓨터에 접속할 수 있는 환경을 의미하는 용어는 어느 것인가?
① 광속 상거래(CALS)
② 제닉스(XENIX)
③ 유비쿼터스(Ubiquitous)
④ 인트라넷(Intranet)

SECTION 19 정보 사회와 보안

3과목 PC 기본상식

POINT 057 정보 사회의 윤리 및 법규

정보 사회의 순기능*
- 인터넷을 통해 정보를 빠르게 검색하여 원하는 정보를 쉽게 얻을 수 있다.
- 통신 기술의 발달로 시간과 공간의 제약이 없어져 재택근무나 사이버 강의를 듣는 것이 가능해졌다.
- 상호작용이 가능한 쌍방향성이 실현되어 정보 교류로 지역 간의 특성화 사업이 발달하고 정치, 경제, 문화의 다양한 여론 조사가 가능해졌다.
- 홈 쇼핑, 홈뱅킹, 각종 문화 시설 사용을 위해 편리하게 예약이 가능하고 사이버 공간상의 새로운 문화가 형성된다.

정보 사회의 역기능*
- 사생활 침해 : 타인 비방, 명예 훼손, 소외 집단 비하, 사생활 침해 등의 인권 침해 현상이 나타나는 현상이다.
- 불건전한 정보의 유통 : 폭력물이나 음란물 등의 유포 및 판매가 발생한다.
- 컴퓨터 범죄 : 컴퓨터를 이용한 지능적인 통신 판매 사기, 컴퓨터 시스템 작동 방해 등 신종 범죄가 발생한다.
- 정보 공해 현상 : 과다한 정보로 인한 혼란이 발생하고 가상공간에 의존하는 현실 도피와 인간성 상실이 발생한다.
- 정보 이용 격차 : 정보 이용의 격차로 인한 문화 지체, 문화적 종속, 인간 소외 현상이 발생한다.

인터넷 윤리
- 인터넷과 관련된 인간의 책임을 강조하는 윤리가 되어야 한다.
- 세계 보편 윤리가 되어야 하며 윤리적인 문제는 사전에 미리 반영되어야 한다.
- 올바른 인터넷 사용과 윤리적 의식을 형성해 가도록 교육하고 건전한 사이버 공간이 되어야 한다.
- 사이버 공간의 무질서와 혼동에 대한 하나의 반응으로 출현한 것이기 때문에 인간의 경험이나 제도, 정책 변형의 필요성을 강조해야 한다.

정보 사회 관련 법규

컴퓨터 프로그램 보호법	• 컴퓨터 프로그램 저작물의 저작자 권리를 보호하고 프로그램의 공정한 이용을 도모하여 프로그램 관련 사업의 발전을 위해 제정한 법 • 현재는 폐지하고 저작권법에 통합하여 저작권법으로 보호하고 있음
저작권법	저작자의 권리를 보장하고 저작물의 공정한 이용을 도모하기 위해 제정한 법
통신 비밀 보호법	통신 비밀을 보호하고 통신 자유를 신장하기 위해 제정한 법
개인정보 보호법	개인의 자유와 권리를 보호받을 수 있도록 제정한 법

> **기적의 TIP** 디지털 권리 보호 관련 용어
> - DRM(Digital Rights Management) : 출판, 음반, 영화, 게임 등의 디지털 콘텐츠의 무단 사용을 막아 제공자의 권리와 이익을 보호해 주는 기술과 서비스
> - DCRP(Digital Contents Rights Protection) : 콘텐츠 분배를 위한 디지털 권한 관리
> - PICS(Platform for Internet Contents Selection) : 웹 사이트 내용에 대해 선택적으로 접근하도록 해주는 기반 구조로 웹 사이트에 포함된 정보 내용의 등급을 판단하는 표준 규격

POINT 058 정보 보호 및 해킹 수법

컴퓨터 범죄의 특징과 유형
- 통신 기술의 발달로 인하여 컴퓨터 범죄가 늘어나고 있고 증거가 없어 적발이 어렵다.
- 컴퓨터 범죄자는 대부분 범죄 의식이 희박하고 연령층이 낮으며 반복되는 경우가 많다.
- 컴퓨터 조작 사기, 소프트웨어 불법 복제, 전자 게시판의 악용, 산업 스파이, 프라이버시 침해 등이 있다.

컴퓨터 범죄의 예방과 대책*
- 자신의 ID를 빌려주거나 타인의 ID를 사용하지 않고, 패스워드는 다른 사용자에게 노출되지 않도록 주의하며 수시로 변경한다.
- 중요한 자료를 암호화하여 저장하고 정보 손실에 대비하여 백업을 철저히 한다.

- 전자상거래를 이용하거나 개인의 정보를 제공할 경우 반드시 이용 약관이나 개인정보 보호 방침을 숙지한다.
- 시스템에 상주하는 바이러스 방지 장치를 설치하고 해킹 방지를 위해 보안성이 뛰어난 보안망 체제를 설치하고 철저히 관리한다.

해킹의 유형*

- 바이러스(Virus) : 자신을 복제하는 기능을 가지며, 데이터를 파괴하거나 시스템 성능을 저하시키는 악성 프로그램이다.
- 트로이 목마(Trojan Horse) : 정상적인 프로그램으로 위장하고 있다가 실행하면 시스템에 손상을 주는 프로그램으로 자기 복제 기능은 없는 프로그램이다.
- 웜(Worm) : 네트워크를 통해 연속적으로 자신을 복제하여 시스템의 부하를 높이는 프로그램이다.
- 백 도어(Back Door) : 크래커가 시스템에 침입한 후 자신이 원할 때 침입한 시스템을 재침입하거나 권한을 쉽게 획득하기 위하여 만들어 놓은 일종의 비밀 통로이다.
- 랜섬웨어(Ransom Ware) : 인터넷 사용자의 컴퓨터에 잠입하여 내부 파일 등을 암호화하여 사용하지 못하게 만든 후 금품을 요구하는 악성 프로그램이다.

※ 크래커 : 네트워크에 불법적으로 침입하거나, 상용 소프트웨어의 복사 방지를 풀어서 불법으로 복제하는 행위를 하는 사람

해킹 수법 - 프로토콜의 취약점 공격*

스파이웨어 (Spyware)	다른 사람의 컴퓨터에 숨어 있다가 인터넷 이용 습관이나 사용 내용 및 정보를 수집하거나 중요한 개인정보를 빼가는 프로그램
스니핑 (Sniffing)	네트워크 주변을 지나다니는 패킷을 엿보면서 계정과 패스워드를 알아내기 위한 행위
스푸핑 (Spoofing)	악의적인 목적으로 임의로 웹 사이트를 구축해 일반 사용자의 방문을 유도한 다음, 사용자의 시스템 권한을 획득한 뒤 정보를 빼가거나 사용자가 암호와 기타 정보를 입력하도록 속이는 행위
서비스 거부 (DoS)	해당 시스템의 네트워크 트래픽 양을 증가시켜 시스템의 정상적인 동작을 방해하는 행위
분산 서비스 거부 공격 (DDoS)	많은 수의 호스트에 공격 도구를 설치해 놓고 대상 시스템을 공격하는 방법으로 데이터 패킷을 범람시켜 네트워크 성능 저하 및 시스템 마비를 일으키는 행위
피싱 (Phishing)	'낚시하다'라는 뜻의 은어로 불특정 다수에게 메일을 발송해 위장된 홈페이지로 접속하도록 한 뒤 인터넷 이용자들의 금융정보 등을 빼내는 신종사기 수법
스미싱 (Smishing)	스마트폰 문자메시지를 통해 소액 결제를 유도하는 피싱 사기 수법
파밍 (Pharming)	피싱 기법의 일종으로 사용자가 자신의 웹 브라우저에서 정확한 주소를 입력해도 가짜 웹 페이지로 이동하게 하여 개인정보를 훔치는 행위

POINT 059 암호화

암호화 기술

- 데이터에 암호 알고리즘을 적용하여 다른 사람이 알아볼 수 없는 암호문으로 변경시키는 방법으로, 침입자가 데이터를 입수하더라도 그 내용을 알 수 없도록 하는 기술이다.
- 평문을 암호문으로 바꾸는 것을 암호화(Encryption), 암호문을 평문으로 바꾸는 것을 복호화(Decryption)라고 한다.

암호화 기법의 종류*

비밀키 암호화 기법 (DES 기법)	• 대칭키 또는 단일키 암호화 기법이라고 함 • 암호화를 위해 사용하는 키와 데이터를 원상으로 복구할 때 사용하는 키가 동일 • 암호화와 복호화의 속도가 빠름 • 키의 크기가 작고 알고리즘이 간단
공개키 암호화 기법 (RSA 기법)	• 비대칭키 또는 이중키 암호화 기법이라고 함 • 암호화할 때 사용하는 키와 데이터를 원상으로 복구할 때 사용하는 키가 서로 다름 • 자신의 개인키만 보관하면 되므로 키의 개수가 적음

전자 서명(Digital Signature)

- 메시지에 부착하는 암호화된 데이터를 말하며 서명자 본인이 전자문서를 내용 그대로 작성하였음을 증명한다.
- 전자 서명은 전자상거래에서 전자문서의 위조나 변조를 방지하는 데 쓰인다.
- 전자 서명에는 해시 함수와 공개키 암호화 방법을 사용한다.

POINT 060 보안

정보 보안

- 개인이나 기관이 사용하는 컴퓨터와 그에 관련된 모든 정보를 안전하게 보호하는 것을 말한다.
- 컴퓨터 통신망에 불법적으로 접속하여 내부 네트워크의 자원 및 정보 등을 파괴하거나 탈취해가는 악의의 해커나 크래커로부터 컴퓨터 시스템 및 네트워크를 보호하는 것이다.

정보 보안 서비스*

인증 (Authentication)	시스템에 접근하는 사용자의 신원을 확인하는 절차
접근 제어 (Access Control)	시스템의 자원 이용에 대한 불법적인 접근을 방지하는 과정
기밀성 (Confidentiality)	전달 데이터를 제3자가 읽지 못하도록 비밀성을 유지하는 기능
무결성 (Integrity)	권한이 없는 방식으로 변경되거나 파괴되지 않는 데이터의 특성을 말하며, 데이터를 보호하여 언제나 정상적인 데이터를 유지
부인 방지 (Non-repudiation)	송신자의 송신 여부와 수신자의 수신 여부를 확인하는 기능으로 송수신자 측이 송수신 사실을 부인하는 것을 방지
가용성 (Availability)	인가된 사용자에게는 언제라도 사용 가능하게 함

보안 위협의 형태*

○ 국내/미국 보안 등급

구분	최저 등급 ──────────── 최고 등급
국내	K1 → K2 → K3 → K4 → K5 → K6 → K7
미국	D1 → C1 → C2 → B1 → B2 → B3 → A

가로막기 (Interruption)	데이터의 전달을 가로막아서 수신자 측으로 정보가 전달되는 것을 방해하는 것
가로채기 (Interception)	송신한 데이터를 수신자까지 가는 도중에 몰래 보거나 도청하는 것
수정 (Modification)	메시지를 원래의 데이터가 아닌 다른 내용으로 바꾸는 것
위조 (Fabrication)	사용자 인증과 관계해서 마치 다른 송신자로부터 데이터가 온 것처럼 꾸미는 것

웹 보안 프로토콜

SHTTP	• Secure HTTP • 기존의 HTTP에 보안 요소를 첨가한 프로토콜
SSL	• Secure Socket Layer • 인터넷을 통해 전달되는 정보의 보안을 위해 넷스케이프사가 개발한 프로토콜
SEA	• Security Extension Architecture • SSL과 SHTTP의 약점을 보완하여 HTTP 프로토콜과 더 밀접한 관계를 가지는 보안 프로토콜
SET	• Secure Electronic Transaction • 인터넷에서 안전한 신용카드 기반의 전자 상거래를 위하여 개발된 지불 프로토콜

개념 체크 ✓

1 다음 중 컴퓨터 범죄에 대한 대처 방안으로 옳지 않은 것은?

① 패스워드는 남이 유추하기 어려운 것으로 하나만 사용한다.
② 해킹 방지를 위해 방화벽과 같은 인터넷 보안 기법을 사용한다.
③ 바이러스 방지를 위해 정기적으로 바이러스를 검사한다.
④ 전송되는 데이터를 보호하기 위해 암호화 기법을 사용한다.

2 다음 중 인터넷상에서 보안을 위협하는 유형에 대한 설명으로 옳지 않은 것은?

① 스파이웨어(Spyware) : 사용자 동의 없이 사용자 정보를 수집하는 프로그램
② 분산 서비스 거부 공격(DDoS) : 데이터 패킷을 범람시켜 시스템의 성능을 저하시킴
③ 스푸핑(Spoofing) : 신뢰성 있는 사람이 데이터를 보낸 것처럼 데이터를 위변조하여 접속 시도
④ 스니핑(Sniffing) : 악성코드인 것처럼 가장하여 행동하는 프로그램

3 다음 보기에서 설명하는 해킹 방법으로 옳은 것은?

> 트러스트 관계가 맺어져 있는 서버와 클라이언트를 확인한 후 클라이언트에 DoS 공격을 하여 연결을 끊은 다음, 공격자가 클라이언트의 IP 주소를 확보하여 서버에 실제 클라이언트처럼 패스워드 없이 접근하는 방법이다.

① 스푸핑(Spoofing)
② 스니핑(Sniffing)
③ 스파이웨어(Spyware)
④ 분산 서비스 거부 공격(DDoS)

SECTION 20 ICT 신기술 활용하기

3과목 PC 기본상식

POINT 061 새로운 ICT 신기술 용어

ICT 신기술 용어 *

- WiFi : 고성능 무선 통신을 가능하게 하는 무선랜 기술로 유선을 사용하지 않고 전파나 빛 등을 이용하여 네트워크를 구축하는 방식이다.
- WiBro(Wireless Boradband Internet) : 이동하면서 초고속 인터넷을 사용할 수 있는 무선 휴대 인터넷이다.
- RFID(Radio-Frequency IDentification) : 전자태그 기술로, 무선 주파수를 이용해 빛을 전파하여 먼 거리의 태그도 읽고 정보를 수신할 수 있다.
- Tethering(테더링) : 휴대폰을 모뎀으로 활용할 수 있는 기능으로 노트북과 같은 IT 기기를 휴대폰에 연결하여 무선 인터넷을 사용한다.
- I-PIN(아이핀) : 인터넷상에서 주민등록번호를 도용하여 발생하는 범죄를 방지하기 위해 만든 인터넷 신원확인 번호이다.
- Virtual Reality(가상현실) : 어떤 특정한 환경이나 상황을 컴퓨터로 만들어서, 그것을 사용하는 사람이 마치 실제 주변 상황의 환경과 상호작용을 하고 있는 것처럼 만들어 주는 시스템이다.
- Kill Switch(킬 스위치) : 휴대폰의 도난이나 분실에 대비하여 정보기기를 원격으로 조작해 개인 데이터를 삭제하고 사용을 막는 기능이다.
- Trackback(트랙백) : 내 블로그에 해당 의견에 대한 댓글을 작성하면 그 글의 일부분이 다른 사람의 글에 댓글로 보이게 하는 기술이다.
- IoT(Internet of Things, 사물 인터넷) : 사물에 센서를 부착하여 인터넷으로 연결되어 서로 정보를 주고받는 기술로서 방문객의 위치, 오늘의 날씨, 관람객 정보 등 그때그때 상황에 맞춰 정보를 제공한다.
- OSS(Open Source Software) : 일반 사용자의 공동연구를 통해 개발, 시험, 개선작업과 공동연구를 보장하기 위해 해당 소프트웨어의 소스 코드가 공개되는 소프트웨어이다.
- SSO(Single Sign On) : 여러 개의 사이트를 운영하는 대기업이나 인터넷 관련 기업이 각각의 회원을 통합 관리할 필요성이 생김에 따라 개발된 방식이다. 하나의 아이디로 여러 사이트를 이용할 수 있는 시스템이다.
- GPS : 어느 곳에서나 자신의 위치를 알려주는 인공위성을 이용한 항법 시스템이다.
- 스마트 컨버전스 : 정보 산업과 다른 전 산업 분야와 융합하여 다른 새로운 분야의 기술 개발과 산업 발전을 이루게 하여 고부가 가치 산업을 창출해 내는 기술이다.
- CAD : 컴퓨터 지원 설계(Computer Aided Design)의 약어로, 컴퓨터에 기억되어 있는 설계 정보를 그래픽 디스플레이 장치로 추출하여 화면을 보면서 설계하는 시스템이다.
- CAM : 컴퓨터 지원 제조(Computer Aided Manufacturing)의 약어로, 컴퓨터 지원 설계(CAD)로 얻어지는 설계 정보에 기초하여 모든 제조 공정에 컴퓨터의 처리 능력과 해석 능력을 이용한 정보 처리 시스템이다.
- USN(Ubiquitous Sensor Network) : 필요한 모든 사물에 전자태그를 부착해(Ubiquitous) 사물과 환경을 인식하고 (Sensor) 네트워크(Network)를 통해 실시간 정보를 구축하고 활용하도록 하는 통신망이다.
- NFC(Near Field Communication) : 무선 태그 기술로 10cm 이내의 가까운 거리에서 기기 간의 설정 없이 다양한 무선 데이터를 주고받는 통신 기술이다.
- G-PIN : 공공기관에서 사용하는 개인 식별 번호이다.
- AR(증강현실) : 현실 세계의 모습이나 실제 영상에 3차원 정보를 실시간으로 겹쳐 보여주는 새로운 멀티미디어 기술이다.

최신 기술의 활용 *

① 클라우드(Cloud) 컴퓨터

소프트웨어와 데이터를 인터넷과 연결된 중앙 컴퓨터에 저장하여 두었다가 인터넷에 접속하면 언제 어디서든 데이터를 이용할 수 있는 서비스이다.

② RSS(Rich Site Summary)

RSS 피드에 등록하면 관심 있는 뉴스의 최신 제목과 내용 요약, 날짜 등이 표시되어 해당 기사에 보다 쉽게 접근할 수 있으나 해당 사이트에 오래 머물지 않는다는 단점이 있다.

③ SNS(Social Network Service)

- 특정한 관심이나 활동을 공유하는 사람들 사이의 관계망을 구축해 주는 온라인 서비스이다.

- 대표적인 사이트로는 인스타그램, 페이스북, X(구 트위터), 카카오스토리, 유튜브 등이 있으며, 프라이버시 보호 문제, 온라인상의 공격행위, 지적 재산권 침해 등의 논란이 있다.

④ 소셜커머스(Social Commerce)
- 소셜네트워크서비스를 활용한 전자상거래로 2005년 야후가 처음으로 제안하였다.
- 국내에서는 쿠팡, 카카오 쇼핑하기 등이 있다.

⑤ 웨어러블컴퓨터(Wearable Computer)
- 옷을 입거나 시계·안경처럼 자유롭게 몸에 착용하고 다닐 수 있는 컴퓨터를 총칭한다.
- 몰래 카메라, 도청 등으로 사생활 침해 논란이 있다.
- 스마트 안경인 글라스, 말하는 신발, 스마트 시계 등이 있다.

⑥ DRM(Digital Rights Management)
출판, 음반, 영화, 게임 등의 디지털 콘텐츠의 무단 사용을 막아 제공자의 권리와 이익을 보호해 주는 기술과 서비스로 디지털 저작권 관리를 의미한다.

⑦ 텔레메틱스(Telematics)
텔레커뮤니케이션+인포메틱스의 합성어로 통신 및 방송망을 이용하여 자동차 안에서 위치추적, 인터넷 접속, 원격 차량진단, 사고 감지, 교통정보 및 홈네트워크와 사무자동화 등을 사용할 수 있는 서비스이다.

⑧ 메시업(Meshup)
웹상에서 제공되는 다양한 콘텐츠와 서비스를 혼합하여 새로운 서비스를 개발하는 기술이다.

⑨ 플로팅 앱(Floating App)
여러 개의 앱을 한꺼번에 사용할 수 있도록 앱 실행 시 영상 화면을 오버레이의 팝업창 형태로 분리하여 실행하는 기능이다.

개념 체크 ✓

1 RSS 서비스에 대한 설명으로 잘못된 것은?
① 자주 방문하는 뉴스 사이트, 블로그 등을 구독하는 것이다.
② 각각의 사이트로부터 정보는 개별적으로 관리 가능하다.
③ 여러 웹 사이트를 방문할 필요없이 자동으로 정보를 이용하는 것이다.
④ **모바일 기기에 최적화되어 있어서 아웃룩 프로그램에서는 이용이 어렵다.**

2 다음 중 보기에서 설명하는 모바일 기기 관련 용어로 옳은 것은?

> 여러 개의 앱을 한꺼번에 사용할 수 있도록 앱 실행 시 영상 화면을 오버레이의 팝업창 형태로 분리하여 실행하는 기능이다.

① 스마트 앱(Smart App)　② **플로팅 앱(Floating App)**
③ 앱 스토어(App Store)　④ 앱북(App Book)

3 다음 중 아래 설명에 해당하는 용어는?

> - 2005년 야후에 의해 처음 소개되었다.
> - 제품 정보 등에 대한 사용자의 평가나 공유 목록 같은 온라인 협업 쇼핑 도구의 집합이다.
> - 초기 상거래 플랫폼을 소비자들에게 '개방'하고 소비자들 각자의 상거래 경험을 서로 '공유'시킨다는 의미로 사용되었다.
> - 현재는 소비자의 경험을 소셜네트워크와 실시간으로 공유하는 포괄적이고 광범위한 개념이다.

① 포털서비스
② **소셜커머스**
③ 클라우드 컴퓨팅
④ 소셜네트워크서비스

4 다음에서 설명하는 신기술은 무엇인가?

> - 현실 세계의 배경에 3D의 가상 이미지를 중첩하여 영상으로 보여주는 기술이다.
> - 스마트폰 카메라로 주변을 비추면 인근에 있는 상점의 위치, 전화번호 등의 정보가 입체영상으로 표시된다.

① SSO　② **증강현실**
③ RSS　④ 가상현실

5 다음 중 정보 통신 기술(ICT)에 대한 설명으로 옳지 <u>않은</u> 것은?
① 증강현실(Augmented Reality) : 현실 세계의 배경에 3D의 가상 이미지를 중첩하여 영상으로 보여주는 기술이다.
② RFID(Radio Frequency IDentification) : 전자태그가 부착된 IC칩과 무선 통신 기술을 이용하여 다양한 개체들의 정보를 관리할 수 있는 센서 기술이다.
③ 매시업(Mashup) : 웹상에서 제공되는 다양한 콘텐츠와 서비스를 혼합하여 새로운 서비스를 개발하는 기술이다.
④ **텔레메틱스(Telematics) : 유선 전화망, 무선망, 패킷 데이터 망 등과 같은 기존의 통신망을 하나의 IP 기반 망으로 통합하여 각종 데이터를 전송하는 기술이다.**

POINT 062 모바일 정보 기술

모바일 기기의 종류와 특징

종류	특징
PDA	• 개인정보를 관리하거나 컴퓨터와 정보를 주고받을 수 있는 휴대용 컴퓨터 • 전자수첩과 같이 일정관리, 주소록, 메모장 등과 같은 개인정보 관리가 가능한 단말기
노트북 (Notebook)	휴대가 간편하고 개인이 소지하고 이동하여 사용할 수 있는 노트 크기의 컴퓨터
태블릿 PC	• 스크린을 손가락이나 펜으로 터치하여 조작하는 휴대형 PC로 검색, 게임, PMP 음악, 동영상, 디지털 카메라 기능을 갖춘 휴대형 멀티미디어 플레이어 등의 기능을 수행 • 미국 애플사의 아이패드(iPad)가 대표적인 제품
스마트폰 (Smart Phone)	휴대전화에 인터넷 통신과 정보검색 등 컴퓨터 지원 기능을 추가한 지능형 단말기

모바일 기기의 운영체제(OS) 종류 및 특징

스마트폰과 같은 모바일 장치나 정보기기를 제어하는 프로그램을 운영체제라고 한다.

종류	특징
구글의 안드로이드	• 구글에서 개발한 리눅스 커널 기반의 개방형 OS • 인터넷과 메신저 등을 이용할 수 있고 다양한 정보 가전 기기에 적용할 수 있도록 소프트웨어와 하드웨어를 제어
애플의 iOS	• 유닉스 기반의 운영체제로 직관적이고 유연한 인터페이스와 20만 개가 넘는 애플리케이션이 내장 • 미국 애플사의 iPhone, iPad, iPod touch의 기반이 됨
RIM의 블랙베리	• 캐나다의 리서치인 모션(RIM)의 스마트폰 블랙베리에서 작동하는 OS • 트위터나 메일 사용에 편리한 쿼티 자판을 채택
노키아의 심비안	• 오픈소스 모바일 OS • 2G, 3G 네트워크 및 멀티미디어 메시징 시스템, IPv6, 이동 정보장치 프로파일, 자바를 지원
마이크로소프트의 윈도우폰	• 마이크로소프트사에서 개발하여 사용자에게 익숙한 윈도우 형태를 그대로 사용 • 컴퓨터용 운영체제인 윈도우와 호환성이 탁월
노키아와 인텔의 미고	• 인텔이 개발한 리눅스 기반의 오픈소스 OS • 넷북용, 모바일용의 2가지 버전 사용
클라우드 OS	애플리케이션을 스마트폰에 직접 설치하지 않고 웹에서 바로 구동할 수 있는 OS
기타	삼성의 바다, LG전자의 웹OS 등

다양한 앱(Application Software)의 활용

종류	특징
앱스토어	스마트폰에 탑재할 수 있는 다양한 애플리케이션(응용 프로그램)을 판매하는 온라인상의 모바일 콘텐츠 장터
일정관리	• 등록된 일정을 친구에게 문자로 보내거나, 같은 앱을 사용하는 사용자끼리 알림, 사진 등의 일정을 공유 • 메모, 음성/영상 메모, 수신함, 일정, 기념일, 프로젝트, 검색 등의 기능으로 진행 상황을 알려주는 알림 서비스
앱북 (App Book, 전자책 뷰어)	• 스마트폰, 태블릿 PC, 개인용 컴퓨터 등 단말기에서 별도의 애플리케이션으로 실행되는 전자책으로, 소프트웨어적 성향이 강하여 애니메이션의 음성, 동영상, 3D 그래픽스 등을 통해 보고, 듣고 만질 수 있는 서비스를 제공하는 프로그램 • 유통 비용과 관리 비용을 절약하고 업데이트가 쉬움
지도	모바일 기기에서 GPS 기능을 이용하여 실시간 경로를 찾아주는 앱
홈&쇼핑	스마트폰으로 이동하면서 홈쇼핑 생방송을 시청하며 물건을 구매하는 앱
기타	게임, 주식, 외국어 공부, 영화감상 등 다양하게 활용

개념 체크 ✓

1 다음은 모바일 기기의 운영체제와 개발사를 연결한 것이다. 올바르지 <u>않게</u> 연결된 것은?
① 안드로이드-구글
② iOS-애플
③ 윈도우폰-마이크로소프트
④ **심비안-RIM**

2 다음은 무엇에 대한 설명인가?

> 스마트폰 제조회사가 자신의 스마트폰 운영체제를 공개함으로써 다른 기업체들로부터 많은 응용 프로그램 개발을 유도한 뒤, 이를 온라인상에서 함께 일반인에게 판매할 수 있도록 해주는 판매 시스템이다.

① **앱스토어**
② 일정관리
③ 전자책 뷰어
④ 홈&쇼핑

SECTION 21 전자 메일 관리하기

3과목 PC 기본상식

POINT 063 전자우편

전자우편 프로토콜 *

SMTP(Simple Mail Transfer Protocol)	사용자의 컴퓨터에서 작성한 메일을 다른 사람의 계정이 있는 곳으로 전송
POP3(Post Office Protocol)	메일 서버에 도착한 이메일을 사용자의 컴퓨터로 가져오는 메일 서버
MIME(Multipurpose Internet Mail Extensions)	웹 브라우저가 지원하지 않는 각종 멀티미디어 파일의 내용을 확인하고 실행시켜주는 프로토콜
IMAP(Internet Message Access Protocol)	POP와 달리 전자우편의 제목이나 보낸 사람만 보고 메일을 다운로드할 것인지 선택할 수 있는 프로토콜

POINT 064 메일 전송하기

메일 전송하기
- 전자우편은 머리부와 본문부로 구성된다.
- 전자우편 주소 형식은 '사용자ID@호스트메일서버주소' 이다.

머리부(헤더)	• 보내는 사람(From) : 보내는 사람의 전자우편 주소 • 받는 사람(To) : 받는 사람의 전자우편 주소 • 참조(Cc) : 받는 사람 외에 추가로 전자우편을 받을 사람의 전자우편 주소 • 숨은 참조(Bcc) : 받는 사람에게 표시되지 않고 함께 받을 참조자의 전자우편 주소 • 제목(Subject) : 메일의 제목 • 첨부(Attach) : 전자우편과 함께 첨부하여 보낼 문서, 그림, 동영상 등의 파일명
본문부(몸체)	• 본문 : 실제로 전달할 내용을 입력하는 곳 • 서명 : 보낸 사람의 서명이나 로고를 표시

- [주소록]을 선택하면 연락처에 등록된 목록에서 받는 사람이나 참조할 주소를 빠르게 선택할 수 있다. 받는 사람이 여러 명일 경우 구분은 세미콜론(;)으로 한다.
- [서명] 창에서 [서명 편집]을 한 후 메시지를 선택하면 본문 아래에 서명이 추가되어 전송된다.
- 메시지 창에서 받는 사람 메일 주소, 제목, 참조할 주소, 첨부 파일 등을 선택하고, 내용을 입력한 후 [보내기]를 선택한다.

기적의 TIP 전자우편(메일) 사용 예절
- 간결한 문서 작성을 위해 너무 많은 약어는 사용하지 않음
- 동일한 내용의 메일을 여러 번 중복하여 전송하지 않음
- 용량이 너무 커지지 않도록 체크
- 제목만 보고도 중요도와 내용을 알 수 있도록 작성
- 무분별하게 많은 계정으로 전송하지 않음

개념 체크 ✓

1 메일을 확인하려면, 인터넷 회사의 어떤 서버 주소를 알아야 하는가?
① SMTP 서버 주소
② **POP3 서버 주소**
③ SNMP 서버 주소
④ Web 서버 주소

2 다음 괄호 안에 들어갈 기능은?

> 수신자와 Cc수신자는 메일 본문에 그 정보가 노출되지만 (　　) 를 사용하면 메일이 정상적으로 전송되나 수신자나 Cc수신자는 (　　)수신자의 정보를 볼 수 없게 된다.

① Re
② Forward
③ Cc
④ **Bcc**

POINT 065 메일 관리하기

메일 수신하기
- 메일은 날짜, 보낸 이, 제목, 크기 별로 정렬하여 표시한다.
- 메일은 모든 메일, 안 읽은 메일, 읽은 메일, 중요 메일, 첨부 메일, 나에게 온 메일로 필터하여 표시할 수 있다.
- 메일은 송수신 항목에 따라 전체메일, 받은메일함, 보낸메일함, 임시보관함, 내게쓴메일함, 스팸메일함, 휴지통 등에 나눠서 보관한다.
- [전체메일] : 받은 메일로 읽은 메일과 읽지 않은 메일을 모두 표시한다.

- [받은메일함] : 전송받은 메일을 확인한다.
- [보낸메일함] : 메일을 보내기하면 보낸메일함에서 목록이 표시된다.
- [내게쓴메일함] : 자신의 계정으로 보낸 메일을 보관한다.
- [임시보관함] : 메일을 쓰고 보내지지 않으면 임시보관함에 보관된다.
- [스팸메일함] : 스팸 설정으로 걸러진 메일을 스팸 메일 또는 정크 메일이라고 하는데 스팸메일함에 보관된다.
- [휴지통] : 받은 메일 중 불필요하여 삭제한 메일이 보관되는 곳으로 휴지통을 비우기하면 모두 지워진다.
- 스팸 키워드 설정에 따라 대출, 광고, 홍보, 은행 계좌 번호와 암호 등의 개인정보를 드러내도록 사용자를 유인하는 사기 수법인 피싱 메일도 스팸 메일에 들어간다.

> **기적의 TIP** 스팸 메일/OPT-in 메일
> - 스팸 메일(Spam Mail) : 불특정 다수에게 원하지 않은 메일을 대량으로 보내는 광고성 메일로 정크 메일(Junk Mail) 또는 벌크 메일(Bulk Mail)이라고도 함
> - OPT-in 메일 : 광고성 이메일을 받기로 사전에 약속한 사람에게만 보내는 메일

▶ 전자우편의 주요 기능*

기능	의미
회신 (Reply)	받은 메일에 대하여 답장을 작성하여 발송자에게 다시 전송하는 기능
전체회신 (Reply All)	받은 메일에 대하여 참조인 모두에게 답장을 전송하는 기능
전달 (Forward)	받은 메일을 다른 사람에게 알려주고 싶을 때 받은 메일을 그대로 다시 보내는 기능
첨부	문서, 이미지, 동영상 등의 파일을 메일에 첨부하는 기능
참조	받는 사람 이외에 추가로 메일을 받을 사람을 지정하는 기능
서명	메시지를 보낸 사람의 신원을 증명하기 위해 메시지 끝에 붙이는 표식으로 이름, 직위, 회사 이름, 주소 등을 표시
주소록	주소록 대화상자를 표시하여 주소록 등록 및 내용 등을 편집

> **기적의 TIP** 개인정보의 유형 및 종류
> - 일반적 정보 : 이름, 주민등록번호, 주소, 전화번호, 출생지, 혈액형, 성별 등
> - 신체적 정보 : 얼굴, 지문, 홍채, 음성, 건강상태, 진료기록, 장애등급 등
> - 정신적 정보 : 종교, 노조가입 여부, 인터넷 웹 사이트 검색 내역, 소비 성향 등
> - 사회적 정보 : 학력, 성적, 상벌기록, 생활기록부, 범죄기록, 직무평가기록 등
> - 재산 정보 : 소득내역, 신용카드 정보, 통장계좌번호, 비밀번호 등
> - 위치 정보 : IP 주소, GPS를 이용한 개인위치 등
> - 병역 정보 : 병역 여부, 군번, 계급, 근무부대 등
> - 통신 정보 : 통화 내역, 인터넷 웹 사이트 접속 로그파일, 이메일, 문자 메시지 등

> **기적의 TIP** OECD 권고에 따른 개인정보 보호의 8개 주요 원칙
> - 수집제한의 원칙
> - 정보정확성의 원칙
> - 목적명확화의 원칙
> - 안전보호의 원칙
> - 개인참가의 원칙
> - 이용제한의 원칙
> - 공개의 원칙
> - 책임의 원칙

개념 체크 ✓

1 다음 중 메일 관리에 대한 설명으로 옳지 않은 것은?
① 제목에 특정 단어가 들어 있는 메일에 대해서만 자동으로 회신하게 설정할 수 있다.
② 특정인으로부터 수신된 메일을 원하는 폴더로 바로 이동될 수 있도록 설정할 수 있다.
③ 제목에 특정 단어가 들어간 메일을 [정크 메일] 폴더에 보관될 수 있도록 설정할 수 있다.
④ 특정인으로부터 메일을 받으면 소리가 나게 설정할 수 있다.

2 다음 중 전자우편의 기능에 대한 설명으로 옳지 않은 것은?
① 전달 : 다른 사람에게 알려주고 싶은 경우 받은 메일을 그대로 다른 사람에게 보내는 기능이다.
② 회신 : 받은 메일에 대하여 답장을 하되, 발송자는 물론 참조인 모두에게 전송하는 기능이다.
③ 첨부 : 문서, 이미지, 동영상 등의 파일을 전자우편에 첨부하여 보내는 기능이다.
④ 서명 : 메시지를 보낸 사람의 신원을 증명하기 위해 메시지 끝에 붙이는 표식으로 이름, 직위, 회사 이름, 주소 등을 표시한다.

자주 출제되는 기출문제 110선

CONTENTS

1과목 워드프로세싱 용어 및 기능 110p
2과목 PC 운영체제 119p
3과목 PC 기본상식 134p

자주 출제되는 기출문제 110선

1과목 워드프로세싱 용어 및 기능

001 워드프로세서의 구성

- 입력 장치 : 키보드, 마우스, 스캐너, 디지털 카메라, OMR(광학 마크 판독기), OCR(광학 문자 판독기), BCR(바코드 판독기), 터치 패드 등
- 표시 장치 : CRT, LCD, PDP 등
- 출력 장치 : 프린터, 플로터, COM(마이크로필름장치) 등
- 저장 장치 : 하드 디스크, 플로피 디스크, USB 메모리 등

22년 상시, 15년 2회, 11년 3회, 09년 2회, 06년 2회
1 다음 중 워드프로세서의 기능을 수행하는 장치에 대한 설명으로 옳지 않은 것은?
① 입력 장치에는 스캐너, 터치 패드 등이 있다.
② 표시 장치에는 LCD, CRT 등이 있다.
③ **전송 장치에는 프린터 등이 있다.**
④ 저장 장치에는 하드 디스크, 플로피 디스크 등이 있다.

24년 상시, 12년 3회, 10년 2회, 09년 3회
2 다음 중 워드프로세서의 기능을 수행하는 장치에 대한 설명으로 옳지 않은 것은?
① 입력 장치에는 스캐너, 마우스, 바코드 판독기 등이 있다.
② 표시 장치에는 LCD, LED, PDP 등이 있다.
③ 출력 장치에는 플로터, 프린터, COM 등이 있다.
④ **저장 장치에는 하드 디스크, 디지타이저, 터치 패드 등이 있다.**

> 기적의 TIP 입력 · 표시 · 출력 · 저장 장치에 속하는 장치를 묻는 문제가 자주 출제되므로 분류하여 기억해 두세요.

002 인쇄 관련 단위

- CPS(Characters Per Second) : 1초에 인쇄할 수 있는 문자 수(인쇄 속도 단위)
- DPI(Dots Per Inch) : 1인치에 인쇄되는 점의 수(인쇄 품질 단위)
- PPM(Pages Per Minute) : 1분에 인쇄할 수 있는 페이지 수(인쇄 속도 단위)
- LPM(Lines Per Minute) : 1분에 인쇄할 수 있는 줄 수(인쇄 속도 단위)

09년 4회, 06년 2회, 04년 1회
3 다음의 단위 중 프린터와 관계가 없는 것은?
① **TPI(Tracks Per Inch)**
② CPS(Characters Per Second)
③ DPI(Dots Per Inch)
④ PPM(Pages Per Minute)

> 오답 피하기
TPI는 1인치에 들어가는 트랙의 수를 의미하는 트랙 밀도 단위이다.

06년 3회, 05년 3회
4 다음 중 각 단위에 대한 설명으로 옳지 않은 것은?
① **DPI : 인쇄 속도 단위로 인치당 인쇄되는 점의 크기를 의미한다.**
② LPM : 라인 프린터의 인쇄 속도 단위로 분당 인쇄할 수 있는 줄 수를 의미한다.
③ PPM : 페이지 프린터의 인쇄 속도 단위로 분당 인쇄되는 페이지 수를 의미한다.
④ 피치(Pitch) : 인쇄할 문자와 문자 사이의 간격을 나타내는 단위로 1인치에 인쇄되는 문자 수를 의미한다.

> 기적의 TIP 인쇄 장치와 관련되는 용어를 속도 단위, 품질 단위로 분류하여 잘 알아두세요.

003 사내문서의 구성

- 수신자와 발신자는 직위명을 사용해도 됨
- 문서 번호는 다른 문서와 구별되는 표시가 되며 문서의 왼쪽 상단에 표시함
- 발신 연월일은 문서 상단 오른쪽에 쓰고 마지막 글자를 오른쪽에 맞추어 정렬함. 연, 월, 일을 생략할 경우 마침표(.)를 찍어서 대신함
- 수신자명은 문서를 받아볼 상대방으로 직명과 성명만 기입함
- 발신자명은 그 문서 내용에 책임을 지는 발신자의 성명을 기재함
- 문서의 아래에 담당자명을 기록함
- 발신인은 일반적으로 그 문서의 내용을 실제로 처리한 담당자를 입력함

신유형

5 다음은 사내문서 형식에 대해 기술한 것이다. 이 중에서 바르지 않은 것은?

① 발신일자는 용지의 오른쪽 윗부분에 기록하도록 되어 있다.
② 수신자명은 직명과 성명만을 쓰는 것이 좋다.
③ 문서내용에 따라서 맨 끝에 담당자명을 쓰는 것이 좋다.
④ 발신자명은 직명과 개인명 모두 써야 한다.

신유형

6 사내문서를 작성하는 방법으로 적당한 것은?

① 하위자가 상위자에게 보내는 문서에는 전문을 집어넣는 것이 일반적이다.
② 발신일자는 월일만 적고 연도는 적지 않는 것이 일반적이다.
③ 발신자명에는 직명을 쓰지만, 수신자명에는 쓰지 않는 것이 일반적이다.
④ 내용은 간결하게 쓰는 것이 좋고 문체는 '~한다'라는 투가 일반적이다.

> **기적의 TIP** 사내문서 형식과 구성 내용이 출제됩니다. 문서의 구성 내용을 알아두세요.

004 문단 모양

- 왼쪽 여백, 들여쓰기, 오른쪽 여백을 모두 합친 크기가 가장 큰 것이 첫 행의 길이가 가장 짧음
- 들여쓰기가 적용된 문단 첫 행의 길이 : 들여쓰기는 문단의 첫 번째 행에 적용되기 때문에 문단의 첫 행 길이에 영향을 줌. 따라서 들여쓰기가 적용된 전체 여백은 왼쪽 여백, 들여쓰기, 오른쪽 여백을 모두 합해야 함
- 내어쓰기가 적용된 문단 첫 행의 길이 : 내어쓰기는 문단의 두 번째 행에 적용되기 때문에 문단의 첫 행 길이에 영향을 주지 않음. 따라서 내어쓰기가 적용된 전체 여백은 왼쪽 여백, 오른쪽 여백을 합한 것임

07년 4회, 06년 4회, 05년 4회/2회, 04년 1회, 03년 2회

7 다음 중 같은 크기의 편집 용지에 문단 모양을 다음과 같이 적용했을 때 문단 첫 행의 길이가 가장 짧아지는 것은 어느 것인가?

① 왼쪽 여백 5, 내어쓰기 4, 오른쪽 여백 4
② 왼쪽 여백 6, 들여쓰기 2, 오른쪽 여백 0
③ 왼쪽 여백 4, 내어쓰기 2, 오른쪽 여백 2
④ 왼쪽 여백 4, 들여쓰기 2, 오른쪽 여백 4

오답 피하기

① 5+4=9, ② 6+2+0=8, ③ 4+2=6, ④ 4+2+4=10으로 모두 합친 크기가 가장 큰 ④의 문단 첫 행의 길이가 가장 짧다.

> **기적의 TIP** 문단 첫 행 길이에 대해 묻는 문제는 매번 같은 유형으로 출제됩니다. 따라서 의미를 정확하게 이해하면 쉽게 문제를 풀 수 있습니다.

005 번호식 문서정리 방법

[장점]
- 장기간에 걸쳐 사용되는 경우에 이용되고, 명칭보다 번호를 기준으로 하는 업무에 사용됨 예 특정사건 or 계약
- 빠른 속도로 보관 대상 문서가 늘어나는 경우에 사용되며 기밀을 유지할 수 있음
- 문서가 일련번호로 정리되기 때문에 찾기가 쉬움

[단점]
- 인건비, 비용이 많이 듦

신유형

8 번호식 문서정리 방법(Numeric Filing System)의 설명으로 옳은 것은?

① 번호식 문서정리 방법은 주제별 정리 시에도 공통적으로 이용되며, 모든 문서 배역에 기초를 형성한다.
② 번호식 문서정리 방법은 직접적인 정리와 참조가 가능하며 색인이 필요 없다.
③ 명칭 특히 조직명의 표시 방법에 관련하여 문서가 분산되기 쉽다.
④ 번호식 문서정리 방법은 문서를 구별하거나 부를 때에 번호를 사용할 수 있어 기밀을 유지하는 데 유용하다.

신유형

9 다음 중 숫자식 문서정리 방법의 특징에 대한 설명으로 옳지 않은 것은?

① 폴더의 무한정 확장이 가능하다.
② 배정된 숫자로 폴더를 정리하는 직접 정리 방법을 사용한다.
③ 숫자가 명칭(이름)을 대신하므로 정보 보안 유지에 탁월하다.
④ 동일한 숫자가 한 번만 배정되어 정확한 분류가 가능하다.

🚩 **기적의 TIP** 문서를 분류하여 정리하는 다양한 방법이 출제됩니다. 각 방법과 특징을 알아두세요.

006 파일링 시스템

- 모든 문서를 분류·정리하는 문제와 분류·정리된 문서의 보존 기간을 설정하는 것
- 파일링의 목적 : 필요할 때에 정보를 제공하고 효율적으로 제공하기 위한 것
- 문서의 순환 과정 : 문서 작성 → 인쇄 → 보관 → 활용 → 보존 → 선별 → 폐기

22년 상시, 21년 상시, 16년 1회

10 다음은 파일링(Filling System)의 목적이 아닌 것은?

① 파일링의 목적은 문서·기록의 보관, 활용, 시간 절약이다.
② 파일링은 정보처리활동을 관리하고 각종 정보를 효율적으로 보관하기 위한 것이다.
③ 파일링 시스템은 필요한 문서를 필요한 시기에 곧바로 꺼내 볼 수 있도록 문서를 체계적으로 정리·보관하는 것이다.
④ 파일링은 업무의 효율화를 위해 다양한 형태의 문서와 자료를 일관성있게 전자적으로 통합 관리하는 것이다.

신유형

11 다음 중 문서의 순환 과정을 가장 올바르게 나타낸 것은?

① 문서 작성→인쇄→보존→보관→선별→활용→폐기
② 문서 작성→인쇄→보존→활용→보관→선별→폐기
③ 문서 작성→인쇄→보관→보존→활용→선별→폐기
④ 문서 작성→인쇄→보관→활용→보존→선별→폐기

🚩 **기적의 TIP** 문서를 파일링하는 목적과 절차를 알아두세요.

007 유니코드(KS X 1005-1)

- 유니코드는 모든 문자를 2바이트로 처리
- 문자를 2바이트로 처리하므로 기억 공간을 많이 차지
- 완성형 한글 코드와 조합형 한글 코드의 장점을 모두 가지므로 정보 교환 시 충돌이 없음
- 외국 소프트웨어의 한글화가 쉽고, 한글을 모두 가나다 순으로 정렬
- 완성형과 조합형을 동시에 사용할 수 있고 전 세계 모든 문자를 표현할 수 있음

21년 상시, 16년 2회, 08년 3회, 07년 4회, 06년 4회, 04년 3회, 03년 4회/1회

12 다음 중 유니코드(KS X 1005-1)에 대한 설명으로 옳은 것은?

① 영문과 공백은 1바이트, 한글과 한자는 2바이트로 처리한다.
② '必勝 KOREA'라는 말을 입력할 경우 최소 16바이트의 기억 공간이 필요하다.
③ 정보 교환 시 제어 문자와 충돌이 발생할 가능성이 크다.
④ 조합형 한글 코드에 비해 적은 기억 공간을 사용한다.

23년 상시, 22년 상시, 10년 2회

13 다음 중 유니코드(KS X 1005-1)에 대한 설명으로 옳지 않은 것은?

① 한글, 한자, 영문, 공백 등의 문자를 2Byte로 표현한다.
② 외국 소프트웨어의 한글화가 쉽고 전 세계 모든 문자를 표현할 수 있다.
③ 정보 교환 시 제어 문자와 충돌이 발생할 가능성이 커 주로 정보 처리용으로 사용된다.
④ 완성형 한글 코드에 비해 많은 기억 공간을 사용한다.

> **기적의 TIP** 유니코드는 완성형 한글 코드와 조합형 한글 코드의 장점을 결합하여 만든 코드이므로 완성형 한글 코드와 조합형 한글 코드의 특징을 이해하면 유니코드의 특징도 쉽게 이해할 수 있어요.

008 표시 기능

- 포인트 : 인쇄에서 활자의 크기를 나타내는 단위(1포인트 = 1/72인치 = 0.351mm)
- 장평 : 글자의 세로 크기는 그대로 유지하면서 글자의 가로 폭을 줄이거나 늘려서 글자의 모양에 변화를 줌
- 줄 간격 : 윗줄과 아랫줄의 간격으로 그 문단에서 가장 큰 글씨의 높이에 비례하여 줄 간격이 설정되는 '비례 줄 간격'을 디폴트로 제공
- 자간 : 문자와 문자 사이의 간격을 의미

16년 2회, 09년 1회, 07년 2회, 06년 3회/2회, 05년 1회, 04년 1회

14 다음 중 워드프로세서의 표시 기능에 대한 설명으로 옳지 않은 것은?

① 포인트는 문자의 크기 단위로 1포인트는 보통 0.351mm이다.
② 장평이란 문자의 가로 크기에 대한 세로 크기의 비율을 말한다.
③ 줄(행) 간격이란 윗줄과 아랫줄의 간격으로 단위는 줄에서 크기가 가장 큰 글자를 기준으로 간격을 조정하는 비례 줄 간격 방식을 디폴트로 제공한다.
④ 자간이란 문자와 문자 사이의 간격을 의미한다.

06년 1회, 05년 3회

15 다음은 워드프로세서에서 '장평'에 대한 설명이다. 옳지 않은 것은?

① 글자의 세로 크기는 그대로 유지한다.
② 글꼴은 그대로 유지한다.
③ 글자의 가로 폭을 늘리거나 줄인다.
④ 글자의 세로 폭을 늘리거나 줄인다.

> **기적의 TIP** 장평은 세로 크기는 그대로 유지되고 가로 크기만을 변형한 기능이라는 점 꼭 기억해 두세요.

009 영역(블록) 지정

- 단어 : 해당 단어에서 마우스로 두 번 클릭
- 행(줄) : 화면의 왼쪽 끝에서 마우스 포인터 모양이 바뀌면 한 번 클릭
- 문단 : 화면의 왼쪽 끝에서 마우스 포인터 모양이 바뀌면 두 번 클릭
- 문서 : 화면의 왼쪽 끝에서 마우스 포인터 모양이 바뀌면 세 번 클릭

22년 상시, 08년 2회, 06년 2회, 04년 4회/2회, 03년 4회

16 다음 중 마우스로 영역(블록)을 지정하는 방법으로 옳지 <u>않은</u> 것은?

① **한 단어 영역 지정 : 해당 단어 앞에서 마우스 포인터를 놓고 세 번 클릭한다.**
② 한 줄 영역 지정 : 해당 줄의 왼쪽 끝으로 마우스 포인터를 이동하여 포인터가 화살표로 바뀌면 클릭한다.
③ 문단 전체 영역 지정 : 해당 문단의 왼쪽 끝으로 마우스 포인터를 이동하여 포인터가 화살표로 바뀌면 두 번 클릭한다.
④ 문서 전체 영역 지정 : 문단의 왼쪽 끝으로 마우스 포인터를 이동하여 포인터가 화살표로 바뀌면 세 번 클릭한다.

📌 **기적의 TIP** 마우스로 영역을 지정하는 방법은 직접 실행해 보면서 기능을 익히면 기억하기 쉽습니다.

010 조판 기능

- 본문과 상관없이 각 페이지 위쪽에 고정적으로 들어가는 글을 머리말, 아래쪽에 고정적으로 들어가는 글을 꼬리말이라 함
- 문서의 내용을 설명하거나 인용한 원문의 제목을 알려주는 보충 구절로 각주는 해당 페이지 하단에 표기하고, 미주는 문서의 맨 마지막에 모아서 표기
- 각주의 길이는 본문의 크기에 영향을 줌
- 머리말과 꼬리말은 홀수쪽, 짝수쪽, 양쪽에 다르게 지정할 수 있음
- 머리말과 꼬리말에 페이지 번호, 장 제목 등이 들어감

08년 3회, 07년 2회, 05년 4회/2회, 04년 4회

17 다음 중 조판 기능에 대한 설명으로 옳지 않은 것은?

① 머리말은 문서의 각 페이지 위쪽에 고정적으로 들어가는 글이다.
② 각주는 특정 문장이나 단어에 대한 보충 설명들을 해당 페이지의 하단에 표시한다.
③ 미주는 문서에 나오는 문구에 대한 보충 설명들을 문서의 맨 마지막에 모아서 표기한다.
④ **꼬리말은 문서의 모든 쪽에 항상 동일하게 지정해야 한다.**

10년 1회, 08년 4회/2회, 06년 4회, 03년 4회

18 다음 그림에서 음영 처리된 영역의 명칭으로 알맞은 것은?

	위쪽 여백	
왼쪽 여백		오른쪽 여백
	▓▓▓	
	아래 여백	

① 제본
② **꼬리말**
③ 머리말
④ 미주

📌 **기적의 TIP** 머리말, 꼬리말, 각주, 미주 등의 조판 기능을 묻는 문제들이 자주 출제되므로 의미와 특징을 잘 구분해서 알아두세요.

011 용지

- 낱장 용지의 규격은 전지의 종류와 전지를 분할한 횟수를 사용하여 표시하고, A판과 B판으로 나누며 가로 : 세로의 비는 $1 : \sqrt{2}$
- A판과 B판 모두 번호가 작을수록 면적이 큼
- 같은 번호일 경우에는 B판이 더 큼
- A4 용지의 규격은 210mm×297mm
- 연속 용지는 한 행에 출력되는 문자 수에 따라 80자, 132자 용지가 있음
- 공문서의 용지 크기는 특별한 사유가 있는 경우를 제외하고는 A4(210mm×297mm)로 함

16년 1회, 08년 2회, 07년 2회, 05년 2회

19 다음 중 낱장 용지의 설명으로 옳지 않은 것은?

① 용지의 크기에 따라 A계열과 B계열로 나누어진다.
② **A4가 A5보다 작다.**
③ A3보다 B3가 크다.
④ A4 용지의 규격은 210mm×297mm이다.

16년 1회, 15년 1회, 14년 3회/2회/1회, 13년 3회, 08년 1회, 06년 1회, …

20 다음 중 인쇄 용지에 대한 설명으로 옳은 것은?

① 낱장 용지의 가로 : 세로의 비율은 모두 $\sqrt{2} : \sqrt{3}$의 비율이다.
② 공문서의 표준 규격은 B4(257mm×364mm)이다.
③ 연속 용지는 한 행에 인쇄할 수 있는 문자의 수에 따라 A판과 B판 용지로 구분된다.
④ **낱장 용지의 규격은 전지의 종류와 전지를 분할한 횟수를 사용하여 표시한다.**

📌 **기적의 TIP** 낱장 용지는 A판보다는 B판이, 같은 계열에서는 숫자가 작을수록 용지의 크기가 크다는 점 꼭 기억하세요. 편집 용지는 [쪽] 메뉴의 [편집 용지] 또는 F7을 눌러 나오는 [편집 용지] 창에서 용지의 종류를 선택한 후 [설정]할 수 있습니다.

012 교정부호

- ⌒ : 자리 바꾸기
- ⌒ : 줄 잇기
- ♂ : 수정
- ㄷ : 들여쓰기
- ∨ : 사이 띄우기
- ⌐ : 줄 바꾸기

25년 상시, 24년 상시, 23년 상시, 22년 상시, 21년 상시, 16년 2회, …

21 〈보기 1〉의 문장이 〈보기 2〉의 문장으로 수정되기 위해 필요한 교정부호들로만 올바르게 짝지어진 것은?

〈보기 1〉

아름다운 조국의 강산을 우리 모두의 힘으로 가구어나가자.

〈보기 2〉

조국의 아름다운 강산을 우리 모두의 힘으로 가꾸어 나가자.

① ∨, ⌒, ⌒
② ㄷ, ⌒, ⌐
③ **⌒, ♂, ∨**
④ ⌒, ∨, ㄷ

오답 피하기

아름다운 조국의 강산을 우리 모두의 힘으로 가구어나가자.

📌 **기적의 TIP** 교정부호 관련 문제는 2문제 정도 매회 출제되며, 특히 수정된 문장에 사용된 교정부호를 찾는 문제들이 자주 출제됩니다. 각 교정부호의 의미를 정확하게 알아두세요.

013 전자결재시스템의 특징

- 표준화 : 문서 작성과 유통을 표준시켜 일반 사용자가 간편하게 작성할 수 있음
- 실명성 : 문서에 작성자의 이름이 자동으로 삽입되어 실명제를 실현함
- 투명성 : 실명제를 통해 문서 유통의 투명성을 높여줌
- 단순화 : 문서 양식을 단순화시키고 사무 처리의 신중성을 제고함

18년 1회, 17년 3회/1회, 15년 1회

22 다음 중 전자결재시스템의 특징에 대한 설명으로 가장 적절하지 못한 것은?

① 문서 유통의 투명성
② 문서 작성의 실명제
③ 문서 양식의 단순화
④ 문서 작성과 유통의 대량화

15년 1회

23 전자결재시스템은 전산망을 이용하여 문서의 승인이나 신고 등 업무를 처리하는 시스템으로, 결재에 필요한 시간을 최소화하고 정보관리의 효율성을 증대시킬 수 있다. 다음 중 전자결재시스템에 관한 설명으로 가장 적절하지 않은 것은?

① 문서 양식을 단순화시킨다.
② 문서 작성과 유통을 표준화시킨다.
③ 사용자 편의 중심의 시스템이다.
④ 문서 작성자의 익명성을 보장해준다.

기적의 TIP 전자문서와 전자결재시스템의 특징이 출제되므로 익혀 두세요.

014 문서 분량 관련 교정부호

- 문서 분량이 증가할 수 있는 교정부호 : >, ∨, ⌣, ⌐, ⌐⌐
- 문서 분량이 감소할 수 있는 교정부호 : ✄, 𝆏, ⌢, ⌐, ⌒
- 분량과 관계없는 교정부호 : ∽, ✡, ⌒

25년 상시, 24년 상시, 23년 상시, 22년 상시, 13년 3회, 08년 3회, 06년 2회, …

24 다음 중 문서의 분량이 증가할 가능성이 있는 교정부호들로만 올바르게 짝지어진 것은?

① ✄, ⌣, ⌐
② ✄, ⌣, ∽
③ ∽, ⌢, ✡
④ ✡, ∨, ∽

21년 상시, 15년 2회, 14년 1회, 08년 4회

25 다음 중 문서의 분량이 증가되는 교정부호로만 묶여진 것은?

① ⌐, ∨, >
② ✄, ⌐, ∨
③ ∽, ⌢, ✡
④ ⌐, ∨, 𝆏

기적의 TIP 문서의 분량이 증가되는 교정부호, 감소되는 교정부호, 변동이 없는 교정부호로 분류해서 반드시 기억해 두세요.

015 상반되는 교정부호

- ∨(사이 띄우기) ↔ ⌢(붙이기)
- ⌣(삽입) ↔ ✄(삭제)
- ⌐(줄 바꾸기) ↔ 𝆏(줄 잇기)
- ⌐⌐(들여쓰기) ↔ ⌐(내어쓰기)
- ⌐⌐(끌어 내리기) ↔ ⌐⌐(끌어 올리기)

23년 상시, 22년 상시, 14년 2회, 09년 4회/1회, 07년 2회, 04년 4회/2회

26 다음 중 서로 상반되는 의미를 지닌 교정부호로 짝지어진 것은?

① ⌐, 𝆏
② ⌐⌐, 𝆏
③ >, ∨
④ ⌐, 𝆏

25년 상시, 24년 상시, 21년 상시, 16년 2회, 09회 3회, 07년 1회, 04년 2회

27 다음 중에서 서로 상반되는 의미를 갖는 교정부호로 짝지어지지 않은 것은?

① ⌢, ∨
② ⌐⌐, ⌐⌐
③ ∽, ✄
④ ✡, ⌐

기적의 TIP 상반되는 교정부호를 찾는 문제들은 자주 출제되는 유형입니다. 빠뜨리지 말고 상반되는 교정부호를 모두 기억해 두세요.

016 전자출판 용어

- 리터칭 : 기존의 이미지를 다른 형태로 새롭게 변형시키는 작업
- 오버프린트 : 문자 위에 겹쳐서 문자를 중복 인쇄하는 작업이나 배경색이 인쇄된 후 다시 인쇄하는 방법
- 필터링 : 작성된 이미지를 필터 기능을 이용하여 여러 가지 형태의 새로운 이미지로 탈바꿈해 주는 기능
- 클립아트 : 작업 문서에 자주 사용되는 다양한 그림을 모아둔 그림 모음집
- 스프레드 : 대상체의 컬러가 배경색의 컬러보다 옅을 때 배경색에 가려 대상체가 보이지 않는 현상
- 리딩 : 인쇄에서 한 행의 하단에서 다음 행의 상단 사이의 간격
- 커닝 : 자간의 미세 조정으로 특정 문자들의 간격 조정
- 디더링 : 제한된 색상을 조합 또는 비율을 변화하여 새로운 색을 만드는 작업

16년 1회, 14년 2회, 12년 1회, 09년 4회, 08년 1회, 07년 4회/1회, 03년 3회, …

28 다음 중 전자출판에 사용되는 용어에 관한 설명으로 옳지 않은 것은?

① 리터칭(Retouching) : 기존의 그림을 다른 형태로 새롭게 변형, 수정하는 작업을 의미한다.
② 오버프린트(Overprint) : 대상체의 컬러가 배경색의 컬러보다 옅을 때에 발생하는 현상이다.
③ 필터링(Filtering) : 작성된 그림을 필터 기능을 이용하여 여러 가지 형태의 새로운 이미지로 탈바꿈시켜 주는 기능이다.
④ 클립아트(Clip Art) : 작업 문서에 자주 사용되는 다양한 그림을 모아 둔 작은 그림의 모음집이다.

24년 상시, 22년 상시, 15년 2회/1회, 14년 3회, 10년 2회, 09년 2회/1회, …

29 다음 중 전자출판(Electronic Publishing) 용어에 대한 설명으로 옳지 않은 것은?

① 디더링(Dithering) : 제한된 색상을 조합 또는 비율을 변화하여 새로운 색을 만드는 작업
② 리딩(Leading) : 자간의 미세 조정으로 특정 문자들의 간격을 조정
③ 스프레드(Spread) : 대상체의 컬러가 배경색의 컬러보다 옅어서 대상체가 보이지 않는 현상
④ 리터칭(Retouching) : 기존의 이미지를 다른 형태로 새롭게 변형시키는 작업

기적의 TIP 전자출판 용어에 대한 설명으로 옳지 않은 것을 묻는 문제가 출제됩니다. 자주 출제되는 전자출판 용어는 꼭 암기해 두세요.

017 전자출판 특징

[장점]
- 출판 내용에 대한 추가 및 수정이 신속하고 용이
- 출판물의 제공뿐만 아니라 부가 정보 및 서비스가 가능
- 출판물 제공자와 수용자 간의 상호 대화가 가능한 양방향 매체
- 출판물 내용에 대하여 수용자가 원하는 부분만 전송 가능
- 다수의 사용자가 동시에 같은 내용에 접근하여 이용 가능
- 출판 과정의 개인화가 가능
- 출판과 보관에 필요한 비용 감소

[단점]
- 컴퓨터와 소프트웨어의 사용법 숙지 필요
- 컴퓨터에 전원이 공급되어야 출판물 내용 확인 가능
- 출판물의 전체 내용 비교·분석의 어려움
- 저장 매체의 일부 손상 시 전체 자료를 보지 못함

23년 상시, 22년 상시, 21년 상시, 20년 7월

30 다음 중 전자출판의 특징으로 옳지 않은 것은?

① 저장 매체의 일부가 손상되어도 전체 자료를 볼 수 있다.
② 문자나 소리, 그림, 동영상 등의 멀티미디어 요소의 복합적인 표현이 가능하다.
③ CD-ROM 등을 저장 매체로 이용하여 보관 공간을 줄이고 영구적인 보관이 가능하다.
④ 컴퓨터 통신망을 이용하여 다수의 사용자가 동시에 자료의 사용이 가능하다.

23년 상시, 22년 상시, 21년 상시

31 다음 중 전자 통신 출판의 특징이 아닌 것은?

① 출판 내용에 대해 추가, 수정이 신속하고 쉽다.
② 출판물에 대해 사용자가 원하는 내용만 전송받을 수 있다.
③ 고품격 출판물을 고품질의 활자식 프린터를 통해 얻을 수 있다.
④ 출판물뿐만 아니라 부가 정보 및 서비스가 가능하다.

기적의 TIP 전자출판에는 다양한 기능이 있습니다. 기능과 더불어 종이 출판과 다른 전자출판만의 특징이 출제되므로 기억해 두세요.

018 공문서의 업무 편람

- 행정 편람 : 업무 처리 절차와 기준, 장비 운용 방법, 그 밖의 일상적 근무 규칙 등에 관하여 각 업무 담당자에게 필요한 지침, 기준 또는 지식을 제공하는 업무 지도서 또는 업무 참고서
- 직무 편람 : 단위 업무에 대한 업무 계획, 업무 현황 및 그 밖의 참고자료 등을 체계적으로 정리한 업무 자료철 등

25년 상시, 24년 상시, 16년 1회, 14년 3회, 10년 1회, 07년 2회, 04년 2회, …

32 다음 중 부서별 소관 업무에 대한 업무 계획, 관리 업무 현황, 기타 참고자료 등을 체계적으로 정리하여 활용하는 업무 현황철 또는 업무 참고철을 무엇이라고 하는가?

① 직무 편람
② 기구 편람
③ 행정 편람
④ 업무배분 편람

06년 3회

33 다음 중 공문서의 업무 편람에 관한 설명으로 옳지 않은 것은?

① 업무 편람은 행정 편람, 직무 편람, 직무 명세서로 구분한다.
② 행정 편람은 사무 처리 절차 및 기준, 장비 운용 방법, 기타 일상적 근무 규칙 등에 관하여 각 업무 담당자에게 필요한 지침, 기준 또는 지식을 제공하는 업무 지도서 또는 업무 참고서를 말한다.
③ 직무 편람은 부서별로 작성한다.
④ 처리과의 장은 정기 또는 수시로 직무 편람의 내용을 점검하여야 한다.

🚩 **기적의 TIP** 업무 편람은 직무 편람과 행정 편람으로 분류되며 각각의 기능을 정확히 알아두어야 합니다.

019 문서의 효력 발생 시기

- 일반 문서 : 수신자에게 도달되면 효력이 발생(도달주의)
- 전자문서 : 수신자의 컴퓨터 파일에 기록되면 효력이 발생
- 공고 문서 : 고시 또는 공고가 있은 후 5일이 경과한 날로부터 효력이 발생
- 법규 문서 : 공포 후 20일이 지난 날로부터 효력이 발생

25년 상시, 22년 상시, 21년 상시, 16년 2회, 14년 2회, 09년 3회, 08년 3회, …

34 다음 중 문서의 효력 발생 시기에 관한 설명으로 옳지 않은 것은?

① 일반 문서인 경우에는 수신자에게 도달된 때 효력이 발생한다.
② 공고 문서인 경우에는 고시 또는 공고가 있은 후 5일이 경과한 날로부터 효력이 발생한다.
③ 전자문서인 경우에는 작성자의 컴퓨터 파일에 기록된 때로부터 효력이 발생한다.
④ 법규 문서인 경우에는 공포 후 20일이 지난 날로부터 효력이 발생한다.

21년 상시, 04년 1회, 03년 1회

35 다음 중에서 전자문서의 효력 발생 시기는?

① 수신자의 컴퓨터에 파일로 기록된 때
② 수신자가 내용을 확인한 순간부터
③ 수신자에게 발신한 날로부터 5일 후
④ 수신자가 내용의 요지를 이해한 순간부터

🚩 **기적의 TIP** 각 문서의 효력 발생 시기는 옳지 않은 보기로 자주 출제됩니다. 문서를 구분하여 효력 발생 시기를 꼭 기억해 두세요.

020 공문서의 항목 구분

1., 2., 3., 4. … → 가., 나., 다., 라. … → 1), 2), 3), 4) … → 가), 나), 다), 라) … → (1), (2), (3), (4) … → (가), (나), (다), (라) … → ①, ②, ③, ④ … → ㉮, ㉯, ㉰, ㉱ …

24년 상시, 21년 상시, 14년 1회, 08년 4회, 05년 2회, 04년 4회

36 다음 중 문서 작성 시 내용을 여러 가지 항목으로 구분할 때 넷째 항목의 구분 방법은?

① ㉮, ㉯, ㉰ …
② 가, 나, 다 …
③ (가), (나), (다) …
④ 가), 나), 다) …

09년 4회, 07년 2회

37 다음 중 공문서의 본문 작성 시 다섯 번째 항목에 해당되는 번호 형태는?

① 1., 2., 3. …
② ①, ②, ③ …
③ (1), (2), (3) …
④ 1), 2), 3) …

🚩 **기적의 TIP** 공문서의 항목을 구분하는 방법은 몇 번째 항목에 어떤 형태인지 순서대로 외워두세요.

2과목 PC 운영체제

021 한글 Windows 10 특징

- **선점형 멀티태스킹(Preemptive Multi-Tasking)** : 한 대의 컴퓨터 시스템에서 둘 이상의 작업을 병행하여 처리하는 멀티태스킹 환경으로 운영체제가 제어권을 행사하여 특정 응용 프로그램이 제어권을 독점하는 것을 방지하는 안정적인 체제
- **그래픽 사용자 인터페이스(GUI : Graphical User Interface)** : 사용자에게 편리한 사용 환경으로 사용자가 그림으로 된 그래픽 아이콘을 마우스와 키보드를 통해 실행하여 정보를 교환하는 방식의 환경을 제공
- **자동 감지 기능(PnP : Plug and Play)** : 컴퓨터에 설치된 새로운 하드웨어를 자동으로 감지하여 하드웨어를 구성하고 충돌을 방지하는 기능으로 주변 장치와 하드웨어가 PnP 기능을 지원하는 BIOS가 있어야 PnP 기능을 사용할 수 있음
- **64비트 지원 운영체제(64Bit Operation System)** : RAM 메모리가 4GB 이상이면 완벽한 64비트 CPU를 지원하여 처리 속도가 빠르고 NTFS 파일 시스템을 사용
- **빠른 검색** : 검색 방법이 조금 더 지능적이고 사용자와 친숙 모드로 변경되어, 검색어를 입력하면 기본 라이브러리 폴더뿐만 아니라 다른 위치에 있는 관련 문서, 그림, 음악, 이메일 목록이 항목별로 분류되어 검색
- **장치 스테이지(Device Stage)** : 프린터, 스마트폰, MP3 플레이어, 디지털 카메라 등과 같은 다양한 디지털 기기를 PC에서 간편하게 연결하여 사용할 수 있는 기능
- **새 데스크톱(가상 데스크톱)** : 개인용 작업과 업무용 작업을 분리하여 하나의 시스템에서 서로 다른 바탕 화면으로 관리
- **마이크로소프트 엣지** : 최신 웹 환경을 반영한 웹 브라우저로 웹 내용 중 필요한 부분을 저장하고 메모하는 등의 기능이 추가되었으며 스마트폰이나 태블릿 PC와 같은 모바일 기기와도 손쉽게 연동될 수 있도록 기능을 향상

24년 상시, 23년 상시, 20년 1회, 16년 2회, 14년 1회, 08년 4회, 06년 3회, …

38 다음 보기에서 설명하는 한글 Windows 10 운영체제의 특징으로 옳은 것은?

> 한 대의 컴퓨터 시스템에서 운영체제가 각 작업의 제어권을 행사하며 작업의 중요도와 자원 소모량 등에 따라 우선순위가 높은 작업에 기회가 가도록 우선순위가 낮은 작업에 작동 제한을 걸어 특정 자원 응용 프로그램이 제어권을 독점하는 것을 방지하는 안정적인 체제

① 선점형 멀티태스킹
② 그래픽 사용자 인터페이스
③ 보안이 강화된 방화벽
④ 컴퓨터 시스템과 장치 드라이버의 보호

운영체제가 제어권이 있으면 선점형 멀티태스킹(Preemptive Multi-Tasking), 프로그램에 제어권이 있는 것이 비선점형 멀티태스킹(Non-Preemptive Multi-Tasking)이다.

오답 피하기

- **그래픽 사용자 인터페이스(GUI)** : 그림으로 된 그래픽 아이콘을 마우스와 키보드를 통해 실행하여 정보를 교환할 수 있는 사용자에게 편리한 사용 환경
- **보안이 강화된 방화벽** : 해커나 악성 소프트웨어가 네트워크나 인터넷을 통해 컴퓨터를 액세스하는 것을 상황에 따라 지능적 또는 사용자 임의로 보안을 설정하고 관리
- **컴퓨터 시스템과 장치 드라이버의 보호** : 문제가 있는 시스템을 이전의 문제 없던 컴퓨터 시스템으로 되돌리는 롤백 기능이 있어 컴퓨터를 마음 놓고 사용할 수 있는 기능을 제공

기적의 TIP 한글 Windows 10의 특징을 묻는 문제가 골고루 출제되었습니다. 특징과 설명을 꼼꼼히 읽으면서 기억하세요.

022 작업 관리자

- 작업 표시줄에서 바로 가기 메뉴의 [작업 관리자] 또는 Ctrl + Shift + Esc 를 눌러 표시
- [프로세스] 탭 : 실행 중인 응용 프로그램의 목록이 표시되며, 특정 앱을 선택하여 작업 끝내기 실행
- [성능] 탭 : CPU 사용 현황, 실제 메모리 사용 현황을 그래프와 크기로 표시
- [앱 기록] 탭 : CPU 명령에 사용한 시간, 네트워크 활동량, 데이터 통신 연결을 통한 네트워크 활동, 타일 업데이트 및 알림의 총 네트워크 사용량
- [시작프로그램] : 시작프로그램 이름, 게시자, 상태, 사용 안 함
- [사용자] 탭 : 현재 사용 중인 사용자의 이름과 상태를 표시하고 연결 끊기 실행
- [세부 정보] 탭 : 실행 중 프로그램 이름과 사용자 이름, CPU, 메모리, UAC 가상화, 작업 끝내기
- [서비스] 탭 : 백그라운드에서 실행되는 응용 프로그램의 유형을 표시하고 상태, 그룹, 설명 등을 표시함

24년 상시, 22년 상시, 19년 1회, 16년 1회, 12년 2회, 11년 2회, 09년 1회, …

39 다음 중 한글 Windows 10의 Windows [작업 관리자] 창에서 확인할 수 있는 사항으로 옳지 않은 것은?

① 실행 중인 응용 앱 목록
② CPU와 메모리의 사용 현황
③ 네트워크 이용률과 연결 속도
④ 프린터 등의 주변 기기 사용 목록

프린터 등의 주변 기기 사용 목록은 [제어판]-[장치 관리자]의 사용자 컴퓨터에 설치된 하드웨어 장치의 목록에서 확인할 수 있다.

23년 상시, 18년 1회

40 다음 중 한글 Windows 10에서 [작업 관리자] 창에 대한 설명으로 옳지 않은 것은?

① 바탕 화면의 빈 영역에서 바로 가기 메뉴의 [작업 관리자 시작]을 클릭하면 작업 관리자 창을 열 수 있다.
② 현재 컴퓨터에서 실행되고 있는 프로세스의 개수를 알 수 있다.
③ 현재 실행되고 있는 프로그램을 종료시킬 수 있다.
④ 네트워크에 연결되어 있는 경우 네트워크 상태를 보고 작동 상태를 확인할 수 있다.

[작업 표시줄]의 바로 가기 메뉴에서 작업 관리자 창을 열 수 있다.

기적의 TIP Windows [작업 관리자] 창을 표시하는 바로 가기 키와 각 탭에서 실행할 수 있는 기능을 중심으로 공부하세요.

023 연결 프로그램

- 파일의 바로 가기 메뉴에 표시되는 [연결 프로그램]에서 선택 가능
- 연결 프로그램 하위 메뉴에서 [다른 앱 선택]으로 변경 가능
- 같은 확장자인 문서를 서로 다른 연결 프로그램으로 지정 불가
- 파일을 삭제해도 연결 프로그램이 삭제되지는 않음
- 연결 프로그램이 지정되어 있지 않은 파일은 사용자가 지정 가능
- 서로 다른 확장자를 갖는 파일들을 같은 연결 프로그램으로 지정 가능

14년 2회, 11년 3회/1회, 10년 3회/2회/1회, 09년 4회

41 다음 중 한글 Windows 10의 연결 프로그램에 관한 설명으로 옳지 않은 것은?

① 특정한 데이터 파일을 열 때 자동으로 실행되는 응용 프로그램을 의미한다.
② 연결 프로그램은 파일명의 확장자에 따라 응용 프로그램이 결정된다.
③ 확장자가 같은 파일을 여러 개의 응용 프로그램에 연결할 수 있다.
④ 연결 프로그램이 지정되지 않은 파일을 열 때에는 [연결 프로그램] 대화상자에서 사용할 프로그램을 지정해야 한다.

확장자가 같으면 하나의 응용 프로그램에 연결하여 실행한다.

기적의 TIP 옳은 보기와 옳지 않은 보기를 구분할 수 있어야 합니다. 연결에 대한 다양한 기능을 외워두세요.

024 작업 표시줄

- 작업 표시줄은 기본적으로 화면 아래에 표시되고, 상, 하, 좌, 우로 드래그 앤 드롭하여 이동할 수 있음
- 작업 표시줄은 화면의 1/2 정도(50%)까지 변경 가능. 단, 작업 표시줄 잠금이 해제되어 있어야 함

24년 상시, 22년 상시, 19년 2회, 16년 1회, 14년 2회/1회, 09년 3회/1회, …

42 다음 중 한글 Windows 10의 [작업 표시줄]에 대한 설명으로 옳지 않은 것은?

① 작업 표시줄은 현재 실행되고 있는 프로그램 단추와 프로그램을 빠르게 실행하기 위해 등록한 고정 프로그램 단추 등이 표시되는 곳이다.
② 작업 표시줄은 위치를 변경하거나 크기를 조절할 수 있으며, 크기는 화면의 1/4까지만 늘릴 수 있다.
③ '작업 표시줄 잠금'이 지정된 상태에서는 작업 표시줄의 크기나 위치 등을 변경할 수 없다.
④ 작업 표시줄은 기본적으로 바탕 화면의 맨 아래쪽에 있다.

작업 표시줄은 화면의 1/2 크기까지 늘릴 수 있다.

기적의 TIP 작업 표시줄의 위치와 크기를 묻는 문제가 출제됩니다. 직접 꼼꼼히 실행하면서 익히면 오래 기억할 수 있습니다.

025 작업 표시줄 설정

- 작업 표시줄 잠금 : 작업 표시줄이 다른 위치로 이동하지 못하도록 잠그는 기능으로 작업 표시줄에 나타난 모든 도구 모음의 크기와 위치도 변경하지 못함
- 작업 표시줄 자동 숨기기 : 작업 표시줄을 바탕 화면에서 숨겨주는 기능으로 마우스를 작업 표시줄의 위치에 옮기면 표시됨
- 작은 작업 표시줄 단추 사용 : 작업 표시줄의 아이콘을 작게 표시
- 화면에서의 작업 표시줄 위치 : 화면에서 작업 표시줄의 위치를 왼쪽, 위쪽, 오른쪽, 아래쪽 중 선택
- 작업 표시줄 단추 하나로 표시 : 항상 레이블 숨기기, 작업 표시줄이 꽉 찼을 때, 안 함 중 선택하여 표시
- 알림 영역 : 작업 표시줄에 표시할 아이콘 선택과 시스템 아이콘 켜기 또는 끄기 설정

22년 상시, 19년 1회, 15년 3회/1회, 14년 3회/1회, 10년 3회, 12년 1회, …

43 다음 중 한글 Windows 10에서 [작업 표시줄] 창을 이용하여 할 수 있는 작업으로 옳지 않은 것은?

① 작업 표시줄 잠금을 설정할 수 있다.
② 작업 표시줄 자동 숨기기를 설정할 수 있다.
③ 앱을 작업 표시줄에 고정할 수 있다.
④ 시작 메뉴의 표시 위치를 위쪽이나 아래쪽으로만 변경할 수 있다.

시작 메뉴의 표시 위치는 왼쪽, 위쪽, 오른쪽, 아래쪽으로 작업 표시줄과 함께 이동할 수 있다.

기적의 TIP 작업 표시줄의 속성에 있는 세부 항목이 출제되므로 그 기능을 익혀두세요.

026 바로 가기 아이콘

- 바로 가기 아이콘은 파일을 빠르게 실행하기 위해 원본 프로그램의 경로를 지정하는 아이콘으로, 확장자는 .LNK를 가지며 원본 파일을 복사하는 것은 아님
- 바로 가기 아이콘의 이름은 사용자가 임의로 지정할 수 있음
- 동일한 폴더에는 같은 이름과 확장자를 가진 파일이나 바로 가기 아이콘이 존재할 수 없음
- 바로 가기 아이콘은 삭제하여도 실제 원본 프로그램이 삭제되는 것은 아님
- 바로 가기 아이콘은 파일이나 폴더뿐만 아니라 네트워크상의 다른 컴퓨터에 대해서도 작성할 수 있음
- 바로 가기 아이콘을 작성할 항목을 Ctrl + Shift 를 누른 채 드래그 앤 드롭하여 작성

22년 상시, 21년 상시, 20년 1회, 16년 1회, 15년 2회/1회, 14년 2회/1회, …

44 다음 중 한글 Windows 10에서 바로 가기 아이콘에 대한 설명으로 옳지 <u>않은</u> 것은?

① 하나의 원본 파일에 대해 바로 가기 아이콘은 여러 개 만들 수 있으며 여러 폴더에 저장할 수 있다.
② **특정 폴더의 바로 가기 아이콘을 바탕 화면에 만들면 해당 폴더의 위치가 바탕 화면으로 옮겨진다.**
③ 파일의 바로 가기 아이콘을 삭제해도 원본 파일은 삭제되지 않는다.
④ 네트워크상의 다른 컴퓨터에 있는 디스크 드라이브, 프린터에 대해서도 바로 가기 아이콘을 만들 수 있다.

바로 가기 아이콘은 해당 폴더나 파일을 빠르게 실행하기 위해 경로를 복사한 아이콘으로 바로 가기 아이콘을 바탕 화면에 만들면 아이콘이 만들어지나 해당 폴더의 위치는 원래 위치에 그대로 있다.

기적의 TIP 바로 가기 아이콘에 대한 문제는 비교적 쉽게 출제되고 있으나 방심하지 말고 문제를 꼼꼼히 읽는 연습을 하세요.

027 숫자 키패드

- 숫자 키패드의 [*]은 Windows 파일 탐색기에서 선택한 폴더의 모든 하위 폴더를 표시
- 숫자 키패드의 [+]는 Windows 파일 탐색기에서 선택된 폴더의 하위 폴더를 표시
- 숫자 키패드의 [-]는 현재 폴더가 확장되었음을 보여주고 [-]를 누르면 [>]로 표시되어 축소됨
- Back Space 를 누르면 상위 폴더가 선택됨
- 왼쪽 방향키(←)는 선택한 하위 폴더가 열려 있으면 닫고, 하위 폴더가 닫힌 상태이면 상위 폴더를 선택함
- 오른쪽 방향키(→)는 선택한 폴더의 하위 폴더를 열고, 하위 폴더가 열려 있는 상태이면 하위 폴더를 선택함

25년 상시, 22년 상시, 20년 1회, 14년 3회, 11년 3회, 10년 3회/1회, 08년 2회

45 다음 중 한글 Windows 10의 [파일 탐색기] 창에 관한 설명으로 옳지 <u>않은</u> 것은?

① 탐색 창 영역과 파일 영역을 구분하는 세로 선을 마우스로 끌어놓기하면 각 영역의 크기를 조절할 수 있다.
② 탐색 창 영역에서 폴더를 선택한 후에 숫자 키패드의 [*]를 누르면 선택된 폴더의 모든 하위 폴더가 표시된다.
③ **탐색 창 영역에서 > 워드프로세서 와 같이 폴더 앞에 [>] 표시가 있는 폴더는 하위 폴더까지 표시된 상태를 의미한다.**
④ 탐색 창 영역에서 키보드의 방향키 ←를 누르면 선택한 폴더의 하위 폴더가 보이면 닫고, 하위 폴더가 닫힌 상태이면 상위 폴더를 선택한다.

[>]는 폴더를 열기할 수 있다는 표시이고, 열려져 있으면 [∨]로 표시된다.

기적의 TIP [파일 탐색기]에서 폴더를 키보드로 제어하는 방법과 숫자 키패드 사용법을 익혀두세요.

028 폴더 옵션

- [파일 탐색기]의 [보기]-[옵션]-[폴더 및 검색 옵션 변경] : 폴더에 관한 각종 옵션을 지정하는 곳
- [일반] 탭 : 폴더에 일반 작업으로 표시, 같은 창에서 또는 새 창에서 폴더 열기, 아이콘을 한 번 클릭해서 열기 또는 두 번 클릭해서 열기할 것인지를 설정, 개인정보 보호, 파일 탐색기 기록 지우기 등을 설정함
- [보기] 탭 : 폴더 보기를 모든 폴더에 적용 여부 설정, 탐색 창 표시, 숨김 파일 및 폴더 표시, 알려진 파일 형식의 확장명 숨기기, 제목 표시줄에 전체 경로 표시 등을 선택함
- [검색] 탭 : 파일이나 내용을 검색할 때 검색 대상, 색인되지 않은 위치 검색 시 시스템 디렉터리 포함 등을 설정함

25년 상시, 23년 상시, 18년 2회, 12년 1회, 11년 3회/1회, 08년 1회, 06년 4회/2회

46 다음 중 한글 Windows 10의 [폴더 옵션] 창에서 설정할 수 있는 작업으로 옳지 않은 것은?

① 키보드의 단축키로 폴더를 열기
② 탐색 창에서 모든 폴더를 표시하도록 하기
③ 마우스를 한 번 클릭해서 폴더를 열기
④ 폴더를 찾아볼 때 새 창에서 폴더를 열기

[폴더 옵션] 창은 [일반] 탭에서 새 창에서 폴더 열기, 한 번 클릭해서 열기를 설정할 수 있고, [보기] 탭에서 '모든 폴더 표시'를 적용할 수 있다.

기적의 TIP 폴더 옵션의 세 가지 탭의 기능에 대해 묻는 문제가 자주 출제됩니다. 각 탭의 기능을 비교하여 익혀두세요.

029 파일과 폴더의 검색

- 컴퓨터에 저장된 파일 이름, 폴더, 프로그램 및 전자 메일 메시지를 찾는 기능
- 단어나 단어의 일부인 파일이나 폴더 이름, 파일 내용, 태그 및 다른 파일 속성(수정한 날짜, 크기)을 기준으로 검색
- 검색 연산자 : AND(그리고), OR(또는), NOT(~가 아니다)을 이용하여 검색
- 와일드카드 : ?(물음표)나 *(별표)를 사용하여 검색

19년 2회, 13년 1회, 09년 1회, 08년 2회, 05년 3회/1회, 04년 4회

47 다음 중 한글 Windows 10의 검색에 대한 설명으로 옳지 않은 것은?

① 폴더 창에서 검색 필터 조건으로 수정한 날짜를 지정하여 검색할 수 있다.
② 라이브러리 창에서 검색 필터 조건으로 '종류'를 선택하면 PDF 파일들만 검색된다.
③ 특정 드라이브에 저장되어 있는 파일 중 크기가 1MB에서 16KB인 파일들을 검색할 수 있다.
④ 특정 드라이브에 저장되어 있는 파일 중 음악/비디오 파일들을 찾을 수 있다.

검색 필터 종류에는 폴더, 게임, 링크, 동영상, 사진, 비디오 등이 있으나, PDF 파일의 종류로는 검색할 수 없다.

기적의 TIP 파일과 폴더의 검색 조건과 검색 대상에 대해 꼼꼼히 체크하여 공부하세요.

030 파일과 폴더의 관리

- 파일은 서로 관련성 있는 정보의 집합으로 이러한 파일들을 체계적으로 관리하는 저장 장소인 폴더를 두어 관리함
- 파일이나 폴더의 선택 : 연속적인 파일이나 폴더를 선택할 때에는 Shift 를, 비연속적인 파일이나 폴더를 선택할 때에는 Ctrl 을, 전체를 선택할 때에는 Ctrl + A 를 누름
- 파일이나 폴더의 복사 : 복사는 원본이 그대로 있고 복사할 때 마우스 포인터 옆에 +(플러스)가 표시되며, 정보가 클립보드에 임시로 기억됨
- 파일이나 폴더의 이동 : 이동은 원본이 새로운 장소로 옮겨지는 것으로 이동할 때 마우스 포인터 옆에 →(화살표)가 표시되며, 정보가 클립보드에 임시로 기억됨
- 파일이나 폴더의 삭제 : 휴지통으로 드래그하거나 키보드 Delete 로 삭제하면 휴지통에 임시 보관됨
- 파일이나 폴더의 이름 바꾸기 : [홈]-[이름 바꾸기]나 바로 가기 메뉴의 [이름 바꾸기]를 눌러 한글, 영문, 공백을 포함하여 길게 변경할 수 있음

24년 상시, 22년 상시, 21년 상시, 14년 3회/1회, 13년 2회, 11년 1회, …
48 다음 중 한글 Windows 10의 폴더 창에서 파일이나 폴더를 선택하는 방법으로 옳지 **않은** 것은?

① 비연속적인 파일이나 폴더를 선택하고자 할 때에는 Ctrl 과 함께 클릭한다.
② 연속적인 파일이나 폴더를 선택하고자 할 때에는 Shift 와 함께 클릭한다.
③ 여러 개의 파일을 한꺼번에 선택할 경우에는 마우스를 사용하여 사각형 모양으로 드래그한다.
④ **모든 파일과 하위 폴더를 한꺼번에 선택하려면 Alt + A 를 사용한다.**

Ctrl + A 또는 파일 탐색기 창의 [홈]-[모두 선택]으로 모든 파일과 폴더를 한꺼번에 선택할 수 있다.

기적의 TIP 파일과 폴더의 관리는 정의, 선택, 복사, 이동, 삭제까지 다양하게 출제되고 있습니다. 어렵게 출제되지는 않으나 함정 문제가 있으므로 꼼꼼히 체크하세요.

031 휴지통

- 한글 Windows 10에서는 필요 없는 파일이나 폴더를 삭제하면 휴지통으로 우선 보관됨
- 휴지통의 속성에서 [파일을 휴지통에 버리지 않고 삭제할 때 바로 제거]를 선택하면 삭제한 파일이 휴지통으로 들어오지 않고 즉시 제거됨
- 휴지통에 삭제한 파일이나 폴더가 있으면 휴지통의 모양이 변경됨
- 휴지통은 크기를 드라이브마다 다르게 설정 가능
- 휴지통의 크기는 휴지통의 속성에서 MB 단위로 조정 가능
- 휴지통을 실행한 후 [휴지통 도구]-[복원]이나 바로 가기 메뉴의 [복원]을 선택하여 복원 가능
- 복원한 파일이나 폴더는 기본적으로 삭제한 원래 위치로 복원
- 휴지통의 파일은 복사는 할 수 없고 잘라내기를 하여 다른 장소로 복원 가능

24년 상시, 23년 상시, 22년 상시, 20년 1회, 18년 2회, 16년 1회, 15년 3회, …
49 다음 중 한글 Windows 10의 [휴지통 속성] 창에서 수행할 수 있는 작업으로 옳지 **않은** 것은?

① 삭제 확인 대화상자의 표시 설정
② **휴지통의 바탕 화면 표시 설정**
③ 각 드라이브의 휴지통 최대 크기 설정
④ 파일을 휴지통에 버리지 않고 바로 제거하는 기능 설정

휴지통의 속성에서 '휴지통의 바탕 화면 표시 설정'은 할 수 없고, 휴지통의 최대 크기 설정, 파일을 휴지통에 버리지 않고 삭제할 때 바로 제거, 삭제 확인 대화상자 표시를 할 수 있다.

기적의 TIP 휴지통에 파일이나 폴더를 삭제하는 방법과 휴지통의 크기, 복원하는 방법 등 다양한 휴지통 관련 문제가 출제되고 있습니다.

032 개인 설정

- [배경] : 바탕 화면 배경으로 사용할 사진, 단색, 슬라이드 쇼에서 선택, 맞춤 선택에는 채우기, 맞춤, 확대, 바둑판식 배열, 가운데, 스팬 중 선택
- [색] : 기본 Windows 모드 선택, 기본 앱 모드 선택, 투명 효과, 테마 컬러 선택
- [잠금 화면] : 윈도우가 잠금 화면일 때 배경을 Windows 추천, 사진, 슬라이드 쇼 중 선택
- [테마] : 바탕 화면 배경, 색, 소리, 마우스 커서에 대한 테마 사용
- [글꼴] : Windows 글꼴 추가와 사용 가능한 글꼴 표시
- [시작] : 시작 화면에 대한 설정
- [작업 표시줄] : 작업 표시줄에 대한 설정

25년 상시, 22년 상시, 20년 1회, 12년 3회/2회, 11년 3회

50 다음 중 한글 Windows 10의 [개인 설정] 창에서 할 수 있는 작업으로 옳지 <u>않은</u> 것은?

① 바탕 화면에 새로운 테마를 지정하여 적용할 수 있다.
② **화면 보호기 설정을 사용하여 화면의 해상도를 변경할 수 있다.**
③ 사용 가능한 글꼴을 추가하거나 확인할 수 있다.
④ 창 테두리, 시작 메뉴, 작업 표시줄의 색을 변경할 수 있다.

화면의 해상도 설정은 [설정]-[시스템]-[디스플레이]에서 변경한다.

> **기적의 TIP** 개인 설정에 포함된 항목에는 무엇이 있는지 쓰임새를 알아두세요.

033 사용자 계정

- 사용자의 권한을 부여하는 계정의 종류에는 관리자 계정, 표준 계정이 있음
- [관리자] 계정은 새로운 계정 만들기, 계정의 이름 변경, 계정에 사용된 암호 변경, 암호를 제거, 사진 변경, 프로그램을 설치/제거/실행, 환경 변경의 기능
- [표준] 계정은 제한된 계정으로 계정 이름 변경, 암호 만들기, 사진 변경, 계정 삭제, 프로그램의 표시 및 실행의 기능

24년 상시, 22년 상시, 19년 1회, 18년 1회, 17년 1회, 16년 1회, 14년 2회, …

51 다음 중 한글 Windows 10에서 [제어판]의 [사용자 계정] 창에서 실행할 수 있는 것으로 옳지 <u>않은</u> 것은?

① 사용자 계정에 대한 암호 설정
② 계정 유형 변경
③ 사용자 계정 컨트롤 설정 변경
④ **원격 액세스 허용 설정**

사용자 계정 유형에는 표준 계정, 관리자 계정이 있다. 관리자 계정에서 계정 이름 변경, 암호 변경, 계정 유형 변경, 다른 계정 관리 등을 설정할 수 있다.

오답 피하기

[제어판]의 [시스템]-[원격 설정]의 [원격] 탭에서 이 컴퓨터에 대한 원격 지원 연결 허용을 설정할 수 있다.

> **기적의 TIP** 사용자 계정의 종류와 각 계정이 할 수 있는 권한을 묻는 문제가 출제됩니다.

034 마우스 속성

- [단추] 탭 : 왼손잡이 사용자를 위해 오른손과 왼손 단추의 기능을 바꾸거나, 두 번 클릭 속도 조절, 클릭 잠금 사용의 기능
- [포인터] 탭 : 마우스 포인터의 모양 변경, 포인터 그림자 사용
- [포인터 옵션] 탭 : 포인터의 이동 속도, 포인터 자국 표시의 유형을 조절
- [휠] 탭 : 휠 마우스를 사용 시 휠을 돌렸을 때 스크롤 되는 양 (100줄) 등의 동작에 대한 설정
- [하드웨어] 탭 : 마우스 장치의 속성을 표시하며 드라이버를 변경해 줄 수 있는 옵션

25년 상시, 22년 상시, 16년 1회, 15년 3회, 14년 3회/1회, 13년 1회, 10년 3회

52 다음 중 한글 Windows 10의 [마우스 속성] 창에서 가능한 작업으로 옳지 않은 것은?

① 마우스 포인터의 지정
② 포인터의 생성 및 수정, 삭제
③ 휠을 한 번 돌릴 때 스크롤할 양
④ 두 번 클릭의 속도

[마우스 속성] 창에서 포인터를 사용자가 지정할 수는 있어도 포인터의 생성 및 수정, 삭제는 할 수 없다.

오답 피하기
- [포인터] 탭 : 마우스 포인터의 모양 지정
- [휠] 탭 : 휠을 한 번 돌릴 때 스크롤할 양 설정
- [단추] 탭 : 두 번 클릭의 속도 조절

17년 2회

53 다음 중 한글 Windows 10의 제어판에 있는 [마우스] 창의 기능에 대한 설명으로 옳지 않은 것은?

① 포인터 크기와 색을 변경할 수 있다.
② 마우스의 기본 단추 선택을 변경할 수 있다.
③ 커서를 입력할 때 보기 쉽게 커서의 두께를 변경할 수 있다.
④ 한 번에 스크롤할 줄의 수는 최대 10줄까지 설정할 수 있다.

한 번에 스크롤할 줄 수는 최대 100줄까지 설정할 수 있다.

기적의 TIP 마우스 속성은 접근성 센터와 비슷한 항목이 있으므로 비교하여 공부하세요.

035 접근성 설정

- 시청각 장애가 있는 사용자의 컴퓨터를 사용하기 쉽게 다양한 옵션을 제공하는 기능
- 돋보기 시작 : 화면의 항목을 더 크게 하려면 돋보기 켜기 기능을 설정
- 내레이터 시작 : 스피커를 켜고 내레이터가 화면의 모든 텍스트를 읽어주기
- 화상 키보드 시작 : 바탕 화면에 화상 키보드 켜기를 설정
- 고대비 설정 : 컴퓨터를 보기 쉽게 설정하기 위해 고대비 테마를 선택
- 모든 설정 살펴보기 : 디스플레이가 없는 컴퓨터 사용, 컴퓨터를 보기 쉽게 설정, 마우스 또는 키보드가 없는 컴퓨터 사용, 마우스를 사용하기 쉽게 설정, 키보드를 사용하기 쉽게 설정, 소리 대신 텍스트나 시각적 표시 방법 사용, 보다 쉽게 작업에 집중할 수 있도록 설정, 터치 및 태블릿을 사용하기 쉽게 설정
- 마우스키 켜기 : 숫자 키패드를 사용하여 화면에서 마우스를 이동
- 고정키 켜기 : 동시에 두 개의 키를 누르기 힘든 경우 Ctrl, Alt, Shift를 눌러 있는 상태로 고정하여 여러 키를 누르는 효과주기
- 토글키 켜기 : Caps Lock, Num Lock, Scroll Lock과 같은 하나의 키로 두 가지 기능을 하는 키를 누를 때 신호음을 발생
- 필터키 켜기 : 짧게 입력한 키나 반복되게 입력한 키를 무시하거나 늦추고 키보드의 반복 속도를 조정

24년 상시, 23년 상시, 20년 1회, 15년 2회/1회, 13년 2회, 11년 2회, …

54 다음 중 한글 Windows 10의 [접근성] 창에서 할 수 있는 기능에 대한 설명으로 옳지 않은 것은?

① Windows 로그온 시 자동으로 돋보기 기능을 시작할 수 있게 설정할 수 있다.
② 내레이터 시작 기능을 사용하면 키보드를 사용하여 마우스를 제어할 수 있게 설정할 수 있다.
③ 화상 키보드 시작 기능을 사용하면 키보드 없이도 글자를 입력할 수 있다.
④ 마우스키의 숫자 키패드를 사용하여 마우스 포인터를 이동할 수 있다.

내레이터는 화면의 내용을 설명하는 화면 읽기 프로그램으로 키보드, 터치, 마우스로 내레이터를 제어할 수 있다. 키보드나 마우스가 가리키는 내용을 읽어주는 기능이다.

08년 1회, 04년 4회

55 한글 Windows 10에서 [접근성 센터]의 [키보드를 사용하기 쉽게 설정]을 이용하여 할 수 있는 기능이 아닌 것은?

① 동시에 두 개의 키를 누르기가 어려운 경우에 Ctrl, Alt 또는 Shift가 기본적으로 눌려 있는 상태로 고정할 수 있다.
② 짧은 시간 동안 눌린 키 또는 빠르게 반복되는 키 입력을 무시하도록 하거나 키의 반복 속도를 느리게 지정할 수 있다.
③ Caps Lock, Num Lock, Scroll Lock을 누를 때 신호음을 들을 수 있도록 설정할 수 있다.
④ 키보드의 문자 반복에 관한 재입력 시간과 반복 속도를 설정할 수 있다.

오답 피하기
키보드의 문자 반복에 관한 재입력 시간과 반복 속도는 [제어판]의 [키보드]-[키보드 속성]-[속도] 탭에서 설정한다.

기적의 TIP 접근성 센터 문제는 꾸준히 출제되고 있습니다. 다양한 기능에 대해 차근차근 공부하세요.

036 키보드 속성

- [속도] 탭 : 문자 재입력 시간, 키 반복 속도 테스트, 커서 깜박임 속도를 변경
- [하드웨어] 탭 : 키보드 장치명을 표시하고 드라이버를 제거하거나 업데이트

25년 상시, 22년 상시, 14년 2회, 13년 1회, 09년 4회/1회

56 다음 중 한글 Windows 10의 [키보드 속성] 창에서의 작업으로 가장 거리가 먼 것은?

① 화상 키보드를 바탕 화면에 표시할 수 있다.
② 문자 반복과 커서 깜박임 속도를 조정할 수 있다.
③ 키보드가 올바르게 작동하고 있는지 장치 상태를 확인할 수 있다.
④ 키 반복 속도를 테스트할 수 있다.

화상 키보드는 [제어판]의 [접근성 센터]에서 설정한다.

04년 2회/4회, 05년 1회/3회, 06년 1회/3회

57 다음 중 한글 Windows 10의 [제어판]에 있는 [키보드 속성] 창에서 설정할 수 있는 옵션 기능이 아닌 것은?

① 필터키 사용 설정
② 키 재입력 시간 설정
③ 커서 깜박임 속도 설정
④ 키 반복 속도 설정

필터키 사용은 [접근성 센터]에서 설정한다.

기적의 TIP 키보드의 속성에서 [속도] 탭과 [하드웨어] 탭의 기능을 구별하여 공부하세요.

037 시스템 속성

- [컴퓨터 이름] : 네트워크상에서 사용되는 컴퓨터의 고유 이름을 변경하거나 설명을 입력하고 작업 그룹의 이름을 확인하여 변경하는 곳
- [하드웨어] : 사용자 컴퓨터에 설치된 하드웨어 장치를 표시하고 [장치 관리자]를 사용하여 각 장치의 속성을 변경
- [고급] : 시각 효과 및 프로세서 일정, 가상 메모리 설정을 하고 사용자 프로필과 시스템 시작과 오류에 대한 디버깅 정보를 설정
- [시스템 보호] : 시스템에 오류가 있을 때 시스템 복원 지점을 만들어 시스템을 이전 상태로 되돌리는 기능
- [원격] : 다른 컴퓨터에서 이 컴퓨터를 사용하는 방법을 선택하고 원격 지원 연결을 허용하도록 설정

24년 상시, 19년 1회, 17년 2회, 15년 2회, 14년 3회, 11년 1회, 10년 3회

58 다음 중 한글 Windows 10에서 [시스템] 속성 창에 관한 설명으로 옳지 <u>않은</u> 것은?

① 윈도우의 버전을 확인할 수 있다.
② 프로세서의 종류, 메모리, 시스템의 종류를 확인할 수 있다.
③ 컴퓨터의 이름과 작업 그룹을 변경할 수 있다.
④ [제어판]의 [개인 설정]을 실행한다.

시스템 속성 창은 [제어판]의 [시스템]을 실행한다.

기적의 TIP 시스템의 각 탭의 기능을 기억하세요. 특히 [컴퓨터 이름]과 [하드웨어] 탭의 장치 관리자 항목이 자주 출제되고 있습니다.

038 글꼴

- 컴퓨터에 설치된 글꼴을 미리 보기하여 표시하거나 삭제하고 숨기는 기능
- 설치할 글꼴을 제어판의 글꼴로 끌어서 설치
- 글꼴은 'C:\Windows\Fonts' 폴더를 사용하며 이곳에 파일을 복사하면 각종 윈도우용 응용 프로그램에서 사용 가능
- 글꼴의 바로 가기를 사용하여 글꼴 설치를 허용

18년 2회, 12년 3회, 11년 3회

59 다음 중 한글 Windows 10에서 글꼴에 관한 설명으로 옳지 <u>않은</u> 것은?

① 새로운 글꼴을 추가하려면 글꼴 창에서 [온라인에서 글꼴 정보 가져오기] 버튼을 클릭하면 된다.
② 글꼴 파일의 확장자는 .TTF, .TTC 등이 있다.
③ [글꼴] 창에서 설치되어 있는 글꼴을 제거할 수 있다.
④ [글꼴] 창에 나타난 글꼴 크기는 최대 100포인트까지 변경할 수 있다.

글꼴의 크기는 72포인트까지 변경하여 사용할 수 있다.

10년 1회, 09년 3회, 07년 3회/1회

60 다음 중 한글 Windows 10에 새로운 [글꼴]을 설치하는 방법으로 옳은 것은?

① [제어판]의 [프로그램 및 기능]을 이용하여 폰트를 설치한다.
② 'C : \Windows\Fonts' 폴더에 해당 글꼴 파일을 복사하면 설치된다.
③ 글꼴 파일마다 제공된 Install.exe나 Setup.exe 프로그램을 이용해야 설치된다.
④ 새로운 글꼴을 [글꼴 정리사]에 의해 설치할 수 있다.

기적의 TIP 새로운 글꼴을 추가하는 방법과 삭제하는 방법에 대한 문제가 비교적 자주 출제되었습니다.

039 프린터 추가 마법사

- [제어판]의 [장치 및 프린터] 창에서 [프린터 추가]를 클릭
- 네트워크, 무선 또는 Bluetooth 프린터를 검색
- 추가할 장치의 필요한 파일을 시스템에 추가
- 테스트 페이지를 인쇄 확인 후 마침

24년 상시, 22년 상시, 16년 2회, 15년 2회, 12년 3회/2회, 08년 3회/1회

61 다음 중 한글 Windows 10에서 네트워크상에 있는 다른 컴퓨터에 연결된 프린터를 공유하고자 할 때 작업 순서로 옳은 것은?

> ㉠ 프린터 이름 입력
> ㉡ [네트워크, 무선 또는 Bluetooth 프린터 추가] 선택
> ㉢ [장치 및 프린터] 창에서 [프린터 추가] 클릭
> ㉣ 프린터 선택

① ㉠ → ㉡ → ㉢ → ㉣
② ㉡ → ㉠ → ㉣ → ㉢
③ ㉢ → ㉡ → ㉣ → ㉠
④ ㉣ → ㉠ → ㉡ → ㉢

프린터의 추가 설치 순서
① [제어판]의 [장치 및 프린터] 창에서 [프린터 추가]를 클릭
② 네트워크, 무선 또는 Bluetooth 프린터를 검색
③ 추가할 프린터의 이름을 입력
④ [테스트 페이지를 인쇄]와 [마침]

기적의 TIP [프린터 추가 마법사]의 실행 순서와 프린터의 종류, 기본 프린터의 설정 여부를 자세히 공부하세요.

040 스풀(SPOOL)

- 스풀은 Simultaneous Peripheral Operation On-Line의 약자로 하드 디스크의 일정 용량을 사용
- 고속의 CPU와 저속의 입출력 장치의 속도 차이를 보완하기 위한 기법
- 인쇄를 하면서 동시에 다른 작업이 가능하므로 컴퓨터 전체의 처리 효율성을 높일 수 있지만, 인쇄 속도는 저하될 수 있음
- 프린터의 속성 창에서 스풀을 설정

23년 상시, 20년 1회, 17년 1회, 13년 1회, 12년 2회, 09년 2회, 07년 2회, 03년 3회

62 다음 중 한글 Windows 10에서 프린터 설치와 사용에 관한 설명으로 옳지 <u>않은</u> 것은?

① 이미 설치된 프린터도 다른 이름으로 다시 설치할 수 있다.
② 한 대의 프린터를 네트워크로 공유하여 여러 대의 컴퓨터에서 사용할 수 있다.
③ 스풀 기능은 저속의 CPU와 고속의 프린터를 병행 사용할 때 효율적이다.
④ 기본 프린터는 한 대만 설정이 가능하며 변경도 가능하다.

스풀 기능은 저속의 프린터와 고속의 CPU 장치를 병행 사용할 때 속도 차이를 극복하기 효율적인 기능이다.

기적의 TIP 스풀의 의미와 스풀을 설정할 수 있는 곳을 묻는 문제가 주로 출제됩니다.

041 엔터테인먼트 앱

- [Windows Media Player]는 CD나 DVD를 굽거나 AVI, WMV, ASF 등과 같은 디지털 미디어 파일을 재생
- [볼륨 조정]을 이용하여 PC에서의 소리 전체 수준을 제어하거나 음소거를 설정
- [녹음기]는 자신의 목소리를 녹음하고 사운드는 '.m4a' 확장자로 저장

15년 2회/1회, 13년 2회, 09년 3회, 07년 1회

63 다음 중 한글 Windows 10에 포함된 멀티미디어 관련 프로그램 및 기능에 관한 설명으로 옳지 <u>않은</u> 것은?

① [Windows Media Player]는 AVI, WMV, ASF 등과 같은 디지털 미디어 파일을 재생할 수 있다.
② [녹음기]를 이용하면 사운드를 녹음하여 'MP3' 확장자를 갖는 파일로 저장할 수 있다.
③ [볼륨 조정]을 이용하여 PC에서의 소리 전체 수준을 제어하거나 음소거를 설정할 수 있다.
④ [Windows Media Player] 창에서 데이터 CD 또는 DVD에 굽기할 수 있다.

[녹음기]에서 사운드는 '.M4A' 확장자로 저장된다.

기적의 TIP [멀티미디어] 각 항목의 기능과 저장 파일 형식을 연관 지어 공부하세요.

042 그림판

- 간단한 그림에서 정교한 그림까지 그릴 수 있고 저장된 그림을 불러와서 편집하는 데 사용
- 기본 파일 저장 형식인 PNG뿐만 아니라 비트맵 형식(BMP), GIF, JPEG, TIFF 등의 이미지 형식을 지원
- 선이나 원, 사각형 등을 그릴 때 Shift 와 함께 드래그하면 수직선, 수평선, 45° 대각선, 정원, 정사각형을 그릴 수 있음
- 색 1(전경색)은 마우스 왼쪽 단추로 클릭하여 변경, 색 2(배경색)는 마우스 오른쪽 단추로 클릭하여 변경
- OLE 기능으로 그림판의 그림을 다른 문서에 삽입시킬 수 있음

25년 상시, 24년 상시, 22년 상시, 20년 1회, 16년 2회, 15년 3회, 14년 2회, …

64 다음 중 한글 Windows 10의 보조프로그램에 있는 [그림판]에 대한 설명으로 옳지 <u>않은</u> 것은?

① 스마트폰으로 촬영한 jpg 파일을 불러와 편집한 후 png 파일 형식으로 저장할 수 있다.
② 편집 중인 이미지의 일부분을 선택한 후 삭제하면 삭제된 빈 공간은 '색 1'(전경색)로 채워진다.
③ 그림판에서 편집한 그림은 Windows 바탕 화면의 배경으로 사용할 수 있다.
④ 오른쪽 버튼으로 그림을 그릴 경우에는 모두 '색 2'(배경색)로 그려진다.

이미지의 일부분을 삭제하면 빈 공간은 '색 2'(배경색)로 채워진다.

기적의 TIP 그림판에서 할 수 있는 작업과 할 수 없는 작업을 구별하여 공부하세요.

043 메모장

- 메모장은 윈도우에서 제공되는 서식이 필요 없는 간단한 텍스트 파일을 작성하고 편집하는 프로그램
- 메모장은 글꼴이나 글꼴 크기를 한꺼번에 변경할 수 있으나 글자 색은 검정색 외에 변경할 수 없음
- 메모장은 OLE(개체 연결 및 포함) 기능과 자동 맞춤법 기능을 사용할 수 없음
- [파일] 메뉴에서 용지 종류, 인쇄 방향, 여백, 머리글/바닥글을 지정할 수 있음
- 문서의 첫 행 왼쪽에 대문자로 '.LOG'를 입력하면 문서를 열 때마다 현재의 시간과 날짜가 맨 마지막 줄에 자동으로 표시

25년 상시, 24년 상시, 19년 2회, 12년 2회, 10년 2회, 09년 3회

65 다음 중 한글 Windows 10의 보조프로그램 중에서 [메모장]에 관한 설명으로 옳은 것은?

① 그림이나 차트 등의 OLE 개체를 삽입할 수 있다.
② 편집하는 문서의 특정 영역(블록)에 대한 글꼴의 종류나 속성, 크기를 변경할 수 있다.
③ 자동 맞춤법과 같은 고급 기능을 제공한다.
④ 서식이 없는 텍스트 형식의 문서만 열거나 저장할 수 있다.

[메모장]은 서식이 없는 텍스트 형식(*.txt, html 등)의 문서를 작성하거나 열기하는 텍스트 편집기로, 서식이 있는 문서나 OLE, 그래픽 기능은 지원되지 않는다.

기적의 TIP 메모장에서 사용 가능한 기능과 사용할 수 없는 기능을 비교하여 익혀두세요.

044 디스크 조각 모음 및 최적화

- 디스크 내에 흩어져 단편화(Fragmentation)되어 있는 파일이나 폴더의 조각들을 합쳐서 디스크의 처리 속도를 높이는 도구
- 매일, 매주, 매월 일정한 요일, 일정한 시간, 실행할 디스크를 선택하여 진행할 수 있음
- [시작]-[Windows 관리 도구]-[디스크 조각 모음 및 최적화]를 선택하거나 명령 프롬프트 창에서 'defrag.exe'를 입력하여 실행
- 하드 디스크, USB 플래시 드라이브는 조각 모음을 실행할 수 있으나, CD-ROM 드라이브, 네트워크 드라이브, Windows가 지원하지 않는 프로그램으로 압축된 드라이브는 조각 모음을 할 수 없음

24년 상시, 23년 상시, 18년 2회, 16년 2회, 14년 3회/2회, 13년 2회/1회, …

66 다음 중 한글 Windows 10의 [디스크 조각 모음 및 최적화]에 관한 설명으로 옳지 않은 것은?

① 디스크의 접근 속도 향상뿐만 아니라 디스크 용량 증가를 위하여 사용한다.
② Windows가 지원하지 않는 형식의 압축 파일이나 네트워크 드라이브는 수행할 수 없다.
③ 디스크 조각 모음 일정 구성을 통하여 예약 실행을 할 수 있다.
④ 디스크에 조각 모음이 필요한지 확인하려면 먼저 디스크를 분석해야 한다.

기적의 TIP 디스크 조각 모음은 디스크의 접근 속도를 높이고 효율적으로 드라이브를 실행하기 위한 것이고, 디스크의 용량 증가는 불필요한 파일을 지우는 디스크 정리로 할 수 있다.

045 문제 해결 방법

- 메모리가 부족할 때는 가상 메모리를 늘려주거나 열린 프로그램이나 불필요한 목록을 종료
- 디스크 공간이 부족할 때에는 [디스크 정리]를 이용하여 불필요한 파일을 삭제
- 정상적으로 부팅이 되지 않으면 Windows [고급 부팅 옵션]에서 안전 모드로 부팅하여 문제를 해결
- 시스템 속도 문제일 경우에는 디스크 조각 모음을 수행하여 단편화된 디스크 조각을 제거한 후 처리 속도를 높임

25년 상시, 24년 상시, 23년 상시, 22년 상시, 21년 상시, 20년 1회, 17년 2회, …

67 다음 중 한글 Windows 10에서 프로그램이 응답하지 않는 경우에 문제 해결 방법으로 가장 옳은 것은?

① 사용자의 컴퓨터를 보호하기 위해 Windows 방화벽을 설정한다.
② [장치 관리자] 창에서 중복으로 설치된 경우 해당 장치를 제거한다.
③ **Windows [작업 관리자] 대화상자의 [프로세스] 탭에서 응답하지 않는 앱 작업을 종료한다.**
④ [시스템 파일 검사기]를 이용하여 손상된 파일을 찾아 복구한다.

[시작]-[Windows 시스템]-[작업 관리자] 또는 Ctrl + Alt + Delete 를 눌러 나오는 [작업 관리자]-[프로세스] 탭에서 응답 없는 앱을 선택한 후 [작업 끝내기]를 선택한다.

> **기적의 TIP** 한글 Windows 10을 사용하면서 발생할 수 있는 문제를 해결하여 시스템을 어떻게 최적화할 수 있는지를 묻는 문제가 출제되고 있습니다. 상황별로 학습하세요.

046 Windows Defender 방화벽

- 인터넷이나 네트워크를 통해 허용되는 앱 목록에 없는 모든 앱 연결 차단
- 스팸 메일을 차단하거나 바이러스가 첨부된 전자 메일을 열지 못하게 할 수는 없음
- 이미 전달된 바이러스를 검색하는 일은 하지 못함

24년 상시, 23년 상시, 22년 상시, 19년 2회, 15년 3회, 14년 3회, 13년 1회, …

68 다음 중 정보 보안 기법으로 사용되는 방화벽(Firewall)에 관한 설명으로 옳지 않은 것은?

① 외부 침입자의 흔적을 찾는 역추적 기능이 있다.
② 외부에서 내부로 들어오는 인증된 패킷만 통과시키는 구조이다.
③ **내부로부터의 불법적인 해킹에 대비한 보안 기법으로도 사용된다.**
④ 해킹 등 외부로의 정보 유출을 막기 위하여 사용되는 보안 기법이다.

방화벽은 외부로부터 내부망을 보호하는 기능이나 내부에서 일어나는 해킹은 막을 수 없는 단점이 있다.

> **기적의 TIP** 방화벽의 정의와 방화벽으로 할 수 있는 일을 기억하세요.

047 네트워크 기능 유형 선택

- [제어판]의 [네트워크 및 공유 센터]에서 클라이언트, 서비스, 프로토콜을 설치
- 클라이언트는 사용자가 서버에게 자원을 요구하는 컴퓨터로 파일을 액세스
- 서비스는 파일이나 프린터 공유와 같은 기능을 제공
- 프로토콜은 네트워크에 연결된 여러 다른 기종의 컴퓨터 간의 데이터 전송을 원활하게 해주는 통신 규약
- 네트워크 어댑터는 물리적으로 컴퓨터를 네트워크에 연결하는 하드웨어 장치

25년 상시, 23년 상시, 22년 상시, 17년 2회, 16년 1회, 15년 3회, 14년 3회, …

69 다음 중 아래 보기에서 설명하는 한글 Windows 10의 네트워크 기능 유형으로 옳은 것은?

> 네트워크의 다른 컴퓨터나 서버에 연결하여 파일/프린터 등의 공유 자원을 사용할 수 있게 하는 소프트웨어이다.

① 서비스
② 프로토콜
③ **클라이언트**
④ 어댑터

오답 피하기
- 서비스 : 내 PC에 설치된 파일, 프린터 등의 자원을 다른 컴퓨터와 공유할 수 있도록 해주는 소프트웨어
- 프로토콜 : 서로 다른 컴퓨터 간에 통신할 때 사용하는 통신 규약
- 어댑터 : 컴퓨터를 네트워크에 물리적으로 연결하는 장치

21년 상시, 17년 1회, 12년 1회, 09년 1회, 07년 1회, 06년 4회, 05년 4회

70 다음 중 한글 Windows 10의 [네트워크 및 공유 센터] 창에서 할 수 있는 작업으로 옳지 않은 것은?

① [이더넷 상태] 창을 열어 현재 네트워크의 속도 및 신호 품질 작업 상태를 확인할 수 있다.
② [문제 해결]을 실행하여 네트워크 문제를 진단 및 해결하거나 문제 해결 정보를 얻을 수 있다.
③ [새 연결 또는 네트워크 설정]을 실행하여 무선, 광대역 또는 VPN 연결을 설정할 수 있다.
④ **[고급 공유 설정 변경]을 실행하여 사용자 계정을 변경하거나, 무선 또는 유선 네트워크에 연결할 수 있다.**

[고급 공유 설정 변경] 창에서는 네트워크 검색과 켜기/끄기, 파일 및 프린터 공유 켜기/끄기를 설정할 수 있다.

기적의 TIP 네트워크 구성 요소는 모두 출제 대상이므로 각 항목에 대해 확실히 알고 있어야 합니다.

048 네트워크 명령어

- ipconfig : 컴퓨터의 IP 주소, 서브넷 마스크, 게이트웨이에 대한 정보 확인
- netstat : TCP/UDP 프로토콜 연결 상황 표시
- net : 네트워크에 연결된 모든 시스템의 상태를 나타내는 명령
- ping ip 주소 : 컴퓨터의 IP 주소가 네트워크에 연결됐는지 확인
- ftp : 파일 송수신 프로토콜

24년 상시, 21년 상시, 16년 2회, 13년 2회, 10년 2회, 06년 1회, 04년 3회, …

71 다음 중 한글 Windows 10에서 인터넷이 정상적으로 작동하지 않을 때 취해야 할 조치로 옳지 않은 것은?

① 네트워크 카드나 케이블이 바르게 연결되었는지 점검한다.
② **속도가 느려진 경우 config 명령을 사용하여 속도가 느려진 원인을 확인한다.**
③ Windows 또는 웹 브라우저가 정상적으로 설치되어 있는지 확인한다.
④ Ping 명령을 사용해 접속하려는 사이트의 서버 상태를 확인한다.

속도가 느려질 경우 'tracert' 명령을 입력하여 속도의 원인을 확인할 수 있다. 'tracert'는 지정된 호스트에 도달할 때까지 통과하는 경로의 정보와 각 경로에서의 지연 시간을 추적하는 명령어이다.

오답 피하기
[명령 프롬프트] 창에서 'ipconfig'를 입력하면 내 컴퓨터의 IP 주소, 서브넷 마스크, 게이트웨이 주소를 확인할 수 있다.

기적의 TIP 네트워크 관련 명령어의 사용법과 역할을 묻는 문제가 출제됩니다. 직접 명령어를 입력해 보면서 공부하는 것이 효과적입니다.

049 인터넷 프로토콜 TCP/IP

- IP 주소 : 인터넷상에서 구별되는 자신만의 고유한 숫자로 된 32/128비트 주소. 인터넷 서비스 업체에서 자동으로 할당받거나 직접 할당된 주소를 입력하여 사용
- DNS 서버 : 문자로 된 도메인 네임을 숫자로 된 32/128비트 주소 형식으로 변환하는 서버
- 서브넷 마스크 : IP 주소와 결합하여 사용자 컴퓨터가 속한 네트워크 세그먼트를 식별하는 데 사용
- 게이트웨이 : IP 라우터라고도 하며, 네트워크 사이에서 IP 패킷을 라우팅하거나 전달할 수 있는 여러 개의 실제 TCP/IP 네트워크에 연결된 장치. 서로 다른 전송 프로토콜이나 IPX 및 IP와 같은 데이터 형식 간의 변환을 담당하며 주로 이 변환 기능 때문에 네트워크에 추가
- DHCP(Dynamic Host Configuration Protocol) : 중앙에서 유동 IP를 할당해 주는 서버로 컴퓨터가 다른 네트워크에 접속하였을 때 자동으로 새로운 IP 주소를 할당

22년 상시, 18년 1회, 15년 3회/1회, 14년 2회/1회, 12년 3회, 08년 1회, …

72 다음 중 한글 Windows 10에서 인터넷을 연결하기 위한 TCP/IP 속성 창에서 서브넷 마스크에 관한 설명으로 옳은 것은?

① DHCP를 이용한 유동 IP 주소를 설정할 때 사용한다.
② **IP 주소와 결합하여 네트워크 주소와 호스트 주소를 구분하기 위하여 사용한다.**
③ IPv4 주소 체계에서는 256비트의 주소로 구성된다.
④ 네트워크 사이에 IP 패킷을 라우팅할 때 사용되는 주소이다.

서브넷 마스크는 1개의 IP 네트워크 물리적 주소를 여러 개의 논리적 주소로 나누는 것으로 네트워크 주소와 호스트 주소를 구분하기 위해 사용한다.

오답 피하기
IPv4는 32비트의 주소를 사용하고, IPv6는 128비트의 주소 체계를 사용한다.

기적의 TIP TCP/IP 프로토콜을 설정하기 위한 속성 창의 사용법과 IP, DNS, 게이트웨이 등을 설정하는 방법에 대해 자주 출제되고 있습니다.

3과목 PC 기본상식

050 ICT 신기술 용어

- 파밍(Pharming) : 금융기관 등 해당 사이트가 공식적으로 운용하고 있던 도메인 자체를 중간에서 탈취하는 수법으로 '피싱'에서 진화해 새롭게 등장한 해킹 기법
- 보이스피싱(Voice Phishing) : 보이스(음성)와 개인정보 및 피싱(낚시)을 결합한 말로 전화 등으로 상대방을 교묘하게 속여 비밀번호 등 개인 금융정보를 빼내거나 돈을 인출하는 사기 수법
- 피싱(Phishing) : 금융기관 등으로부터 개인정보를 불법적으로 알아내 이를 이용하는 사기 수법
- 디도스(DDoS) 공격 : 여러 대의 컴퓨터를 일제히 동작하게 하여 특정 사이트를 공격하는 해킹 방식
- SNS(Social Networking Service) : 소셜네트워크서비스로 웹상에서 인적인 네트워크를 형성시키는 서비스
- SNS(Satellite Network System) : 위성통신 시스템을 이용한 영상·음성·데이터의 새로운 네트워크
- WiFi : 고성능 무선 통신을 가능하게 하는 무선랜 기술로 유선을 사용하지 않고 전파나 빛 등을 이용하여 네트워크를 구축하는 방식
- OSS(Open Source Software) : 개발, 시험, 개선작업과 공동 연구를 보장하기 위해 해당 소프트웨어의 소스 코드가 공개되는 소프트웨어
- SSO(Single Sign On) : 여러 개의 사이트를 운영하는 기업이 하나의 아이디로 여러 사이트를 이용할 수 있는 시스템
- RFID(Radio-Frequency IDentification) : 무선 주파수를 이용해 빛을 전파하여 정보를 수신하는 전자태그 기술
- Tethering(테더링) : 휴대폰을 모뎀으로 활용할 수 있는 기능으로 IT 기기에 인터넷을 통해 1:1로 연결해 접속해 주는 기술
- Virtual Reality(가상현실) : 어떤 특정한 환경이나 상황을 컴퓨터로 만들어서, 마치 실제 주변 상황의 환경과 상호작용하는 것처럼 만들어 주는 시스템
- IoT(Internet of Things) : 사물 인터넷으로 사물에 센서를 부착하여 인터넷으로 연결되어 서로 정보를 주고받는 기술
- Bluetooth(블루투스) : 근거리 무선 기술로 10m 안팎의 단거리에서 저전력 무선 연결이 필요할 때 사용하며, 양방향 정보 전송이 가능
- GPS(Global Positioning System) : 위성을 이용한 범세계적인 무선항법 시스템으로서, 사용자의 현재 위치, 속도 및 시간을 정확하게 계산할 수 있도록 해주는 시스템
- 핫스팟(Hotspot) : 무선 네트워크에 접속하여 초고속 인터넷과 각종 콘텐츠를 이용할 수 있게 하는 서비스

신유형

73 상공산업 박 비서는 인터넷 뱅킹을 하기 위해 컴퓨터의 즐겨찾기에 등록해 놓은 B은행 사이트에 접속했는데, 팝업창이 나타나 계좌번호, 계좌 비밀번호, 보안카드 번호 입력을 요구했다. 며칠 뒤 박 비서의 B은행 계좌에서 총 5회에 걸쳐 1,039만 원이 사기범의 계좌로 이체되었는데, 이러한 신종 컴퓨터 범죄는 무엇인가?

① 보이스피싱
② 파밍
③ 피싱
④ 디도스 공격

24년 상시, 22년 상시, 21년 상시, 19년 2회, 16년 1회

74 다음 중 정보 통신 기술(ICT)에 대한 설명으로 옳지 않은 것은?

① 증강현실(Augmented Reality) : 현실 세계의 배경에 3D의 가상 이미지를 중첩하여 영상으로 보여주는 기술이다.
② RFID(Radio Frequency IDentification) : 전자태그가 부착된 IC칩과 무선 통신 기술을 이용하여 다양한 개체들의 정보를 관리할 수 있는 센서 기술이다.
③ 매시업(Mashup) : 웹상에서 제공되는 다양한 콘텐츠와 서비스를 혼합하여 새로운 서비스를 개발하는 기술이다.
④ 텔레메틱스(Telematics) : 유선 전화망, 무선망, 패킷 데이터 망 등과 같은 기존의 통신망을 하나의 IP 기반 망으로 통합하여 각종 데이터를 전송하는 기술이다.

🏆 **기적의 TIP** 새로운 ICT 신기술 용어가 다양하게 출제됩니다. 꾸준히 정리하여 알아두세요.

051 전자우편의 주요 기능

- 보내는 사람(From) : 보내는 사람의 전자우편 주소
- 받는 사람(To) : 받는 사람의 전자우편 주소
- 참조(Cc) : 참조를 원하는 수신자에게 보낼 때 사용, 숨은 참조(Bcc)
- 제목(Subject) : 메일에 제목을 입력하여 사용
- 첨부(Attach) : 메일에 첨부하여 보낼 문서, 그림, 동영상 등의 파일명
- 회신(Reply) : 받은 메일에 답장을 작성하여 발송자에게 전송하는 기능
- 전달(Forward) : 받은 메일을 다른 사람에게 알려주고 싶을 때 받은 메일을 그대로 다시 보내는 기능

신유형

75 전자우편을 받는 사람뿐만 아니라 동일한 내용을 여러 사람들이 참조 가능하도록 하려고 할 때 사용되는 전자우편의 헤더 부분은?

① Attach
② Cc
③ Subject
④ To

신유형

76 다음 괄호 안에 들어갈 기능은?

> 수신자와 Cc수신자는 메일 본문에 그 정보가 노출되지만, (　　)를 사용하면 메일이 정상적으로 전송되나 수신자나 Cc수신자는 (　　) 수신자의 정보를 볼 수 없게 된다.

① Re
② Forward
③ Cc
④ Bcc

🏆 **기적의 TIP** 전자우편에서 메일의 머리부와 주요 기능들이 출제됩니다. 각 세부 항목을 기억해 두세요.

052 ENIAC

- 진공관을 이용한 최초의 전자식 계산기
- 프로그램 내장 방식이 도입되기 전(외장 방식)의 계산기

09년 2회/1회, 08년 4회

77 다음 중 프로그램 내장 방식의 컴퓨터와 거리가 먼 것은?

① ENIAC
② EDSAC
③ UNIVAC-I
④ EDVAC

🏆 **기적의 TIP** 프로그램 내장 방식을 전(ENIAC), 후(EDSAC)로 해서 컴퓨터의 변화가 잘 출제되고 있으므로 꼭 기억해 두세요.

053 펌웨어

- 하드웨어와 소프트웨어의 중간적 성격의 장치
- 속도가 빨라 운영체제에서 입출력 장치를 제어하는 부분과 같이 고속 처리가 필요한 프로그램과 디지털 시스템에서 사용
- 최근에는 플래시 롬에 저장되어 내용을 간단하게 변경 가능

21년 상시, 09년 1회, 08년 1회

78 다음 중 하드웨어와 소프트웨어의 중간 형태의 프로그램으로 롬(ROM)에 기록되어 하드웨어를 제어하며 필요시 하드웨어의 성능 향상을 위해 업그레이드할 수 있는 마이크로 프로그램의 집합을 무엇이라고 하는가?

① 펌웨어(Firmware)
② 셰어웨어(Shareware)
③ 미들웨어(Middleware)
④ 프리웨어(Freeware)

오답 피하기
- 셰어웨어 : 일정 기간 동안 무료로 사용하다가 마음에 들면 금액을 지불해야 정식으로 사용할 수 있는 제품
- 미들웨어 : 서로 다른 서버와 클라이언트 사이를 연결해 주는 소프트웨어로 분산된 네트워크 환경에서 사용
- 프리웨어 : 공개 프로그램

기적의 TIP 펌웨어는 플래시 롬과 함께 잘 알아두세요.

054 광 디스크

- 레이저 빔을 이용하여 데이터를 기록하고 읽어내는 장치
- CD-ROM : 내용을 읽을 수만 있는 디스크
- CD-R : 데이터를 한 번 기록할 수 있고 많은 양의 데이터를 백업할 때 사용하는 디스크
- CD-RW : 읽기와 쓰기가 모두 가능한 디스크
- DVD : 4.7~17GB 정도의 저장이 가능하고 DVD 장치로도 기존 CD-ROM의 판독이 가능한 디스크

09년 1회, 06년 1회, 04년 1회, 03년 4회

79 다음 중 광 디스크(Optical Disk)의 종류와 이에 대한 설명으로 옳지 않은 것은?

① CD-ROM : 한 번 기록된 내용은 수정할 수 없다.
② DVD : 디스크 한 면에 약 4.7GB 정도의 데이터 저장이 가능하지만 DVD 장치로는 기존 CD-ROM의 판독이 불가능하다.
③ CD-R : CD-Writer를 사용하여 한 번에 한해서 데이터를 기록할 수 있다.
④ CD-RW : 여러 번 데이터를 기록할 수 있다.

기적의 TIP 광 디스크에서는 CD-ROM과 DVD에 대한 특성을 알아두고 어떻게 다른지 주의 깊게 살펴 보도록 하세요.

055 연산 장치

- 연산 장치는 사칙 연산을 하는 산술 연산과 비교, 판단하는 논리 연산을 수행하는 장치
- 가산기, 누산기, 보수기, 기억 레지스터, 인덱스 레지스터, 데이터 레지스터, 상태 레지스터가 있음
- 누산기 : 산술 연산 및 논리 연산의 결과를 일시적으로 기억하는 레지스터
- 가산기 : 2개 이상의 수를 입력하여 이들의 합을 출력하는 논리 회로 또는 장치
- 보수기 : 뺄셈을 할 때 사용되는 보수를 만들어 주는 논리 회로

22년 상시, 21년 상시, 16년 1회, 09년 1회, 06년 3회, 03년 3회

80 다음 중 연산 장치의 구성에 대한 설명으로 옳지 않은 것은?

① 연산 장치에서 사칙 연산을 수행하는 기본 회로는 가산기이다.
② 연산 장치에는 연산한 결과가 기억되는 누산기가 있다.
③ 연산 장치에는 주기억 장치에서 가져온 명령어를 기억하기 위한 기억 레지스터가 있다.
④ 연산 장치에서 뺄셈은 보수기에 의해 만들어진 보수를 이용하여 가산한다.

기적의 TIP 중앙 처리 장치 중에서 연산 기능을 묻는 문제가 가장 많이 출제되므로 여러 가지 레지스터들이 어떠한 기능을 하는지 기억해 두세요.

056 RISC

- RISC 방식은 단순한 구조의 설계 방식으로 명령어의 종류가 적고, 고정된 길이의 명령어들로 구성되어 있음
- 많은 레지스터를 가지고 있어 속도가 빠름

09년 4회, 07년 3회
81 다음 중 RISC 프로세서에 대한 설명으로 가장 거리가 먼 것은?
① 하버드 구조(Harvard Architecture)를 기반으로 설계된 방식이다.
② **가변 길이 명령어 형식을 사용한다.**
③ 상대적으로 적은 수의 명령어 세트를 가지고 있다.
④ 단일 사이클에 한 개의 명령어를 수행한다.

12년 1회, 04년 3회
82 다음 중 RISC 컴퓨터의 특성으로 옳지 않은 것은?
① 주소 지정 방식을 최소화하여 제어 장치가 간단하다.
② **명령어의 수가 많고 길이가 가변적이다.**
③ 고정 배선 제어이므로 마이크로프로그램 방식보다 빠르다.
④ 자주 사용되는 명령어만을 둠으로써 시스템이 빠르다.

기적의 TIP 프로세서 설계 방식에서는 RISC와 CISC를 비교해서 알아두고, 특히 RISC 방식을 묻는 문제가 출제율이 더 높습니다.

058 CPU의 상태

- 준비 상태(Ready State) : 프로세서가 필요한 모든 자원을 할당받고, 프로세서를 할당받기 위해 기다리고 있는 상태
- 실행 상태(Run State) : 프로세스가 원하는 모든 자원을 소유한 상태로 프로세서에 의해 실행되고 있는 상태
- 대기 상태(Wait State) : 프로세스가 프로세서 외의 특정 자원을 요청하고 이를 할당받을 때까지 기다리는 상태
- 교착 상태(Deadlock State) : 프로세서가 특정 사건을 한없이 기다리는 상태

21년 상시, 06년 1회, 03년 4회
84 하나의 프로세스가 시스템 내에서 실행되는 동안 여러 가지 상태의 변화 과정을 거치게 되는데, 프로세스가 CPU를 차지하고 있다가 입·출력 편리를 위하여 CPU를 양보하고 다른 프로세스의 입·출력 처리가 종료될 때까지 기다리는 상태를 무엇이라고 하는가?
① 준비 상태(Ready State)
② 실행 상태(Run State)
③ **대기 상태(Wait State)**
④ 교착 상태(Deadlock State)

기적의 TIP 교착 상태는 무한정 기다리는 상태. 대기 상태는 작업이 끝나기를 기다리는 상태입니다. 교착 상태와 대기 상태를 묻는 문제가 출제되고 있으므로 특징을 잘 알아두세요.

057 패치 프로그램

프로그램의 오류 부분을 수정하거나 기능을 향상시키기 위해 프로그램의 일부를 변경하는 프로그램

06년 1회, 05년 3회, 04년 3회
83 기존 응용 프로그램의 오류 수정이나 성능 향상을 위해 프로그램의 일부 파일을 변경해 주는 프로그램을 무엇이라고 하는가?
① **패치 프로그램(Patch Program)**
② 링킹 프로그램(Linking Program)
③ 응용 프로그램(Application Program)
④ 채팅 프로그램(Chatting Program)

기적의 TIP 응용 프로그램 중에서는 패치 프로그램, 벤치마크 테스트, 셰어웨어 등이 자주 출제됩니다. 각각의 특징을 정확히 이해하세요.

059 가상 기억 장치

- 보조 기억 장치의 일부를 주기억 장치처럼 사용하여 주기억 장치의 용량을 확대하여 사용하는 메모리
- 주프로그램은 보조 기억 장치에 저장시키고 사용할 부분만 주기억 장치에 적재시키는 방법을 사용하며 하드 디스크가 가장 많이 사용
- 프로그램의 크기가 주기억 공간보다 클 경우에 사용
- 대표적으로 페이징 기법과 세그먼테이션 기법이 있음

16년 1회, 11년 3회, 09년 3회, 04년 4회, 03년 1회
85 다음 중 가상 기억 장치에 대한 설명으로 옳지 <u>않은</u> 것은?
① 주기억 장치와 보조 기억 장치로 구성된 기억 체제로 주기억 장치의 용량이 부족한 점을 보완하기 위해 사용한다.
② 프로그램이 사용할 수 있는 주소 공간의 크기가 실제 주기억 장치 기억 공간의 크기보다 작을 때 사용한다.
③ 가상 기억 장치의 구현에 페이지나 세그먼트 개념이 사용된다.
④ 가상 기억 장치는 멀티프로그래밍을 가능하게 한다.

22년 상시, 21년 상시, 07년 1회
86 다음 중 가상 메모리에 대한 설명으로 옳은 것은?
① 하드 디스크를 이용하여 주기억 장치의 용량보다 커다란 프로그램의 수행을 가능하게 한다.
② 프로그램과 데이터를 저장하는 기능을 수행하는 장치로 중앙 처리 장치 내에 존재한다.
③ CPU와 주기억 장치 사이의 속도 차를 완화시키기 위해 사용되는 고속 기억 장치이다.
④ CPU와 입출력 장치의 속도 차를 완화시키기 위해 사용하는 임시 기억 장치이다.

> **기적의 TIP** 가상 기억 장치는 부족한 주기억 장치를 보완해 줍니다. 고성능 기억 장치에서 캐시 메모리와 가상 기억 장치는 출제율이 높으므로 숙지하세요.

060 DMA

- CPU를 거치지 않고 입출력 장치와 메모리 간에 입출력 데이터를 전송
- 주기억 장치에 접근하기 위해 사이클 스틸(Cycle Steal)을 사용
- 중앙 처리 장치에서는 데이터 전송에 관여하지 않으므로 전체적인 컴퓨터 성능의 효율을 향상시킴

23년 상시, 22년 상시, 15년 3회, 10년 1회, 05년 2회
87 다음 중 DMA(Direct Memory Access)에 대한 설명으로 옳은 것은?
① CPU의 계속적인 개입 없이 메모리와 입출력 장치 사이에 데이터를 전송하는 방식이다.
② 고속의 CPU와 저속의 주기억 장치 사이에서 일시적으로 데이터를 저장하는 고속 기억 장치이다.
③ CPU 내부에서 데이터를 전달하는 기능을 가진 병렬 신호 회선을 의미한다.
④ 기억 용량은 작으나 속도가 아주 빠른 버퍼 메모리이다.

> **기적의 TIP** 입출력 제어 장치에서는 DMA와 채널이 출제되며 채널보다 DMA가 최근에 더 출제된 바 있습니다. DMA와 채널의 공통점은 CPU의 부담을 줄이는 역할을 한다는 점을 기억해 두세요.

061 운영체제 리소스

- 운영체제에서 사용되는 자원들
- 프로세서(Processor), 메모리(Main Memory, Hard Disk), 입·출력 장치(Input/Output) 등이 있음

08년 4회, 07년 4회, 06년 3회, 05년 3회
88 컴퓨터 시스템에서 운영체제의 목적은 유한한 리소스의 효율적인 관리이다. 다음 중 운영체제가 관리하는 리소스의 종류와 거리가 <u>먼</u> 것은?
① Main Memory ② Processor
③ BIOS ④ Hard Disk

06년 3회, 05년 3회
89 컴퓨터 시스템에서 운영체제의 목적은 유한한 리소스의 효율적인 관리이다. 다음 중 운영체제가 관리하는 리소스의 종류와 거리가 <u>먼</u> 것은?
① 주기억 장치 ② 프로세서 스케줄
③ BIOS ④ 그래픽 카드

> **기적의 TIP** 운영체제가 관리하는 리소스의 종류가 아닌 것을 찾는 문제가 출제된 바 있습니다. 프로세서, 메모리(주기억, 하드 디스크), 입·출력 장치를 암기해 두세요.

062 운영체제의 분류

- 임베디드 시스템 : 기계, 전자 장치의 두뇌 역할을 하는 마이크로프로세서를 장착하여 설계하며 효과적인 제어와 더욱 편리한 구동을 할 수 있는 시스템
- 분산 처리 시스템 : 네트워크로 연결된 컴퓨터에 의해 작업과 자원을 분산하여 처리하는 방식
- 병렬 처리 시스템 : 서로 연결된 두 개 이상의 처리기에서 두 개 이상의 프로세스를 동시에 병렬 수행하여 연산 속도를 높이는 방식
- 시분할 처리 시스템 : 속도가 빠른 CPU의 처리 시간을 분할하여 여러 개의 작업을 연속으로 처리하는 방식

21년 상시, 16년 2회, 13년 3회, 09년 1회, 06년 3회, 05년 1회, 03년 2회

90 다음 중 일반 PC 형태가 아니며 주로 보드(회로기판) 형태의 반도체 기억 소자에 응용 프로그램을 탑재하여 컴퓨터의 기능을 수행하는 시스템을 무엇이라고 하는가?

① 임베디드 시스템
② 분산 처리 시스템
③ 병렬 처리 시스템
④ 시분할 처리 시스템

기적의 TIP 운영체제의 분류에서 임베디드 시스템은 종종 출제되고 있습니다. 회로기판에 프로그램을 입력하여 처리하는 형태라고 기억하세요.

063 멀티프로그래밍

- 동시에 두 개 이상의 프로그램을 주기억 장치에 기억시켜 놓고 하나의 프로세서가 고속으로 처리하는 방식
- 한 프로그램이 CPU를 짧은 시간 동안 수행하고, 운영체제가 그 다음 프로그램이 수행되도록 하는 방식

08년 1회, 07년 1회, 06년 2회, 05년 4회/2회, 04년 4회

91 한 시스템에서 멀티프로그래밍이 가능한 이유를 가장 잘 설명한 것은?

① 한 CPU에서 동시에 여러 가지 명령을 처리할 수 있으므로 가능하다.
② 멀티프로그래밍이 가능하려면 여러 개의 CPU가 있어야 하며 각 CPU가 각자의 프로그램을 실행하므로 가능하다.
③ 똑같은 프로그램인 경우에만 2개 이상의 동시 실행이 가능하며 사실상 하나의 프로그램이 실행되는 것이다.
④ 각 프로그램이 주어진 작은 시간만큼 CPU를 사용하고 반환하는 것을 반복하므로 가능하다.

기적의 TIP 멀티프로세서는 여러 개의 CPU로 처리하고, 멀티프로그래밍은 여러 개의 프로그램을 하나의 CPU에서 실행하는 것입니다. 멀티프로그래밍과 멀티프로세서를 비교하여 공부하세요.

064 컴파일러와 인터프리터

- 컴파일러 : 전체를 한꺼번에 번역하고 목적 프로그램을 생성하며, 기억 장소가 많이 소요되나 실행이 빠름
- 인터프리터 : 프로그램을 한 줄씩 번역하여 실행하는 방식이고 작업 속도가 컴파일러에 비해 느리며, 목적 프로그램이 생성되지 않음

14년 2회, 07년 3회, 06년 2회, 04년 4회

92 다음 중 컴파일러(Compiler) 언어와 인터프리터(Interpreter) 언어의 차이점에 대한 설명으로 옳지 <u>않은</u> 것은?

① 인터프리터 언어가 컴파일러 언어보다 일반적으로 실행 속도가 빠르다.
② 인터프리터 언어는 대화식 처리가 가능하나, 컴파일러 언어는 일반적으로 불가능하다.
③ 컴파일러 언어는 목적 프로그램이 있는 반면, 인터프리터 언어는 일반적으로 없다.
④ 인터프리터는 번역 과정을 따로 거치지 않고 각 명령문에 대한 디코딩(Decoding)을 거쳐 직접 처리한다.

기적의 TIP 언어 번역기에서 컴파일러와 인터프리터의 출제율이 높습니다. 두 가지의 특성을 비교하는 문제가 나오므로 특징을 잘 알아두세요.

065 USB

- 12Mbps의 속도를 지원하는 직렬 포트의 일종
- 최대 127개까지 주변 기기를 연결할 수 있음
- 컴퓨터에 꽂으면 바로 인식하는 플러그 앤 플레이를 지원

22년 상시, 21년 상시, 10년 1회, 07년 4회, 05년 2회, 03년 1회

93 다음에서 설명하는 장치로 알맞은 것은?

- 직렬 포트의 일종으로 오디오 플레이어, 디지털 카메라, 마우스, 키보드, 스캐너 및 프린터 등과 같은 주변 기기와 컴퓨터 간의 플러그 앤 플레이 인터페이스이다.
- 12Mbps 이상의 데이터 전송 속도를 지원하고, 최대 127개까지 장치들을 사슬처럼 연결할 수 있다.
- 컴퓨터를 사용하는 도중에 이 방식의 주변 장치를 연결해도 인식할 수 있다.

① AGP ② USB
③ SCSI ④ IEEE 1394

기적의 TIP PC의 기본 구성 요소 중에서 연결 포트는 가장 출제가 많이 되는 부분입니다. USB, IEEE 1394, IrDA 장치의 특징을 잘 알아두세요.

066 CMOS

- 바이오스(BIOS)에 내장된 램으로 컴퓨터의 설정 값들을 저장 가능
- 초기 설정 값은 메인보드 제조사가 최적 상태 값을 미리 저장해 놓음
- CMOS는 부팅 우선순위, 그래픽 카드의 종류, 램에 대한 사항, Anti-Virus, 전원 관리, 부팅 비밀번호 옵션, FDD 혹은 HDD 타입 등을 설정할 수 있음

16년 2회, 11년 1회

94 다음 중 CMOS 설정에 대한 설명으로 옳지 <u>않은</u> 것은?

① CMOS의 셋업은 시스템 사양에 맞게 사용자가 설정 및 저장할 수 있다.
② 컴퓨터 전원을 끈 후에도 내장 배터리에 의해 작동되며, 컴퓨터를 켜면 곧 동작한다.
③ CMOS 설정에서 부팅 우선순위와 Anti-Virus 기능을 설정할 수 없다.
④ CMOS는 메인보드의 내장 기능 설정과 주변 장치에 대한 사항을 기록한다.

09년 3회

95 다음 중 CMOS 설정에 대한 설명으로 옳지 <u>않은</u> 것은?

① CMOS 초기 설정 값은 메인보드 제조사가 최적 상태 값을 미리 저장해 놓는다.
② FDD 혹은 HDD 타입을 설정할 수 있다.
③ 전원 관리 및 부팅 비밀번호(Password) 옵션을 설정할 수 있다.
④ CMOS 설정에서 Anti-Virus 기능 및 부팅 순서를 설정할 수 없다.

기적의 TIP CMOS와 BIOS는 컴퓨터 부팅과 설정에서 반드시 필요한 개념입니다. 그 특징을 알아두세요.

067 IEEE 1394

- 애플사가 개발한 고속 직렬 인터페이스
- 컴퓨터 주변 장치나 각종 가전 기기를 개인용 컴퓨터(PC)에 접속하여 PC의 멀티미디어 기능을 강화한 것
- 최대 63대까지의 주변 장치 연결이 가능한 장치
- 데이터 전송 속도는 초당 100MB, 200MB, 400MB의 3종류가 규정되어 있음
- 핫 플러그인(Hot Plug In)을 지원

21년 상시, 10년 2회, 09년 3회, 05년 3회, 03년 2회

96 다음 보기에서 설명하는 장치로 알맞은 것은?

- PC나 각종 AV 기기에서 대량으로 고속 데이터 통신을 실행하기 위한 인터페이스로 파이어와이어(Firewire)라고도 불리운다.
- 플러그 앤 플레이(Plug&Play) 기능이 있어 각종 기기 접속과 단절을 자유롭게 할 수 있다.
- 고속 직렬 연결 장치이다.

① USB　　　　　　② IEEE 802I
③ **IEEE 1394**　　　④ PCMCIA

▶ **기적의 TIP** 연결 포트에서 USB 다음으로 많이 출제되는 것이 IEEE 1394입니다. 비디오나 카메라 등에서 자주 볼 수 있는 친숙한 연결 포트이므로 잘 알아두세요.

068 멀티미디어 활용 분야

- VOD : 사용자가 원하는 시간에 영상 정보를 볼 수 있는 서비스
- VCS : 초고속 정보 통신망을 이용하여 원거리에 있는 사람들과 비디오와 오디오를 통해 회의할 수 있도록 하는 시스템
- VR(가상 시스템), PACS(의료 영상 저장 전송 시스템), CAI(원격 교육) 등이 있음

25년 상시, 23년 상시, 22년 상시, 14년 3회, 13년 3회, 12년 1회, 11년 1회, …

97 다음 중 멀티미디어 활용 분야에 대한 설명으로 옳지 않은 것은?

① **VCS : 전화, TV를 컴퓨터와 연결해 각종 정보를 얻는 뉴 미디어**
② Kiosk : 백화점, 서점 등에서 사용하는 무인 안내 시스템
③ VOD : 사용자가 원하는 영상 정보를 원하는 시간에 볼 수 있도록 전송
④ VR : 컴퓨터 그래픽과 시뮬레이션 기능을 이용해 가상 세계 체험

▶ **기적의 TIP** 최근에는 멀티미디어가 어떻게 활용되고 있는지 묻는 문제가 출제됩니다. 다양한 분야에서의 멀티미디어 활용 상태를 알아두세요.

069 광케이블

- 전기 신호를 광선 신호로 바꾸어 유리섬유를 통하여 전달하는 케이블
- 신호를 부호로 만든 광선을 내부 반사로 전송하는데, 다른 유선 전송 매체에 비해 대역폭이 넓어 데이터 전송률이 뛰어남
- 크기와 무게가 작아 지지 구조물의 크기를 줄일 수 있고, 빛의 형태로 전송하므로 충격성 잡음 등 외부적 간섭을 받지 않음
- 리피터의 설치 간격이 넓어 가입자 회선 및 근거리 통신망으로 이용

22년 상시, 15년 2회, 09년 1회, 06년 1회, 04년 2회, 03년 2회

98 다음 중 광케이블에 대한 설명으로 옳지 않은 것은?

① 다른 유선 전송 매체에 비해 대역폭이 넓고 데이터 전송률이 뛰어나다.
② 다른 유선 전송 매체에 비해 크기가 작으며 가볍다.
③ **다른 유선 전송 매체에 비해 정보 전달의 안전성이 낮다.**
④ 신호를 재생해 주는 역할을 하는 리피터의 설치 간격이 크다.

▶ **기적의 TIP** 전송 매체에서 트위스트 페어 케이블과 동축 케이블, 광케이블을 비교하는 문제가 출제됩니다. 전송률이 빠르고 안전성이 높은 광케이블은 최근 자주 출제되고 있습니다. 보기의 광케이블 특징을 잘 알아두세요.

070 하이퍼텍스트

- 전자적인 매체로 저장된 문서와 문서를 연결해 놓은 상태
- 연결된 자료로 쉽게 이동할 수 있음
- 사용자의 생각과 원하는 정보를 얻을 수 있어 비선형적 구조

21년 상시, 09년 1회, 06년 2회, 04년 2회

99 다음 중 하이퍼텍스트에 관한 설명으로 적절하지 못한 것은?

① 편집자의 의도보다는 독자의 의도에 따라 문서를 읽는 순서가 결정되도록 구성한 문서를 의미한다.
② 문서와 문서를 연결하여 관련된 정보를 쉽게 찾아볼 수 있도록 그물처럼 연결된 비선형 구조를 갖는 문서이다.
③ 하이퍼텍스트에서 가장 중요한 요소는 하이퍼링크이다.
④ **멀티미디어로만 작성된 정보 묶음들이 서로 링크된 형태이다.**

▶ **기적의 TIP** 하이퍼텍스트는 하이퍼미디어와 같이 멀티미디어에서 중요한 개념입니다. 여러 미디어가 서로 연결되어 있는 하이퍼미디어와 여러 텍스트가 서로 연결되어 있는 하이퍼텍스트의 개념을 잘 구분해 두세요.

071 네트워크 장비

- 리피터 : 받은 신호를 증폭시켜 먼 거리까지 정확한 신호를 전달하는 장치
- 모뎀 : 단말기로부터 나오는 디지털 신호를 통신 회선의 특성에 맞게 아날로그 신호로 변환해 주는 변조와 통신 회선을 통과하면 다시 아날로그 신호를 디지털 신호로 변환해 주는 복조 과정을 거쳐 데이터가 처리되는 장치
- 라우터 : 통신망 내에서 송신된 메시지를 수신하여 최적의 경로를 결정한 후 수신 컴퓨터로 전달하는 장치
- 이더넷 허브 : 속도의 구분으로 10Mbps 인터페이스 포트를 구비한 허브
- 게이트웨이 : 서로 다른 종류의 통신망 간에 정보를 주고받을 수 있게 상호 접속하기 위한 통신 장치

14년 2회, 06년 4회, 05년 2회, 03년 4회

100 서로 다른 프로토콜로 운영되는 네트워크에서 최적의 경로를 결정하는 네트워크 장비는 무엇인가?

① 리피터
② 모뎀
③ 라우터
④ 더미 허브

22년 상시, 21년 상시

101 다음 중 LAN과 외부 네트워크를 연결하는 장비로 응용 계층을 연결하여 데이터 형식이나 프로토콜을 변환함으로써 서로 다른 프로토콜을 갖는 네트워크를 연결시켜 주는 장치는 어느 것인가?

① 게이트웨이(Gateway)
② 브리지(Bridge)
③ 리피터(Repeater)
④ 라우터(Router)

오답 피하기

- 브리지 : 두 개의 네트워크를 연결하며, 패킷을 적절히 중계하고 필터링하는 장치
- 리피터 : 받은 신호를 증폭시켜서 먼 거리까지 정확한 신호를 전달하는 장치
- 라우터 : 통신망 내에서 송신된 메시지를 수신하여 최적의 경로를 결정한 후 수신 컴퓨터로 전달하는 장치

기적의 TIP 네크워크 장비에는 허브, 리피터, 라우터, 게이트웨이 등이 있습니다. 모두 골고루 출제되므로 각 장치들의 쓰임을 잘 알아두세요.

072 부호화와 복호화

아날로그 영상 ⇌ 디지털 영상 (부호화/복호화)

07년 4회, 05년 2회, 04년 4회, 03년 4회

102 다음 중 아날로그 영상을 디지털 영상으로 전송하고, 수신 후 아날로그 영상으로 복원하는 과정을 올바르게 표시한 것은 무엇인가?

① 아날로그 영상 → 부호화 → 디지털 영상 → 부호화 → 아날로그 영상
② 아날로그 영상 → 부호화 → 디지털 영상 → 복호화 → 아날로그 영상
③ 아날로그 영상 → 복호화 → 디지털 영상 → 부호화 → 디지털 영상
④ 아날로그 영상 → 복호화 → 아날로그 영상 → 복호화 → 디지털 영상

기적의 TIP 코덱의 처리 과정을 표시한 문제입니다. 어떻게 내부에서 처리하는지 알아두고, 부호화된 후에 복호화됨을 기억해 두세요.

073 VDSL

- 초고속 디지털 전송 기술로 다운로드 속도와 업로드 속도가 동일
- 영상 회의, 원격 진료, 인터넷 방송 등과 같은 양방향 서비스에 가장 적합한 방식

09년 1회, 07년 1회

103 다음 중 초고속 디지털 전송 기술의 하나로 초고속 디지털 가입자 회선이라고 부르기도 하며 양방향 서비스 속도가 이론적으로 비슷한 인터넷 통신 기술은?

① ADSL
② VDSL
③ ISDN
④ MODEM

기적의 TIP ADSL, VDSL, ATM 등의 통신 방식이 골고루 출제되고 있습니다. 모두 중요하므로 반드시 알아두세요.

074 ADSL

- 미국의 벨코어가 주문형 비디오의 상용화 서비스를 위해 개발한 기술
- 기존의 구리선 전화선을 이용한 통신을 제공
- 다운로드 속도와 업로드 속도가 다른 비대칭 디지털 가입자 회선이므로 양방향 서비스에 부적합
- 음성 통신은 낮은 주파수 대역을 이용, 데이터 통신은 높은 주파수 대역을 이용

06년 1회, 05년 4회/2회, 04년 4회/2회, 03년 3회

104 최근 일반 가정에서 인터넷으로 널리 사용하는 ADSL에 대한 설명으로 옳은 것은?

① 동축 케이블을 사용하여 고속의 데이터 통신을 제공한다.
② 대칭형 디지털 가입자 회선이다.
③ 영상 회의, 원격 진료 등과 같은 양방향 서비스에 가장 적합한 방식이다.
④ **전화는 낮은 주파수를, 데이터 통신은 높은 주파수를 이용한다.**

> 🚩 **기적의 TIP** ADSL(비대칭 디지털 가입자 회선)은 정보 통신망의 종류 중 자주 출제되고 있습니다. ADSL의 특징을 정확히 숙지하세요.

075 인터네트워킹

- 서로 다른 네트워크를 통신하기 위한 기술로 두 네트워크 간의 공통된 프로토콜, 라우팅 테이블과 관련된 네트워크 장치에 대한 내용으로 구성
- 리피터, 라우터, 브리지 등이 있음

07년 4회, 06년 3회/2회

105 다음 중에서 컴퓨터를 네트워크로 연결하기 위해 사용하는 인터네트워킹 기기가 아닌 것은?

① 리피터(Repeater)   ② 라우터(Router)
③ 브리지(Bridge)   ④ **디코더(Decoder)**

06년 2회

106 다음 중에서 컴퓨터를 네트워크로 연결하기 위해 사용하는 인터네트워킹 기기가 아닌 것은?

① 리피터(Repeater)   ② 라우터(Router)
③ 브리지(Bridge)   ④ **레이드(RAID)**

> 🚩 **기적의 TIP** 인터네트워킹 기기는 허브, 리피터, 라우터, 브리지, 게이트웨이 등이 있습니다. 전체적으로 인터네트워킹 기기를 묻는 문제와 각 장치들의 특징을 묻는 문제가 출제됩니다.

076 LAN

LAN 접근 방식	
CSMA/CD	전송 매체를 감시하다가 신호가 있으면 기다리고, 신호가 없으면 전송을 즉시 개시하는 방식
토큰 버스	한 스테이션이 토큰을 가지게 되면 특정 시간 동안 매체를 제어하고 하나 이상의 패킷을 전송할 수 있는 방식
토큰 링	링 주위를 프리 토큰이 순회하다가 패킷을 전송하려는 스테이션을 만나면 프리 토큰을 잡아 제어권을 얻는 방식

22년 상시, 10년 1회, 06년 4회/3회, 05년 2회, 04년 4회

107 다음 중에서 LAN의 매체 접근 제어 방식으로 분류하였을 경우, 이에 해당되지 <u>않는</u> 것은?

① CSMA/CD
② **토폴로지(Topology)**
③ 토큰 링(Token Ring)
④ 토큰 버스(Token Bus)

21년 상시, 09년 4회

108 다음 중에서 LAN을 매체 접근 제어 방식으로 분류하였을 경우, 이에 해당되지 <u>않는</u> 것은?

① **프로토콜(Protocol)**
② CSMA/CD
③ 토큰 링(Token Ring)
④ 토큰 버스(Token Bus)

> 🚩 **기적의 TIP** LAN에 관련된 문제는 매 회 한 문제씩 나올 정도로 출제율이 높습니다. LAN에 대한 설명이나 매체 접근 제어 방식이 자주 출제되므로 접근 방식을 꼭 알아두세요.

077 프로토콜

- 데이터 통신에서 컴퓨터 시스템 간의 정보 교환을 원활하게 하기 위해 정해 놓은 약속으로, 프로토콜이 다르면 정보를 공유할 수 없으므로 동일한 프로토콜을 사용해야 함
- 기본 요소는 구문, 의미, 순서로 구성
- 데이터 전송 방식에는 문자 방식, 바이트 방식, 비트 방식이 있음

07년 4회, 03년 1회
109 다음 중 프로토콜에 대한 설명으로 옳지 <u>않은</u> 것은?
① '프로토콜'이란 통신을 원하는 두 개체 간에 무엇을, 어떻게, 언제 통신할 것인가에 대해 서로 약속한 운영 규정이다.
② 프로토콜의 기본 요소는 구문(Syntax), 의미(Semantics), 순서(Timing)이다.
③ 프로토콜은 전송하고자 하는 데이터 프레임의 구성에 따라 문자 방식, 바이트 방식, 비트 방식 등이 있다.
④ **프로토콜의 구성을 회사마다 다양하게 설정하면 인터넷을 보다 효율적으로 사용할 수 있다.**

> **기적의 TIP** 프로토콜에 대한 전체적인 내용을 묻는 문제가 출제되고 있습니다. 프로토콜의 특징과 전송 방식을 알아두세요.

078 ATM(비동기 전송)

- 비대칭 디지털 가입자 회선으로, 디지털 정보를 기존 전화선을 통해서 고속으로 전송하는 기술
- B-ISDN의 전송·교환 기술로 고정길이의 블록인 ATM 셀에 의해 순차적으로 전송하는 방식
- ATM 셀은 53바이트 크기로 헤더(5바이트)와 정보 데이터(48바이트) 부분으로 나뉨
- 패킷 라우팅을 기반으로 하는 높은 전송 효과로 다양한 정보를 고속으로 처리 가능
- 모뎀을 이용한 PC 통신도 여기에 해당하며, 셀 교환 기법을 통해 데이터를 동일한 고정 길이의 셀로 변환시켜 전송하기 때문에 패킷 방식에 비해 속도가 빠르고 효율도 높음(셀 릴레이 방식)

21년 상시, 06년 1회, 05년 4회, 04년 3회/1회
110 다음 보기에서 설명하는 특성들을 갖는 통신망의 구성요소는 어느 것인가?

- 음성과 영상 같은 다매체 자료를 전송하기 위해 사용된다.
- 패킷 라우팅(Packet Routing)을 기반으로 한 통신 방식이다.
- 고속의 광섬유와 위성 통신까지 가능한 셀 릴레이(Cell Relay) 방식을 사용한다.

① ADSL(Asymmetric Digital Subscriber Line)
② PSTN(Public Switched Telephone Network)
③ **ATM(Asynchronous Transfer Mode)**
④ CSDN(Circle Switched Data Network)

> **기적의 TIP** ATM(비동송 방식)은 B-ISDN(광대역 종합 정보 통신망)과 연결하여 공부하고 통신 기술은 모두 중요하므로 반드시 알아두세요.

해설과 함께 보는
상시 기출문제

CONTENTS

2023년 상시 기출문제 01회 ················ 146p

2023년 상시 기출문제 02회 ················ 159p

2023년 상시 기출문제 03회 ················ 172p

2023년 상시 기출문제 04회 ················ 185p

2023년 상시 기출문제 05회 ················ 198p

2023년 상시 기출문제 01회

SELF CHECK | 제한시간 60분 | 소요시간   분 | 전체 문항 수 60문항 | 맞힌 문항 수   문항

1과목 워드프로세싱 용어 및 기능

01 다음 중 워드프로세서의 화면 표시 기능과 관련된 설명으로 옳지 않은 것은?

① 눈금자를 사용하면 왼쪽과 오른쪽 여백, 들여쓰기, 내어쓰기, 탭 설정 여부 등을 표시할 수 있다.
② 상태 표시줄에는 커서가 있는 쪽 번호, 커서 위치, 삽입 또는 수정 상태, 자판의 종류 등의 정보를 표시한다.
③ 문서를 작성할 때 화면을 상·하·좌·우로 이동하는 기능을 스크롤(Scroll)이라고 한다.
④ 작업 화면의 기본 도구 모음에는 제어상자, 제목, 창 조절 단추 등이 표시된다.

> 기본 도구 모음은 문서 작업을 할 때 자주 사용하는 기능을 아이콘화하여 비슷한 기능을 모아 놓은 곳으로, 사용자가 임의로 위치를 바꾸거나 재구성할 수 있다. 제어상자, 제목, 창 조절 단추 등은 창의 구성 요소로 창의 가장 위에 표시된다.

02 다음 문장을 효과적으로 입력하기 위한 방법으로 옳지 않은 것은?

> 대한민국의 장점은 대한민국에 사는 대한민국 국민이 조국인 대한민국의 발전을 위해 최선을 다하는 것이다.

① 복사하기 기능 사용
② 보일러 플레이트 기능 사용
③ 매크로 기능 사용
④ 상용구 기능 사용

> 보일러 플레이트는 작성 중인 문서의 일부분에 주석, 메모 등을 적어 놓기 위해 따로 설정한 구역으로 머리말, 꼬리말, 주석 등 재사용할 수 있는 내용을 입력하는 구역이다.
>
> **오답 피하기**
> • 복사 : 범위를 지정하여 복사한 후 붙여넣기하여 여러 번 사용
> • 매크로 : 사용자가 입력하는 키보드의 조작 순서를 기억했다가 그대로 재생하는 기능
> • 상용구 : 자주 쓰이는 어휘를 등록시켜 두었다가 준말을 입력하여 본말을 표시하는 기능

03 다음 중 전자문서의 관리에 대한 설명으로 옳지 않은 것은?

① 전자문서의 결재권자는 전자문서를 열람한 후 전자문서의 서명란에 서명한다.
② 행정기관의 전자이미지관인은 문서과의 기안자가 찍어야 한다.
③ 전자결재시스템을 사용하면 표준 서식으로 정해진 문서만 사용할 수 있다.
④ 전자문서의 효력은 수신자의 컴퓨터에 파일로 등록된 때부터 발생한다.

> 문서과의 기안자가 아니라 처리과의 기안자가 이미지관인을 찍어야 한다.

04 다음 설명에 해당하는 용어는 무엇인가?

> 주문서, 납품서, 청구서 등 무역에 필요한 각종 서류를 표준화된 양식을 통해 전자적 신호로 바꿔 컴퓨터 통신망을 이용, 거래처에 전송하는 시스템이다. 기존의 서류를 통한 업무 처리와는 달리 컴퓨터를 이용하여 사무실에서 빠르고 간편하게 업무를 처리할 수 있다. 기업 간의 거래 데이터를 교환하기 위한 표준 포맷이다.

① EDI
② ERP
③ EDMS
④ CALS

> **오답 피하기**
> • ERP(전사적 자원 관리) : 회사의 자금, 회계, 구매, 생산, 판매 등 모든 업무의 흐름을 효율적으로 통합하여 관리하는 전산 시스템
> • EDMS(전자문서 관리 시스템) : 다양한 형태의 문서와 자료를 그 작성부터 폐기에 이르기까지의 모든 과정을 일관성 있게 전자적으로 통합 관리하기 위한 시스템
> • CALS(Commercial At the Light Speed) : 광속 상거래로 설계에서부터 모든 정보를 기업, 기업 간, 국제 간에 공유하는 기업정보화시스템

정답 01 ④ 02 ② 03 ② 04 ①

- 각 문항을 문제의 난이도 등급에 따라 상중하로 분류하였습니다.
- 중요✓ 표시가 있는 문제는 출제 빈도가 높은 문제입니다.
- 문제의 이해도에 따라 ○△✕ 체크하여 완벽하게 정리하세요.

05 다음 중 한글 워드프로세서에서 사용하는 KS X 1005-1(유니코드)에 대한 설명으로 옳지 않은 것은?

① 완성형 코드에 조합형 코드를 반영하여 개발되었다.
② 전 세계에서 사용할 수 있는 모든 문자를 표현할 수 있는 국제 표준 코드이다.
③ 영문은 1바이트, 한글은 2바이트를 사용하는 코드이다.
④ 외국 소프트웨어의 한글화가 쉽고 한글은 가나다 순으로 정렬된 코드이다.

유니코드는 모든 문자가 2바이트를 사용한다.

06 다음에 설명하는 문서정리 방법을 나타내는 용어로 가장 적절한 것은?

- 같은 카테고리의 문서를 한 곳에 모을 수 있다.
- 문서 내용의 분류가 여러 개인 경우 상호 참조 표시가 필요하다.
- 문서가 소분류로 구분되어 취급되는 경우에 많이 활용된다.

① 번호식 분류법
② 지역별 분류법
③ 주제별 분류법
④ 수직적 분류법

오답 피하기
번호식 분류법은 문서를 일정량 모이면 개별 폴더에 숫자를 지정하여 보관하는 방식으로 무한 확장 가능하다는 특징이 있다. 지역별 분류법은 거래처의 지역이나 범위에 따라 가나다 순으로 분류하는 방법이다.

07 〈보기1〉이 〈보기2〉처럼 수정되었을 때 사용된 교정부호로 올바르게 짝지어진 것은?

〈보기1〉
초청장 이나 안내문은 초대의
글이나 모임주제를 쓰고 일시,
장소, 연락처를 입력한다.

〈보기2〉
초청장이나 안내문은 초대의
글이나 모임 주제를 쓰고 일시, 장소,
연락처를 입력한다.

08 다음 중 문서의 분량에 변동이 없는 교정부호로만 짝지은 것은?

①은 글자 바로 하기, 자리 바꾸기, 되살리기(원래대로 두기) 교정부호로 분량에 변동이 없다.

오답 피하기
- ② : 들여쓰기, 사이 띄우기, 줄 잇기
- ③ : 붙이기, 줄 잇기, 되살리기(원래대로 두기)
- ④ : 수정, 내어쓰기, 자리 바꾸기

정답 05 ③ 06 ③ 07 ② 08 ①

09 다음 설명에 해당하는 워드프로세서의 용어는?

> 문서 편집과 관련된 여러 가지 설정 항목들의 표준값으로 사용자가 따로 지정하지 않는 한 이 값이 그대로 적용된다.

① 디폴트(Default)
② 클립아트(Clip Art)
③ 도구상자(Tool Box)
④ 스풀링(Spooling)

오답 피하기
- 클립아트 : 컴퓨터로 문서를 만들 때 편리하게 사용할 수 있도록 미리 만들어 저장해 놓은 여러 가지 그림
- 도구상자 : 파일을 조작하거나 내용을 편집하는 기능 등으로 공통적으로 사용되는 각종 기능을 모아 놓은 곳
- 스풀링 : 처리할 데이터를 보관하여 저장하고 이것을 다른 장치가 이용하도록 하는 기능으로, 컴퓨터가 다른 주변 장치 간에 데이터를 전송할 때 처리 시간을 단축하기 위해 사용

10 다음 중 문서관리의 원칙에 대한 설명으로 가장 옳지 않은 것은?

① 정확성 : 문서를 옮겨 적거나 다시 기재하는 것을 줄이고, 복사해서 사용한다.
② 용이성 : 문서를 쉽게 작성하고, 판단 사무 작업을 사무화한다.
③ 신속성 : 반복되고 계속되는 업무는 유사 관련 자료를 참고하여 사무 절차와 방법을 간소화한다.
④ 경제성 : 문서의 집중 관리 및 처리를 통하여 경비를 절약한다.

문서관리의 신속성은 문서 처리를 보다 빨리 수행하고자 하는 것이다.

11 다음 중 한자를 입력하는 방법으로 옳지 않은 것은?

① 한자 목록이나 한자 사전에서 해당 한자를 선택하여 입력한다.
② 한자 사전에 없는 단어일 경우 사용자가 등록시킬 수 있다.
③ 한자의 음을 모를 때에는 문장 자동 변환으로 입력한다.
④ 음절 단위 변환은 한글로 음을 먼저 입력한 후 한 글자씩 한자로 변환한다.

한자 음을 모를 때에는 부수 입력, 외자 입력, 2Stroke 방법으로 한자를 입력할 수 있다.

12 다음 중 워드프로세서에서 문서를 작성할 때 금칙 처리에 관한 설명으로 옳은 것은?

① 특정한 기호가 행의 마지막 또는 행의 처음에 나타나지 않도록 하는 것이다.
② 입력되는 단어가 길어서 동일한 줄에 입력되지 않을 경우 다음 줄로 이동하여 나타나도록 하는 것이다.
③ 문서 인쇄 시 특정한 글자나 기호가 인쇄되지 않도록 하는 것이다.
④ 특정한 서체를 작성 중인 문서에서 사용할 수 없도록 하는 것이다.

행두 금칙 문자는 행의 처음에 올 수 없는 문자나 기호이고, 행말 금칙 문자는 행의 마지막에 올 수 없는 문자나 기호이다.

13 다음 중 워드프로세서에서 치환에 대한 내용으로 옳지 않은 것은?

① 치환 후에는 문서의 분량이 변할 수 없다.
② 글자 모양, 문단 모양, 스타일도 지정하여 바꿀 수 있다.
③ 블록을 지정한 특정 영역에 대해서만 치환 기능을 적용할 수 있다.
④ 특정 문자열을 찾아 다른 문자열로 바꾸는 기능이다.

치환(바꾸기) 후에는 문서의 분량이 증가하거나 감소할 수 있어 분량이 변할 수 있다.

정답 09 ① 10 ③ 11 ③ 12 ① 13 ①

14 다음 중 공문서의 구성으로 결문의 내용으로 옳지 않은 것은?

① 시행일자
② 협조자
③ 붙임(첨부)
④ 발신기관 주소

> 붙임(첨부)은 본문의 구성 요소이다.

15 다음 중 전자책(E-Book)의 특징으로 옳지 않은 것은?

① 마우스 등의 읽기 위한 장치가 있어야 한다.
② 그림, 동영상, 애니메이션 등의 멀티미디어 구현이 가능하다.
③ 종이책에 비해 포장이나 유통 비용이 적게 든다.
④ 저작권이 필요 없어 누구나 보고 편집할 수 있다.

> **오답 피하기**
> 전자책도 저작권이 있으므로 구입하여 이용해야 하며, 함부로 편집하면 안 된다.

16 다음 중 문서관리를 위하여 처리 단계별로 문서를 분류하는 경우에 각 문서에 관한 설명으로 옳지 않은 것은?

① 접수문서 : 외부로부터 접수된 문서
② 공람문서 : 배포문서 중 여러 사람이 돌려보는 문서
③ 보존문서 : 일처리가 끝난 완결문서로 해당연도 말까지 보관하는 문서
④ 배포문서 : 접수문서를 문서과가 배포 절차에 의해 처리과로 배포하는 문서

> ③은 보관문서에 대한 설명이다. 보존문서의 보존 기간은 해당연도 말까지가 아니라 처리기관별로 일정 기간 동안 보존한다.

17 다음 중 워드프로세서에서 매크로(Macro)에 대한 설명으로 옳지 않은 것은?

① 일련의 작업 순서를 키보드의 특정 키에 기록해 두었다가 필요할 때 한 번에 재실행하는 기능이다.
② 동일한 내용의 반복 입력이나 도형, 문단 형식, 서식 등을 여러 곳에 반복 적용할 때 효과적이다.
③ 작성한 매크로는 별도의 파일로 저장할 수 있으며 편집이 가능하다.
④ 마우스 동작을 포함한 사용자의 모든 동작을 기억하는 것을 '키 매크로'라고 한다.

> 마우스 동작을 포함한 사용자의 모든 동작을 기억하는 것은 '스크립트 매크로'이고, 키보드의 동작을 기억하는 것은 '키 매크로'이다.

18 다음 워드프로세서의 용어에 대한 설명 중 옳지 않은 것은?

① 영문 균등(Justification) : 워드 랩 등으로 생긴 공백을 처리하기 위해 단어와 단어 사이의 간격을 균등 배분함으로써 전체 길이를 맞추고 균형을 유지하기 위한 기능
② 디폴트(Default) : 전반적인 규정이나 서식 설정, 메뉴 등 이미 가지고 있는 값으로 기본값 또는 표준값
③ 보일러 플레이트(Boiler Plate) : 문서 일부분에 주석, 메모 등을 적어놓기 위해 따로 설정한 구역
④ 문자 피치(Character Pitch) : 인쇄 시 문자와 문자 사이의 간격을 표현한 단위로 피치가 클수록 문자 사이의 간격이 넓어짐

> 피치는 1인치에 포함되는 문자 수로 글자와 글자 사이의 간격을 표시하는 단위이다. 피치가 커지면 1인치에 인쇄되는 글자 수가 많아져 글자 간격은 좁아진다.

19 다음 사외문서의 구성에 대한 설명 중 두문에 해당하지 않은 것은?

① 제목은 문서 내용을 파악할 수 있도록 본문 내용을 간추려 표시한다.
② 수신자명은 직위와 성명을 표시한다.
③ 발신 연월일은 숫자 뒤에 년, 월, 일을 붙여 표시할 수 있다.
④ 발신자명은 문서 발신자의 성명을 표시한다.

제목은 '본문'의 구성 요소이다.

20 다음과 가장 관련 있는 기능은 무엇인가?

- 문단의 형태(글꼴, 크기, 문단 모양, 문단 번호)를 쉽게 변경할 수 있다.
- 문서에 대하여 일관성 있는 서식을 유지하면서 편집하는데 가장 유용한 기능이다.

① 수식 편집기
② 목차 만들기
③ 스타일
④ 맞춤법 검사

오답 피하기
- 수식 편집기 : 수학식이나 화학식을 입력하고 수정하는 편집기
- 목차 만들기 : 차례로 만들 부분에 표시를 달아두고 일괄적으로 제목을 작성하기
- 맞춤법 검사 : 작성된 문서와 워드프로세서에 내장된 사전을 비교하여 틀린 단어를 찾아주고 수정하는 기능

2과목 PC 운영체제

21 다음 보기에서 설명하는 한글 Windows 10 운영체제의 특징으로 옳은 것은?

한 대의 컴퓨터 시스템에서 운영체제가 각 작업의 제어권을 행사하여 작업의 중요도와 자원 소모량 등에 따라 우선순위가 높은 작업에 기회가 가도록 우선순위가 낮은 작업에 작동 제한을 걸어 특정 자원 응용 프로그램이 제어권을 독점하는 것을 방지하는 안정적인 체제이다.

① 선점형 멀티태스킹
② 그래픽 사용자 인터페이스
③ 자동 감지 기능
④ 64비트 운영체제

선점형 멀티태스킹은 제어권이 운영체제에 있고, 비선점형 멀티태스킹은 제어권이 프로그램에 있다.

오답 피하기
- 그래픽 사용자 인터페이스 : 사용자에게 편리한 사용 환경으로 사용자가 그림으로 된 그래픽 아이콘을 마우스와 키보드를 통해 실행하여 정보를 교환하는 방식의 환경을 제공
- 자동 감지 기능 : 컴퓨터에 설치된 새로운 하드웨어를 자동으로 감지하여 하드웨어를 구성하고 충돌을 방지하는 기능으로, 주변 장치와 하드웨어가 PnP 기능을 지원하는 BIOS가 있어야 PnP 기능을 사용 가능
- 64비트 운영체제 : 완벽한 64비트 운영체제를 사용하여 데이터의 처리 속도와 시스템 안정성 향상

22 다음 중 한글 Windows 10의 [시작] 메뉴에 관한 내용으로 옳지 않은 것은?

① 시작 메뉴를 표시하는 바로 가기 키는 Ctrl + Esc 이다.
② 시작 메뉴에서 [파일 탐색기] 창이나 [장치 관리자] 창을 열 수 있다.
③ 최근에 사용한 문서를 빠르게 열 수 있는 점프 목록 기능이 있다.
④ 시작 메뉴에 있는 앱은 윈도우 시스템 부팅 시 자동 실행된다.

[시작] 메뉴에 있는 앱은 필요할 때 선택하면 실행된다. 윈도우 시스템으로 로그인할 때 설치된 목록의 앱이 자동으로 실행되어 최소화되거나 백그라운드 작업으로 실행되도록 하기 위해서는 [시작]-[설정]-[앱]-[시작프로그램]에서 설정해야 한다.

정답 19 ① 20 ③ 21 ① 22 ④

23 다음 중 한글 Windows 10에서 [휴지통]의 속성 창에서 할 수 있는 작업으로 옳지 않은 것은?

① 휴지통의 크기를 하드 디스크 드라이브마다 MB 단위로 지정할 수 있다.
② 휴지통에서 원래 폴더 위치를 지정할 수 있다.
③ 파일이나 폴더가 삭제될 때 휴지통에 버리지 않고 바로 제거되도록 설정할 수 있다.
④ 파일이나 폴더가 삭제될 때마다 삭제 확인 대화 상자 표시를 하도록 설정할 수 있다.

휴지통의 원래 폴더는 삭제하기 이전의 위치로 설정되어 있으며, 위치를 변경할 수는 없다.

24 다음 중 한글 Windows 10에서 아이콘 보기 형식으로 옳지 않은 것은?

① 넓은 아이콘
② 큰 아이콘
③ 작은 아이콘
④ 자세히

아이콘 보기 형식으로는 아주 큰 아이콘, 큰 아이콘, 보통 아이콘, 작은 아이콘, 목록, 자세히, 타일, 내용이 있다.

25 한글 Windows 10에서 캡처 도구에 대한 설명으로 옳지 않은 것은?

① [시작] 메뉴의 [Windows 보조프로그램]-[캡처 도구]를 선택한다.
② 캡처 모드에는 자유형, 삼각형, 사각형 창 캡처, 전체 화면 캡처가 있다.
③ 캡처한 내용은 png, jpg, gif의 그림 형식으로 저장할 수 있다.
④ 캡처한 내용은 빨간 펜을 사용하여 그린 후 복사할 수 있다.

캡처 모드에서 삼각형은 사용할 수 없다.

26 다음 중 한글 Windows 10의 [제어판]에 있는 [프로그램 및 기능]을 이용하여 수행할 수 있는 작업으로 옳은 것은?

① Windows 기능 켜기와 끄기, 프로그램 제거 또는 변경을 할 수 있다.
② [Windows 탐색기] 프로그램을 제거할 수 있다.
③ 제거된 응용 앱은 [휴지통]에 임시 저장할 수 있다.
④ Windows 운영체제를 다시 설치할 수 있다.

오답 피하기
- ② : [Windows 탐색기] 프로그램은 [프로그램 및 기능]을 통해 삭제 불가
- ③ : 제거된 응용 앱은 [휴지통]에 임시 저장되지 않고 바로 삭제
- ④ : 운영체제를 재설치할 때에는 Windows 원본 DVD나 USB를 넣고 설치

27 다음 중 한글 Windows 10에서 [드라이브 조각 모음 및 최적화]와 관련된 내용으로 옳지 않은 것은?

① 디스크 조각 모음이 진행 중인 동안에도 컴퓨터를 사용할 수 있다.
② NTFS, FAT, FAT32 이외의 다른 파일 시스템으로 포맷된 경우와 네트워크 드라이브에 대해서는 디스크 조각 모음을 실행할 수 없다.
③ 디스크 공간의 최적화로 사용 가능 공간이 확장된다.
④ 디스크 조각 모음을 정해진 요일이나 시간에 자동으로 수행할 수 있도록 예약을 설정할 수 있다.

디스크 조각 모음 및 최적화를 통해서 디스크의 접근 속도를 향상시킬 수 있다. 디스크의 공간 확장을 하는 것은 디스크 정리이다.

정답 23 ② 24 ① 25 ② 26 ① 27 ③

28 다음 중 한글 Windows 10이 설치된 C: 디스크 드라이브의 [로컬 디스크(C:) 속성] 창에서 작업할 수 있는 내용으로 옳지 않은 것은?

① 드라이브를 압축하여 디스크 공간을 절약할 수 있다.
② 디스크 오류 검사 및 드라이브 조각 모음을 할 수 있다.
③ 네트워크 파일이나 폴더를 공유할 수 있도록 설정할 수 있다.
④ 디스크 정리 및 디스크 포맷을 할 수 있다.

> 로컬 디스크(C:)의 속성 창에서 디스크 정리는 가능하나, 디스크 포맷은 할 수 없다. 포맷은 디스크 드라이브의 바로 가기 메뉴에서 [포맷(A)]이라는 메뉴에서 실행할 수 있다.

29 다음 중 한글 Windows 10의 작업 표시줄에 대한 설명으로 옳지 않은 것은?

① 작업 표시줄은 현재 실행되고 있는 프로그램 단추와 프로그램을 빠르게 실행하기 위해 등록한 고정 프로그램 단추 등이 표시되는 곳이다.
② 작업 표시줄 자동 숨기기를 지정하면 작업 표시줄을 다른 위치로 이동시킬 수 없다.
③ '작업 표시줄 잠금'이 지정된 상태에서는 작업 표시줄의 크기나 위치 등을 변경할 수 없다.
④ 작업 표시줄은 기본적으로 바탕 화면의 맨 아래쪽에 있다.

> 작업 표시줄 자동 숨기기는 작업 표시줄이 보이지 않다가 마우스 포인터의 이동으로 보이는 기능으로 '숨기기' 되어 있어도 작업 표시줄을 다른 위치로 이동할 수 있다.

30 다음 중 한글 Windows 10에서 라이브러리에 대한 설명으로 옳지 않은 것은?

① 자주 사용하는 폴더들을 하나씩 찾아다니지 않고 라이브러리에 등록하여 한 번에 관리할 수 있다.
② 라이브러리는 컴퓨터 여기저기 흩어져 있는 자료를 한 곳에서 보고 정리할 수 있게 하는 가상의 폴더이다.
③ 기본적으로 문서, 음악, 사진, 비디오 라이브러리를 제공한다.
④ 하나의 라이브러리에는 최대 30개의 폴더를 포함시킬 수 있다.

> 하나의 라이브러리에는 최대 50개의 폴더를 포함시킬 수 있다.

31 다음 중 한글 Windows 10에서 새로운 프린터를 추가하기 위한 [프린터 추가]에 관한 설명으로 옳지 않은 것은?

① [장치 및 프린터] 창에서 [프린터 추가]를 선택하여 작업을 수행한다.
② [프린터 추가]를 수행하는 과정에서 네트워크, 무선 또는 Bluetooth 프린터와 로컬 프린터로 구분하여 설치할 수 있다.
③ USB 포트에 연결되는 플러그 앤 플레이 프린터가 있으면 [프린터 추가]를 사용할 필요가 없다.
④ [프린터 추가]를 이용하여 설치된 새로운 로컬 프린터는 항상 기본 프린터로 지정된다.

> 프린터를 추가한다고 해서 기본 프린터로 무조건 자동 지정되는 것은 아니다. 기본 프린터가 없는 상태에서 프린터를 추가할 경우 기본 프린터로 설정할 수 있다.

32 다음 중 한글 Windows 10의 [Windows 탐색기]에서 [홈] 메뉴를 이용하여 수행할 수 있는 작업으로 옳지 않은 것은?

① 모든 개체를 선택할 수 있다.
② 선택 영역 반전을 할 수 있다.
③ 선택한 개체를 휴지통으로 이동할 수 있다.
④ 선택한 개체를 압축할 수 있다.

> 선택한 개체를 압축하는 작업은 [공유] 메뉴를 이용하여 할 수 있다.

정답 28 ④ 29 ② 30 ④ 31 ④ 32 ④

33 다음 중 한글 Windows 10에서 압축 폴더에 대한 설명으로 옳지 않은 것은?

① 폴더를 압축하면 다른 컴퓨터로 빠르게 전송할 수 있다.
② 압축된 폴더의 파일은 일반 파일과 같이 편집하여 사용할 수 있다.
③ 압축하려는 파일이나 폴더를 선택한 후 바로 가기 메뉴의 [보내기]-[압축(Zip)]을 선택하여 압축할 수 있다.
④ 압축된 파일을 읽기 전용으로 열어 수정한 후 다른 이름으로 저장할 수 있다.

압축된 폴더의 파일은 일반 파일과 같이 편집할 수 없고, 다른 이름으로 저장한 후 편집하여 사용할 수 있다.

34 한글 Windows 10 파일 탐색기의 탐색 창에서 구성 요소 범주로 옳지 않은 것은?

① 내 PC
② 즐겨찾기
③ 포맷
④ 바탕 화면

포맷은 파일 탐색기 탐색 창이 아니라, 디스크 드라이브의 바로 가기 메뉴에 있다.

35 다음 중 한글 [Windows 보조프로그램]에 있는 [그림판]에 대한 설명으로 옳지 않은 것은?

① 스마트폰으로 촬영한 jpg 파일을 불러와 편집한 후 png 파일 형식으로 저장할 수 있다.
② 편집 중인 이미지의 일부분을 선택한 후 삭제하면 삭제된 빈 공간은 '색 1'(전경색)로 채워진다.
③ 그림판에서 편집한 그림은 Windows 바탕 화면의 배경으로 그림 전체를 사용할 수 있다.
④ 오른쪽 버튼으로 그림을 그릴 경우에는 모두 '색 2'(배경색)로 그려진다.

지우개로 삭제된 빈 공간은 '색 2'(배경색)으로 채워진다.

36 다음 중 한글 Windows 10의 [장치 관리자] 창에서 설치된 하드웨어 드라이버의 바로 가기 메뉴를 이용하여 실행할 수 있는 작업 내용으로 옳지 않은 것은?

① 장치 드라이브 연결
② 드라이버 업데이트
③ 하드웨어 변경 사항 검색
④ 디바이스 제거

장치를 선택한 후 바로 가기 메뉴는 드라이버 업데이트, 디바이스 사용 안 함, 디바이스 제거, 하드웨어 변경 사항 검색, 속성으로 구성되어 있다.

37 다음 중 한글 Windows 10에서 인쇄가 전혀 되지 않는 경우에 취해야 할 조치로 옳지 않은 것은?

① 인쇄할 프린터의 속성에서 [스풀 설정]을 확인한다.
② 프린터 전원이나 프린터 케이블이 제대로 연결되어 있는지 확인한다.
③ 프린터의 이름이 변경되었거나 삭제되었는지 확인한다.
④ 설정된 프린터의 드라이버가 제대로 설치되었는지 확인한다.

스풀은 고속의 CPU와 저속의 프린터 사이에서 병행하여 작동시켜 속도를 조절하기 위한 기능으로 인쇄되지 않는 경우와는 상관없다.

38 다음 중 한글 Windows 10의 [개인 설정] 창에서 할 수 있는 작업으로 옳지 않은 것은?

① 바탕 화면에 새로운 테마를 지정하여 적용할 수 있다.
② 화면 보호기 설정을 사용하여 화면의 해상도를 변경할 수 있다.
③ Windows 및 프로그램의 이벤트에 적용되는 소리 구성표를 변경할 수 있다.
④ 창 테두리, 시작 메뉴, 작업 표시줄의 색을 변경할 수 있다.

[개인 설정] 창에서 화면 보호기를 설정할 수 있으나, 해상도는 [시스템] 창의 [디스플레이]에서 변경할 수 있다.

정답 33 ② 34 ③ 35 ② 36 ① 37 ① 38 ②

39 다음 중 한글 Windows 10에서 레지스트리에 대한 설명으로 옳지 않은 것은?

① 레지스트리를 편집하려면 시작 메뉴의 검색 상자에서 'regedit'를 입력하여 실행한다.
② 레지스트리란 Windows 사용자의 정보, 응용 프로그램의 정보, 설정 사항 등 Windows 실행 설정에 대한 정보를 담은 데이터베이스이다.
③ 레지스트리가 손상되면 Windows에 치명적인 손상을 줄 수 있으므로 주의하여 사용해야 한다.
④ 레지스트리는 백업을 받을 수 없으므로 함부로 삭제하거나 실수하는 일이 없도록 신중하게 편집하여야 한다.

레지스트리는 백업하여 복구가 가능하다.

40 다음 중 아래 보기에서 설명하는 한글 Windows 10의 네트워크 기능 유형으로 옳은 것은?

네트워크의 다른 컴퓨터나 서버에 연결하여 파일/프린터 등의 공유 자원을 사용할 수 있게 하는 소프트웨어이다.

① 서비스
② 프로토콜
③ 클라이언트
④ 어댑터

클라이언트 기능은 사용자가 연결하려는 네트워크에 있는 컴퓨터와 파일을 액세스하기 위해 Microsoft Networks용 클라이언트를 설치하여 사용한다.

오답 피하기
- 서비스 : 네트워크상에 있는 파일 및 프린터를 공유하기 위해 설치
- 프로토콜 : 사용자와 다른 컴퓨터 간에 통신을 할 때 사용하는 통신 규약으로, 네트워크상에서 통신할 때에는 같은 프로토콜을 사용해야 함
- 어댑터 : 사용자의 컴퓨터를 물리적으로 네트워크에 연결하기 위한 하드웨어 장치

3과목 PC 기본상식

41 사용 권한에 따라 소프트웨어를 분류하고자 할 때, 다음은 무엇에 대한 설명인가?

일정 기간 동안 무료로 사용하다가 마음에 들면 금액을 지불해야 정식으로 사용할 수 있는 제품으로, 일부 기능을 제한한 프로그램이다.

① 베타 버전
② 셰어웨어
③ 프리웨어
④ 번들 프로그램

오답 피하기
- 베타 버전 : 제품을 공식적으로 발표하기 전에 일부 관계자와 사용자에게 제공하여 성능을 테스트하는 것
- 프리웨어 : 공개 소프트웨어로 누구나 무료로 사용하는 것이 허가된 프로그램
- 번들 프로그램 : 하드웨어나 소프트웨어를 구입할 때 끼워주는 프로그램

42 다음은 무엇에 대한 설명인가?

- 7비트의 크기 → 128개의 문자 표현 가능
- 자료 처리나 통신 시스템에 사용

① BCD 코드
② ASCII 코드
③ EBCDIC 코드
④ GRAY 코드

오답 피하기
- BCD 코드 : 2^6으로 6비트의 크기로 64개 문자 표현
- EBCDIC 코드 : 2^8으로 8비트의 크기로 256개 문자 표현
- GRAY 코드 : 인접 비트 사이에 1비트만이 변화하여 값을 구하는 코드로 입출력 장치 코드와 A/D(Analog/Digital), D/A 변환기에 많이 사용

43 다음 중 OSI 7계층 구조 중에서 세션 계층(Session Layer)의 기능과 거리가 먼 것은?

① 연결 설정, 유지 및 종료
② 대화(회화) 구성
③ 메시지 전송과 수신(데이터 동기화 및 관리)
④ 사용자가 다양한 응용 프로그램을 이용

사용자가 다양한 응용 프로그램을 이용하는 계층은 응용 계층이다.

정답 39 ④ 40 ③ 41 ② 42 ② 43 ④

44 다음 바이러스의 유형 중 사용자 디스크에 숨어 있다가 날짜와 시간, 파일의 변경, 사용자나 프로그램의 특정한 행동 등의 일정 조건을 만족하면 실행되는 바이러스는?

① 폭탄(Bomb) 바이러스
② 은닉(Stealth) 바이러스
③ 부트(Boot) 바이러스
④ 클러스터(Cluster) 바이러스

폭탄 바이러스는 정해진 시간이나 특정 조건에 반응하도록 설계되어 실행된다.

오답 피하기
- 은닉 바이러스 : 메모리에 상주하고 있으며 다른 파일을 변형한 사실을 숨기는 바이러스
- 부트 바이러스 : 부트 섹터와 파일 모두에 감염되는 바이러스
- 클러스터 바이러스 : 감염된 디스크에서 프로그램이 실행되면 동시에 감염시키는 바이러스

45 다음 중 보기에서 설명하는 운영체제의 운영 방식으로 옳은 것은?

- 속도가 빠른 CPU의 처리 시간을 분할하여 여러 개의 작업을 연속으로 처리하는 방식
- 일정 시간 단위로 CPU 사용권을 신속하게 전환하여 각 사용자들이 자신만이 컴퓨터를 사용하고 있는 것처럼 느끼게 하는 방식

① 일괄 처리 시스템
② 분산 처리 시스템
③ 듀플렉스 시스템
④ 시분할 시스템

오답 피하기
- 일괄 처리 시스템 : 처리할 데이터를 일정량 또는 일정 기간 동안 모았다가 한꺼번에 처리하는 방식으로 급여 계산 등에 이용
- 분산 처리 시스템 : 지역적으로 분산된 여러 대의 컴퓨터를 네트워크로 연결하여 작업과 자원을 분산하여 처리하는 방식
- 듀플렉스 시스템 : 한쪽의 CPU가 가동 중일 때 다른 CPU가 대기하며, 가동 중인 CPU가 고장이 나면 대기 중인 다른 CPU가 가동되는 시스템

46 다음은 무엇에 대한 설명인가?

- 금융과 기술의 융합을 통한 금융 서비스 및 산업의 변화를 통칭한다.
- 모바일, SNS, 빅데이터 등 새로운 IT 기술 등을 활용하여 기존 금융 기법과 차별화된 금융 서비스를 제공한다.
- 예로 삼성페이, 애플페이, 알리페이 등이 있다.

① 오픈뱅킹(Open Banking)
② 스마트뱅킹(Smart Banking)
③ 펌뱅킹(Firm Banking)
④ 핀테크(FinTech)

핀테크는 금융(Financial)과 기술(Technique)의 합성어로 정보 기술(IT)을 기반으로 한 새로운 형태의 금융기술이다.

47 다음 보기에서 설명하는 해킹 방법으로 옳은 것은?

네트워크상에서 다른 상대방들의 패킷 교환을 엿보면서 계정과 패스워드를 알아내는 행위이다.

① 스푸핑(Spoofing)
② 스니핑(Sniffing)
③ 크래킹(Cracking)
④ 세션 하이재킹(Session Hijacking)

오답 피하기
- 스푸핑 : 눈속임으로 검증된 사람인 것처럼 mac, IP 주소 등의 속임을 이용한 공격
- 크래킹 : 해킹과 비슷한 의미로 특정 목표로 해를 끼치는 행위
- 세션 하이재킹 : 세션 가로채기로 아이디와 패스워드를 몰라도 시스템에 접근하여 자원이나 데이터를 사용하는 공격

48 다음 보기 중 전자우편을 위한 프로토콜끼리 올바르게 짝지어진 것은?

| ㉠ SMTP | ㉡ POP3 | ㉢ FTP |
| ㉣ DNS | ㉤ IMAP | ㉥ MIME |

① ㉠, ㉡, ㉢, ㉣
② ㉠, ㉡, ㉤, ㉥
③ ㉡, ㉢, ㉤, ㉥
④ ㉡, ㉣, ㉤, ㉥

오답 피하기
FTP은 파일 송수신 프로토콜이고, DNS는 문자로 된 도메인을 숫자로 된 IP로 바꾸는 시스템이다.

49 다음 중 컴퓨터 부팅 시 화면에 아무것도 표시되지 않고 '삐~'하는 경고음만 여러 번에 걸쳐 나는 경우의 해결 방법으로 옳지 않은 것은?

① 부팅 디스크로 부팅한 후 시스템 파일을 전송하거나 디스크 검사로 부트 섹터를 검사한다.
② RAM이 제대로 꽂혀 있는지 또는 이물질이 있는지 확인한다.
③ 그래픽 카드를 제거한 후 부팅하여 그래픽 카드가 원인인지를 확인한다.
④ CPU가 제대로 꽂혀 있는지 점검한다.

RAM, 그래픽 카드, CPU에 문제가 있으면 '삐~' 경고음이 발생한다.

50 다음 중 빛의 반사 작용을 이용해서 사진이나 그림 등을 디지털 데이터로 변환하는 데 사용되는 입력 장치는?

① 태블릿
② 디지타이저
③ 스캐너
④ 플로터

스캐너는 사진이나 그림을 디지털 데이터로 읽어 들이는 장치이다.

오답 피하기
태블릿, 디지타이저는 펜을 이용한 입력 장치이고, 플로터는 출력 장치이다.

51 다음 중 데이터의 크기에 대한 설명으로 옳지 않은 것은?

① 니블(Nibble) : 4개의 비트가 모여 1Nibble을 구성한다.
② 바이트(Byte) : 파일 구성의 최소 단위로, 의미 있는 정보를 표현하는 최소 단위이다.
③ 레코드(Record) : 하나 이상의 관련된 필드가 모여서 구성되는 자료 처리 단위이다.
④ 파일(File) : 프로그램 구성의 기본 단위로, 여러 레코드가 모여서 구성된다.

바이트는 문자를 표현하는 최소 단위로, 8비트가 모여 1바이트가 된다.

52 다음 중 주기억 장치에 대한 설명으로 옳은 것은?

① 현재 가장 많이 사용하는 주기억 장치는 SSD(Solid State Drive)이다.
② EEPROM은 BIOS, 글꼴, POST 등이 저장된 대표적인 펌웨어(Firmware) 장치이다.
③ SDRAM은 전원이 공급되지 않아도 지워지지 않는 비휘발성 메모리이다.
④ RDRAM은 가장 속도가 빠른 기억 장치이다.

오답 피하기
- SSD : 하드 디스크를 대신해 사용하고 속도가 빠른 보조 기억 장치
- ROM : 전원이 공급되지 않아도 지워지지 않는 비휘발성 메모리
- 기억 장치 속도(빠름에서 느린 순) : 레지스터 → 캐시(SRAM) → DRAM(RDRAM)

53 다음 중 컴퓨터의 시스템 관리에 관한 설명으로 옳지 않은 것은?

① 전원을 끌 경우에는 반드시 사용 중인 응용 앱을 먼저 종료한다.
② 컴퓨터를 이동하거나 부품을 교체할 경우에는 반드시 전원을 끄고 작업한다.
③ 시스템에 이상이 발생하면 먼저 HDD(하드 디스크)를 포맷하고 시스템을 재설치한다.
④ 최신 바이러스 백신 프로그램을 사용하여 주기적으로 점검한다.

HDD(하드 디스크)를 포맷하게 되면 기존에 저장된 모든 자료를 잃을 수 있으므로 다른 이상을 먼저 점검한다.

정답 48 ② 49 ① 50 ③ 51 ② 52 ② 53 ③

54 다음 중 보기에서 설명하는 모바일 기기 관련 용어로 옳은 것은?

> 여러 개의 앱을 한꺼번에 사용할 수 있도록 앱 실행 시 영상 화면을 오버레이의 팝업창 형태로 분리하여 실행하는 기능이다.

① 스마트 앱(Smart App)
② 플로팅 앱(Floating App)
③ 앱 스토어(App Store)
④ 앱북(App Book)

플로팅(Floating)이란 둥둥 떠다닌다(유동)는 뜻이며, 화면 위에 또 다른 화면이 떠다닌다는 의미이다.

55 다음 중 멀티미디어 그래픽 기법의 설명으로 옳지 않은 것은?

① 디더링(Dithering)은 제한된 색상을 조합하여 복잡한 색이나 새로운 색을 만드는 작업이다.
② 메조틴트(Mezzotint)는 무수히 많은 점과 선으로 이미지를 만드는 것을 말한다.
③ 모핑(Morphing)은 기존의 이미지를 필터를 사용하여 다양한 형태의 새로운 이미지로 변환하는 작업이다.
④ 인터레이싱(Interlacing)은 이미지의 대략적인 모습을 먼저 보여주고 다음에 점차 자세한 모습을 보여주는 작업이다.

모핑은 한 이미지가 다른 이미지로 합성 변형되는 과정으로 컴퓨터 그래픽에서는 본래의 형태를 변형시키는 기술을 뜻한다.

56 다음 중 아날로그 컴퓨터와 비교하여 디지털 컴퓨터의 특징으로 옳은 것은?

① 입력 형태로 전류, 전압, 온도, 속도 등이 가능하다.
② 논리 회로를 사용하며, 프로그래밍이 필요하다.
③ 미분이나 적분에 관한 연산 속도가 빠르다.
④ 특수 목적용으로 기억 기능이 적다.

• 디지털 컴퓨터 : 논리 회로를 사용하며, 프로그래밍이 필요
• 아날로그 컴퓨터 : 증폭 회로를 사용하며, 프로그래밍이 불필요

57 다음 중 컴퓨터 분류에서 워크스테이션(Workstation)에 관한 설명으로 옳지 않은 것은?

① 대부분 RISC 프로세서를 사용한다.
② 네트워크에서 클라이언트(Client) 역할을 주로 담당한다.
③ 고성능 그래픽 처리나 공학용 시뮬레이션에 주로 사용한다.
④ 주로 다중 사용자 시스템에서 사용되기도 한다.

워크스테이션은 네트워크에서 주로 서버 역할을 담당한다.

58 다음 중 컴퓨터에서 사용하는 응용 소프트웨어인 데이터베이스 관리 시스템(DBMS)의 특징으로 옳지 않은 것은?

① 데이터의 중복성을 최소화하여 저장 공간을 절약할 수 있다.
② 데이터의 일관성과 무결성을 유지할 수 있다.
③ 데이터의 논리적·물리적 독립성을 방지할 수 있다.
④ 다수 사용자의 동시 실행 제어가 가능하다.

데이터베이스 관리 시스템(DBMS)은 데이터의 독립성을 확보해야 한다.

59 다음 중 인터넷상에서 보안을 위협하는 유형에 대한 설명으로 옳지 않은 것은?

① 파밍(Pharming) : 스미싱의 발전된 형태로 사용자 동의 없이 사용자 정보를 수집하는 프로그램이다.
② 분산 서비스 거부 공격(DDoS) : 데이터 패킷을 범람시켜 시스템의 성능을 저하시킨다.
③ 스푸핑(Spoofing) : 신뢰성 있는 사람이 데이터를 보낸 것처럼 데이터를 위변조하여 접속을 시도한다.
④ 스니핑(Sniffing) : 네트워크상에서 전달되는 패킷을 엿보면서 사용자의 계정과 패스워드를 알아낸다.

파밍(Pharming)이란, 파싱 기법 중의 하나로 사용자가 자신의 웹 브라우저에서 정확한 웹 페이지 주소를 입력해도 가짜 웹 페이지에 접속시켜 개인정보를 훔치는 유형이다.

60 다음에서 설명하는 기술은?

- 뉴스나 블로그 등과 같은 컨텐츠가 자주 업데이트되는 사이트들의 정보를 자동으로 사용자들에게 알려주기 위해 사용하는 웹 서비스 기술
- 관심 있는 뉴스의 제목과 내용 요약 등이 표시되어 해당 기사에 쉽게 접근

① RSS
② SNS
③ 상황인식
④ 시멘틱 웹

RSS(Rich Site Summary)는 뉴스나 블로그 사이트에서 주로 사용하는 콘텐츠 표현 방식이며, RSS 형식으로 웹 사이트 내용을 보여준다.

오답 피하기
- SNS : 특정한 관심이나 활동을 공유하는 사람들 사이의 관계망을 구축해 주는 온라인 서비스
- 상황인식 : 현실 공간과 가상 공간을 연결하여 가상 공간에서 현실의 상황을 정보화하고 이를 활용하여 사용자 중심의 지능화된 서비스를 제공하는 기술
- 시멘틱 웹 : 정보들 사이의 연관성을 컴퓨터가 이해하고 처리할 수 있는 에이전트 프로그램을 통해 사용자가 원하는 정보를 찾아 제공하여 컴퓨터들끼리 정보를 주고받으면서 자체적으로 필요한 일을 처리할 수 있는 차세대 지능형 웹

정답 59 ① 60 ①

해설과 함께 보는 2023년 상시 기출문제 02회

SELF CHECK | 제한시간 60분 | 소요시간 　분 | 전체 문항 수 60문항 | 맞힌 문항 수 　문항

1과목 워드프로세싱 용어 및 기능

01 다음 중 워드프로세서의 특징이 아닌 것은?

① 다양한 형태의 문서를 빠르게 작성할 수 있다.
② 시간과 공간의 낭비를 가져올 수 있다.
③ 작성된 문서를 모바일, 이메일 등을 통해 전송하여 공유할 수 있다.
④ 보조 기억 장치에 반영구적으로 보관할 수 있다.

> 다양한 형태의 문서를 빠르게 작성하여 시간과 공간의 낭비를 줄일 수 있다.

02 다음 중 워드프로세서에서 사용하는 키에 대한 설명으로 옳은 것은?

① 기능키(Function key)는 하나의 키로 두 가지 기능을 수행하는 키이다.
② Caps Lock 와 같은 토글키는 자주 사용되는 워드프로세서 기능을 하나의 키로 수행하는 것이다.
③ Shift, Alt, Ctrl 과 같은 조합키는 단독으로는 사용할 수 없고 다른 키와 조합하여 사용하는 키이다.
④ Print Screen 키는 현재 활성화된 창을 클립보드에 저장하는 키이다.

> **오답 피하기**
> • 기능키 : 자주 사용되는 워드프로세서 기능들을 하나의 키로 수행하는 것(F1~F12)
> • 토글키 : 하나의 키로 두 가지 기능을 수행하는 키(Caps Lock, Scroll Lock, Insert, Num Lock, 한/영)
> • Print Screen : 화면 전체를 클립보드에 저장하는 키
> • Alt + Print Screen : 현재 활성화된 창을 클립보드에 저장하는 키

03 다음 중 유니코드(KS X 1005-1)에 대한 설명으로 옳지 않은 것은?

① 영문은 1바이트, 한글은 2바이트로 표현한다.
② 외국 소프트웨어의 한글화가 쉽고 한글을 모두 가나다 순으로 정렬한다.
③ 완성형과 조합형을 동시에 사용할 수 있고 전 세계 모든 문자를 표현할 수 있다.
④ 기억 공간을 많이 차지한다.

> 유니코드는 한글, 영문, 숫자 모두 2바이트 크기로 표현한다.

04 다음에서 설명하는 글꼴 구현 방식은?

> - 그래픽과 텍스트를 종이, 필름, 모니터 등에 인쇄하기 위한 페이지 설명 언어
> - 글자의 외곽선 정보를 그래픽 소프트웨어에 제공하여 위지윅을 구현

① 벡터
② 비트맵
③ 트루타입
④ 포스트스크립트

> **오답 피하기**
> • 벡터 : 글자를 점의 모임이 아닌 곡선이나 선분의 모임으로 그린 글꼴로 플로터에서 사용
> • 비트맵 : 점으로 글꼴을 표현한 방식으로 확대하면 계단 현상이 나타남
> • 트루타입 : Windows에서 기본적으로 제공되는 글꼴로 위지윅 기능을 제공

정답 01 ② 02 ③ 03 ① 04 ④

05 다음 중 워드프로세서 용어에 대한 설명으로 옳은 것은?

① 개체 : 잘라낸 그림으로 문서를 작성하거나 편집할 때 편리하게 만들어 놓은 그래픽 데이터의 모음
② 래그드 : 문서 작성 시 사용되는 공백
③ 캡처 : 화면에 표시된 문자나 도형의 정보를 하나의 파일에 저장하는 것
④ 하이퍼미디어 : 서로 관련성 있는 텍스트를 유기적으로 연결하여 그와 관련성 있는 문서를 참조하는 형식

오답 피하기
- 클립아트 : 잘라낸 그림이라는 의미로, 컴퓨터로 문서를 작성하거나 편집할 때 편리하게 사용할 수 있도록 만들어 놓은 그래픽 데이터 모음
- 래그드 : 문서의 오른쪽 끝이 정렬되지 않은 상태
- 마진 : 문서 작성 시 페이지의 상·하·좌·우에 두는 공백
- 하이퍼텍스트 : 서로 관련성 있는 텍스트를 유기적으로 연결하여 그와 관련성 있는 문서를 참조하는 형식

06 다음 중 문단에 대한 설명으로 옳지 않은 것은?

① 문서 전체 또는 일부분을 일정한 기준으로 정렬하는 기능이 있다.
② 가운데 정렬은 문서의 가운데를 기준으로 정렬한다.
③ 범위를 지정하지 않고도 정렬할 수 있다.
④ 한 행의 내용이 다 채워지지 않으면 커서는 다음 행으로 이동할 수 없다.

문단을 입력하다가 Enter를 눌러 강제 개행하여 다음 행으로 이동할 수 있다.

07 다음 중 워드프로세서의 치환(바꾸기)에 대한 설명으로 옳지 않은 것은?

① 문서에서 원하는 부분을 블록으로 설정하면 설정된 부분에 대해서만 바꾸기할 수 있다.
② 글자 모양, 문단 모양, 속성을 바꾸기할 수 있다.
③ 바꾸기한 후에는 문서 전체 분량이 변함이 없다.
④ 대·소문자 구분, 띄어쓰기 무시를 하여 바꾸기할 수 있다.

바꾸기를 한 후에는 문서 분량이 그대로이거나, 증가 또는 감소할 수 있다.

08 다음 중 온라인 전자출판에 대한 설명으로 옳은 것은?

① 정확성과 신속성은 떨어진다.
② 온라인 출판은 우선 종이로 먼저 출판한 후 온라인으로 출판해야 한다.
③ 검색이 쉬워 독자가 필요한 내용만을 검색하여 읽을 수 있다.
④ 자료를 보관하는 데이터베이스의 공간이 필요하며 용량은 크지 않아도 된다.

오답 피하기
- ① : 온라인 전자출판의 정확성과 신속성은 더 높음
- ② : 종이로 출판하지 않아도 온라인 출판을 할 수 있음
- ④ : 전자출판은 멀티미디어 데이터로 자료를 보관하는 공간이 크게 필요

09 다음 중 교정부호의 사용법이 옳지 않은 것은?

① 정해진 부호를 사용한다.
② 표기하는 색깔은 원고의 색과 다르게 눈에 잘 띄는 색으로 한다.
③ 수정하려는 글자를 정확하게 지적한다.
④ 교정할 부호는 알아볼 수 있다면 서로 겹치더라도 문제없다.

교정할 부호는 서로 겹치지 않도록 하고 부득이 겹칠 경우 각도를 크게 하여 교정 내용을 알아볼 수 있도록 해야 한다.

10 다음 중 〈보기 1〉의 문장이 〈보기 2〉의 문장으로 수정되었을 때 사용된 교정부호의 순서를 올바르게 나열한 것은?

〈보기 1〉

넘어지지 않는 것이 아니라 넘어질 때마다
일어서는 것.
거기에 삶의 가장 큰영광이 존재한다.

〈보기 2〉

넘어지지 않는 것이 아니라 넘어질 때마다 일어서는 것.
거기에 삶의 가장 큰 영광이 존재한다.

① ⌐, ⌒, ∨
② ⌐, ⌒, ⌒
③ ⌐, ※, ⌒
④ ⌐, ⌒, ∨

11 다음 문장에서 '다양한'의 '다' 글자 왼쪽에 마우스 포인터를 위치하여 화살표가 나왔을 때 두 번 클릭하였을 경우의 결과로 옳은 것은?

다양한 문장을 충분히 활용하여 읽는 사람으로 하여금 명확히 의미를 알 수 있도록 한다.
하나의 용건을 기재한다.

① 하나의 단어가 선택
② 한 줄이 선택
③ 하나의 문단이 선택
④ 문서가 전체 선택

단어에서 더블클릭하면 하나의 단어가 선택되고, 한 번 클릭하였을 때에는 하나의 줄이 선택, 두 번 클릭하였을 때에는 하나의 문단이 선택, 세 번 클릭하였을 때에는 문서 전체가 선택된다.

12 다음 중 문서의 주제별 파일링 방법에 관한 특징으로 옳은 것은?

① 단순하고 빠르며 서구의 전통적인 파일링 시스템의 문서 분류 방법으로 사용된다.
② 품목, 물건, 사업 활동이나 기능 등의 명칭을 표제로 사용한다.
③ 여러 나라나 지역에 사업장이 있는 기업에 유용하다.
④ 확장이 수월하고 업무 내용보다 번호로 참조되는 업무에 유용하다.

주제별 파일링은 문서의 내용으로부터 주제를 결정하고 이 주제를 토대로 문서를 대·중·소로 나누는 분류법이다.

13 작성된 문서 전체에 대해서 다음과 같은 서식으로 바꾸고자 한다. 이러한 반복적인 작업을 수행하는 데 가장 효율적인 기능은?

글자 속성 : 진하게, 글자 크기 : 12pt, 글꼴 : 돋움체, 문단 정렬 : 양쪽 정렬

① 스타일(Style)
② 캡처(Capture)
③ 복사(Copy)
④ 치환(Replace)

스타일은 자주 사용하는 글자 모양이나 문단 모양을 미리 스타일로 만들어 놓고 필요할 때 한꺼번에 바꿀 수 있는 기능이다.

14 다음 중 한자를 입력하는 방법으로 옳은 것은?

① 한자의 음을 모를 경우에는 한글/한자 음절 변환, 단어 변환, 문장 자동 변환 등으로 입력한다.
② 한자의 음을 아는 경우에는 부수/총 획수 입력, 외자 입력, 2Stroke 입력으로 변환한다.
③ 자주 사용하는 한자 단어를 한자 단어 사전에 등록하여 사용할 수 있다.
④ 부분에 대해 블록을 지정하여 한자를 변환할 수 있으나, 문서 전체를 지정하여 변환할 수는 없다.

> **오답 피하기**
> 한자의 음을 아는 경우에는 한글/한자 음절 변환, 단어 변환, 문장 자동 변환으로 한자를 입력하고, 한자의 음을 모를 경우에는 부수/총 획수 입력, 외자 입력, 2Stroke으로 한자를 입력할 수 있다. 블록을 지정하거나 문서 전체를 지정하여 한자를 변환할 수도 있다.

15 다음 중 공문서의 처리 원칙에 관한 설명으로 가장 옳지 않은 것은?

① 문서는 일정한 요건과 형식을 갖추어야 한다.
② 문서는 권한이 있는 사람에 의해 작성되고 처리되어야 한다.
③ 사무 분장에 따라 각자의 직무 범위 내에서 책임을 가지고 처리해야 한다.
④ 문서는 신중한 업무 처리를 위해 당일보다는 기한에 여유를 두고 천천히 처리하도록 한다.

> 효율적인 업무를 위해 천천히 처리하지 말고 당일 또는 즉시 처리해야 한다.

16 다음 중 파일링 시스템의 원칙으로 옳지 않은 것은?

① 불필요한 문서는 지체 없이 폐기한다.
② 문서가 보관되는 서류함의 위치를 누구나 쉽게 알 수 있도록 한다.
③ 파일링 방법 전반에 대해 내부 규정을 정하여 표준화한다.
④ 문서의 보안을 위해 개인이 보관하고 담당자만 검색할 수 있게 한다.

> 문서 담당자가 문서를 개인의 서랍 속이나 다른 문서에 끼워 보관하면 안 된다.

17 다음 중 워드프로세서의 표 기능에 대한 설명으로 옳지 않은 것은?

① 복잡한 내용이나 수치 자료를 일목요연하게 정리할 때 사용한다.
② 표의 속성에서 확대나 축소, 그림자를 설정할 수 있다.
③ 표에서 같은 행이나 열에 있는 두 개 이상의 셀을 하나의 셀로 결합할 수 있다.
④ 표 안에 새로운 중첩된 표를 만들어 편집할 수 있다.

> 표의 속성에서 표의 크기, 표의 테두리, 캡션, 배경, 위치, 여백 등을 변경할 수 있으나, 확대, 축소, 그림자 설정은 할 수 없다.

18 다음 중 전자출판에 사용되는 용어에 대한 설명으로 옳지 않은 것은?

① 디더링(Dithering) : 기존의 그림을 다른 형태로 새롭게 변형, 수정하는 작업을 의미한다.
② 모핑(Morphing) : 두 개의 이미지를 부드럽게 연결하여 변환, 통합하는 기능이다.
③ 필터링(Filtering) : 작성된 그림을 필터 기능을 이용하여 여러 가지 형태의 새로운 이미지로 바꾸어 주는 기능이다.
④ 오버프린트(Overprint) : 대상체의 컬러가 배경색의 컬러보다 짙을 때에 겹쳐서 인쇄하는 방법이다.

> 디더링은 제한된 색상을 조합하여 복잡한 색이나 새로운 색을 만드는 작업이다.

정답 14 ③ 15 ④ 16 ④ 17 ② 18 ①

19 다음 중 워드프로세서의 편집 기능에 대한 설명으로 옳지 않은 것은?

① 사전 기능은 단어를 입력하면 의미를 확인할 수 있게 해준다.
② 스타일(Style)은 문서에 복잡한 수식을 입력할 때 사용하는 기능이다.
③ 다단 편집이란 하나의 편집 화면을 여러 개의 단으로 나누어서 문서를 작성하는 기능이다.
④ 매크로(Macro)는 사용자가 키보드나 마우스로 작업한 순서를 보관해 두었다가 한꺼번에 재실행하는 기능이다.

간단한 수학식이나 복잡한 수식을 입력할 때에는 수식 편집기를 사용한다.

20 다음 중 공문서의 '끝'을 표시하는 방법에 대한 설명으로 옳지 않은 것은?

① 첨부물이 있는 경우에는 붙임의 표시문 끝에 1자(2타)를 띄우고 '끝' 표시를 한다.
② 첨부물이 없이 본문이 끝났을 경우에는 본문의 끝에서 1자(2타)를 띄우고 '끝' 표시를 한다.
③ 기재 사항이 서식의 칸 중간에서 끝난 경우에는 다음 줄의 왼쪽 기본선에서 1자(2타)를 띄우고 '끝' 표시를 한다.
④ 기재 사항이 서식의 마지막 칸까지 작성되는 경우 서식의 칸 밖의 아래 왼쪽 기본선에서 1자(2타)를 띄우고 '끝' 표시를 한다.

기재 사항이 서식의 칸 중간에서 끝난 경우에는 기재 사항의 다음 줄에 '이하 빈칸'이라고 표시한다.

2과목 PC 운영체제

21 다음 중 한글 Windows 10의 로그인 옵션으로 옳지 않은 것은?

① 보안 키
② Windows Hello PIN
③ Windows Hello Eye
④ Windows Hello 얼굴

Windows 로그인 옵션에는 Windows Hello 얼굴, Windows Hello 지문, Windows Hello PIN, 보안 키, 암호, 사진 암호가 있다.

22 다음 중 한글 Windows 10에서 사용하는 [휴지통]에 대한 설명으로 옳은 것은?

① USB 메모리에 있는 파일을 선택한 후 Delete 키를 눌러 삭제하면 휴지통으로 들어가지 않고 완전히 지워진다.
② 지정된 휴지통의 용량을 초과하면 가장 최근에 삭제된 파일부터 자동으로 지워진다.
③ 삭제할 파일을 선택하고 Shift + Delete 키를 누르면 해당 파일이 휴지통으로 이동한다.
④ 휴지통의 크기는 사용자가 원하는 크기를 KB 단위로 지정할 수 있다.

오답 피하기
- ② : 휴지통의 용량을 초과하면 가장 오래전에 삭제한 파일부터 지워짐
- ③ : Shift + Delete 키를 눌러 삭제하면 휴지통에 들어가지 않고 곧바로 삭제
- ④ : 휴지통의 크기는 MB 단위로 지정

정답 19 ② 20 ③ 21 ③ 22 ①

23 다음 중 한글 Windows 10에서 바탕 화면에 새 폴더를 작성하는 방법으로 옳지 않은 것은?

① 바탕 화면의 바로 가기 메뉴에서 [새로 만들기]-[폴더]를 선택한다.
② 파일 탐색기의 [홈] 메뉴에서 [새 폴더]를 클릭한다.
③ 바탕 화면에서 Shift + F10을 누른 후 [새로 만들기]-[폴더]를 선택한다.
④ 파일 탐색기의 [바탕 화면] 아이콘에서 바로 가기 메뉴의 [새로 만들기]-[폴더]를 선택한다.

> 바탕 화면에서 새 폴더를 만드는 바로 가기 키는 Ctrl + Shift + N 키이다.

24 다음 중 한글 Windows 10의 바로 가기 아이콘에 대한 설명으로 옳지 않은 것은?

① 바로 가기 아이콘은 앱을 빠르게 실행하기 위한 아이콘으로 하나만 작성이 가능하다.
② 바탕 화면에 해당 폴더의 새로운 바로 가기 아이콘을 만들 수 있다.
③ 파일의 바로 가기 아이콘을 삭제해도 원본 파일은 삭제되지 않는다.
④ 바로 가기 아이콘은 원본 파일이 있는 위치와 관계없이 만들 수 있다.

> 바로 가기 아이콘은 하나의 앱에 대해 여러 개 만들 수 있다.

25 다음 중 한글 Windows 10의 [계산기] 기능으로 옳은 것은?

① 표준에는 별도의 변환 없이 통화 환율, 길이, 부피, 무게 및 질량을 사용한다.
② 공학용은 사칙 연산뿐만 아니라 산술 시프트, 논리 시프트 계산이 가능하다.
③ 날짜 계산은 일정 관리와 알람 관리를 할 수 있다.
④ 프로그래머용은 2, 8, 10, 16진수 계산과 비트, 비트 시프트를 계산한다.

> 오답 피하기
> • ① : 표준에는 일반적인 사칙 연산이 가능하고 변환기를 사용하여 통화 환율, 길이, 부피 등의 계산 가능
> • ② : 산술 시프트, 논리 시프트 계산은 프로그래머용 계산기의 기능
> • ③ : 날짜 계산은 두 날짜 간의 차이, 추가 또는 뺀 날을 계산하는 기능

26 다음 중 한글 Windows 10에서 파일이나 폴더의 복사, 이동, 삭제에 대한 설명으로 옳은 것은?

① 임의의 폴더를 다른 드라이브로 이동시키려면 해당 폴더를 드래그 앤 드롭하면 된다.
② 폴더 창에서 방금 전에 삭제한 파일은 Ctrl + Z 를 누르면 복원할 수 있다.
③ 삭제할 폴더에 하위 폴더가 여러 개 존재하는 경우 Delete 를 눌러 삭제할 수 없다.
④ USB 메모리에 있는 파일을 Shift 를 누른 상태로 하드 디스크 드라이브로 드래그 앤 드롭하면 그대로 복사된다.

> 오답 피하기
> • ① : 다른 드라이브로 드래그 앤 드롭하면 복사가 실행
> • ③ : 폴더를 Delete 로 삭제하면 하위 폴더도 함께 삭제
> • ④ : Shift 를 누른 상태로 다른 드라이브로 드래그 앤 드롭하면 이동이 실행

27 다음 중 한글 Windows 10에서 클립보드에 대한 설명으로 옳지 않은 것은?

① 클립보드의 내용은 마지막으로 사용된 하나만 삭제된다.
② 클립보드의 내용을 고정하여 재부팅해서 사용할 수 있다.
③ 클립보드의 내용은 ⊞ + V 를 눌러 여러 번 붙여넣기할 수 있다.
④ 클립보드는 이동, 복사, 캡처 등의 작업을 저장하는 임시 기억 장소이다.

> 한글 Windows 10의 클립보드는 복사, 이동, 캡처 등의 작업으로 여러 개의 클립보드를 사용할 수 있고, 하나씩 또는 여러 개를 한꺼번에 삭제할 수 있다.

28 다음 중 한글 Windows 10의 그림판 3D 기능에 대한 설명으로 옳지 않은 것은?

① 한글 Windows 10에서 기본적으로 설치된 3D 모델링 앱이다.
② 그림판에서 작성한 2D 그림을 그림판 3D로 보내서 수정할 수 있다.
③ 열기할 때에는 jpg, gif, png, mp3, mp4 등의 형식을 지정하여 열 수 있다.
④ 기록하여 비디오로 내보내기할 수 있다.

jpg, gif, png, bmp 등의 그림 형식은 열 수 있으나, mp3, mp4의 미디어 형식은 열 수 없다.

29 다음 중 한글 Windows 10에서 [접근성]에 대한 기능으로 옳지 않은 것은?

① 돋보기를 사용하여 화면의 일부를 확대하여 표시한다.
② 화면의 내용을 소리내어 읽기한다.
③ 마우스의 왼쪽과 오른쪽 단추 기능을 바꾼다.
④ 숫자 키패드로 화면에서 마우스 포인터를 이동한다.

마우스의 왼쪽/오른쪽 단추 기능은 마우스의 속성에서 변경할 수 있다.

오답 피하기
- ① : 돋보기 기능에 대한 설명
- ② : 내레이터 기능에 대한 설명
- ④ : 마우스키 켜기 기능에 대한 설명

30 다음 중 한글 Windows 10의 프린터 추가에 대한 설명으로 옳지 않은 것은?

① [장치 및 프린터] 창에서 [프린터 추가]를 선택하여 작업을 수행한다.
② 기본 프린터는 2개까지 추가할 수 있고 다른 프린터로 변경할 수 있다.
③ USB 포트에 연결되는 플러그 앤 플레이 프린터가 있으면 [프린터 추가]를 사용할 필요가 없다.
④ [프린터 추가]를 수행하는 과정에서 네트워크, 무선 또는 Bluetooth 프린터와 로컬 프린터로 구분하여 설치할 수 있다.

기본 프린터는 반드시 1개만 추가할 수 있다.

31 다음 중 한글 Windows 10 [제어판]의 [전원 옵션]에 대한 설명으로 옳지 않은 것은?

① [시작]-[전원]에서 [절전] 기능을 보이지 않게 설정할 수 있다.
② 특정 시간이 지나면 모니터 화면에 보호 프로그램이 실행되도록 설정한다.
③ 전원 사용 시 1시간 후 PC를 절전 상태로 전환하도록 설정한다.
④ [균형 조정]은 에너지 소비와 성능 사이의 균형을 자동으로 설정하는 기능이다.

특정 시간이 지나면 모니터 화면이 자동으로 보호 프로그램이 실행되도록 설정하는 기능은 [개인 설정]-[잠금 화면]에서 설정한다.

32 다음 중 한글 Windows 10의 [Windows 관리 도구]에 대한 설명으로 옳지 않은 것은?

① [시스템 정보]를 수행하면 DMA, IRQ, I/O, 메모리 장치를 확인할 수 있다.
② [디스크 조각 모음 및 최적화]를 수행하면 디스크 공간의 최적화를 이루어 접근 속도가 향상된다.
③ [디스크 검사]를 수행하면 불필요한 파일을 검색하여 삭제한다.
④ [작업 스케줄러]는 지정한 시간에 컴퓨터에서 자동으로 실행하는 작업을 만들고 관리한다.

[디스크 검사]는 물리적 손상 '검사'와 '복구'를 하는 기능이고, [디스크 정리] 기능은 불필요한 파일을 검색하여 삭제하는 것이다.

33 다음 중 한글 Windows 10에서 [시작]-[설정]-[업데이트 및 보안]-[Windows 보안]의 기능 연결이 옳지 않은 것은?

① 계정 보호 : 계정 및 로그온에 대한 보안 설정
② 가족 옵션 : 자녀 보호에 관한 확인과 가족 디바이스 보기 설정
③ 장치 보안 : 코어, 보안 프로세서, 보안 부팅 등 장치에 대한 보안 설정
④ 바이러스 및 위협 방지 : 바이러스 및 네트워크에 액세스할 수 있는 사용자 설정

바이러스 및 위협 방지는 바이러스 검사의 빠른 검사, 전체 검사, 사용자 지정 검사 옵션에 대한 설정을 하는 기능이고, 네트워크에 액세스할 수 있는 사용자 설정은 방화벽 및 네트워크 보호 기능에 대한 설명이다.

정답 28 ③ 29 ③ 30 ② 31 ② 32 ③ 33 ④

34 다음 중 한글 Windows 10에서 [디스크 검사]에 관한 설명으로 옳지 않은 것은?

① 폴더나 파일의 오류를 검사하여 발견된 오류를 복구한다.
② CD-ROM이나 네트워크 드라이브도 디스크 검사를 수행할 수 있다.
③ 디스크 표면 검사를 하여 물리적 오류가 발생하면 해당 위치를 배드 섹터로 NTFS에 기록하고 이후에 사용하지 않는다.
④ 두 개 이상의 파일이 하나의 클러스터에 저장된 경우와 같이 교차 연결된 파일은 제거하거나 백업할 수 있다.

네트워크 드라이브, CD-ROM 드라이브는 디스크 검사를 수행할 수 없다.

35 다음 중 한글 Windows 10의 장치 관리자에 대한 설명으로 옳지 않은 것은?

① 설치된 하드웨어는 [제어판]의 [장치 관리자]에서 확인할 수 있다.
② 설치된 하드웨어의 제거는 [프로그램 및 기능] 창에서 해당 하드웨어의 드라이버를 제거하면 된다.
③ 자동감지기능(PnP)이 지원되지 않는 장치를 설치할 때에는 [장치 관리자]-[동작]-[레거시 하드웨어 추가]를 이용한다.
④ 자동감지기능(PnP)을 지원하는 장치를 설치하고 Windows 10을 재시작하면 자동으로 인식하여 설치된다.

하드웨어의 제거는 [장치 관리자] 창에서 해당 하드웨어를 선택하고 디바이스를 제거할 수 있으며, [프로그램 및 기능]은 앱을 제거하고 변경하는 기능이다.

36 다음 중 한글 Windows 10의 [Windows Defender 방화벽] 창에서 할 수 있는 작업에 대한 설명으로 옳지 않은 것은?

① 네트워크 위치를 선택하여 컴퓨터가 항상 적절한 보안 수준으로 설정되도록 할 수 있다.
② Windows Defender 방화벽은 해커나 악성 소프트웨어가 인터넷 또는 네트워크 통해 들어오는 것을 방지해 준다.
③ 전자 메일을 보내거나 받을 때 알림 표시를 하도록 설정할 수 있다.
④ 인바운드 규칙, 아웃바운드 규칙 등과 같은 고급 보안을 설정할 수 있다.

전자 메일이 아니라 허용되는 앱 목록에 있는 연결을 포함하여 모든 들어오는 앱을 차단하도록 알림을 설정할 수 있다.

37 한글 Windows 10의 비디오 편집기 기능에 대한 설명으로 옳지 않은 것은?

① 사진 파일을 불러오기하여 비디오 파일로 작성할 수 있다.
② 반짝거림, 불꽃놀이와 같은 애니메이션 3D 효과를 추가한다.
③ 비디오를 분할하기, 자막 넣기, 배경음악 넣기 기능을 사용한다.
④ mp4 파일을 불러오기하여 일부분을 자르기하는 기능은 할 수 없다.

비디오 파일을 스토리보드에 넣은 후 자르기할 수 있다.

38 다음 중 한글 Windows 10의 디스크 포맷에 대한 설명으로 옳은 것은?

① NTFS 파일 시스템에서 볼륨 레이블은 최대 32자까지 입력할 수 있다.
② 빠른 포맷을 하면 불량 섹터를 검색하고 포맷한다.
③ USB를 부팅 디스크로 만들 수 없다.
④ 인터넷이 연결되지 않으면 포맷할 수 없다.

오답 피하기
• ② : 빠른 포맷은 불량 섹터를 검색하지 않고 포맷
• ③ : USB 플래시 드라이브를 이용하여 부팅 디스크로 만들 수 있음
• ④ : 인터넷 연결과 포맷과는 상관없음

정답 34 ② 35 ② 36 ③ 37 ④ 38 ①

39 다음 중 웹 브라우저인 크롬(Chrome)에 대한 설명으로 옳지 않은 것은?

① 구글사에서 만든 텍스트 기반 인터페이스 웹 브라우저이다.
② 안정성과 보안, 속도 면에서 효율적이다.
③ 인터넷 사용 기록, 쿠키 및 캐시된 파일을 삭제하여 개인정보를 보호한다.
④ 세이프 브라우징의 사용으로 위험한 이벤트가 발생하면 감지하여 알리는 기능이 있다.

크롬은 그래픽 사용자 인터페이스 웹 브라우저이다.

40 다음은 한글 Windows 10에서 네트워크 장비 중 무엇에 대한 설명인가?

- 인터넷에 접속할 때 반드시 필요한 장비이다.
- 가장 최적의 경로를 설정하여 전송한다.
- 수신된 정보에 의하여 자신의 네트워크나 다른 네트워크의 연결점을 결정한다.
- 각 데이터들이 효율적인 속도로 전송될 수 있도록 데이터의 흐름을 제어한다.

① 허브(Hub)
② 리피터(Repeater)
③ 게이트웨이(Gateway)
④ 라우터(Router)

라우터는 최적의 패킷 경로를 지정하는 장비이다.

오답 피하기
- 허브(Hub) : 네트워크를 구성할 때 한꺼번에 여러 대의 컴퓨터를 연결하는 장치
- 리피터(Repeater) : 디지털 신호가 감소하는 장거리 전송을 위해서 수신한 신호를 재생시키거나 출력 전압을 높여 전송하는 장치
- 게이트웨이(Gateway) : 주로 LAN에서 다른 네트워크에 데이터를 보내거나 다른 네트워크로부터 데이터를 받아들이는 출입구 역할

3과목 PC 기본상식

41 다음 중 컴퓨터 발전에 대한 설명으로 옳지 않은 것은?

① ENIAC은 프로그램 내장 방식을 사용한 계산기이다.
② UNIVAC-1은 최초의 상업용 전자 계산기이다.
③ 인공 지능 및 퍼지 이론과 관련 있는 주요 소자는 VLSI이다.
④ 시분할 처리와 다중 처리가 개발된 시기는 3세대이다.

ENIAC은 최초의 전자식 계산기로 프로그램 외장 방식의 계산기이고, EDSAC은 최초의 프로그램 내장 방식을 사용한 계산기이다.

42 다음에서 설명하는 코드는?

- 데이터 통신이나 정보 교환에서 전송 오류를 검출하고 교정하는 코드
- 2bit의 오류 비트를 찾고 1bit의 오류를 교정하는 코드

① 패리티 코드
② 해밍 코드
③ 그레이 코드
④ Excess-3 코드

오답 피하기
- 패리티 코드 : 전송 도중에 발생할 수 있는 오류(외부 잡음, 전압의 불안정 등)를 탐지하기 위해 비트 하나를 추가하여 송신하는 코드
- 그레이 코드 : 인접 비트 사이에 1비트만이 변화하여 연속된 아날로그 자료에서 오류를 쉽게 알아내는 코드
- Excess-3 코드 : BCD(8421) 코드에 3을 더한 코드

43 다음 중 디지털 컴퓨터의 특징이 아닌 것은?

① 논리 회로 사용
② 미적분으로 병렬 연산
③ 이산적인 데이터
④ 연산 속도가 느림

디지털 컴퓨터는 사칙 연산 형식이고, 아날로그 컴퓨터는 미적분 연산 형식이라는 특징이 있다.

44 다음 중 포트에 대한 설명으로 옳은 것은?

① USB : 최대 127개까지 직렬 장치를 연결하여 사용 가능
② PS/2 : 병렬 포트로 마우스나 모뎀에 연결
③ IrDA : 원거리 통신에 사용하는 포트
④ COM1 : 병렬 포트로 프린터에 연결

> **오답 피하기**
> - PS/2 : 개인용 컴퓨터에서 사용하는 마우스와 키보드 연결 포트
> - IrDA : 적외선 통신에 사용하여 데이터를 전송하는 포트로써 케이블 없이 기기 간의 데이터 전송을 가능하게 함
> - COM1 : 직렬 포트로 마우스나 모뎀을 연결
> - LPT1 : 병렬 포트로 프린터에 연결

45 다음 중 연산 장치에 대한 설명으로 옳지 않은 것은?

① 누산기는 산술 연산 및 논리 연산의 결과를 일시적으로 기억하는 레지스터
② 상태 레지스터는 연산 실행 결과의 여러 가지 상태 값을 기억하는 레지스터
③ 데이터 레지스터는 연산에 사용할 데이터를 일시적으로 기억하는 레지스터
④ 명령 레지스터는 현재 수행 중인 명령의 내용을 기억하는 레지스터

명령 레지스터는 제어 장치 레지스터이다.

46 다음 중 컴퓨터의 입력 장치에 해당하지 않는 것은?

① 디지타이저(Digitizer)
② 플로터(Plotter)
③ 스캐너(Scanner)
④ 광학문자판독기(OCR)

플로터는 입력 장치가 아니라, 건축 설계 도면을 인쇄하는 출력 장치이다.

47 다음 중 데이터베이스 관리 시스템(DBMS)이 가져야 할 특징만을 묶은 것은?

① 중복 데이터 최소화, 데이터의 종속성
② 중복 데이터 최소화, 데이터의 독립성
③ 데이터의 공유 불가, 데이터의 종속성
④ 데이터의 공유 불가, 데이터의 독립성

데이터베이스 관리 시스템(DBMS)의 특징은 데이터 독립성, 데이터 무결성, 데이터 일관성, 데이터 중복 최소화, 자원 공유이다.

48 다음 보기의 내용은 무엇에 대하여 설명한 것인가?

> 중앙 처리 장치 내에 존재하며 자료의 이동을 위해 임시로 결과를 저장해 두는 고속의 기억 장치이다.

① 연산 기억 장치(Associative Memory)
② 디스크 캐시 메모리(Disk Cache Memory)
③ 가상 메모리(Virtual Memory)
④ 레지스터(Register)

레지스터의 종류에는 제어 장치에 사용하는 프로그램 카운터, 명령 레지스터, 명령 해독기, 부호기 등과 연산 장치에 사용하는 누산기, 보수기, 인덱스 레지스터, 데이터 레지스터, 상태 레지스터 등이 있다.

> **오답 피하기**
> - 연산 기억 장치 : 기억 장치에 기억된 내용을 찾을 때 주소를 사용하지 않고 기억된 데이터의 내용을 이용하여 원하는 정보에 접근하는 방식
> - 디스크 캐시 메모리 : 고속의 중앙 처리 장치(CPU)와 상대적으로 느린 주기억 장치의 속도 차이를 극복하여 컴퓨터의 처리 속도를 높이기 위한 고속 메모리
> - 가상 메모리 : 보조 기억 장치 일부를 주기억 장치처럼 사용하여 주기억 장치의 용량을 확대하는 기법

정답 44 ① 45 ④ 46 ② 47 ② 48 ④

49 다음에서 설명하는 것은?

- 서로 연결된 두 개 이상의 처리기에서 두 개 이상의 프로세스를 동시에 수행하여 연산 속도를 높이는 방식
- 프로세서를 늘려서 여러 일을 동시에, 더 빨리 처리할 수 있게 해주는 시스템 방식

① CISC 프로세스
② RISC 프로세스
③ 분산 처리 시스템
④ 병렬 처리 시스템

오답 피하기
- CISC(Complex Instruction Set Computer) : 사용자가 작성하는 고급 언어에 각각 하나씩의 기계어를 대응시켜 처리하는 회로로 구성된 중앙 처리 장치의 한 종류
- RISC(Reduced Instruction Set Computer) : 자주 쓰이지 않는 명령어들은 소프트웨어로 구현하고, 자주 쓰이는 명령어만 간략화하여 CPU의 성능을 높인 것
- 분산 처리 시스템 : 처리할 수 있는 장비(컴퓨터 등)를 네트워크로 상호 연결하여 전체적인 일의 부분을 나누어 더 빨리 처리할 수 있게 하는 시스템 방식

50 다음에서 설명하는 바이러스는?

- 메모리에 상주하고 있으며 다른 파일을 변형한 사실을 숨기고 있어 운영체제로부터 피해 사실을 숨기는 바이러스
- 다양한 수단으로 탐지를 피하는 능력을 가진 바이러스

① 은닉 바이러스
② 클러스터 바이러스
③ 논리 폭탄
④ 웜 바이러스

오답 피하기
- 클러스터 바이러스 : 바이러스에 감염된 디스크에서 프로그램이 실행되는 동시에 실행되는 바이러스
- 논리 폭탄 : 사용자의 컴퓨터에 숨어있다가 날짜나 시간, 파일의 변경, 사용자나 프로그램이 특정한 행동을 하면 실행되는 바이러스
- 웜 바이러스 : 네트워크를 통해 연속적으로 자신을 복제하여 시스템의 부하를 높여 시스템을 다운시키는 바이러스

51 다음 중 바이오스(BIOS)에 대한 설명으로 옳지 않은 것은?

① 컴퓨터의 기본 입출력 장치나 메모리 등 하드웨어 작동에 필요한 명령들을 모아 놓은 프로그램이다.
② 바이오스는 하드 디스크에 저장되어 있는 운영체제의 일부이다.
③ 바이오스는 부팅할 때 POST를 통해 컴퓨터를 점검한 후에 사용 가능한 장치를 초기화한다.
④ 하드 디스크 타입이나 부팅 순서와 같이 바이오스에서 사용하는 일부 정보는 CMOS에서 설정이 가능하다.

바이오스는 하드웨어와 소프트웨어의 중간 형태로 펌웨어 ROM에 저장되어 있어 ROM-BIOS라고도 한다.

52 다음 중 멀티미디어 관련 용어에 대한 연결이 옳지 않은 것은?

① 모핑은 두 개의 서로 다른 이미지가 전혀 다른 이미지로 변화하는 기법
② 메조틴트는 이미지에 무수히 많은 점은 찍은 듯한 효과로 부드러운 명암을 다양하게 표현하는 기법
③ 디더링은 인접하는 색상이나 흑백의 점들을 혼합하여 중간 색조를 만들어 윤곽이 부드러운 이미지를 얻는 방법
④ 인터레이싱은 사진의 현상 과정 중에 빛을 쪼여 주면 색채가 반전되는 효과

인터레이싱은 이미지가 처음에는 거친 모자이크 형식으로 나타나다가 서서히 선명해지는 기법이고, 솔러리제이션은 사진의 현상 과정 중에 빛을 쪼여 주면 색채가 반전되는 효과이다.

53 다음 중 비밀키 암호화 기법에 대한 설명으로 옳지 않은 것은?

① 암호화키와 복호화키가 동일하다.
② 사용자가 많아지면 관리해야 하는 키의 개수가 많아진다.
③ 대표적인 알고리즘으로 DES가 있다.
④ 알고리즘이 복잡하고 속도가 느리다.

> 비밀키 암호화 기법은 키의 크기가 작고 알고리즘이 간단하여 경제적이다.

54 다음 중 컴퓨터에서 정보 보안을 위하여 사용하는 방화벽에 관한 설명으로 옳지 않은 것은?

① 내부 네트워크로 들어오거나 외부 네트워크로 나가는 패킷을 체크한다.
② 역추적 기능이 있어서 외부 침입자의 흔적을 찾을 수 있다.
③ 방화벽을 사용하더라도 내부의 불법적인 해킹은 막지 못한다.
④ 해킹에 의한 외부로의 정보 유출을 막기 위한 보안 시스템이다.

> 방화벽은 내부에서 외부로 나가는 것을 체크하지는 못한다.

55 다음 중 응용 소프트웨어에 대한 설명으로 옳지 않은 것은?

① 스프레드시트 소프트웨어로는 엑셀, 로터스, 훈민시트 등이 있다.
② 셰어웨어(Shareware)는 무료로 사용할 수 있으며 누구나 자유롭게 사용하고 수정 및 배포할 수 있다.
③ 전자출판(DTP) 소프트웨어로는 페이지 메이커, Quark Xpress 등이 있다.
④ 데이터베이스 관리 시스템을 사용하면 데이터의 중복성을 최소화할 수 있다.

> 오픈소스는 무료로 누구나 자유롭게 사용, 수정, 배포하는 프로그램이고, 셰어웨어는 일정 기간 동안 제한된 기능으로 사용하다가 마음에 들면 금액을 지불하고 사용하는 프로그램이다.

56 다음에서 설명하는 모바일 운영체제는?

> - 구글에서 개발한 개방형 운영체제
> - 개방형 소프트웨어이므로 단말기 제조사나 이동 통신사 등이 무료로 인터넷과 메신저 등을 이용할 수 있으나 보안에 취약

① iOS
② 안드로이드
③ 클라우드 OS
④ 윈도우폰

> • iOS : 애플사의 운영체제
> • 클라우드 OS : 앱을 스마트폰에 직접 설치하지 않고 웹에서 바로 구동할 수 있는 시스템
> • 윈도우폰 : 마이크로소프트사의 운영체제

57 다음 중 정보화 사회의 최신 기술 중에서 사물 인터넷(IoT)에 대한 설명으로 옳지 않은 것은?

① 세상에 존재하는 모든 사물을 네트워크로 연결한다.
② 인간과 사물 간에 언제 어디서나 서로 소통할 수 있다.
③ 인터넷에 연결된 기기가 사람의 개입 없이 서로 정보를 주고받으며 처리할 수 있다.
④ 컴퓨팅 자원을 가상화 기술로 통합하여 서비스를 제공한다.

> 클라우드 컴퓨팅은 컴퓨팅 자원을 가상화 기술로 통합하여 서비스를 제공하는 컴퓨터이다.

58 다음에서 설명하는 금융사기 수법은?

> PC에 악성코드를 감염 → 정상적인 인터넷 뱅킹절차 (보안카드 번호 앞뒤 2자리) 이행 후 이체 클릭 → 오류 발생 반복(이체정보 미전송) → 일정 시간 경과 후 동일한 보안카드 번호를 입력하여 본인의 범행 계좌로 이체

① 스미싱
② 파밍
③ 스니핑
④ 메모리 해킹

오답 피하기

메모리 해킹은 피해자 PC 메모리에 상주한 악성코드로 인하여 정상 은행 사이트에서 보안카드 번호 앞뒤 2자리만 입력해도 부당 인출해 가는 수법이다.

- 스미싱 : 문자메시지와 피싱의 합성어로 문자메시지의 인터넷 주소를 클릭하면 피해자도 모르게 소액결제 피해 또는 개인금융정보 탈취
- 파밍 : 악성코드에 감염된 사용자 PC를 조작해서 금융정보를 탈취
- 스니핑 : 네트워크 주변을 지나다니는 패킷을 엿보면서 계정과 패스워드를 알아내는 행위

59 다음에서 설명하는 정보 통신망은?

> – 많은 양의 통신이 가능해야 한다.
> – 기밀 보장이 되어야 한다.
> – 응답 시간이 빨라야 한다.
> – 하나의 통신 회선이 장애가 발생하더라도 데이터를 전송할 수 있도록 모든 지점의 단말 장치를 서로 연결한 형태이다.

① 성(Star)형
② 링(Ring)형
③ 계층(Tree)형
④ 망(Mesh)형

오답 피하기

- 성형 : 중앙의 컴퓨터와 모든 단말기가 직접 연결된 형태
- 링형 : 컴퓨터가 서로 원형으로 연결된 형태
- 계층형 : 중앙의 컴퓨터와 단말기를 하나의 통신 회선으로 연결하는 방식으로 분산 처리 시스템이 가능한 형태

60 다음 중 개인정보에 대한 설명으로 옳은 것은?

① 개인정보는 성명, 주소 등과 같이 살아 있는 개인을 식별할 수 있는 정보이다.
② 개인에 대한 다른 사람의 평가, 견해 등과 같은 간접적인 정보는 개인정보에 포함되지 않는다.
③ 개인정보 자기결정권은 자신의 개인정보 보호를 위하여 정보주체가 지켜야 할 권리이다.
④ 프라이버시권은 자신에 관한 정보가 언제 누구에게 어느 범위까지 알려지고 이용되도록 할지를 스스로 결정하는 권리이다.

개인에 대한 다른 사람의 평가나 견해 등의 간접적인 정보도 개인정보에 포함된다. 개인정보 자기결정권은 자신에 관한 정보가 언제 누구에게 어느 범위까지 알려지고 이용되도록 할지를 스스로 결정하는 권리이고, 프라이버시권은 자신의 개인정보 보호를 위하여 정보주체가 지켜야 할 필수적인 권리이다.

해설과 함께 보는 2023년 상시 기출문제 03회

SELF CHECK 　제한시간 60분 ｜ 소요시간　　분 ｜ 전체 문항 수 60문항 ｜ 맞힌 문항 수　　문항

1과목　워드프로세싱 용어 및 기능

01 다음 중 워드프로세서의 특징으로 옳지 않은 것은?

① 문서를 작성하는 '단어 처리기' 또는 '문서 작성기'라고도 한다.
② 문서를 작성하고 저장하고 편집하고 인쇄할 수 있다.
③ 작성한 문서에 암호를 부여하여 저장할 수 있어 보안 유지가 가능하다.
④ 문서를 편집하기 위해 데이터베이스 관리 시스템(DBMS)을 이용한다.

> DBMS는 대량의 데이터베이스를 관리하는 응용 소프트웨어이다.

02 다음 중 워드프로세서 용어에 대한 설명으로 옳지 않은 것은?

① 미주(Endnote) : 문서의 내용을 설명하거나 인용한 원문의 제목을 알려주는 보충 구절로 문서의 맨 마지막에 표시하는 기능을 말한다.
② 피치(Pitch) : 단어와 단어 사이의 간격을 표현하는 단위이다.
③ 홈베이스(Home Base) : 문서를 편집할 때 특정 위치를 홈 주소로 지정해 바로 이동시키는 기능이다.
④ 보일러 플레이트(Boiler Plate) : 작성 중인 문서 내에 머리말, 꼬리말, 주석 같은 것을 표시하기 위해 따로 설정한 구역이다.

> 피치(Pitch)는 1인치당 인쇄되는 문자 수를 말하며, 피치 수가 증가할수록 문자 사이의 간격이 좁아진다.

03 〈보기 1〉의 문장이 〈보기 2〉의 문장으로 수정되기 위해 필요한 교정부호들로만 올바르게 짝지어진 것은?

〈보기 1〉

> 고통으로 세상은 가득하지만
> 그것을 이겨내는 일로도 가득 차 있다.

〈보기 2〉

> 세상은 고통으로 가득하지만
> 한편 그것을 이겨내는 일로도 가득차 있다.

① ⌒, ⌐, ∨
② ⌒, ∨, ⌒
③ ⌐, ⌣, ∨
④ ⌒, ⌣, ⌒

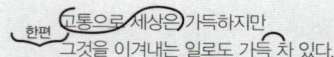

04 다음 중 파일링 시스템의 기본 원칙으로 옳지 않은 것은?

① 시간과 공간의 극대화
② 문서 검색의 용이성 및 신속한 출납
③ 명확한 분류를 위한 파일링 방법의 표준화
④ 문서의 소재 명시 및 보존의 확실성

> 시간과 공간의 최소성을 원칙으로 하며, 시간과 공간이 극대화(크게)되면 시간과 공간의 낭비가 발생한다.

정답　01 ④　02 ②　03 ④　04 ①

05 다음 중 공문서의 발송에 대한 설명으로 옳지 않은 것은?

① 문서는 처리과에서 발송하되 우편을 이용하여 발송함을 원칙으로 한다.
② 우편으로 발송하는 문서는 행정안전부 장관이 정하는 행정 사무용 봉투에 넣어 발송한다.
③ 전자문서의 경우에는 처리과의 문서수발업무를 담당하는 자 또는 기안자가 전자이미지관인을 찍은 후 처리과에서 발송한다.
④ 행정기관의 장은 공문서를 수발함에 있어 문서의 보안 유지와 분실, 훼손 및 도난 방지를 위한 조치를 강구하여야 한다.

공문서의 발송은 정보 통신망을 이용함을 원칙으로 한다.

06 다음 중 하나의 페이지를 완성하지 않고 다음 페이지로 강제 이동할 때 사용하는 키는?

① Alt + Enter
② Ctrl + Enter
③ Ctrl + X
④ Shift + Enter

• Ctrl + Enter : 페이지를 강제로 나누기하는 바로 가기 키
• Enter : 강제로 다음 행으로 이동하는 키

07 다음 중 한자의 음을 모를 때 입력하는 방법으로 옳은 것은?

① 부수나 총 획수를 입력한 후 한자로 변환한다.
② 한글을 입력한 후 한자키를 누른다.
③ 한자가 많이 들어 있는 문서의 일부분 또는 전체를 블록 지정하여 한자키를 눌러 변환한다.
④ 한자의 음을 모르는 경우 검색 및 치환 기능으로 변환해야 한다.

한자의 음을 모를 경우, 부수/총 획수 입력 변환, 외자 입력 변환, 2스트로크(Stroke) 변환으로 한자를 입력하고, 한자의 음을 알 경우에는 음절 단위 변환, 단어 단위 변환, 문장 자동 변환으로 입력한다.

08 다음 중 워드프로세서의 기능에 대한 설명으로 옳은 것은?

① 병합(Merge)은 인쇄를 하면서 동시에 다른 문서를 작성하거나 편집하는 기능이다.
② 매크로(Macro)는 사용자가 입력한 문장의 맞춤법 검사를 하는 기능이다.
③ 각주(Footnote)는 문서의 내용을 설명하거나 보충 구절을 해당 페이지에 하단에 표기하는 것이다.
④ 기본값(Default)은 네트워크를 통한 업무의 교환 시스템으로 문서의 표준화를 전제로 운영된다.

오답 피하기
• 병합(Merge) : 정렬된 두 개 이상의 파일을 하나의 새로운 파일로 합치는 기능
• 매크로(Macro) : 사용자가 입력하는 일련의 키보드의 조작 순서를 기억하여 재생하는 기능
• 기본값(Default) : 사용자가 변경하기 이전의 값으로 전반적인 규정이나 서식 설정 등에 대해 미리 가지고 있는 값

09 다음 중 찾기(검색)에 대한 설명으로 옳지 않은 것은?

① 찾기 기능은 대문자와 소문자를 구분하여 내용을 찾을 수 있다.
② 찾기한 후에는 문서 전체 분량이 변한다.
③ 찾을 내용과 글꼴을 이용하여 찾기 기능을 수행할 수 있다.
④ 찾기 기능을 이용하여 찾을 때 현재 커서의 위쪽이나 아래쪽 내용을 찾을 수 있다.

찾기(검색)한 후에는 문서의 분량이 변하지 않는다.

10 다음 중 워드프로세서의 인쇄 기능에 대한 설명으로 옳지 않은 것은?

① 문서의 일부분만 인쇄할 수 있고, 문서의 내용을 파일로 인쇄할 수 있다.
② 미리 보기를 하면 편집한 내용의 전체 윤곽을 확인할 수 있다.
③ 인쇄 매수를 지정하여 동일한 문서를 여러 번 인쇄할 수 있다.
④ 인쇄할 때 프린터의 해상도를 높게 설정하면 선명하게 인쇄되고 출력 속도를 향상시킬 수 있다.

해상도를 높게 설정하면 선명하게 인쇄되지만, 출력 속도는 느려진다.

정답 05 ① 06 ② 07 ① 08 ③ 09 ② 10 ④

11 다음 중 전자출판에서 그림 사용에 대한 설명으로 옳지 않은 것은?

① 전자출판에 사용되는 그림 형식은 HTML, MP3, MP4 등이 있다.
② 웹 문서의 그림에서 마우스 오른쪽 단추를 눌러 그림을 복사하거나 저장할 수 있다.
③ 내 컴퓨터에 저장된 그림은 워드프로세서로 불러들여 전자출판에 이용할 수 있다.
④ 전자문서 내의 그림은 자르기하여 불필요한 부분을 없앨 수 있다.

> 그림 파일 형식에는 jpg, gif, png 등이 있으며, HTML은 웹 브라우저에서 표시되는 웹 문서의 파일 형식이다.

12 다음 중 문서의 분류에 대한 설명으로 옳지 않은 것은?

① 접수문서 : 일정한 절차에 따라 문서과에서 접수한 문서
② 배포문서 : 문서과에서 접수한 문서를 처리과로 배포한 문서
③ 공람문서 : 처리과에서 배부받은 문서를 결재권자가 열람에 붙이는 문서
④ 보존문서 : 일처리가 끝난 완결문서로 해당연도 말일까지 보관하는 문서

> 보존문서는 가치 있는 자료라고 판단되어 일정 기간 동안 보존하는 문서이고, 보관문서는 일처리가 끝난 완결문서로 해당연도 말일까지 보관하는 문서이다.

13 다음은 문서관리 원칙 중 무엇에 대한 설명인가?

> 문서를 착오 없이 올바르게 처리하기 위한 것이다. 즉, 문서를 옮겨 적거나 다시 기재하는 것을 줄이고 복사해서 사용한다. 또한 사람이 처리하기에 분량이나 규모가 큰 경우에는 자동화된 사무기기를 이용한다.

① 정확성
② 신속성
③ 용이성
④ 경제성

> '올바르게'는 정확성과 관계있는 용어이다.
>
> **오답 피하기**
> - 신속성 : 문서가 이동되고 경유하는 것을 줄이고 지체 시간을 줄임
> - 용이성 : 문서 사무의 절차와 방법을 간단하고 쉽게 하고 사무실 환경을 개선
> - 경제성 : 소모품을 절감하고 사무기기의 관리를 효율화하여 유지 및 보수 비용을 줄임

14 다음 중 워드프로세서의 저장 기능에 대하여 설명한 것으로 옳지 않은 것은?

① 주기억 장치인 RAM에 기억되어 있던 문서를 보조 기억 장치로 옮기는 것을 말한다.
② 워드프로세서에서는 여러 가지 다른 형태의 파일로 저장할 수 있다.
③ 작업 중인 워드프로세서 문서를 텍스트 파일로 저장하면 설정된 글자 서식도 함께 저장된다.
④ 일반적으로 확장자가 TXT로 저장된 문서는 메모장이나 워드패드에서 편집이 가능하다.

> 텍스트 파일로 저장하면 텍스트(글자)만 저장되고 글꼴, 색상과 같은 글자 서식은 저장되지 않는다.

정답 11 ① 12 ④ 13 ① 14 ③

15 다음 중 유니코드(KS X 1005-1)에 대한 설명으로 옳지 않은 것은?

① 완성형 코드에 조합형 코드를 반영하여 개발되었다.
② 정보를 교환할 때 충돌이 발생한다.
③ 전 세계의 모든 글자를 2바이트로 표현할 수 있다.
④ 외국 소프트웨어의 한글화가 쉽고 한글은 가나다 순으로 정렬된 코드이다.

> 유니코드는 국제 표준 코드로 정보 교환 시 충돌이 발생하지 않고, 정보를 교환할 때 충돌이 발생하는 코드는 KS X 1001 조합형 코드이다.

16 다음 중 교정부호를 사용한 후 문서의 분량이 변하지 않는 교정부호는?

① ◯ʳ ② ☼
③ ∨   ④ ◯ˢ

> ☼ 되살리기, 원래대로 두기 교정부호는 분량이 변하지 않는다.
>
> **오답 피하기**
> ◯ʳ(삭제), ∨(사이 띄우기), ◯ˢ(수정)

17 다음 중 문서 파일링에서 명칭별 파일링을 사용하는 경우에 장점으로 옳지 않은 것은?

① 보안이나 기밀 유지에 유용하다.
② 단순하고 처리가 빠르다.
③ 다양한 서류 처리가 용이하다.
④ 가이드나 폴더 배열 방식이 용이하다.

> 명칭이 표시되므로 보안에 약하다.

18 다음 중 전자문서 관리 시스템의 장점으로 옳지 않은 것은?

① 신속한 문서 조회 및 검색이 가능해서 생산성을 향상시킬 수 있다.
② 문서를 보관할 장소가 획기적으로 줄어들어서 사무환경을 쾌적하게 조성할 수 있다.
③ 조건검색을 통해서 필요한 문서를 손쉽게 제공받을 수 있어서 노력을 줄일 수 있다.
④ 텍스트 문서를 이미지나 영상과는 별개로 관리하여 문서 고유의 특성에 맞춘 관리가 가능하다.

> 전자문서 관리 시스템은 텍스트와 이미지, 영상 등을 통합하여 관리한다.

19 다음 문장을 작성하는 방법으로 옳지 않은 것은?

① 긴 문장은 적당히 끊어 작성한다.
② 전문적인 용어를 사용하여 길게 작성한다.
③ 애매모호한 표현을 사용하지 않는다.
④ 수식어를 정확히 사용한다.

> 전문적인 용어보다는 이해하기 쉬운 용어를 사용하여 간결하게 작성한다.

20 다음 중 전자출판과 관련된 용어에서 커닝(Kerning)에 대한 설명으로 옳은 것은?

① 글자와 글자 사이의 간격을 미세하게 조정하는 작업이다.
② 제한된 색상을 조합하여 복잡한 색이나 새로운 색을 만드는 작업이다.
③ 문자 위에 겹쳐서 문자를 중복 인쇄하거나 배경색을 인쇄한 후에 그 위에 대상체를 인쇄하는 기능이다.
④ 이미지 변형 작업, 입출력 파일 포맷, 채도, 조명도, 명암 등을 조절하는 작업이다.

> **오답 피하기**
> • ② : 디더링
> • ③ : 오버프린트
> • ④ : 초크

2과목 PC 운영체제

21 다음 중 한글 Windows 10에서 마우스와 키보드를 사용하는 방법으로 옳지 않은 것은?

① 파일 탐색기 창에서 Ctrl+A를 누르면 모든 파일이나 폴더를 선택한다.
② 파일 탐색기에서 주 메뉴를 누를 때에는 Shift를 누른 후 주 메뉴 옆의 괄호 안의 밑줄 문자를 눌러 호출한다.
③ 열려있는 앱 간의 전환은 Alt+Tab 키를 이용한다.
④ ⊞+M을 누르면 모든 창을 최소화한다.

주 메뉴를 누를 때 Alt를 누른 후 메뉴 옆의 밑줄 문자를 눌러 호출한다.

22 다음 설명에 해당하는 기능은?

> 시스템 버스, RTC, 시스템 비디오 구성 요소, RAM, 키보드, 마우스 등의 드라이브를 검사한다.

① CMOS
② POST
③ MBR
④ ROM-BIOS

전원을 누르면 ROM-BIOS가 실행되어 CMOS(하드 디스크 타입, 주변 기기 상태를 보여주는 메모리)의 내용을 확인하고 → POST(Power On Self Test)로 시스템 버스, RTC, 시스템 비디오 구성 요소, RAM, 키보드, 마우스 등의 드라이브 검사를 수행한 후 → MBR과 부트 섹터를 실행하여 메모리에 로딩하고 → 하드웨어를 인식하고 레지스트리를 확인한 후 윈도우로 로그인된다.

23 다음 중 한글 Windows 10의 바탕 화면에 대한 설명으로 옳지 않은 것은?

① 바탕 화면의 아이콘은 큰 아이콘, 보통 아이콘, 작은 아이콘 중에서 설정한다.
② 그래픽 장치의 드라이버를 업데이트한다.
③ 화면 해상도를 변경할 수 있다.
④ 바탕 화면에 새 폴더를 만들 수 있다.

[제어판]-[장치 관리자]에서 그래픽 장치의 드라이버 업데이트를 할 수 있다.

오답 피하기
- ① : 바탕 화면의 바로 가기 메뉴의 [보기]에서 큰 아이콘, 보통 아이콘, 작은 아이콘 중 선택
- ③ : 바탕 화면의 바로 가기 메뉴의 [디스플레이 설정]에서 해상도 변경
- ④ : 바탕 화면의 바로 가기 메뉴의 [새로 만들기]-[폴더]에서 새 폴더 작성

24 다음에서 설명하는 한글 Windows 10의 기능은?

> 작업 표시줄 아이콘을 통해 축소판 미리 보기가 가능하며, 열려있는 모든 창을 최소화하지 않고 바탕 화면을 볼 수 있다.

① 에어로 쉐이크(Aero Shake)
② 에어로 피크(Aero Peek)
③ 에어로 스냅(Aero Snap)
④ 에어로 링크(Aero Link)

오답 피하기
에어로 쉐이크(Aero Shake)는 창의 제목 표시줄에서 마우스를 흔들면 현재 창을 제외한 모든 창을 최소화하고 다시 흔들면 원래대로 복원하는 기능이고, 에어로 스냅(Aero Snap)은 창을 화면의 가장자리로 드래그하여 위치에 따라 자동으로 크기가 변경되는 기능이다.

25 다음 중 한글 Windows 10의 바로 가기 아이콘에 대한 설명으로 옳지 않은 것은?

① 선택한 개체를 복사한 후에 바탕 화면의 빈 공간에서 바로 가기 메뉴의 [바로 가기 붙여넣기]를 선택한다.
② 마우스의 오른쪽 버튼을 누른 상태로 원하는 위치로 끌어다 놓으면 표시되는 바로 가기 메뉴에서 [여기에 바로 가기 만들기]를 선택한다.
③ Ctrl + Alt 키를 누른 채 원하는 위치로 끌어다 놓는다.
④ 폴더 창에 있는 개체는 메뉴 모음에서 [홈]-[바로 가기 붙여넣기]를 선택한다.

> 개체를 선택한 후 Ctrl + Shift 를 누른 채 바탕 화면으로 끌어놓기하여 [바탕 화면에 연결 만들기]를 선택하면 바로 가기 아이콘을 생성할 수 있다.

26 다음 중 한글 Windows 10의 작업 표시줄 속성에서 할 수 있는 작업으로 옳지 않은 것은?

① 작업 표시줄 자동 숨기기를 설정할 수 있다.
② 에어로 피크(Aero Peek)로 바탕 화면 미리 보기를 설정할 수 있다.
③ 작업 표시줄에 표시할 시스템 아이콘을 선택할 수 있다.
④ 시작 메뉴의 점프 목록, 최근에 연 목록을 설정할 수 있다.

> 시작 메뉴에 표시할 앱 목록 표시, 점프 목록에 표시할 최근 항목 수 등은 [설정]-[개인 설정]-[시작]에서 설정할 수 있다.

27 다음 중 한글 Windows 10의 [휴지통 속성] 창에서 수행할 수 있는 작업으로 옳지 않은 것은?

① 삭제 확인 대화상자의 표시 설정
② 휴지통의 바탕 화면 표시 설정
③ 각 드라이브의 휴지통 최대 크기 설정
④ 파일을 휴지통에 버리지 않고 바로 제거하는 기능 설정

> 휴지통 아이콘의 바탕 화면 표시를 설정하려면 [설정]-[개인 설정]-[테마]-[바탕 화면 아이콘 설정]에서 휴지통을 선택한다.

28 다음 중 한글 Windows 10에서 앱을 완전히 제거하는 방법으로 옳지 않은 것은?

① [시작]을 눌러 표시되는 앱에서 바로 가기 메뉴의 [제거]를 눌러 나오는 [프로그램 제거 또는 변경] 창에서 제거한다.
② [제어판]-[프로그램 및 기능]에서 제거할 앱을 선택한 후 [제거]한다.
③ [설정]-[앱]-[앱 및 기능]에서 앱을 선택한 후 [제거]를 클릭한다.
④ 탐색기에서 표시되는 파일을 선택한 후 바로 가기 메뉴의 [삭제]를 선택한다.

> 탐색기에서 바로 가기 메뉴의 삭제는 휴지통에 일시적으로 지워지는 것으로 앱을 완전히 제거하지는 못한다.

29 다음 중 한글 Windows 10의 [메모장]에 대한 설명으로 옳은 것은?

① 문서 전체에 대해 글꼴을 한꺼번에 변경하거나 블록을 지정하여 변경할 수 있다.
② 미리 보기에서 인쇄 전에 전체적인 윤곽을 볼 수 있다.
③ 저장 확장자는 txt, rtf, doc 형식 등으로 저장한다.
④ 글자 색은 검은색으로만 표시된다.

> **오답 피하기**
> • ① : 메모장에서 글꼴 변경은 문서 전체에 대해 실행
> • ② : 메모장은 인쇄 미리 보기 기능이 없음
> • ③ : 메모장 저장 확장자는 txt만 가능

정답 25 ③ 26 ④ 27 ② 28 ④ 29 ④

30 다음 중 한글 Windows 10에서 발생할 수 있는 문제의 해결 방법으로 옳은 것은?

① 디스크 공간이 부족할 때는 디스크 조각 모음을 실행하여 단편화를 제거한다.
② 디스크의 접근 속도가 느려질 경우에는 디스크 정리를 수행한다.
③ 프로그램이 응답하지 않을 경우에는 [Windows 작업 관리자] 창에서 해당 작업을 종료한다.
④ 메인 메모리 용량이 적을 경우에는 이동식 디스크의 불필요한 프로그램을 삭제한다.

> **오답 피하기**
> - ① : 디스크 공간이 부족할 때는 디스크 정리를 실행
> - ② : 디스크의 접근 속도가 느려질 경우에는 디스크 조각 모음을 실행하여 단편화를 제거하여 처리 속도를 향상
> - ④ : 메인 메모리 용량이 적을 경우에는 실행 중인 불필요한 프로그램을 종료

31 다음 중 이미지 뷰어를 위한 유틸리티 프로그램으로만 짝지은 것은?

① 알씨(ALSee), 사진, 비디오 편집기
② 알FTP, 파일질라, Winscp
③ 반디집, 알집, WinZip
④ 네이버 백신, V3 Lite, 알약

> **오답 피하기**
> - ② : 파일 송수신 FTP 프로그램
> - ③ : 압축 프로그램
> - ④ : 백신 프로그램

32 다음 중 한글 Windows 10의 프린터 사용에 대한 설명으로 옳지 않은 것은?

① 한 대의 프린터를 네트워크로 공유하여 여러 대의 컴퓨터에서 사용할 수 있다.
② 기본 프린터는 가장 최근에 사용한 프린터를 기본 프린터로 설정한다.
③ 이미 설치된 프린터도 다른 이름으로 다시 설치할 수 있다.
④ 스풀 기능은 고속의 CPU와 저속의 프린터를 병행 사용할 때 효율적이다.

> 기본 프린터로 지정된 프린터가 기본 프린터이다.

33 다음 중 한글 Windows 10에서 사용하는 바로 가기 키에 대한 설명으로 옳은 것은?

① ⊞+L : 컴퓨터 시스템을 잠그거나 사용자를 전환한다.
② F10 : 선택된 항목의 속성 대화상자를 화면에 표시한다.
③ Alt+Enter : 활성 창의 바로 가기 메뉴를 표시한다.
④ Alt+Tab : 작업 표시줄의 앱들을 차례대로 선택한다.

> **오답 피하기**
> - F10 : 활성 앱 메뉴 모음 열기
> - Alt+Enter : 선택된 항목의 속성 표시
> - Alt+Tab : 현재 실행 중인 앱 목록을 화면 중앙에 표시하여 전환

34 다음 중 한글 Windows 10의 사용자 계정 관리에 대한 설명으로 옳지 않은 것은?

① 사용자 정보에는 로그인된 사용자의 이름, 계정 유형, 사진이 표시된다.
② 로그인 옵션에는 Windows Hello 얼굴, PIN, 지문, 보안 키, 비밀번호, 사진 암호, 홍채가 있다.
③ 전자 메일 주소로 사용자 계정을 만들 수 있다.
④ 관리자 계정에서 가족 구성원을 추가할 수 있다.

> 로그인 옵션에서 홍채는 없다.

35 다음 중 한글 Windows 10의 작업 표시줄에 대한 설명으로 옳지 않은 것은?

① 작업 표시줄은 현재 실행되고 있는 프로그램 단추와 프로그램을 빠르게 실행하기 위해 등록한 고정 프로그램 단추 등이 표시되는 곳이다.
② 작업 표시줄의 색상과 글꼴을 변경할 수 있다.
③ 작업 표시줄은 위치를 변경하거나 크기를 조절할 수 있으며, 크기는 화면의 1/2까지 늘릴 수 있다.
④ '작업 표시줄 잠금'이 지정된 상태에서는 작업 표시줄의 크기나 위치 등을 변경할 수 없다.

> [설정]-[개인 설정]-[색]에서 작업 표시줄의 색상은 변경할 수 있으나, 글꼴은 변경할 수 없다.

정답 30 ③ 31 ① 32 ② 33 ① 34 ② 35 ②

36 다음 중 한글 Windows 10에서 사용 중인 프린터의 공유 설정을 하려고 할 때 해당 프린터의 바로 가기 메뉴에서 선택해야 하는 메뉴 항목으로 옳은 것은?

① 인쇄 기본 설정
② 프린터 속성
③ 속성
④ 기본 프린터로 설정

프린터 공유 설정을 하려고 할 때는 프린터의 바로 가기 메뉴에서 [프린터 속성]을 선택한다.

37 다음 중 한글 Windows 10의 전원에 대한 설명으로 옳은 것은?

① [설정]-[시스템]-[전원 및 절전]에서 1시간 후 디스플레이 화면을 끄기나 절전 상태로 설정한다.
② [시작]-[전원]-[절전]으로 절전 모드로 변경한 후 다시 시작하면 이전 작업 화면은 사라진다.
③ [시작]-[전원] 단추를 보이지 않게 설정할 수 있다.
④ 전원 단추를 누를 때 디스플레이 켜기를 설정할 수 있다.

오답 피하기
- ② : 절전 모드에서 복귀하면 이전 작업 화면은 그대로 있음
- ③ : 전원 단추는 항상 표시되어 있음
- ④ : [전원 옵션]에서 전원 단추를 누를 때 디스플레이 끄기를 설정할 수 있음

38 다음 중 한글 Windows 10에서 사용하는 폴더의 속성 창에서 할 수 있는 작업으로 옳지 않은 것은?

① [일반] 탭에서는 해당 폴더의 위치나 크기, 디스크 할당 크기, 만든 날짜 등을 확인할 수 있다.
② [공유] 탭에서는 네트워크상에서 공유 또는 고급 공유 옵션을 설정할 수 있다.
③ [자세히] 탭에서는 해당 폴더에 대한 사용자별 사용 권한을 설정할 수 있다.
④ [사용자 지정] 탭에서는 해당 폴더에 대한 유형, 폴더 사진, 폴더 아이콘을 설정할 수 있다.

[자세히] 탭은 파일 속성 창에서 설정할 수 있으며, [보안] 탭에서 해당 폴더에 대한 '사용자별 사용 권한'을 설정할 수 있다.

39 다음 중 한글 Windows 10의 [설정]-[앱]-[앱 및 기능]에 대한 설명으로 옳지 않은 것은?

① 앱을 실행할 수 있다.
② 앱을 제거하거나 이동할 수 있다.
③ 앱을 실행하는 데 사용되는 이름의 별칭을 사용한다.
④ [프로그램 및 기능]을 실행하여 앱을 변경한다.

[앱 및 기능]에서는 앱을 실행할 수 없고 목록을 확인하여 제거하거나 이동시키는 기능이다.

40 다음 중 한글 Windows 10에서 IPv6에 대한 설명으로 옳지 않은 것은?

① 빠른 속도와 보안 문제를 해결하였다.
② 실시간 흐름 제어를 지원한다.
③ 호환성, 인증성, 기밀성, 무결성을 지원한다.
④ 32비트로 구성되었고 10진수 4자리의 도트(.)로 구분된다.

IPv6는 128비트로 구성되었고 16진수 8자리를 콜론(:)으로 구분한다.

정답 36 ② 37 ① 38 ③ 39 ① 40 ④

3과목 PC 기본상식

41 다음 중 컴퓨터 중앙 처리 장치의 제어 장치에 있는 레지스터의 설명으로 옳은 것은?

① 프로그램 카운터(PC)는 다음에 실행할 명령어의 번지를 기억하는 레지스터이다.
② 명령 레지스터(IR)는 현재 실행 중인 명령어를 해독하는 레지스터이다.
③ 부호기(Encoder)는 연산된 결과의 음수와 양수를 결정하는 회로이다.
④ 메모리 버퍼 레지스터(MBR)는 기억 장치에 입출력되는 데이터의 주소 번지를 기억한다.

오답 피하기
- 명령 레지스터(IR) : 현재 수행 중인 명령의 내용을 기억하는 레지스터
- 부호기(Encoder) : 명령 해독기로 해독한 내용을 신호로 변환하여 각 장치에 전달
- 메모리 버퍼 레지스터(MBR) : 메모리 주소 레지스터(MAR)의 내용을 기억하는 레지스터

42 다음 중 디지털 컴퓨터의 특징만을 모두 묶은 것은?

ⓐ 논리 회로
ⓑ 연산 속도 느림
ⓒ 범용성
ⓓ 프로그래밍 불필요
ⓔ 기억이 제한적
ⓕ 이산적인 데이터

① ⓐ, ⓑ
② ⓑ, ⓒ, ⓓ
③ ⓐ, ⓑ, ⓒ, ⓕ
④ ⓑ, ⓓ, ⓔ, ⓕ

디지털 컴퓨터는 논리 회로, 이산적인 데이터, 사칙 연산, 연산 속도 느림, 프로그래밍 필요, 범용성, 기억이 용이하고 반영구적인 특징이 있다. 아날로그 컴퓨터는 증폭 회로, 연속적인 데이터, 미적분, 연산 속도 빠름, 프로그래밍 불필요, 특수 목적용, 기억이 제한적이다.

43 다음에서 설명하는 바이러스는?

> 프로그램 속에 오류를 발생시키는 서브루틴이 있어 특정한 날짜와 시간, 파일의 변경, 사용자나 프로그램의 특정한 행동 등 조건이 만족되면 실행

① 클러스터 바이러스
② 은닉 바이러스
③ 논리 폭탄
④ 웜 바이러스

오답 피하기
- 클러스터 바이러스 : 감염된 디스크에서 프로그램이 실행되면 동시에 바이러스가 실행
- 은닉 바이러스 : 메모리에 상주하고 있으며 다른 파일을 변형한 사실을 숨기고 있어 운영체제로부터 피해 사실을 숨김
- 웜 바이러스 : 네트워크를 통해 연속적으로 자신을 복제, 시스템의 부하를 높임으로써 결국 시스템을 다운시키는 바이러스의 일종

44 다음 중 운영체제에 대한 설명으로 옳지 않은 것은?

① 운영체제는 응용 소프트웨어이다.
② 운영체제의 기능은 사용자와 컴퓨터 간의 인터페이스를 담당한다.
③ 운영체제는 처리 프로그램과 제어 프로그램으로 나뉜다.
④ 처리 능력의 향상, 응답 시간의 단축, 사용 가능도의 향상, 신뢰도의 향상을 목적으로 한다.

Windows와 같은 운영체제는 시스템 소프트웨어이다.

45 다음 중 속도(느린 순 → 빠른 순)와 용량(작은 것 → 큰 것), 기억 소자, 개발 연도가 잘못 나열된 것은?

① ms(10^{-3}) → μs(10^{-6}) → ns(10^{-9}) → ps(10^{-12})
② 진공관 → 트랜지스터 → 집적 회로(IC) → 고밀도 집적 회로(LSI)
③ MARK-1 → EDSAC → ENIAC → UNIVAC-1
④ Bit → Byte → Word → Field → Record → File

전자 계산기의 개발 순서는 'MARK-1 → ENIAC → EDSAC → UNIVAC-1'이다.

정답 41 ① 42 ③ 43 ③ 44 ① 45 ③

46 다음 중 바이러스의 예방 방법에 대한 설명으로 옳지 않은 것은?

① 최신 바이러스 백신 프로그램을 사용하여 주기적으로 점검한다.
② 아이디와 비밀번호는 처음에 설정한 그대로 사용한다.
③ 공용 폴더의 속성은 읽기 전용으로 한다.
④ 감염에 대비하여 중요 자료는 주기적으로 백업한다.

> 비밀번호는 문자, 숫자, 특수문자를 포함하여 자주 변경해 주어야 한다.

47 다음 중 멀티미디어 데이터의 장점이 아닌 것은?

① 컴퓨터의 프로그램 기능을 이용하여 복잡한 처리가 가능하다.
② 정보 제공자와 사용자 간의 쌍방향성으로 데이터가 전달된다.
③ 대화 기능(Interactive)을 프로그램으로 부여할 수 있다.
④ 문자, 그림, 소리 등의 데이터는 각기 다른 독특한 방식으로 기록된다.

> 문자, 그림, 소리 등의 데이터는 디지털 데이터로 변환하여 통합하여 처리한다.

48 다음 중 정보 통신망에 대한 설명으로 옳지 않은 것은?

① B-ISDN은 비동기 전송 방식(ATM)을 기반으로 구축되며, 넓은 대역폭을 사용한다.
② LAN은 자원 공유를 목적으로 학교, 연구소, 회사 등이 구내에서 사용하는 통신망이다.
③ VAN은 회선을 소유하는 사업자로부터 통신 회선을 빌려 독자적인 통신망을 구성하고, 통신 서비스를 부가하여 새롭게 구성한 통신망이다.
④ WAN은 전화 회선과 일대일로 연결한 통신망이다.

> WAN은 국가와 전 세계에 걸쳐 형성되는 넓은 지역을 연결하는 통신망이다.

49 다음에서 설명하는 메모리는?

> - EEPROM의 일종으로 전기적인 방법으로 여러 번 변경이 가능
> - 디지털 카메라, MP3, BIOS 등에 저장되는 펌웨어

① 플래시 메모리
② 가상 메모리
③ 캐시 메모리
④ 연관 메모리

오답 피하기
- 가상 메모리 : 보조 기억 장치의 공간을 주기억 장치처럼 사용할 수 있는 메모리
- 캐시 메모리 : CPU와 주기억 장치 사이에 있으며, 컴퓨터의 처리 속도를 향상시켜 메모리 접근시간을 줄이는 데 목적
- 연관 메모리 : 저장된 내용의 일부를 이용하여 기억 장치에 접근하여 데이터를 읽어오는 기억 장치이며, 메모리에 기억된 정보를 찾는데 저장된 내용에 의하여 접근

50 다음 보기의 (가)와 (나)에서 설명하는 ICT 관련 신기술은?

> (가) 전기 에너지의 생산부터 소비까지의 전 과정을 정보 통신 시스템과 연결하여 에너지 효율을 높이는 지능형 전력망 시스템이다.
> (나) 무선 주파수 기술과 IC칩에 있는 전자태그를 이용해 식품, 상품, 동물 등의 다양한 개체의 정보를 관리할 수 있는 정보 인식 기술이다.

① (가) NFC, (나) USN
② (가) USN, (나) NFC
③ (가) 스마트 그리드, (나) RFID
④ (가) RFID, (나) 스마트 그리드

- 스마트 그리드 : 전기의 생산부터 소비까지의 전 과정에 정보 통신 기술을 접목하여 에너지 효율성을 높이는 지능형 전력망 시스템
- RFID : 전자태그 기술로 IC칩과 무선을 통해 식품, 동물, 사물 등 다양한 개체의 정보를 관리할 수 있는 인식 기술

오답 피하기
- NFC : 10cm 내외의 가까운 거리에서 무선으로 데이터를 전송하는 무선 태그 기술로 통신거리가 짧아 보안성이 우수하고 가격이 저렴
- USN : 모든 사물에 부착된 태그 또는 센서를 통해 탐지된 사물의 인식 정보는 물론 주변의 온도, 습도, 위치정보, 압력, 오염 및 균열 정도 등과 같은 환경 정보를 실시간으로 네트워크와 연결하여 수집하고 관리하는 네트워크 시스템

정답 46 ② 47 ④ 48 ④ 49 ① 50 ③

51 다음 중 웹 프로그래밍에서 서버 측 언어로만 묶인 것은?

① JSP, PHP, ASP
② JAVA, JSP, JavaScript
③ XML, SGML, HTML
④ JAVA, C, C++

- JSP : 자바로 만들어진 서버 스크립트로, 다양한 운영체제에서 이용 가능
- PHP : 웹 서버에 내장되어 기존의 CGI 형식을 벗어나 별도의 프로세서를 만들지 않고 빠르게 움직이는 서버 측 스크립트 언어
- ASP : 기존의 CGI 기술이 서버에 무리를 주고 실행이 느리다는 단점을 극복하기 위한 기술

52 다음에서 설명하는 파일 형식은?

- 정지 영상을 표현하는 국제 표준 파일 형식
- 사용자의 요구에 따라 압축 정도를 지정
- 24비트 컬러를 사용하여 1,670만 컬러를 표현
- 압축률이 높고 일반적으로 손실 압축 방법을 많이 사용

① jpg
② png
③ bmp
④ pcx

오답 피하기
- png : 비손실 그래픽 파일 형식
- bmp : Windows 표준 비트맵 파일 형식으로, 데이터의 압축이 지원되지 않아 그림의 입출력 속도가 빠르나 파일의 크기가 큼
- pcx : ZSoft사에 의해 개발된 그래픽 파일 형식

53 다음 중 멀티미디어 활용 분야에 대한 설명으로 옳지 않은 것은?

① Kiosk : 백화점, 서점 등에서 사용하는 무인 안내 시스템
② VR : 고도의 컴퓨터 그래픽과 시뮬레이션 기능을 이용하여 실제로 존재하지 않는 가상의 세계를 만들어 내는 기술
③ VCS : 전화, TV를 컴퓨터와 연결해 이미지를 3차원 입체영상으로 보여주는 뉴 미디어
④ VOD : 사용자가 원하는 영상 정보를 원하는 시간에 볼 수 있도록 전송

VCS(Video Conference System)는 화상 회의 시스템이다.

54 다음 중 현대 정보화 사회의 특징만으로 구성된 것은?

ⓐ 산업 사회
ⓑ 고도의 지식 사회
ⓒ 컴퓨터와 정보 통신의 결합으로 전달이 향상된 사회
ⓓ 개인의 개성과 전문성이 중요시되는 다원화 사회

① ⓐ, ⓑ
② ⓐ, ⓒ
③ ⓐ, ⓑ, ⓒ
④ ⓑ, ⓒ, ⓓ

판매, 운송 등이 중요시되는 산업 사회에서 정보, 교육, 건강 등이 중요한 정보화 사회로 발전하고 있다.

정답 51 ① 52 ① 53 ③ 54 ④

55 다음 중 최신 기술에 대한 설명으로 옳지 않은 것은?

① 텔레매틱스(Telematics)는 지리적으로 분산되어 있는 컴퓨터를 초고속 인터넷으로 연결하여 공유하기 위한 기술이다.
② 사물 인터넷(IoT)은 모든 사물을 네트워크로 연결하여 인간과 사물 간의 서로 소통하기 위한 정보 통신 환경이다.
③ 클라우드 컴퓨팅(Cloud Computing)은 HW/SW 등의 자원을 자신이 필요한 만큼 빌려서 비용을 지불하는 방식의 서비스이다.
④ 유비쿼터스 컴퓨팅(Ubiquitous Computing)은 언제 어디서나 어떤 기기를 통해서도 컴퓨팅이 가능한 환경을 제공한다.

①은 그리드 컴퓨팅에 대한 설명이고, 텔레매틱스는 자동차에 정보통신 기술과 정보 처리 기술을 융합하여 운전자에게 다양한 멀티미디어 서비스를 제공하는 것이다.

56 다음에서 설명하는 것은?

불특정 다수에게 메일을 발송해 위장된 홈페이지로 접속하도록 한 뒤 인터넷 이용자들의 개인 금융정보를 빼내는 신종사기 수법

① 피싱(Phishing)
② 스미싱(Smishing)
③ 스니핑(Sniffing)
④ 스푸핑(Spoofing)

오답 피하기
- 스미싱(Smishing) : 스마트폰 문자메시지를 통해 소액 결제를 유도하는 피싱 사기 수법
- 스니핑(Sniffing) : 네트워크 주변을 지나다니는 패킷을 엿보면서 계정과 패스워드를 알아내기 위한 행위
- 스푸핑(Spoofing) : 악의적인 목적으로 임의로 웹 사이트를 구축해 일반 사용자의 방문을 유도한 다음, 사용자의 시스템 권한을 획득한 뒤 정보를 빼가거나 사용자가 암호와 기타 정보를 입력하도록 속이는 행위

57 다음 중 색상을 표현하는 RGB 모드에 대한 설명으로 옳지 않은 것은?

① TV, 컴퓨터 모니터와 같이 빛을 이용하는 표시 장치에서 이용한다.
② R, G, B를 각각 1바이트로 표현할 경우 나타낼 수 있는 색상의 가짓수는 256×256×256의 계산 결과인 16,777,216가지가 된다.
③ 빛의 삼원색인 RED, GREEN, BLUE를 이용하여 색을 혼합하면 섞을수록 명도가 '0'이 되며 밝아지기 때문에 감산혼합이라 한다.
④ 빛의 삼원색인 RED, GREEN, BLUE를 최대의 비율로 혼합하면 흰색을 얻을 수 있다.

색은 감산혼합으로 혼합하는 색의 수가 많을수록 명도가 낮아져서 색을 혼합할수록 어두워지고, 빛은 가산혼합으로 반대로 명도가 높아진다.

58 다음 중 전자우편 관련 프로토콜이 아닌 것은?

① ECP(Error Correction Protocol)
② POP(Post Office Protocol)
③ MIME(Multipurpose Internet Mail Extensions)
④ IMAP(Internet Message Access Protocol)

오답 피하기
- POP : 메일 서버의 이메일을 사용자의 컴퓨터로 가져올 수 있도록 메일 서버에서 제공하는 프로토콜
- MIME : 웹 브라우저에서 제공하지 않는 멀티미디어 파일을 확인하여 실행시켜주는 프로토콜
- IMAP : 사용자가 메일 서버에서 메일을 관리하고 수신하기 위한 프로토콜

59 다음 중 인터넷에서 사용하는 프로토콜(Protocol)에 관한 설명으로 옳지 않은 것은?

① 통신망에 흐르는 패킷 수를 조절하는 흐름 제어 기능이 있다.
② 송수신기가 같은 상태를 유지하도록 동기화 기능을 수행한다.
③ 데이터 전송 도중에 발생할 수 있는 오류를 검출하고 수정할 수 있다.
④ 프로토콜은 구문, 의미, 순서의 세 가지 기본 요소로 구성된다.

> 프로토콜은 일반적으로 데이터의 오류를 검출할 수는 있으나, 수정은 할 수 없다.

60 다음에서 설명하는 ICT 기술은?

> - 인터넷 개인 식별번호로 인터넷상에서 신원 확인 번호이다.
> - 휴대폰번호, 신용카드번호, 범용공인인증서 등으로 본인인증을 한 후 발급받아 웹 사이트마다 일일이 실명과 주민등록번호를 입력하는 불편을 덜어준다.

① IoT
② VR
③ I-PIN
④ SSO

오답 피하기
- IoT : 인터넷에 연결된 기기가 사람의 개입 없이 서로 정보를 주고받으며 처리하는 사물 인터넷
- VR : 컴퓨터 그래픽과 시뮬레이션 기능을 이용해 가상세계 체험
- SSO : 하나의 아이디로 여러 사이트를 이용할 수 있는 시스템

해설과 함께 보는 2023년 상시 기출문제 04회

SELF CHECK 제한시간 60분 | 소요시간   분 | 전체 문항 수 60문항 | 맞힌 문항 수   문항

1과목 워드프로세싱 용어 및 기능

01 다음에서 설명하는 워드프로세서 기능과 관련 있는 것은?

- 한 행의 문자가 다 채워지지 않은 상태에서 Enter 키를 눌러 다음 행의 처음으로 커서를 이동하는 기능
- 새로운 문단을 시작할 때 사용하는 기능

① 자동 개행
② 강제 개행
③ 자동 페이지 넘김
④ 강제 페이지 넘김

오답 피하기
자동 개행은 한 행의 문자가 채워지면 자동으로 다음 행의 첫 글자로 이동하는 기능이다.

02 다음 중 워드프로세서에서 글자를 입력하는 방법으로 옳지 않은 것은?

① 대·소문자는 Caps Lock 나 Shift 를 이용해서 입력한다.
② 범위를 지정한 후 Delete 를 눌러 한꺼번에 삭제할 수 있다.
③ 수정 상태일 경우에는 잘못 입력된 내용을 고치는 기능으로 기존의 글자는 지워진다.
④ 삽입 상태일 경우 Space Bar 를 누르면 글자가 오른쪽으로 밀려나고, Back Space 를 누르면 뒷글자가 지워진다.

삽입이나 수정 상태일 때 모두 Back Space 를 누르면 앞 글자가 지워진다.

03 다음 중 문서 저장 시 파일명 및 확장자(Extension)를 지정하는 방법에 대한 설명으로 옳지 않은 것은?

① 문서 파일명은 문서의 성격 및 내용이 무엇인지를 쉽게 알 수 있도록 간단하게 지정하는 것이 좋다.
② 일반적으로 *.bak 파일은 문서가 변경되어 저장되는 경우 그 이전의 문서 내용을 저장하는 백업 파일이다.
③ 문서 작성 프로그램에 따라 기본적으로 저장되는 확장자는 정해지므로 임의로 사용자가 다른 형식으로 바꾸어 저장할 수 없다.
④ 이미지 형식으로 저장하여 그림판에서 불러오기 할 수 있다.

워드프로세서에 따라 기본적으로 저장되는 확장자가 있지만 다른 형식으로 저장할 수 있다.

04 다음 중 문서의 수정을 위한 교정부호의 표기법으로 옳지 않은 것은?

① 문서의 내용과 혼돈되지 않도록 글자 색과 동일한 색으로 표기하도록 한다.
② 한 번 교정된 부분도 다시 교정할 수 있다.
③ 교정하고자 하는 글자를 명확하게 지적해야 한다.
④ 여러 교정부호를 동일한 행에 사용할 때 교정부호가 겹치지 않도록 한다.

교정부호는 문서의 글자 색과 다른 색으로 눈에 잘 띄는 색을 사용해야 한다.

정답 01 ② 02 ④ 03 ③ 04 ①

05 다음과 같이 문장이 수정되었을 때 사용된 교정부호의 순서를 올바르게 나열한 것은?

〈수정 전〉

하이퍼텍스트(Hypertext)의 기능은
텍스트를 클릭하여 다른 도움말로 이동할수 있다.

〈수정 후〉

하이퍼텍스트(Hypertext)의 기능은
텍스트를 클릭하여 관련된 다른 도움말로 이동할 수 있다.

① ┘, ∨, ♡
② ┘, ⌣, ∨
③ ┘, ⌒, ♡
④ ┘, ⊃, ♡

06 다음 중 메일 머지(Mail Merge)에 대한 설명으로 옳지 않은 것은?

① 본문 파일에 커서를 두고 메일 머지 기능을 실행한다.
② 초청장, 안내장, 청첩장 등을 만들 경우에 효과적이다.
③ 데이터 파일은 반드시 DBF 파일만 사용한다.
④ 본문 내용은 동일하지만 수신인이 다양할 때 사용한다.

데이터 파일에는 주소록, Outlook 주소록, 한글 파일, 한셀/엑셀 파일, DBF 파일이 있다.

07 다음 중 워드프로세서의 인쇄 기능에 대한 설명으로 옳지 않은 것은?

① 문서의 내용을 종이에 출력하지 않고 파일로 디스크에 저장할 수 있다.
② 프린터의 해상도를 높게 설정하면 출력 시간은 길어지지만 대신 선명하게 인쇄할 수 있다.
③ 문서의 1~3페이지를 여러 장 인쇄할 때 한 부씩 찍기를 선택하지 않으면 1-2-3페이지 순서로 여러 장이 인쇄된다.
④ 미리 보기 기능을 사용하여 문서의 내용을 편집할 수는 없다.

한 부씩 찍기를 선택하면 1-2-3페이지를 반복하여 출력하고, 한 부씩 찍기를 선택하지 않으면 1페이지가 전부 출력된 후 2페이지, 3페이지 순으로 출력된다.

08 전자출판이 현재 출판 산업에 끼치는 영향에 대한 설명으로 옳지 않은 것은?

① 여러 가지 콘텐츠의 사용으로 정보화 사회로 발전하고 있다.
② 만화, 웹툰, 웹소설 등 다양하게 활용되고 있다.
③ 복잡한 디지털 환경이 조성되어 출판 비효율성의 원인이 되고 있다.
④ 전자출판은 소자본으로 시작할 수 있어 업계 진출이 자유롭다.

전자출판에는 디지털 환경이 필요하고, 디지털 환경을 바탕으로 출판의 효율성이 증가하고 있다.

09 다음 중 공문서 작성에 관한 설명으로 옳지 않은 것은?

① 공문서의 항목 순서가 필요한 경우에는 ㅁ, ㅇ, -, · 등과 같은 기호로 표시할 수 있다.
② 문서에 금액을 표시할 때에는 금153,530원(금일십오만삼천오백삼십원)과 같이 표시하여야 한다.
③ 본문의 내용이 표 형식으로 표의 중간까지만 작성된 경우에는 '끝' 표시를 하지 않고 마지막으로 작성된 칸의 다음 칸에 '이하 빈칸'으로 표시한다.
④ '업무 실명제'란 주요 정책의 결정 및 집행 과정에 참여하는 관련자의 실명과 의견을 기록·관리하는 제도를 말한다.

④는 정책 실명제에 대한 설명이다.

10 다음 중 워드프로세서의 인쇄 기능에 대한 설명으로 옳지 않은 것은?

① 블록을 지정하여 인쇄할 수 있다.
② 화면의 확대는 인쇄했을 때에도 확대하여 인쇄된다.
③ 프린터의 해상도를 높게 설정하면 출력 시간을 길어지지만 선명하게 인쇄된다.
④ 미리 보기 기능을 이용하면 편집한 내용의 전체 윤곽을 확인할 수 있다.

화면의 확대는 화면만 확대하는 것으로 인쇄 크기와는 상관없다.

11 다음 중 그래픽 데이터의 벡터 방식에 대한 설명으로 옳지 않은 것은?

① 점과 점을 연결하는 직선이나 곡선을 이용하여 이미지를 표현한다.
② 이미지를 확대하여도 테두리가 매끄럽게 표현된다.
③ 좌표 개념을 사용하여 이동 회전 등의 변형이 쉽다.
④ 비트맵 방식과 비교하여 기억 공간을 많이 차지한다.

벡터(Vector) 방식은 비트맵 방식과 비교하여 기억 공간을 적게 차지하고, 비트맵 방식이 벡터 방식보다 기억 공간을 많이 차지한다.

12 다음 중 워드프로세서의 스타일(Style) 기능에 대한 설명으로 옳지 않은 것은?

① 자주 사용하는 글자 모양이나 문단 모양을 미리 스타일로 만들어 놓고 사용한다.
② 글자 모양을 한꺼번에 바꿀 수 있다.
③ 긴 글에 대해 일관성 있는 문단 모양으로 통일성을 유지할 수 있다.
④ 문서 전체에 대해 스타일을 지정하며 블록을 지정하여 스타일을 지정할 수는 없다.

블록(범위)을 설정하여 스타일을 지정할 수 있다.

13 다음 중 EDI에 대한 설명으로 옳지 않은 것은?

① 각종 서류를 표준화된 양식을 통해 전자적 신호로 바꿔 컴퓨터 통신망을 이용, 전송하는 시스템이다.
② 기업 간의 거래 데이터를 교환하기 위한 표준 포맷으로 미국의 데이터교환표준협회에 의해 개발되었다.
③ EDI의 3대 구성 요소는 EDI 표준(Standards), 문서(Document), 통신 네트워크(VAN)이다.
④ EDI 메시지들은 암호화되거나 해독될 수 있으며 E-Mail, 팩스와 함께 전자상거래의 한 형태다.

EDI의 3대 구성 요소는 EDI 표준(Standards), 사용자 시스템(User System), 통신 네트워크(VAN)이다.

14 다음 중 워드프로세서 인쇄 용어에 대한 설명으로 옳지 않은 것은?

① 하드 카피(Hard Copy) : 화면에 보이는 내용을 그대로 프린터에 인쇄하는 것을 말한다.
② 라인 피드(Line Feed) : 프린터 용지를 줄 단위로 밀어 올리는 기능이다.
③ 용지 넘김(Form Feed) : 프린터에서 다음 페이지의 맨 처음 위치까지 종이를 밀어 올리는 것을 말한다.
④ 프린터 드라이버(Printer Driver) : 워드프로세서의 산출된 출력값을 특정 프린터 모델이 요구하는 형태로 번역해 주는 하드웨어를 말한다.

프린터 드라이버(Printer Driver)는 워드프로세서의 산출된 출력값을 특정 프린터 모델이 요구하는 형태로 번역해 주는 소프트웨어이다.

15 다음 중 공문서 작성에 대한 설명으로 옳지 않은 것은?

① 시작 인사말은 본문에 간단히 기재한다.
② 전하고자 하는 내용은 간결하고 명확하게 본문에 작성한다.
③ 문서의 두문에 제목을 기재하여 문서의 성격을 파악할 수 있게 한다.
④ 문서에서 날짜 표기 시 연, 월, 일 글자를 생략하고 온점(.)을 찍어 표시할 수 있다.

공문서의 두문에는 행정기관명, 수신(경유)을 표시한다. 제목은 본문에 해당한다.

16 다음에 설명하는 워드프로세싱 용어는?

> 전반적인 규정이나 서식 설정, 메뉴 등 이미 가지고 있는 값으로 기본값 또는 표준값

① 옵션(Option)
② 디폴트(Default)
③ 색인(Index)
④ 마진(Margin)

오답 피하기
- 옵션(Option) : 메뉴나 기능을 수행할 때 제시되는 선택 항목
- 색인(Index) : 문서의 내용을 쉽게 찾을 수 있도록 중요한 용어를 쪽 번호와 함께 수록한 목록
- 마진(Margin) : 문서 작성 시 페이지의 상·하·좌·우에 두는 공백

17 다음 중 맞춤법 검사(Spelling Check)에 대한 설명으로 옳지 않은 것은?

① 작성된 문서에서 내장된 사전과 비교하여 맞춤법에 어긋난 단어를 찾아주는 기능이다.
② 맞춤법, 표준말, 띄어쓰기, 기호나 수식의 오류를 검사한다.
③ 사전에 없는 단어는 사용자가 추가할 수 있다.
④ 자주 틀리는 단어를 자동으로 바꾸도록 지정할 수 있다.

맞춤법 검사(Spelling Check)에서 수식의 오류는 검사가 불가능하다.

18 다음 중 공문서를 작성할 때 올바른 문장 작성법에 해당하지 않는 것은?

① 행정업무의 운영 및 혁신에 관한 규정에 따라 공문서는 한글 맞춤법에 맞게 가로로 작성한다.
② 숫자는 아라비아 숫자로 가로로 표기한다.
③ 문서는 쉽고 간결하게 되도록 한글로 작성한다.
④ 시각은 24시간제에 따라 숫자로 표기하되 시, 분의 글자는 생략하고 세미콜론(;)으로 표시한다.

시각은 시:분:초 형식으로 가운데 콜론(:)으로 구분하여 표시한다.

19 다음 중 전자문서에 대한 설명으로 옳지 않은 것은?

① 전자문서란 컴퓨터 등 정보처리능력을 가진 장치에 의하여 전자적인 형태로 작성되어 송수신 또는 저장된 문서를 말한다.
② 전자문서의 수신 시점은 수신자가 전자문서를 수신할 컴퓨터를 지정한 경우에는 지정된 컴퓨터에 입력된 때이다.
③ 전자문서는 검토자, 협조자 및 결재권자가 동시에 열람할 수는 없다.
④ 전자문서는 종이 보관의 이관 시기와 동일하게 전자적으로 이관한다.

전자문서는 동시에 여러 사람이 열람할 수 있다.

20 다음 중 문서의 발송에 대한 설명으로 옳지 않은 것은?

① 문서는 정보 통신망을 이용하여 발신함을 원칙으로 한다.
② 문서는 접수과에서 발송하고 기안자가 전자이미지서명을 한다.
③ 전자문서인 경우 전자문서시스템 또는 업무관리시스템상에서 발송하여야 한다.
④ 전자문서는 행정기관의 홈페이지 또는 공무원의 공식 전자우편 주소를 이용하여 발송할 수 있다.

문서는 처리과에서 발송하고 처리과에서 전자이미지서명을 한다.

2과목 PC 운영체제

21 다음 중 한글 Windows 10의 [시작]-[전원]의 기능이 아닌 것은?

① [절전]은 모니터와 하드 디스크를 최소 전력으로 켜놓은 상태로 키보드나 마우스 등의 사용자 반응에 의해 다시 켤 수 있는 상태
② [로그아웃]은 현재 실행 중인 앱 목록을 그대로 둔 채 다른 사용자로 로그인하는 상태
③ [시스템 종료]는 열려있는 모든 앱을 종료하고 컴퓨터의 전원을 안전하게 종료
④ [다시 시작]은 변경된 Windows 설정을 저장하고 메모리에 있는 모든 정보를 하드 디스크에 저장한 후 시스템을 다시 시작

로그아웃은 현재 사용 중인 앱을 모두 종료한 후 다시 로그인한다.

22 다음 중 한글 Windows 10의 [마우스 속성] 창에서 설정할 수 있는 항목으로 옳지 않은 것은?

① 마우스 포인터의 지정
② 포인터와 휠의 생성 및 삭제
③ 휠을 한 번 돌릴 때 스크롤할 양
④ 두 번 클릭의 속도

포인터와 휠의 생성 및 삭제는 할 수 없다.

오답 피하기
- ① : [마우스 속성]-[포인터] 탭에서 마우스 포인터를 지정
- ③ : [마우스 속성]-[휠] 탭에서 한 번에 스크롤할 줄의 수를 지정
- ④ : [마우스 속성]-[단추] 탭에서 느림에서 빠름의 속도를 지정

23 다음 중 한글 Windows 10의 [접근성]에 대한 설명으로 옳지 않은 것은?

① [시작]-[설정]-[접근성]을 클릭한다.
② 로그인 후 돋보기를 사용하여 화면을 일부를 확대하여 표시할 수 있다.
③ 내레이터 시작을 하여 화면에 색 필터를 적용하여 사진 및 색을 쉽게 변경할 수 있다.
④ 고유 색을 사용하여 텍스트와 앱을 보기 쉽게 설정할 수 있다.

내레이터 시작은 화면의 내용을 읽는 화면 읽기 프로그램이고, 색상 변경이 화면에 색 필터를 적용하여 사진 및 색을 쉽게 변경하는 기능이다.

24 다음 중 한글 Windows 10에서 [프로그램 및 기능] 창에 대한 설명으로 옳지 않은 것은?

① [프로그램 및 기능] 창에서 새로운 앱을 설치하거나 현재 설치된 앱을 제거 또는 변경할 수 있다.
② [설정]-[앱]-[앱 및 기능]에서 설치된 목록을 확인하고 수정할 수 있다.
③ 보기 형식을 아주 큰 아이콘, 큰 아이콘, 보통 아이콘, 작은 아이콘, 자세히 등으로 표시할 수 있다.
④ 자세히 보기에서 표시되는 이름, 게시자, 설치 날짜, 크기, 버전을 각각 클릭하여 오름차순이나 내림차순으로 정렬할 수 있다.

[설정]-[프로그램 및 기능]에서는 새로운 앱을 설치할 수 없다.

25 다음 중 한글 Windows 10에서 [파일 탐색기] 창의 메뉴 이용 방법에 관한 설명으로 옳지 않은 것은?

① 선택한 파일이나 폴더의 속성을 보거나 바로 가기를 만들려면 [홈] 메뉴를 사용한다.
② 선택한 파일이나 폴더를 삭제하거나 이름 바꾸기를 하려면 [편집] 메뉴를 사용한다.
③ 아이콘 보기 형식을 변경하거나 정렬 기준을 변경하려면 [보기] 메뉴를 사용한다.
④ 네트워크 드라이브 연결이나 동기화를 하려면 [홈] 메뉴를 사용한다.

선택한 파일이나 폴더를 삭제하거나 이름 바꾸기를 하려면 [홈] 메뉴를 사용한다.

정답 21 ② 22 ② 23 ③ 24 ① 25 ②

26 다음 중 CMOS SETUP에 대한 설명으로 옳지 않은 것은?

① CMOS SETUP에서 컴퓨터의 부팅 순서를 변경해 준다.
② CMOS SETUP은 ROM의 일종으로 수정할 수 없다.
③ CMOS에서 하드 디스크의 타입, 주변 기기 장치 상태 등을 보여준다.
④ CMOS SETUP의 항목을 잘못 변경하면 부팅이 되지 않거나 사용 중에 에러가 발생하므로 주의한다.

> CMOS는 쓰기가 가능하여 수정할 수 있다.

27 다음 중 한글 Windows 10에서 [연결 프로그램]에 관한 설명으로 옳지 않은 것은?

① 임의의 폴더에 있는 문서 파일에 대해 연결 프로그램을 지정하면 시스템이 시작될 때마다 자동으로 해당 연결 프로그램이 실행된다.
② 연결 프로그램이 지정되어 있지 않은 파일은 사용자가 지정할 수 있다.
③ 서로 다른 확장자를 갖는 파일들은 같은 연결 프로그램으로 지정할 수 있다.
④ 연결 프로그램은 사용자가 임의로 변경할 수 있다.

> 임의의 폴더에 있는 문서 파일에 대해 연결 프로그램을 지정하면 시스템이 시작될 때가 아니라, 해당 파일이 실행될 때 자동으로 연결 프로그램이 실행된다.

28 다음 중 한글 Windows 10의 [작업 관리자] 창에서 할 수 있는 작업으로 옳지 않은 것은?

① 실행 중인 프린터 목록을 확인하고 중지할 수 있다.
② 현재 시스템 사용자를 확인하고 연결을 끊을 수 있다.
③ 현재 실행 중인 앱 작업에 대하여 강제로 끝내기를 할 수 있다.
④ 모든 사용자의 프로세스를 표시하거나 해당 프로세스의 끝내기를 할 수 있다.

> 실행 중인 프린터 목록은 [장치 및 관리자]에서 해당 프린터의 [인쇄 작업 목록 보기] 창에서 확인하고 중지할 수 있다.

29 다음 중 한글 Windows 10의 파일의 복사와 이동에 대한 설명으로 옳지 않은 것은?

① 다른 디스크 드라이브에 있는 폴더로 파일을 이동할 경우에는 [Shift]를 누른 상태에서 마우스로 이동할 위치에 드래그 앤 드롭한다.
② 같은 디스크 드라이브에 있는 다른 폴더로 파일을 이동할 경우에는 [Ctrl]를 누른 상태에서 마우스로 이동할 위치에 드래그 앤 드롭한다.
③ [Ctrl]+[X]를 누른 후 [Ctrl]+[V]를 누르면 이동된다.
④ C드라이브의 파일이나 폴더를 선택하여 D드라이브에 드래그 앤 드롭하면 복사된다.

> 같은 디스크 드라이브에 있는 다른 폴더로 파일을 복사할 경우에는 [Ctrl]를 누른 상태에서 마우스로 복사할 위치에 드래그 앤 드롭한다.

정답 26 ② 27 ① 28 ① 29 ②

30 다음 중 한글 Windows 10의 계산기 기능에 대한 설명으로 옳지 않은 것은?

① 표준 모드는 더하기, 빼기, 곱하기, 나누기 등의 사칙 연산을 한다.
② 공학용은 함수, 지수, 로그 등의 복합적인 수식에 유효자리 32자리까지 계산한다.
③ 프로그래머용은 2, 8, 10, 16진수 계산으로 유효자리 64자리까지 계산한다.
④ 날짜 계산은 두 날짜 간 차이, 일정 관리, 알람 관리를 할 수 있다.

날짜 계산에는 일정 관리, 알람 관리 기능은 없다.

31 다음 중 한글 Windows 10에서 기본 앱에 대한 설명으로 옳지 않은 것은?

① 웹 브라우저나 전자 메일 작업 등에 사용할 기본 앱을 설정할 수 있다.
② 파일 형식별로 특정 앱을 선택하여 설정할 수 있다.
③ 파일의 위치별로 특정 앱을 선택하여 설정할 수 있다.
④ 프로토콜별 특정 앱을 선택하여 설정할 수 있다.

파일에 기본으로 사용할 기본 앱, 파일 형식별 앱 연결, 프로토콜별 앱 연결을 할 수 있으나, 파일의 위치별 앱 설정은 할 수 없다.

32 다음 중 한글 Windows 10의 사용자 정보에 대한 설명으로 옳지 않은 것은?

① 표준 사용자 계정을 삭제하면 현재 바탕 화면의 모든 파일이 모두 지워진다.
② 관리자 계정은 파일을 추가 설치할 수 있다.
③ 관리자 로그인 정보가 없으면 자녀 보호 설정을 할 수 없다.
④ 전자 메일로 로그인 정보를 작성할 수 있다.

표준 사용자 계정을 삭제하여도 파일은 지워지지 않고 유지된다.

33 다음 중 한글 Windows 10에서 프린터의 공유에 대한 설명으로 옳지 않은 것은?

① [장치 및 프린터]에서 해당 프린터를 찾아 더블클릭하면 인쇄 관리 창이 표시된다.
② [프린터 추가]를 이용하여 네트워크상에서 공유되어 있는 프린터를 찾아 설치한다.
③ 공유된 프린터는 자동으로 기본 프린터로 설정된다.
④ 공유 프린터의 [속성] 창에서 [테스트 페이지 인쇄]를 선택하면 프린터 설치가 제대로 되어 있는지 확인할 수 있다.

기본 프린터는 자동으로 설정되는 것은 아니고 프린터를 추가할 때 설정하거나 이미 설치된 프린터에서 오른쪽 마우스를 클릭한 후에 기본 프린터로 설정할 수 있다.

34 다음 중 한글 Windows 10에서 시스템 정보에서 알 수 있는 항목이 아닌 것은?

① 하드웨어 리소스
② 소프트웨어 환경
③ CMOS SETUP
④ 구성 요소

시스템 정보에서는 내 컴퓨터 시스템의 하드웨어와 소프트웨어의 여러 가지 정보가 표시된다. [시작]-[Windows 관리 도구]-[시스템 정보]를 선택하면 하드웨어 리소스, 구성 요소, 소프트웨어 환경을 확인할 수 있다.

35 다음 중 한글 Windows 10에서 [시작] 메뉴에 대한 설명으로 옳지 않은 것은?

① [시작] 단추를 누르면 현재 로그온한 사용자의 로고가 표시된다.
② 설치된 앱 목록이 알파벳 순서대로 표시된다.
③ [시작] 메뉴의 앱 목록은 사용자가 원하는 대로 추가하거나 삭제할 수 있다.
④ [시작] 메뉴의 바로 가기 메뉴에서 [시작 화면에 고정]을 선택하면 작업 표시줄에 순서대로 표시된다.

[시작 화면에 고정]을 누르면 시작 메뉴의 타일에 고정되어 표시된다.

정답 30 ④ 31 ③ 32 ① 33 ③ 34 ③ 35 ④

36 다음 중 한글 Windows 10에서 공유 폴더에 관한 설명으로 옳지 않은 것은?

① 파일을 공유하려면 공유 폴더로 이동시키거나 해당 폴더에 대해 공유를 설정해야 한다.
② 공용 폴더는 현재 사용 중인 컴퓨터의 모든 사용자가 접근할 수 있는 폴더이다.
③ 고급 공유 설정에서 [파일 및 프린터 공유 켜기]를 선택해야 이 컴퓨터에서 사용자가 공유한 파일과 프린터에 접근할 수 있다.
④ 공유 폴더의 동시 사용자 수는 최대 50으로 지정할 수 있다.

> 공유 폴더의 동시 사용자 수는 최대 20으로 지정할 수 있다.

37 다음 중 IP 주소에 대한 설명으로 옳지 않은 것은?

① 인터넷상에서 구별되는 자신만의 고유한 숫자로 된 주소이다.
② IPv4는 32비트로 구성되었고 10진수 4자리 도트(.)로 구분된다.
③ IPv6는 128비트로 구성되었고 16진수 8자리 콜론(:)으로 구분된다.
④ IPv6의 Class A 영역을 사용하여 네트워크상의 모든 컴퓨터를 공유하여 사용할 수 있다.

> IPv6에는 Class 개념이 없다.

38 다음 한글 Windows 10의 보안 기능에 대한 설명 중 옳지 않은 것은?

① 사용자 계정 컨트롤 설정 변경 기능을 사용하면 유해한 프로그램이 사용자 모르게 소프트웨어를 설치하거나 변경하는 것을 방지할 수 있다.
② BitLocker 드라이브 암호화 기능을 사용하면 해당 드라이브에 저장된 모든 파일에 대한 무단 액세스를 방지할 수 있다.
③ Windows Defender 기능을 사용하면 스파이웨어뿐만 아니라 사용자 동의 없이 설치된 소프트웨어로부터 보호할 수 있다.
④ [컴퓨터 관리]의 [디스크 관리] 기능을 사용하면 해당 드라이브에 설치된 악성 소프트웨어를 삭제할 수 있다.

> [디스크 관리] 기능은 컴퓨터에 설치된 하드 디스크의 파티션 재설정이나 열기, 탐색 포맷 등을 설정한다.

39 다음 중 웹 브라우저인 크롬(Chrome)에 대한 설명으로 옳지 않은 것은?

① 세이프 브라우징으로 위험한 사이트로부터 선제적 보안을 설정한다.
② 기본 브라우저를 다른 브라우저로 변경할 수 있다.
③ 시크릿 모드에서는 타사 쿠키를 차단할 수 있다.
④ 개인정보에 대한 인터넷 방문 기록, 쿠키, 캐시 등을 한꺼번에 삭제할 수 있다.

> 기본 브라우저에서 시작 그룹을 특정 페이지로 열 수 있으나, 다른 브라우저로 변경은 할 수 없다.

정답 36 ④ 37 ④ 38 ④ 39 ②

40 다음 중 한글 Winodws 10에서 인터넷을 사용하기 위하여 [인터넷 프로토콜(TCP/IP) 등록정보] 창에서 설정해야 하는 항목에 관한 설명으로 옳지 않은 것은?

① 서브넷 마스크 : IP 주소의 네트워크 ID 부분과 호스트 ID 부분을 구별하기 위하여 IP 패킷 수신자에게 허용하는 32비트의 값이다.
② DNS 서버 : 인터넷을 사용하는 경우에 홈페이지를 제공하는 컴퓨터의 32비트 주소이다.
③ 게이트웨이 : TCP/IP 네트워크 사이에서 IP 패킷을 라우팅하거나 전달할 수 있는 여러 개의 실제 TCP/IP 네트워크에 연결된 장치이다.
④ IP 주소 : 인터넷을 사용하는 네트워크에서 노드를 식별하는 데 사용하는 32비트 주소이다.

DNS 서버는 문자로 된 도메인 네임을 숫자로 된 IP 주소로 바꾸어 주는 서버이다.

3과목 PC 기본상식

41 다음에서 설명하는 장치는?

- 기록된 문자를 광학적인 방법으로 읽어 들이는 장치
- 공공요금 청구서에 사용

① 스캐너
② OMR
③ OCR
④ MICR

오답 피하기
- 스캐너 : 그림이나 사진과 같은 영상 정보를 입력하는 장치
- OMR : 광학 마크 판독기(OMR)로, 특수한 연필이나 사인펜으로 마크한 카드를 판독하는 장치
- MICR(자기 잉크 문자 판독기) : 자성을 가진 특수잉크로 기록된 문자를 판독하는 장치

42 다음 중 워크스테이션 컴퓨터에 대한 설명으로 옳지 않은 것은?

① 개인용 컴퓨터와 미니 컴퓨터의 중간 사양의 컴퓨터이다.
② 네트워크에서 서버(Server) 역할을 주로 담당한다.
③ 대부분 마이크로프로세서는 CISC를 사용한다.
④ 고성능 그래픽 처리나 공학용 시뮬레이션에 주로 사용한다.

워크스테이션은 RISC 마이크로프로세서를 사용한다.

43 다음 중 정보 사회의 컴퓨터 범죄의 유형으로 옳지 않은 것은?

① 소프트웨어나 웹 콘텐츠의 무단 복사나 사용
② 음란물 유통 및 사이트 운영
③ 컴퓨터 바이러스 백신의 제작
④ 개인 신용 정보 유출

컴퓨터 바이러스 백신의 제작은 컴퓨터 범죄가 아니라 바이러스를 예방하고 치료해 주는 역할이다.

44 다음 중 소프트웨어 관련 용어에 대한 설명으로 옳지 않은 것은?

① 셰어웨어 : 기능이나 사용기간 등에 제한을 두어 무료로 배포한 소프트웨어
② 프리웨어 : 개발자가 소스를 공개한 소프트웨어로 누구나 수정 및 배포
③ 알파 버전 : 개발사 내에서 테스트를 목적으로 제작한 프로그램
④ 내그웨어 : 사용자에게 주기적으로 소프트웨어를 등록하도록 요구하는 소프트웨어

프리웨어는 공개 소프트웨어로 누구나 무료로 사용하는 것이 허가된 프로그램이나, 저작권이 있으므로 누구나 수정이 가능한 것은 아니다. 개발자가 소스를 공개한 소프트웨어로 누구나 수정 및 배포가 가능한 것은 오픈소스 소프트웨어이다.

45 다음에서 설명하는 것은?

- 운영체제의 핵심으로 부팅 후 메모리에 상주하며 하드웨어를 보호하고 프로그램과 하드웨어 간의 인터페이스 역할을 담당
- 프로세스 관리, 기억 장치 관리, 파일 관리, 입출력 관리, 프로세스 간 통신, 데이터 전송 및 변환의 기능

① 로더
② 커널
③ 프로세스
④ 쉘

오답 피하기
- 로더 : 컴퓨터 프로그램을 주기억 장치에 적재하고 실행되도록 하는 역할
- 프로세스 : 연속적으로 실행되고 있는 컴퓨터 프로그램
- 쉘 : 입력된 명령어의 해석기 역할

46 다음 중 정보 통신을 위하여 사용되는 광섬유 케이블에 관한 설명으로 옳지 않은 것은?

① 대역폭이 넓어 데이터의 전송률이 우수하다.
② 리피터의 설치 간격을 좁게 설계하여야 한다.
③ 도청하기 어려워서 보안성이 우수하다.
④ 다른 유선 전송 매체와 비교하여 정보 전달의 안전성이 우수하다.

광섬유 케이블은 리피터의 설치 간격을 넓게 설계한다.

47 다음에서 설명하는 것은?

- 컴퓨터 시스템을 감염시켜 접근을 제한시킴
- 특정 파일을 암호화하여 파일을 사용 불가능 상태로 만들어서 복구를 위해 돈을 요구하는 악성 소프트웨어

① 은닉 바이러스
② 논리 폭탄
③ 랜섬웨어
④ 스크립트 바이러스

오답 피하기
- 은닉 바이러스 : 메모리에 상주하고 있으며 다른 파일을 변형한 사실을 숨기고 있어 운영체제로부터 피해 사실을 숨기는 바이러스
- 논리 폭탄 : 프로그램 속에 오류를 발생시키는 서브루틴이 들어 있어 특정한 날짜와 시간, 파일의 변경, 사용자나 프로그램의 특정한 행동 등 조건을 만족하면 실행되는 바이러스
- 스크립트 바이러스 : 스크립트로 작성되었고 파일 안에 작성되어 있는 스크립트를 감염시키는 바이러스

48 다음에서 설명하는 것은?

- 1개의 IP 네트워크 물리적 주소를 여러 개의 논리적 주소로 나누는 것
- 컴퓨터의 규모를 알리는 정보
- IP 주소와 결합하여 네트워크 주소와 호스트 주소를 구분하기 위하여 사용

① DNS
② 서브넷 마스크
③ 게이트웨이
④ DHCP

오답 피하기
- DNS : 사람이 기억하기 쉬운 문자로 된 도메인명을 컴퓨터가 이해할 수 있는 IP 주소로 바꿔주는 시스템
- 게이트웨이 : 프로토콜이 다른 네트워크를 연결시켜 주는 장치로 응용 계층을 연결하여 데이터 형식의 변환 및 프로토콜의 변환 등을 수행하며, 주로 LAN에서 다른 네트워크에 데이터를 보내거나 다른 네트워크로부터 데이터를 받아들이는 출입구 역할
- DHCP : 주소를 자동으로 설정하는 방식, 즉, 네트워크 관리자가 중앙에서 IP 주소를 관리하고 할당하며, 컴퓨터가 네트워크의 다른 장소에 접속되었을 때 자동으로 새로운 IP 주소를 보내주는 프로토콜

49 다음 중 컴퓨터의 수치 데이터 표현에서 고정 소수점 방식과 비교하여 부동 소수점 방식의 특징으로 옳지 않은 것은?

① 연산 속도가 매우 빠르며 수의 표현 범위가 넓다.
② 부호, 지수부, 가수부로 구성되어 있다.
③ 소수점이 포함된 실수를 표현하는 데 사용한다.
④ 양수와 음수 모두 표현이 가능하다.

> 부동 소수점 방식은 고정 소수점에 비해 수의 표현 범위가 넓고 큰 수나 작은 수를 표현하기 때문에 연산 속도가 느리고 시간이 많이 걸린다.

50 다음에서 설명하는 용어는?

> – 사이버 공간에서 상품과 서비스를 사고파는 행위
> – 광고, 발주 등의 모든 활동을 포함하는 행위

① 인트라넷
② 엑스트라넷
③ 전자상거래
④ 전자적문서교환

> **오답 피하기**
> • 인트라넷 : 인터넷의 기술을 기업 내 정보 시스템에 적용한 것으로 전자우편 시스템, 전자결재시스템 등을 인터넷 환경으로 통합하여 사용하는 것
> • 엑스트라넷 : 기업에서 인터넷을 기반으로 한 네트워크를 구축하여 거래처는 물론 일반 고객과의 정보 교류 및 전자상거래를 하는 것
> • 전자적문서교환(EDI) : 네트워크를 통한 업무의 교환 시스템으로 문서의 표준화를 전제로 운영됨

51 다음에서 설명하는 전자우편 프로토콜은?

> – 전자우편을 위한 인터넷 표준 포맷
> – 웹 브라우저가 지원하지 않는 화상이나 음성을 포함한 각종 멀티미디어 정보를 보낼 때의 표준 규격

① POP
② IMAP
③ SMPT
④ MIME

> **오답 피하기**
> • POP : 전자우편을 수신하기 위한 프로토콜로, 주로 POP3를 사용
> • IMAP : POP와 달리 전자우편의 제목이나 보낸 사람만 보고 메일을 다운로드할 것인지 선택할 수 있는 프로토콜
> • SMPT : 전자우편을 송신하기 위한 프로토콜

52 다음에서 설명하는 것은?

> – 언제 어디서나 자유롭게 네트워크를 통해 컴퓨터에 접속할 수 있는 환경
> – 개별 물건에 초소형 전자태그가 삽입되어 있어 시간과 장소에 구애받지 않고 네트워크에 접속하여 사용

① 그리드 컴퓨팅(Grid Computing)
② 유비쿼터스 컴퓨팅(Ubiquitous Computing)
③ 클라우드 컴퓨팅(Cloud Computing)
④ 웨어러블 컴퓨팅(Wearable Computing)

> **오답 피하기**
> • 그리드 컴퓨팅(Grid Computing) : 분산 병렬 컴퓨팅의 한 분야로 원거리 통신망(WAN)으로 연결된 서로 다른 기종의 컴퓨터들을 하나로 묶어 가상의 대용량 고성능 컴퓨터를 구성하여 고도의 연산 작업 혹은 대용량 처리를 수행하는 것
> • 클라우드 컴퓨팅(Cloud Computing) : 하드웨어, 소프트웨어 등의 컴퓨팅 자원을 자신이 필요한 만큼 빌려쓰고 사용요금을 지불하는 방식의 컴퓨팅
> • 웨어러블 컴퓨팅(Wearable Computing) : 유비쿼터스 컴퓨팅의 일종으로, 웨어러블 디바이스(Wearable Device)로 불리는 착용 컴퓨터를 의미함. 안경, 시계, 의복 등과 같이 착용할 수 있는 형태로 구성됨

53 다음 중 광대역 종합 정보 통신망(B-ISDN)에 대한 설명으로 옳은 것은?

① 빠른 전송 속도에 비해 사용료가 경제적이다.
② 비동기 전송 방식(ATM)을 기반으로 구축되며, 넓은 대역폭을 사용한다.
③ 자원 공유를 목적으로 학교, 연구소, 회사 등이 구내에서 사용하는 통신망이다.
④ 동축 케이블을 사용하여 문자, 음성, 고화질의 동영상까지 전송할 수 있는 통신망이다.

> 광대역 종합 정보 통신망(B-ISDN)은 광케이블을 사용하여 고화질의 동영상까지 전송할 수 있는 통신망이다.
>
> **오답 피하기**
> LAN은 자원 공유를 목적으로 학교, 연구소, 회사 등이 구내에서 사용하는 통신망이다.

54 다음 중 개인정보 보호에 관한 설명으로 옳지 않은 것은?

① 개인정보처리자는 정보주체의 개인정보가 분실, 도난, 유출, 위조, 변조 또는 훼손되지 않도록 해야 한다.
② 기업은 개인정보 보호를 시작하기 위해서 개인정보보호 전담자와 조직을 만들어야 한다.
③ 개인정보 보호에 문제가 생겼을 때는 IT 부서 책임자나 최고보안책임자를 제외하고 경영자가 책임을 져야 한다.
④ 개인정보 보호는 개인정보자기결정권이 철저히 보장될 수 있도록 하는 일련의 행위이다.

일차적인 책임자는 개인정보처리 담당자이며, IT 부서 책임자나 최고보안책임자도 책임자이다.

55 다음 중 컴퓨터의 분류에 대한 설명으로 옳지 않은 것은?

① 범용 컴퓨터는 다양한 종류의 디지털 데이터에 대한 처리가 용이하다.
② 워크스테이션은 고성능 컴퓨터로 CISC 프로세서만을 사용한다.
③ 미니 컴퓨터는 마이크로 컴퓨터보다 처리 용량과 속도가 뛰어나다.
④ 하이브리드 컴퓨터는 디지털 컴퓨터와 아날로그 컴퓨터의 장점을 혼합한 형태이다.

워크스테이션은 CISC 프로세서가 아닌 RISC 마이크로프로세서를 사용한다.

56 다음의 설명에서 괄호 안에 들어갈 용어를 순서대로 나열한 것은?

> 원시 프로그램은 (　　)에 의해 컴퓨터가 처리할 수 있는 목적 프로그램으로 바꾸고, 목적 프로그램은 (　　)에 의해 실행 가능한 코드로 바뀌며 (　　)에 의해 메모리에 적재하여 실행 가능하도록 해준다.

① 인터프리터, 로더, 링커
② 인터프리터, 링커, 로더
③ 컴파일러, 링커, 로더
④ 컴파일러, 로더, 링커

프로그램의 실행은 '원시 프로그램 → 컴파일러 → 목적 프로그램 → 링커 → 로드모듈 → 로더 → 실행'으로 진행된다.

오답 피하기
인터프리터는 목적 프로그램을 생성하지 않는다.

57 다음에서 설명하는 정보 보안 서비스는?

> - 권한이 없는 방식으로 변경하거나 파괴되지 않는 데이터의 특성
> - 정보의 내용이 전송 중에 수정되지 않고 전달되는 것을 의미하는 보안 기능

① 기밀성
② 무결성
③ 부인 방지
④ 가용성

오답 피하기
• 기밀성 : 시스템 내의 정보와 자원은 인가된 사용자에게만 접근을 허용, 제3자가 읽지 못하도록 비밀성을 유지
• 부인 방지 : 데이터를 송수신한 자가 송수신한 사실을 부인할 수 없도록 증거를 제공
• 가용성 : 인가된 사용자는 언제라도 사용 가능

정답 54 ③ 55 ② 56 ③ 57 ②

58 다음의 멀티미디어 콘텐츠 제작 도구 중 나머지와 다른 것은?

① 프리미어
② 포토샵
③ 일러스트레이터
④ 코렐드로우

> 프리미어는 어도비사에서 개발한 동영상 편집 프로그램이고, 나머지는 그래픽이나 이미지 제작 프로그램이다.

59 다음 중 웹 프로그래밍 언어에 대한 설명으로 알맞은 것은?

① 펄(Perl) : 문자 처리가 강력하고 이식성이 좋으며 주로 유닉스계의 운영 체계(OS)로 사용되고 있는 프로그램 언어이다.
② SGML : 하이퍼텍스트 생성 언어(HTML) 기능을 확장할 목적으로 월드 와이드 웹 컨소시엄(WWW Consorsium)에서 표준화한 페이지 기술 언어이다.
③ ODA : 대화식 단말기에서 교육 및 연구 목적으로 이용하는 연산을 간략하게 표현할 수 있도록 개발한 프로그래밍 언어이다.
④ APL : 문자나 도형, 화상 등이 섞여 있는 멀티미디어 문서를 이종(異種) 시스템 간에 상호 교환하기 위한 문서 구조와 인터페이스 언어이다.

> **오답 피하기**
> • SGML : 전자문서가 어떠한 시스템 환경에서도 정보의 손실 없이 전송, 저장, 자동 처리가 가능하도록 국제표준화기구(ISO)에서 정한 문서 처리 표준
> • ODA : 문자나 도형, 화상 등이 섞여 있는 멀티미디어 문서를 이종(異種) 시스템 간에 상호 교환하기 위한 문서 구조와 인터페이스
> • APL : 1962년 IBM의 K.E. Iverson에 의해서 발표된 회화형 프로그래밍 언어. 연산의 중심이 벡터나 배열의 취급이며, 소프트웨어뿐만 아니라 하드웨어의 기능도 기술 가능

60 다음 중 모바일 기기의 기능에서 테더링(Tethering)에 관한 설명으로 옳은 것은?

① 기기에 내장된 카메라를 이용해 실제 사물이나 환경에 부가 정보를 표시하는 기술이다.
② 인터넷에 연결된 기기를 활용해 다른 기기에서 인터넷 접속을 가능하도록 하는 기술이다.
③ 인공위성 위치정보 신호를 수신하는 기술이다.
④ 근거리에서 데이터의 무선 통신을 가능하도록 해주는 기술이다.

> 테더링으로 노트북과 같은 IT 기기를 휴대폰에 연결하여 무선 인터넷을 사용할 수 있다.

> **오답 피하기**
> • 증강현실 : 기기에 내장된 카메라를 이용해 실제 사물이나 환경에 부가 정보를 표시하는 기술
> • GPS : 인공위성 위치정보 신호를 수신하는 기술
> • 블루투스 : 근거리에서 데이터의 무선 통신을 가능하도록 해주는 기술

해설과 함께 보는 2023년 상시 기출문제 05회

SELF CHECK | 제한시간 60분 | 소요시간 분 | 전체 문항 수 60문항 | 맞힌 문항 수 문항

1과목 워드프로세싱 용어 및 기능

01 다음 중 워드프로세서의 기능을 수행하는 장치에 대한 설명으로 옳지 않은 것은?

① 입력 장치에는 스캐너, 마우스, 바코드 판독기 등이 있다.
② 표시 장치에는 LCD, LED, PDP 등이 있다.
③ 저장 장치에는 하드 디스크, 디지타이저, 터치 패드 등이 있다.
④ 출력 장치에는 플로터, 프린터, COM 등이 있다.

> 저장 장치에는 하드 디스크, USB, CD-W 등이 있고, 디지타이저, 터치 패드는 입력 장치이다.

02 다음 중 워드프로세서 용어의 연결이 옳은 것은?

① 소프트 카피 : 화면의 내용을 프린터로 인쇄하는 것
② 디폴트 : 전반적인 규정이나 서식 설정, 메뉴 등 이미 가지고 있는 값
③ 옵션 : 문서 작성에서 본문의 표제, 그림, 표 등을 페이지의 적당한 위치에 균형 있게 배치하는 기능
④ 홈베이스 : 명령이나 기능을 수행하는 데 있어 추가 요소나 선택 항목

> **오답 피하기**
> • 소프트 카피 : 화면을 통해 결과물을 표시하는 기능
> • 레이아웃 : 문서 작성에서 본문의 표제, 그림, 표 등을 페이지의 적당한 위치에 균형 있게 배치하는 기능
> • 옵션 : 명령이나 기능을 수행할 때 선택할 수 있는 항목을 모두 보여주는 것
> • 홈베이스 : 특정 영역을 기억해 둔 다음 특정 키로 바로 이동

03 다음 중 워드프로세서 화면의 상태 표시줄에 없는 것은?

① 파일의 저장 폴더
② 현재 커서의 열 위치
③ 삽입과 수정 상태
④ 전체 페이지 수와 현재 페이지

> 저장 폴더는 워드프로세서 화면의 위에 있는 제목 표시줄에 표시된다.

04 다음 중 워드프로세서의 인쇄 기능에 대한 설명으로 옳지 않은 것은?

① 인쇄 전 미리 보기 기능을 이용하여 여백 보기 등을 통해 문서의 윤곽을 미리 확인할 수 있다.
② 모아 찍기 기능을 이용하여 문서 한 장에 여러 페이지를 인쇄할 수 있다.
③ 그림 워터마크와 글씨 워터마크를 설정하여 인쇄할 수 있다.
④ 파일로 인쇄하면 종이로 인쇄한 후 확장자가 .hwp 또는 .doc인 파일로 저장된다.

> 파일로 인쇄하면 프린터 파일(*.prn) 형식으로 저장되고 종이로 인쇄되지 않는다.

정답 01 ③ 02 ② 03 ① 04 ④

05 다음의 글꼴 방식은 무엇인가?

- 아웃라인 방식
- 외곽선 정보를 사용하여 높은 압축률을 통해 파일의 용량을 줄인 글꼴
- 통신을 이용한 폰트의 송수신이 용이

① 비트맵
② 트루타입
③ 오픈타입
④ 포스트스크립트

오답 피하기
- 비트맵 : 점으로 글꼴을 표현한 방식으로 확대하면 계단 현상 발생
- 트루타입 : Windows에서 기본적으로 제공되는 글꼴로 위지윅 기능을 제공
- 포스트스크립트 : 글자의 외곽선 정보를 그래픽 소프트웨어에 제공하며 그래픽과 텍스트를 종이, 필름, 모니터 등에 인쇄하기 위한 페이지 설명 언어

06 다음 중 워드프로세서의 검색 기능에 대한 설명으로 옳지 않은 것은?

① 한글, 영문, 특수문자의 검색이 가능하다.
② 문서의 아래 방향으로만 검색할 수 있다.
③ 문서의 내용을 변경하지는 않는다.
④ 표 안의 내용을 검색할 뿐만 아니라 대·소문자를 구별하여 검색이 가능하다.

문서의 찾을 방향은 위쪽, 아래쪽, 문서 전체에 대해 검색할 수 있다.

07 다음 중 워드프로세서에서 금칙 처리를 가장 잘 표현한 것은?

① 키보드상에 없는 특수문자를 이용해 입력하는 기능이다.
② 자료의 변화를 한눈에 알아보기 쉽게 시각화하여 표현하는 기능이다.
③ 문서에서 행의 처음이나 마지막에 올 수 없는 문자나 기호를 말한다.
④ 자주 사용하는 한자 단어를 한자 단어 사전에 등록하여 사용하는 것이다.

오답 피하기
- ① : 특수문자 입력
- ② : 차트 만들기 기능
- ④ : 한자 단어 사전에 등록

08 다음 중 전자결재시스템에 관한 설명으로 옳지 않은 것은?

① 문서 양식을 단순화하여 업무 효율성을 높일 수 있다.
② 문서 작성과 유통의 표준화로 업무 생산성을 향상시킬 수 있다.
③ 실명제로 인한 사무 처리의 신중성을 제고시켜 준다.
④ 전자결재가 끝난 문서는 출력하여 따로 편철한다.

전자결재가 끝난 문서는 별도로 출력을 하지 않아도 된다.

09 다음에서 설명하는 파일 형식은?

온라인으로 글꼴이나 그림의 편집 상태의 레이아웃을 유지하면서 문서 형태 그대로 주고받으며 디자인을 개발하거나, 각종 인쇄물을 전달하기 어려운 상황에서 온라인으로 인쇄 품질을 떨어뜨리지 않고 문서를 전달할 때 주로 사용한다.

① XML
② PDF
③ JPG
④ HTML

PDF는 레이아웃을 유지하면서 표시하기 좋은 전자문서의 문서 형식이다.

오답 피하기
- XML : 동일한 데이터를 서로 다른 형식으로 저장하는 두 시스템 사이에서 데이터 전송 등의 기능을 하는 다목적 마크업 언어
- JPG : 그림 파일 형식
- HTML : 웹 문서 파일 형식

10 다음 중 워드프로세서의 조판 기능에 대한 설명으로 옳은 것은?

① 두문은 각 페이지의 아래쪽에 고정적으로 들어가는 글을 입력한다.
② 미문은 페이지 번호, 장 제목 등 각 페이지의 위쪽에 홀수쪽, 짝수쪽으로 나누어 들어간다.
③ 각주는 문서의 설명으로 해당 페이지의 하단에 표기하는 것으로 본문의 크기와 상관없다.
④ 미주는 문서의 보충 설명을 문서의 맨 마지막에 한꺼번에 표기한다.

오답 피하기
- 두문(머리말) : 각 페이지의 위쪽에 고정적으로 들어가는 글
- 미문(꼬리말) : 각 페이지의 아래쪽에 들어가는 글
- 각주 : 문서의 보충 설명으로 해당 페이지의 하단에 표기하는 것으로, 각주가 많아지면 본문의 길이가 짧아질 수 있음

11 다음 중 문서의 분량이 감소할 가능성이 있는 교정부호들로 올바르게 나열된 것은?

① ⌐, ♂, ⌐
② ⌒, >, ✿
③ ♂, ⌒, ⌒
④ ⌐, ∨, ⌒

♂(삭제), ⌒(줄 잇기), ⌒(붙이기)

오답 피하기
- ① : ⌐(내어쓰기), ♂(삭제), ⌐(줄 바꾸기)
- ② : ⌒(자리 바꾸기), >(줄 삽입), ✿(원래대로 두기)
- ④ : ⌐(들여쓰기), ∨(사이 띄우기), ⌒(줄 잇기)

12 다음 중 서로 상반되는 의미를 가진 교정부호로 짝지어진 것은?

① ∨, ♂
② ⌒, ✿
③ ⌐, ⌒
④ ⌐, ⌐

③의 줄 바꾸기, 줄 잇기는 서로 상반되는 교정부호이다.

오답 피하기
- ① : 사이 띄우기, 삭제
- ② : 삽입, 되살리기
- ④ : 끌어 올리기, 내어쓰기

13 다음 중 주제별 분류법에 대해 가장 잘 설명한 것은?

① 같은 내용의 문서를 한곳에 모아 두어 무한하게 확장이 가능하다.
② 동일한 개인 혹은 회사에 관한 문서가 한 곳에 집중되어 관리한다.
③ 거래처의 지역이나 범위에 따라 분류한다.
④ 문서량이 일정량 모이면 개별 폴더에 넣어 숫자를 지정하여 정리한다.

오답 피하기
- ② : 거래처별 분류법
- ③ : 지역별 분류법
- ④ : 번호식 분류법

정답 09 ② 10 ④ 11 ③ 12 ③ 13 ①

14 다음 중 전자출판에 대한 설명으로 옳지 않은 것은?

① 위지윅(WYSIWYG) 방식으로 편집할 수 있다.
② 다양한 글꼴과 미리 보기를 지원한다.
③ 전자출판 자료는 다른 개체와 혼합하여 편집할 수 없다.
④ 수식, 표, 그리기 기능을 사용하고 하이퍼링크 기술로 다양한 정보가 습득된다.

전자출판 자료를 다른 개체와 연결 또는 포함하여 편집(OLE)할 수 있다.

오답 피하기
위지윅(WYSIWYG)은 화면에 표현된 그대로 출력 결과를 얻을 수 있다는 의미이다.

15 다음 중 전자결재시스템에 대한 설명으로 옳지 않은 것은?

① 결재에 필요한 시간을 줄여준다.
② 문서정리 및 관리의 효율성을 증대시킨다.
③ 업무 흐름도에 따라 결재 파일을 결재 경로에 따라 자동으로 넘겨준다.
④ 문서를 재가공해서 사용하는 것이 불가능하다.

전자문서이므로 재가공하여 사용하는 것이 가능하다.

16 다음 중 맞춤법 검사(Spelling Check)에 대한 설명으로 올바른 것은?

① 수식과 화학식도 맞춤법 검사를 할 수 있다.
② 자주 틀리는 단어는 자동으로 수정되도록 지정할 수 있다.
③ 문서의 특정 부분만 검사할 수는 없다.
④ 맞춤법 외에 문법적인 오류는 고칠 수 없다.

오답 피하기
맞춤법 검사 기능으로 수식이나 화학식의 맞춤법 검사는 할 수 없지만, 문서의 특정 부분만 범위를 지정하여 검사할 수 있고, 문법적인 오류를 수정할 수 있다.

17 다음 중 문서의 올바른 작성 방법으로 옳지 않은 것은?

① 1문서는 1기안하여 전자문서로 하는 것을 원칙으로 하고 있다.
② 서술형으로 내용을 길게 설명하고 결론은 마지막에 쓴다.
③ 추상적이고 일반적인 용어보다는 구체적이고 개별적인 용어를 사용한다.
④ 문장은 가급적 짧게 끊어서 항목별로 표현한다.

복잡한 내용은 먼저 결론을 내린 후 이유를 길게 설명하는 것이 좋다.

18 다음 중 올바른 글자 입력과 맞춤법에 대한 설명으로 옳지 않은 것은?

① 한글 자모는 24글자로 구성된다.
② 조사는 앞 글자에 이어 입력한다.
③ 단어는 기본적으로 띄어쓰기를 원칙으로 한다.
④ 외래어는 소리나는 대로 적는다.

외래어는 외래어 표기법에 맞추어 표기한다.

19 다음 중 공문서의 성립 및 효력 발생에 관한 설명으로 옳지 않은 것은?

① 공문서의 효력 발생 시기는 다른 법령에 특별한 규정이 없는 한 수신자에게 도달되는 시점이다.
② 공고 문서는 고시, 공고가 있은 후 7일이 경과한 날부터 효력이 발생한다.
③ 문서는 결재권자가 해당 문서에 서명의 방식으로 결재함으로써 성립한다.
④ 전자문서의 효력 발생 시점은 수신자의 컴퓨터에 도달하는 시점을 원칙으로 한다.

공고 문서는 고시 또는 공고가 있은 후, 5일이 경과한 날부터 효력이 발생한다.

오답 피하기
일반 문서는 수신자에게 도달된 때, 전자문서는 수신자의 컴퓨터에 파일로 기록된 때 효력이 발생한다.

20 다음 중 행정업무의 효율적 운영 방법으로 옳지 않은 것은?

① 문서의 결재 시 결재권자의 서명란에는 서명 날짜를 함께 표시한다.
② 둘 이상의 행정기관장의 결재가 필요한 문서는 각각의 행정기관 모두가 기안하여야 한다.
③ 위임전결하는 경우에는 전결하는 사람의 서명란에 '전결' 표시를 한 후 서명하여야 한다.
④ 결재할 수 있는 사람이 휴가, 출장, 그 밖의 사유로 결재할 수 없을 때에는 그 직무를 대리하는 사람이 대결할 수 있다.

> 각각의 행정기관 모두가 기안하는 것이 아니라, 문서 처리를 주관하는 곳에서만 기안하면 된다.

2과목 PC 운영체제

21 다음 중 한글 Windows 10에서 안전 모드로 부팅하는 방법으로 옳은 것은?

① [시작]-[전원]-[다시 시작]을 누를 때 Shift 와 함께 선택한다.
② 컴퓨터의 전원을 켜고 F8 키를 눌러 [안전 모드]를 선택한다.
③ 시스템 구성 창에서 [시작프로그램]에서 [안전 모드]를 선택한다.
④ [시작]-[실행]에서 '안전 모드'를 입력한다.

> 안전 모드로 부팅하는 방법은 [시작]-[전원]-[다시 시작]을 누를 때 Shift 를 함께 누르는 방법이 있다. 그 외에 [다시 시작]을 눌러 나오는 메뉴의 [문제 해결]에서 [고급 옵션]-[시작 설정]에서 안전 모드로 부팅하거나, [시스템 구성] 창의 [부팅]-[안전 모드]를 선택할 수 있다.

22 다음 중 한글 Windows 10의 [폴더 옵션] 창에서 설정할 수 있는 작업으로 옳지 않은 것은?

① 키보드의 단축키로 폴더를 열기
② 모든 폴더에 자세히 등 현재 보기를 적용하기
③ 마우스를 한 번 클릭해서 폴더를 열기
④ 폴더를 찾아볼 때 새 창에서 폴더를 열기

> [폴더 옵션] 창은 [일반], [보기], [검색] 탭으로 구성되어 있으며 ②는 [보기] 탭에서 설정할 수 있고, ③, ④는 [일반] 탭에서 설정할 수 있는 작업이다.

23 다음 중 한글 Windows 10에서 마우스의 끌어놓기(Drag&Drop) 기능을 통해 할 수 있는 작업으로 옳지 않은 것은?

① 파일이나 폴더를 다른 폴더로 이동하거나 복사할 수 있다.
② 폴더 창의 크기를 조절하거나 이동을 할 수 있다.
③ 선택된 파일이나 폴더의 이름 바꾸기를 할 수 있다.
④ 파일이나 폴더의 바로 가기 아이콘을 만들 때 사용할 수 있다.

> 파일이나 폴더의 이름 바꾸기를 하려면 F2 키 또는 마우스로 클릭 후 다시 한 번 클릭하여 변경할 이름을 입력해야 한다.

24 다음 중 한글 Windows 10의 에어로 스냅(Aero Snap)에 대한 설명으로 옳은 것은?

① 작업 표시줄 끝에 마우스 포인터를 위치하면 바탕 화면 미리 보기가 된다.
② 현재 창을 제외하고 모든 창을 최소화한다.
③ 창을 흔들어 모든 창을 이전 크기로 표시한다.
④ 창을 화면의 가장자리로 드래그하면 위치에 따라 자동으로 크기가 변경되어 분할된다.

> ①은 에어로 피크(Aero Peek)에 대한 설명이고, ②, ③은 에어로 셰이크(Aero Shake)에 대한 설명이다.

정답 20 ② 21 ① 22 ① 23 ③ 24 ④

25 다음은 한글 Windows 10의 무엇에 대한 설명인가?

- 하드 디스크의 타입, 주변 기기 장착 상태 등을 보여주는 반도체 메모리
- 마이크로프로세서나 SRAM 등의 집적 회로를 구성하는 데 사용
- 부팅의 우선순위 부여

① BIOS
② CMOS
③ POST
④ MBR

오답 피하기
- ROM BIOS(Basic Input Output System) : 롬에 저장되어 있고 부팅에 필요한 가장 기본적인 프로그램으로, 메모리, 디스크, 모니터와 같은 주변 기기 사이의 정보 전송을 관장
- POST(Power On Self Test) : ROM BIOS가 실행되는 과정으로 문제가 발생하면 부팅을 중단
- MBR(Master Boot Record) : 하드 디스크의 파티션 정보를 저장하는 첫 번째 섹터

26 다음 중 한글 Windows 10에서 [설정]-[업데이트 및 보안]에 대한 설명으로 옳지 않은 것은?

① [복구]는 USB 드라이브 또는 디스크에 있는 파일을 불러와 하드 디스크를 복구한다.
② [Windows 업데이트]는 다음 버전의 Windows 새로운 기능과 보안 개선 사항을 업데이트한다.
③ [백업]은 원본이 손실, 또는 손상 또는 삭제된 경우를 대비해서 다른 드라이브에 파일을 백업한다.
④ [Windows 보안]은 바이러스 및 위협 방지, 장치 보안 및 상태를 보고 관리한다.

[복구]는 PC가 제대로 실행되지 않는 경우 초기화하도록 하는 기능으로, 개인 파일을 유지하거나 제거하도록 선택할 수 있으며 Windows를 다시 설치해야 한다.

27 다음 중 한글 Windows 10의 [디스크 조각 모음 및 최적화]에 관한 설명으로 옳지 않은 것은?

① 디스크의 접근 속도 향상뿐만 아니라 디스크 용량 증가를 위하여 사용한다.
② Windows가 지원하지 않는 형식의 압축 파일이나 네트워크 드라이브는 수행할 수 없다.
③ 디스크 조각 모음 일정 구성을 통하여 예약 실행을 할 수 있다.
④ 디스크에 조각 모음이 필요한지 확인하려면 먼저 디스크를 분석해야 한다.

[디스크 조각 모음 및 최적화]는 디스크의 접근 속도를 향상하는 것은 가능하나, 용량 증가는 하지 못한다. 디스크의 용량을 증가시키는 것은 디스크 정리이다.

28 다음 중 한글 Windows 10에서 휴지통에 대한 설명으로 옳지 않은 것은?

① 휴지통 아이콘은 바로 가기 만들기, 이름 바꾸기를 할 수 있다.
② 휴지통 아이콘을 작업 표시줄에 고정할 수 있다.
③ 파일을 휴지통에 버리지 않고 삭제할 때 바로 제거를 선택할 수 있다.
④ 휴지통 비우기를 하면 복원할 수 없다.

휴지통 아이콘의 바로 가기 메뉴에서 시작 화면에 고정하거나 제거할 수 있으나, 작업 표시줄에 고정할 수는 없다.

29 다음 중 한글 Windows 10의 캡처 도구에 대한 설명으로 옳지 않은 것은?

① 내 PC의 전체 화면이나 특정 부분을 그림 형식으로 캡처하여 저장한다.
② 저장 파일 형식에는 PNG, JPG, GIF, HTML의 형식으로 저장한다.
③ 캡처 모드는 자유형, 사각형, 창, 전체 화면 캡처 중에서 선택한다.
④ 캡처된 화면의 글자나 그림을 수정하거나 지우기 할 수 있다.

캡처된 화면에 펜이나 형광펜으로 쓰거나 삭제할 수 있으나, 캡처된 화면 자체를 수정하는 기능은 없다.

정답 25 ② 26 ① 27 ① 28 ② 29 ④

30 다음 중 한글 Windows 10의 잠금 화면에 대한 설명으로 옳지 않은 것은?

① Windows 추천, 사진, 슬라이드 쇼, 사용자 사진으로 잠금 화면을 설정한다.
② 화면 시간 제한 설정을 하여 화면이나 전원 사용 시 지정 시간이 경과하면 끄기를 설정한다.
③ 화면 보호기 설정은 일정한 시간이 지나면 자동으로 화면에 움직이는 그림 등을 표시하여 화면을 보호한다.
④ 화면 보호기에 별도로 암호를 설정할 수 없고 시스템을 재시작할 수 있다.

한글 Windows 10은 화면 보호기 설정에서 [다시 시작할 때 로그온 화면 표시]를 선택하면 보호기 실행 중 컴퓨터를 다시 시작할 때 사용자 계정에서 설정한 암호를 입력해야 한다.

31 다음 중 한글 Windows 10에서 Bluetooth를 연결할 수 없을 때 조치로 옳지 않은 것은?

① Bluetooth가 하드웨어에 장착이 되어 있는지를 확인한다.
② Bluetooth 장치 드라이버가 설치되어 있는지를 확인한다.
③ [시작]-[설정]-[업데이트 및 보안]의 [문제 해결]-[추가 문제 해결사]에서 Bluetooth 장치 문제 찾기를 한다.
④ Bluetooth 장치 관리자에서 Windows 업데이트를 한다.

Windows 업데이트는 [시작]-[설정]-[업데이트 및 보안]-[Windows 업데이트]에서 선택하며, Windows의 새로운 기능과 보안 개선 사항에 대한 업데이트가 진행된다.

32 다음 중 한글 Windows 10의 [관리 도구]에 대한 설명으로 옳지 않은 것은?

① 구성 요소 서비스
② 이벤트 뷰어
③ 성능 모니터
④ 장치 관리

장치 관리는 제어판의 [장치 관리자]에서 설정한다.

오답 피하기
관리 도구는 Windows 관리를 위한 도구로 시스템 구성 및 정보 고급 사용자용 도구가 포함되어 있다. 관리 도구 항목은 구성 요소 서비스, 이벤트 뷰어, 컴퓨터 관리, ODBC 데이터 원본(64비트), 성능 모니터, 서비스로 구성되어 있다.

33 다음 중 한글 Windows 10에서 파일이나 폴더의 속성 창 기능으로 옳지 않은 것은?

① 그룹 또는 사용자 이름의 사용 권한을 설정할 수 있다.
② 폴더의 종류, 위치와 크기, 디스크 할당 크기를 확인할 수 있다.
③ 폴더를 만든 날짜, 수정한 날짜, 액세스한 날짜를 확인할 수 있다.
④ 폴더의 네트워크 파일 및 폴더의 공유를 설정할 수 있다.

파일은 만든 날짜, 수정한 날짜, 엑세스한 날짜를 확인할 수 있지만, 폴더는 만든 날짜만 확인 가능하다.

정답 30 ④ 31 ④ 32 ④ 33 ③

34 다음 중 한글 Windows 10의 [업데이트 및 보안] 창에서 설정할 수 있는 내용으로 옳지 않은 것은?

① Windows에서 컴퓨터의 중요한 최신 업데이트를 정기적으로 확인하여 자동으로 설치할 수 있다.
② 네트워크나 다른 컴퓨터에 액세스할 때 사용하는 여러 사용자 이름 및 암호를 저장된 사용자 이름 및 암호에 저장할 수 있다.
③ 바이러스와 기타 보안 위험으로부터 컴퓨터를 보호할 수 있다.
④ 권한이 없는 사용자가 네트워크나 인터넷을 통해 액세스하지 못하도록 막아 컴퓨터를 보호해 준다.

②는 사용자 계정에 대한 설명이다.

35 다음 중 한글 Windows 10에서 [작업 관리자] 창에 대한 설명으로 옳지 않은 것은?

① 바탕 화면의 빈 영역에서 바로 가기 메뉴의 [작업 관리자]를 클릭하면 작업 관리자 창을 열 수 있다.
② 현재 컴퓨터에서 실행되고 있는 프로세스의 개수를 알 수 있다.
③ 현재 실행되고 있는 앱을 종료시킬 수 있다.
④ CPU, 메모리, 디스크 등의 사용률을 확인할 수 있다.

바탕 화면이 아니라 작업 표시줄의 빈 영역의 바로 가기 메뉴에서 [작업 관리자]를 선택한다.

36 다음 중 한글 Windows 10에서 네트워크에 이상이 있어 발생하는 문제라고 볼 수 없는 것은?

① 네트워크에 로그온할 수 없는 경우
② 네트워크를 통해 다른 컴퓨터와 연결되지 않는 경우
③ 다른 컴퓨터에 연결된 프린터를 공유할 수 없는 경우
④ 현재 실행 중인 이미지 뷰어 프로그램이 응답하지 않는 경우

이미지 뷰어 프로그램은 이미지 파일을 열어볼 때 사용하는 프로그램으로 뷰어 프로그램을 실행하는 것은 네트워크 연결과 무관하게 실행할 수 있다.

37 다음 중 한글 Windows 10에서 [시스템 구성] 창을 화면에 표시하려고 한다. 시작 버튼을 누른 후 검색 창에서 입력해야 할 명령어로 옳은 것은?

① ping
② finger
③ msconfig
④ ipconfig

msconfig는 [시스템 구성] 창으로 시작 모드, 부팅 옵션, 서비스 상태 등을 표시하는 명령어이다.

오답 피하기
- ping : 입력한 IP 주소가 네트워크에 잘 연결되어 있는지 확인하는 명령어
- finger : 지정된 시스템의 사용자에 대한 정보를 표시
- ipconfig : 컴퓨터의 인터넷 연결에 관한 정보를 확인

38 다음 중 한글 Windows 10의 [이더넷] 속성 창에서 설정할 수 없는 기능은?

① Windows Defender 방화벽
② Microsoft Networks용 클라이언트
③ 인터넷 프로토콜 버전 4(TCP/IPv4)
④ Microsoft 네트워크용 파일 및 프린터 공유

Windows Defender 방화벽은 [설정]-[업데이트 및 보안]-[Windows 보안]이나 [제어판]의 [Windows Defender 방화벽]에서 설정한다.

정답 34 ② 35 ① 36 ④ 37 ③ 38 ①

39 다음 중 한글 Windows 10에서 Microsoft Edge에 대한 설명으로 옳지 않은 것은?

① Microsoft Edge를 사용할 수 있는 장치는 Windows 및 macOS이고 Android, iOS는 사용할 수 없다.
② InPrivate를 검색할 때 항상 원격 추적 방지 사용을 한다.
③ 브라우징을 닫을 때 검색 데이터를 지우기할 항목을 선택한다.
④ 시작 홈 단추를 열 때 '새 탭 페이지 열기'할 것인지, '이전 세션의 탭 열기'할 것인지를 설정한다.

> Microsoft Edge를 사용할 수 있는 장치는 Android, iOS, Windows 및 macOS이다.

40 다음 중 IPv6에 대한 설명으로 옳지 않은 것은?

① IPv6는 128비트로 구성되었고 16진수 8자리가 도트(.)로 구분된다.
② IPv4와 호환성이 뛰어나다.
③ 실시간 흐름 제어로 향상된 멀티미디어 기능을 제공한다.
④ 인증성, 기밀성, 데이터 무결성의 지원으로 보안 문제를 해결할 수 있다.

> IPv6는 128비트로 16진수 8자리로 콜론(:)으로 구분한다.

3과목 PC 기본상식

41 다음 중 컴퓨터에 대한 설명으로 옳지 않은 것은?

① 마이크로 컴퓨터는 크기가 작은 개인용 컴퓨터로 데스크톱, 랩탑, 노트북, 워크스테이션 등이 있다.
② 미니 컴퓨터는 마이크로 컴퓨터보다 처리 용량과 속도가 느리고 크기가 작은 서버용으로 사용한다.
③ 메인 프레임 컴퓨터는 여러 사람이 동시에 이용할 수 있으며 은행, 병원, 정부 기관 등 업무량이 많은 곳에서 사용한다.
④ 슈퍼 컴퓨터는 초고속 처리와 정밀 계산이 필요한 분야에서 사용하고 50페타플롭스(PF) 정도의 연산 처리 속도로 처리한다.

> 컴퓨터 규모에 의한 분류로는 '마이크로 컴퓨터 → 미니 컴퓨터(중형) → 메인 프레임 컴퓨터(대형) → 슈퍼 컴퓨터' 순서이므로 미니 컴퓨터가 마이크로 컴퓨터보다 크다. 처리 용량과 속도도 미니 컴퓨터가 마이크로 컴퓨터보다 빠르다.

42 다음 중 중앙 처리 장치(CPU)에 대한 설명으로 옳지 않은 것은?

① 중앙 처리 장치는 레지스터, 제어 장치, 연산 장치로 구성되어 있다.
② 컴퓨터 시스템 전체를 제어하는 장치로 다양한 입력 장치로부터 자료를 받아서 처리한 후 그 결과를 출력 장치로 보내는 일련의 과정을 제어하고 조정하는 일을 수행한다.
③ 연산 장치는 각종 덧셈을 수행하고 결과를 저장하는 상태 레지스터와 산술 연산과 논리 연산의 결과를 일시적으로 저장하는 기억 레지스터 등 여러 개의 레지스터로 구성되어 있다.
④ 소프트웨어 명령의 실행이 이루어지는 컴퓨터의 부분, 혹은 그 기능을 내장한 칩을 말하며 기계어로 쓰인 컴퓨터 프로그램의 명령어를 해석하여 실행한다.

> 산술 연산 및 논리 연산을 일시적으로 기억하는 것은 누산기(AC)이다.

정답 39 ① 40 ① 41 ② 42 ③

43 다음 중 디지털 회선의 중간에 위치하는 것으로 단순히 신호 증폭뿐만 아니라 네트워크 분할을 통해 트래픽을 감소시키며, 물리적으로 다른 네트워크를 연결할 때 사용하는 장비는 어느 것인가?

① 허브(Hub)
② 리피터(Repeater)
③ 브리지(Bridge)
④ 라우터(Router)

오답 피하기
- 허브(Hub) : 비교적 가까운 거리의 여러 대의 컴퓨터를 연결하는 장치
- 리피터(Repeater) : 거리가 멀어질수록 감소하는 디지털 신호를 장거리 전송하기 위해 수신한 신호를 증폭하여 전송하는 장치
- 라우터(Router) : 가장 최적의 경로를 설정하여 전송하고, 데이터의 흐름을 제어

44 다음에서 설명하는 시스템은?

한쪽의 CPU가 가동 중일 때 다른 CPU가 대기하며 가동 중인 CPU가 고장나면 대기 중인 다른 CPU가 가동되는 시스템

① 시분할 처리 시스템
② 실시간 처리 시스템
③ 듀플렉스 시스템
④ 분산 처리 시스템

오답 피하기
- 시분할 처리 시스템 : 속도가 빠른 CPU의 처리 시간을 분할하여 여러 개의 작업을 연속으로 처리하는 방식
- 실시간 처리 시스템 : 자료가 들어오는 즉시 처리하는 방식
- 분산 처리 시스템 : 네트워크로 연결된 컴퓨터에 의해 작업과 자원을 분산하여 처리하는 방식

45 다음 중 펌웨어(Firmware)에 대한 설명으로 옳지 않은 것은?

① 하드웨어 장치에 포함된 소프트웨어이다.
② 펌웨어는 ROM에 저장되어 있어 사용자가 직접 업그레이드할 수 없다.
③ 하드웨어 제어와 구동을 담당한다.
④ 펌웨어는 컴퓨터를 최신의 상태로 유지하기 위해 사용한다.

펌웨어는 주로 ROM에 저장되며, 최근에는 읽기, 쓰기가 가능한 플래시 롬에 저장되기 때문에 내용을 쉽게 변경, 추가, 삭제할 수 있다.

46 다음 중 아래의 설명에 해당하는 용어는?

- 인터넷상에서 음성이나 동영상 등을 실시간으로 재생하는 기술이다.
- 전송되는 데이터를 마치 끊임없고 지속적인 물의 흐름처럼 처리할 수 있는 기술을 의미한다.

① 스트리밍(Streaming)
② 샘플링(Sampling)
③ 로딩(Loading)
④ 시퀀싱(Sequencing)

오답 피하기
- 샘플링(Sampling) : 아날로그 파형을 디지털 파형으로 변환하기 위해 표본화를 하는 작업
- 로딩(Loading) : 필요한 데이터를 보조 기억 장치에서 주기억 장치로 옮기는 일
- 시퀀싱(Sequencing) : 입력된 데이터를 순차적으로 실행하는 것

47 다음 중 모니터 관련 용어에 대한 설명으로 옳은 것은?

① 해상도 : 모니터 화면을 구성하는 가장 작은 단위
② 주파수 대역폭 : 모니터 등의 출력 장치가 내용을 얼마나 선명하게 표현할 수 있느냐를 나타내는 단위
③ 픽셀 : 모니터가 처리할 수 있는 주파수의 폭
④ 화면 주사율 : 모니터가 가진 수직 주파수로, 1초에 화면이 깜빡이는 정도

오답 피하기
- 해상도 : 모니터 등의 출력 장치가 내용을 얼마나 선명하게 표현할 수 있느냐를 나타내는 단위
- 주파수 대역폭 : 신호 전류에 포함된 성분 주파수의 최댓값에서 최솟값을 뺀 수
- 픽셀 : 모니터 화면에 나타나는 각각의 점으로 화면을 구성하는 단위

정답 43 ③ 44 ③ 45 ② 46 ① 47 ④

48 다음 중 액세스 타임이 빠른 것부터 느린 것 순서로 옳게 나열한 것은?

① CPU 내부 레지스터 → 캐시 메모리 → 주기억 장치 → HDD(하드 디스크) → FDD(플로피디스크)
② 캐시 메모리 → CPU 내부 레지스터 → 주기억 장치 → FDD(플로피디스크) → HDD(하드 디스크)
③ 캐시 메모리 → CPU 내부 레지스터 → 주기억 장치 → HDD(하드 디스크) → FDD(플로피디스크)
④ 주기억 장치 → 캐시 메모리 → CPU 내부 레지스터 → FDD(플로피디스크) → HDD(하드 디스크)

> 레지스터는 CPU가 데이터를 처리하는 동안 사용한 값이나 연산의 중간 결과를 일시적으로 저장해 두기 위한 CPU 내의 고속 저장 장치이다. 액세스 속도가 빠른 순에서 느린 순으로 정리하면, 'CPU 내부 레지스터 → 캐시 메모리 → 주기억 장치 → HDD(하드 디스크) → FDD(플로피디스크)' 순서이다.

49 다음 중 바이러스에 대한 설명으로 옳지 않은 것은?

① 바이러스는 실행 파일에 감염되고 일반 파일에는 감염되지 않는다.
② 백신을 RAM에 상주시켜 바이러스 감염을 예방할 수 있다.
③ 시스템 파일이 손상되어 부팅이 정상적으로 수행되지 않을 수 있다.
④ 특정한 날짜가 되면 컴퓨터 화면에 이상한 메시지가 표시될 수 있다.

> 실행 파일뿐만 아니라 일반 파일에도 바이러스는 감염될 수 있다.

50 다음 중 운영체제의 구성에서 제어 프로그램에 속하지 않는 것은?

① 감시 프로그램(Supervisor Program)
② 서비스 프로그램(Service Program)
③ 데이터 관리 프로그램(Data Management Program)
④ 작업 관리 프로그램(Job Management Program)

> 서비스 프로그램은 처리 프로그램에 속한다. 운영체제는 제어 프로그램과 처리 프로그램으로 구성된다. 제어 프로그램에는 감시 프로그램, 데이터 관리 프로그램, 작업 관리 프로그램이 있고, 처리 프로그램에는 언어 번역, 서비스, 문제처리 프로그램이 속한다.

51 다음 중 전자우편을 사용할 때 지켜야 하는 예절에 대한 설명으로 가장 옳은 것은?

① 간결한 문서 작성을 위하여 약어를 사용할 수 있지만, 너무 많은 약어는 사용하지 않는다.
② 정확한 송수신을 위하여 여러 번 발송한다.
③ 전자우편을 보낼 때는 용량에 무관하므로 가급적 해상도 높은 사진, 동영상들을 제공하고, 제목만 보고도 중요도와 내용을 알 수 있도록 작성한다.
④ 전자우편은 많은 사람이 읽어볼 수 있도록 메일링 리스트를 이용하여 가능한 많은 계정으로 보낸다.

> 약어를 사용하여 간결하고 짧게 표현해야 하나, 너무 많은 사용은 자제해야 한다.

52 다음 중 멀티미디어 파일 포맷에 대한 설명으로 옳지 않은 것은?

① MP3는 PCM 기법에 의해 생성된 디지털 데이터를 사용하며 MPEG-3 규격의 압축 기술을 사용한다.
② ASF는 인터넷을 통해 오디오, 비디오 및 생방송 수신 등을 지원하는 통합 멀티미디어 형식이다.
③ WMF는 Windows에서 기본적으로 사용하는 벡터 그래픽 파일 형식이다.
④ DVI는 인텔사에서 개발한 동영상 압축 기술이다.

> MP3는 MPEG에서 규정한 MPEG-1에서 오디오 압축 기술만 분리한 MPEG Audio Layer3 압축 기술을 이용하여 음반 CD 수준의 음질을 유지하면서 파일 크기를 1/12 정도까지 압축할 수 있다.

정답 48 ① 49 ① 50 ② 51 ① 52 ①

53 다음 중 네트워크에서 데이터 전달의 흐름을 방해하여 가용성에 영향을 미치는 컴퓨터 시스템의 정보 보안 위협 유형으로 옳은 것은?

① 가로막기(Interruption)
② 가로채기(Interception)
③ 수정(Modification)
④ 위조(Fabrication)

오답 피하기
- 가로채기(Interception) : 송신한 데이터를 수신자까지 가는 도중에 몰래 보거나 도청하는 행위로 비밀성에 대한 위협
- 수정(Modification) : 메시지를 원래의 데이터가 아닌 다른 내용으로 바꾸는 것으로 무결성에 대한 위협
- 위조(Fabrication) : 사용자 인증과 관계해서 마치 다른 송신자로부터 데이터가 온 것처럼 꾸미는 것으로 무결성에 대한 위협

54 다음 중 인터럽트에 대한 설명으로 옳지 않은 것은?

① 외부 인터럽트는 입·출력 장치, 전원 등의 외부적인 요인에 의해 발생한다.
② 여러 장치에서 동시에 인터럽트가 발생할 경우 우선순위가 높은 인터럽트부터 수행한다.
③ 외부 인터럽트는 트랩이라고도 불린다.
④ 소프트웨어 인터럽트는 프로그램 처리 중 명령의 수행에 의해 발생한다.

인터럽트는 프로그램 실행 중 예기치 못한 일이 발생하는 것으로 외부, 내부, 소프트웨어 인터럽트가 있으며, 우선순위에 따라 실행된다. 트랩은 내부 인터럽트에 속한다.

55 다음 중 ISO(국제표준화기구)가 정의한 국제표준규격 통신 프로토콜인 OSI 7계층 모델의 물리적 계층에서 발생하는 오류를 발견하고 수정하는 기능을 맡으며 링크의 확립, 유지, 단절의 수단을 제공하는 계층은?

① 네트워크 계층(Network Layer)
② 데이터 링크 계층(Data Link Layer)
③ 세션 계층(Session Layer)
④ 응용 계층(Application Layer)

오답 피하기
- 네트워크 계층 : 네트워크 접속에 필요한 데이터 교환 기능을 제공하고 관리하는 계층
- 세션 계층 : 송수신 프로세스 간에 대화를 설정하고 그 사이의 동기를 제공하는 계층
- 응용 계층 : 네트워크를 이용하는 응용 프로그램으로 구성되는 계층

56 다음에서 설명하는 것은?

- 복잡하고 대용량인 멀티미디어 문서를 원활하게 교환할 수 있도록 국제표준화기구(ISO)에서 제정한 데이터 객체 양식의 표준
- 유연성이 높고 시스템에 독립적으로 운용이 가능하나 기능이 방대하고 복잡하여 시스템 개발에 어려움이 많은 언어

① XML
② SGML
③ UML
④ HTML

오답 피하기
- XML : 기존의 HTML언어의 단점을 보완하여 사용자가 새로운 태그와 속성을 정의할 수 있는 확장성을 가짐
- UML(통합 모델링 언어) : 객체 지향 분석/설계 모델링 언어로 신뢰성이 높은 언어
- HTML : 인터넷 표준 문서인 하이퍼텍스트 문서를 작성하는 언어

57 다음 중 모바일 기능에 대한 연결이 옳지 않은 것은?

① 증강현실 : 위성에서 보내는 신호를 수신해 사용자의 현재 위치를 알아내는 시스템
② 근접센서 : 물체가 접근했을 때 위치를 검출하는 센서
③ DMB : 영상이나 음성을 디지털로 변환하는 기술을 이용하여 휴대용 IT 기기에서 방송하는 서비스
④ NFC : 무선 태그 기술로 10cm 이내의 가까운 거리에서 기기 간의 설정 없이 다양한 무선 데이터를 주고받는 통신 기술

위성에서 보내는 신호를 수신해 사용자의 현재 위치를 알아내는 시스템은 GPS이다. 증강현실(Augmented Reality)은 현실 세계의 배경에 3D의 가상 이미지를 중첩하여 영상으로 보여 주는 기술이다.

정답 53 ① 54 ③ 55 ② 56 ② 57 ①

58. 다음에서 설명하는 것은?

- 하나의 아이디로 여러 사이트를 이용할 수 있는 시스템
- 여러 개의 사이트를 운영하는 대기업이나 인터넷 관련 기업이 각각의 회원을 통합 관리할 필요성에 따라 개발된 방식

① SSO
② IoT
③ USN
④ RFID

오답 피하기
- IoT : 사물 인터넷으로 사물에 센서를 부착하여 인터넷으로 연결되어 서로 정보를 주고받는 기술
- USN : 필요한 모든 사물에 전자태그를 부착해(Ubiquitous) 사물과 환경을 인식하고(Sensor) 네트워크(Network)를 통해 실시간 정보를 구축하여 활용하도록 하는 통신망
- RFID : 전자태그 기술로 IC칩과 무선을 통해 식품·동물·사물 등 다양한 개체의 정보를 관리할 수 있는 인식 기술

59. 다음 중 스마트폰의 보안 위협에 대처하는 방법에 대한 설명으로 옳지 않은 것은?

① 와이파이(Wi-Fi)망에서 양자 간 통신 내용을 가로채는 중간자 공격을 방지하기 위해 VPN 서비스를 강화한다.
② 악성코드나 바이러스 감염으로부터 예방하고자 운영체제와 백신 프로그램을 항상 최신 버전으로 업데이트한다.
③ 악성코드 유포를 막기 위해 가급적 멀티미디어 메시지(MMS)를 사용하고 블루투스 기능은 항상 켜 놓는다.
④ 분실한 기기에 저장된 개인정보를 원격으로 삭제하여 불법 사용을 방지하기 위해 킬 스위치(Kill Switch) 기능을 사용한다.

악성코드 유포를 막기 위해 가급적 멀티미디어 메시지(MMS)의 사용을 자제하고, 블루투스 기능은 사용할 때 켰다가 사용 후 끄는 것이 좋다.

60. 다음 중 인터넷 관련 용어의 설명으로 옳지 않은 것은?

① 데몬(Daemon)은 사용자가 직접적으로 제어하지 않고, 백그라운드에서 돌면서 주기적인 서비스 요청 등 여러 작업을 하는 프로그램을 말한다.
② 푸쉬(Push)는 인터넷에서 사용자의 요청에 의하지 않고 서버의 작용에 의해 서버상에 있는 정보를 클라이언트로 자동 배포(전송)하는 것을 말한다.
③ 미러 사이트(Mirror Site)는 인기 있는 웹 사이트의 경우 사이트의 부하를 분산하기 위해 2개 이상의 파일 서버로 똑같은 내용을 분산시켜 보유하고 있는 사이트를 말한다.
④ 핑거(Finger)란 지정한 IP 주소 통신 장비의 통신망 연결을 확인하기 위한 것으로 통신 규약으로는 인터넷 제어 메시지 프로토콜(ICMP)을 사용한다.

④는 핑(Ping)에 대한 설명이며, 핑거(Finger)는 특정 시스템을 사용하고 있는 사용자에 대한 정보를 알아보기 위한 명령이다.

정답 58 ① 59 ③ 60 ④

해설과 따로 보는
상시 기출문제

CONTENTS

2024년 상시 기출문제 01회 ·············· 212p
2024년 상시 기출문제 02회 ·············· 222p
2024년 상시 기출문제 03회 ·············· 232p
2024년 상시 기출문제 04회 ·············· 242p
2024년 상시 기출문제 05회 ·············· 252p

2025년 상시 기출문제 01회 ·············· 261p
2025년 상시 기출문제 02회 ·············· 270p
2025년 상시 기출문제 03회 ·············· 280p
2025년 상시 기출문제 04회 ·············· 290p
2025년 상시 기출문제 05회 ·············· 300p

해설과 따로 보는 2024년 상시 기출문제 01회

SELF CHECK | 제한시간 60분 | 소요시간 분 | 전체 문항 수 60문항 | 맞힌 문항 수 문항

1과목 워드프로세싱 용어 및 기능

01 다음 중 워드프로세서에 대한 설명으로 옳지 않은 것은?
① 문서 편집 기능을 가진 소프트웨어로서 '문서 작성기'라고도 한다.
② 워드프로세서는 문서를 작성하고 수정, 인쇄할 수 있는 소프트웨어이다.
③ 입력 장치, 표시 장치, 저장 장치, 출력 장치, 전송 장치로 작업을 한다.
④ PDF 등의 다른 형식으로 작성된 문서는 워드프로세서로 변환할 수 없다.

02 다음 중 워드프로세서의 입력 기능에 대한 설명으로 옳지 않은 것은?
① 삽입 상태에서 Space Bar 를 누르면 글자가 뒤로 밀려난다.
② 수정 상태에서 Back Space 를 누르면 앞 글자가 지워지고 공백으로 채워진다.
③ 삽입 상태에서 Insert 를 누르면 수정 상태가 되어 글자를 쓰면 덮어쓰기가 된다.
④ 수정 상태에서 Delete 를 누르면 커서 뒷글자가 지워지고 앞으로 당겨진다.

03 다음 중 워드프로세서의 화면 구성 요소에 대한 설명으로 옳지 않은 것은?
① 제목 표시줄에는 파일 이름과 제어상자, 창 조절 단추가 표시된다.
② 커서는 화면상의 작업 위치로 행과 열의 위치는 상태 표시줄에 표시된다.
③ 화면 확대는 실제 크기를 바꾸지 않고 화면의 크기만 확대하거나 축소하는 기능이다.
④ 주 메뉴는 문서 편집 시 필요한 기능을 표시하는 곳으로 Shift 를 누른 후 메뉴 옆에 영문을 선택한다.

04 다음 중 워드프로세서 용어에 대한 설명으로 옳지 않은 것은?
① 하드 카피(Hard Copy) : 화면에 보이는 내용을 그대로 프린터에 인쇄하는 것을 말한다.
② 소프트 카피(Soft Copy) : 화면에 문서의 결과물을 표시하는 것이다.
③ 용지 넘김(Form Feed) : 프린터에서 다음 페이지의 맨 처음 위치까지 종이를 밀어 올리는 것을 말한다.
④ 프린터 드라이버(Printer Driver) : 워드프로세서의 산출된 출력값을 특정 프린터 모델이 요구하는 형태로 번역해 주는 하드웨어를 말한다.

05 다음 중 파일링에 대한 설명으로 옳지 않은 것은?
① 문서를 언제든지 쉽게 찾아볼 수 있도록 하기 위한 시스템이다.
② 불필요한 문서는 복사하여 보관한 후 폐기한다.
③ 파일링은 신속한 검색, 개방화, 시간과 공간의 절약을 목적으로 한다.
④ 문서 담당자가 개인의 서랍 속이나 다른 문서에 끼워 보관하면 안 된다.

06 다음 중 문서 파일링 방법에 관한 설명으로 옳지 않은 것은?
① 명칭별 분류법은 거래자나 거래 회사명에 따라 첫머리 글자를 기준으로 분류한다.
② 주제별 분류법은 문서의 내용에서 주제를 결정하여 주제를 기준으로 분류한다.
③ 혼합형 분류법은 문자와 번호를 함께 써서 작성한 날짜별로 분류한다.
④ 지역별 분류법은 거래처의 지역 위치나 지역 범위에 따른 기준으로 분류한다.

07 다음 중 워드프로세서의 인쇄 기능에 관한 설명으로 옳지 않은 것은?

① 미리 보기 기능을 이용하여 문서의 전체 윤곽을 확인하고 파일로 인쇄할 수 있다.
② 문서 일부분만 인쇄할 수 있고, 문서의 내용을 파일로 인쇄할 수 있다.
③ 인쇄 매수를 지정하여 동일한 문서를 여러 번 인쇄할 수 있다.
④ 인쇄할 때 프린터의 해상도를 높게 설정하면 선명하게 인쇄할 수 있다.

08 다음 중 워드프로세서의 편집 관련 용어에 관한 설명으로 옳은 것은?

① 미주(Endnote) : 문서의 내용을 설명하거나 인용한 원문의 제목을 알려주는 보충 구절로 문서의 맨 마지막 페이지에 한꺼번에 표시하는 기능을 말한다.
② 병합(Merge) : 인쇄하면서 동시에 다른 문서를 작성하거나 편집하는 기능이다.
③ 정렬(Align) : 작성된 문서의 내용을 일정한 기준으로 재분류하는 기능이다.
④ 기본값(Default) : 네트워크를 통한 업무의 교환 시스템으로 문서의 표준화를 전제로 한다.

09 다음 용어에 해당하는 것은?

> 그림을 밝고 명암 대비가 작은 그림으로 바꾸는 것으로 회사 로고 등을 작성하여 배경으로 엷게 나타낼 때 사용한다.

① 워터마크(Watermark)
② 필터링(Filtering)
③ 오버프린트(Overprint)
④ 스프레드(Spread)

10 〈보기 1〉의 문장이 〈보기 2〉의 문장으로 수정되는 데 필요한 교정부호들로만 올바르게 짝지어진 것은?

〈보기 1〉

> 함께라면 누군가와
> 갈 길이 아무리 멀어도 갈수 있었습니다.

〈보기 2〉

> 누군가와 함께라면
> 갈 길이 아무리 멀어도 갈 수 있습니다.

① ☼, ⌒, ⌒
② ⌒, ∨, ⌒
③ ∨, ⌒, ⌒
④ ⌒, ⌒, ☼

11 다음 중 문서의 분량이 증가할 가능성이 있는 교정부호들로만 올바르게 짝지어진 것은?

① ⌒, ⌒, ⌐
② ⌒, ⌐, ☼
③ ⌐, >, ∨
④ ⌐, ∨, ⌒

12 다음 중 공문서의 작성 방법에 대한 설명으로 옳지 않은 것은?

① 금액을 표기할 경우에는 아라비아 숫자를 사용하되, 숫자 다음의 괄호 안에 한글로 기재한다.
② 문건별 면 표시는 중앙 하단에 표시하고, 문서철별 면 표시는 우측 하단에 표시한다.
③ 시행문을 정정한 때에는 문서의 여백에 정정한 글자 수를 표기하고 정정한 자가 그곳에 서명하고 날인한다.
④ 날짜는 2024. 7. 25. 형식으로 표기하고 시각은 13:45 형식으로 표기한다.

13 다음 중 전자출판의 특징으로 옳지 않은 것은?

① 위지윅(WYSIWYG) 기능은 전자 통신 기능을 이용한 것이다.
② 개체 처리 기능이 있어 서로 연결하거나 분해해서 사용할 수 있다.
③ 전자출판으로 저장된 자료는 다른 매체와 결합이 용이하다.
④ 지원하는 글꼴이 많고 사진, 도표, 그리기 등의 편집이 용이하다.

14 다음 중 워드프로세서의 문서 저장 기능에 대한 설명으로 옳은 것은?

① 현재 작업 중인 보조 기억 장치의 내용을 주기억 장치로 이동시키는 기능이다.
② [다른 이름으로 저장하기] 대화상자에서 폴더를 새로 만들 수는 있지만 파일을 삭제할 수 없다.
③ 저장 시 암호를 지정하거나 백업 파일이 만들어지도록 설정할 수 있다.
④ 문서 일부분만을 블록으로 지정한 후에 따로 저장할 수 없다.

15 다음 중 워드프로세서의 출력 기능에 대한 설명으로 옳지 않은 것은?

① 작성한 문서를 팩스로 보낼 수 있다.
② 현재 페이지만 인쇄할 수 있다.
③ 프린터의 해상도를 높게 설정하면 출력 시간이 길어진다.
④ 문서 편집 시 설정한 용지 크기는 인쇄 시 크기를 변경하여 출력할 수 없다.

16 다음 중 문서관리에 대한 설명으로 옳지 않은 것은?

① 문서는 명칭별이나 주제별 등 문서 분류법에 따라 분류한다.
② 문서는 분류 후 활용한 문서를 묶어 편철한다.
③ 문서의 보관이란 편철이 끝난 모든 문서를 폐기하기 전까지 관리하는 것이다.
④ 이관이란 보존 기간에 맞춰 보존하기 위하여 해당 부서로 옮기는 것이다.

17 다음과 가장 관련 있는 기능은 무엇인가?

- 문단의 형태(글꼴, 크기, 문단 모양, 문단 번호)를 쉽게 변경할 수 있다.
- 문서에 대하여 일관성 있는 서식을 유지하면서 편집하는 데 가장 유용한 기능이다.

① 스타일(Style)
② 매크로(Macro)
③ 워드 랩(Word Wrap)
④ 아이콘(Icon)

18 다음 중 워드프로세서의 편집 기능에 대한 설명으로 옳지 않은 것은?

① 사전 기능은 단어를 입력하면 의미를 확인할 수 있게 해준다.
② 맞춤법 검사 기능은 작성된 문서와 워드프로세서에 포함된 사전과 비교해 틀린 단어를 찾아주는 기능이다.
③ 다단 편집이란 하나의 화면을 여러 개의 창으로 나누고 두 개 이상의 파일을 불러와 편집할 수 있는 기능이다.
④ 수식 편집기는 문서에 복잡한 수식이나 화학식을 입력할 때 사용하는 기능이다.

19 다음 중 공문서 구성에서 두문에 해당하는 것은?

① 행정기관명
② 제목
③ 시행일자
④ 발신명의

20 다음 중 공문서의 발송에 대하여 설명한 것으로 옳지 않은 것은?

① 문서는 정보 통신망을 이용하여 발신함을 원칙으로 한다.
② 문서를 행정기관이 아닌 자에게 전자우편 주소를 이용하여서 발송하는 것은 안 되며 항상 등기우편으로 발신하여야 한다.
③ 내용이 중요한 문서는 등기우편이나 그 밖에 발신 사실을 증명할 수 있는 특수한 방법으로 발신하여야 한다.
④ 행정기관의 장은 문서를 수신·발신하는 경우에 문서의 보안 유지와 위조, 변조, 분실, 훼손 및 도난 방지를 위한 적절한 조치를 마련하여야 한다.

2과목 PC 운영체제

21 다음 중 한글 Windows 10의 부팅 메뉴에 대한 설명으로 옳지 않은 것은?

① 한글 Windows를 시작할 때 F2를 누르면 고급 부팅 옵션 창이 표시된다.
② [시스템 복원] 항목은 부팅에 문제가 있거나 시스템이 정상적으로 동작하지 않을 때 PC에 기록된 복원 지점을 사용해 Windows를 복원시키고자 할 때 사용한다.
③ [안전 모드] 항목을 선택하면 컴퓨터 작동에 필요한 최소한의 장치만을 설정하여 부팅한다.
④ [Windows 시작] 항목은 한글 Windows 10의 기본 부팅 방식이다.

22 다음 중 한글 Windows 10의 창의 구성 요소에 대한 설명으로 옳지 않은 것은?

① 검색 상자 : 파일명이나 폴더명으로 원하는 항목을 검색할 수 있는 공간이다.
② 메뉴 표시줄 : 창의 기본 기능을 실행할 수 있도록 각종 명령을 모아놓은 공간이다.
③ 내용 표시 창 : 선택한 폴더의 내용이 표시되며 기본적인 작업이 이루어지는 공간이다.
④ 상태 표시줄 : 현재 사용하는 드라이브와 폴더의 위치가 표시되며, 폴더 이름을 선택하면 해당 폴더로 이동하는 공간이다.

23 다음 중 한글 Windows 10이 설치된 C: 디스크 드라이브의 [로컬 디스크(C:) 속성] 창에서 작업할 수 있는 내용으로 옳지 않은 것은?

① 디스크 정리 및 디스크 포맷을 할 수 있다.
② 디스크 드라이브의 오류 검사 및 디스크 조각 모음을 할 수 있다.
③ 네트워크 파일이나 폴더를 공유할 수 있도록 설정할 수 있다.
④ 드라이브를 압축하여 디스크 공간을 절약할 수 있다.

24 다음 중 한글 Windows 10의 화면 보호기에 대한 설명으로 옳지 않은 것은?

① 대기 시간, 다시 시작할 때 로그온 화면 표시를 지정할 수 있다.
② 일정 시간 모니터에 전달되는 정보에 변화가 없을 때 화면 보호기가 작동되게 설정한다.
③ 사용자 계정에 암호가 설정되어 있지 않아도 화면 보호기의 암호를 사용할 수 있다.
④ 화면 보호기는 마우스를 움직이거나 키보드에서 임의의 키를 누르면 해제된다.

25 다음 중 한글 Windows 10에서 사용 중인 프린터의 공유 설정을 하려고 할 때 해당 프린터의 팝업 메뉴에서 선택해야 하는 메뉴 항목으로 옳은 것은?

① 속성
② 프린터 속성
③ 인쇄 기본 설정
④ 기본 프린터로 설정

26 다음 중 한글 Windows 10에서 하드웨어 추가 또는 제거에 관한 설명으로 옳지 않은 것은?

① 설치된 하드웨어는 [제어판]의 [장치 관리자]에서 확인할 수 있다.
② 플러그 앤 플레이를 지원하는 장치를 설치하고 Windows 10을 재시작하면 자동으로 인식하여 설치된다.
③ 플러그 앤 플레이를 지원하지 않는 장치를 설치할 때는 [장치 관리자] 창의 [동작]-[레거시 하드웨어 추가] 메뉴를 선택하여 나타나는 [하드웨어 추가] 마법사를 사용한다.
④ 설치된 하드웨어의 제거는 [프로그램 및 기능] 창에서 해당 하드웨어의 드라이버를 제거하면 된다.

27 다음 중 한글 Windows 10의 제어판에 있는 [기본 프로그램]을 이용하여 설정할 수 있는 내용으로 옳지 않은 것은?

① 같은 유형의 파일 형식 또는 프로토콜별로 연결된 프로그램을 설정할 수 있다.
② 파일 형식 또는 프로토콜이 항상 특정 프로그램에서 열리도록 설정할 수 있다.
③ 컴퓨터에 삽입된 CD 또는 미디어 유형에 따라 각각에 맞게 자동으로 수행할 작업을 지정할 수 있다.
④ 컴퓨터에 설치된 특정 프로그램에 대한 추가나 제거를 할 수 있다.

28 다음 중 한글 Windows 10에서 [시스템] 속성 창에 관한 설명으로 옳지 않은 것은?

① [제어판]의 [개인 설정]을 실행한다.
② 윈도우의 버전을 확인할 수 있다.
③ 컴퓨터의 이름과 작업 그룹을 변경할 수 있다.
④ 프로세서의 종류, 메모리, 시스템의 종류를 확인할 수 있다.

29 다음 중 한글 Windows 10에서 디스크 포맷 기능에 관한 설명으로 옳지 않은 것은?

① 빠른 포맷은 디스크의 불량 섹터를 검색하지 않고 디스크에서 파일을 제거한다.
② 현재 사용 중인 C 디스크 드라이브의 바로 가기 메뉴에서 [포맷]을 선택한다.
③ 디스크 포맷 창에서 용량, 파일 시스템, 할당 단위 크기, 볼륨 레이블 등을 지정할 수 있다.
④ 파일 시스템을 NTFS로 설정하면 폴더와 파일을 압축할 수 있도록 포맷할 수 있다.

30 다음 중 아래의 보기에서 설명하는 한글 Windows 10 운영체제의 특징으로 옳은 것은?

> 한 대의 컴퓨터 시스템에서 운영체제가 각 작업의 제어권을 행사하여 작업의 중요도와 자원 소모량 등에 따라 우선순위가 높은 작업에 기회가 가도록 우선순위가 낮은 작업에 작동 제한을 걸어 특정 자원 응용 프로그램이 제어권을 독점하는 것을 방지하는 안정적인 체제

① 선점형 멀티태스킹
② 플러그 앤 플레이
③ 보안이 강화된 방화벽
④ 그래픽 사용자 인터페이스

31 다음 중 한글 Windows 10에서 파일과 폴더에 대한 설명으로 옳지 않은 것은?

① 파일은 텍스트 문서, 사진, 음악, 앱 등이 될 수 있다.
② 폴더란 서로 관련 있는 파일들을 체계적으로 관리할 수 있는 저장 장소이다.
③ 파일이란 서로 관련성 있는 정보의 집합으로 디스크에 저장되는 기본 단위이다.
④ 폴더 안에 또 다른 하위 폴더와 파일을 만들 수 있으며 바탕 화면, 네트워크, 휴지통, Windows 탐색기 등에서 만들 수 있다.

32 다음 중 한글 Windows 10의 바로 가기 키에 대한 설명으로 옳지 않은 것은?

① ■+R : 윈도우 재부팅
② Ctrl+Esc : 시작 화면 열기
③ Ctrl+Shift+Esc : 작업 관리자 창 바로 열기
④ ■+D : 열려있는 모든 창을 최소화하여 바탕 화면이 표시되거나 이전 크기로 복원

33 다음 중 한글 Windows 10에서 제공하는 기능에 대한 설명으로 옳지 않은 것은?

① 원드라이브(OneDrive) : 종이에 메모하듯이 일정이나 전화번호 등을 입력할 때 사용하는 앱이다.
② 에어로 스냅(Aero Snap) : 열려있는 창을 드래그하는 위치에 따라 창의 크기를 조절할 수 있다.
③ 에어로 피크(Aero Peek) : 작업 표시줄 아이콘을 통해 축소판 미리 보기가 가능하며, 열려있는 모든 창을 최소화하지 않고 바탕 화면을 볼 수 있다.
④ 에어로 쉐이크(Aero Shake) : 창을 흔들면 다른 열려있는 모든 창을 최소화하거나 다시 원상태로 나타나게 할 수 있다.

34 한글 Windows 10의 [그림판]에서 할 수 없는 작업은?

① 다중 레이어 작업과 도면 제도의 기능을 할 수 있다.
② 전자 메일을 사용하여 편집한 이미지를 보낼 수 있다.
③ 작성한 이미지를 바탕 화면의 배경으로 설정할 수 있다.
④ 다른 그래픽 앱에서 편집한 이미지의 일부를 복사해서 붙여넣기할 수 있다.

35 다음 중 한글 Windows 10에서 사용하는 웹 브라우저의 기능에 대한 설명으로 옳지 않은 것은?

① 플러그인 프로그램을 설치하여 다양한 멀티미디어 데이터를 처리할 수 있다.
② 접속된 웹 페이지를 사용자 컴퓨터에 저장하거나 인쇄할 수 있다.
③ 전자우편을 보내거나 HTML 문서를 편집할 수 있다.
④ 네트워크 환경 설정을 할 수 있다.

36 다음 중 한글 Windows 10에서 문서 인쇄에 대한 설명으로 옳지 않은 것은?

① [프린터] 메뉴 중 [모든 문서 취소]는 스풀러에 저장되어 있는 문서 중 오류가 발생한 문서에 대해서만 인쇄 작업을 취소한다.
② 일단 프린터에서 인쇄 작업이 시작된 경우라도 잠시 중지시켰다가 다시 인쇄할 수 있다.
③ 인쇄 대기 중인 문서를 삭제하거나 출력 대기 순서를 임의로 조정할 수 있다.
④ 인쇄 중 문제가 발생한 인쇄 목록을 확인할 수 있다.

37 다음 중 한글 Windows 10의 [휴지통 속성] 창에서 수행할 수 있는 작업으로 옳지 않은 것은?

① 삭제 확인 대화상자의 표시 설정
② 휴지통의 바탕 화면 표시 설정
③ 각 드라이브의 휴지통 최대 크기 설정
④ 파일을 휴지통에 버리지 않고 바로 제거하는 기능 설정

38 다음 중 한글 Windows 10에서 사용하는 유틸리티 프로그램에 관한 설명으로 옳지 않은 것은?

① 압축 프로그램을 사용하면 디스크 공간을 효율적으로 사용할 수 있다.
② 이미지 뷰어는 그래픽 이미지를 볼 수 있게 해주는 프로그램이다.
③ 윈도우 비디오 편집기를 사용하면 동영상 편집을 할 수 있다.
④ FTP 프로그램을 사용하면 다른 장소에 있는 컴퓨터를 원격으로 사용할 수 있다.

39 다음 중 한글 Windows 10의 [디스크 조각 모음 및 최적화]와 관련된 내용으로 옳지 않은 것은?

① 디스크 조각 모음이 진행 중인 동안에는 컴퓨터를 사용할 수 없다.
② NTFS, FAT, FAT32 이외의 다른 파일 시스템으로 포맷된 경우와 네트워크 드라이브에 대해서는 디스크 조각 모음을 실행할 수 없다.
③ 디스크 조각 모음을 수행하면 디스크 공간의 최적화를 이루어 접근 속도와 안전성이 향상된다.
④ SSD 드라이브를 매주, 매월 정해진 날에 디스크 조각 모음을 자동으로 수행하도록 예약을 설정할 수 있다.

40 다음 중 한글 Windows 10의 인터넷 프로토콜 버전 4(TCP/IPv4) 속성 창에서 수동으로 설정하는 IP 주소에 관한 설명으로 옳지 않은 것은?

① 해당 IP 주소는 인터넷상에서 자신만의 고유한 숫자로 된 주소이다.
② 서브넷 마스크는 해당 컴퓨터가 속한 네트워크 세그먼트를 식별하는 데 사용한다.
③ 기본 게이트웨이는 서로 다른 LAN을 연결하는 라우터의 주소이다.
④ 기본 설정 DNS 서버는 동적인 IP 주소를 할당해 주는 서버의 주소이다.

3과목 PC 기본상식

41 다음 중 컴퓨터의 기능에 대한 설명으로 옳지 않은 것은?

① 입력 장치는 키보드, 마우스, 터치 스크린, 이미지 스캐너 등과 같은 외부 입력 장치로부터 데이터를 읽어 들이는 기능을 한다.
② 기억 장치는 입력된 데이터나 앱, 처리된 결과로 얻어진 데이터를 저장하는 기능을 한다.
③ 연산 장치는 중앙 처리 장치로부터 읽어 들인 앱의 명령 코드를 해석하여 사칙 연산, 논리 연산, 비교 연산 등을 처리하는 기능을 한다.
④ 출력 장치는 처리된 결과나 기억 장치에 기억된 내용을 사람이 알아볼 수 있는 형태로 내보내는 기능을 한다.

42 다음에서 설명하는 모바일 운영체제는 무엇인가?

- 구글에서 개발한 리눅스 기반의 개방형 모바일 운영체제
- 개방형 소프트웨어이므로 단말기 제조사나 이동 통신사 등이 무료로 사용할 수 있으나 개방된 만큼 보안에 취약함

① iOS
② 윈도우폰
③ 안드로이드
④ 클라우드 OS

43 다음 중 컴퓨터 분류에서 워크스테이션(Workstation)에 관한 설명으로 옳지 않은 것은?

① 대부분 RISC 프로세서를 사용한다.
② 주로 다중 사용자 시스템에서 사용되기도 한다.
③ 네트워크에서 클라이언트(Client) 역할을 주로 담당한다.
④ 고성능 그래픽 처리나 공학용 시뮬레이션에 주로 사용한다.

44 다음 중 전자우편에서 사용하는 프로토콜과 주소에 대한 설명으로 옳지 않은 것은?

① POP3는 2진 파일을 첨부한 전자우편을 보내기 위하여 사용한다.
② SMTP는 TCP/IP 호스트의 우편함에 ASCII 문자 메시지를 전송해 준다.
③ ks2002@korcham.net에서 @의 앞부분은 E-mail 주소의 ID이고, @의 뒷부분은 메일 서버의 호스트 이름이다.
④ MIME은 웹 브라우저에서 지원하지 않는 멀티미디어 파일을 이용하는 데 사용된다.

45 다음에서 설명하는 기억 장치는?

- EEPROM의 일종으로 ROM과 RAM의 기능을 모두 가지고 있다.
- 읽기, 쓰기가 모두 가능하고 디지털 카메라, MP3 플레이어에 많이 사용한다.

① 플래시 메모리(Flash Memory)
② 캐시 메모리(Cache Memory)
③ 가상 메모리(Virtual Memory)
④ 연관 메모리(Associative Memory)

46 다음 중 모니터 관련 용어에 대한 설명으로 옳은 것은?

① 해상도 : 모니터 화면을 구성하는 가장 작은 단위
② 픽셀 : 모니터가 처리할 수 있는 주파수의 폭
③ 화면 주사율 : 모니터가 가진 수직 주파수로, 1초에 화면이 깜빡이는 정도
④ 주파수 대역폭 : 모니터 등의 출력 장치가 내용을 얼마나 선명하게 표현할 수 있느냐를 나타내는 단위

47 다음 중 컴퓨터에서 사용하는 하드 디스크에 관한 설명으로 옳지 않은 것은?

① 트랙은 하드 디스크 표면의 동심원을 말한다.
② 섹터는 트랙의 일부분으로 데이터가 저장되는 기본 단위이다.
③ 클러스터는 하드 디스크의 중심축으로부터 같은 거리에 있는 트랙들의 집합을 말한다.
④ 헤드는 데이터를 읽어내거나 쓰는 장치를 말한다.

48 다음 중 모바일 기기의 기본 기능에서 증강현실(AR)에 관한 설명으로 옳은 것은?

① 유선 랜 기술인 WiFi로 인터넷을 연결하는 기능이다.
② 10cm 이내의 가까운 거리에서 무선으로 데이터를 전송하는 태그 기능이다.
③ 기기에 내장된 카메라를 이용하여 실제 사물이나 환경에 부가 정보를 표시하는 기능이다.
④ 인터넷에 연결된 기기와 그렇지 않은 기기를 USB나 블루투스로 인터넷을 연결하는 기능이다.

49 다음 중 컴퓨터에서 사용하는 멀티미디어의 특징에 대한 설명으로 옳지 않은 것은?

① 디지털 데이터로 통합하여 처리한다.
② 정보 제공자와 사용자 간의 쌍방향성으로 데이터가 전달된다.
③ 데이터가 일정한 방향으로 순차적으로 처리된다.
④ 텍스트나 동영상 등의 여러 미디어를 통합하여 처리한다.

50 다음의 기능을 나타내는 용어는?

자주 사용하는 사이트의 자료를 저장한 후, 사용자가 다시 그 자료에 접근하면 네트워크를 통해서 다시 읽어오지 않고 미리 저장되어 있던 자료를 활용하여 빠르게 보여주는 기능

① 쿠키(Cookie)
② 캐싱(Caching)
③ 로밍(Roaming)
④ 스트리밍(Streaming)

51 다음에서 설명하는 언어는?

객체 지향적 프로그래밍 언어로, 처음에는 가전제품 내에 탑재해 동작하는 앱을 위해 개발했지만, 현재는 웹 애플리케이션 개발에 가장 많이 사용하는 언어 가운데 하나이고, 모바일 기기용 소프트웨어 개발에도 널리 사용하고 있는 언어이다.

① JAVA
② Visual C++
③ Delphi
④ Power Builder

52 다음은 무엇에 대한 설명인가?

- 전송 중 발생하는 오류를 탐지하기 위해 오류 체크 비트를 하나 추가
- 오류를 찾아 에러를 교정하는 코드

① BCD 코드
② ASCII 코드
③ EBCDIC 코드
④ Hamming 코드

53 다음 중 컴퓨터에서 사용하는 앱에 관한 설명으로 옳지 않은 것은?

① 상용 소프트웨어는 정식으로 대가를 지불하고 사용해야 한다.
② 셰어웨어는 기능이나 사용기간 등에 제한을 두어 배포한 것으로 무료이다.
③ 프리웨어는 개발자가 소스를 공개한 소프트웨어로 누구나 수정 및 배포할 수 있다.
④ 알파 버전은 개발사 내에서 테스트를 목적으로 제작한 앱이다.

54 다음 중 웹에서 사용이 가능한 웹 그래픽 표준 방식으로 사용되는 그래픽 파일이 아닌 것은?

① JPG
② PNG
③ BMP
④ GIF

55 다음 중 파일 표준 형식에 대한 설명으로 옳지 않은 것은?

① MOV : 정지 영상을 표현하는 국제 표준 파일 형식으로 JPEG를 기본으로 한다.
② MPEG : 프레임 간의 연관성을 고려하여 중복 데이터를 제거하여 압축률을 높이는 손실 압축 기법을 사용한다.
③ ASF : 인터넷을 통해 오디오, 비디오 및 생방송 수신 등을 지원하는 스트리밍을 위한 표준 기술 규격이다.
④ AVI : Windows의 표준 동영상 파일 형식으로 별도의 하드웨어 장치 없이 재생할 수 있다.

56 다음 중 아래의 보기에서 설명하는 네트워크 관련 용어로 옳은 것은?

- 호스트 이름으로부터의 IP 주소지에 대한 네트워크의 이름을 규정하는 것이다.
- 네트워크와 호스트를 나누는 데 사용된다.
- 32비트의 크기를 갖는다.
- 일반적으로 클래스 C인 경우 '255.255.255.0'을 사용한다.

① DNS(Domain Name System)
② 서브넷 마스크(Subnet Mask)
③ 게이트웨이(Gateway)
④ NAT(Network Address Translation)

57 다음 중 컴퓨터의 수치 데이터 표현에서 고정 소수점 방식과 비교하여 부동 소수점 방식의 특징으로 옳지 않은 것은?

① 양수와 음수 모두 표현이 가능하다.
② 부호, 지수부, 가수부로 구성되어 있다.
③ 소수점이 포함된 실수를 표현하는 데 사용한다.
④ 연산 속도가 매우 빠르며 수의 표현 범위가 넓다.

58 다음 중 ICT 관련 최신 기술 용어에 대한 설명으로 옳지 않은 것은?

① 트랙백(Trackback) : 내 블로그에 해당 의견에 대한 댓글을 작성하면 그 글의 일부분이 다른 사람의 글에 댓글로 보이게 하는 기술이다.
② 와이브로(Wibro) : 이동하면서 초고속 무선 인터넷 서비스가 가능한 기술이다.
③ RFID(Radio Frequency IDentification) : 전자태그가 부착된 IC칩과 무선 통신 기술을 이용하여 다양한 개체들의 정보를 관리할 수 있는 센서 기술이다.
④ NFC(Near Field Communication) : 한 번의 로그인으로 기업 내의 각종 업무 시스템이나 인터넷에 접속할 수 있도록 하는 기술이다.

59 다음 중 모바일 기기의 보안 기술과 가장 관련이 먼 것은?

① 킬 스위치(Kill Switch)
② 화면 잠금 기능
③ 모바일 OTP를 통한 인증 기능
④ 근접 센서 기능

60 다음 중 정보 보안 위협에 대한 설명으로 옳지 않은 것은?

① 스미싱(Smishing) : 수신한 메시지에 있는 인터넷 주소를 클릭하면 악성코드를 설치하여 개인 금융정보를 빼내는 행위이다.
② 스니핑(Sniffing) : 네트워크상에서 다른 상대방들의 패킷 교환을 엿보면서 계정과 패스워드를 알아내는 행위이다.
③ 파밍(Pharming) : 검증된 사용자가 네트워크를 통해 데이터를 보낸 것처럼 가장하여 해당 컴퓨터 시스템을 완전히 장악해 마음대로 정보를 변조하거나 파괴하는 행위이다.
④ 랜섬웨어(Ransom Ware) : 인터넷 사용자의 컴퓨터에 잠입하여 내부 문서나 스프레드시트, 그림 파일 등을 암호화하여 열지 못하도록 만든 후 금품을 요구하는 악성 앱이다.

빠른 정답표 / 확인하기

① 모바일로 QR 코드를 스캔합니다.
② 해당 회차의 정답표를 확인합니다.
③ 빠르고 간편하게 채점해 보세요.

2024년 상시 기출문제 02회

SELF CHECK 제한시간 60분 | 소요시간 분 | 전체 문항 수 60문항 | 맞힌 문항 수 문항

1과목 워드프로세싱 용어 및 기능

01 다음 중 워드프로세서의 특징으로 옳지 않은 것은?
① 문서 작성 및 관리를 전산화하여 유지 관리가 쉽다.
② 맞춤법 검사를 통해 문서의 오류를 줄여준다.
③ 다양한 형태의 문서를 빠르게 작성하여 시간과 노력을 줄여준다.
④ 작성된 문서의 보존은 종이와 주기억 장치에 저장되어 보관할 수 있다.

02 다음 중 워드프로세서 용어에 대한 설명으로 옳지 않은 것은?
① 포매터(Formatter) : 워드프로세서에서 기존의 문서가 요구하는 특정 모양으로 화면에 나타나게 하는 기능
② 디폴트(Default) : 전반적인 규정이나 서식 설정, 메뉴 등 이미 갖고 있는 값
③ 옵션(Option) : 명령이나 기능을 수행하는 있어 추가 요소나 선택 항목
④ 마진(Margin) : 문서의 일부분을 가나다 또는 그 역순으로 재배열하는 기능

03 다음 중 전자 통신 출판의 특징으로 볼 수 없는 것은?
① 출판물 제공자와 수용자 간의 상호 대화가 가능한 단방향 매체이다.
② 출판 내용에 대한 추가 및 수정이 신속하다.
③ 임의로 접근하여 다양한 정보를 획득할 수 있다.
④ 다양한 폰트 사용으로 인해 활자 인쇄보다 고품질의 인쇄를 할 수 있다.

04 다음 중 찾기에 대한 설명으로 옳지 않은 것은?
① 블록을 지정한 후 찾기를 하여 내용을 검색할 수 있다.
② 본문 밖에 숨어 있는 화면의 내용이나 표 안의 내용도 검색이 가능하다.
③ 한글, 영문, 특수문자의 검색이 가능하다.
④ 찾기 후에는 문서의 전체 분량이 늘어나거나 줄어들 수 있다.

05 다음 중 글꼴의 표현 방식에 대하여 설명한 것으로 옳지 않은 것은?
① 비트맵(Bitmap) 글꼴은 점으로 글꼴을 표현하는 방식으로 확대하면 테두리가 거칠어지는 현상이 일어난다.
② 아웃라인(Outline) 글꼴은 문자의 외곽선 정보를 이용하여 문자를 표시한다.
③ 트루타입(True Type) 방식의 글꼴은 Windows에서 기본적으로 사용되는 글꼴로 위지윅(WYSIWYG) 기능을 제공한다.
④ 오픈타입(Open Type) 방식의 글꼴은 고도의 압축 기법을 통해 파일의 용량을 줄인 외곽선 형태의 글꼴로 주로 인쇄용 글꼴로 사용한다.

06 다음 중 워드프로세서 관련 용어에 대한 설명으로 옳지 않은 것은?
① 색인(Index) : 문서에 사용된 단어나 어휘를 빠르게 찾기 위해서 페이지 번호를 표시해 두는 기능
② 프린터 버퍼(Printer Buffer) : 인쇄할 내용을 임시로 보관하는 기억 장소
③ 소수점 탭(Decimal Tab) : 수치 자료의 경우 소수점을 중심으로 정수와 소수 부분을 정렬하는 기능
④ 래그드(Ragged) : 단어가 줄의 끝에서 잘릴 경우 단어 전체를 다음 줄로 이동시키는 기능

07 다음 중 인쇄 용지에 대한 설명으로 옳지 않은 것은?

① 낱장 용지는 동일한 숫자일 경우 A판보다 B판이 크다.
② 공문서의 표준 규격은 A4(210mm×297mm)이다.
③ A판과 B판으로 나눈 용지의 가로:세로의 비는 1:3이다.
④ 낱장 용지는 규격 번호가 클수록 면적이 작다.

08 다음 중 워드프로세서의 기능을 수행하는 장치에 대한 설명으로 옳지 않은 것은?

① 입력 장치에는 스캐너, 마우스, 바코드 판독기 등이 있다.
② 표시 장치에는 LCD, LED, PDP 등이 있다.
③ 출력 장치에는 플로터, 프린터, COM 등이 있다.
④ 저장 장치에는 하드 디스크, 디지타이저, 터치 패드 등이 있다.

09 다음 중 아래 보기의 내용이 설명하는 워드프로세서의 용어로 옳은 것은?

> 문서 내에 머리말, 꼬리말, 주석 같은 것을 표시하기 위한 일정 공간으로 주로 문서의 여백을 사용한다.

① 색인(Index)
② 스풀링(Spooling)
③ 하드 카피(Hard Copy)
④ 보일러 플레이트(Boiler Plate)

10 다음 중 글자를 입력하는 방법에 대한 설명으로 옳지 않은 것은?

① 한글과 영문에 대한 입력 모드를 영문으로 맞추고 영어를 입력한다.
② 대·소문자는 Caps Lock 나 Shift 를 이용하여 입력한다.
③ 한글, 영문 변환키는 워드프로세서에 따라 한/영, 왼쪽 Shift + Space Bar, 오른쪽 Alt 를 사용하기도 한다.
④ Insert 를 눌러 수정 상태로 변경한 후 Space Bar 를 누르면 글자가 삽입된다.

11 다음 중 공문서의 성립 및 효력 발생에 관한 설명으로 옳지 않은 것은?

① 공문서의 효력 발생 시기는 다른 법령에 특별한 규정이 없는 한 수신자에게 도달되는 시점이다.
② 공고 문서는 고시, 공고가 있은 후 7일이 경과한 날부터 효력이 발생한다.
③ 문서는 결재권자가 해당 문서에 서명의 방식으로 결재함으로써 성립한다.
④ 전자문서의 효력 발생 시점은 수신자의 컴퓨터에 도달하는 시점을 원칙으로 한다.

12 다음의 보기에서 설명하는 워드프로세서의 기능은?

> 문서를 작성하면서 글자 입력 도중에 Enter 를 누른 곳을 줄 바꿈 문자(↵)로 화면에 표시해 주는 기능

① 화면 구성
② 교정부호
③ 문단 부호
④ 문단 모양

13 다음 중 전자출판(Electronic Publishing)에 관한 용어의 설명으로 옳지 않은 것은?

① 리터칭(Retouching) : 기존의 이미지를 다른 형태로 새롭게 변형하는 작업
② 리딩(Leading) : 자간의 미세 조정으로 특정 문자들의 간격을 조정하는 작업
③ 스프레드(Spread) : 대상체의 컬러가 배경색의 컬러보다 옅어서 대상체가 보이지 않는 현상
④ 디더링(Dithering) : 제한된 색상을 조합 또는 비율을 변화하여 새로운 색을 만드는 작업

14 다음 중 한글 워드프로세서에서 사용하는 KS X 1005-1 (유니코드)에 대한 설명으로 옳지 않은 것은?

① 완성형 코드에 조합형 코드를 반영하여 개발되었다.
② 전 세계에서 사용할 수 있는 모든 문자를 표현할 수 있는 국제 표준 코드이다.
③ 영문은 1바이트, 한글은 2바이트를 사용하여 정보 교환에 사용한다.
④ 외국 소프트웨어의 한글화가 쉽고 한글은 가나다 순으로 정렬된 코드이다.

15 다음 중 공문서의 기안에 대한 설명으로 옳지 않은 것은?

① 기안문서는 전자문서로 하는 것을 원칙으로 한다.
② 각종 증명 발급이나 회의록 등은 발의자와 보고자의 표시를 생략할 수 있다.
③ 행정기관명을 표시할 때 다른 행정기관명과 동일한 경우 바로 아래 하급기관명을 함께 표시할 수 있다.
④ 수신자가 없는 내부결재문서인 경우 수신란에 '내부결재'로 표시한다.

16 다음 중 줄 단위의 이동이 발생하는 교정부호로 옳은 것은?

① ✓ , ⌒
② ⌐ , ⌒
③ ⌒ , ⌒
④ ⌐ , ⌒

17 다음 중 워드프로세서를 이용하여 문서를 작성할 때 교정부호의 사용법에 대한 설명으로 옳지 않은 것은?

① 교정할 부호가 서로 겹치면 각도를 크게 하여 수정한다.
② 정해진 교정부호를 사용해야 한다.
③ 글자를 수정할 때에는 두 줄을 긋고 대각선 방향에 상세하게 설명한다.
④ 교정부호나 글자는 명확하고 간략하게 표기한다.

18 다음 중 문서의 파일링 절차에 대한 순서로 옳은 것은?

㉮ 문서 편철
㉯ 문서 이관
㉰ 문서 보존
㉱ 문서 보관
㉲ 문서 분류
㉳ 문서 폐기

① ㉮ → ㉯ → ㉰ → ㉱ → ㉲ → ㉳
② ㉲ → ㉮ → ㉱ → ㉯ → ㉰ → ㉳
③ ㉮ → ㉲ → ㉯ → ㉰ → ㉱ → ㉳
④ ㉲ → ㉮ → ㉱ → ㉰ → ㉯ → ㉳

19 다음 중 EDI(Electronic Data Interchange)에 대한 설명으로 옳지 않은 것은?

① EDI의 3대 구성 요소는 EDI 표준(Standards), 문서(Document), 통신 네트워크(VAN)이다.
② 각종 서류를 표준화된 양식을 통해 전자적 신호로 바꿔 컴퓨터 통신망을 이용, 전송하는 시스템이다.
③ 기업 간의 거래 데이터를 교환하기 위한 표준 포맷으로 미국의 데이터교환표준협회에 의해 개발되었다.
④ EDI 메시지들은 암호화되거나 해독될 수 있으며 E-mail, 팩스와 함께 전자상거래의 한 형태다.

20 다음 중 행정업무의 운영 및 혁신에 관한 규정에서 용어 설명이 옳지 않은 것은?

① '전자이미지서명'이란 기안자·검토자·협조자·결재권자 또는 발신명의인이 전자문서상에 전자적인 이미지 형태로 된 자기의 성명을 표시하는 것을 말한다.
② '전자문자서명'이란 기안자·검토자·협조자·결재권자 또는 발신명의인이 전자문서상에 자동 생성된 자기의 성명을 전자적인 문자 형태로 표시하는 것을 말한다.
③ '행정전자서명'이란 기안자·검토자·협조자·결재권자 또는 발신명의인이 공문서에 자필로 자기의 성명을 다른 사람이 알아볼 수 있도록 한글로 표시하는 것을 말한다.
④ '전자이미지관인'이란 관인의 인영(印影)을 컴퓨터 등 정보처리능력을 가진 장치에 전자적인 이미지 형태로 입력하여 사용하는 관인을 말한다.

2과목 PC 운영체제

21 다음 중 한글 Windows 10에서 사용하는 바로 가기 키에 대한 설명으로 옳은 것은?

① ■+L : 컴퓨터 시스템을 잠그거나 사용자를 전환한다.
② ■+U : 선택된 항목의 속성 대화상자를 화면에 표시한다.
③ Alt+Enter : 활성 창의 바로 가기 메뉴를 표시한다.
④ Alt+Tab : 작업 표시줄의 앱들을 차례대로 선택한다.

22 다음 중 한글 Windows 10의 [계산기] 앱에 대한 설명으로 옳은 것은?

① 날짜 계산용은 두 시간 간의 차이를 계산할 수 있다.
② 공학용은 삼각 함수나 로그 등을 최대 64자리까지 계산할 수 있다.
③ 프로그래머용은 값의 평균/합계, 제곱의 평균/합계, 표준 편차 등을 계산할 수 있다.
④ 표시된 숫자를 저장할 때는 〈MS〉 단추를, 저장된 숫자를 불러와 입력할 때는 〈MR〉 단추를 누른다.

23 다음 중 한글 Windows 10에서 [오류 검사]에 대한 설명으로 옳지 않은 것은?

① 디스크 검사는 폴더와 파일의 오류를 검사하여 발견된 오류를 복구한다.
② 디스크 검사는 손상된 부분을 복구할 때 교차 연결된 파일이 발견되면 제거하거나 백업한다.
③ 오류 검사는 해당 폴더 단위로 검사할 수 있다.
④ 파일과 폴더의 오류뿐만 아니라 디스크 표면을 검사하여 디스크에 생긴 물리적인 오류도 찾아준다.

24 다음 중 Windows 10 장치의 로그인 옵션으로 옳지 않은 것은?

① Windows Hello PIN
② 보안 키
③ Windows Hello 얼굴
④ Windows Hello 홍채

25 다음 중 한글 Windows 10의 [작업 관리자] 창에서 확인할 수 있는 사항으로 옳지 않은 것은?

① 실행 중인 응용 앱 목록
② 시작프로그램 이름과 상태 표시
③ 프린터 등의 주변 기기 사용 목록
④ CPU 이용률과 메모리 속도 및 디스크의 사용 현황

26 다음 중 한글 Windows 10에서 사용하는 [휴지통]에 대한 설명으로 옳은 것은?

① 휴지통의 크기는 사용자가 원하는 크기를 KB 단위로 지정할 수 있다.
② 지정된 휴지통의 용량을 초과하면 가장 최근에 삭제된 파일부터 자동으로 지워진다.
③ 삭제할 파일을 선택하고 Shift + Delete 를 누르면 해당 파일이 휴지통으로 이동한다.
④ USB 메모리에 있는 파일을 선택한 후 Delete 를 눌러 삭제하면 휴지통으로 가지 않고 완전히 지워진다.

27 다음 중 한글 Windows 10의 [작업 표시줄]에 대한 설명으로 옳지 않은 것은?

① 작업 표시줄은 기본적으로 바탕 화면의 맨 아래쪽에 있다.
② '작업 표시줄 잠금'이 지정된 상태에서는 작업 표시줄의 크기나 위치 등을 변경할 수 없다.
③ 작업 표시줄은 위치를 변경하거나 크기를 조절할 수 있으며, 크기는 화면의 1/4까지만 늘릴 수 있다.
④ 작업 표시줄은 현재 실행되고 있는 앱 단추와 앱을 빠르게 실행하기 위해 등록한 고정 앱 단추 등이 표시되는 곳이다.

28 다음 중 한글 Windows 10에 설치된 기본 프린터에 대한 설명으로 옳은 것은?

① 기본 프린터는 컴퓨터에 설치된 여러 프린터 중 가장 먼저 설치한 프린터를 의미한다.
② 기본 프린터로 지정된 프린터는 삭제시킬 수 없다.
③ 기본 프린터는 설치된 여러 프린터 중 2대까지 지정할 수 있다.
④ 네트워크 프린터나 추가 설치된 프린터도 기본 프린터로 지정할 수 있다.

29 다음 중 한글 Windows 10에서 발생할 수 있는 문제의 해결 방법으로 옳은 것은?

① 디스크 공간이 부족할 때는 디스크 조각 모음을 실행하여 단편화를 제거한다.
② 디스크의 접근 속도가 느려질 경우에는 디스크 정리를 수행한다.
③ 앱이 응답하지 않을 경우에는 [작업 관리자] 창에서 해당 작업을 종료한다.
④ 메인 메모리 용량이 적을 경우에는 이동식 디스크의 불필요한 파일을 삭제한다.

30 다음 중 한글 Windows 10에서 사용하는 웹 브라우저에 관한 설명으로 옳지 않은 것은?

① 웹 페이지의 내용을 복사하여 붙여넣기할 수 있다.
② 웹 서버에 있는 홈페이지를 수정할 수 있다.
③ 자주 방문하는 웹 사이트 주소를 관리하는 기능이 있다.
④ 플러그인 프로그램을 사용하여 동영상, 소리 등의 멀티미디어 데이터를 처리할 수 있다.

31 다음 중 한글 Windows 10의 시작 메뉴에 있는 [찾기] 대화상자에서 [시스템 구성] 대화상자를 열 수 있는 명령어로 옳은 것은?

① ipconfig
② tracert
③ nbtstat
④ msconfig

32 한글 Windows 10의 [Windows Defender 방화벽] 창에서 할 수 있는 작업에 대한 설명으로 옳지 않은 것은?

① 네트워크 위치를 선택하여 컴퓨터가 항상 적절한 보안 수준으로 설정되도록 할 수 있다.
② 앱이 Windows Defender 방화벽을 통해 통신하도록 설정할 수 있다.
③ 전자 메일을 보내거나 받을 때 알림 표시를 하도록 설정할 수 있다.
④ 인바운드 규칙, 아웃바운드 규칙 등과 같은 고급 보안을 설정할 수 있다.

33 다음 중 한글 Windows 10에서 [작업 표시줄] 창에 대한 설명으로 옳지 않은 것은?

① 작업 표시줄의 빈 영역을 선택한 후 Alt + Enter 를 누르면 [작업 표시줄] 창을 열 수 있다.
② 점프 목록에 표시된 최근 항목을 바로 가기 메뉴에서 [이 목록에서 제거]할 수 있다.
③ 작업 표시줄 자동 숨기기를 설정하면 작업 표시줄을 다른 위치로 이동시킬 수 없다.
④ 화면에서 작업 표시줄 위치를 상·하·좌·우로 설정할 수 있다.

34 다음 중 한글 Windows 10의 설치된 기본 프린터의 [인쇄 작업 목록 보기] 창에서 가능한 작업으로 옳지 않은 것은?

① 인쇄 일시 중지
② 설치된 프린터 제거
③ 프린터 속성 지정
④ 인쇄 기본 설정 지정

35 다음 중 한글 Windows 10에서 컴퓨터에 연결된 하드웨어 중에서 [장치 및 프린터] 창에 표시되지 않는 장치는?

① 휴대폰, 디지털 카메라 등과 같은 휴대용 장치
② 사운드 카드, 그래픽 카드, 메모리 등과 같이 컴퓨터 케이스 내부에 설치된 장치
③ 외장 USB 하드 디스크 드라이브, 플래시 드라이브, 웹캠 등과 같이 USB 포트에 연결하는 모든 장치
④ 컴퓨터에 연결된 모든 프린터

36 다음 중 마이크로소프트 엣지에 대한 설명으로 옳지 않은 것은?

① 새 크로미움(Chromium) 방식을 사용하여 Windows가 지원되는 모든 버전에 호환된다.
② 통합된 컬렉션 기능을 활용하면 웹 콘텐츠를 쉽게 수집, 구성, 공유할 수 있다.
③ 온라인의 보안 문제를 자동으로 차단하여 사용자를 보호한다.
④ Windows 디바이스에 최적화되어 있어서 macOS, iOS, Android 디바이스 등은 다운로드하여 사용할 수 없다.

37 다음 중 한글 Windows 10에서 파일이나 폴더를 삭제할 수 없는 경우에 대한 설명으로 옳은 것은?

① 다운로드한 앱 파일을 디스크 정리로 삭제할 경우
② 휴지통에 있는 특정 파일을 선택한 후에 Delete 를 눌러 삭제할 경우
③ 현재 편집 중인 문서 파일이 포함된 폴더를 선택한 후에 Delete 를 눌러 삭제할 경우
④ 모든 권한이 설정된 특정 폴더의 바로 가기 메뉴에서 [삭제]를 선택하여 삭제하는 경우

38 다음 중 한글 Windows 10의 [접근성 센터] 창에서 할 수 있는 기능에 대한 설명으로 옳지 않은 것은?

① Windows 로그온 시 자동으로 돋보기 기능을 시작할 수 있게 설정할 수 있다.
② 내레이터 시작 기능을 사용하면 키보드를 사용하여 마우스를 제어할 수 있게 설정할 수 있다.
③ 화상 키보드 시작 기능을 사용하면 키보드 없이도 글자를 입력할 수 있다.
④ 고대비 설정을 하면 색 대비를 높여 눈의 피로를 줄이고 내용을 쉽게 읽을 수 있다.

39 다음 한글 Windows 10의 보안 기능에 대한 설명 중 옳지 않은 것은?

① 사용자 계정 컨트롤 설정 변경 기능을 사용하면 유해한 앱이 사용자 모르게 소프트웨어를 설치하거나 변경하는 것을 방지할 수 있다.
② BitLocker 드라이브 암호화 기능을 사용하면 해당 드라이브에 저장된 모든 파일에 대한 무단 액세스를 방지할 수 있다.
③ Windows Defender 기능을 사용하면 스파이웨어뿐만 아니라 사용자 동의 없이 설치된 소프트웨어로부터 보호할 수 있다.
④ 컴퓨터 관리의 [디스크 관리] 기능을 사용하면 모니터의 색상이 종이와 같이 선명하고 깨끗하게 보여 읽기 쉽게 만들어 준다.

40 다음 중 한글 Windows 10의 [이더넷 속성]에서 네트워크 구성 요소에 대한 설명으로 옳지 않은 것은?

① QoS 패킷 스케줄러 : 네트워크 대역폭을 확인하고자 할 때 사용한다.
② Microsoft Networks용 클라이언트 : 사용자 컴퓨터에서 네트워크에 있는 리소스를 액세스할 수 있게 한다.
③ Microsoft 네트워크용 파일 및 프린터 공유 : 다른 컴퓨터에서 네트워크를 사용하여 사용자 컴퓨터의 리소스를 액세스할 수 있게 한다.
④ 인터넷 프로토콜 버전 6(TCP/IPv6) : 다양하게 연결된 네트워크에서 통신을 제공하는 인터넷 프로토콜의 최신 버전이다.

3과목 PC 기본상식

41 다음 중 컴퓨터의 발전에 대한 세대별 특징을 연결한 것으로 옳지 않은 것은?

① 1세대 – 일괄 처리 시스템, 분산 처리
② 2세대 – 운영체제 도입, 고급 언어 개발
③ 3세대 – 시분할 처리, MIS 도입
④ 4세대 – 개인용 컴퓨터 개발, 마이크로프로세서 개발

42 다음과 가장 관련 있는 것은 무엇인가?

- 영상과 음성을 하나의 케이블로 전송하는 디지털 포트이다.
- 셋톱박스, DVD 플레이어 등의 기기와 리시버, 모니터, HDTV 등의 출력 장치를 연결하는 데 사용된다.

① HDMI
② IEEE 1394
③ PS/2 포트
④ 디스플레이 포트

43 다음 중 멀티미디어 데이터에 관한 설명으로 옳지 않은 것은?

① 아날로그 데이터를 디지털로 변환하기 위해서는 샘플링(표본화)과 양자화 과정을 거치게 된다.
② 연속적인 아날로그 신호를 불연속적인 디지털 신호로 바꾸는 과정을 샘플링이라고 한다.
③ 샘플링은 음성이나 영상 등의 아날로그 신호를 일정 시간 간격으로 검출하는 단계이다.
④ 샘플링할 때 디지털 오디오 데이터 파일의 크기에 영향을 미치는 요소에는 샘플링 비율(헤르츠), 양자화 크기(비트), 저장 매체의 크기(바이트) 등이 있다.

44 다음 중 데이터의 표현 방식에 대한 설명으로 옳지 않은 것은?

① 숫자를 표현하는 부동 소수점 표현은 고정 소수점 표현에 비해 큰 수나 작은 수를 표현하기 때문에 컴퓨터 내부에서 처리하는 시간이 많이 걸린다.
② 문자 표현 방법 중 확장된 2진화 10진 코드(EBCDIC)는 8비트로 표현하며, ASCII 코드는 7비트로 표현한다.
③ 그레이(Gray) 코드는 각 자릿수에 고유한 값을 부여한 코드로, 가중치 코드에 속하며 보수를 간단히 얻을 수 있다.
④ 고정 소수점 표현은 정수 표현 형식으로 구조가 단순하고 표현 범위가 좁다.

45 다음 중 응용 소프트웨어에 대한 설명으로 옳지 않은 것은?

① 스프레드시트 소프트웨어로는 엑셀, 로터스, 훈민시트 등이 있다.
② 셰어웨어(Shareware)는 무료로 사용할 수 있으며 누구나 자유롭게 사용하고 수정 및 배포할 수 있다.
③ 전자출판(DTP) 소프트웨어로는 페이지 메이커, Quark XPress 등이 있다.
④ 데이터베이스 관리 시스템을 사용하면 데이터의 중복성을 최소화할 수 있다.

46 다음 중 정보 사회의 컴퓨터 범죄의 유형으로 옳지 않은 것은?

① 소프트웨어나 웹 콘텐츠의 무단 복사나 사용
② 음란물 유통 및 사이트 운영
③ 컴퓨터 바이러스 백신의 제작
④ 개인 신용 정보 유출

47 다음 중 정보화 사회의 최신 기술 중에서 사물 인터넷(IoT)에 대한 설명으로 가장 옳지 않은 것은?

① 세상에 존재하는 모든 사물을 네트워크로 연결한다.
② 인간과 사물 간에 언제 어디서나 서로 소통할 수 있다.
③ 인터넷에 연결된 기기가 사람의 개입 없이 서로 정보를 주고받으며 처리할 수 있다.
④ 컴퓨팅 자원을 가상화 기술로 통합하여 새로운 서비스를 제공한다.

48 다음 중 멀티미디어 그래픽 데이터의 벡터 방식에 대한 설명으로 옳지 않은 것은?

① 점과 점을 연결하는 직선이나 곡선을 이용하여 이미지를 표현한다.
② 이미지를 확대하여도 테두리가 매끄럽게 표현된다.
③ 좌표 개념을 사용하여 이동 회전 등의 변형이 쉽다.
④ 비트맵 방식과 비교하여 기억 공간을 많이 차지한다.

49 다음에서 설명하는 기억 장치로 옳은 것은?

- 하드 디스크의 일부를 주기억 장치처럼 사용한다.
- 페이징 기법과 세그먼테이션 기법이 있다.

① 연관 메모리(Associative Memory)
② 캐시 메모리(Cache Memory)
③ 가상 메모리(Virtual Memory)
④ 플래시 메모리(Flash Memory)

50 다음 중 상점에서 바코드를 읽어 들일 때 많이 사용하는 입력 장치로 빛을 주사하여 반사되는 빛의 차이를 인식하여 디지털 그래픽 정보로 만들어 주는 장치는?

① 스캐너(Scanner)
② 트랙볼(Track Ball)
③ 디지타이저(Digitizer)
④ 광전 펜(Light Pen)

51 다음 중 객체 지향 프로그래밍 언어로만 짝지어진 것은?

① JAVA, C, XML
② C++, C#, JAVA
③ C, COBOL, BASIC
④ FORTRAN, C++, XML

52 다음 중 CISC 마이크로프로세서에 대한 설명으로 옳지 않은 것은?

① 명령어의 종류가 많아 전력 소비가 많다.
② 서버, 워크스테이션에 주로 사용된다.
③ 고급 언어에 각기 하나씩의 기계어를 대응시킴으로써 명령어의 집합이 커진다.
④ 명령어 설계가 어려워 고가이나, 레지스터를 적게 사용하므로 프로그램은 간단하다.

53 디지털 콘텐츠의 불법 복제와 유포를 막고 저작권 보유자의 이익과 권리를 보호해 주는 기술과 서비스를 무엇이라고 하는가?

① DRM(Digital Rights Management)
② CRM(Customer Relationship Management)
③ DCRP(Digital Contents Rights Protection)
④ PICS(Platform for Internet Contents Selection)

54 다음 중 아날로그 컴퓨터와 비교하여 디지털 컴퓨터의 특징으로 옳은 것은?

① 입력 형태로 전류, 전압, 온도, 속도 등이 가능하다.
② 논리 회로를 사용하며, 프로그래밍이 필요하다.
③ 미분이나 적분에 관한 연산 속도가 빠르다.
④ 특수 목적용으로 기억 기능이 적다.

55 다음 중 PC의 업그레이드에 관한 설명으로 옳지 않은 것은?

① 소프트웨어를 업그레이드할 때는 CMOS SETUP 프로그램을 사용한다.
② 하드웨어를 업그레이드할 때는 컴퓨터 전원을 끄고 작업한다.
③ RAM을 업그레이드할 때는 메인보드와 운영체제의 지원 사항을 먼저 확인한다.
④ 하드 디스크를 업그레이드할 때는 용량과 RPM, 전송 속도를 고려한다.

56 다음 중 컴퓨터에서 정보 보안을 위하여 사용하는 방화벽에 관한 설명으로 옳지 않은 것은?

① 내부 네트워크로 들어오거나 외부 네트워크로 나가는 패킷을 체크한다.
② 역추적 기능이 있어서 외부 침입자의 흔적을 찾을 수 있다.
③ 방화벽을 사용하더라도 내부의 불법적인 해킹은 막지 못한다.
④ 해킹에 의한 외부로의 정보 유출을 막기 위한 보안 시스템이다.

57 다음 중 컴퓨터를 이용한 처리 시스템의 설명으로 옳지 않은 것은?

① 시분할 시스템(Time Sharing System) : 컴퓨터의 처리 시간을 짧은 시간 단위로 분할하여 한 대의 컴퓨터를 여러 명이 동시에 사용할 수 있게 하는 방식
② 실시간 처리 시스템(Real Time Processing System) : 자료가 발생하는 즉시 처리하는 방식
③ 멀티프로그래밍(Multi-programming) : 한 대의 컴퓨터에 2대 이상의 CPU를 설치하여 대량의 데이터를 신속하게 처리하는 방식
④ 분산 처리 시스템(Distributed Processing System) : 지역적으로 분산된 여러 대의 컴퓨터 시스템을 연결하여 업무를 지역적 또는 기능적으로 분산시켜 처리하는 방식

58 다음 중 전자우편의 기능에 대한 설명으로 옳지 않은 것은?

① 전달 : 다른 사람에게 알려주고 싶은 경우 받은 메일을 그대로 다른 사람에게 보내는 기능이다.
② 회신 : 받은 메일에 대하여 답장을 하되, 발송자는 물론 참조인 모두에게 전송하는 기능이다.
③ 첨부 : 문서, 이미지, 동영상 등의 파일을 전자우편에 첨부하여 보내는 기능이다.
④ 서명 : 메시지를 보낸 사람의 신원을 증명하기 위해 메시지 끝에 붙이는 표식으로 이름, 직위, 회사 이름, 주소 등을 표시한다.

59 다음 중 보기에서 설명하는 모바일 기기 관련 용어로 옳은 것은?

> 여러 개의 앱을 한꺼번에 사용할 수 있도록 앱 실행 시 영상 화면을 오버레이의 팝업창 형태로 분리하여 실행하는 기능이다.

① 스마트 앱(Smart App)
② 플로팅 앱(Floating App)
③ 앱 스토어(App Store)
④ 앱북(App Book)

60 다음 중 스마트폰의 보안 위협에 대처하는 방법에 대한 설명으로 옳지 않은 것은?

① 와이파이(Wi-Fi) 망에서 양자 간 통신 내용을 가로채는 중간자 공격을 방지하기 위해 VPN 서비스를 강화한다.
② 악성코드나 바이러스 감염으로부터 예방하고자 운영체제와 백신 앱을 항상 최신 버전으로 업데이트한다.
③ 악성코드 유포를 막기 위해 가급적 멀티미디어 메시지(MMS)를 사용하고 블루투스 기능은 항상 켜 놓는다.
④ 분실한 기기에 저장된 개인정보를 원격으로 삭제하여 불법 사용을 방지하기 위해 킬 스위치(Kill Switch) 기능을 사용한다.

빠른 정답표 | **확인하기**

① 모바일로 QR 코드를 스캔합니다.
② 해당 회차의 정답표를 확인합니다.
③ 빠르고 간편하게 채점해 보세요.

2024년 상시 기출문제 03회

SELF CHECK 제한시간 60분 | 소요시간   분 | 전체 문항 수 60문항 | 맞힌 문항 수   문항

1과목 워드프로세싱 용어 및 기능

01 다음 중 한글을 입력하는 방법에 대한 설명으로 옳지 않은 것은?

① 완성형 한글은 코드에 없는 문자를 사용할 수 없다.
② 조합형은 초성, 중성, 종성의 코드값을 조합하여 표현한다.
③ 유니코드는 완성형 코드에 조합형을 반영한 코드로 기억 공간을 많이 차지한다.
④ 유니코드는 한글, 영문 모두 1바이트로 표현하며 전 세계의 모든 문자를 표현할 수 있다.

02 다음 중 컴퓨터의 입력 장치가 아닌 것은?

① 스캐너(Scanner)
② 플로터(Plotter)
③ 디지타이저(Digitizer)
④ 광학 문자 판독기(OCR)

03 다음 중 인쇄 관련 단위에 대한 설명으로 옳은 것은?

① CPS : 1초에 인쇄할 수 있는 단어의 수
② LPM : 1분에 인쇄되는 점의 수
③ PPM : 1분에 인쇄할 수 있는 페이지 수
④ DPI : 1인치에 인쇄할 수 있는 줄 수

04 다음 중 완성형(KS X 1001) 코드에 대한 설명으로 옳지 않은 것은?

① 완성된 글자마다 코드값을 부여한다.
② 기억 공간을 많이 차지한다.
③ 국제 표준 코드로 전 세계의 모든 문자를 표현할 수 있다.
④ 영문이나 숫자는 1바이트, 한글이나 한자는 2바이트로 표현한다.

05 다음 중 문서관리의 기본 원칙으로 옳지 않은 것은?

① 문서 사무 처리의 절차나 방법 등을 간결하게 하여 시간 절약과 문서 업무 능률을 증진시킨다.
② 문서 처리의 절차나 방법 중에서 중복되는 것이나 불필요한 것을 없애고, 동일 종류의 문서 사무 처리를 하나로 묶어서 통합하여 처리한다.
③ 문서 사무 처리에 적용할 수 있는 여러 가지의 수단이나 방법 중에서 가장 합리적인 것을 선정하여 적용한다.
④ 문서가 이동되고 경유되는 곳은 늘리고 지체 시간은 줄여야 한다.

06 다음 중 파일링 시스템의 기본 원칙으로 옳지 않은 것은?

① 빠른 속도를 위해 시간과 공간을 극대화시켜 처리
② 명확한 분류를 위한 파일링 방법의 표준화
③ 문서 검색의 용이성 및 신속한 출납
④ 문서의 정확한 소재 명시 및 보존의 확실성

07 다음에 설명하는 문서정리 방법을 나타내는 용어로 가장 적절한 것은?

- 같은 카테고리의 문서를 한 곳에 모을 수 있다.
- 문서 내용의 분류가 여러 개인 경우 상호 참조 표시가 필요하다.
- 문서가 소분류로 구분되어 취급되는 경우에 많이 활용된다.

① 번호식 분류법
② 지역별 분류법
③ 주제별 분류법
④ 수평적 분류법

08 다음 중 문서의 발송에 대한 설명으로 옳지 않은 것은?

① 문서는 정보 통신망을 이용하여 발송함을 원칙으로 한다.
② 전자문서인 경우 전자문서 시스템 또는 업무관리 시스템상에서 발송해야 한다.
③ 종이 문서인 경우에는 원본을 발송해야 한다.
④ 문서는 처리과에서 발송한다.

09 다음 중 워드프로세서의 편집 기능에 대한 설명으로 옳지 않은 것은?

① 사전 기능은 단어를 입력하여 주면 의미를 확인할 수 있게 해준다.
② 스타일(Style)은 문서에 복잡한 수식을 입력할 때 사용하는 기능이다.
③ 다단 편집이란 하나의 편집 화면을 여러 개의 단으로 나누어서 문서를 작성하는 기능이다.
④ 매크로(Macro)는 사용자가 키보드나 마우스로 작업한 순서를 보관해 두었다가 한꺼번에 재실행하는 기능이다.

10 다음 중 워드프로세서의 특징으로 옳지 않은 것은?

① 워드프로세서를 이용하면 문서 작성에 드는 시간과 노력을 줄일 수 있다.
② 정보 통신망을 이용하여 문서를 전송할 수 있으므로 보안에 주의할 필요는 없다.
③ 파일로 인쇄하거나 인쇄 용지로 확대/축소 인쇄를 할 수 있다.
④ 문서 작성 및 관리를 전산화함으로써 유지 관리가 쉽다.

11 다음 중 전자문서 관리 시스템에 대한 설명으로 옳지 않은 것은?

① 표준화된 문서 양식으로 신속하게 문서를 조회 및 검색할 수 있다.
② 사무의 생산성이 향상되고 데이터를 공유할 수 있다.
③ 전자문서로 작성한 모든 문서는 출력하여 따로 편철하여 보관한다.
④ 문서 수발에 따르는 시간과 비용이 절감된다.

12 다음 중 워드프로세서의 용어에 대한 설명이 옳지 않은 것은?

① 옵션(Option) : 명령이나 기능을 수행할 때 추가적인 요소나 선택 항목을 표시한다.
② 캡션(Caption) : 글자를 구부리거나 글자에 외곽선, 그림자, 회전 등의 효과를 주어 글자를 꾸미는 것을 말한다.
③ 스크롤(Scroll) : 화면의 상·하·좌·우의 내용을 보기 위해 화면을 이동시키는 기능이다.
④ 래그드(Ragged) : 문서의 오른쪽 끝이 정렬되지 않은 상태를 말한다.

13 다음 중 워드프로세서를 이용한 문서 작성법의 설명으로 옳지 않은 것은?

① 문장은 되도록 간결하게 쓰고 긴 문장은 적당히 끊어 작성한다.
② 작성자의 의사가 명확히 표시되어야 하며 이해하기 쉬운 용어를 사용한다.
③ 문서의 구성은 두문, 본문, 결문 등으로 구분한다.
④ 단어마다 한자, 영어를 넣어 작성하여 문서의 내용을 가급적 어렵게 인식되도록 한다.

14 다음 중 워드프로세서에서 사용하는 기본 용어에 관한 설명으로 옳지 않은 것은?

① 영문 균등(Justification) : 단어와 단어 사이의 간격을 균등 배분하여 문장의 왼쪽 끝만 맞추어 균형을 유지하는 기능
② 색인(Index) : 문서의 중요한 내용들을 빠르게 찾기 위하여 문서의 맨 뒤에 용어와 기록된 쪽 번호를 오름차순으로 기록하여 정리한 목록
③ 디폴트(Default) : 서식이나 메뉴 등에서 기본적으로 설정되어 있는 값
④ 마진(Margin) : 문서 작성 시 문서의 균형을 위해 남겨두는 상·하·좌·우의 여백

15 다음 중 문서의 분량이 감소할 수 있는 교정부호로만 묶인 것은?

① ⌢, ✥, ⌣
② ⌐, ∨, ⚯
③ ⊓, ⚯, ⌢
④ ⚯, ⌢, ⌐

16 다음 중 〈보기 1〉의 문장이 〈보기 2〉의 문장으로 수정되기 위해 필요한 교정부호들로만 짝지어진 것으로 옳은 것은?

〈보기 1〉

천재는 노력하는 사람을 이길 수 없고,
노력하는 자는 즐기는 자 를 이길 수 없다.

〈보기 2〉

천재는 노력하는 자를 이길 수 없고,
노력하는 자는 즐기는 자를 이길 수 없다.

① ⌐, ⌢, ⌐
② ⌐, ⚯, ⌢
③ ⌐, ⌒, ⌣
④ ⊔, ⌐, ⌢

17 다음 중 메일 머지(Mail Merge)에 대한 설명으로 옳지 않은 것은?

① 전체적인 내용은 동일하지만 특정 부분만 다른 여러 개의 문서를 만드는 경우에 사용한다.
② 초청장, 안내장, 청첩장 등에 사용한다.
③ 출력 방향에는 모니터 화면, 프린터, 파일, 메일이 있다.
④ 서식 자료 파일의 종류에는 윈도우 주소록, Outlook 주소록, 한글 파일, 엑셀 파일, PDF 파일, 그래픽 파일 등이 있다.

18 다음 보기에서 설명하는 편람으로 옳은 것은?

단위 업무에 대한 업무 계획, 업무 현황 및 그 밖의 참고자료 등을 체계적으로 정리한 업무 자료철

① 행정 편람
② 직무 편람
③ 공고 편람
④ 민원 편람

19 다음 중 워드프로세서의 인쇄 기능에 대한 설명으로 옳지 않은 것은?

① 문서의 여러 쪽을 한 페이지에 모아 찍기, 특정 페이지마다 끊어 찍기를 할 수 있다.
② 미리 보기 기능을 사용하여 문서의 내용을 편집할 수는 없다.
③ 인쇄 매수를 지정하여 동일한 문서를 여러 번 인쇄할 수 있다.
④ 인쇄할 때 프린터의 해상도를 높게 설정하면 선명하게 인쇄되고 출력 속도도 빨라진다.

20 다음 중 전자출판에 대한 설명으로 옳지 않은 것은?

① 컴퓨터를 이용하여 원고의 입력부터 출력까지의 전 과정을 관리할 수 있다.
② 전자출판을 이용하면 문자뿐만 아니라 그림, 소리, 동영상 등의 표현도 가능하다.
③ 미리 보기 기능을 이용하여 최종 결과물의 결과를 미리 화면으로 확인할 수 있다.
④ 출판과 보관 비용이 많이 증가하지만 다른 매체와 결합이 쉽다.

2과목 PC 운영체제

21 다음 중 한글 Windows 10의 전원에 관한 설명으로 옳지 않은 것은?

① 시스템 종료 : 앱을 모두 닫고 시스템을 종료한다.
② 절전 : PC가 켜져 있지만 저 전원 상태로 앱이 열려 있어 절전 모드가 해제되면 이전 상태로 돌아간다.
③ 잠금 : 사용 중인 사용자 계정에 암호가 설정되어 있는 경우 컴퓨터를 켜놓은 상태로 잠그면 사용자 암호를 입력해야만 잠금을 해제할 수 있다.
④ 다시 시작 : 변경된 Windows 설정을 저장하고 메모리에 있는 모든 정보를 이동식 디스크에 저장한 후에 시스템을 다시 시작한다.

22 다음 중 한글 Windows 10에서 사용하는 바로 가기 아이콘에 대한 설명으로 옳지 않은 것은?

① 바로 가기 아이콘을 삭제하여도 원본 파일은 삭제되지 않는다.
② 폴더나 파일, 컴퓨터, 프린터, 디스크 드라이버 등의 개체에 대해 설정할 수 있다.
③ 바로 가기 아이콘은 왼쪽 아래에 화살표 표시가 있으며, 확장자는 .LNK이다.
④ 자주 사용하는 문서나 앱을 빠르게 실행시키기 위하여 사용하는 원본 파일의 복사본이다.

23 다음 중 이미지 뷰어를 위한 유틸리티 앱으로만 짝지은 것은?

① 네이버 백신, V3 Lite, 알약
② 반디집, 알집, WinZip
③ 알FTP, 파일질라, Winscp
④ 알씨(ALSee), Imagine, Windows Media Player

24 다음 중 한글 Windows 10에서 프로그램 설치 및 제거에 대한 설명으로 옳지 않은 것은?

① 파일 탐색기에서 설치 파일(Setup.exe)을 찾아 더블클릭하면 설치할 수 있다.
② 설치된 앱을 완전히 제거하려면 설치된 앱 파일들이 들어있는 폴더를 모두 삭제하면 된다.
③ 인터넷을 통해 설치하려면 해당 앱에 대한 링크를 클릭한 후 '열기' 또는 '실행'을 클릭한다.
④ [제어판]의 [프로그램 및 기능]에서 해당 프로그램을 선택한 후 '제거/변경'을 클릭하면 설치된 앱을 삭제할 수 있다.

25 다음 중 한글 Windows 10의 [Windows 보조프로그램]에 있는 [그림판]에 대한 설명으로 옳지 않은 것은?

① 스마트폰으로 촬영한 jpg 파일을 불러와 편집한 후 png 파일 형식으로 저장할 수 있다.
② 편집 중인 이미지의 일부분을 선택한 후 삭제하면 삭제된 빈 공간은 '색 1'(전경색)로 채워진다.
③ 오른쪽 버튼으로 그림을 그릴 경우에는 모두 '색 2'(배경색)로 그려진다.
④ 그림판에서 편집한 그림은 Windows 바탕 화면의 배경으로 사용할 수 있다.

26 다음 중 한글 Windows 10에서 네트워크와 관련하여 [이더넷 속성] 창에서 할 수 있는 작업으로 옳지 않은 것은?

① 네트워크 연결에 사용하는 장치의 어댑터나 동작 상태, 드라이버 등의 구성을 확인할 수 있다.
② 다른 네트워크 사용자가 현재 사용 중인 컴퓨터의 인터넷을 통해 인터넷 연결 공유를 설정할 수 있다.
③ 클라이언트나 서비스, 프로토콜 등의 네트워크 기능 유형을 선택하고 추가 설치를 할 수 있다.
④ 네트워크에 인터넷 연결 공유된 각 컴퓨터를 직접 연결할 수 있으며, 파일이나 프린터를 사용할 수 있다.

27 다음 중 한글 Windows 10에서 폴더와 프린터의 공유에 대한 설명으로 옳지 않은 것은?

① 다른 사람이 공유 여부를 모르게 하려면 폴더의 공유 이름 뒤에 '#' 기호를 표시한다.
② 공유된 자원의 아이콘을 클릭하면 파일 탐색기 하단의 세부 정보 창에 공유 여부가 표시된다.
③ 프린터를 공유할 경우 공유할 프린터의 이름을 변경할 수 있다.
④ 문서, 비디오, 소리, 그림 등의 데이터 파일을 공유하려면 해당 파일을 공용 폴더로 이동시키면 된다.

28 다음 중 한글 Windows 10의 보조프로그램 중에서 [메모장]에 관한 설명으로 옳은 것은?

① 그림이나 차트 등의 OLE 개체를 삽입할 수 있다.
② 자동 맞춤법과 같은 고급 기능을 제공한다.
③ 서식이 없는 텍스트 형식의 문서만 열거나 저장할 수 있다.
④ 편집하는 문서의 특정 영역(블록)에 대한 글꼴의 종류나 속성, 크기를 변경할 수 있다.

29 다음 중 한글 Windows 10의 바탕 화면에 새 폴더를 만드는 방법으로 옳지 않은 것은?

① 파일 탐색기 창에서 바탕 화면을 선택한 후 메뉴에서 [새 폴더]를 선택한다.
② 바탕 화면에서 새 폴더를 만들기 위한 바로 가기 키인 Ctrl+N을 누른다.
③ 바탕 화면의 바로 가기 메뉴에서 [새로 만들기]-[폴더]를 선택한다.
④ ■+E를 눌러 나오는 창에서 바탕 화면을 선택한 후 메뉴에서 [새 폴더]를 선택한다.

30 다음 중 한글 Windows 10의 [작업 표시줄]에서 설정할 수 있는 기능과 관련이 없는 것은?

① 작업 표시줄 잠금
② 작업 표시줄 자동 숨기기 설정
③ 전원 단추 동작 설정
④ 바탕 화면 보기

31 다음 중 한글 Windows 10의 [제어판]에 있는 [기본 프로그램]을 선택하여 설정할 수 있는 항목으로 옳지 않은 것은?

① 기본 프로그램 설정
② 파일 형식 또는 프로토콜을 프로그램과 연결
③ 자동 재생 설정 변경
④ 파일 형식 및 프로토콜 제거 또는 복구

32 다음 중 한글 Windows 10의 바탕 화면에 있는 아이콘을 정렬하는 기준으로 옳지 않은 것은?

① 항목 유형 순으로 정렬
② 크기 순으로 정렬
③ 수정한 날짜 순으로 정렬
④ 이름의 길이 순으로 정렬

33 다음 중 한글 Windows 10에서 사용하는 기본 프린터의 설정에 관한 설명으로 옳지 않은 것은?

① 기본 프린터로 사용할 프린터를 마우스 오른쪽 단추로 클릭한 다음 [기본 프린터로 설정]을 클릭한다.
② 현재 기본 프린터를 해제하려면 다른 프린터를 기본 프린터로 설정하면 된다.
③ 인쇄 시 특정 프린터를 지정하지 않으면 자동으로 인쇄 작업이 기본 프린터로 전달된다.
④ 기본 프린터는 2개 이상 지정이 가능하다.

34 다음 중 한글 Windows 10에서 인터넷이 정상적으로 작동하지 않을 때 취해야 할 조치로 옳지 않은 것은?

① 네트워크 카드나 케이블이 바르게 연결되었는지 점검한다.
② [실행] 창에 'renew'를 입력하여 Mac 주소를 확인한다.
③ Windows 또는 웹 브라우저가 정상적으로 설치되어 있는지 확인한다.
④ Ping 명령을 사용해 접속하려는 사이트의 서버 상태를 확인한다.

35 한글 Windows 10에서 바탕 화면에 열려 있는 현재 실행 중인 앱을 종료하는 방법으로 옳지 않은 것은?

① Ctrl + Shift + Esc 를 누른 후 나타나는 작업 관리자 창의 [프로세스] 탭에서 해당 앱을 선택한 후 [작업 끝내기] 단추를 클릭한다.
② 작업 표시줄의 바로 가기 메뉴에서 [작업 관리자]를 선택한 후 [프로세스] 탭에서 해당 앱의 [이미지 이름]을 선택한 후 [작업 끝내기] 단추를 클릭한다.
③ Ctrl + F4 를 누른다.
④ [시작] 메뉴에서 [잠금]을 누르면 나타나는 대화 상자에서 [닫기] 단추를 클릭한다.

36 다음 중 한글 Windows 10의 [마우스 속성] 창에서 설정할 수 있는 기능으로 옳지 않은 것은?

① 두 번 클릭 속도의 변경
② 마우스 포인터 모양의 변경
③ 마우스 기종의 변경
④ 오른쪽 단추와 왼쪽 단추 기능 바꾸기

37 다음 중 한글 Windows 10에서 휴지통에 관한 설명으로 옳지 않은 것은?

① 휴지통의 크기는 드라이브마다 다르게 설정할 수 있다.
② 파일 탐색기의 [홈] 리본에 [삭제]를 눌러 휴지통으로 이동한다.
③ 휴지통 비우기를 하면 휴지통 아이콘의 모양이 변경되고 이후 복원할 수 없다.
④ 휴지통의 파일은 필요할 때 복원하여 사용할 수 있으며 휴지통에서 파일을 실행할 수도 있다.

38 다음 중 한글 Windows 10의 [작업 관리자] 창에서 할 수 있는 작업으로 옳지 않은 것은?

① 현재 실행 중인 앱의 작업에 대하여 강제로 끝내기를 할 수 있다.
② 모든 사용자의 프로세스를 표시하거나 해당 프로세스의 끝내기를 할 수 있다.
③ 시스템의 서비스 항목을 확인하고 해당 서비스를 중지하거나 실행할 수 있다.
④ 현재 시스템 사용자를 로그오프하거나 새로운 사용자를 추가할 수 있다.

39 한글 Windows 10의 가상 데스크톱에 대한 설명으로 옳지 않은 것은?

① 개인용 작업과 업무용 작업을 분리하여 하나의 시스템에서 서로 다른 바탕 화면으로 관리할 수 있다.
② 작업 표시줄에는 모든 가상 데스크톱에서 실행 중인 모든 목록이 표시된다.
③ 바로 가기 키 ⊞+Tab 을 눌러 새로운 가상 데스크톱을 만들 수 있다.
④ 가상 데스크톱을 삭제해도 현재 작업 중인 창은 다른 데스크톱 화면으로 이동된다.

40 다음 중 한글 Windows 10에서 레지스트리에 대한 설명으로 옳지 않은 것은?

① 레지스트리를 편집하려면 시작 메뉴의 검색 상자에서 'regedit'를 입력하여 실행한다.
② 레지스트리란 Windows 사용자의 정보, 응용 앱의 정보, 설정 사항 등 Windows 실행 설정에 대한 정보를 담은 데이터베이스이다.
③ 레지스트리가 손상되면 Windows에 치명적인 손상을 줄 수 있으므로 주의하여 사용해야 한다.
④ 레지스트리는 백업을 받을 수 없으므로 함부로 삭제하거나 실수하는 일이 없도록 신중하게 편집하여야 한다.

3과목 PC 기본상식

41 다음 중 컴퓨터 바이러스 감염 예방법으로 옳지 않은 것은?

① 공용 폴더의 속성은 읽기 전용으로 한다.
② 불분명한 전자우편은 반드시 열어서 확인하고 삭제한다.
③ 최신 백신을 사용하여 주기적으로 검사한다.
④ 감염에 대비하여 중요 자료는 주기적으로 백업한다.

42 다음 중 컴퓨터 중앙 처리 장치의 제어 장치에 있는 레지스터의 설명으로 옳은 것은?

① 프로그램 카운터(PC)는 다음에 실행할 명령어의 번지를 기억하는 레지스터이다.
② 명령 레지스터(IR)는 현재 실행 중인 명령어를 해독하는 레지스터이다.
③ 부호기(Encoder)는 연산된 결과의 음수와 양수를 결정하는 회로이다.
④ 메모리 버퍼 레지스터(MBR)는 기억 장치에 입출력되는 데이터의 주소 번지를 기억한다.

43 다음 중 전자우편에 대한 설명으로 옳지 않은 것은?

① 메일 서버에 도착한 전자우편을 사용자 컴퓨터로 가져오는 프로토콜은 POP3이다.
② 전자우편 주소 sang123@nara.co.kr에서 도메인 네임은 nara.co.kr이다.
③ 회신은 받은 메일에 대해 답장을 작성하여 발송자에게 보내는 기능이다.
④ 전자우편의 송신을 담당하고 다른 사람의 계정이 있는 곳으로 전송하는 프로토콜은 IMAP이다.

44 다음 중 정보 전송 방식에 대한 설명으로 옳지 않은 것은?

① 통신 회선 이용 방식에 따라 단방향 통신, 양방향 통신, 전이중 통신으로 구분한다.
② 데이터 전송 방식에 따라 직렬 전송, 병렬 전송으로 구분한다.
③ 데이터 동기화 여부에 따라 비동기식 전송, 동기식 전송으로 구분한다.
④ 연결 방식에 따라 점대점 방식, 다지점 방식으로 구분한다.

45 다음은 무엇에 대한 설명인가?

> 키보드 없이 손가락 또는 전자펜을 이용해 직접 액정 화면에 글씨를 써서 문자를 인식하게 하는 터치 스크린 방식을 주 입력 방식으로 하여 앱을 실행할 수 있는 모바일 인터넷 기기

① HMD(Head Mounted Display)
② 태블릿 PC
③ 노트북 컴퓨터
④ 랩탑 컴퓨터

46 다음에서 설명하는 오디오 데이터 파일 형식은?

> – 전자 악기 디지털 인터페이스를 의미하며, 컴퓨터 사이에서 음정과 같은 연주 정보를 교환하기 위한 데이터 전송 규격이다.
> – 음성이나 효과음 저장이 불가능하고, 연주 정보만 저장되어 있으므로 크기가 작다.

① MP3
② MIDI
③ WAVE
④ RA/RM

47 다음에서 설명하는 컴퓨터는 무엇인가?

> – 컴퓨터의 분류에서 사용 목적에 따른 분류이다.
> – 특수한 목적에만 사용하기 위해 제작된 컴퓨터로 자동 제어 시스템, 항공 기술 등 산업용 제어 분야 등에 사용되며, 아날로그 컴퓨터가 여기에 해당된다.

① 디지털 컴퓨터
② 범용 컴퓨터
③ 전용 컴퓨터
④ 하이브리드 컴퓨터

48 다음 중 컴퓨터의 기본 장치인 주기억 장치에 대한 설명으로 옳지 않은 것은?

① 자료가 있는 주소에 새로운 자료가 들어오면 기존의 자료는 그 다음 주소로 저장된다.
② 주기억 장치에 사용되는 기억 매체는 주로 RAM을 사용한다.
③ 주기억 장치의 각 위치는 주소(Address)에 의해 표시된다.
④ 주기억 장치는 처리 중인 프로그램과 데이터 그리고 중간 처리 결과를 보관한다.

49 다음 중 자기 디스크 관련 용어에 대한 설명으로 옳은 것은?

① 섹터(Sector) : 회전축을 중심으로 데이터가 기록되는 동심원
② 실린더(Cylinder) : 여러 개의 섹터를 모은 것
③ 접근시간(Access Time) : 데이터를 읽고 쓰는 데 걸리는 시간의 합
④ 탐색시간(Seek Time) : 읽기/쓰기 헤드가 지정된 트랙을 찾은 후 원판이 회전하여 원하는 섹터의 읽기/쓰기가 시작될 때까지의 시간

50 다음 중 서로 다른 프로토콜을 사용하는 망을 연결하는 데 사용되는 장치는?

① 리피터(Repeater)
② 게이트웨이(Gateway)
③ 서버(Server)
④ 클라이언트(Client)

51 다음 중 응용 소프트웨어에 대한 설명으로 잘못된 것은?

① MS Outlook은 그룹웨어의 일종이다.
② DTP(Desk Top Publishing) 소프트웨어는 문서 이미지에 포함된 문자를 이미지 형태의 문자로 변경해 준다.
③ 컴퓨터나 소프트웨어 구입 시 무료로 배포되는 소프트웨어를 번들 소프트웨어라고 한다.
④ 데이터베이스 관리 시스템은 데이터의 중복성을 최소화하고 무결성을 보장해 줄 수 있다.

52 다음은 프로그램 개발 절차이다. 괄호 안에 들어갈 내용을 올바르게 나열한 것은?

문제 분석 → ( ) → 순서도 작성 → ( ) → ( ) → 테스트 → 프로그램 실행 → 문서화

① 코딩, 입출력 설계, 번역과 오류 수정
② 입출력 설계, 번역과 오류 수정, 코딩
③ 입출력 설계, 코딩, 번역과 오류 수정
④ 번역과 오류 수정, 입출력 설계, 코딩

53 다음 중 연산 장치를 구성하는 레지스터가 아닌 것은?

① 데이터 레지스터
② 메모리 버퍼 레지스터
③ 상태 레지스터
④ 인덱스 레지스터

54 다음 중 DMA(Direct Memory Access)에 관한 설명으로 옳지 않은 것은?

① CPU로부터 입·출력 장치의 제어를 넘겨받아 대신 처리하는 입·출력 전용 프로세서이다.
② 작업이 끝나면 CPU에게 인터럽트 신호를 보내 작업이 종료되었음을 알린다.
③ DMA 방식을 채택하면 CPU의 효율성이 증가되고 속도가 향상된다.
④ DMA를 사용하려면 메인보드와 하드 디스크 같은 주변 장치가 DMA를 지원해야 한다.

55 다음 중 그래픽 데이터 형식에 관한 설명으로 옳지 않은 것은?

① BMP : Windows 운영체제의 표준 비트맵 파일 형식으로 압축하여 저장하므로 파일의 크기가 작은 편이다.
② GIF : 인터넷 표준 그래픽 형식으로 8비트 컬러를 사용하여 최대 256색상까지만 표현할 수 있으며, 애니메이션 표현이 가능하다.
③ JPEG : 사진과 같은 선명한 정지 영상 압축 기술에 대한 국제 표준으로 주로 인터넷에서 그림 전송에 사용된다.
④ PNG : 트루 컬러의 지원과 투명색 지정이 가능하다.

56 다음 중 OSI 7계층 구조에서 각 계층에 해당하는 프로토콜로 옳지 않은 것은?

① 데이터 링크 계층 : HDLC, SDLC
② 네트워크 계층 : IP, ICMP
③ 세션 계층 : TCP, UDP
④ 응용 계층 : FTP, HTTP

57 다음 중 운영체제의 목적에 대한 설명으로 옳지 않은 것은?

① 처리 능력(Throughput) : 일정한 시간 내에 컴퓨터 시스템이 처리할 수 있는 일의 양으로 많을수록 좋다.
② 응답 시간(Turnaround Time) : 사용자가 작업 요청 후 그 결과를 얻을 때까지의 소요되는 시간으로 짧을수록 좋다.
③ 사용 가능도(Availability) : 컴퓨터 시스템을 사용할 때 실제 시스템 자원을 사용할 수 있는 시간을 말하며 시간이 많을수록 좋다.
④ 신뢰도(Reliability) : 주어진 문제를 정확하게 해결하고 작동하는 정도로 무고장 시간이 길수록 좋다.

58 다음 중 ICT 신기술에서 유비쿼터스(Ubiquitous)에 관한 설명으로 옳지 않은 것은?

① 언제 어디서나 어떤 기기를 통해서도 컴퓨팅이 가능한 환경이다.
② 기존의 관리나 분석체계로 처리가 어려운 대용량 데이터를 처리하는 기술이다.
③ 모든 사물에 초소형 칩을 내장시켜 네트워크로 연결하여 사물끼리 통신이 가능하다.
④ 대표적인 관련 기술로는 RFID와 USN 등이 있다.

59 다음 중 오디오, 비디오, 이미지 등의 디지털 콘텐츠에 사람의 육안으로는 구별할 수 없도록 저작원의 정보를 삽입하여 불법 복제를 막는 기술로 옳은 것은?

① 카피라잇(Copyright)
② 카피레프트(Copyleft)
③ 워터마킹(Watermarking)
④ 스패밍(Spamming)

60 다음 중 아래의 보기에서 설명하는 운영체제의 운영 방식으로 옳은 것은?

- 속도가 빠른 CPU의 처리 시간을 분할하여 여러 개의 작업을 연속으로 처리하는 방식
- 일정 시간 단위로 CPU 사용권을 신속하게 전환하여 각 사용자들이 자신만이 컴퓨터를 사용하고 있는 것처럼 느끼게 하는 방식

① 일괄 처리 시스템
② 듀플렉스 시스템
③ 분산 처리 시스템
④ 시분할 시스템

2024년 상시 기출문제 04회

SELF CHECK | 제한시간 60분 | 소요시간   분 | 전체 문항 수 60문항 | 맞힌 문항 수   문항

1과목 워드프로세싱 용어 및 기능

01 다음 중 워드프로세서의 특징에 대한 설명으로 옳지 않은 것은?
① 작성한 문서를 다른 응용 프로그램에서 불러와 편집할 수 있다.
② 작성 중인 문서를 포토샵 파일(*.PDS)이나 동영상 파일(*.WMV)로 저장할 수 있다.
③ 작성한 문서에 암호를 부여하여 저장할 수 있어 보안 유지가 가능하다.
④ 작성한 문서를 메일, 팩시밀리, 모바일 등을 이용하여 쉽게 전송할 수 있다.

02 다음 중 한자를 입력하는 방법으로 옳은 것은?
① 특정 영역을 범위 지정한 후 [한자]키를 눌러 변환할 수 없다.
② 한자의 음을 아는 경우에는 부수/총 획수 입력, 외자 입력, 2Stroke 입력이 있다.
③ 한자의 음을 모를 때에는 한글/한자 음절 변환, 단어 변환, 문장 자동 변환이 있다.
④ [한자]키로 한자로 변환한 후 한글로 변환할 수 있고 새로운 한자를 등록할 수 있다.

03 다음 중 아래의 보기에서 설명하는 워드프로세서의 편집 관련 용어로 옳은 것은?

> 문서의 내용을 설명하거나 인용한 원문의 제목을 알려주는 보충 구절을 해당 페이지 하단에 표기하는 기능

① 미주(Endnote)
② 각주(Footnote)
③ 문단(Paragraph)
④ 클립아트(Clip Art)

04 다음 중 문서의 인쇄에 대한 설명으로 옳지 않은 것은?
① 프린터의 해상도를 높게 설정하면 인쇄가 선명해진다.
② 문서의 내용을 축소하거나 500%까지 확대하여 인쇄할 수 있다.
③ 인쇄 옵션 항목에는 인쇄 범위, 인쇄 매수, 인쇄 방식 등을 지정할 수 있다.
④ 파일로 인쇄를 하면 종이에 출력한 후 PDF, XPS 등의 파일로 저장된다.

05 다음 중 글꼴 방식에 대한 설명으로 옳지 않은 것은?
① 비트맵은 점으로 이루어진 글꼴로 점이 많으면 글씨가 세밀해진다.
② 비트맵 글꼴은 확대나 축소를 해도 글씨가 매끄럽게 나타난다.
③ 벡터 글꼴은 좌표를 받아 입력하고 글씨가 커지면 용량이 커진다.
④ 벡터 글꼴은 글자를 선분의 모임으로 그린 글꼴로 플로터 등에서 사용된다.

06 다음 중 전자문서 관리 시스템에 대한 설명으로 옳지 않은 것은?
① 전자문서는 빠르고 정확한 검색이 가능하다.
② 전자문서의 효력은 수신자의 컴퓨터 파일에 기록되었을 때부터 발생한다.
③ 전자이미지관인은 문서과의 기안자가 자기의 서명을 이미지 형태로 입력하는 작업이다.
④ 전자문서에서 보존 기간이 20년 이상인 문서는 컴퓨터 파일과 장기보존이 가능한 용지에 출력한 출력물을 함께 보존한다.

07 다음에서 설명하는 것은?

> 문단의 왼쪽/오른쪽 여백, 탭의 위치, 들여쓰기/내어쓰기, 눈금 단위 등을 표시한다.

① 제목 표시줄
② 스크롤(Scroll)
③ 상태 표시줄
④ 눈금자(Ruler)

08 다음 중 공문서 항목 구분 시 넷째 항목의 항목 구분으로 사용할 수 있는 기호는?

① 가, 나, 다, …
② 가), 나), 다), …
③ ㉮, ㉯, ㉰, …
④ (가), (나), (다), …

09 다음 중 공문서의 접수, 처리에 대한 설명으로 옳지 않은 것은?

① 접수한 문서에는 접수 일시와 접수 등록 번호를 전자적으로 표시한다.
② 종이 문서인 경우에는 접수인을 찍고 접수 일시와 접수 등록 번호를 적는다.
③ 문서과에서 직접 받은 문서는 문서과에서 접수하여 처리한다.
④ 문서는 처리과에서 접수해야 한다.

10 다음 문장에 사용되는 교정기호로 묶인 것은?

〈수정 전〉
> 경계치 않는 것이 아니라 넘어질 때마다 거기에 삶의 가장 큰 존재영광이 존재한다.

〈수정 후〉
> 넘어지지 않는 것이 아니라 넘어질 때마다 일어서는 것, 거기에 삶의 가장 큰 영광이 존재한다.

① ⌐, ⌒, ⌐
② ⌒, ⌒, ⌒
③ ⋈, ⌒, ⌒
④ ⌒, ⌒, ⌐

11 다음 중 우리나라에서 적용되는 공문서 효력이 발생하는 시기로 옳은 것은?

① 공문서가 작성 완료된 시점
② 공문서가 발송된 직후
③ 공문서가 수신자에게 도달한 시점
④ 공문서가 도달하여 수신자가 내용을 알게 된 시점

12 다음 중 메일 머지(Mail Merge) 기능에 대한 설명으로 옳지 않은 것은?

① 이름이나 직책, 주소 등만 다르고 나머지 내용은 같은 편지를 쉽게 만들 수 있는 기능이다.
② 출력 방향은 파일, 프린터, 화면, 메일로 지정할 수 있다.
③ 데이터 파일은 엑셀(xlsx)이나 액세스(accdb) 파일이어야 한다.
④ 반드시 본문 파일에서 메일 머지 기능을 실행시켜야 한다.

13 다음 중 워드프로세서에서 행말 금칙 문자로만 짝지어진 것으로 옳은 것은?

① ℉ ℃ ?
② ! ☎ 〉
③ # $ ☎
④ : ℃ #

14 다음 중 머리말과 꼬리말에 대한 설명으로 옳지 않은 것은?

① 한 페이지의 맨 위와 아래에 내용이 쪽마다 고정적으로 반복되는 것을 말한다.
② 머리말과 꼬리말에는 책의 제목, 그 장의 제목, 쪽 번호 등을 넣는다.
③ 머리말과 꼬리말의 내용을 짝수쪽, 홀수쪽에 다르게 입력할 수 있다.
④ 머리말에 숫자, 문자, 그림은 입력할 수 있으나 표는 입력할 수 없다.

15 다음 중 소트(Sort)에 대한 설명으로 옳지 않은 것은?

① 오름차순은 숫자, 영문자, 한글 순으로 정렬된다.
② 작은 것부터 큰 순서대로 정렬하는 것을 오름차순 정렬이라고 한다.
③ 큰 것부터 작은 순서대로 정렬하는 것을 내림차순 정렬이라고 한다.
④ 한 번 정렬된 내용은 오름차순 혹은 내림차순으로 재배열할 수 없다.

16 다음에서 설명하는 전자출판 기술은?

- 서로 관련성 있는 문서와 문서를 연결하는 것으로 이용자의 의도된 선택에 따라 이동이 가능
- 양방향 네트워크에 통신 표준에 따라 이용자에게 다양한 정보를 제공

① 위지윅(WYSIWYG)
② OLE(Object Linking&Embedding)
③ EDI(Electronic Data Interchange)
④ 하이퍼링크(Hyperlink)

17 다음 중 공문서 관리와 관련된 설명으로 옳지 않은 것은?

① 편철은 분류가 끝난 문서를 문서철에 묶는 과정을 말한다.
② 공공기록물의 보존 기간은 영구, 준영구, 30년, 10년, 5년, 3년, 1년으로 구분한다.
③ 이관은 지정된 보존 기간에 맞춰 보존 중인 문서를 연장하여 보존하기 위해 해당 부서로 옮기는 것이다.
④ 분류는 보존 기간이 끝난 문서를 평가하여 보존, 폐기, 보류의 작업을 하는 것이다.

18 다음 중 서로 상반되는 의미의 교정부호로 짝지어지지 않은 것은?

① ∨, ⌒
② ⌣, ⬯
③ ⌐, ⌒
④ ⬯, ⌐

19 다음 중 찾기와 바꾸기에 대한 설명으로 옳지 않은 것은?

① 한글, 영문, 특수문자로 찾기와 바꾸기가 가능하다.
② 찾기는 문서의 내용에 변화를 주지 않지만 바꾸기는 문서의 내용에 변화를 줄 수 있다.
③ 찾기는 '검색'이라고도 하고 바꾸기는 '치환'이라고도 한다.
④ 바꾸기는 찾을 방향을 지정할 수 없다.

20 다음에서 설명하는 전자출판 기능은?

제한된 색상에서 조합 또는 비율을 변화하여 새로운 색을 만드는 작업. 그래픽 이미지에 효과를 넣는 방법

① 디더링(Dithering)
② 렌더링(Rendering)
③ 리터칭(Retouching)
④ 필터링(Filtering)

2과목 PC 운영체제

21. 다음 중 한글 Windows 10의 파일과 폴더에 대한 설명으로 옳지 않은 것은?

① 파일의 효율적인 관리를 위해 서로 관련 있는 파일들을 한 폴더에 저장한다.
② CON, PRN, AUX, NUL은 시스템에 예약된 단어이므로, 파일 이름과 확장자명으로 사용할 수 없다.
③ 하나의 폴더 내에는 같은 이름의 파일 이름과 확장자가 존재할 수 없다.
④ 파일과 폴더의 이름은 확장자를 포함하여 기본적으로 260자 이내로 작성하며, 공백을 포함할 수 있다.

22. 다음 중 한글 Windows 10의 바탕 화면에 있는 폴더 아이콘의 바로 가기 메뉴를 사용하여 할 수 있는 작업으로 옳지 않은 것은?

① 바탕 화면에 해당 폴더의 새로운 바로 가기 아이콘을 만들 수 있다.
② 바로 이전에 삭제한 폴더를 복원할 수 있다.
③ 공유 대상 폴더를 설정할 수 있으며, 동기화할 수 있다.
④ 해당 폴더의 속성을 수정할 수 있다.

23. 다음 중 한글 Windows 10의 Windows Media Player에 대한 설명으로 옳지 않은 것은?

① 음악, 비디오, 그림, 녹화된 VR의 라이브러리별 관리를 한다.
② xlsx, hwp, doc 등과 같은 파일 형식의 문서 파일을 열 수 있다.
③ mp3 파일을 재생할 수 있다.
④ 재생 목록에 있는 파일을 비어 있는 CD 또는 DVD로 복사할 수 있다.

24. 다음 중 한글 Windows 10의 비디오 편집 기능에 대한 설명으로 옳지 않은 것은?

① 영상 파일을 자르기 및 분할할 수 있다.
② 비디오에 배경 음악이나 해설 텍스트의 색상을 변경하여 추가할 수 있다.
③ 다양한 효과와 필터의 기능을 제공한다.
④ 저장된 이미지를 이용할 수 없고 오디오 파일을 불러오기하여 MP4 형식으로 저장한다.

25. 다음 중 한글 Windows 10에서 네트워크 연결을 위한 [이더넷 속성] 창에 관한 설명으로 옳지 않은 것은?

① 네트워크 연결에 사용할 네트워크 어댑터의 유형과 장치가 장착된 위치 등을 알 수 있다.
② 네트워크 기능의 유형에는 라우터, 게이트웨이, 리피터 등이 있다.
③ 기본 게이트웨이와 DNS 서버 주소는 2개 이상 여러 개를 설정할 수 있다.
④ 네트워크가 IP 자동 설정 기능을 지원하지 않는 경우에는 해당 IP 주소, 서브넷 마스크, 기본 게이트웨이, DNS 서버 주소를 수동으로 설정하여야 한다.

26. 한글 Windows 10에서 [시스템 이미지 만들기]에 대한 설명으로 옳지 않은 것은?

① 시스템 이미지는 파일 시스템이 NTFS인 경우에만 가능하다.
② 시스템 이미지는 현재 사용 중인 드라이브 전체를 그대로 복사하는 것이다.
③ 시스템 이미지는 개별적인 폴더나 파일을 선택하여 만들 수 없다.
④ [제어판]-[복구]의 왼쪽 창에서 '시스템 이미지 만들기'를 클릭한다.

27 다음 중 한글 Windows 10에서 선택된 파일의 이름 바꾸기를 하는 방법으로 옳은 것은?

① 내 PC나 파일 탐색기 창에서 Ctrl+H, R을 차례로 누르고, 새 이름을 입력한 후 Enter를 누른다.
② 내 PC나 파일 탐색기 창에서 [홈] 리본 메뉴의 [이름 바꾸기]를 선택하고, 새 이름을 입력한 후 Enter를 누른다.
③ F3을 누르고, 새 이름을 입력한 후 Enter를 누른다.
④ 내 PC나 파일 탐색기 창에서 [보기] 리본 메뉴의 [이름 바꾸기]를 선택하고, 새 이름을 입력한 후 Enter를 누른다.

28 다음 중 한글 Windows 10에서 [시작] 메뉴에 대한 설명으로 옳지 않은 것은?

① [시작] 메뉴의 앱 목록은 사용자가 원하는 대로 추가하거나 제거할 수 있다.
② [시작] 메뉴의 앱 목록은 작업 표시줄에 고정하거나 시작 화면에 고정할 수 있다.
③ [시작] 메뉴의 앱 목록의 크기는 마우스로 드래그 앤 드롭하여 가로, 세로의 크기를 조절할 수 있다.
④ [시작] 메뉴의 앱의 [파일 위치 열기]를 눌러 실행 파일을 열 수 있다.

29 한글 Windows 10의 [디스크 조각 모음 및 최적화]에 대한 설명으로 옳지 않은 것은?

① 네트워크 드라이브는 디스크 조각 모음을 할 수 없다.
② 디스크 조각 모음 후에는 액세스 속도가 향상된다.
③ 디스크 조각 모음을 수행하는 동안 다른 작업을 수행할 수 있다.
④ 디스크의 접근 속도 향상뿐만 아니라 디스크 용량 증가를 위하여 사용한다.

30 다음 중 한글 Windows 10에서 바로 가기 아이콘을 만드는 방법으로 옳지 않은 것은?

① 파일을 선택한 후 바로 가기 메뉴에서 [바로 가기 만들기]를 선택하여 작성
② 바로 가기 아이콘을 작성할 항목을 Ctrl+Alt를 누른 채 드래그 앤 드롭하여 작성
③ 파일을 선택하여 복사한 후 [홈] 리본 메뉴에서 [바로 가기 붙여넣기]를 선택하여 작성
④ 파일을 마우스 오른쪽 단추로 드래그 앤 드롭하여 나타나는 메뉴에서 [여기에 바로 가기 만들기]를 선택하여 작성

31 한글 Windows 10의 화면 보호기에 대한 설명으로 옳지 않은 것은?

① 화면 보호 프로그램을 설정하면 마우스나 키보드를 누르면 원래의 화면으로 되돌아온다.
② 화면 보호기에서 사진, 슬라이드 쇼 등으로 선택하여 잠금 설정을 한다.
③ 화면 보호기의 대기 시간은 초 단위로 설정한다.
④ 화면 보호기에 별도로 암호를 설정할 수 없고 [다시 시작할 때 로그온 화면 표시]를 선택하면 보호기 실행 중 컴퓨터를 시작할 때 로그온하여 실행한다.

32 다음 중 한글 Windows 10에서 사용하는 폴더의 속성 창에서 할 수 있는 작업으로 옳지 않은 것은?

① [일반] 탭에서는 해당 폴더의 위치나 크기, 디스크 할당 크기, 만든 날짜 등을 확인할 수 있다.
② [공유] 탭에서는 네트워크상에서 공유 또는 고급 공유 옵션을 설정할 수 있다.
③ [자세히] 탭에서는 해당 폴더에 대한 사용자별 사용 권한을 설정할 수 있다.
④ [사용자 지정] 탭에서는 해당 폴더에 대한 유형, 폴더 사진, 폴더 아이콘을 설정할 수 있다.

33 다음 중 한글 Windows 10에서 문제 해결 방법에 관한 설명으로 옳지 않은 것은?

① 디스크 공간이 부족할 경우에는 불필요한 응용 앱들의 실행을 종료한다.
② 메모리가 부족할 경우에는 가상 메모리를 충분히 확보할 수 있도록 휴지통, 임시 파일, 사용하지 않는 앱 등을 삭제한다.
③ 정상적인 부팅이 안 되는 경우에는 안전모드로 부팅하여 문제를 해결한 후에 Windows 기본모드로 재부팅한다.
④ 시스템 속도가 저하되는 경우에는 디스크 조각 모음 및 최적화를 실행하여 하드 디스크의 단편화를 제거한다.

34 다음 중 한글 Windows 10에서 [그림판] 앱의 사용에 관한 설명으로 옳지 않은 것은?

① 그림의 특정 영역을 선택하여 저장할 수 있다.
② 마우스 오른쪽 단추를 누르고 드래그하면 색 2(배경색)로 그림을 그릴 수 있다.
③ 멀티 레이어 기능을 이용하여 그림 요소를 구성할 수 있다.
④ 그림의 특정 영역을 사각형의 형태로 선택하여 복사할 수 있다.

35 한글 Windows 10의 [계산기] 사용법으로 옳지 않은 것은?

① 날짜 계산에는 음력을 표시할 수 있다.
② 표준은 더하기, 빼기, 곱하기, 나누기, 루트를 계산한다.
③ 공학용은 표준 계산기의 기능에 로그, 지수, 나머지 연산을 한다.
④ 프로그래머용은 2진수, 8진수, 16진수 계산법과 계산의 결과를 저장할 수 있다.

36 다음 중 한글 Windows 10에서 파일이나 폴더의 복사 또는 이동에 사용되는 클립보드에 관한 설명으로 옳지 않은 것은?

① 클립보드를 사용하면 서로 다른 응용 앱 간에 데이터를 쉽게 전달할 수 있다.
② 클립보드에 저장된 내용은 시스템을 다시 시작하더라도 일부분 재사용이 가능하다.
③ ⊞+V를 눌러 나오는 클립보드의 내용은 여러 번 사용이 가능하다.
④ 클립보드의 데이터를 지우려면 [설정]의 [개인 설정]에서 [지우기]한다.

37 한글 Windows 10에서 네트워크 구성 요소에 대한 설명으로 옳지 않은 것은?

① 네트워크에 있는 서로 다른 컴퓨터 간에 정보를 공유하려면 동일한 프로토콜을 사용하여야 한다.
② 어댑터는 컴퓨터가 네트워크에 있는 자원을 액세스할 수 있게 해주는 통신 규약이다.
③ 서비스는 내 컴퓨터에 설치된 파일, 프린터 등의 자원을 다른 컴퓨터에서 공유할 수 있도록 하는 소프트웨어이다.
④ 클라이언트는 네트워크의 다른 컴퓨터나 서버에 연결하여 파일이나 프린터 등의 공유 자원을 사용할 수 있도록 한 소프트웨어이다.

38 다음 중 한글 Windows 10의 [프로그램 및 기능] 창에서 할 수 있는 작업으로 옳지 않은 것은?

① 새로운 Windows 업데이트를 수행하거나 설치된 업데이트 내용을 제거·변경할 수 있다.
② 시스템에 설치된 프로그램의 목록을 확인하거나 제거 또는 변경할 수 있다.
③ 설치된 Windows의 기능을 켜거나 끄기를 설정할 수 있다.
④ 새로운 응용 프로그램의 설치를 할 수 있다.

39 한글 Windows 10의 [장치 관리자]에 대한 설명으로 옳지 않은 것은?

① 플러그인 앱이 실행되어 설치된 목록을 표시한다.
② 플러그인이 지원되지 않는 장치를 설치할 때에는 장치 관리자 창의 [동작]-[레거시 하드웨어 추가]를 눌러 나오는 [하드웨어 추가 마법사]를 사용한다.
③ 각 장치의 속성에서 드라이버 업데이트 작업을 할 수 있다.
④ 장치 관리자 창의 [파일] 메뉴에서 해당 디바이스 장치를 제거할 수 있다.

40 다음 중 한글 Windows 10에서 [제어판]의 [사용자 계정] 창에서 실행할 수 있는 것으로 옳지 않은 것은?

① 시작 화면에 표시할 계정 이름 변경
② 표준 계정으로 계정 유형 변경
③ 사용자 계정 컨트롤 설정 변경
④ PC의 잠금화면 설정 변경

3과목 PC 기본상식

41 다음 중 컴퓨터 시스템의 정보 보안 요건으로 옳지 않은 것은?

① 기밀성
② 무결성
③ 가용성
④ 공유성

42 다음 중 컴퓨터 바이러스의 감염 증상으로 옳지 않은 것은?

① 앱의 실행 속도가 이유 없이 늦어진다.
② 사용 가능한 메모리 공간이 줄어드는 등 시스템 성능이 저하된다.
③ 일정 시간 후에 화면 보호기가 작동된다.
④ 예측이 불가능하게 컴퓨터가 재부팅된다.

43 다음 중 4세대 컴퓨터의 특징으로 볼 수 없는 것은?

① 개인용 컴퓨터(PC)가 등장하였다.
② 다중 프로그램이 처음으로 도입되었다.
③ 가상 기억 장치가 도입되었다.
④ 기억 소자로 고밀도 집적 회로(LSI)가 사용되었다.

44 다음은 컴퓨터의 명령어 처리 상태 중 무엇에 대한 설명인가?

> 번지 부분의 주소가 간접 주소일 경우 기억 장치의 주소가 지정하는 곳으로, 유효 번지를 읽기 위해 기억 장치에 한 번 더 접근한다.

① 인출 상태(Fetch Cycle)
② 간접 상태(Indirect Cycle)
③ 실행 상태(Execute Cycle)
④ 인터럽트 상태(Interrupt Cycle)

45 다음 중 주기억 장치에 대한 설명으로 옳은 것은?

① 현재 가장 많이 사용하는 주기억 장치는 SSD(Solid State Drive)이다.
② EEPROM은 BIOS, 글꼴, POST 등이 저장된 대표적인 펌웨어(Firmware) 장치이다.
③ SDRAM은 전원이 공급되지 않아도 지워지지 않는 비휘발성 메모리이다.
④ RDRAM은 가장 속도가 빠른 기억 장치이다.

46 다음 중 공개키 암호화 기법에 대한 설명으로 옳지 않은 것은?

① 이중키 암호화 기법이라고도 한다.
② 암호화키와 복호화키가 서로 다르다.
③ 대표적인 알고리즘으로 RSA가 있다.
④ 비밀키 암호화 기법에 비해 암호화와 복호화의 속도가 빠르다.

47 다음 설명에 해당하는 컴퓨팅은?

> 인터넷상의 중앙 서버에 데이터를 저장해 두고, 인터넷 기능이 있는 모든 IT 기기를 사용하여 언제 어디서든지 정보를 이용할 수 있다는 개념으로, 컴퓨팅 자원을 필요한 만큼 빌려 쓰고 사용요금을 지불하는 방식으로 사용되는 컴퓨팅이다.

① 모바일 컴퓨팅(Mobile Computing)
② 분산 컴퓨팅(Distributed Computing)
③ 클라우드 컴퓨팅(Cloud Computing)
④ 그리드 컴퓨팅(Grid Computing)

48 다음 중 TCP/IP상에서 운용되는 응용 계층 프로토콜이 아닌 것은?

① FTP
② HTTP
③ TELNET
④ RS-232C

49 다음 중 컴퓨터에서 사용 가능한 가상 기억 장치에 관한 설명으로 옳지 않은 것은?

① 저장된 내용을 찾을 때 주소를 사용하지 않고 기억된 데이터의 내용을 이용하여 원하는 정보에 접근한다.
② 보조 기억 장치의 일부를 주기억 장치처럼 이용하여 주기억 장치의 용량이 확대된 것처럼 사용한다.
③ 페이징(Paging) 기법이나 세그멘테이션(Segmentation) 기법을 이용한다.
④ 주 프로그램은 보조 기억 장치에 저장시키고 CPU에 의해 실제로 사용할 부분만 주기억 장치에 적재시키는 방법을 이용한다.

50 MS 아웃룩(Outlook)에서 다음과 관련이 있는 전자우편의 헤더 부분은 무엇인가?

> 수신된 메일에 참조자가 표시되지 않으나, 함께 메일을 받을 참조자의 전자우편 주소

① 제목(Subject)
② 첨부(Attach)
③ 받는 사람(To)
④ 숨은 참조(Bcc)

51 다음 중 네트워크 기본 장비에서 라우터(Router)에 관한 설명으로 가장 옳은 것은?

① 가까이 있는 여러 대의 컴퓨터를 네트워크와 연결하여 각 회선을 통합적으로 관리한다.
② 네트워크의 가장 최적의 경로를 설정하여 데이터를 전송한다.
③ 구조가 다른 네트워크에 데이터를 보내거나 다른 네트워크로부터 데이터를 받아들이는 출입구 역할을 한다.
④ 거리가 증가될수록 감쇠하는 신호를 재생하거나 출력 전압을 높여 전송한다.

52 다음 중 멀티미디어 데이터의 장점에 대한 설명으로 거리가 먼 것은?

① 디지털 방식을 사용하여 한 번 정해진 값은 영구히 보존할 수 있다.
② 컴퓨터의 프로그램 기능을 이용하여 복잡한 처리가 가능하다.
③ 문자, 그림, 소리 등의 데이터는 각기 다른 독특한 방식으로 기록된다.
④ 대화 기능(Interactive)을 프로그램으로 부여할 수 있다.

53 다음 중 모바일 기기 관련 기술에 대한 설명으로 옳지 않은 것은?

① 플로팅 앱(Floating App) : 저속 전송 속도를 갖는 홈 오토메이션 및 데이터 전송을 위한 표준 기술이다.
② 증강현실 : 현실 세계에 3차원 가상 물체를 겹쳐 보여주는 기술이다.
③ 중력센서 : 스마트폰이 가로 방향인지 세로 방향인지를 인식하여 화면 방향을 보정해 주는 데 사용되는 기술이다.
④ GPS : 어느 곳에서나 스마트폰의 위치를 알려주는 인공위성을 이용한 항법 시스템이다.

54 다음에서 설명하는 용어로 옳은 것은?

> ㉮ 컴퓨터를 인간에게 좀 더 쉽고 쓸모 있게 함으로써 인간과 컴퓨터 간 상호작용을 개선하는 것을 목적으로 하여, 인간이 컴퓨터에 쉽고 편하게 다가갈 수 있도록 작동 시스템을 디자인하고 평가하는 과정을 다루는 학문이다.
> ㉯ 사용자가 눈으로 보는 현실 세계의 모습이나 실제 영상에 문자나 그래픽과 같은 가상의 3차원 정보를 실시간으로 겹쳐 보여주는 새로운 멀티미디어 기술이다.

① ㉮ CISC, ㉯ CAI
② ㉮ HCI, ㉯ AR
③ ㉮ CAL, ㉯ VCS
④ ㉮ HFC, ㉯ VR

55 다음 중 저작권 표시(CCL : Creative Commons License)와 설명이 잘못 연결된 것은?

① ⓘ : 저작자와 출처 등을 표시하면 영리 목적의 이용으로 이용할 수 있지만 저작물의 변경 및 2차적 저작물의 작성을 허락하지 않는다.
② ⊜ : 저작자와 출처 등을 표시하면 영리 목적은 이용할 수 있지만 저작물의 변경 및 2차적 저작물의 작성을 허용하지 않는다.
③ ⓞ : 저작자와 출처 등을 표시하면 자유 이용을 허락하나 2차적 저작물에는 원저작물에 적용된 라이선스와 동일한 라이선스 기준을 적용한다.
④ ⓢ : 저작자와 출처 등을 표시하면 저작물의 변경, 2차적 저작물의 작성을 포함하여 자유 이용을 허락하고 영리적 이용은 불가하다.

56 다음 중 아래의 보기에서 설명하는 그래픽 기법으로 옳은 것은?

> 점토, 찰흙 등의 점성이 있는 소재를 이용하여 인형을 만들고, 소재의 점성을 이용하여 조금씩 변형된 형태를 만들어서 촬영하는 형식의 애니메이션 기법이다.

① 로토스코핑(Rotoscoping)
② 클레이메이션(Claymation)
③ 메조틴트(Mezzotint)
④ 인터레이싱(Interlacing)

57 다음 중 인터넷의 IPv6 주소 체제에 관한 설명으로 옳지 않은 것은?

① IPv4와 호환성이 뛰어나다.
② Class A의 네트워크 부분은 IPv4의 2배인 16비트로 구성되어 있다.
③ 128비트의 주소를 사용하여 주소 부족 문제를 해결할 수 있다.
④ 인증성, 기밀성, 데이터 무결성의 지원으로 보안 문제를 해결할 수 있다.

58 다음 중 데이터 통신의 프로토콜을 정의하는 OSI 7계층에 대한 설명으로 옳지 않은 것은?

① 물리 계층 : 네트워크의 물리적 특징 정의
② 네트워크 계층 : 데이터 교환 기능 정의 및 제공
③ 세션 계층 : 데이터 표현 형식 표준화
④ 응용 계층 : 응용 프로그램과의 통신 제어 및 실행

59 다음 중 개인정보에 대한 설명으로 옳은 것은?

① 개인정보는 성명, 주소 등과 같이 살아 있는 개인을 식별할 수 있는 정보이다.
② 개인에 대한 다른 사람의 평가, 견해 등과 같은 간접적인 정보는 개인정보에 포함되지 않는다.
③ 개인정보 자기결정권은 자신의 개인정보 보호를 위하여 정보주체가 지켜야 할 권리이다.
④ 프라이버시권은 자신에 관한 정보가 언제 누구에게 어느 범위까지 알려지고 이용되도록 할지를 스스로 결정하는 권리이다.

60 다음 중 정보 통신 기술(ICT)에 대한 설명으로 옳지 않은 것은?

① 증강현실(Augmented Reality) : 현실 세계의 배경에 3D의 가상 이미지를 중첩하여 영상으로 보여 주는 기술이다.
② RFID(Radio Frequency IDentification) : 전자태그가 부착된 IC칩과 무선 통신 기술을 이용하여 다양한 개체들의 정보를 관리할 수 있는 센서 기술이다.
③ 매시업(Mashup) : 웹상에서 제공되는 다양한 콘텐츠와 서비스를 혼합하여 새로운 서비스를 개발하는 기술이다.
④ 텔레메틱스(Telematics) : 유선 전화망, 무선망, 패킷데이터 망 등과 같은 기존의 통신망을 하나의 IP 기반 망으로 통합하여 각종 데이터를 전송하는 기술이다.

해설과 따로 보는 2024년 상시 기출문제 05회

SELF CHECK | 제한시간 60분 | 소요시간 　　분 | 전체 문항 수 60문항 | 맞힌 문항 수 　　문항

1과목 워드프로세싱 용어 및 기능

01 다음 중 워드프로세서의 특징으로 옳지 않은 것은?
① 워드프로세서로 작성된 문서는 편지 보내기, 웹 브라우저로 보내기, 웹 서버로 올리기 등으로 다른 응용 프로그램에서 공유할 수 있다.
② 워드프로세서는 암호를 설정하여 보안을 설정할 수 있고 암호를 모를 경우 찾기하여 변경한 후 불러올 수 있다.
③ 다양한 형태의 문서를 빠르게 작성하여 시간과 노력을 줄일 수 있다.
④ 문서 작성 및 편집, 인쇄가 가능하여 전자출판에 이용된다.

02 다음 중 워드프로세서의 화면 표시 기능에 대한 설명으로 옳지 않은 것은?
① 문서를 작성할 때 스크롤 바를 이용하여 화면을 상, 하, 좌, 우로 이동할 수 있다.
② 편집 과정에서 생긴 공백이나 문단 등은 조판 부호를 표시하여 확인할 수 있다.
③ 편집한 문서는 인쇄하기 전에 미리 보기를 통해 화면에서 미리 출력해 볼 수 있다.
④ 화면을 확대하면 인쇄물 결과에도 영향을 준다.

03 다음 중 공문서의 표기 방법으로 옳지 않은 것은?
① 표 서식의 중간에 끝났을 경우 '끝' 표시를 하지 않고 다음 행의 첫 칸에 '이하 빈칸'을 입력한다.
② 본문의 내용이 오른쪽 한계선에 닿았을 때 본문 다음 줄의 왼쪽 기본선에서 한 글자 띄우고 '끝'을 표시한다.
③ 공문서의 항목은 1., 가., 1), 가), (1), (가), ①, ㉮ 항목 순으로 구분하여 표기한다.
④ 금액을 표기할 때에는 변조를 막기 위해 금 356,000원(금삼십오만육천원)으로 표기한다.

04 다음 중 맞춤법 검사에 대한 설명으로 옳지 않은 것은?
① 내장된 사전을 서로 비교하여 틀린 단어를 찾아주는 기능이다.
② 맞춤법, 표준말, 대/소문자 검사 등을 검사한다.
③ 표나 화학식이나 수식의 오류도 검사할 수 있다.
④ 사전에 없는 단어를 추가할 수 있다.

05 다음 중 문서 작성에 대한 설명으로 옳지 않은 것은?
① 제목은 제목만 보고도 쉽게 문서의 성격과 내용을 알 수 있도록 작성한다.
② 특별한 경우를 제외하고 공문서는 한글 맞춤법에 따라 세로로 작성한다.
③ 목적이 있는 사외문서라 하더라도 인사말부터 시작하는 것이 기본적인 예의이다.
④ 숫자 표기는 특별한 사유가 있는 경우는 제외하고 아라비아 숫자로 한다.

06 다음 중 금칙 처리에 대해 가장 잘 설명한 것은?
① 문서의 처음이나 마지막에 올 수 없는 문자나 기호를 의미한다.
② 미리 입력된 문자열을 표로 전환하는 기능이다.
③ 임의의 문자와 연결되어 있어 새로운 문서를 참조하는 방식이다.
④ 현재 문단의 왼쪽과 오른쪽 여백을 지정하는 기능이다.

07 다음 중 교정부호의 사용법에 대한 설명으로 옳지 않은 것은?
① 정해진 부호를 사용해야 한다.
② 교정할 부호가 겹치지 않도록 하되, 부득이 겹칠 경우 각도를 비슷하게 표시한다.
③ 교정기호나 글자는 명확하고 간략하게 표시한다.
④ 표기하는 색깔은 원고와 색이 다르면서 눈에 잘 띄는 색으로 한다.

08 다음에서 전자출판 용어가 올바르게 연결된 것은?

① 초크(Choke) : 문자 위에 겹쳐서 문자를 중복 인쇄하는 작업
② 커닝(Kerning) : 글자와 글자 사이의 간격을 미세하게 조정하는 작업
③ 모핑(Morphing) : 기존의 이미지를 다른 형태로 새롭게 변형
④ 리터칭(Retouching) : 제한된 색상에서 비율을 변화하여 새로운 색을 만드는 작업

09 다음에서 설명하는 문서정리법은?

- 같은 내용의 문서를 한 곳에 모아 정리
- 무한하게 확장 가능
- 분류하는 것이 어려움
- 듀이(John Dewey)의 10진 분류법을 이용하면 편리

① 지역별 분류법
② 주제별 분류법
③ 명칭별 분류법
④ 번호식 분류법

10 다음 중 워드프로세서의 용어에 대한 설명으로 옳지 않은 것은?

① 래그드(Ragged) : 문서의 오른쪽 끝이 정렬되지 않은 상태이다.
② 마진(Margin) : 문서의 균형을 위해 비워두는 페이지의 상, 하, 좌, 우 공백을 말한다.
③ 센터링(Centering) : 문서의 중심을 비우고 문서의 내용을 정렬하는 기능이다.
④ 캡션(Caption) : 문서에 포함된 표나 그림에 붙이는 제목 또는 설명이다.

11 다음 중 워드프로세서에서 찾기 기능에 대한 설명으로 옳은 것은?

① 찾기 기능은 대문자와 소문자를 구분하여 내용을 찾을 수 없다.
② 찾기 기능을 이용하여 찾을 때 언제나 현재 커서의 아래쪽으로만 내용을 찾을 수 있다.
③ 찾기 기능에서 띄어쓰기를 무시하고 내용을 찾을 수 없다.
④ 찾을 내용과 글꼴을 이용하여 찾기 기능을 수행할 수 있다.

12 다음 중 공문서에 대한 용어의 설명이 옳지 않은 것은?

① 관인이란 행정기관이 발신하는 인증이 필요한 문서에 찍는 도장을 의미한다.
② 결재란 기관의 의사를 결정할 권한을 가진 자가 직접 그 의사를 결정하는 행위를 말한다.
③ 간인은 발송된 문서를 수신 기관의 처리과에서 받아 관련 부서로 보내기 위한 작업을 의미한다.
④ 발신이란 시행문을 시행 대상 기관에 보내는 작업을 의미한다.

13 다음 중 워드프로세서의 용어에 대한 설명으로 옳은 것은?

① 개행(Turnover)은 새 문단이 시작될 때만 하나, 새로운 행(New Line)은 한 문단이나 문장의 중간에서도 할 수 있다.
② OLE 기능은 다른 응용 앱에서 작성한 그림이나 표 등을 연결하거나 삽입하여 사용할 수 있게 하는 기능이다.
③ 매크로(Macro)는 자주 쓰이는 문자열을 따로 등록해 놓았다가 준말을 입력하면 본말 전체가 입력되도록 하는 기능이다.
④ 문자 피치(Pitch)는 1인치당 인쇄되는 문자 수를 말하며, 피치 수가 증가할수록 문자들은 커진다.

14 다음 중 전자문서에 대한 설명으로 옳지 않은 것은?
① 전자문서인 경우에 전자적 방법으로 쪽번호 또는 발급번호를 표시할 수 있다.
② 각급 행정기관에서는 전자문서에 사용하기 위하여 전자이미지관인을 가진다.
③ 대체적으로 전자문서인 경우에는 처리과의 기안자나 문서의 수신·발신업무를 담당하는 사람이 전자이미지관인을 찍는다.
④ 모든 전자문서는 개인 문서함에 보관하면 안 되고 공통 문서함에 보관하여 누구나 열람할 수 있게 한다.

15 공문서의 결재에서 결재권자가 휴가, 출장 기타의 사유로 결재할 수 없는 때에는 그 직무를 대리하는 자가 대결할 수 있으나 그 내용이 중요한 문서에 대하여는 결재권자에게 후에 어떻게 조처하여야 하는가?
① 사후에 보고한다.
② 사후에 반드시 결재를 받는다.
③ 정규 결재 과정을 다시 거친다.
④ 내부 결재 과정을 거친 후 시행한다.

16 다음 중 워드프로세서의 기능에 대한 설명으로 옳지 않은 것은?
① 개체(Object)란 문서에 삽입하는 그림, 동영상, 차트, 소리 등을 말한다.
② 하이퍼미디어는 문서의 특정 단어 혹은 그림을 다른 곳의 내용과 연결시켜 주는 기능이다.
③ 매크로 기능을 이용하면 본문 파일의 내용은 같게 하고 수신인, 주소 등을 달리한 데이터 파일을 연결하여 여러 사람에게 보낼 초대장 등을 출력할 수 있다.
④ 스타일 기능은 몇 가지의 표준적인 서식을 설정해 놓고 공통으로 사용되는 문단에 적용시킬 수 있는 기능이다.

17 다음 중 한글 워드프로세서의 매크로 기능에 대한 설명으로 옳지 않은 것은?
① 일련의 작업 순서 내용을 특정키로 설정하고 필요할 때 한 번에 재생해 주는 기능이다.
② 키보드 매크로는 마우스 동작을 포함하는 사용자 동작을 기억할 수 있다.
③ 작성된 매크로는 편집이 가능하다.
④ 작성된 매크로는 별도의 파일에 저장이 가능하다.

18 다음 문장에서 커서가 '내' 글자에 있을 때 더블클릭한 후의 결과로 옳은 것은?

> 내가 그의 이름을 불러주기 전에는
> 그는 다만 하나의 몸짓에 지나지 않았다.

① 커서 위치의 단어를 범위 지정
② 한 줄 전체 범위 지정
③ 모든 문장 범위 지정
④ 변화 없음

19 다음 중 교정부호의 설명으로 옳지 않은 것은?
① ⌒ : 줄 바꾸기
② ⌒ : 끌어 올리기
③ ⌐ : 들여쓰기
④ ⌒ : 줄 잇기

20 다음 중 이동과 복사에 대한 설명으로 옳지 않은 것은?
① 복사를 위해 영역 지정을 하지만 잘라내기(오려두기)는 영역 지정이 필요 없다.
② 복사와 이동은 모두 붙여넣기 기능을 이용한다.
③ 이동과 복사를 위해 클립보드라는 임시 저장 장소를 사용한다.
④ 복사는 문서의 분량을 변화시킬 수 있고 이동은 문서의 분량이 그대로이다.

2과목 PC 운영체제

21. 다음 중 한글 Windows 10에서 바로 가기 아이콘에 대한 설명으로 옳지 않은 것은?

① 바로 가기 아이콘은 하나의 응용 앱 아이콘에 대해 한 개만 만들 수 있다.
② 바로 가기 아이콘에는 왼쪽 아래에 꺾인 화살표가 표시된다.
③ 바로 가기 아이콘은 앱을 빠르게 실행하기 위해 만들어 사용하는 것이다.
④ 폴더, 프린터, 디스크 드라이브 등에 대해 바로 가기 아이콘을 만들 수 있다.

22. 다음 중 한글 Windows 10에서 파일 탐색기 창의 구성 요소에 관한 설명으로 옳지 않은 것은?

① '즐겨찾기'는 자주 사용하는 개체를 등록하여 해당 개체로 빠르게 이동하기 위하여 사용하는 기능이다.
② '라이브러리'는 컴퓨터의 여러 장소에 저장된 자료를 한 곳에 보고 정리할 수 있는 가상폴더이다.
③ [*]을 누르면 현재 폴더가 모두 축소되어 표시된다.
④ [Back Space]를 누르면 현재 폴더의 상위 폴더로 이동한다.

23. 다음 중 한글 Windows 10에서 [기본 프로그램]에 대한 설명으로 옳지 않은 것은?

① Windows에서 기본적으로 사용할 프로그램을 선택한다.
② 네트워크 연결 및 방화벽을 열 때 사용할 기본 프로그램을 설정한다.
③ 오디오 CD를 넣으면 Windows Media Player가 자동으로 재생되도록 설정할 수 있다.
④ 웹 브라우저나 전자 메일 작업 등에 사용할 기본 프로그램을 선택한다.

24. 다음 중 한글 Windows 10의 [작업 표시줄] 창에서 설정할 수 있는 항목이 아닌 것은?

① 데스크톱 모드에서 작업 표시줄 자동 숨기기
② 작은 작업 표시줄 단추 사용
③ 작업 표시줄의 위치 설정
④ 작업 표시줄의 크기 지정

25. 다음 중 한글 Windows 10에서 시작 메뉴 옆에 있는 [찾기] 상자의 사용 방법에 대한 설명으로 옳지 않은 것은?

① 컴퓨터 전체를 검색 대상으로 한다.
② 앱, 문서, 웹을 대상으로 검색할 수 있다.
③ 검색 결과는 범주별로 그룹화되어 표시된다.
④ 수정한 날짜나 크기 등의 속성을 이용한 검색 필터를 사용할 수 있다.

26. 다음 중 한글 Windows 10에서 프린터 설치에 대한 설명으로 옳지 않은 것은?

① 10대 이상의 프린터도 설치할 수 있으며 기본 프린터는 하나의 프린터에 대해서만 설정할 수 있다.
② 공유된 프린터를 네트워크 프린터로 설정하여 설치할 수 있다.
③ 공유된 프린터는 기본 프린터로 설정할 수 없다.
④ LAN 카드가 설치되어 IP 주소가 부여된 프린터를 로컬 프린터로 설치할 수 있다.

27. 다음 중 한글 [Windows 관리 도구] 프로그램에 대한 설명으로 옳지 않은 것은?

① [시스템 정보]를 수행하면 DMA, IRQ, I/O 주소 및 메모리 주소를 확인할 수 있다.
② [디스크 조각 모음 및 최적화]를 수행하면 디스크 공간의 최적화를 이루어 접근 속도가 향상된다.
③ [디스크 검사]를 수행하면 불필요한 파일을 검색하여 삭제한다.
④ [성능 모니터]는 성능 데이터를 실시간으로 수집하여 결과를 분석하고 보고서를 작성한다.

28 다음 중 한글 Windows 10에서 네트워크에 이상이 있어 발생하는 문제라고 볼 수 없는 것은?

① 네트워크를 통해 다른 컴퓨터와 연결되지 않는 경우
② 네트워크에 로그온할 수 없는 경우
③ 다른 컴퓨터에 연결된 프린터를 공유할 수 없는 경우
④ 현재 실행 중인 이미지 뷰어 앱이 응답하지 않는 경우

29 다음 중 한글 Windows 10에서 [휴지통]의 속성 창에서 할 수 있는 작업으로 옳지 않은 것은?

① 휴지통의 크기를 하드 디스크 드라이브마다 MB 단위로 지정할 수 있다.
② 휴지통의 실제 파일이 저장된 폴더 위치를 지정하여 복원할 수 있다.
③ 파일이나 폴더가 삭제될 때 휴지통에 버리지 않고 바로 제거되도록 설정할 수 있다.
④ 파일이나 폴더가 삭제될 때마다 삭제 확인 대화 상자 표시를 하도록 설정할 수 있다.

30 다음 중 한글 Windows 10에서 앱이 응답하지 않을 경우에 문제 해결 방법으로 가장 옳은 것은?

① 사용자의 컴퓨터를 보호하기 위해 Windows 방화벽을 설정한다.
② [장치 관리자] 창에서 중복 설치된 경우 해당 장치를 제거한다.
③ [작업 관리자] 대화상자의 [프로세스] 탭에서 응답하지 않는 앱의 작업을 끝내기한다.
④ [시스템 파일 검사기]를 이용하여 손상된 파일을 찾아 복구한다.

31 다음 중 한글 Windows 10의 보조프로그램에서 [캡처 도구]에 관한 설명으로 옳지 않은 것은?

① 캡처한 화면을 HTML, PNG, GIF, JPG 파일로 저장하거나 캡처한 글자를 편집할 수 있다.
② 화면 캡처 유형은 자유형, 사각형, 창, 전체 화면 캡처 등이 있다.
③ 캡처된 화면은 클립보드에 복사하여 다른 문서에서 붙여넣기로 사용할 수 있다.
④ 캡처된 화면에서 형광펜이나 지우개 도구로 수정할 수 있다.

32 다음 중 한글 Windows 10의 특징에서 플러그 앤 플레이(Plug&Play) 기능에 관한 설명으로 옳지 않은 것은?

① 컴퓨터에 새로운 하드웨어를 설치할 때 해당 하드웨어를 사용하는 데 필요한 시스템 환경을 자동으로 구성해 주는 기능이다.
② 기존 컴퓨터 시스템과 충돌을 방지하는 기능을 수행한다.
③ 하드웨어와 소프트웨어가 PnP 기능을 지원해야 수행한다.
④ 컴퓨터 시스템이 오류가 발생했을 때 자동으로 복구하는 기능을 수행할 수 있다.

33 다음 중 한글 Windows 10에서 압축 프로그램에 대한 설명으로 옳지 않은 것은?

① 압축은 텍스트뿐만 아니라 음악, 사진, 동영상 파일 등도 압축할 수 있다.
② 압축할 때 암호를 지정하거나 분할 압축을 할 수 있다.
③ 종류에는 WinZip, WinRAR, PKZIP 등이 있다.
④ 암호화된 압축 파일을 전송할 경우에 시간 및 비용의 증가 효과를 얻을 수 있다.

34 다음 중 한글 Windows 10에서 파일을 압축하고 복원하기 위해 사용하는 유틸리티 앱으로만 짝지은 것은?

① 알FTP, CuteFTP, 파일질라
② 포토뷰어, 알씨, ACADSee
③ 알집, 윈라(WinRAR), PKZIP
④ V3, 알약, 바이로봇

35 다음 중 한글 Windows 10의 파일 탐색기 창에서 파일이나 폴더를 선택하는 방법으로 옳지 않은 것은?

① 비연속적인 파일이나 폴더를 선택하고자 할 때에는 Ctrl과 함께 클릭한다.
② 연속적인 파일이나 폴더를 선택하고자 할 때에는 Shift와 함께 클릭한다.
③ 여러 개의 파일을 한꺼번에 선택할 경우에는 마우스를 사용하여 사각형 모양으로 드래그한다.
④ 모든 파일과 하위 폴더를 한꺼번에 선택하려면 Alt+A를 사용한다.

36 다음 중 한글 Windows 10에서 인터넷 사용을 위한 TCP/IPv4의 설정에 대한 설명으로 옳지 않은 것은?

① IP 주소는 인터넷에 연결된 호스트 컴퓨터의 유일한 주소로, 네트워크 주소와 호스트 주소로 구성되어 있다.
② 서브넷 마스크는 사용자가 속한 네트워크로 IP 주소의 네트워크 주소와 호스트 주소를 구별하기 위하여 IP 수신인에게 허용하는 16비트 주소이다.
③ 게이트웨이는 다른 네트워크와의 데이터 교환을 위한 출입구 역할을 하는 장치이다.
④ DNS 서버 주소는 문자 형태로 된 도메인 네임을 숫자 형태로 된 IP 주소로 변환해 주는 서버의 IP 주소를 지정한다.

37 다음 중 한글 Windows 10에서 네트워크상에 있는 다른 컴퓨터에 연결되어 있는 프린터를 공유하고자 할 때 작업 순서로 옳은 것은?

> ㉠ 프린터 이름 입력
> ㉡ [네트워크, 무선 또는 Bluetooth 프린터 추가] 선택
> ㉢ [장치 및 프린터] 창에서 [프린터 추가] 클릭
> ㉣ 프린터 선택

① ㉠ → ㉡ → ㉢ → ㉣
② ㉡ → ㉠ → ㉣ → ㉢
③ ㉢ → ㉡ → ㉣ → ㉠
④ ㉣ → ㉠ → ㉡ → ㉢

38 다음 중 한글 Windows 10에서 특정 앱을 제거하려고 할 때 옳은 것은?

① 시작 메뉴의 해당 앱 그룹에서 [Install] 메뉴를 선택한다.
② 해당 앱의 단축 아이콘을 삭제한다.
③ [제어판]의 [프로그램 및 기능]을 이용하여 삭제한다.
④ 해당 앱이 있는 폴더를 모두 삭제한다.

39 한글 Windows 10의 [네트워크 및 공유 센터]에 대한 설명으로 옳지 않은 것은?

① 네트워크 드라이브 연결할 드라이브를 A에서 Z 드라이브 중에서 선택할 수 있다.
② 파일 및 프린터 공유 켜기로 공유 폴더를 사용한다.
③ 어댑터의 설정을 사용 안 함, 상태, 바로 가기 만들기 등으로 변경한다.
④ 미디어 스트리밍 켜기로 사용할 장치를 켤 수 있다.

40 다음 중 한글 Windows 10의 [컴퓨터 관리]에 대한 설명으로 옳지 않은 것은?

① [작업 스케줄러]를 사용하여 지정한 시간에 컴퓨터에 자동으로 수행되는 작업을 만들고 관리한다.
② [이벤트 뷰어]는 컴퓨터에서 발생한 이벤트를 표시한다.
③ [공유 폴더]에서 공유된 폴더의 이름을 확인하고 공유를 설정한다.
④ [성능 모니터]를 사용하여 성능 데이터를 실시간으로 확인한다.

3과목 PC 기본상식

41 다음 중 PC의 바이오스(BIOS)에 대한 설명으로 옳지 않은 것은?

① 바이오스는 컴퓨터의 입출력 장치나 메모리 등 하드웨어를 관리하는 프로그램이다.
② 컴퓨터에 연결된 주변 장치를 관리하는 인터럽트(Interrupt) 처리 부분이 있다.
③ 바이오스 프로그램은 메인보드의 RAM에 저장되어 있다.
④ PC의 전원을 켜면 먼저 바이오스 프로그램이 작동하여 시스템을 초기화시킨다.

42 다음 중 인터넷에서 사용하는 프로토콜(Protocol)에 관한 설명으로 옳지 않은 것은?

① 통신망에 흐르는 패킷 수를 조절하는 흐름 제어 기능이 있다.
② 송수신기가 같은 상태를 유지하도록 동기화 기능을 수행한다.
③ 데이터 전송 도중에 발생할 수 있는 오류를 검출하고 수정할 수 있다.
④ 구문, 의미, 순서의 세 가지 기본 요소로 구성된다.

43 다음 중 컴퓨터의 내부 인터럽트에 해당하는 것은?

① 명령 처리 중 오버플로(Overflow)가 발생한 경우
② 컴퓨터의 전원 공급이 끊어졌을 경우
③ 특정 장치에 할당된 작업 시간이 끝났을 경우
④ 입·출력 장치가 데이터 전송을 요구하거나 전송이 끝났음을 알릴 경우

44 다음 중 컴퓨터의 CPU에 있는 레지스터(Register)에 관한 설명으로 옳지 않은 것은?

① CPU 내부에서 처리할 명령이나 연산의 중간 값을 일시적으로 기억한다.
② 메모리 중에서 가장 속도가 빠르다.
③ 플립플롭(Flip-Flop)이나 래치(Latch)들을 연결하여 구성된다.
④ 운영체제의 실행 정보를 기억하고 관리한다.

45 다음과 가장 관련 있는 메모리는 무엇인가?

- 주기억 장치에 저장된 정보에 접근할 때 주소 대신 기억된 정보를 이용하여 접근하는 장치이다.
- 주소를 이용할 때 보다 속도가 빠르다.
- 주로 속도 증가를 목적으로 사용된다.

① 가상 메모리
② 버퍼 메모리
③ 연상 메모리
④ 플래시 메모리

46 다음에서 설명하는 신기술은 무엇인가?

- 현실 세계의 배경에 3D의 가상 이미지를 중첩하여 영상으로 보여주는 기술이다.
- 스마트폰 카메라로 주변을 비추면 인근에 있는 상점의 위치, 전화번호 등의 정보가 입체영상으로 표시된다.

① SSO(Single Sign On)
② 증강현실(Augmented Reality)
③ RSS(Rich Site Summary)
④ 가상현실(Virtual Reality)

47 다음 중 인터넷 표준 그래픽 형식으로 8비트 컬러를 사용하여 256가지로 색의 표현이 제한되지만, 애니메이션도 표현할 수 있는 그래픽 파일 형식은?

① TIF
② PNG
③ GIF
④ JPG

48 다음 중 하드 디스크의 구조에서 모든 디스크 면에 걸친 같은 트랙을 의미하는 용어는?

① 섹터(Sector)
② 클러스터(Cluster)
③ 실린더(Cylinder)
④ 폴더(Folder)

49 다음 중 전자우편 프로토콜에 대한 설명으로 옳지 않은 것은?

① SMTP : 전자우편의 송신을 담당, TCP/IP 호스트의 우편함에 ASCII 문자메시지 전송
② POP3 : 전자우편의 수신을 담당, 제목과 내용을 한 번에 다운받음
③ IMAP : 전자우편의 수신을 담당, 제목과 송신자를 보고 메일을 다운로드할 것인지를 결정
④ MIME : 텍스트 메일만의 수신을 담당, 일반 문자열을 기호화하는 데 사용

50 다음 중 컴퓨터 CPU에 있는 연산 장치의 레지스터에 대한 설명으로 옳은 것은?

① 누산기 : 2개 이상의 수를 입력하여 이들의 합을 출력하는 논리 회로 또는 장치
② 가산기 : 산술 연산 및 논리 연산의 결과를 일시적으로 기억하는 레지스터
③ 데이터 레지스터 : 연산에 사용할 데이터를 일시적으로 기억하는 레지스터
④ 상태 레지스터 : 색인 주소 지정에 사용되는 레지스터

51 다음 중 컴퓨터에서 부동 소수점과 비교하여 고정 소수점 데이터 표현 방법에 관한 설명으로 옳지 않은 것은?

① 연산 속도가 빠르다.
② 부호와 절대치 방식, 부호와 1의 보수 방식, 부호와 2의 보수 방식이 있다.
③ 아주 큰 수나 작은 수를 표현할 수 있다.
④ 정수 표현 형식으로 구조가 단순하다.

52 다음에서 설명하는 인터넷 프로그래밍 언어로 옳은 것은?

- HTML의 단점을 보완하고, SGML의 복잡한 단점을 개선한 언어
- 사용자가 새로운 태그와 속성을 정의할 수 있는 확장성을 가짐
- 유니코드를 사용하므로 전 세계의 모든 문자를 처리

① XML
② ASP
③ JSP
④ VRML

53 다음의 기능을 수행하는 OSI 7계층은?

- 송수신 측 간에 관련성을 유지하고 대화를 설정하고 제어한다.
- 대화의 구성 및 동기를 제공한다.
- 데이터 교환 관리 기능을 수행한다.

① 응용 계층
② 표현 계층
③ 세션 계층
④ 전송 계층

54 다음 중 개인정보의 유형과 종류가 올바르게 연결된 것은?

① 일반적 정보 : 얼굴, 지문, 홍채
② 신체적 정보 : 건강상태, 진료기록, 장애등급
③ 정신적 정보 : 학력, 성적, 상벌기록
④ 사회적 정보 : 종교, 소득내역, 소비성향

55 다음 중 근거리 통신망(LAN)에 대한 설명으로 옳지 않은 것은?

① 분산 처리와 실시간 처리가 가능한 고속 통신이다.
② 연결 방식으로는 스타형, 버스형, 링형, 망형, 트리형이 있다.
③ 유선 케이블, 적외선 링크, 소형 무선 송수신기 등을 이용하여 통신한다.
④ 회사와 상대적으로 먼 거리의 도시나 국가의 컴퓨터를 연결하여 자원을 공유한다.

56 다음 중 컴퓨터에서 사용하는 캐시 메모리에 관한 설명으로 옳은 것은?

① CPU와 주기억 장치의 처리 속도를 향상시키기 위하여 사용한다.
② 보조 기억 장치를 주기억 장치처럼 사용할 수 있는 기능을 제공한다.
③ 주기억 장치를 접근할 때 주소 대신 기억된 내용으로 접근하는 기능을 제공한다.
④ EEROM의 일종으로 중요한 정보를 반영구적으로 저장할 수 있다.

57 다음 중 메모리가 정상적으로 인식되지 않은 경우, 그 해결책으로 옳지 않은 것은?

① CMOS 셋업에서 캐시 항목이 Enable로 설정되어 있는지 확인한다.
② CMOS 셋업에서 RAM의 속도를 임의로 변경하지 않았는지 확인한다.
③ 메인보드에서 지원하는 RAM을 사용했는지 확인한다.
④ RAM 소켓에 RAM이 올바르게 꽂혀있는지 확인한다.

58 다음 보기에서 설명하는 해킹 방법으로 옳은 것은?

> 트러스트 관계가 맺어져 있는 서버와 클라이언트를 확인한 후 클라이언트에 DoS 공격을 하여 연결을 끊은 다음, 공격자가 클라이언트의 IP 주소를 확보하여 서버에 실제 클라이언트처럼 패스워드 없이 접근하는 방법이다.

① 스푸핑(Spoofing)
② 스니핑(Sniffing)
③ 세션 하이재킹(Session Hijacking)
④ 크래킹(Cracking)

59 다음 중 모바일 기기의 기능에서 테더링(Tethering)에 관한 설명으로 옳은 것은?

① 기기에 내장된 카메라를 이용해 실제 사물이나 환경에 부가 정보를 표시하는 기술이다.
② 인터넷에 연결된 기기를 활용해 다른 기기에서 인터넷 접속을 가능하도록 하는 기술이다.
③ 인공위성 위치정보 신호를 수신하는 기술이다.
④ 근거리에서 데이터의 무선 통신을 가능하도록 해주는 기술이다.

60 다음에서 설명하는 용어로 옳은 것은?

> 고성능 무선 통신을 가능하게 하는 무선랜 기술로 유선을 사용하지 않고 전파나 빛 등을 이용하여 네트워크를 구축하는 방식

① WiFi
② RFID
③ I-PIN
④ Mirroring

① 모바일로 QR 코드를 스캔합니다.
② 해당 회차의 정답표를 확인합니다.
③ 빠르고 간편하게 채점해 보세요.

2025년 상시 기출문제 01회

정답 332p

자동 채점 서비스

합격 강의

SELF CHECK 제한시간 60분 | 소요시간   분 | 전체 문항 수 60문항 | 맞힌 문항 수   문항

1과목 워드프로세싱 용어 및 기능

01 다음 중 워드프로세서의 특징으로 옳지 않은 것은?
① 워드프로세서는 텍스트의 입력, 편집, 저장, 인쇄를 지원하는 프로그램이다.
② 워드프로세서는 복잡한 수학적 계산을 처리할 수 있는 기능을 제공한다.
③ 워드프로세서는 글꼴, 색상, 스타일 등을 자유롭게 조정할 수 있는 기능을 제공한다.
④ 워드프로세서는 표 작성, 그림 삽입, 페이지 설정 등 다양한 기능을 제공한다.

02 다음 중 문서 편집 과정에서 치환(Replace) 기능에 대한 설명으로 옳은 것은?
① 문서에서 특정 단어나 문장을 찾아 제거하는 기능이다.
② 문서에서 특정 단어나 문장을 찾아 다른 내용으로 변경하는 기능이다.
③ 문서 내의 모든 단어를 자동으로 정렬하는 기능이다.
④ 동일한 단어나 문장이 반복되지 않도록 자동 수정하는 기능이다.

03 다음 중 문서관리를 위하여 처리 단계별로 문서를 분류하는 경우에 각 문서에 관한 설명으로 옳지 않은 것은?
① 접수문서 : 외부로부터 접수된 문서
② 공람문서 : 배포문서 중 여러 사람이 돌려보는 문서
③ 보존문서 : 일처리가 끝난 완결문서로 해당연도 말까지 보관하는 문서
④ 배포문서 : 접수문서를 문서과가 배포 절차에 의해 처리과로 배포하는 문서

04 다음 중 파일링 시스템의 기본 원칙으로 옳지 않은 것은?
① 시간과 공간의 극대화
② 문서 검색의 용이성 및 신속한 출납
③ 명확한 분류를 위한 파일링 방법의 표준화
④ 문서의 소재 명시 및 보존의 확실성

05 다음 중 전자출판에서 사용되는 모핑(Morphing)에 대한 설명으로 옳은 것은?
① 두 개의 이미지를 점진적으로 변형하여 하나의 이미지에서 다른 이미지로 자연스럽게 변환하는 기술
② 제한된 색상에서 조합하여 새로운 색으로 만드는 작업
③ 기존의 이미지를 다른 형태로 새롭게 변형이나 수정하는 작업
④ 문자 위에 겹쳐서 문자를 중복하여 인쇄하는 기능

06 다음 중 공문서에서 표가 중간까지만 작성되어 내용이 없을 때 표기하는 방법은?
① 나머지 셀을 비워두고 그대로 제출한다.
② 빈 공간을 남기지 않기 위해 기존 내용을 조정하여 꽉 채운다.
③ 마지막 자의 다음 칸에 '이하 빈칸'을 표시한다.
④ 다음 표를 추가하여 내용을 마무리한다.

07 다음 중 전자문서의 관리에 대한 설명으로 옳지 않은 것은?

① 전자문서의 결재권자는 전자문서를 열람한 후 전자문서의 서명란에 서명한다.
② 행정기관의 전자이미지관인은 문서과의 기안자가 찍어야 한다.
③ 전자결재시스템을 사용하면 표준 서식으로 정해진 문서만 사용할 수 있다.
④ 전자문서의 효력은 수신자의 컴퓨터에 파일로 등록된 때부터 발생한다.

08 다음 중 유니코드(Unicode)에 대한 설명으로 옳지 않은 것은?

① 유니코드는 전 세계의 문자를 통일된 방식으로 표현하기 위한 문자 인코딩 방식이다.
② 유니코드를 사용하면 다국어 문서를 하나의 문자 집합으로 표현할 수 있다.
③ 유니코드에서 영문은 1바이트, 한글은 2바이트로 표현한다.
④ UTF-8, UTF-16, UTF-32는 유니코드의 대표적인 인코딩 방식이다.

09 다음 한자 입력 방법 중 한자의 음을 모를 때 입력하는 방법으로 옳은 것은?

① 단어 단위 변환 방법
② 문장 자동 변환 방법
③ 부수 입력 방법
④ 음절 단위 변환 방법

10 다음 중 워드프로세서의 용어에 대한 설명으로 옳지 않은 것은?

① 상용구(Glossary) : 자주 사용하는 문자열을 미리 약어로 등록하였다가 필요시 불러다 입력하는 기능
② 매크로(Macro) : 일련의 작업 순서를 등록시켜 놓았다가 필요한 때에 한 번에 실행시키는 기능
③ 영문 균등(Justification) : 문서 작성 시 영어 단어가 너무 길어 단어의 일부가 다음 줄로 넘어갈 경우 단어 전체를 다음 줄로 자동으로 넘겨주는 기능
④ 미주(Endnote) : 문서에 나오는 문구에 대한 보충 설명들을 본문과 상관없이 문서의 맨 마지막에 모아서 표기하는 기능

11 다음 중 공문서의 구성에서 결문의 내용으로 옳지 않은 것은?

① 발신명의
② 기안자
③ 붙임(첨부)
④ 행정기관의 전화번호

12 다음 중 워드프로세서의 인쇄 미리 보기 기능에서 할 수 없는 작업은?

① 문서의 전체적인 배치를 확인할 수 있다.
② 여백 보기를 사용하면 문서의 윤곽을 미리 확인할 수 있다.
③ 문서의 내용을 직접 수정하고 편집할 수 있다.
④ 용지 방향(세로/가로)을 변경할 수 있다.

13 다음 중 〈보기 1〉의 문장이 〈보기 2〉의 문장으로 수정되기 위해 필요한 교정부호들이 순서에 맞게 바르게 짝지어진 것은?

〈보기 1〉

> 워드프로세서는 문서를 작성하고 편집, 저장, 인쇄등의 처리를 할 수 있는 컴퓨터와 하드웨어를 말한다.

〈보기 2〉

> 워드프로세서는 문서를 작성하고
> 편집, 저장, 인쇄 등의 처리를 할 수 있는 컴퓨터와 소프트웨어를 말한다.

① ⌒, ∨, ⌒
② ⌒, ⌒, ⌐
③ ⌒, ⌒, ⌒
④ ⌐, ∨, ⌒

14 다음 중 문서를 작성할 때 서로 상반되는 의미를 갖는 교정부호의 쌍으로 옳지 않은 것은?

① ⌐, ⌐
② ⌐, ⌒
③ ⌒, ⌒
④ ⌒, ⌐

15 다음 중 업무 실명제에 대한 설명으로 옳은 것은?

① 문서를 익명으로 작성하여 보안성을 높이는 제도이다.
② 업무를 처리한 담당자의 실명과 책임을 명확히 하기 위해 문서에 기록하는 제도이다.
③ 공문서의 제목을 반드시 표기해야 한다는 원칙이다.
④ 문서를 작성할 때 일정한 양식을 따르도록 하는 기준이다.

16 다음 중 기록물 문서관리의 원칙에 대한 설명으로 옳지 않은 것은?

① 경제성 - 문서의 관리는 비용을 절감하면서도 효율적으로 운영되어야 한다.
② 정확성 - 문서는 원본과 일치해야 하며, 오류 없이 관리되어야 한다.
③ 신속성 - 문서는 즉시 검색하고 활용할 수 있도록 체계적으로 보관해야 한다.
④ 보관성 - 모든 문서는 인쇄하여 이중으로 보관한다.

17 다음 중 트루타입 글꼴의 특징에 대한 설명으로 옳지 않은 것은?

① 트루타입 글꼴은 모든 크기에서 깨끗하고 선명한 출력 결과를 보장한다.
② 트루타입 글꼴은 벡터 형식으로 글자가 저장되어 크기 변경 시에도 품질 손실이 없다.
③ 트루타입 글꼴은 화면 해상도에 맞춰 각 글자의 픽셀 정보를 조정하는 방식으로 최적화된다.
④ 트루타입 글꼴은 비트맵 형식으로 저장되어 해상도 변경 시 품질 저하가 발생할 수 있다.

18 다음 중 파일링 시스템(File System)에 대한 설명으로 옳은 것은?

① 파일을 저장하지 않고 실행만 할 수 있도록 관리하는 시스템이다.
② 저장 장치에서 파일을 생성, 저장, 정리, 검색, 폐기하는 기능을 담당한다.
③ 운영체제와는 독립적으로 동작하며, 별도의 소프트웨어 없이 파일을 관리한다.
④ 모든 파일을 단일 폴더에 저장하는 방식만을 지원한다.

19 다음 중 워드프로세서의 인쇄 기능에 대한 설명으로 옳지 않은 것은?

① 인쇄 미리 보기 기능을 사용하면 문서가 출력될 모습을 화면에서 확인할 수 있다.
② 특정 페이지 범위를 지정하여 필요한 부분만 인쇄할 수 있다.
③ 워드프로세서에서는 한 번에 하나의 문서만 인쇄할 수 있으며, 여러 페이지를 모아 찍을 수는 없다.
④ 한 페이지에 여러 쪽을 축소하여 인쇄하는 기능을 제공한다.

20 다음 중 명칭별 분류법에 대한 설명으로 옳은 것은?

① 문서의 내용을 기준으로 주제별로 분류하는 방법이다.
② 문서의 고유한 명칭이나 제목을 기준으로 분류하는 방법으로 내용을 이해하지 않아도 쉽게 분류할 수 있다.
③ 문서를 작성한 연도와 날짜 순으로 정리하는 방법이다.
④ 거래처의 지역 위치나 지역 범위에 따른 기준으로 분류하는 방법이다.

2과목 PC 운영체제

21 다음 중 한글 Windows 10 운영체제의 특징으로 옳은 것은?

① 단일 작업만 수행할 수 있는 단일태스킹 방식을 사용한다.
② 사용자가 직접 CPU 스케줄링을 조정해야 한다.
③ 하나의 프로세스가 CPU를 독점적으로 사용하도록 설계되어 있다.
④ 선점형 멀티태스킹 방식을 사용하여 여러 작업을 효율적으로 처리할 수 있다.

22 다음 중 한글 Windows 10의 레지스트리에 대한 설명으로 옳지 않은 것은?

① 레지스트리는 운영체제와 소프트웨어의 설정 정보를 저장하는 데이터베이스이다.
② 레지스트리는 백업을 받을 수 없으므로 시스템 변경 시 주의해야 한다.
③ 레지스트리 편집기를 사용하여 레지스트리 값을 수정할 수 있다.
④ 레지스트리의 잘못된 수정은 시스템 오류를 발생시킬 수 있다.

23 다음 중 한글 Windows 10에서 발생하는 문제의 해결 방법으로 옳지 않은 것은?

① 사용 중인 프로그램이 응답하지 않을 경우 [작업 관리자] 창을 열어 해당 프로그램에 대해 작업 끝내기를 한다.
② 메모리가 부족하여 프로그램을 실행할 수 없을 경우 가상 메모리의 크기를 적절히 설정한다.
③ 정상적으로 부팅이 안 되는 경우 안전 모드로 부팅하여 문제를 해결한 후 표준 모드로 재부팅한다.
④ 하드 디스크의 공간이 부족할 경우 [드라이브 조각 모음 및 최적화]를 실행하여 디스크 공간을 확보한다.

24 다음 중 한글 Windows 10 파일 탐색기의 [보기]-[레이아웃]에서 선택할 수 있는 보기 옵션이 아닌 것은?

① 큰 아이콘
② 자세히
③ 넓은 아이콘
④ 작은 아이콘

25 다음 중 한글 Windows 10 [제어판]의 [접근성 센터]에서 설정할 수 있는 기능으로 옳지 않은 것은?

① 고대비 설정을 통해 화면의 가독성을 높일 수 있다.
② 내레이터 기능을 사용하여 화면의 내용을 음성으로 읽을 수 있다.
③ 마우스키 설정을 통해 키보드만으로 마우스를 조작할 수 있다.
④ 인터넷 연결 속도를 최적화하여 웹 페이지 로딩 시간을 단축할 수 있다.

26 다음 중 한글 Windows 10에서 제공하는 장치의 로그인 옵션으로 옳은 것은?

① 패턴 인식 로그인
② Windows Hello 얼굴
③ 지문 인식만 지원하며 얼굴 인식은 불가능
④ 로그인 옵션을 변경할 수 없으며, 비밀번호 입력만 지원

27 다음 중 한글 Windows 10의 [마우스 속성] 창에서 가능한 작업으로 옳지 않은 것은?

① 마우스 포인터의 사용자 지정
② 포인터의 생성 및 수정, 삭제
③ 휠을 한 번 돌릴 때 스크롤할 양
④ 클릭 잠금 사용

28 다음 중 한글 Windows 10의 [이더넷 속성]에서 TCP/IPv4와 TCP/IPv6 프로토콜에 대한 설명으로 옳은 것은?

① TCP/IPv4는 새로운 디바이스에서 지원하는 최첨단 프로토콜이다.
② TCP/IPv6는 이전 버전과의 호환성을 고려하지 않고 설계되었다.
③ TCP/IPv4와 TCP/IPv6는 하나의 시스템에서 동시에 사용할 수 있고, IPv6는 128비트 주소 체계를 사용한다.
④ TCP/IPv4는 16비트 주소 체계를 사용하여 최대 232개의 IP 주소를 제공한다.

29 다음 중 한글 Windows 10에서 새로운 가상 데스크톱을 생성하는 바로 가기 키는?

① ⊞ + Tab
② ⊞ + Ctrl + D
③ Ctrl + Alt + Delete
④ ⊞ + Ctrl + F4

30 다음 중 한글 Windows에서 스티커 메모(Sticky Notes) 기능에 대한 설명으로 옳지 않은 것은?

① 스티커 메모는 Windows에서 제공하는 메모 애플리케이션이다.
② 스티커 메모는 부분 영역에 굵게, 기울임꼴, 밑줄 등의 글꼴 서식을 적용할 수 있다.
③ 스티커 메모에 [이미지 추가]로 이미지를 삽입할 수 없다.
④ 스티커 메모는 배경색 변경이 가능하다.

31 다음 중 CMOS 설정에서 변경할 수 있는 항목으로 옳은 것은?

① 응용 소프트웨어 이상 여부 확인
② 운영체제 로딩
③ 부팅 순서 변경
④ 네트워크 IP 주소 할당

32 다음 중 한글 Windows 10 보조프로그램의 [캡처 도구]에서 제공하는 캡처 모드가 아닌 것은?

① 자유형 캡처
② 사각형 캡처
③ 전체 화면 캡처
④ 3D 캡처

33 다음 중 한글 Windows 10의 휴지통의 기능으로 옳지 않은 것은?

① 삭제한 파일을 임시 보관한다.
② 휴지통에서 파일을 복원하여 사용한다.
③ C, D드라이브가 있을 경우 휴지통의 크기는 KB 단위 크기의 하나로 고정된다.
④ 휴지통에서 파일이나 폴더를 비우기하면 복원할 수 없다.

34 다음 중 한글 Windows 10에서 파일이나 폴더의 복사와 이동에 대한 설명으로 옳지 않은 것은?

① 복사(Ctrl+C)나 잘라내기(Ctrl+X)를 사용하면 정보가 클립보드에 기억된다.
② 복사(Ctrl+C)나 잘라내기(Ctrl+X)를 선택한 후에는 붙여넣기를 실행해야 한다.
③ 같은 드라이브에서 파일이나 폴더를 드래그 앤 드롭하면 복사가 된다.
④ 복사는 원본이 그대로 있고, 이동은 원본이 새로운 장소로 옮겨진다.

35 다음 중 한글 Windows 10의 [계산기]에 대한 설명으로 옳지 않은 것은?

① 한글 Windows 계산기는 표준, 공학용, 프로그래머, 그래프 등의 다양한 모드를 제공한다.
② 계산기의 변환 기능을 이용하면 길이, 무게, 온도 등의 단위를 변환할 수 있다.
③ 날짜 계산 기능을 사용하면 일정 관리 등의 기능을 수행할 수 있다.
④ 공학용 모드를 사용하면 삼각 함수, 로그 함수 등의 고급 계산이 가능하다.

36 다음 중 한글 Windows 10의 기능으로 옳지 않은 것은?

① 같은 컴퓨터를 여러 사용자가 사용할 수 있도록 사용자 계정을 설정할 수 있다.
② 방화벽을 이용하여 컴퓨터 바이러스를 사전에 차단하고 치료할 수 있다.
③ NTFS 파일 시스템을 FAT32 파일 시스템으로 변환하려면 해당 파티션을 포맷해야 한다.
④ 여러 개의 프로그램을 동시에 실행하여 작업할 수 있다.

37 다음 중 프린터의 스풀링(Spooling)과 관련된 설명으로 옳지 않은 것은?

① 스풀링 기법을 사용하면 인쇄 속도가 향상된다.
② 스풀링은 프린터가 작업을 완료할 때까지 컴퓨터가 대기하지 않도록 해준다.
③ 스풀링은 임시 저장 공간(디스크 또는 메모리)에 인쇄 데이터를 저장한 후 차례로 출력하는 방식이다.
④ 스풀링은 CPU와 입출력 장치 간의 속도 차이를 보완하는 역할을 한다.

38 다음 중 클립보드(Clipboard)에 대한 설명으로 옳지 않은 것은?

① 클립보드는 복사 또는 잘라내기한 데이터를 임시로 저장하는 공간이다.
② 클립보드는 여러 개의 항목을 저장할 수 있으며, 최근 복사한 항목이 위에 표시되어 사용할 수 있다.
③ 클립보드에는 마지막으로 저장한 1개의 파일만 기억된다.
④ 한글 Windows에서는 ■+V 단축키를 사용하여 클립보드 기록을 확인할 수 있다.

39 다음 중 [그림판 3D]에 대한 설명으로 옳지 않은 것은?

① 그림판 3D는 2D 및 3D 그래픽을 그릴 수 있는 Windows 기본 프로그램이다.
② 3D 개체를 추가하고 자유롭게 회전하거나 크기를 조정할 수 있다.
③ Shift 를 누른 채 드래그하면 수직선, 45도 대각선 등을 그릴 수 있다.
④ 그림판 3D에서는 3D 텍스트를 추가하여 입체적인 효과를 줄 수 있다.

40 다음 중 서브넷 마스크(Subnet Mask)에 대한 설명으로 옳은 것은?

① IP 주소를 암호화하여 보안성을 강화하는 역할을 한다.
② 네트워크 주소와 호스트 주소를 구분하는 역할을 한다.
③ IP 주소를 MAC 주소로 변환하는 역할을 한다.
④ 도메인 이름을 IP 주소로 변환하는 역할을 한다.

3과목 PC 기본상식

41 다음 중 컴퓨터의 세대별 분류에 따른 특징으로 옳지 않은 것은?

① 1세대는 진공관 기억 소자를 사용하였다.
② 2세대는 고급 언어와 운영체제를 개발하였다.
③ 3세대는 시분할 처리, 다중 처리 시스템을 개발하였다.
④ 4세대는 인공 지능, 전문가 시스템, 패턴 인식을 도입하였다.

42 다음 중 기억 장치에 대한 설명으로 옳은 것은?

① RAM은 전원이 꺼져도 데이터가 유지되는 비휘발성 메모리이다.
② ROM은 데이터를 자유롭게 읽고 쓸 수 있는 휘발성 메모리이다.
③ 보조 기억 장치는 주기억 장치보다 접근 속도가 빠르다.
④ 하드 디스크는 보조 기억 장치로 CD-ROM보다 저장 용량이 크다.

43 다음 중 ASCII 코드에 대한 설명으로 옳은 것은?

① 16비트로 구성되며, 전 세계 모든 문자를 표현할 수 있다.
② 7비트로 구성되며, 총 128개의 문자를 표현할 수 있다.
③ 8비트로 구성되며, 256개의 문자를 지원하는 대표적인 유니코드 형식이다.
④ 주로 한글 문자 표현을 위해 개발된 코드 체계이다.

44 특정 기능을 수행하는 장치에 내장되어 작동하며, 일반적인 컴퓨터 운영체제와 달리 제한된 자원에서 동작하도록 설계된 운영 방식의 시스템은?

① 다중 처리 시스템
② 분산 처리 시스템
③ 임베디드 시스템
④ 실시간 처리 시스템

45 다음 중 자신에 관한 정보를 보호받기 위해 자신에 관한 정보를 자율적으로 결정하고 관리하는 권리는?

① 개인정보 자기결정권
② 프라이버시권
③ 지적재산권
④ 초상권

46 다음 중 스니핑(Sniffing)에 대한 설명으로 가장 옳은 것은?
① 네트워크에서 데이터를 가로채어 불법적으로 도청하는 행위이다.
② 시스템의 취약점을 이용하여 관리자 권한을 획득하는 해킹 기법이다.
③ 사용자의 계정 정보를 무작위로 대입하여 로그인하는 공격 방법이다.
④ 정상적인 사용자로 가장하여 시스템에 접근하는 피싱 기법이다.

47 다음 중 서로 다른 네트워크 간의 데이터를 전달하고, IP 주소를 기반으로 최적의 경로를 결정하는 네트워크 장치는?
① 스위치(Switch)
② 허브(Hub)
③ 라우터(Router)
④ 모뎀(Modem)

48 다음 중 언제 어디서나 네트워크에 연결되어 정보 접근이 가능한 환경을 의미하는 정보 통신 기술 용어는?
① 클라우드 컴퓨팅(Cloud Computing)
② 사물인터넷(IoT)
③ 유비쿼터스(Ubiquitous)
④ 증강현실(AR)

49 다음 중 찰흙이나 점토로 만든 인형을 조금씩 움직이며 촬영하여 애니메이션을 만드는 기법은 무엇인가?
① 모핑(Morphing)
② 클레이메이션(Claymation)
③ 벡터 그래픽(Vector Graphics)
④ 레이 트레이싱(Ray Tracing)

50 다음 중 프로그램 카운터(PC)에 대한 설명으로 옳은 것은?
① 명령어의 실행 결과를 일시적으로 저장하는 레지스터이다.
② 현재 실행 중인 명령어의 연산 결과를 저장하는 레지스터이다.
③ 다음에 실행할 명령어의 주소를 저장하는 레지스터이다.
④ 연산에 사용될 데이터를 저장하는 범용 레지스터이다.

51 다음 중 디지털 컴퓨터의 특징으로 옳은 것은?
① 연속적인 아날로그 신호를 직접 처리한다.
② 논리 회로를 이용하여 데이터를 처리한다.
③ 미적분 및 복잡한 방정식을 직접 연산한다.
④ 연산 속도가 느리지만 정밀한 값 처리가 가능하다.

52 다음 중 전자우편 시스템에서 사용되는 프로토콜이 아닌 것은?
① FTP
② IMAP
③ POP3
④ SMTP

53 다음 중 마이크로프로세서의 설계에서 RISC 방식의 특징으로 옳지 않은 것은?
① 간단한 명령어의 구조
② 고정된 길이 사용
③ 명령어의 수가 많고 하나의 명령어로 처리
④ 에너지 효율성이 높아 모바일 및 임베디드 시스템에도 적합

54 다음 중 DRAM과 SRAM의 특성에 대한 설명으로 옳은 것은?

① DRAM은 SRAM보다 속도가 빠르고, 주기적인 재충전이 필요하지 않다.
② SRAM은 DRAM보다 비용이 저렴하고, 주기적인 재충전이 필요하다.
③ DRAM은 주기적인 재충전이 필요하며, SRAM보다 비용이 저렴하다.
④ SRAM은 DRAM보다 속도가 느리고, 주기적인 재충전이 필요하다.

55 다음 중 CPU의 상태에 대한 설명으로 옳지 않은 것은?

① 실행 상태(Run State)는 프로세스가 실제로 CPU에서 실행 중인 상태를 의미한다.
② 준비 상태(Ready State)는 프로세스가 I/O 작업을 기다리고 있는 상태로, CPU를 사용할 준비가 되어 있지 않은 상태를 말한다.
③ 대기 상태(Wait State)는 프로세스가 필요한 리소스를 기다리며 실행되지 않는 상태로, 주로 I/O 작업이나 다른 프로세스가 완료될 때까지 대기한다.
④ 교착 상태(Deadlock State)는 프로세스들이 서로 필요한 자원을 기다리며 무한히 대기하는 상태로, 해결되지 않으면 시스템이 멈추게 된다.

56 다음 중 기억 소자 기술의 발전 순서를 올바르게 나열한 것은?

① LSI → 집적회로 → 트랜지스터 → 진공관
② 트랜지스터 → 진공관 → 집적 회로 → LSI
③ 진공관 → 트랜지스터 → 집적 회로 → LSI
④ 집적회로 → 진공관 → LSI → 트랜지스터

57 다음 중 프로그램 개발 순서로 옳은 것은?

① 설계 → 요구 분석 → 코딩 → 테스트 → 유지 보수
② 요구 분석 → 설계 → 코딩 → 테스트 → 유지 보수
③ 요구 분석 → 코딩 → 설계 → 테스트 → 유지 보수
④ 설계 → 코딩 → 요구 분석 → 테스트 → 유지 보수

58 다음 중 컴퓨터의 규모에 따른 분류에 대한 설명으로 옳은 것은?

① 마이크로 컴퓨터는 일반적으로 대형 컴퓨터보다 크기가 작고 성능이 낮으며, 주로 개인용으로 사용된다.
② 메인 프레임 컴퓨터는 주로 소형 장치로, 다수의 사용자가 동시에 사용할 수 없다.
③ 슈퍼 컴퓨터는 중간 규모의 컴퓨터로, 고성능을 요구하지 않는 일반적인 작업에 사용된다.
④ 미니 컴퓨터는 대형 데이터 처리 작업을 처리하는 데 사용되며, 소형화된 슈퍼 컴퓨터로 분류된다.

59 네트워크상에서 물리적인 네트워크 주소(MAC : Media Access Control)를 IP 주소로 대응시키기 위해 사용되는 프로토콜은?

① RARP
② ARP
③ SLIP
④ SNMP

60 다음 중 킬 스위치(Kill Switch)에 대한 설명으로 옳은 것은?

① 하드 디스크 내 데이터를 자동으로 정리하여 성능을 최적화하는 기술이다.
② 사용자가 명령을 내리면 시스템을 복구하는 기능이다.
③ 모바일 기기나 소프트웨어에서 원격으로 작동을 중지할 수 있는 기능이다.
④ 네트워크를 통해 전송되는 데이터를 암호화하여 보호하는 기술이다.

2025년 상시 기출문제 02회

SELF CHECK 제한시간 60분 | 소요시간   분 | 전체 문항 수 60문항 | 맞힌 문항 수   문항

1과목 워드프로세싱 용어 및 기능

01 다음 중 문서 작성에 대한 설명으로 옳은 것은?
① 본문에는 문서의 내용을 잘 알릴 수 있는 제목을 작성한다.
② 문서는 가독성을 높이기 위해 문단을 최대한 길게 작성하는 것이 좋다.
③ 다양한 글꼴을 사용하면 문서의 일관성이 높아진다.
④ 띄어쓰기는 문서의 가독성에 영향을 주지 않는다.

02 다음 중 문서관리 절차의 순서로 옳은 것은?
① 문서 분류 → 문서 편철 → 문서 이관 → 문서 보관 → 문서 보존 → 문서 폐기
② 문서 처리 → 문서 보관 → 문서 분류 → 문서 보존 → 문서 이관 → 문서 폐기
③ 문서 분류 → 문서 편철 → 문서 보관 → 문서 이관 → 문서 보존 → 문서 폐기
④ 문서 처리 → 문서 이관 → 문서 보존 → 문서 분류 → 문서 보관 → 문서 폐기

03 다음 중 한자의 음을 알고 있을 때와 모를 때의 변환 방법에 대한 설명으로 옳은 것은?
① 음을 알고 있을 때는 해당 음을 입력한 후 한자로 변환할 수 있으며, 음을 모를 때는 직접 한자의 초성을 입력해야 한다.
② 음을 알고 있을 때는 한글 입력 후 한자 변환 기능(한자키)을 사용하여 변환할 수 있으며, 음을 모를 때는 한자의 총 획수를 입력해야 한다.
③ 음을 알고 있을 때는 한자의 획수를 입력하여 변환해야 하며, 음을 모를 때는 한자의 의미를 입력하면 자동으로 변환된다.
④ 한자의 음을 모를 경우 한글로 입력할 수 없으며, 반드시 사전을 찾아야만 변환이 가능하다.

04 다음 중 디폴트(Default)와 소프트 카피(Soft Copy)에 대한 설명으로 옳은 것은?
① 디폴트는 문서의 내용을 화면에 표시하는 방식이며, 소프트 카피는 프린터로 출력된 문서를 의미한다.
② 디폴트는 프로그램에서 사용자가 변경할 수 없는 고정 설정을 의미하며, 소프트 카피는 하드 디스크에 저장된 파일만을 의미한다.
③ 디폴트는 프로그램에서 사용자가 별도로 설정하지 않아도 자동으로 적용되는 기본값을 의미하며, 소프트 카피는 화면에 표시되는 문서나 데이터를 의미한다.
④ 디폴트는 파일을 저장할 때 반드시 입력해야 하는 필수 정보이며, 소프트 카피는 복사된 소프트웨어를 의미한다.

05 워드프로세서를 사용할 때 문서의 특정 페이지나 일부분만 인쇄할 수 있는 방법으로 가장 옳은 것은?
① 문서는 항상 전체 페이지를 인쇄해야 하며, 특정 부분만 선택하여 인쇄할 수 없다.
② 인쇄 창에서 현재 페이지 번호를 지정하거나, 일부분으로 특정 페이지 번호를 넣어 인쇄할 수 있다.
③ 문서를 일부만 인쇄하려면 반드시 해당 부분을 새로운 파일로 저장한 후 전체 인쇄해야 한다.
④ 인쇄 미리 보기에서 페이지를 삭제하면 해당 페이지만 자동으로 인쇄되지 않는다.

06 다음 중 문서의 분량이 증가할 가능성이 있는 교정부호들로 올바르게 나열된 것은?

07 다음 중 문서의 수정을 위한 교정부호의 표기법으로 옳지 않은 것은?

① 문서의 내용과 혼돈되지 않도록 글자 색과 같은 색으로 표기하도록 한다.
② 한 번 교정된 부분도 다시 명확하게 교정할 수 있다.
③ 교정부호는 수정 사항을 확실히 구별할 수 있도록 일관되게 사용해야 한다.
④ 여러 교정부호를 동일한 행에 사용할 때 교정부호가 겹치지 않도록 한다.

08 다음 중 파일링 시스템으로 인한 효과로 옳은 것은?

① 문서 보존이 용이하다.
② 기록 활용에 대한 비용이 증가한다.
③ 문서 검색 시간이 길어진다.
④ 문서의 체계적인 관리가 어려워진다.

09 다음 중 문서의 주제별 파일링 방법에 관한 특징으로 옳은 것은?

① 단순하고 빠르며 서구의 전통적인 파일링 시스템의 문서 분류 방법으로 사용된다.
② 품목, 물건, 사업 활동이나 기능 등의 명칭을 표제로 사용한다.
③ 여러 나라나 지역에 사업장이 있는 기업에 유용하다.
④ 확장이 수월하고 업무 내용보다 번호로 참조되는 업무에 유용하다.

10 다음 중 전자결재에 대한 설명으로 옳은 것은?

① 결재권자가 휴가 등으로 결재할 수 없는 경우에는 그 직무를 대리하는 자가 대결할 수 있다.
② 전자결재는 반드시 결재권자 본인만 승인할 수 있으며, 대결이 불가능하다.
③ 전결인 경우에는 전결을 표시하고 위에 서명할 필요가 없다.
④ 전자결재시스템에서는 문서 수정이 불가능하며, 초안 작성 후 변경할 수 없다.

11 다음 중 검색(찾기) 기능에 대한 설명으로 옳지 않은 것은?

① 검색하면 해당 단어가 문서의 아래 방향으로만 검색된다.
② 검색 기능을 사용하면 문서 내 특정 단어나 문장을 빠르게 찾을 수 있다.
③ 검색 기능은 대·소문자를 구분하지 않고 단어를 찾을 수 있다.
④ 검색 기능은 문서 내에 포함된 이미지나 표를 찾을 수 없다.

12 다음은 글꼴 구현 방식 중 무엇에 대하여 설명한 것인가?

- 아웃라인(Outline) 방식을 사용한다.
- 높은 압축률을 통해 파일의 용량을 줄인 글꼴이다.
- 통신을 이용한 폰트의 송수신이 용이하다.

① 포스트스크립트(Post Script) 방식
② 비트맵(Bitmap) 방식
③ 트루타입(True Type) 방식
④ 오픈타입(Open Type) 방식

13 다음 중 공문서에서 금액을 표시할 때 옳은 것은?

① 숫자만 기재하여 빠르게 이해할 수 있도록 한다.
② 금액 뒤에 '원'을 생략하고 숫자로만 표기한다.
③ 숫자 뒤에 한글 금액(예 : 일백만 원)을 병기하여 정확성을 높인다.
④ 통화 기호(₩)만 사용하여 간략하게 표기한다.

14 다음 중 한글 코드에 대한 설명으로 옳지 않은 것은?

① 한글 코드는 완성형, 조합형, 유니코드 등이 있다.
② 유니코드는 모든 문자를 2바이트로 표현한다.
③ 완성형 한글 코드는 주로 정보 처리용으로 사용한다.
④ 조합형 한글 코드는 초성, 중성, 종성에 각각 코드값을 부여한다.

15 다음 중 '직무 편람'에 대한 설명으로 옳은 것은?

① 조직 내 모든 문서를 보관하는 문서 관리 시스템을 의미한다.
② 담당 부서에서 단위 업무의 계획, 현황 및 참고자료를 정리한 문서이다.
③ 직원들의 근태와 출퇴근 시간을 기록하는 문서이다.
④ 조직 내 규칙과 절차를 상세히 기록한 법률 문서이다.

16 다음 중 색상을 표현하는 RGB 모드에 대한 설명으로 옳지 않은 것은?

① TV, 컴퓨터 모니터와 같이 빛을 이용하는 표시 장치에서 이용한다.
② R, G, B를 각각 1바이트로 표현할 경우 나타낼 수 있는 색상의 가짓수는 256×256×256의 계산 결과인 16,777,216가지가 된다.
③ 빛의 삼원색인 RED, GREEN, BLUE를 이용하여 색을 혼합하면 섞을수록 명도가 '0'이 되며 밝아지기 때문에 감산혼합이라 한다.
④ 빛의 삼원색인 RED, GREEN, BLUE를 최대의 비율로 혼합하면 흰색을 얻을 수 있다.

17 다음 중 EDI(전자 데이터 교환)의 3대 구성 요소로 옳지 않은 것은?

① EDI 표준
② 사용자 시스템
③ 통신 네트워크(VAN)
④ 사용자 정보

18 다음 중 인쇄 속도를 나타내는 단위로 옳은 것은?

① CPS(Characters Per Second)
② PPI(Pixels Per Inch)
③ DPI(Dots Per Inch)
④ RPM(Revolutions Per Minute)

19 다음 중 공문서에 대한 설명으로 옳은 것은?

① 공문서는 개인 간의 사적인 내용을 담은 문서를 의미한다.
② 공문서는 반드시 수기로 작성해야 하며, 전자문서로 작성할 수 없다.
③ 정부 기관, 공공기관, 기업 등에서 공식적인 목적으로 작성하는 문서를 의미한다.
④ 공문서는 일정한 형식 없이 자유롭게 작성할 수 있다.

20 다음 중 전자출판(Electronic Publishing) 용어에 대한 설명으로 옳은 것은?

① 디더링(Dithering) : 2차원의 이미지에 광원·위치·색상 등을 첨가하여 사실감을 불어넣어 3차원 화상을 만드는 과정이다.
② 모핑(Morphing) : 그래픽 파일의 효과 넣기로, 신문에 난 사진과 같이 미세한 점으로 나타내며 각 점의 명암을 달리하여 영상을 표시한다.
③ 스프레드(Spread) : 대상체의 컬러가 배경색의 컬러보다 짙을 때에 겹쳐서 인쇄하는 방법이다.
④ 커닝(Kerning) : 글자와 글자 사이의 간격을 미세하게 조정하는 작업이다.

2과목 PC 운영체제

21. 다음 중 선점형 멀티태스킹(Preemptive Multi-Tasking)에 대한 설명으로 옳은 것은?

① 하나의 앱 실행을 끝낼 때까지 다른 앱이 CPU를 사용할 수 없다.
② 운영체제가 앱 실행을 제어하며, 필요시 강제로 앱을 중단시키고 다른 앱을 실행할 수 있다.
③ 한 번 실행된 앱은 운영체제가 개입하지 않으며, 자발적으로 CPU 사용을 양보할 때만 다른 앱이 실행된다.
④ 단일 작업 환경에서만 동작하며, 여러 프로그램을 동시에 실행할 수 없다.

22. 다음 중 한글 Windows 10의 [그림판]에서 할 수 없는 작업은?

① 작성한 이미지를 바탕 화면의 배경으로 설정할 수 있다.
② 전자 메일을 사용하여 편집한 이미지를 보낼 수 있다.
③ 투명도와 마스크(Mask) 기능을 사용한 다중 레이어 작업을 할 수 있다.
④ 다른 그래픽 앱에서 편집한 이미지의 일부를 복사해서 붙여넣기할 수 있다.

23. 다음 중 [메모장] 앱의 기능에 대한 설명으로 옳지 않은 것은?

① 메모장 앱은 .txt 형식으로 파일을 저장할 수 있다.
② 메모장 앱은 글꼴, 글꼴 스타일(굵게, 기울임꼴 등), 글자 색을 변경할 수 있다.
③ 메모장 앱은 간단한 텍스트 편집 기능을 제공한다.
④ 메모장 앱에서 작성한 파일은 다른 워드프로세서에서도 열 수 있다.

24. 다음 중 한글 Windows 10에서 인쇄가 전혀 되지 않는 경우에 취해야 할 조치로 옳지 않은 것은?

① 인쇄할 프린터의 속성에서 [스풀 설정]을 확인한다.
② 프린터 전원이나 프린터 케이블이 제대로 연결되어 있는지 확인한다.
③ 프린터의 이름이 변경되었거나 삭제되지 않았는지 확인한다.
④ 설정된 프린터의 드라이버가 제대로 설치되었는지 확인한다.

25. 한글 Windows 10에서 다음의 기능을 하는 명령어는?

- 실행 창에 명령어를 입력하면 '시스템 구성' 대화상자가 표시된다.
- 불필요한 시작프로그램이 있는 경우 '시스템 구성' 대화상자의 [시작프로그램] 탭에서 원하는 시작프로그램들을 삭제할 수 있다.

① ipconfig
② tracert
③ nbtstat
④ msconfig

26. 한글 Windows 10에서 [디스크 검사]와 [드라이브 조각 모음 및 최적화]의 차이점으로 옳은 것은?

① 디스크 검사는 파일 시스템의 오류를 점검하고 수정하는 기능이고, 드라이브 조각 모음은 파일을 재배치하여 디스크의 성능을 개선하는 기능이다.
② 드라이브 조각 모음은 디스크의 파일 시스템 오류를 점검하고 수정하는 기능을 수행하며, 디스크 검사는 파일의 크기를 재조정하는 기능을 한다.
③ 디스크 검사는 데이터 손실을 방지하기 위해 수행되며, 드라이브 조각 모음은 파일을 복사하여 저장 공간을 늘린다.
④ 디스크 검사와 드라이브 조각 모음은 모두 디스크의 데이터를 삭제하고 새로 저장하는 방식이다.

27 다음 중 컴퓨터 부팅 과정에서 BIOS와 POST의 역할에 대해 설명한 것으로 옳은 것은?

① BIOS는 하드웨어가 정상적으로 동작하는지 점검하고, 운영체제를 로드하는 역할을 한다.
② POST는 부팅 시 하드웨어 점검을 수행한 후 운영체제를 로드하는 작업을 담당한다.
③ BIOS는 하드웨어 점검을 수행하고, POST는 운영체제를 로드하는 역할을 한다.
④ BIOS는 운영체제의 부팅을 제어하고, POST는 하드웨어 오류를 수정하는 역할을 한다.

28 다음 중 한글 Windows 10의 [제어판]-[네트워크 및 공유 센터] 창에서 할 수 있는 작업으로 옳지 않은 것은?

① 활성 네트워크 보기에서는 연결된 네트워크 이름, 액세스 형식, 연결 상태 등의 정보를 확인할 수 있다.
② 무선, 광대역, 전화 접속 연결 등을 설정하거나 라우터 또는 액세스 지점을 설정할 수 있다.
③ 다른 네트워크 컴퓨터에 있는 파일이나 프린터에 액세스하거나 공유 설정을 변경할 수 있다.
④ 연결에 사용할 네트워크 드라이브와 폴더를 지정하고, 네트워크 드라이브 연결 및 끊기를 할 수 있다.

29 한글 Windows 10 운영체제에서 파일을 공유할 때 [파일 및 프린터 공유] 옵션을 활성화해야 하는 이유로 옳은 것은?

① 다른 컴퓨터 사용자가 공유된 파일에 접근할 수 있다.
② 모든 네트워크 장치에 자동으로 프린터가 설치된다.
③ 네트워크에서 모든 장치의 파일을 자동으로 복사한다.
④ 네트워크 속도가 빨라진다.

30 다음 중 한글 Windows 10의 [제어판]에 있는 [프로그램 및 기능]을 이용하여 수행할 수 있는 작업으로 옳은 것은?

① Windows 기능 켜기와 끄기, 설치된 업데이트 보기를 할 수 있다.
② [Windows 탐색기] 프로그램을 제거할 수 있다.
③ 제거된 응용 앱은 [휴지통]에 임시 저장할 수 있다.
④ 한글 Windows 운영체제를 다시 설치할 수 있다.

31 다음 중 한글 Windows 10이 설치된 C: 디스크 드라이브의 [로컬 디스크(C:) 속성] 창에서 작업할 수 있는 내용으로 옳지 않은 것은?

① 드라이브를 압축하여 디스크 공간을 절약할 수 있다.
② 디스크 오류 검사 및 드라이브 조각 모음을 할 수 있다.
③ 네트워크 파일이나 폴더를 공유할 수 있도록 설정할 수 있다.
④ 디스크 정리 및 디스크 포맷을 할 수 있다.

32 다음 중 네트워크 연결을 설정하는 방법으로 옳은 것은?

① 네트워크에 연결하려면 반드시 IP 주소를 수동으로 설정해야 한다.
② 네트워크에 연결할 때, DHCP를 통해 자동으로 IP 주소를 할당받을 수 있다.
③ 네트워크에 연결하기 위해서는 반드시 DNS 서버의 주소를 수동으로 설정해야 한다.
④ 네트워크 연결 시, 모든 장치에 고정 IP 주소만 할당할 수 있다.

33 다음 중 한글 Windows 10의 바로 가기 아이콘에 대한 설명으로 옳지 않은 것은?

① 바로 가기 아이콘은 실제 파일이 아니라 해당 파일이나 프로그램에 대한 경로를 저장한다.
② 바로 가기 아이콘은 해당 파일이나 프로그램을 열기 위한 빠른 접근을 제공한다.
③ 바로 가기 아이콘은 원본 파일이 삭제되면 더 이상 작동하지 않는다.
④ 바로 가기 아이콘은 하나의 원본 파일에 하나만 작성하여 사용한다.

34 한글 Windows 10에서 폴더를 만들 때 사용하는 바로 가기 키로 옳은 것은?

① Ctrl + N 을 눌러도 새 폴더가 만들어진다.
② Ctrl + Shift + N 은 파일 탐색기에서 새 폴더를 생성하는 바로 가기 키이다.
③ Alt + N 을 눌러도 폴더를 생성할 수 있다.
④ 새 폴더를 만들 때는 반드시 마우스를 사용해야 한다.

35 한글 Windows 10에서 [가상 데스크톱]에 대한 설명으로 옳은 것은?

① 가상 데스크톱은 하나의 물리적 화면에서 여러 개의 가상 화면을 사용할 수 있게 해준다.
② 가상 데스크톱은 한 번에 하나의 앱만 실행할 수 있다.
③ 가상 데스크톱에서는 여러 앱을 동시에 실행할 수 없으며, 작업을 전환할 수 없다.
④ 가상 데스크톱은 사용자가 여러 운영체제를 동시에 사용할 수 있도록 지원한다.

36 한글 Windows 10의 작업 표시줄에서 [시작] 메뉴를 사용할 때 옳은 것은?

① [시작] 메뉴를 사용하면 시스템 아이콘에서 시계를 변경할 수 있다.
② [시작] 메뉴를 열면 가장 최근에 실행된 앱만 나타난다.
③ [시작] 메뉴를 통해 앱을 검색하고 실행할 수 있으며, 빠르게 문서와 파일에 접근할 수 있다.
④ [시작] 메뉴를 통해 앱을 실행하면 작업 표시줄에 바로 표시되지 않는다.

37 다음 중 한글 Windows 10의 [화면 보호기]에 대한 설명으로 옳지 않은 것은?

① 사용자 계정에 암호가 설정되어 있지 않아도 화면 보호기의 암호를 사용할 수 있다.
② 일정 시간 모니터에 전달되는 정보에 변화가 없을 때 화면 보호기가 작동되게 설정한다.
③ 화면 보호기는 마우스를 움직이거나 키보드에서 임의의 키를 누르면 해제된다.
④ 대기 시간, 다시 시작할 때 로그온 화면 표시를 지정할 수 있다.

38 다음 중 Microsoft Edge 브라우저의 호환성에 대한 설명으로 옳은 것은?

① Windows 운영체제에서만 실행되며, Android와 iOS에서는 사용할 수 없다.
② 크로미움(Chromium) 기반으로 만들어져, 크롬 확장 프로그램을 지원한다.
③ Internet Explorer와 동일한 렌더링 엔진을 사용하여 최신 웹 표준을 지원하지 않는다.
④ 오직 데스크톱 환경에서만 실행되며, 모바일 환경에서는 사용이 불가능하다.

39 다음 중 Windows 방화벽에 대한 설명으로 옳은 것은?

① Windows 방화벽은 외부에서 들어오는 네트워크 트래픽만 차단하며, 내부 네트워크는 차단하지 않는다.
② Windows Defender 방화벽은 소프트웨어와 하드웨어 모두 포함되는 보안 기능이다.
③ Windows Defender 방화벽은 허용되는 앱 목록에 있는 모든 들어오는 목록을 차단할 수 없다.
④ Windows 방화벽은 네트워크에서 발생하는 모든 트래픽을 차단하므로, 인터넷을 사용할 수 없다.

40 다음 중 앱 삭제에 대한 설명으로 옳지 않은 것은?

① 앱 삭제는 설정 메뉴에서 해당 앱을 선택하고 삭제할 수 있다.
② 앱 삭제 후에도 일부 앱의 데이터는 기기의 저장 공간에 남아 있을 수 있다.
③ 앱 삭제 시, 앱에 저장된 데이터는 항상 완전히 삭제된다.
④ 앱 삭제를 통해 불필요한 앱을 제거하여 기기 성능을 향상시킬 수 있다.

3과목 PC 기본상식

41 다음 중 단위 접두사를 큰 값(느림)에서 작은 값(빠름) 순으로 올바르게 나열한 것은?

① 마이크로 → 밀리 → 피코 → 나노
② 밀리 → 마이크로 → 나노 → 피코
③ 피코 → 나노 → 마이크로 → 밀리
④ 나노 → 마이크로 → 밀리 → 피코

42 다음 중 컴퓨터 바이러스에 대한 설명으로 옳지 않은 것은?

① 스크립트 바이러스는 대상 스크립트가 포함된 파일을 감염시키는데, 스크립트로 작성된 바이러스 코드를 스크립트가 포함된 다른 파일에 복제한다.
② 매크로 바이러스는 엑셀과 워드 문서에는 감염시키지 않는다.
③ 하드 디스크의 부트 섹터에 자리 잡는 바이러스를 부트 바이러스라고 한다.
④ 파일의 확장자가 DLL 또는 COM, EXE인 실행 가능한 프로그램 파일에 감염되는 바이러스를 파일 바이러스라고 한다.

43 다음 중 해킹 방법에 대한 설명으로 옳지 않은 것은?

① 랜섬웨어(Ransom Ware)는 시스템을 잠그고, 이를 해제하기 위한 금전을 요구하는 악성 소프트웨어이다.
② 크래킹(Cracking)은 합법적인 사용자 권한을 획득하여 시스템에 침투하는 공격 방법이다.
③ 피싱(Phishing)은 사용자에게 가짜 웹 사이트나 이메일을 보내 개인정보를 탈취하는 방법이다.
④ 디도스(DDoS) 공격은 서버나 네트워크를 과부하 상태로 만들어 정상적인 서비스가 불가능하게 만드는 공격이다.

44 다음 중 개인정보 유형 및 종류를 올바르게 묶은 것은?

① 일반적 정보 – 이름, 주소, 성별 / 신체적 정보 – 신장, 체중, 지문
② 일반적 정보 – 나이, 성별, 주소 / 신체적 정보 – 질병, 치료기록, 성적
③ 일반적 정보 – 직업, 취미, 나이 / 신체적 정보 – 신용카드 번호, 체온, 발달 단계
④ 일반적 정보 – 결혼 여부, 직업, 학력 / 신체적 정보 – 결핵, 유전자, 치아 상태

45 다음 중 광섬유(Optical Fiber Cable)에 대한 설명으로 옳은 것은?

① 광섬유는 전기 신호를 전송하는 데 사용되며, 전자기 간섭에 강한 특성을 가지고 있다.
② 광섬유는 빛을 매개로 신호를 전송하며, 금속선보다 더 빠르고 더 많은 데이터를 전송할 수 있다.
③ 광섬유는 구리선을 이용한 전송 방식보다 신호 손실이 크고, 설치 비용이 매우 낮다.
④ 광섬유는 주로 짧은 거리의 데이터 전송에 사용되며, 장거리 전송에는 적합하지 않다.

46 다음 중 네트워크에서 데이터 전달의 흐름을 방해하여 가용성에 영향을 미치는 컴퓨터 시스템의 정보 보안 위협 유형으로 옳은 것은?

① 가로막기(Interruption)
② 가로채기(Interception)
③ 수정(Modification)
④ 위조(Fabrication)

47 다음 중 텔레메틱스(Telematics)를 가장 잘 설명한 것은?

① 차량 내 통신 시스템과 GPS 기술을 결합한 기술로, 실시간 위치 추적 및 차량 상태 정보를 제공한다.
② 차량 내 운전 보조 시스템과 연동되어 자동차의 운전 방식을 자동으로 제어하는 기술이다.
③ 주로 의료 데이터와 관련된 정보를 원격으로 전송하는 기술이다.
④ 차량의 엔진 성능을 개선하기 위한 차량 유지 관리 시스템이다.

48 다음에서 설명하는 메모리는?

- EEPROM의 일종으로 전기적인 방법으로 여러 번 변경이 가능
- 디지털 카메라, MP3, BIOS 등에 저장되는 펌웨어

① 연관 메모리
② 가상 메모리
③ 캐시 메모리
④ 플래시 메모리

49 다음 중 메모리의 특징에 대한 설명으로 옳은 것은?

① 가상 메모리는 실제 물리적 메모리보다 큰 용량의 메모리처럼 동작하게 하기 위해 하드 디스크의 일부를 사용하여 페이지 교체(Paging)를 통해 메모리 공간을 확장하는 개념이다.
② 캐시 메모리는 주기억 장치보다 느리며, 대용량 데이터를 저장하기 위해 사용된다.
③ 가상 메모리는 오직 프로그램 실행 중에만 사용되며, 캐시 메모리는 주기억 장치의 데이터를 임시로 저장할 필요가 없기 때문에 사용되지 않는다.
④ 캐시 메모리는 물리적 메모리보다 용량이 크고, 데이터를 저장하는 데 드는 비용이 저렴하다.

50 다음 중 운영체제의 목적에 대한 설명으로 옳지 않은 것은?

① 일정한 시간 동안 시스템이 처리할 수 있는 일의 양을 CPU 사용률이라 한다.
② 사용자가 컴퓨터에 일을 지시하고 나서 그 결과를 얻을 때까지 소요되는 시간을 응답 시간이라 한다.
③ 컴퓨터를 사용하고자 할 때 신속하게 사용할 수 있는 정도를 사용 가능도라 한다.
④ 주어진 문제를 정확하게 해결하고 작동하는 정도를 신뢰도라 한다.

51 다음 중 여러 가지 코드에 대한 설명으로 옳지 않은 것은?

① 패리티 비트는 정보 전송 시 에러를 검출하기 위하여 사용한다.
② Gray 코드는 연속하는 수를 이진 표현으로 하였을 경우 인접하는 두 가지 수의 코드가 1비트만 다르게 만들어진 이진 코드이다.
③ BCD 코드는 자리에 대한 가중치가 있으며 8421 코드라고도 한다.
④ Access-3(3초과) 코드는 자리에 대한 가중치가 있으며 정보 전송에 사용한다.

52 다음에서 설명하는 용어는?

> 자주 사용하는 사이트의 자료를 저장한 후, 사용자가 다시 그 자료에 접근하면 네트워크를 통해서 다시 읽어오지 않고 미리 저장되어 있던 자료를 활용하여 빠르게 보여주는 기능

① 쿠키(Cookie)
② 캐싱(Caching)
③ 스트리밍(Streaming)
④ 로밍(Roaming)

53 다음 중 모바일 기기에서 화면 위에 떠 있는 형태로 실행되며, 다른 앱과 동시에 사용할 수 있는 애플리케이션을 의미하는 용어는 무엇인가?

① 위젯 앱
② 백그라운드 앱
③ 플로팅 앱
④ 네이티브 앱

54 다음 중 WAN, B-ISDN, LAN에 대한 설명으로 옳지 않은 것은?

① WAN(Wide Area Network)은 지역적 범위를 넘어서 여러 도시나 국가에 걸쳐 네트워크를 구성한다.
② B-ISDN(Broadband Integrated Services Digital Network)은 고속 데이터 통신을 지원하는 서비스망으로, 광대역 네트워크를 기반으로 한다.
③ LAN(Local Area Network)은 하나의 빌딩이나 작은 지역 내에서 네트워크를 구성한다.
④ WAN은 LAN보다 빠른 데이터 전송 속도를 제공한다.

55 다음 중 테더링(Tethering)에 대한 설명으로 옳은 것은?

① 전자태그 기술로 IC칩과 무선을 통해 개체의 정보를 관리하는 인식 기술
② 단거리에서 저전력 무선 연결이 필요할 때 사용하는 근거리 무선 기술 표준
③ 여러 개의 사이트에 하나의 아이디로 이용할 수 있는 시스템
④ 휴대폰을 모뎀으로 활용할 수 있는 기능으로 노트북을 휴대폰에 연결하여 무선 인터넷을 사용하는 기능

56 다음 중 MPEG에 대한 설명으로 옳지 않은 것은?

① 손실 기법과 무손실 기법을 수학적으로 구현하여 흑백이나 컬러 이미지를 압축 저장하거나 재생이 가능하다.
② 영상의 중복성을 제거함으로써 압축률을 높일 수 있는 중복 제거 기법을 사용한다.
③ 동영상 압축 기법에 대한 표준을 제정하는 단체와 표준 규격의 이름을 의미한다.
④ MPEG-4는 MPEG-2를 개선한 것으로 동영상 데이터 전송이나 전화선을 이용한 화상 회의 시스템을 사용하기 위해 개발되었다.

57 다음 중 인터넷 주소 체계에 대한 설명으로 옳지 않은 것은?

① IPv4는 네트워크 부분의 길이에 따라 A클래스에서 E클래스까지 5단계로 구성되어 있다.
② IPv4는 숫자로 8비트씩 4부분으로 총 32비트로 구성된다.
③ IPv4는 8비트마다 0에서 255 사이의 10진수로 표시하며 각각을 점(.)으로 구분한다.
④ IPv6은 IPv4의 주소 부족을 해결하기 위한 대책으로 마련된 64비트 체계이다.

58 다음 중 소프트웨어 관련 용어에 대한 설명으로 옳지 않은 것은?

① 셰어웨어는 기능이나 사용기간 등에 제한을 두어 무료로 배포한 소프트웨어이다.
② 알파 버전은 개발사 내에서 테스트를 목적으로 제작한 프로그램이다.
③ 프리웨어는 개발자가 소스를 공개한 소프트웨어로 누구나 수정 및 배포가 가능하다.
④ 내그웨어는 사용자에게 주기적으로 소프트웨어를 등록하도록 요구하는 소프트웨어이다.

59 다음 중 레지스터(Register)와 그 역할의 연결로 옳지 않은 것은?

① 프로그램 카운터(PC) – 다음 실행할 명령어의 주소 저장
② 명령어 레지스터(IR) – 현재 실행 중인 명령어 저장
③ 누산기(AC) – 데이터의 연산 결과를 저장
④ 보수기(Complementary) – 2개 이상의 수를 입력하여 이들의 합을 출력

60 다음에서 설명하는 모바일 운영체제는?

- 구글에서 개발한 개방형 운영체제
- 개방형 소프트웨어이므로 단말기 제조사나 이동 통신사 등이 무료로 인터넷과 메신저 등을 이용할 수 있으나 보안에 취약

① iOS
② 안드로이드
③ 하모니 OS
④ 심비안 OS

2025년 상시 기출문제 03회

SELF CHECK | 제한시간 60분 | 소요시간   분 | 전체 문항 수 60문항 | 맞힌 문항 수   문항

1과목 워드프로세싱 용어 및 기능

01 다음 중 워드프로세서의 특징으로 옳지 않은 것은?
① 문서의 통일성과 체계를 갖출 수 있다.
② 문서 작성 후 출력 및 저장이 가능하다.
③ 문서는 반드시 순차적인 내용만을 작성하고 글자색 변경은 안된다.
④ 문서의 내용은 수정하거나 삭제할 수 있다.

02 다음 중 유니코드(Unicode)에 대한 설명으로 옳은 것은?
① 유니코드는 8비트(1바이트)로 구성되며, 최대 256개의 문자만 표현할 수 있다.
② 한글의 경우 한 글자를 16비트(2바이트)로 표현하며, 전 세계의 다양한 문자를 통합하여 사용할 수 있도록 설계되었다.
③ 유니코드는 기존의 완성형 한글 코드와 동일하여 추가적인 한글 표현이 불가능하다.
④ 유니코드는 오직 영어 문자만 지원하며, 다국어 처리는 불가능하다.

03 다음과 같이 문장이 수정되었을 때 사용된 교정부호로 올바르게 짝지어진 것은?

〈수정 전〉
아무 것도 배우지 않고 있기보다는
쓸모없는것이라도
배우는 편이 낫다. – 세네카 –

〈수정 후〉
아무것도 배우지 않고 있기보다는
쓸모없는 것이라도 배우는 편이 낫다. – 세네카 –

① ⌒, ⌓, ⌒
② ⌒, ∨, ⌒
③ ⊔, ⌒, ⌒
④ ∨, ⌒, ⌒

04 다음 중 사외문서의 구성에서 두문에 해당하지 않은 것은?
① 제목은 문서 내용을 파악할 수 있도록 본문 내용을 간추려 표시한다.
② 수신자명은 직위와 성명을 표시한다.
③ 발신 연월일은 숫자 뒤에 년, 월, 일을 붙여 표시할 수 있다.
④ 발신자명은 문서 발신자의 성명을 표시한다.

05 다음 중 전자출판에서 하프톤(Halftone)에 대한 설명으로 옳은 것은?
① 이미지를 벡터 방식으로 변환하여 확대 시에도 깨지지 않도록 하는 기법이다.
② 신문 사진처럼 미세한 점(Dot)으로 이미지를 표현하며, 점의 크기와 명암을 조절하여 영상을 나타내는 방식이다.
③ 특정 색상의 일부만 제거하여 투명한 효과를 주는 기술이다.
④ 여러 개의 이미지를 부드럽게 연결하여 점진적인 변화(애니메이션)를 만드는 기법이다.

06 다음 중 글꼴 구현 방식에서 벡터와 비트맵 차이점에 대한 설명으로 옳은 것은?
① 벡터 그래픽은 픽셀로 구성되어 확대 시 품질 손실이 발생하지 않는다.
② 비트맵 그래픽은 점과 직선을 이용해 이미지를 구성하므로 확대 시 품질이 일정하게 유지된다.
③ 벡터 그래픽은 수학적 계산을 통해 점과 선을 정의하여 이미지 크기를 자유롭게 조정할 수 있다.
④ 비트맵 그래픽은 벡터 형식으로 저장되어 확대 시 품질 손실이 발생하지 않는다.

07 다음 중 한자 입력 방식에 관한 설명으로 옳지 않은 것은?

① 한자는 대부분의 한글 입력기에서 한자 변환 키를 눌러 입력할 수 있다.
② 한자 입력을 위해서는 반드시 한자 전용 입력기가 필요하다.
③ 한글 단어를 입력한 후, 한자 변환 키를 사용하여 단어별로 한자를 변환할 수 있다.
④ 한자 입력은 음운에 맞는 한자를 선택하여 입력하는 방식이다.

08 다음 중 워드프로세서 문서를 저장하는 방법으로 옳지 않은 것은?

① 문서를 저장할 때 Ctrl+S 단축키를 사용하여 빠르게 저장할 수 있다.
② 저장할 때는 반드시 새로운 파일 이름을 지정해야 한다.
③ 문서 저장 시 다른 형식으로 저장하려면 [다른 이름으로 저장]을 선택해야 한다.
④ 문서를 저장할 때, 같은 이름으로 저장하면 기존 파일에 덮어쓰기가 된다.

09 다음 중 소프트 카피에 대한 설명으로 옳은 것은?

① 컴퓨터 화면에 표시되는 문서나 파일을 말한다.
② 인쇄된 종이 문서를 말한다.
③ 소프트웨어의 설치 파일을 말한다.
④ 문서나 파일을 백업용으로 저장한 하드 카피 복사본을 말한다.

10 다음 중 교정부호에 대한 설명으로 옳지 않은 것은?

① ＞ : 문서에서 줄 간격을 띄우라는 부호이다.
② ⌒ : 단어나 문자의 위치를 변경하라는 부호이다.
③ ⌐⌐ : 지정된 부분을 아래로 내리라는 부호이다.
④ ⊷ : 불필요한 내용을 삭제하는 부호이다.

11 다음 중 '명칭별(거래처별) 분류법'에 대한 설명으로 옳지 않은 것은?

① 거래처별로 문서를 분류하는 방법이다.
② 각 거래처의 이름이나 고유 번호를 기준으로 문서를 분류한다.
③ 문서를 주제별로 분류하는 방법이다.
④ 이 분류법은 주로 기업이나 상업적인 목적에서 사용된다.

12 다음 중 공문서 결제 시스템에서 전결에 관한 설명으로 옳지 않은 것은?

① 전결은 결재권자의 사정에 의해 직무를 대리하는 자가 결재할 수 있도록 하는 제도이다.
② 전결은 특정 범위 내에서 하위 직원이 결재할 수 있도록 위임하는 시스템이다.
③ 전결은 결재권자가 미리 정한 범위 내에서만 사용된다.
④ 전결은 보통 긴급하거나 간단한 문서에 대해 사용된다.

13 다음 중 공문서 작성에 있어 옳지 않은 것은?

① 제목은 문서의 내용을 간략하고 정확하게 전달할 수 있도록 작성한다.
② 제목은 본문 내용의 일부가 아니라 별도로 작성되어야 한다.
③ 제목은 본문을 요약한 내용으로, 문서의 핵심을 나타내야 한다.
④ 제목은 간결하고 명확하게 작성하며, 가능하면 문서의 목적을 반영해야 한다.

14 다음 중 워드프로세서의 편집 관련 용어에 관한 설명으로 옳은 것은?

① 홈 베이스(Home Base) : 문서를 편집할 때 특정 위치를 홈(Home)으로 지정하고, 임의의 위치에서 곧바로 홈으로 커서를 이동시킬 수 있는 기능이다.
② 병합(Merge) : 인쇄를 하면서 동시에 다른 문서를 작성하거나 편집하는 기능이다.
③ 정렬(Align) : 작성되어 있는 문서의 내용을 일정한 기준으로 재분류하는 기능이다.
④ 디폴트(Default) : 네트워크를 통한 업무의 교환 시스템으로 문서의 표준화를 전제로 운영된다.

15 다음 중 각주(Footnote)와 미주(Endnote)에 대한 설명으로 옳지 않은 것은?

① 각주는 문서의 본문에서 나오는 특정 단어나 문장에 대한 추가적인 설명을 페이지 하단에 제공하는 방식이다.
② 미주는 문서의 본문에서 나오는 문구에 대한 추가적인 설명을 문서의 마지막 부분에 모아서 제공하는 방식이다.
③ 각주는 일반적으로 문서의 길이가 짧을 때 사용되고, 미주는 긴 문서나 책에서 더 많이 사용된다.
④ 미주는 각주와 동일한 기능을 하지만 페이지 하단에 표시되며, 본문과 더 가까운 위치에 있다.

16 다음 중 공문서의 성립 및 효력 발생에 관한 설명으로 옳지 않은 것은?

① 공문서의 효력 발생 시기는 다른 법령에 특별한 규정이 없는 한 수신자에게 도달되는 시점이다.
② 공고 문서는 고시, 공고가 있은 후 7일이 경과한 날부터 효력이 발생한다.
③ 문서는 결재권자가 해당 문서에 서명의 방식으로 결재함으로써 성립한다.
④ 전자문서의 효력 발생 시점은 수신자의 컴퓨터에 파일로 기록된 때를 원칙으로 한다.

17 다음 중 디더링(Dithering)에 대한 설명으로 옳은 것은?

① 제한된 색상을 부드럽게 변환하기 위해 작은 점 패턴을 섞어 배치하는 기법이다.
② 두 개의 이미지를 부드럽게 연결하여 자연스럽게 변화하는 효과를 만드는 기술이다.
③ 회사 로고 등을 작성하여 배경으로 엷게 나타내는 기능이다.
④ 3D 모델링에서 물체의 입체감을 표현하는 기법 중 하나이다.

18 다음 중 워드프로세서의 출력 기능에 대한 설명으로 옳지 않은 것은?

① 문서 편집 시 설정한 용지 크기는 인쇄 시 크기를 변경하여 출력할 수 없다.
② 인쇄 용지는 연속 용지와 낱장 용지로 구분할 수 있다.
③ 작성한 문서를 팩스로 보낼 수 있다.
④ 작성한 문서를 전자 메일로 보낼 수 있다.

19 다음 중 공문서에서 숫자, 금액, 날짜, 시간을 올바르게 표기한 것은?

① 금액 : 1,000,000원 → (백만 원)과 같이 한글 병기 없이 숫자만 작성한다.
② 날짜 : 25년 3월 29일 → 네 자리 연도를 사용하지 않고 두 자리 연도를 사용한다.
③ 시간 : 14시 30분 → 2:30 PM과 같은 12시간제를 사용한다.
④ 숫자 : 123,456 → 쉼표(,)를 사용하여 자릿수를 구분할 수 있다.

20 다음 중 전자출판의 장점으로 옳지 않은 것은?

① 전자출판은 출력물의 품질을 높이고, 빠르게 문서를 수정할 수 있는 장점이 있다.
② 전자출판은 인쇄소에서의 작업 과정을 줄여 비용 절감에 도움이 된다.
③ 전자출판은 원본을 디지털 형식으로 저장하기 때문에 물리적 공간을 절약할 수 있다.
④ 전자출판은 대량 인쇄 시 시간이 더 많이 걸리고 품질에 제한이 있을 수 있다.

2과목 PC 운영체제

21 다음 중 한글 Windows 10의 [폴더 옵션] 창에서 설정할 수 있는 작업으로 옳지 않은 것은?

① 폴더를 찾아볼 때 새 창에서 폴더를 열기
② 마우스를 한 번 클릭해서 폴더를 열기
③ 모든 폴더에 자세히 등 현재 보기를 적용하기
④ 키보드의 단축키로 폴더를 열기

22 다음 중 이미지 뷰어 기능을 제공하는 소프트웨어로만 짝지어진 것은?

① 일씨(ILSee), Imagine, 사진
② 곰플레이어, VLC 미디어 플레이어, Windows Media Player
③ 한컴오피스 한글, Microsoft Word, Notepad++
④ Adobe Photoshop, Visual Studio Code, Notepad++

23 다음 중 한글 Windows 10에서 창의 구성 요소에 대한 설명으로 옳지 않은 것은?

① 검색 상자 : 파일명이나 폴더명으로 원하는 항목을 검색할 수 있는 공간이다.
② 메뉴 표시줄 : 창의 기본 기능을 실행할 수 있도록 각종 명령을 모아놓은 공간이다.
③ 내용 표시 창 : 선택한 폴더의 내용이 표시되며 기본적인 작업이 이루어지는 공간이다.
④ 상태 표시줄 : 현재 사용하는 드라이브와 폴더의 위치가 표시되며, 폴더 이름을 선택하면 해당 폴더로 이동하는 공간이다.

24 한글 Windows 10의 [장치 관리자]에서 장치 드라이버 연결이 안 될 때 해결 방법으로 가장 옳은 것은?

① [장치 관리자]에서 해당 장치의 드라이버를 삭제한 후, 컴퓨터를 재부팅하여 자동으로 드라이버가 설치되도록 한다.
② [장치 관리자]에서 '디바이스 사용 안 함'을 선택한 후 인터넷을 통해 최신 드라이버를 다운로드하고 설치한다.
③ [장치 관리자]에서 문제를 해결할 수 없으므로 장치를 포기하고 사용을 중지한다.
④ [장치 관리자]에서 장치를 물리적으로 분리하고 다시 연결한다.

25 한글 Windows 10의 작업 표시줄에서 [작업 관리자] 창을 열기 위한 방법으로 옳은 것은?

① 작업 표시줄을 마우스 오른쪽 버튼으로 클릭하고, '작업 관리자'를 선택한다.
② 작업 표시줄을 마우스 왼쪽 버튼으로 클릭하고, '작업 관리자'를 선택한다.
③ 작업 표시줄 오른쪽에 있는 시스템 아이콘에서 '작업 관리자'를 검색하여 실행한다.
④ 작업 표시줄에서 드래그 앤 드롭하여 작업 관리자를 실행한다.

26 한글 Windows 10에서 기본 프린터를 설정하는 방법으로 옳은 것은?

① [설정]에서 '장치'를 선택한 후, '프린터 및 스캐너'에서 기본 프린터를 선택한다.
② [제어판]에서 '장치 관리자'를 선택한 후, 기본 프린터를 선택한다.
③ [파일 탐색기]에서 기본 프린터를 마우스 오른쪽 버튼으로 클릭하고 '기본으로 설정'을 선택한다.
④ [시작] 메뉴에서 프린터를 검색하여 기본 프린터를 선택한다.

27 다음 중 바로 가기 아이콘에 대한 설명으로 옳지 않은 것은?

① 바로 가기 아이콘은 실제 파일의 위치를 가리키는 링크일 뿐이다.
② 바로 가기 아이콘은 원본 파일이 있는 위치와 관계없이 만들 수 있다.
③ 바로 가기 아이콘을 삭제하면 원본 파일도 함께 삭제된다.
④ 바로 가기 아이콘에는 왼쪽 아래에 화살표 모양이 있다.

28 다음 중 한글 Windows 10의 [계산기] 기능으로 옳은 것은?

① 표준에는 별도의 변환 없이 통화 환율, 길이, 부피, 무게 및 질량을 사용한다.
② 공학용은 사칙 연산 뿐만 아니라 산술 시프트, 논리 시프트 계산이 가능하다.
③ 날짜 계산은 일정 관리와 알람 관리를 할 수 있다.
④ 프로그래머용은 2, 8, 10, 16진수 계산과 비트, 비트 시프트를 계산한다.

29 다음 중 한글 Windows 10에서 폴더와 프린터의 공유에 대한 설명으로 옳지 않은 것은?

① 다른 사람이 공유 여부를 모르게 하려면 폴더의 공유 이름 뒤에 '#' 기호를 표시한다.
② 공유 자원의 아이콘을 클릭하면 Windows 파일 탐색기의 세부 정보 창에 공유 여부가 표시된다.
③ 프린터를 공유할 경우 공유할 프린터의 이름을 변경할 수 있다.
④ 문서, 비디오, 소리, 그림 등의 데이터 파일을 공유하려면 해당 파일을 공용 폴더로 이동시키면 된다.

30 다음 중 한글 Windows 10에서 사용하는 폴더의 속성 창에서 할 수 있는 작업으로 옳지 않은 것은?

① [일반] 탭에서는 해당 폴더의 위치나 크기, 디스크 할당 크기, 만든 날짜 등을 확인할 수 있다.
② [공유] 탭에서는 네트워크상에서 공유 또는 고급 공유 옵션을 설정할 수 있다.
③ [자세히] 탭에서는 해당 폴더에 대한 사용자별 사용 권한을 설정할 수 있다.
④ [사용자 지정] 탭에서는 해당 폴더에 대한 유형, 폴더 사진, 폴더 아이콘을 설정할 수 있다.

31 다음은 한글 Windows 10에서 네트워크 장비 중 무엇에 대한 설명인가?

- 인터넷에 접속할 때 반드시 필요한 장비이다.
- 가장 최적의 경로를 설정하여 전송한다.
- 수신된 정보에 의하여 자신의 네트워크나 다른 네트워크의 연결점을 결정한다.
- 각 데이터들이 효율적인 속도로 전송될 수 있도록 데이터의 흐름을 제어한다.

① 허브(Hub)
② 리피터(Repeater)
③ 게이트웨이(Gateway)
④ 라우터(Router)

32 다음 중 한글 Windows 10의 플러그 앤 플레이(Plug& Play) 기능에 관한 설명으로 옳지 않은 것은?

① 플러그 앤 플레이 기능을 활용하기 위해서는 하드웨어의 지원 없이 소프트웨어만 지원하면 가능하다.
② 해당 장치에 대하여 사용자가 직접 환경을 설정하지 않아도 자동으로 구성된다.
③ 설치할 하드웨어를 자동으로 감지하고 장치 간의 충돌을 방지하는 기능이다.
④ 플러그 앤 플레이 기능이 없는 하드웨어는 [장치 추가]로 자동으로 설치할 수 있다.

33 한글 Windows 10에서 다른 컴퓨터에 연결되어 있는 프린터를 네트워크로 연결하여 사용하려는 경우, 설명으로 옳지 않은 것은?

① 프린터의 공유 이름을 알아야 한다.
② 프린터가 연결되어 있는 컴퓨터명을 알아야 한다.
③ 프린터 연결 포트는 반드시 COM1 포트를 사용하여야 한다.
④ [장치 및 프린터]-[프린터 추가] 창에서 설정할 수 있다.

34 다음 중 한글 Windows 10에서 여러 개의 창이 열려 있을 때 한 개의 창을 선택하여 제목 표시줄을 마우스로 클릭한 채 좌우로 흔들면 그 창을 제외한 나머지 창들이 최소화되는 기능으로 옳은 것은?

① 에어로 스냅(Aero Snap)
② 에어로 쉐이크(Aero Shake)
③ 에어로 피크(Aero Peek)
④ 에어로 전환 3D

35 한글 Windows 10에서 선택된 파일의 이름 바꾸기를 하는 방법으로 옳은 것은?

① [내 PC]나 [파일 탐색기] 창에서 Ctrl+F, M을 차례로 누르고, 새 이름을 입력한 후 Enter를 누른다.
② [내 PC]나 [파일 탐색기] 창에서 [홈] 메뉴의 [이름 바꾸기]를 선택하고, 새 이름을 입력한 후 Enter를 누른다.
③ F3을 누르고, 새 이름을 입력한 후 Enter를 누른다.
④ [내 PC]나 [파일 탐색기] 창에서 [편집] 메뉴의 [속성]을 선택하고, 새 이름을 입력한 후 Enter를 누른다.

36 다음 중 한글 Windows 10의 [키보드 속성] 창에서의 작업으로 옳지 않은 것은?

① 화상 키보드를 바탕 화면에 표시할 수 있다.
② 문자 반복과 커서 깜박임 속도를 조정할 수 있다.
③ 키보드가 올바르게 작동하고 있는지 장치 상태를 확인할 수 있다.
④ 키 반복 속도를 테스트할 수 있다.

37 다음 중 한글 Windows 10에서 설치된 프린터의 바로 가기 메뉴에 있는 [프린터 속성]을 선택하여 표시되는 프린터 속성 상자에 대한 설명으로 옳지 않은 것은?

① [일반] 탭 : 프린터 모델명 확인과 인쇄 기본 설정
② [공유] 탭 : 프린터를 네트워크상의 다른 컴퓨터와 공유할 것인지를 결정하고 추가 드라이버를 설치
③ [포트] 탭 : 프린터 포트를 선택하고 새로운 포트를 추가하거나 삭제
④ [고급] 탭 : 프린터 시간을 제어하고 인쇄 해상도를 설정하며, 테스트 페이지 인쇄 등을 지정

38 한글 Windows 10의 [파일 탐색기]에서 숨김 파일을 볼 수 있도록 하는 방법은?

① [보기] 메뉴의 [세부 정보 창]을 선택한 후 세부 내용 선택 상자에서 숨김 파일 및 폴더 표시를 설정한다.
② [파일] 메뉴의 [속성]을 선택한 후 [일반] 탭에서 숨김 파일, 폴더 및 드라이브 표시를 선택한다.
③ [보기] 메뉴의 [옵션]-[폴더 및 검색 옵션 변경]을 선택한 후 [보기] 탭에서 숨김 파일, 폴더 및 드라이브 표시를 선택한다.
④ [편집] 메뉴의 [모두 선택]을 선택한 후 바로 가기 메뉴에서 숨김 파일, 폴더 및 드라이브 표시를 선택한다.

39 다음 중 한글 Windows 10에서 인터넷을 사용하기 위한 네트워크 설정 및 점검에 대한 설명으로 옳지 않은 것은?

① 'ipconfig.exe' 프로그램은 현재 설정된 IP 주소와 TCP/IP 네트워크 구성을 확인하거나 변경하기 위하여 사용한다.
② Ping 서비스는 원격 컴퓨터가 현재 인터넷에 연결되었는지 또는 주변 컴퓨터나 라우터 등과 통신 상태를 점검할 때 사용한다.
③ DNS 서버는 인터넷에서 연결된 컴퓨터의 도메인 이름을 숫자로 된 IP 주소로 변환하는 역할을 한다.
④ 서브넷 마스크는 IP 주소와 결합하여 사용자 컴퓨터가 속한 네트워크를 식별할 때 사용한다.

40 한글 Windows 10에서 네트워크 구성 요소에 대한 설명으로 옳지 않은 것은?

① 네트워크에 있는 서로 다른 컴퓨터 간에 정보를 공유하려면 동일한 프로토콜을 사용하여야 한다.
② 서비스는 내 컴퓨터에 설치된 파일, 프린터 등의 자원을 다른 컴퓨터에서 공유할 수 있도록 하는 소프트웨어이다.
③ 어댑터는 컴퓨터가 네트워크에 있는 자원을 액세스할 수 있게 해주는 통신 규약이다.
④ 클라이언트는 네트워크의 다른 컴퓨터나 서버에 연결하여 파일이나 프린터 등의 공유 자원을 사용할 수 있도록 한 소프트웨어이다.

3과목 PC 기본상식

41 다음 중 캐시 메모리에 대한 설명으로 옳은 것은?

① 캐시 메모리는 주기억 장치(RAM)보다 속도가 느리지만 저장 용량이 크다.
② 캐시 메모리는 CPU와 주기억 장치 사이에서 데이터 전송 속도를 높이기 위해 사용된다.
③ 캐시 메모리는 영구적으로 데이터를 저장하는 비휘발성 메모리이다.
④ 캐시 메모리는 HDD(하드 디스크)와 직접 연결되어 작동하는 저장 장치이다.

42 다음 중 EEPROM에 대한 설명으로 옳지 않은 것은?

① BIOS, 글꼴, POST 등이 저장된 대표적인 펌웨어(Firmware) 장치이다.
② 데이터를 전기적으로 지우고 다시 쓸 수 있는 기능을 제공한다.
③ RAM처럼 휘발성 메모리로, 전원이 꺼지면 데이터가 사라진다.
④ 주로 설정 정보나 작은 데이터를 저장하는 데 사용된다.

43 다음에서 설명하는 내용 중 옳지 않은 것은?

① 텔레메틱스(Telematics)는 자동차와 통신 기술을 결합하여 실시간 위치 추적, 차량 상태 모니터링 등을 가능하게 하는 기술이다.
② IoT(Internet of Things)는 다양한 기기들이 인터넷에 연결되어 데이터를 주고받으며 상호작용을 하는 기술로 네트워크를 통해 정보를 교환한다.
③ ISDN(Integrated Services Digital Network)은 디지털 통신망으로, 음성, 데이터, 영상 등을 하나의 회선에서 동시에 전송할 수 있는 기술이다.
④ RFID(Radio Frequency IDentification)는 주로 데이터베이스의 서버와 연결되어 대량의 데이터를 실시간으로 저장하고 처리하는 데 사용된다.

44 다음에서 설명하는 장치는?

- 기록된 문자를 광학적인 방법으로 읽어 들이는 장치
- 공공요금 청구서에 사용

① 스캐너
② OMR
③ OCR
④ MICR

45 다음에서 설명하는 프로토콜은?

- 전자우편을 위한 인터넷 표준 포맷
- 텍스트 이외의 다양한 형식의 데이터를 전송
- 웹 브라우저가 지원하지 않는 화상이나 음성을 포함한 각종 멀티미디어 정보를 보낼 때의 표준 규격

① POP
② IMAP
③ SMPT
④ MIME

46 다음 중 컴퓨터에서 사용하는 응용 소프트웨어인 데이터베이스 관리 시스템(DBMS)의 특징으로 옳지 않은 것은?

① 데이터의 중복성을 최소화하여 저장 공간을 절약할 수 있다.
② 데이터의 일관성과 무결성을 유지할 수 있다.
③ 데이터의 논리적·물리적 독립성을 방지할 수 있다.
④ 다수 사용자의 동시 실행 제어가 가능하다.

47 다음 중 그래픽 데이터 형식에 대한 설명으로 옳지 않은 것은?

① BMP : Windows 운영체제의 표준 비트맵 파일 형식으로, 압축하여 저장하므로 파일의 크기가 작은 편이다.
② GIF : 인터넷 표준 그래픽 형식으로 8비트 컬러를 사용하여 최대 256색상까지만 표현할 수 있으나, 애니메이션 표현이 가능하다.
③ JPEG : 사진과 같은 선명한 정지 영상 압축 기술에 대한 국제 표준으로 주로 인터넷에서 그림 전송에 사용된다.
④ PNG : 선명한 그래픽(트루 컬러)으로 투명색 지정이 가능하다.

48 다음 중 프로그래밍 언어에 대한 설명으로 옳지 않은 것은?

① 고급 언어는 인간이 이해하기 쉬운 문자로 구성된 인간 중심의 언어이다.
② 어셈블리어는 기계어와 대응되는 기호나 문자로 작성하는 언어이다.
③ 기계어는 2진수로 표현된 컴퓨터가 이해할 수 있는 저급 언어이다.
④ C++는 C언어를 기반으로 하는 구조적인 개념을 도입한 절차 지향 언어이다.

49 다음 중 정보 기술에 대한 설명으로 옳지 않은 것은?

① GPS는 어느 곳에서나 자신의 위치를 알려주는 인공위성을 이용한 항법 시스템이다.
② CAD/CAM은 언제 어디서나 교육용 콘텐츠를 실감나게 표현하고 이용할 수 있는 시스템이다.
③ 와이브로(Wibro)는 모바일 기기를 이용하여 언제 어디서나 이동하면서 고속으로 무선 인터넷 접속이 가능한 서비스이다.
④ 스마트 컨버전스는 정보 산업과 다른 전 산업 분야와 융합하여 다른 새로운 분야의 기술 개발과 산업 발전을 이루게 하여 고부가 가치 산업을 창출해 내는 기술이다.

50 다음 중 정보 사회의 부작용과 가장 관련이 없는 것은?

① 정보의 과다로 인한 혼란과 정보의 편중에 의한 계층 간의 정보 차이가 생긴다.
② 인간관계에서의 유대감이 강화되고, 인간의 고유 판단 능력이 향상된다.
③ 기술의 인간 지배와 이로 인한 인간의 소외 현상이 생긴다.
④ 정보 이용 기회의 불균등으로 인하여 정보 소외 현상이 생긴다.

51 다음 중 인터넷 서비스에 관한 설명으로 옳지 않은 것은?

① FTP는 인터넷을 이용하여 파일을 주고받을 수 있는 원격 파일 전송 프로토콜이다.
② TELNET은 원격지에 위치한 컴퓨터를 접속하여 자신의 컴퓨터처럼 사용할 수 있는 서비스이다.
③ PING은 전자 우편을 위하여 메일 내용의 보안성을 보장하는 프로토콜이다.
④ WWW는 HTTP 프로토콜을 사용하는 하이퍼텍스트를 기반으로 한다.

52 다음에서 설명하는 오디오 데이터 파일 형식으로 가장 적합한 것은?

- 전자 악기 디지털 인터페이스를 의미하며, 컴퓨터 사이에서 음정과 같은 연주 정보를 교환하기 위한 데이터 전송 규격이다.
- 음성이나 효과음 저장이 불가능하고, 연주 정보만 저장되어 있으므로 파일 크기가 작다.

① MIDI
② WAVE
③ RA/RM
④ MP3

53 다음 중 아래의 설명에 해당하는 용어는?

- 휴대폰을 모뎀으로 활용할 수 있는 기능이다.
- 노트북과 같은 IT 기기를 휴대폰에 연결하여 무선 인터넷을 사용할 수 있다.

① 와이브로(WiBro)
② 블루투스(Bluetooth)
③ 테더링(Tethering)
④ 아이핀(I-PIN)

54 다음 중 인터럽트에 대한 설명으로 옳지 않은 것은?

① 외부 인터럽트는 입·출력 장치, 전원 등의 외부적인 요인에 의해 발생한다.
② 여러 장치에서 동시에 인터럽트가 발생할 경우 우선순위가 높은 인터럽트부터 수행한다.
③ 외부 인터럽트는 트랩이라고도 불린다.
④ 소프트웨어 인터럽트는 프로그램 처리 중 명령의 수행에 의해 발생한다.

55 다음 중 인터넷상에서 보안을 위협하는 유형에 대한 설명으로 옳지 않은 것은?

① 스파이웨어(Spyware) : 사용자 동의 없이 사용자 정보를 수집하는 프로그램
② 분산 서비스 거부 공격(DDos) : 데이터 패킷을 범람시켜 시스템의 성능을 저하시키는 것
③ 스니핑(Sniffing) : 실제로는 악성코드로 행동하지 않으면서 겉으로는 악성코드인 것처럼 가장하여 행동하는 프로그램
④ 스미싱(Smishing) : 문자메시지에 악성 링크를 포함시켜 개인정보를 유출하거나 악성 앱을 설치하도록 유도하는 피싱 사기 수법

56 다음 중 모바일 기능에 대한 연결이 옳지 않은 것은?

① 증강현실 : 위성에서 보내는 신호를 수신해 사용자의 현재 위치를 알아내는 시스템
② 근접센서 : 물체가 접근했을 때 위치를 검출하는 센서
③ DMB : 영상이나 음성을 디지털로 변환하는 기술을 이용하여 휴대용 IT 기기에서 방송하는 서비스
④ NFC : 무선태그 기술로 10cm 이내의 가까운 거리에서 기기 간의 설정 없이 다양한 무선 데이터를 주고받는 통신 기술

57 다음 중 인트라넷(Intranet)에 대한 설명으로 옳은 것은?

① 기업 내부에서만 정보 공유 및 협업을 위해 사용하는 네트워크 시스템이다.
② 모든 인터넷 사용자가 접근할 수 있도록 공개된 네트워크이다.
③ 인터넷을 통해 연결된 모든 컴퓨터의 집합을 의미한다.
④ 외부 고객과 협력 업체를 위한 개방형 네트워크이다.

58 다음에서 설명하는 정보 보안 서비스는?

- 권한이 없는 방식으로 변경하거나 파괴되지 않는 데이터의 특성
- 정보의 내용이 전송 중에 수정되지 않고 전달되는 것을 의미하는 보안 기능

① 기밀성
② 무결성
③ 부인 방지
④ 가용성

59 다음 중 고정 소수점 방식과 비교하여 부동 소수점 방식의 특징으로 옳지 않은 것은?

① 부동 소수점 방식은 고정 소수점 방식보다 연산 속도가 빠르다.
② 부동 소수점 방식은 더 넓은 범위의 수를 표현할 수 있다.
③ 부동 소수점 방식은 정밀도에 제한이 있다.
④ 부동 소수점 방식은 소수점 위치가 고정되지 않고, 이동이 가능하다.

60 다음에서 설명하는 것은?

- 언제 어디서나 자유롭게 네트워크를 통해 컴퓨터에 접속할 수 있는 환경
- 개별 물건에 초소형 전자태그가 삽입되어 있어 시간과 장소에 구애받지 않고 네트워크에 접속하여 사용

① 그리드 컴퓨팅(Grid Computing)
② 클라우드 컴퓨팅(Cloud Computing)
③ 웨어러블 컴퓨팅(Wearable Computing)
④ 유비쿼터스 컴퓨팅(Ubiquitous Computing)

빠른 정답표 / 확인하기

① 모바일로 QR 코드를 스캔합니다.
② 해당 회차의 정답표를 확인합니다.
③ 빠르고 간편하게 채점해 보세요.

2025년 상시 기출문제 04회

SELF CHECK | 제한시간 60분 | 소요시간   분 | 전체 문항 수 60문항 | 맞힌 문항 수   문항

1과목 워드프로세싱 용어 및 기능

01 다음 중 워드프로세서의 특징으로 옳지 않은 것은?
① 문서 작성과 편집 기능을 제공한다.
② 다양한 서식 옵션을 통해 문서를 꾸밀 수 있다.
③ 문서 작성 후 인쇄할 수 있는 기능을 제공한다.
④ 문서의 내용만 수정할 수 있고, 서식은 수정할 수 없다.

02 다음 중 문서의 보존 및 폐기 시 고려해야 할 사항으로 옳지 않은 것은?
① 관련 법규를 준수해야 한다.
② 보존 기간이 끝난 문서는 검토 없이 즉시 폐기해야 한다.
③ 중요 문서는 일정 기간이 지나면 영구 보존될 수 있다.
④ 보존할 문서는 적절한 환경에서 관리해야 한다.

03 다음과 같이 문장이 수정되었을 때 사용된 교정부호로 올바르게 짝지어진 것은?

〈수정 전〉

단념하지말라.
　당신의 첫 실패는
당신이 더 나아지게 만들 것이다. 〈토마스에디슨〉

〈수정 후〉

단념하지 말라.
당신의 첫 실패는
당신이 더 나아지게 만들 것이다.
〈토마스에디슨〉

① ⌒, ⊂, ⌐
② ∨, ⌐, ⌐
③ ⌒, ∨, ⌣
④ ⌐, ⌒, ⌒

04 다음 중 워드프로세서에서 스타일에 대한 설명으로 옳은 것은?
① 스타일은 문서의 글꼴, 크기, 색상 등을 하나하나 수동으로 설정하는 방법이다.
② 스타일은 문서의 제목, 본문, 인용 등의 서식을 미리 정의하여 일관된 형식을 유지할 수 있게 해준다.
③ 스타일은 문서의 내용을 자동으로 요약하고, 핵심 단어를 강조하는 기능이다.
④ 스타일은 문서의 이미지나 표의 크기를 조정하는 기능을 제공한다.

05 다음 중 한글 워드프로세서의 매크로 기능에 대한 설명으로 옳지 않은 것은?
① 일련의 작업 순서 내용을 특정키로 설정하고 필요할 때 한 번에 재생해 주는 기능이다.
② 매크로는 사용자의 마우스 동작만을 기억할 수 있다.
③ 작성된 매크로는 편집이 가능하다.
④ 작성된 매크로는 별도의 파일에 저장이 가능하다.

06 다음 중 공문서의 기안에 대한 설명으로 옳지 않은 것은?
① 기안문서는 전자문서로 하는 것을 원칙으로 한다.
② 각종 증명 발급이나 회의록 등은 발의자와 보고자의 표시를 생략할 수 있다.
③ 행정기관명을 표시할 때 다른 행정기관명과 동일한 경우 바로 아래 하급기관명을 함께 표시할 수 있다.
④ 수신자가 없는 내부결재문서인 경우 수신란에 '내부결재'로 표시한다.

07 다음 중 워드프로세서 용어에 대한 설명으로 옳지 않은 것은?

① 하드 카피(Hard Copy) : 화면에 보이는 내용을 그대로 프린터에 인쇄하는 것을 말한다.
② 프린터 버퍼(Print Buffer) : 인쇄할 내용을 임시 보관하는 장소이다.
③ 용지 넘김(Form Feed) : 프린터에서 다음 페이지의 맨 처음 위치까지 종이를 밀어 올리는 것을 말한다.
④ 프린터 드라이버(Printer Driver) : 워드프로세서의 산출된 출력값을 특정 프린터 모델이 요구하는 형태로 번역해 주는 하드웨어를 말한다.

08 다음 중 머리말/꼬리말(바닥글)에 사용하지 않은 것은?

① 날짜와 시간
② 페이지 번호
③ 그림
④ 주석

09 다음 중 메일 머지(Mail Merge) 기능에 대한 설명으로 옳은 것은?

① 메일 머지는 한 번에 여러 사람에게 동일한 문서를 보내는 기능이다.
② 메일 머지는 문서 내의 모든 데이터를 자동으로 삭제하는 기능이다.
③ 메일 머지는 이메일 서버를 통해 대량의 이메일을 자동으로 전송하는 기능이다.
④ 메일 머지는 다수의 문서를 수동으로 작성하는 기능이다.

10 다음 중 파일링 분류법에서 명함을 분류하는 방법으로 옳은 것은?

① 명함은 사람의 이름이나 회사명을 기준으로 분류한다.
② 명함은 회사의 지역을 기준으로 분류한다.
③ 명함은 직급을 기준으로 분류한다.
④ 명함은 색깔별로 분류한다.

11 다음 중 아래의 보기에서 설명하는 워드프로세서의 편집 관련 용어로 옳은 것은?

> 명령이나 기능을 수행하는 데 필요한 추가적인 요소나 선택 항목

① 디폴트(Default)
② 옵션(Option)
③ 문단(Paragraph)
④ 클립아트(Clip Art)

12 다음 중 워드프로세서의 인쇄 기능에 대한 설명으로 옳지 않은 것은?

① 프린터 등을 통해 작성한 문서를 인쇄하는 기능을 말한다.
② 문서의 일부분만 인쇄할 수 있다.
③ 프린터의 해상도를 높게 설정하면 출력도 빠르고 선명하게 인쇄할 수 있다.
④ 문서의 끝 페이지에서부터 첫 페이지 순으로 인쇄할 수 있다.

13 다음 중 맞춤법 검사(Spelling Check)에 대한 설명으로 옳지 않은 것은?

① 작성된 문서에서 내장된 사전과 비교하여 맞춤법에 어긋난 단어를 찾아주는 기능이다.
② 맞춤법, 표준말, 띄어쓰기, 기호나 수식의 오류를 검사한다.
③ 사전에 없는 단어는 사용자가 추가할 수 있다.
④ 자주 틀리는 단어를 자동적으로 바꾸도록 지정할 수 있다.

14 다음 중 치환(Replace) 기능에 대한 설명으로 옳지 않은 것은?

① 한글, 특수문자, 영어, 한자 등을 바꿀 수 있다.
② 문서에서 특정 단어를 검색하여 다른 단어로 바꾸는 것을 의미한다.
③ 단어는 바꿀 수 있어도 글꼴의 크기, 모양, 속성은 바꿀 수 없다.
④ 문서에서 원하는 부분을 블록으로 설정하면 설정된 부분에 대해서만 바꾸기를 할 수 있다.

15 다음 중 문서의 분량에 변동이 없는 교정부호로만 짝지은 것은?

① ⌒, ⌒, ☼
② ♂, ⌐, ⌒
③ ⌒, ⌒, ☼
④ ⌐, ∨, ⌒

16 다음 중 와일드카드를 사용한 검색 예로 옳지 않은 것은?

① A**를 사용하면 'A'로 시작하는 모든 단어를 찾을 수 있다.
② **T?st**를 사용하면 'Test', 'Tost'와 같은 단어를 찾을 수 있다.
③ ??e**를 사용하면 'Tear', 'Seem'과 같은 단어를 찾을 수 있다.
④ *a**를 사용하면 'banana', 'car'와 같은 단어를 찾을 수 있다.

17 다음 중 공문서의 효력 발생 시점에 대한 설명으로 옳은 것은?

① 공문서는 작성 후 즉시 효력이 발생한다.
② 공문서는 수신자에게 도달된 때 효력이 발생한다.
③ 공문서는 발송 후 24시간 뒤에 효력이 발생한다.
④ 공문서는 수신자가 이를 읽고 난 후 효력이 발생한다.

18 다음 중 전자문서 관리 시스템의 주요 기능이 아닌 것은?

① 문서의 생성, 저장, 수정, 삭제 기능
② 문서의 검색 및 접근 기능
③ 문서의 실시간 수정 및 공동 작업 기능
④ 문서의 자동 삭제 기능

19 다음 중 문서 파일 정리법으로 옳지 않은 것은?

① 중요한 문서 파일은 별도의 폴더로 구분하여 저장한다.
② 관련된 문서 파일은 같은 폴더 내에 넣어두는 것이 효율적이다.
③ 중요한 문서 파일을 수시로 삭제하여 디스크 공간을 절약하고 보안을 확보한다.
④ 문서 파일은 날짜나 주제를 기준으로 구분하여 저장한다.

20 다음 중 전자출판의 장점으로 옳은 것은?

① 물리적 공간을 절약할 수 있다.
② 출력 비용이 매우 높다.
③ 인쇄 시간이 길어질 수 있다.
④ 접근성이 떨어진다.

2과목 PC 운영체제

21 다음 중 한글 Windows 10의 바로 가기 아이콘에 대한 설명으로 옳은 것은?

① 바탕 화면에 있는 폴더의 바로 가기 아이콘을 삭제하면 원본 폴더도 삭제된다.
② 실행 파일에 대한 바로 가기 아이콘을 바탕 화면에 만들 수 있다.
③ 바로 가기 아이콘은 확장자가 LNK인 파일로 바탕 화면에만 만들 수 있다.
④ 일반 아이콘과 구분하기 위하여 바로 가기 아이콘 그림의 오른쪽 아래에 화살표가 표시된다.

22 다음 중 Microsoft Edge와 관련된 설명으로 옳지 않은 것은?

① 크로미움(Chromium) 기반으로 제작되어 Google Chrome과 유사한 웹 렌더링 엔진을 사용한다.
② Internet Explorer보다 나중에 나온 웹 브라우저로, 최신 웹 표준을 지원한다.
③ Microsoft Access(액세스)와 통합되어 데이터베이스 기능을 제공한다.
④ Windows뿐만 아니라 Mac, iOS, Android에서도 사용할 수 있다.

23 다음 중 한글 Windows 10에서 권한이 없는 사용자가 네트워크나 인터넷을 통해 사용자의 컴퓨터에 접근하지 못하도록 설정할 수 있는 것은 무엇인가?

① 네트워크 연결
② 자동 업데이트
③ 방화벽
④ 바이러스 백신

24 다음 중 한글 Windows 10의 [휴지통 속성] 창에서 설정할 수 있는 항목이 아닌 것은?

① 휴지통 크기 설정
② 휴지통 아이콘 표시 여부
③ 삭제 시 확인 대화상자 표시 여부
④ 휴지통 파일 삭제 후 복원 가능 여부 설정

25 다음 중 한글 Windows 10에서 사용하는 바로 가기 키의 설명으로 옳지 않은 것은?

① ⊞ : [시작] 메뉴를 표시한다.
② ⊞+D : 열려 있는 모든 창을 최소화하거나 이전 크기로 복원한다.
③ ⊞+E : Windows 탐색기를 실행하여 화면에 표시한다.
④ ⊞+R : [검색 결과] 창을 표시한다.

26 다음 중 한글 Windows 10의 작업 표시줄에 대한 설명으로 옳은 것은?

① 작업 표시줄은 화면 하단에 있으며, 시작 메뉴, 실행 중인 앱 등을 표시한다.
② 작업 표시줄은 응용 프로그램 창만 표시하며, 시스템 아이콘에는 아무런 정보도 표시되지 않는다.
③ 작업 표시줄에 표시되는 시작 버튼은 사용자가 열어놓은 프로그램을 모두 최소화하여 실행할 수 있도록 도와준다.
④ 작업 표시줄에 있는 실행 목록은 고정되어 삭제할 수 없다.

27 다음 중 한글 Windows 10의 [장치 관리자] 창에서 설치된 실제 하드웨어를 선택한 후에 바로 가기 메뉴를 이용하여 할 수 있는 작업으로 옳지 않은 것은?

① 해당 하드웨어의 [드라이버 업데이트]를 할 수 있다.
② 해당 하드웨어에 대해 [디바이스 사용 안 함]을 지정할 수 있다.
③ 해당 하드웨어의 [디바이스 이름 바꾸기]를 할 수 있다.
④ 해당 하드웨어의 설치된 [디바이스 제거]를 할 수 있다.

28 다음 중 한글 Windows 10에서 새로운 프린터를 추가하기 위한 [프린터 추가]에 관한 설명으로 옳지 않은 것은?

① [장치 및 프린터] 창에서 [프린터 추가]를 선택하여 작업을 수행한다.
② [프린터 추가]를 수행하는 과정에서 네트워크, 무선 또는 Bluetooth 프린터와 로컬 프린터로 구분하여 설치할 수 있다.
③ USB 포트에 연결되는 플러그 앤 플레이 프린터가 있으면 [프린터 추가]를 사용할 필요가 없다.
④ [프린터 추가]를 이용하여 설치된 새로운 로컬 프린터는 항상 기본 프린터로 지정된다.

29 다음 중 한글 Windows 10의 [파일 탐색기] 창에 관한 설명으로 옳지 않은 것은?

① 탐색 창 영역과 파일 영역을 구분하는 세로 선을 마우스로 끌어놓기하면 각 영역의 크기를 조절할 수 있다.
② 탐색 창 영역에서 폴더를 선택한 후에 숫자 키패드의 ＊를 누르면 선택된 폴더의 모든 하위 폴더가 표시된다.
③ 폴더를 선택한 후 숫자 키패드의 ＋를 누르면 선택된 폴더가 축소되고, －를 누르면 폴더가 확장되어 표시된다.
④ 탐색 창 영역에서 키보드의 방향키 ←를 누르면 선택한 폴더의 하위 폴더가 보이면 닫고, 하위 폴더가 닫힌 상태이면 상위 폴더를 선택한다.

30 다음 중 한글 Windows 10에서 압축 폴더에 대한 설명으로 옳지 않은 것은?

① 폴더를 압축하면 다른 컴퓨터로 빠르게 전송할 수 있다.
② 압축된 폴더의 파일은 일반 파일과 같이 편집하여 사용할 수 있다.
③ 압축하려는 파일이나 폴더를 선택한 후 바로 가기 메뉴의 [보내기]-[압축(Zip)]을 선택하여 압축할 수 있다.
④ 압축된 파일을 읽기 전용으로 열어 수정한 후 다른 이름으로 저장할 수 있다.

31 다음 중 한글 Windows 10에서 발생할 수 있는 문제의 해결 방법으로 옳은 것은?

① 디스크 공간이 부족할 때는 디스크 조각 모음을 실행하여 단편화를 제거한다.
② 디스크의 접근 속도가 느려질 경우에는 디스크 정리를 수행한다.
③ 앱이 응답하지 않을 경우에는 [작업 관리자] 창에서 해당 작업을 종료한다.
④ 메인 메모리 용량이 적을 경우에는 이동식 디스크의 불필요한 프로그램을 삭제한다.

32 다음 중 아래 보기에서 설명하는 한글 Windows 10의 네트워크 기능 유형으로 옳은 것은?

> 네트워크의 다른 컴퓨터나 서버에 연결하여 파일/프린터 등의 공유 자원을 사용할 수 있게 하는 소프트웨어이다.

① 서비스
② 프로토콜
③ 클라이언트
④ 어댑터

33 다음 중 한글 Windows 보조프로그램에 있는 [그림판]에 대한 설명으로 옳지 않은 것은?

① 스마트폰으로 촬영한 jpg 파일을 불러와 편집한 후 png 파일 형식으로 저장할 수 있다.
② 편집 중인 이미지의 일부분을 선택한 후 삭제하면 삭제된 빈 공간은 '색 1'(전경색)로 채워진다.
③ 그림판에서 편집한 그림은 Windows 바탕 화면의 배경으로 그림 전체를 사용할 수 있다.
④ 오른쪽 버튼으로 그림을 그릴 경우에는 모두 '색 2'(배경색)로 그려진다.

34 다음 한글 Windows 10의 보안 기능에 대한 설명 중 옳지 않은 것은?

① [사용자 계정 컨트롤 설정 변경] 기능을 사용하면 유해한 앱이 사용자 모르게 소프트웨어를 설치하거나 변경하는 것을 방지할 수 있다.
② [BitLocker 드라이브 암호화] 기능을 사용하면 해당 드라이브에 저장되어 있는 모든 파일에 대한 무단 액세스를 방지할 수 있다.
③ [Windows Defender 방화벽] 기능을 사용하면 스파이웨어뿐만 아니라 사용자 동의 없이 설치된 소프트웨어로부터 보호할 수 있다.
④ 컴퓨터 관리의 [디스크 관리] 기능을 사용하면 해당 드라이브에 설치된 악성 소프트웨어를 삭제할 수 있다.

35 다음 중 한글 Windows 10에서 문서 인쇄에 대한 설명으로 옳지 않은 것은?

① [프린터] 메뉴 중 [모든 문서 취소]는 스풀러에 저장되어 있는 문서 중 오류가 발생한 문서에 대해서만 인쇄 작업을 취소한다.
② 일단 프린터에서 인쇄 작업이 시작된 경우라도 잠시 중지시켰다가 다시 인쇄할 수 있다.
③ 인쇄 대기 중인 문서를 삭제하거나 출력 대기 순서를 임의로 조정할 수 있다.
④ 인쇄 중 문제가 발생한 인쇄 목록을 확인할 수 있다.

36 다음 중 한글 Windows 10에서 파일이나 폴더의 복사, 이동, 삭제에 대한 설명으로 옳은 것은?

① 임의의 폴더를 다른 드라이브로 이동시키려면 해당 폴더를 드래그 앤 드롭하면 된다.
② 폴더 창에서 방금 전 삭제한 파일은 Ctrl + Z를 누르면 복원할 수 있다.
③ 삭제할 폴더에 하위 폴더가 여러 개 존재하는 경우 Delete 를 눌러 삭제할 수 없다.
④ USB 메모리에 있는 파일을 Shift 를 누른 상태로 하드 디스크 드라이브로 드래그 앤 드롭하면 그대로 복사된다.

37 다음 중 한글 Windows 10에서 파일이나 폴더를 삭제하는 방법으로 옳지 않은 것은?

① 파일이나 폴더를 선택한 후에 휴지통으로 끌어넣기를 한다.
② 파일이나 폴더를 선택한 후에 [편집] 메뉴의 [삭제]를 선택한다.
③ 파일이나 폴더를 선택한 후에 바로 가기 메뉴의 [삭제]를 선택한다.
④ 파일이나 폴더를 선택한 후에 키보드의 Delete 로 삭제한다.

38 다음 중 한글 Windows 10의 [개인 설정] 창에서 할 수 있는 작업으로 옳지 않은 것은?

① 바탕 화면에 새로운 테마를 지정하여 적용할 수 있다.
② 화면 보호기 설정을 사용하여 화면의 해상도를 변경할 수 있다.
③ Windows 및 프로그램의 이벤트에 적용되는 소리 구성표를 변경할 수 있다.
④ 창 테두리, 시작 메뉴, 작업 표시줄의 색을 변경할 수 있다.

39 다음 중 한글 Windows 10에서 인터넷 IP 주소 체계를 위해 사용하는 IPv6에 관한 설명으로 옳지 않은 것은?

① IPv4와의 호환성이 뛰어나며, IPv4와 비교하여 자료 전송 속도가 빠르다.
② 숫자로 8비트씩 4부분으로 구분하며, 총 32비트로 구성된다.
③ 인증성, 기밀성, 데이터 무결성의 지원으로 보안 문제를 해결할 수 있다.
④ 실시간 흐름 제어로 향상된 멀티미디어 기능을 제공한다.

40 다음 중 한글 Windows 10에서 레지스트리에 대한 설명으로 옳지 않은 것은?

① 레지스트리를 편집하려면 시작 메뉴의 검색 상자에서 'regedit'를 입력하여 실행한다.
② 레지스트리란 Windows 사용자의 정보, 응용 프로그램의 정보, 설정 사항 등 Windows 실행 설정에 대한 정보를 담은 데이터베이스이다.
③ 레지스트리가 손상되면 Windows에 치명적인 손상을 줄 수 있으므로 주의하여 사용해야 한다.
④ 레지스트리는 백업을 받을 수 없으므로 함부로 삭제하거나 실수하는 일이 없도록 신중하게 편집해야 한다.

3과목 PC 기본상식

41 다음 중 운영체제의 구성 중 제어 프로그램에 속하지 않는 것은?

① 감시 프로그램(Supervisor Program)
② 서비스 프로그램(Service Program)
③ 데이터 관리 프로그램(Data Management Program)
④ 작업 관리 프로그램(Job Management Program)

42 다음 중 멀티미디어의 정의로 옳은 것은?

① 멀티미디어는 텍스트와 이미지만을 사용하는 미디어 형태이다.
② 멀티미디어는 텍스트, 이미지, 오디오, 비디오 등의 여러 매체를 결합한 형태이다.
③ 멀티미디어는 단지 비디오만 포함하는 미디어 형태이다.
④ 멀티미디어는 컴퓨터와 관련된 미디어 기술만 포함된다.

43 다음 중 증강현실(AR) 기술에 대한 설명으로 옳은 것은?

① 현실 세계에 가상의 이미지를 덧붙여 사용자가 현실과 가상 세계를 동시에 경험할 수 있도록 하는 기술이다.
② 사용자가 가상현실 환경에 완전히 몰입할 수 있도록 하는 기술이다.
③ 현실은 보이지 않고, 오직 디지털 공간 속에서 활동한다.
④ 현실 세계와 가상 세계를 완전히 분리하여 사용자에게 가상 세계만을 제공하는 기술이다.

44 다음 중 DVD-ROM에 대한 설명으로 옳지 않은 것은?

① 단층 구조인 경우 단면에 4.7GB, 양면에 9.4GB 정도 기록할 수 있다.
② 8개 국어의 음성을 지원할 수 있다.
③ 주로 MPEG-1 방식의 영상 압축 기술을 이용하여 비디오 영상이 기록된다.
④ 디스크 한 면에 약 135분의 동영상을 담을 수 있다.

45 다음 중 암호화 기법인 RSA의 특징에 해당하지 않는 것은?

① 암호키와 복호키 값이 서로 다르다.
② 키의 크기가 작고 알고리즘이 간단하여 경제적이다.
③ 암호화와 복호화의 속도가 느리다.
④ 데이터 통신 시 암호키를 전송할 필요가 없고, 메시지 부인 방지 기능이 있다.

46 다음 중 LAN 연결 방식에 대한 설명으로 옳지 않은 것은?

① 스타형(Star) : 모든 단말기를 일렬로 연결한 형태로 유지 보수 및 확장이 어렵다.
② 링형(Ring) : 이웃한 컴퓨터를 링처럼 서로 연결한 형태로 기밀 보호가 어렵다.
③ 계층형(Tree) : 중앙의 컴퓨터와 단말기를 하나의 통신 회선으로 연결하고, 이웃하는 단말 장치를 중간 단말 장치로 다시 연결하는 형태이다.
④ 망형(Mesh) : 모든 단말기를 그물처럼 서로 연결한 형태로 응답 시간이 빠르다.

47 다음 보기의 내용은 무엇에 대한 설명인가?

- 중요한 데이터를 가지고 있는 서버에 주로 사용된다.
- 동일한 데이터를 여러 대의 디스크에 중복해서 저장한다.
- 스트립핑(Striping) 기술을 적용하여 저장 공간을 파티션한다.
- 모든 디스크의 스트립은 인터러브 되어 있다.

① DVD
② RAID
③ HDD
④ Jaz Drive

48 다음 중 각 시스템마다 매번 인증 절차를 밟지 않고 한 번의 로그인 과정으로 기업 내의 각종 업무 시스템이나 인터넷 서비스에 접속할 수 있게 해주는 보안 응용 솔루션을 무엇이라고 하는가?

① SSO(Single Sign On)
② OSS(Open Source Software)
③ CGI(Common Gateway Interface)
④ Wibro(Wireless Broadband Internet)

49 다음에서 설명하는 자료 표현 방식은?

- 오류를 스스로 검출하여 교정이 가능한 코드이다.
- 2bit의 오류를 검출할 수 있고 1bit의 오류를 교정할 수 있다.
- 데이터 비트 외에 오류 검출 및 교정을 위한 잉여비트가 많이 필요하다.

① Gray 코드
② Excess-3 코드
③ Hamming 코드
④ 패리티 검사 코드

50 다음 중 광대역 종합 정보 통신망(B-ISDN)에 대한 설명으로 옳은 것은?

① 빠른 전송 속도에 비해 사용료가 저렴하다.
② 비동기 전송 방식(ATM)을 기반으로 구축되며, 넓은 대역폭을 사용한다.
③ 자원 공유를 목적으로 학교, 연구소, 회사 등이 구내에서 사용하는 통신망이다.
④ 동축 케이블을 사용하여 문자, 음성, 고화질의 동영상까지 전송할 수 있는 통신망이다.

51 다음 중 이산적인 데이터만을 취급하며 기억 및 논리 연산 기능을 갖추고 있는 컴퓨터는?

① 디지털 컴퓨터
② 아날로그 컴퓨터
③ 하이브리드 컴퓨터
④ 파스칼의 기계식 계산기

52 다음 중 인터넷상에서 보안을 위협하는 유형에 대한 설명으로 옳지 않은 것은?

① 파밍(Pharming) : 스미싱의 발전된 형태로 사용자 동의 없이 사용자 정보를 수집하는 프로그램이다.
② 분산 서비스 거부 공격(DDoS) : 데이터 패킷을 범람시켜 시스템의 성능을 저하시킨다.
③ 스푸핑(Spoofing) : 신뢰성 있는 사람이 데이터를 보낸 것처럼 데이터를 위변조하여 접속을 시도한다.
④ 스니핑(Sniffing) : 네트워크상에서 전달되는 패킷을 엿보면서 사용자의 계정과 패스워드를 알아내는 행위이다.

53 다음 보기의 내용은 전송 방향에 따른 전송 방식을 설명한 것이다. 이에 적합한 통신 방식은?

- 전화 회선처럼 송신자와 수신자가 동시에 양방향 통신을 할 수 있는 것으로 서로 다른 회선이나 주파수를 이용하여 데이터 신호가 충돌되는 것을 방지한다.
- 반환시간이 필요 없으므로 두 컴퓨터 사이에 매우 빠른 속도로 통신이 가능하다.

① 단방향(Simplex) 통신 방식
② 반이중(Half Duplex) 통신 방식
③ 전이중(Full Duplex) 통신 방식
④ 이이중(Double Duplex) 통신 방식

54 다음 중 소프트웨어에 대한 설명으로 옳지 않은 것은?

① 시스템 소프트웨어는 하드웨어 자원을 효율적으로 관리하여 응용 소프트웨어가 원활하게 실행될 수 있는 환경을 제공하는 프로그램이다.
② 유틸리티 소프트웨어란 컴퓨터의 동작에 필수적이지는 않지만, 컴퓨터를 이용하는 주목적에 대한 부차적인 일부 특정 작업을 수행하는 소프트웨어로 디스크 조각 모음, 화면 보호기, 압축 프로그램 등이 있다.
③ 응용 소프트웨어는 운영체제에서 실행되는 대부분의 소프트웨어로 워드프로세서, 스프레드시트, 웹 브라우저 등이 있다.
④ 시스템 소프트웨어에는 운영체제, 언어 번역 프로그램, 시스템 유틸리티 등이 있으며, 운영체제는 집적 회로의 비휘발성 기억 장소(EEPROM)에 저장되었다가 실행된다.

55 다음에서 설명하는 시스템은?

- 하나의 시스템을 여러 사용자가 공유하여 동시에 대화식으로 작업을 수행
- 시스템은 일정 시간 단위로 CPU 사용을 한 사용자에서 다음 사용자로 신속하게 전환함으로써, 각 사용자들은 실제로 자신만이 컴퓨터를 사용하고 있는 것처럼 보이는 처리 방식의 시스템

① 분산 시스템(Distributed System)
② 오프라인 시스템(Off-Line System)
③ 시분할 시스템(Time Sharing System)
④ 일괄 처리 시스템(Batch Processing System)

56 다음 보기에서 설명하는 내용에 해당하는 것은?

- UNIX의 가장 핵심적인 부분이다.
- 컴퓨터가 부팅될 때 주기억 장치에 적재된 후 상주하면서 실행된다.
- 하드웨어를 보호하고, 프로그램과 하드웨어 간의 인터페이스 역할을 담당한다.
- 프로세스 관리, 기억 장치 관리, 파일 관리, 입출력 관리, 프로세스 간 통신, 데이터 전송 및 변환 등 여러 가지 기능을 수행한다.

① IPC
② Process
③ Shell
④ Kernel

57 다음 중 OSI 7계층 구조에서 각 계층에 해당하는 프로토콜로 옳지 않은 것은?

① 데이터 링크 계층 : HDLC, SDLC
② 네트워크 계층 : IP, ICMP
③ 세션 계층 : TCP, UDP
④ 응용 계층 : FTP, HTTP

58 다음에서 설명하는 파일 형식은?

- 정지 영상을 표현하는 국제 표준 파일 형식
- 사용자의 요구에 따라 압축 정도를 지정
- 24비트 컬러를 사용하여 1,670만 컬러를 표현
- 압축률이 높고 일반적으로 손실 압축 방법을 많이 사용

① jpg
② png
③ bmp
④ pcx

59 사용 권한에 따라 소프트웨어를 분류하고자 할 때, 다음은 무엇에 대한 설명인가?

- 일정 기간 동안 무료로 사용하다가 마음에 들면 금액을 지불해야 정식으로 사용할 수 있는 제품으로, 일부 기능을 제한한 프로그램이다.
- 유료 판매를 목적으로 배포하는 소프트웨어이다.

① 셰어웨어
② 베타 버전
③ 상용 소프트웨어
④ 번들 프로그램

60 다음 중 개인정보에 대한 설명으로 옳은 것은?

① 개인정보는 성명, 주소 등과 같이 살아 있는 개인을 식별할 수 있는 정보이다.
② 개인에 대한 다른 사람의 평가, 견해 등과 같은 간접적인 정보는 개인정보에 포함되지 않는다.
③ 개인정보 자기결정권은 자신의 개인정보 보호를 위하여 정보주체가 지켜야 할 권리이다.
④ 프라이버시권은 국가나 기업이 고객 정보를 공개하지 않을 권리이다.

2025년 상시 기출문제 05회

SELF CHECK 제한시간 60분 | 소요시간 분 | 전체 문항 수 60문항 | 맞힌 문항 수 문항

1과목 워드프로세싱 용어 및 기능

01 다음 중 워드프로세서의 주요 특징으로 옳지 않은 것은?
① 문서의 작성, 편집, 저장이 가능하다.
② 다양한 서식을 지원하여 텍스트의 모양을 자유롭게 조정할 수 있다.
③ 그래픽 작업과 같은 복잡한 이미지 편집 기능을 제공한다.
④ 자동 맞춤법 검사와 같은 기능을 통해 문서의 정확성을 높일 수 있다.

02 다음 중 문서의 분량이 감소할 가능성이 있는 교정부호들로 올바르게 나열된 것은?
① ﬥ, ⌣, ⌐
② ∽, ⌒, ⌢
③ ⌒, >, ✕
④ ⊏, ∨, ⌒

03 다음과 같이 문장이 수정되었을 때 사용된 교정부호의 순서를 올바르게 나열한 것은?

〈수정 전〉

인생이란 네가 다른 계획을 세우느라
바쁠 때 일어나는것이다.

〈수정 후〉

인생이란 네가 다른 계획을 세우느라
바쁠 때 너에게 일어나는 것이다.

① ﬥ, ∨, ∽
② ⊏, ⌣, ∨
③ ﬥ, ⌒, ∽
④ ⊏, ⌒, ∽

04 다음 중 유니코드(Unicode)에 대한 설명으로 옳은 것은?
① 유니코드는 전 세계 모든 언어의 문자를 표현하기 위해 1바이트 크기의 고정된 코드 값을 사용한다.
② 유니코드는 다양한 문자 체계와 기호를 통합하여 각각의 문자에 고유한 숫자 코드를 할당하는 국제 표준이다.
③ 유니코드는 ASCII 코드와 동일하며, 영어만을 지원하는 문자 인코딩 방식이다.
④ 유니코드는 문자 인코딩 방식 중 하나로, 특정 국가에서만 사용되는 코드이다.

05 다음 중 상용구를 사용하는 장점으로 옳은 것은?
① 텍스트가 항상 자동으로 맞춤법 검사되어 정확하게 작성된다.
② 반복적인 작업을 줄여 시간을 절약하고, 일관된 표현을 유지할 수 있다.
③ 모든 문서의 내용이 자동으로 요약되어 편리하다.
④ 문서 작성 중 서식이 자동으로 변경되어 내용이 효율적으로 수정된다.

06 다음 중 워드프로세서의 기능에 대한 설명으로 옳은 것은?
① 병합(Merge)은 인쇄를 하면서 동시에 다른 문서를 작성하거나 편집하는 기능이다.
② 매크로(Macro)는 사용자가 입력한 문장의 맞춤법 검사를 하는 기능이다.
③ 각주(Footnote)는 문서의 내용을 설명하거나 인용한 원문의 제목을 알려주는 보충 구절로 해당 페이지 하단에 표기하는 것이다.
④ 기본값(Default)은 네트워크를 통한 업무의 교환 시스템으로 문서의 표준화를 전제로 운영된다.

07 다음 중 맞춤법 검사에 대한 설명으로 옳은 것은?

① 맞춤법 검사는 단어와 문장 내의 오타만을 교정한다.
② 맞춤법 검사는 문장의 순서만 교정한다.
③ 맞춤법 검사는 문법적인 오류와 어휘를 모두 검사한다.
④ 맞춤법 검사는 단지 글자 크기를 조정하는 데 사용된다.

08 다음 중 행정업무의 효율적 운영 방법으로 옳지 않은 것은?

① 문서의 결재 시 결재권자의 서명란에는 서명 날짜를 함께 표시한다.
② 둘 이상의 행정기관장의 결재가 필요한 문서는 각각의 행정기관 모두가 기안하여야 한다.
③ 위임전결하는 경우에는 전결하는 사람의 서명란에 '전결' 표시를 한 후 서명하여야 한다.
④ 결재할 수 있는 사람이 휴가, 출장, 그 밖의 사유로 결재할 수 없을 때에는 그 직무를 대리하는 사람이 대결할 수 있다.

09 다음에 설명하는 워드프로세싱 용어는?

> 전반적인 규정이나 서식 설정, 메뉴 등 이미 갖고 있는 값으로 기본값 또는 표준값

① 옵션(Option)
② 디폴트(Default)
③ 색인(Index)
④ 마진(Margin)

10 다음 중 OLE(Object Linking and Embedding) 기능에 대한 설명으로 옳은 것은?

① OLE는 다양한 응용 프로그램에서 사용되는 개체를 연결하거나 포함하는 기술이다.
② OLE는 하나의 문서에만 적용되며, 다른 문서로 연결할 수 없다.
③ OLE는 디지털 서명을 추가하는 기능으로, 문서의 보안성을 높이는 데 사용된다.
④ OLE는 파일 포맷을 변환하는 기능으로, 다른 응용 프로그램에서 생성된 파일을 편집 가능하게 만든다.

11 다음 중 전자문서의 수신 시점에 대한 설명으로 옳은 것은?

① 전자문서는 송신자가 발송한 순간부터 효력이 발생한다.
② 수신자가 전자문서를 열람한 시점을 기준으로 효력이 발생한다.
③ 수신자가 전자문서를 수신할 컴퓨터를 지정한 경우, 해당 컴퓨터에 입력된 때를 수신 시점으로 본다.
④ 수신자가 컴퓨터를 지정하지 않은 경우에는 전자문서가 송신 서버에 저장된 순간 효력이 발생한다.

12 다음 중 워드프로세서에서 찾기 기능에 대한 설명으로 옳은 것은?

① 찾기 기능은 대문자와 소문자를 구분하여 내용을 찾을 수 없다.
② 찾기 기능을 이용하여 찾을 때 언제나 현재 커서의 아래쪽으로만 내용을 찾을 수 있다.
③ 찾기 기능에서 띄어쓰기를 무시하고 내용을 찾을 수는 없다.
④ 찾을 내용과 글꼴을 이용하여 찾기 기능을 수행할 수 있다.

13 다음 중 워드프로세서의 기능에 대한 설명으로 옳은 것은?

① 스풀링(Spooling)은 하나의 문서를 인쇄할 때 인쇄 속도를 훨씬 더 향상시키기 위해 사용하는 기능이다.
② 줄의 끝에 있는 영어 단어가 다음 줄까지 연결될 때 단어를 자르지 않고 단어를 다음 줄의 처음으로 옮겨주는 기능을 센터링(Centering)이라고 한다.
③ 정렬(Sort) 기능을 이용하여 '가, 나, 다, 라, …' 순으로 정렬하는 것을 오름차순 정렬이라고 한다.
④ 네트워크를 이용하여 필요한 문서를 상대방에게 분배, 전송하는 기능을 문서 병합 기능이라고 한다.

14 다음 중 강제 개행에 관한 설명으로 옳지 않은 것은?

① 강제 개행은 문단이나 일정 위치에서 글을 끊어 새로운 줄로 넘어가게 한다.
② 강제 개행은 문서 편집 시 Enter를 사용하여 적용할 수 있다.
③ 강제 개행은 문단의 끝이 아닌 위치에서 줄 바꿈을 강제로 시키는 기능으로, 문서 작성 시 편리하게 사용된다.
④ 강제 개행은 글자와 글자 사이의 간격을 조정하여 새로운 줄로 넘어간다.

15 다음 중 워드프로세서에서 영역(Block) 지정에 관한 설명으로 옳지 않은 것은?

① 문서의 왼쪽 여백에서 마우스를 한 번 클릭하면 문서 전체를 블록 지정할 수 있다.
② 키보드의 Shift를 누른 상태로 방향키를 사용하여 문서의 일부 내용을 블록 지정할 수 있다.
③ 문서의 일부 내용을 마우스로 드래그하여 블록 지정할 수 있다.
④ 임의의 단어에서 마우스를 두 번 연속으로 클릭하면 해당 단어를 블록 지정할 수 있다.

16 다음 중 전자문서 관리 시스템을 사용하는 경우의 장점이 아닌 것은?

① 신속한 문서 조회 및 검색이 가능해서 생산성을 향상시킬 수 있다.
② 문서를 보관할 장소가 획기적으로 줄어들어서 사무환경을 쾌적하게 조성할 수 있다.
③ 조건검색을 통해서 필요한 문서를 손쉽게 제공받을 수 있어서 노력을 줄일 수 있다.
④ 텍스트 문서를 이미지나 영상과는 별개로 관리하여 문서 고유의 특성에 맞춘 관리가 가능하다.

17 다음 중 공문서에 대한 용어의 설명이 옳지 않은 것은?

① 관인이란 행정기관이 발신하는 인증이 필요한 문서에 찍는 도장을 의미한다.
② 결재란 기관의 의사를 결정할 권한을 가진 자가 직접 그 의사를 결정하는 행위를 말한다.
③ 간인은 발송된 문서를 수신 기관의 처리과에서 받아 관련 부서로 보내기 위한 작업을 의미한다.
④ 발신이란 시행문을 시행 대상 기관에 보내는 작업을 의미한다.

18 다음 중 문서의 성립 및 효력 발생 시기에 관한 설명으로 옳지 않은 것은?

① 공고 문서인 경우에는 고시 또는 공고가 있은 후 5일이 경과한 날로부터 효력이 발생한다.
② 일반 문서인 경우에는 수신자에게 도달된 때 효력이 발생한다.
③ 전자문서인 경우에는 수신자의 컴퓨터에 파일로 기록된 때부터 효력이 발생한다.
④ 문서는 당해 문서에 대한 구두 결재가 있음으로써 성립한다.

19 다음 중 전자 통신 출판의 장점으로 볼 수 없는 것은?

① 출판물 제공자와 수용자 간의 상호 대화가 가능한 양방향 매체이다.
② 출판 내용에 대한 추가 및 수정이 신속하다.
③ 다수가 같은 내용을 이용할 때 반드시 접근 순서대로 이용 가능하다.
④ 출판물 내용에 대하여 이용자가 원하는 부분만을 선택하여 전송받을 수 있다.

20 다음 중 문서관리의 기본 원칙으로 옳지 않은 것은?

① 문서가 이동되고 경유되는 곳을 늘리고 지체 시간은 줄여야 한다.
② 문서 사무 처리의 절차나 방법 등을 간결하게 하여 시간 절약과 문서 업무 능률을 증진시킨다.
③ 문서 처리의 절차나 방법 중에서 중복되는 것이나 불필요한 것을 없애고, 동일 종류의 문서 사무 처리를 하나로 묶어서 통합하여 처리한다.
④ 문서 사무 처리에 적용할 수 있는 여러 가지의 수단이나 방법 중에서 가장 합리적인 것을 선정하여 적용한다.

2과목 PC 운영체제

21 다음 중 한글 Windows 10의 [작업 표시줄] 창에서 할 수 있는 작업으로 옳지 않은 것은?

① 작업 표시줄의 잠금과 해제가 가능하다.
② 작업 표시줄의 위치를 위쪽, 아래쪽, 왼쪽, 오른쪽으로 설정할 수 있다.
③ 작업 표시줄의 기본 모양이나 색상 변경 등을 설정할 수 있다.
④ 데스크탑 모드에서 작업 표시줄 자동 숨기기를 설정할 수 있다.

22 다음 중 한글 Windows 10의 바탕 화면에 있는 폴더 아이콘의 바로 가기 메뉴를 사용하여 할 수 있는 작업으로 옳지 않은 것은?

① 해당 폴더의 속성을 변경할 수 있다.
② 바로 이전에 삭제한 폴더를 복원할 수 있다.
③ 바탕 화면에 해당 폴더의 새로운 바로 가기 아이콘을 만들 수 있다.
④ 공유 대상 폴더를 설정할 수 있으며, 폴더 아이콘 모양을 변경할 수 있다.

23 다음 중 한글 Windows 10의 [디스크 정리]에 대한 설명으로 옳은 것은?

① 디스크 정리를 통해 휴지통, 오래된 압축 파일, 내용 색인 카탈로그 파일, 시스템 파일, 임시 파일 등을 제거할 수 있다.
② 최근에 복원한 내용을 포함한 모든 파일을 제거하여 디스크 공간을 늘릴 수 있다.
③ C드라이브에 있는 Windows 폴더를 제거하여 디스크 공간을 늘릴 수 있다.
④ 조각난 파일, 인접한 파일, 이동할 수 없는 파일 등을 삭제하여 디스크 공간을 늘릴 수 있다.

24 다음 중 한글 Windows 10에서 프로그램이 응답하지 않는 경우에 문제 해결 방법으로 가장 옳은 것은?

① 사용자의 컴퓨터를 보호하기 위해 Windows 방화벽을 설정한다.
② [장치 관리자] 창에서 중복 설치된 경우 해당 장치를 제거한다.
③ [작업 관리자] 대화상자의 [프로세스] 탭에서 응답하지 않는 앱 작업을 종료한다.
④ [시스템 파일 검사기]를 이용하여 손상된 파일을 찾아 복구한다.

25 다음 중 한글 Windows 10에서 휴지통에 관한 설명으로 옳지 않은 것은?

① 휴지통의 파일은 필요할 때 복원하여 사용할 수 있으며, 휴지통에서 파일을 실행할 수도 있다.
② 휴지통에 삭제한 파일이 들어가면 휴지통의 모양이 변경된다.
③ 휴지통이 가득 차면 가장 최근에 삭제된 파일이나 폴더가 들어갈 수 있는 공간을 확보하기 위해 휴지통을 자동으로 정리한다.
④ 휴지통의 크기는 드라이브마다 다르게 설정할 수 있다.

26 다음 중 한글 Windows 10에서 새로운 하드웨어 추가와 관련된 설명으로 옳지 않은 것은?

① 제어판의 [장치 및 프린터]를 사용하면 컴퓨터에 연결된 장치를 빠르게 확인할 수 있다.
② 최근에 설치한 장치 또는 기타 하드웨어에 문제가 있는 경우 [하드웨어 및 장치] 문제 해결사를 사용하여 문제를 해결할 수 있다.
③ 모든 하드웨어는 Windows 업데이트를 통해 자동으로 설치할 수 있다.
④ 컴퓨터에 연결하기만 하면 대부분의 하드웨어 또는 모바일 장치를 설치할 수 있다.

27 다음 중 한글 Windows 10에서 문서 인쇄에 대한 설명으로 옳지 않은 것은?

① 인쇄 관리자 창에서 필요에 따라 인쇄할 문서의 인쇄 순서를 변경할 수 있다.
② 대기 중인 문서에 대해 용지 방향, 용지 공급, 인쇄 매수와 같은 설정은 볼 수 있으나 문서 내용을 변경할 수는 없다.
③ 프린터 아이콘을 더블클릭하면 인쇄 중인 문서의 이름, 소유자는 표시되지만 포트, 페이지 수는 표시되지 않는다.
④ 문서 이름을 선택하여 바로 가기 메뉴에서 인쇄를 취소하거나 일시 중지, 다시 시작을 할 수 있다.

28 다음 중 한글 Windows 10의 [Windows Defender 방화벽] 창에서 할 수 있는 작업으로 옳지 않은 것은?

① 네트워크 위치를 선택하여 컴퓨터가 항상 적절한 보안 수준으로 설정되도록 할 수 있다.
② 프로그램이 Windows 방화벽을 통해 통신하도록 설정할 수 있다.
③ 전자 메일을 보내거나 받을 때 알림 표시를 하도록 설정할 수 있다.
④ 인바운드 규칙, 아웃바운드 규칙 등과 같은 고급 보안을 설정할 수 있다.

29 다음 중 한글 Windows 10 보조프로그램의 [캡처 도구]에 관한 설명으로 옳지 않은 것은?

① 캡처한 화면을 HTML, PNG, GIF, JPG 파일로 저장하거나, 캡처한 글자를 편집할 수 있다.
② 캡처한 화면을 클립보드에 복사하여 다른 문서에서 붙여넣기로 사용할 수 있다.
③ 캡처한 화면에서 형광펜이나 지우개 도구로 수정할 수 있다.
④ 화면 캡처 유형은 자유형, 사각형, 창, 전체 화면 캡처가 있다.

30 다음 중 한글 Windows 10에서 프린터 설치에 대한 설명으로 옳지 않은 것은?

① 10대 이상의 프린터도 설치할 수 있으며, 기본 프린터는 하나의 프린터에 대해서만 설정할 수 있다.
② 공유된 프린터는 기본 프린터로 설정할 수 없다.
③ LAN 카드가 설치되어 IP 주소가 부여된 프린터를 로컬 프린터로 설치할 수 있다.
④ 공유된 프린터를 네트워크 프린터로 설정하여 설치할 수 있다.

31 다음 중 한글 Windows 10의 [디스플레이 설정] 창에서 할 수 있는 작업으로 옳지 않은 것은?

① 바탕 화면의 배경을 사진이나 단색, 슬라이드 쇼로 설정한다.
② 디스플레이 해상도를 변경할 수 있다.
③ 디스플레이 방향을 가로 또는 세로로 설정할 수 있다.
④ 화면에 표시되는 텍스트, 앱 및 기타 항목의 크기를 100%, 125%, 150%, 175%로 변경할 수 있다.

32 다음 중 한글 Windows 10의 인터넷 프로토콜 버전 4 (TCP/IPv4) 속성 창에서 수동으로 설정하는 IP 주소에 관한 설명으로 옳지 않은 것은?

① 해당 IP 주소는 인터넷상에서 자신만의 고유한 숫자로 된 주소이다.
② 서브넷 마스크는 해당 컴퓨터가 속한 네트워크 세그먼트를 식별하는 데 사용한다.
③ 기본 게이트웨이는 서로 다른 LAN을 연결하는 라우터의 주소이다.
④ 기본 설정 DNS 서버는 동적인 IP 주소를 할당해 주는 서버의 주소이다.

33 다음 중 한글 Windows 10에서 하드웨어 추가 또는 제거에 관한 설명으로 옳지 않은 것은?

① 설치된 하드웨어는 [제어판]의 [장치 관리자]에서 확인할 수 있다.
② 설치된 하드웨어의 제거는 [프로그램 및 기능] 창에서 해당 하드웨어의 드라이버를 제거하면 된다.
③ 플러그 앤 플레이를 지원하지 않는 장치를 설치할 때는 [장치 관리자] 창의 [동작]-[레거시 하드웨어 추가] 메뉴를 선택하여 나타나는 [하드웨어 추가] 마법사를 사용한다.
④ 플러그 앤 플레이를 지원하는 장치를 설치하고 Windows 10을 재시작하면 자동으로 인식하여 설치된다.

34 다음 중 한글 Windows 10에서 [드라이브 조각 모음 및 최적화]와 관련된 내용으로 옳지 않은 것은?

① 디스크 조각 모음이 진행 중인 동안에도 컴퓨터를 사용할 수 있다.
② NTFS, FAT, FAT32 이외의 다른 파일 시스템으로 포맷된 경우와 네트워크 드라이브에 대해서는 디스크 조각 모음을 실행할 수 없다.
③ 디스크 조각 모음을 수행하면 디스크 공간의 최적화를 이루어 사용 가능 공간이 확장된다.
④ 디스크 조각 모음을 정해진 요일이나 시간에 자동으로 수행할 수 있도록 예약을 설정할 수 있다.

35 다음 중 한글 Windows 10 제어판의 [전원 옵션]에 대한 설명으로 옳지 않은 것은?

① 절전 모드로 최소한의 전력 사용을 설정한다.
② 특정 시간이 지나면 모니터 화면에 보호 프로그램이 실행되도록 설정한다.
③ 디스플레이 및 하드 디스크 끄는 시간을 설정한다.
④ 균형 조정은 에너지 소비와 성능 사이의 균형을 자동으로 설정하는 기능이다.

36 다음 중 메모리가 제대로 인식되지 않을 때 해결 방법으로 옳지 않은 것은?

① 캐시 항목이 Enable로 되어 있는지 확인한다.
② 메모리 슬롯이 제대로 장착되었는지 확인한다.
③ 메모리의 용량을 줄여서 테스트한다.
④ 메모리 모듈이 호환되지 않아도 상관없으므로 무시하고 사용한다.

37 다음 중 한글 Windows 10의 보조프로그램 중에서 [메모장]에 관한 설명으로 옳은 것은?

① 그림이나 차트 등의 OLE 개체를 삽입할 수 있다.
② 편집하는 문서의 특정 영역(블록)에 대한 글꼴의 종류나 속성, 크기를 변경할 수 있다.
③ 자동 맞춤법과 같은 고급 기능을 제공한다.
④ 서식이 없는 텍스트 형식의 문서만 열거나 저장할 수 있다.

38 다음 중 한글 Windows 10에서 라이브러리에 대한 설명으로 옳지 않은 것은?

① 자주 사용하는 폴더들을 하나씩 찾아다니지 않고 라이브러리에 등록하여 한 번에 관리할 수 있다.
② 라이브러리는 컴퓨터 여기 저기 흩어져 있는 자료를 한 곳에서 보고 정리할 수 있게 하는 가상의 폴더이다.
③ 기본적으로 문서, 음악, 사진, 비디오 라이브러리를 제공한다.
④ 라이브러리에 새로운 폴더를 추가하거나 제거할 수 없다.

39 다음 중 한글 Windows 10에서 디스크 포맷 기능에 관한 설명으로 옳지 않은 것은?

① 빠른 포맷은 디스크의 불량 섹터를 검색하지 않고 디스크에서 파일을 제거한다.
② Windows가 설치되어 사용 중인 C드라이브를 선택한 후 바로 가기 메뉴의 [포맷]을 선택하여 포맷한다.
③ 디스크 포맷 창에서 용량, 파일 시스템, 할당 단위 크기, 볼륨 레이블 등을 지정할 수 있다.
④ 할당 단위 크기는 4096바이트, 8192바이트, 16K, 32K, 2048K 등으로 변경할 수 있다.

40 다음 중 한글 Windows 10에서 폴더의 속성 창 중 [공유] 탭에서 할 수 있는 기능에 대한 설명으로 옳지 않은 것은?

① 공유 사용 권한에서 그룹 또는 사용자 이름을 추가할 수 있다.
② 네트워크상에서 공유할 폴더의 이름을 새로 지정할 수 있다.
③ 고급 공유 설정에서 다른 사용자들의 사용 권한을 개별적으로 설정할 수 있다.
④ 동시 사용자의 수를 제한할 수 있으며 최대 10명까지만 가능하다.

3과목 PC 기본상식

41 다음 보기 중 디지털 컴퓨터의 특징에 해당되는 것만을 올바르게 고른 것은?

> ⓐ 증폭 회로 사용
> ⓑ 수치, 문자 데이터 사용
> ⓒ 프로그램의 불필요
> ⓓ 특수 목적용
> ⓔ 기억이 용이함
> ⓕ 정밀도가 제한적임
> ⓖ 비연속적인 데이터 계산
> ⓗ 사칙(논리) 연산

① ⓐ, ⓒ, ⓓ, ⓕ
② ⓑ, ⓓ, ⓕ, ⓗ
③ ⓐ, ⓑ, ⓔ, ⓕ
④ ⓑ, ⓔ, ⓖ, ⓗ

42 다음 중 멀티미디어의 주요 특징에 대한 설명으로 옳지 않은 것은?

① 디지털화(Digitalization) : 그림, 소리, 비디오와 같은 아날로그 데이터를 디지털 방식으로 변환하여 표현한다.
② 쌍방향성(Interactive) : 사용자가 마우스로 어느 버튼을 누르는지에 따라 정보 제공자가 제공한 각기 다른 정보를 얻을 수 있다.
③ 통합성(Integration) : 그림, 소리, 비디오 등 여러 매체들이 통합되어 보다 생동감 있는 정보를 전달한다.
④ 비선형성(Non-Linear) : 정보의 흐름을 한 방향으로 흐르게 하여 항상 동일한 정보를 얻을 수 있다.

43 다음 중 네트워크 프로토콜과 관련하여 OSI 7계층의 설명으로 옳지 않은 것은?

① 물리 계층은 전송에 필요한 두 장치 간의 실제 접속과 절단 등 기계적, 기능적, 절차적 특성을 정의한다.
② 데이터 링크 계층은 사용자의 응용 프로그램이 OSI 환경에 접근할 수 있도록 서비스를 제공한다.
③ 전송 계층은 종단 시스템(End-to-End) 간에 신뢰성 있고 투명한 데이터 전송을 가능하게 한다.
④ 네트워크 계층은 개방 시스템들 간의 네트워크 연결을 관리하며 데이터를 교환하거나 중계한다.

44 다음 중 공개키 암호화 기법에 대한 설명으로 옳지 않은 것은?

① 송신자와 수신자가 같은 키를 공유한다.
② 공개키로 암호화한 것은 비밀키로, 비밀키로 암호화한 것은 공개키로 복호화한다.
③ 실행 속도가 대칭키 암호화 기법에 비해 느리다.
④ RSA가 대표적이며 전자 서명 등에 사용된다.

45 다음 중 가상 기억 장치(Virtual Memory)에 대한 설명으로 옳지 않은 것은?

① 저장된 내용을 찾을 때 주소를 사용하지 않고 기억된 데이터의 내용을 이용하여 원하는 정보에 접근한다.
② 보조 기억 장치의 일부를 주기억 장치처럼 이용하여 주기억 장치의 용량이 확대된 것처럼 사용한다.
③ 페이징(Paging) 기법이나 세그멘테이션(Segmentation) 기법을 이용한다.
④ 주프로그램은 보조 기억 장치에 저장시키고 CPU에 의해 실제로 사용할 부분만 주기억 장치에 적재시키는 방법을 이용한다.

46 다음 중 컴퓨터에서 정보 보안을 위하여 사용하는 방화벽에 관한 설명으로 옳지 않은 것은?

① 방화벽은 하드웨어가 아닌 소프트웨어적인 방법으로 외부의 침입을 막을 수 있다.
② 역추적 기능이 있어서 외부 침입자의 흔적을 찾을 수 있다.
③ 방화벽을 사용하더라도 내부의 불법적인 해킹은 막지 못한다.
④ 해킹에 의한 외부로의 정보 유출을 막기 위한 보안 시스템이다.

47 다음에서 설명하는 것은?

- 컴퓨터 시스템을 감염시켜 접근을 제한시킨다.
- 특정 파일을 암호화하여 파일을 사용 불가능 상태로 만들어서 복구를 위해 돈을 요구하는 악성 소프트웨어이다.

① 은닉 바이러스
② 논리 폭탄
③ 랜섬웨어
④ 스크립트 바이러스

48 다음 중 RFID 기술의 주요 장점으로 옳은 것은?

① RFID는 전자적 방법으로만 데이터를 전송할 수 있다.
② RFID는 물리적 접촉 없이도 데이터를 전송할 수 있어 비접촉식 식별이 가능하다.
③ RFID는 데이터를 처리하는 데 시간이 오래 걸린다.
④ RFID 태그는 무게가 무겁고 부피가 커서 휴대하기 불편하다.

49 다음 중 RISC 아키텍처에 대한 설명으로 옳은 것은?

① RISC는 복잡한 명령어 집합을 사용하여 한 번의 명령어로 여러 작업을 수행하며, 주로 서버나 워크스테이션에서 사용된다.
② RISC는 간단하고 일정한 명령어 세트를 기반으로 하여 대부분의 명령어가 한 사이클 내에 실행되며, 효율적인 파이프라인 처리를 통해 임베디드 시스템과 모바일 기기 등 저전력 환경에서 주로 사용된다.
③ RISC는 CISC와 유사하게 명령어의 길이가 가변적이며, 복잡한 연산을 위해 다단계 명령어 해석이 필요하다.
④ RISC는 명령어 집합이 매우 풍부하여 프로그래머가 직접 하드웨어 자원을 제어할 수 있는 장점을 가진다.

50 다음 중 바이오스(BIOS)에 대한 설명으로 옳지 않은 것은?

① 컴퓨터의 기본 입출력 장치나 메모리 등 하드웨어 작동에 필요한 명령들을 모아 놓은 프로그램이다.
② 바이오스는 하드 디스크에 저장되어 있는 운영체제의 일부이다.
③ 바이오스는 부팅할 때 POST를 통해 컴퓨터를 점검한 후에 사용 가능한 장치를 초기화한다.
④ 하드 디스크 타임이나 부팅 순서와 같이 바이오스에서 사용하는 일부 정보는 CMOS에서 설정이 가능하다.

51. 다음의 보기에서 설명하고 있는 해킹의 종류는 무엇인가?

- 여러 대의 컴퓨터를 일제히 동작하게 하여 특정 사이트를 공격하는 해킹 방식이다.
- 서비스 거부 공격이라는 해킹 수법의 하나로 한 명 또는 그 이상의 사용자가 시스템의 리소스를 독점하거나 파괴함으로써 시스템이 더 이상 정상적인 서비스를 할 수 없도록 만드는 공격 방법이다.

① DDoS
② Back Door
③ Sniffing
④ Spoofing

52. 다음 중 DRM(Digital Rights Management)에 대한 설명으로 옳은 것은?

① 디지털 콘텐츠를 누구나 자유롭게 사용할 수 있도록 허용하는 기술이다.
② 저작권이 없는 콘텐츠를 자동으로 인터넷에 배포하는 시스템이다.
③ 디지털 콘텐츠의 불법 복제와 유통을 방지하기 위한 저작권 보호 기술이다.
④ 컴퓨터 바이러스를 제거하는 디지털 보안 기술이다.

53. 다음 중 멀티미디어 활용 분야에 대한 설명으로 옳지 않은 것은?

① VCS : 전화, TV를 컴퓨터와 연결해 각종 정보를 얻는 뉴 미디어
② Kiosk : 백화점, 서점 등에서 사용하는 무인 안내 시스템
③ VOD : 사용자가 원하는 영상 정보를 원하는 시간에 볼 수 있도록 전송
④ VR : 컴퓨터 그래픽과 시뮬레이션 기능을 이용해 가상 세계 체험

54. 다음은 무엇에 대한 설명인가?

- 무형의 형태로 존재하는 하드웨어·소프트웨어 등의 컴퓨팅 자원을 자신이 필요한 만큼 빌려 쓰고 이에 대한 사용요금을 지급하는 방식의 컴퓨팅 서비스로, 서로 다른 물리적인 위치에 존재하는 컴퓨팅 자원을 가상화 기술로 통합해 제공하는 기술을 말한다.
- 인터넷상의 서버를 통하여 데이터 저장, 네트워크, 콘텐츠 사용 등 IT 관련 서비스를 한 번에 사용할 수 있는 컴퓨팅 환경이다.

① 고성능 컴퓨팅(High Performance Computing)
② 네트워크 컴퓨팅(Network Computing)
③ 클라우드 컴퓨팅(Cloud Computing)
④ 리모트 컴퓨팅(Remote Computing)

55. 다음 중 운영체제에 대한 설명으로 옳지 않은 것은?

① 운영체제는 응용 소프트웨어이다.
② 운영체제의 기능은 사용자와 컴퓨터 간의 인터페이스를 담당한다.
③ 운영체제는 처리 프로그램과 제어 프로그램으로 나뉜다.
④ 처리 능력의 향상, 응답 시간의 단축, 사용 가능도의 향상, 신뢰도의 향상을 목적으로 한다.

56. 다음 중 멀티미디어 관련 용어에 대한 설명으로 옳지 않은 것은?

① 모핑은 두 개의 서로 다른 이미지가 전혀 다른 이미지로 변화하는 기법이다.
② 메조틴트는 이미지에 무수히 많은 점은 찍은 듯한 효과로 부드러운 명암을 다양하게 표현하는 기법이다.
③ 디더링은 인접하는 색상이나 흑백의 점들을 혼합하여 중간 색조를 만들어 윤곽이 부드러운 이미지를 얻는 방법이다.
④ 인터레이싱은 사진의 현상 과정 중에 빛을 쪼여주면 색채가 반전되는 효과이다.

57 다음 중 전자 메일(E-mail)의 기능 및 관련 기술에 대한 설명으로 옳은 것은?

① Cc(참조)는 메일을 숨겨서 보낼 때 사용하는 기능이다.
② Bcc(숨은 참조)는 받는 사람에게 다른 수신자의 주소가 보이지 않도록 한다.
③ SMTP 프로토콜은 메일을 받을 때 사용하는 프로토콜이다.
④ 첨부 파일이 있는 이메일은 반드시 암호화해야만 전송할 수 있다.

58 다음 중 8비트 컬러를 사용하며 최대 256색상까지 표현할 수 있고, 애니메이션 표현이 가능한 그래픽 데이터는?

① JPEG
② PNG
③ GIF
④ BMP

59 다음 중 정보 통신을 위하여 사용되는 광섬유 케이블에 관한 설명으로 옳지 않은 것은?

① 대역폭이 넓어 데이터의 전송률이 우수하다.
② 리피터의 설치 간격을 좁게 설계하여야 한다.
③ 도청하기 어려워서 보안성이 우수하다.
④ 다른 유선 전송 매체와 비교하여 정보 전달의 안전성이 우수하다.

60 다음 중 ICT 관련 최신 기술 용어에 대한 설명으로 옳지 않은 것은?

① 트랙백(Trackback) : 내 블로그에 해당 의견에 대한 댓글을 작성하면 그 글의 일부분이 다른 사람의 글에 댓글로 보이게 하는 기술이다.
② 와이브로(Wibro) : 이동하면서 초고속 무선 인터넷 서비스가 가능한 기술이다.
③ RFID(Radio Frequency IDentification) : 전자태그가 부착된 IC칩과 무선 통신 기술을 이용하여 다양한 개체들의 정보를 관리할 수 있는 센서 기술이다.
④ NFC(Near Field Communication) : 한 번의 로그인으로 기업 내의 각종 업무 시스템이나 인터넷에 접속할 수 있도록 하는 기술이다.

빠른 정답표 / 확인하기

① 모바일로 QR 코드를 스캔합니다.
② 해당 회차의 정답표를 확인합니다.
③ 빠르고 간편하게 채점해 보세요.

정답 & 해설

CONTENTS

2024년 상시 기출문제 01회 ·················· 312p
2024년 상시 기출문제 02회 ·················· 316p
2024년 상시 기출문제 03회 ·················· 320p
2024년 상시 기출문제 04회 ·················· 323p
2024년 상시 기출문제 05회 ·················· 328p

2025년 상시 기출문제 01회 ·················· 332p
2025년 상시 기출문제 02회 ·················· 336p
2025년 상시 기출문제 03회 ·················· 340p
2025년 상시 기출문제 04회 ·················· 344p
2025년 상시 기출문제 05회 ·················· 348p

정답 & 해설

2024년 상시 기출문제 01회   212P

01 ④	02 ②	03 ④	04 ④	05 ②
06 ③	07 ①	08 ①	09 ①	10 ②
11 ③	12 ③	13 ①	14 ③	15 ④
16 ③	17 ①	18 ③	19 ①	20 ②
21 ①	22 ④	23 ①	24 ③	25 ②
26 ④	27 ④	28 ①	29 ②	30 ①
31 ④	32 ①	33 ①	34 ①	35 ④
36 ①	37 ②	38 ③	39 ①	40 ④
41 ③	42 ③	43 ③	44 ①	45 ①
46 ③	47 ③	48 ③	49 ③	50 ②
51 ①	52 ④	53 ②	54 ④	55 ①
56 ②	57 ④	58 ④	59 ④	60 ③

1과목   워드프로세싱 용어 및 기능

01 ④
PDF 형식 등의 문서는 워드프로세서로 변환할 수 있다.

02 ②
수정 상태에서 Back Space 를 누르면 앞 글자가 지워지고 뒷글자로 채워진다.

03 ④
주 메뉴는 Alt 를 누른 후 메뉴 옆에 영문을 선택하여 호출한다.

04 ④
프린터 드라이버(Printer Driver)는 워드프로세서에서 산출된 출력 값을 특정 프린터 모델이 요구하는 형태로 번역해 주는 소프트웨어를 말한다.

05 ②
불필요한 문서는 지체 없이 폐기한다.

06 ③
혼합형 분류법은 문서를 주제별, 명칭별, 형식별 등 다양한 방법으로 혼합하여 분류한다.

07 ①
인쇄 미리 보기에서 전체 윤곽을 확인할 수 있으나, 파일로 인쇄는 인쇄 창에서 실행할 수 있다.

08 ①

오답 피하기
- 병합(Merge) : 두 개 이상의 문서를 하나로 합치는 기능
- 정렬(Align) : 문서 전체 또는 일부분을 왼쪽, 가운데, 오른쪽 등의 기준으로 위치시키는 기능
- 기본값(Default) : 명령이나 기능 등이 기본적으로 설정된 값

09 ①

오답 피하기
- 필터링(Filtering) : 작성된 이미지를 필터 기능을 이용하여 새로운 이미지로 바꾸는 기능
- 오버프린트(Overprint) : 문자 위에 겹쳐서 문자를 중복으로 인쇄하는 작업
- 스프레드(Spread) : 대상체의 컬러가 배경색의 컬러보다 옅을 때 배경색에 가려 대상체가 보이지 않는 현상

10 ②
(함께라면 누군가와) 갈 길이 아무리 멀어도 갈수 있었습니다.
- 자리 바꾸기 : ∽
- 사이 띄우기 : ∨
- 글자 삭제 : ৶

11 ③
- ⌐ : 줄 바꾸기
- ＞ : 줄 삽입
- ∨ : 사이 띄우기

오답 피하기
- ① : ⌒(수정), ৶(삭제), ⌐(줄 바꾸기)
- ② : ∽(자리 바꾸기), ⌒(줄 잇기), ☼(원래대로 두기)
- ④ : ⌐(내어쓰기), ∨(사이 띄우기), ⌒(붙이기)

12 ③
시행문을 정정할 때에는 문서의 여백에 정정한 글자 수를 표기하고 관인을 찍어야 한다.

13 ①

위지윅(WYSIWYG; What You See Is What You Get)은 '보는 대로 얻는다'라는 뜻으로, 전자출판에서 편집 과정을 편집자가 의도한 대로 구현할 수 있는 방식을 의미한다.

14 ③

저장할 때 [도구]-[문서 암호]에서 암호를 설정하거나 [저장 설정]에서 백업 파일이 만들어지도록 설정할 수 있다.

오답 피하기
- [저장]이란 현재 작업 중인 주기억 장치의 내용을 보조 기억 장치로 이동시키는 기능으로, 문서 전체를 저장하거나 블록을 지정하여 문서 일부분에 대해 저장할 수 있음
- [다른 이름으로 저장하기] 대화상자에서 새 폴더 만들기, 파일의 삭제 등을 할 수 있음

15 ④

인쇄할 때 인쇄 용지 크기를 확대하거나 축소하여 출력할 수 있다.

16 ③

- 문서의 보관 : 문서의 편철이 끝난 날이 속하는 연도의 말일까지 처리과에서 보관
- 문서의 보존 : 보관이 끝난 문서를 폐기하기 전까지 처리과에서 1년, 3년, 5년, 10년, 30년, 준영구, 영구의 7종으로 구분하여 보존

17 ①

스타일(Style)은 일관성 있는 문단 모양과 글자 모양을 설정하여 통일성 있는 문서를 작성할 수 있다.

오답 피하기
- 매크로(Macro) : 일련의 작업 순서를 키보드의 특정 키에 기록해 두었다가 필요할 때 한 번에 재실행해 내는 기능
- 워드 랩(Word Wrap) : 줄의 끝에 있는 영어 단어가 다음 줄까지 이어질 때 단어를 다음 줄로 넘겨 단어 파악을 쉽게 할 수 있는 기능
- 아이콘(Icon) : 그래픽 사용자 인터페이스를 제공하는 컴퓨터에서 각종 명령이나 기능을 선택하기 위한 작은 그림

18 ③

- 다단 편집 : 하나의 화면을 2단 이상으로 나누어 편집하는 기능
- 편집 화면 나누기 : 하나의 화면을 가로 또는 세로로 나누어 편집하는 기능

19 ①

두문에는 행정기관명, 수신(경유)을 기재한다.

오답 피하기
- 본문 : 제목, 내용, 붙임
- 결문 : 발신명의, 기안자, 검토자, 시행일자, 접수일자, 주소 등

20 ②

전자문서를 행정기관의 홈페이지 또는 공무원의 공식 전자우편 주소를 이용하여 발송할 수 있다.

2과목　PC 운영체제

21 ①

Shift+[다시 시작]을 선택하거나, [시작]-[설정]-[업데이트 및 보안]-[복구]-[지금 다시 시작]을 눌러 나오는 [고급 옵션] 창에서 다양한 옵션을 선택하여 부팅할 수 있다.

22 ④

상태 표시줄은 현재 사용하는 드라이브와 폴더의 위치가 표시되는 곳이다. 폴더 이름을 선택하면 해당 폴더로 이동하는 공간은 주소 표시줄이다.

23 ①

디스크 포맷은 디스크 드라이브의 바로 가기 메뉴에서 [포맷]으로 할 수 있다.

24 ③

사용자 계정에서 암호를 설정한 후 [다시 시작할 때 로그온 화면 표시]를 체크하여 화면 보호기의 암호를 사용할 수 있다.

25 ②

프린터 속성은 일반, 공유, 포트, 고급 탭 등으로 구성되어 있고 그 중 [공유] 탭에서 [이 프린터 공유]를 설정할 수 있다.

26 ④

[제어판]의 [프로그램 및 기능]은 컴퓨터에 설치된 앱 목록을 확인하고 제거하는 곳이며, 하드웨어의 제거는 [장치 관리자]에서 실행한다.

27 ④

[기본 프로그램]은 Windows에서 기본적으로 사용할 프로그램을 선택하는 기능이며, 컴퓨터에 설치된 특정 프로그램에 대한 제거나 변경은 [제어판]의 [프로그램 및 기능]을 사용한다.

28 ①

시스템 속성 창은 [제어판]의 [시스템]을 실행하여 열 수 있다.

29 ②

현재 사용 중인 드라이브는 포맷할 수 없다.

30 ①

오답 피하기

- 플러그 앤 플레이(PnP) : 컴퓨터에 새로운 하드웨어를 설치하면 자동으로 인식하는 기능
- 보안이 강화된 방화벽 : 해커나 악성 소프트웨어가 네트워크나 인터넷을 통해 컴퓨터를 액세스하는 것을 상황에 따라 지능적 또는 사용자 임의로 보안을 설정하고 관리
- 그래픽 사용자 인터페이스(GUI) : 사용자에게 편리한 사용 환경으로 그림으로 된 그래픽 아이콘을 마우스와 키보드를 통해 실행하여 정보를 교환하는 방식

31 ④

휴지통에서는 폴더나 파일을 만들 수 없다.

32 ①

⊞ + R : 실행 대화상자 열기

33 ①

원드라이브(OneDrive)는 클라우드 저장소로 파일 탐색기와 동기화하여 연동할 수 있다.

오답 피하기

스티커 메모는 종이에 메모하듯 일정이나 전화번호 등을 바탕 화면에 메모지로 표시하여 입력하는 앱이다.

34 ①

그림판은 레이어와 제도 작업을 할 수 없다.

35 ④

네트워크 환경 설정은 [제어판]의 [네트워크 및 공유 센터]에서 할 수 있다.

36 ①

[프린터] 메뉴 중 [모든 문서 취소]는 스풀러에 저장된 모든 문서의 인쇄를 취소한다.

37 ②

휴지통의 바탕 화면 표시 설정은 [개인 설정]-[테마]에서 [바탕 화면 아이콘 설정]을 클릭하여 변경할 수 있다.

38 ④

FTP는 파일의 송수신 기능이고, TELNET은 원격 접속 기능이다.

39 ①

[디스크 조각 모음 및 최적화]가 진행 중에 컴퓨터를 사용할 수 있으나, 처리 속도를 향상하기 위해 되도록 컴퓨터의 사용을 멈추는 것이 좋다.

40 ④

DNS 서버는 인터넷을 사용할 때 문자로 되어 있는 도메인을 숫자로 된 IP 주소로 바꾸어주는 서버이며, 기본 설정 DHCP 서버는 동적인 IP 주소를 할당해 주는 서버이다.

3과목 PC 기본상식

41 ③

연산 장치는 산술과 논리 연산을 담당하며, 제어 장치는 명령을 해석하고 감시하며 감독하는 기능을 한다.

42 ③

구글은 오픈 소스인 안드로이드 운영체제를 사용한다.

오답 피하기

- 애플 : iOS 운영체제
- 윈도우폰 : 마이크로소프트(MS) 운영체제
- 클라우드 OS : 웹에서 바로 구동할 수 있는 OS

43 ③

워크스테이션은 네트워크에서 주로 서버(Server) 역할을 담당한다.

44 ①

POP3는 메일 서버에 도착한 이메일을 사용자의 컴퓨터로 가지고 오는 메일 서버이다.

45 ①

오답 피하기

- 캐시 메모리(Cache Memory) : 고속의 CPU와 주기억 장치 사이에 존재하며 처리 속도를 향상시키는 기능을 가진 고속 버퍼 메모리
- 가상 메모리(Virtual Memory) : 보조 기억 장치의 일부를 주기억 장치처럼 사용하는 메모리
- 연관 메모리(연상 기억 장치, Associative Memory) : 주소를 사용하지 않고 기억된 데이터의 내용으로 접근하는 방식의 메모리

46 ③

화면 주사율은 화면에 갱신되는 빈도수로 높을수록 자주 갱신되므로 더 부드럽게 표시된다.

오답 피하기

- 해상도 : 모니터의 이미지 정밀도를 나타내는 지표로 픽셀로 구성
- 픽셀 : 모니터 화면을 구성하는 가장 작은 단위
- 주파수 대역폭 : 모니터가 처리할 수 있는 주파수의 폭

47 ③
실린더는 하드 디스크의 중심축으로부터 같은 거리에 위치하는 트랙들의 모임을 말한다.

오답 피하기
클러스터는 하드 디스크의 중심축으로부터 같은 거리에 있는 섹터들의 집합을 말한다.

48 ③
증강현실(AR)은 현실 세계에 3차원 가상 물체를 겹쳐 보여주는 기술이다.

오답 피하기
- ① : WiFi는 무선랜 기술
- ② : NFC(Near Field Communication) 기능
- ④ : 테더링(Tethering) 기능

49 ③
멀티미디어는 사용자의 선택에 따라 한 방향뿐만이 아니라 여러 방향으로 데이터를 처리하는 비선형성의 구조를 가지는 특징이 있다.

50 ②
캐싱(Caching)은 자주 사용하는 사이트의 자료를 하드 디스크에 저장하였다가 사용자가 다시 그 자료에 접근하면 빠르게 보여주는 기능이다.

오답 피하기
- 쿠키(Cookie) : 사용자의 방문 날짜와 그 사이트에서의 행동을 기록한 정보가 있는 파일
- 로밍(Roaming) : 서로 다른 통신 사업자의 서비스 지역에서도 통신이 가능하게 연결해 주는 서비스
- 스트리밍(Streaming) : 인터넷에서 음성이나 영상, 애니메이션 등을 실시간으로 재생하는 기법

51 ①
JAVA는 객체 지향 프로그래밍 언어로 네트워크를 이용한 분산 작업이 가능하도록 설계되었다.

52 ④

오답 피하기
- BCD 코드 : 6비트의 크기로 8421 코드라고도 함
- ASCII 코드 : 7비트의 크기로 자료 처리나 통신 시스템에 사용
- EBCDIC 코드 : 8비트의 크기로 입출력 장치와 범용 컴퓨터에서 사용

53 ③
프리웨어는 누구나 무료로 사용하는 것이 허가된 공개 소프트웨어이나, 누구나 소스를 수정 및 배포할 수는 없다. 오픈소스 소프트웨어는 개발자가 소스를 공개한 소프트웨어로 누구나 수정 및 배포가 가능하다.

54 ③
BMP는 Windows 표준 비트맵 파일 형식이나 웹 그래픽 표준 방식은 아니며, 데이터의 압축이 지원되지 않아 그림의 입출력 속도가 빠르나 파일의 크기가 크다.

55 ①
MOV는 애플사에서 만든 동영상 파일 형식이다.

56 ②

오답 피하기
- DNS(Domain Name System) : 영문자로 된 도메인 주소를 숫자로 된 IP 주소로 변환시키는 시스템
- 게이트웨이(Gateway) : LAN과 공중 통신망 등을 접속하는 장치
- NAT(Network Address Translation) : 사설 IP 주소를 공인 IP 주소로 바꿔주는 주소 변환기

57 ④
부동 소수점은 고정 소수점에 비해 큰 수나 작은 수를 표현하기 때문에 처리 시간이 많이 걸린다.

58 ④
- NFC(Near Field Communication) : 무선 태그 기술로 10cm 이내의 가까운 거리에서 기기 간의 설정 없이 다양한 무선 데이터를 주고받는 통신 기술
- SSO(Single Sign On) : 한 번의 로그인으로 기업 내의 각종 업무 시스템이나 인터넷에 접속할 수 있도록 하는 기술

59 ④
근접 센서는 물체가 접근했을 때 위치를 검출하는 센서이다.

오답 피하기
- 킬 스위치(Kill Switch) : 휴대폰의 도난이나 분실에 대비하여 정보 기기를 원격으로 조작해 개인 데이터를 삭제하고 사용을 막는 기능
- 화면 잠금 기능 : 화면을 일정 시간이 지나면 잠그는 기능
- 모바일 OTP를 통한 인증 기능 : 고정된 비밀번호가 아닌 일회용 비밀번호를 생성하여 인증하는 기능

60 ③
파밍(Pharming)은 피싱 기법의 일종으로 사용자가 자신의 웹 브라우저에서 정확한 주소를 입력해도 가짜 웹 사이트로 이동하게 되어 개인정보를 훔치는 행위이다.

2024년 상시 기출문제 02회 222P

01 ④	02 ④	03 ①	04 ④	05 ④
06 ④	07 ③	08 ④	09 ④	10 ④
11 ②	12 ③	13 ②	14 ③	15 ③
16 ②	17 ③	18 ②	19 ①	20 ③
21 ①	22 ④	23 ③	24 ④	25 ③
26 ④	27 ③	28 ④	29 ③	30 ②
31 ④	32 ③	33 ③	34 ②	35 ④
36 ④	37 ③	38 ②	39 ④	40 ①
41 ①	42 ①	43 ④	44 ③	45 ②
46 ③	47 ④	48 ④	49 ③	50 ①
51 ④	52 ②	53 ①	54 ③	55 ①
56 ①	57 ③	58 ②	59 ②	60 ③

1과목 워드프로세싱 용어 및 기능

01 ④
문서는 종이나 하드 디스크와 같은 보조 기억 장치에 반영구적으로 보관할 수 있다.

02 ④
- 마진(Margin) : 문서 작성 시 페이지의 상·하·좌·우에 두는 공백
- 소트(Sort) : 문서의 일부분을 가나다 또는 그 역순으로 재배열하는 기능

03 ①
전자출판은 상호 대화가 가능한 쌍방향 매체를 사용한다.

04 ④
찾기 후에 문서의 내용이 변경된 것이 아니므로 전체 분량이 변경되지 않는다.

05 ④
- 오픈타입(Open Type) : 외곽선 정보를 사용하여 높은 압축 기법을 통해 파일의 용량을 줄인 것으로, 주로 통신을 이용한 폰트의 송수신이 용이함
- 포스트스크립트(Postscript) : 그래픽, 텍스트를 종이, 필름, 모니터 등에 인쇄하기 위한 페이지 설명 언어, 주로 인쇄용 글꼴로 사용함

06 ④
래그드(Ragged)는 문서의 오른쪽 끝이 정렬되지 않은 상태를 말한다.

오답 피하기
워드 랩(Word Wrap)은 행의 끝부분에 입력된 단어가 줄의 끝에서 잘릴 경우 단어 전체를 다음 줄로 이동시키는 기능이다.

07 ③
A판과 B판으로 나눈 용지의 가로:세로의 비는 $1:\sqrt{2}$ 이다.

08 ④
- 저장 장치 : 하드 디스크, CD-ROM, RAM, ROM 등
- 입력 장치 : 디지타이저, 터치 패드, 태블릿, 키보드, 마우스 등

09 ④

오답 피하기
- 색인(Index) : 본문 속의 중요한 낱말들을 문서의 제일 뒤에 모아 그 낱말들이 책의 몇 페이지에 있는지 알려주는 기능
- 스풀링(Spooling) : 인쇄하면서 동시에 다른 작업이 가능하도록 인쇄할 데이터를 보조 기억 장치에 저장했다가 프린터로 출력하는 기술
- 하드 카피(Hard Copy) : 화면에 표시된 문서나 내용을 그대로 프린터에 인쇄하는 기능

10 ④
수정 상태에서 [Space Bar]를 누르면 글자가 지워진다.

11 ②
공고 문서는 고시 또는 공고가 있은 후 5일이 경과한 날부터 효력이 발생한다.

12 ③
[Enter]를 누르면 문단이 바뀜을 의미하므로 문단 부호(↵)로 표시한다.

13 ②
- 리딩(Leading) : 인쇄에서 한 행의 하단에서 다음 행의 상단 사이의 간격으로 줄 간격과 같은 의미
- 커닝(Kerning) : 자간의 미세 조정으로 특정 문자들의 간격을 조정하는 작업

14 ③
정보 교환과 정보 처리에 모두 사용하는 유니코드 문자는 영문과 한글 모두 2바이트로 표현한다.

15 ③
행정기관명을 표시할 때 문서를 기안한 부서가 속하는 행정기관명을 표시하되, 다른 행정기관명과 동일한 경우에는 바로 위 상급기관명을 함께 표시할 수 있다.

16 ②

- ╌┐ : 줄 바꾸기
- ╰╯ : 줄 잇기

오답 피하기

- ① : ✓ (사이 띄우기), ⌒ (자리 바꾸기)
- ③ : ⌣ (삽입), ⌒ (삭제)
- ④ : ⌐ (들여쓰기), ⌒ (붙이기)

17 ③

수정할 글자에 수정 교정부호인 ⌒를 사용하여 간략하게 기입한다.

18 ②

문서관리 절차는 '구분 → 분류 → 편철 → 보관 → 이관 → 보존 → 폐기'의 순서이다.

19 ①

EDI의 3대 구성 요소는 EDI 표준(Standards), 사용자 시스템(User System), 통신 네트워크(VAN)이다.

20 ③

'행정전자서명'이란 기안자·검토자·협조자·결재권자 또는 발신명의인의 신원과 전자문서의 변경 여부를 확인할 수 있도록 그 전자문서에 첨부되거나 결합된 전자적 형태의 정보로서 인증기관으로부터 인증을 받은 것을 말한다.

오답 피하기

'서명'이란 기안자·검토자·협조자·결재권자 또는 발신명의인이 공문서에 자필로 자기의 성명을 다른 사람이 알아볼 수 있도록 한 글로 표시하는 것을 말한다.

2과목 PC 운영체제

21 ①

오답 피하기

- ⊞ + U : 접근성 열기
- Alt + Enter : 선택 항목의 속성 창의 표시
- Alt + Tab : 실행 중인 두 앱 간의 작업 전환

22 ④

오답 피하기

- 날짜 계산 : 두 날짜 간의 차이를 계산하거나 날짜에 일수를 추가하거나 뺀 날 계산
- 공학용 : 삼각 함수, 로그 통계 등의 수식에 유효자리 32자리까지 계산
- 프로그래머 : 2, 8, 10, 16진수 계산과 유효자리 64자리까지 계산

23 ③

오류 검사는 폴더 단위가 아니고 디스크 드라이브 단위로, 바로 가기 메뉴의 [속성]–[도구] 탭에서 [검사]를 클릭한다.

24 ④

로그인 옵션

- [시작]–[설정]–[계정]–[로그인 옵션]을 선택
- Windows Hello 얼굴, Windows Hello 지문, Windows Hello PIN, 보안 키, 비밀번호, 사진 암호가 있음

25 ③

[제어판]의 [장치 관리자]에서 사용자 컴퓨터에 설치된 하드웨어 장치의 목록을 확인할 수 있다.

26 ④

오답 피하기

- ① : 휴지통의 크기는 MB 단위로 지정
- ② : 휴지통의 용량을 초과하면 가장 오래전에 삭제된 파일 삭제
- ③ : Shift + Delete 를 눌러 삭제하면 휴지통에 들어가지 않고 완전 삭제

27 ③

작업 표시줄은 화면의 1/2 크기까지 늘릴 수 있다.

28 ④

네트워크로 설치된 프린터의 바로 가기 메뉴에서 [기본 프린터로 설정]을 선택하여 지정할 수 있다.

오답 피하기

- ① : 일반적으로 가장 먼저 설치한 프린터를 기본 프린터로 지정하여 사용하지만, 반드시 기본 프린터는 아님
- ② : 기본 프린터는 삭제하고 다시 설치할 수 있음
- ③ : 기본 프린터는 1대만 지정 가능

29 ③

오답 피하기

- ① : 디스크 조각 모음은 디스크의 처리 속도를 향상시킴
- ② : 디스크 정리는 디스크의 공간을 확보함
- ④ : 메모리 부족일 때에는 실행 중인 앱을 종료

30 ②

웹 브라우저에서 웹 서버에 있는 홈페이지를 볼 수 있지만 수정할 수는 없다.

31 ④
[찾기]에서 cmd를 눌러 나오는 명령 프롬프트 창에서 msconfig를 입력하면 [시스템 구성] 대화상자를 열 수 있다.

오답 피하기
- ipconfig : 내 컴퓨터의 IP 주소, 서브넷 마스크 주소 등을 확인하는 명령어
- tracert : 연결하려는 IP 라우터들이 제대로 패킷을 전송하는지 확인하는 명령어
- nbtstat : NBT(NetBIOS)를 사용하여 프로토콜 통계와 현재 TCP/IP 연결을 표시하는 명령어

32 ③
방화벽은 권한이 없는 사용자가 인터넷 또는 네트워크를 통해 컴퓨터에 접근하는 것을 막아주는 역할을 하며, 전자 메일의 알림 표시 설정과는 관계가 없다.

33 ③
[작업 표시줄 자동 숨기기]는 작업 표시줄을 보여주지 않다가 마우스를 작업 표시줄에 위치하면 표시되는 기능으로, 자동 숨기기를 설정하여도 작업 표시줄을 다른 위치로 이동시킬 수 있다.

34 ②
[인쇄 작업 목록 보기] 창의 기능으로는 기본 프린터 설정, 인쇄 일시 중지, 인쇄 취소, 다시 시작, 공유, 프린터 속성 지정 등이 있다.

오답 피하기
프린터의 장치 제거는 [제어판]의 [장치 및 프린터]에서 가능하다.

35 ②
사운드 카드, 그래픽 카드, 메모리 등과 같은 장치들은 시스템 내부에 설치되어 있어 창에 표시되지 않는다.

36 ④
Windows 디바이스뿐만 아니라 macOS, iOS, Android 디바이스에서도 다운로드하여 사용할 수 있다.

37 ③
현재 편집 중인 문서가 포함된 파일이나 폴더는 삭제할 수 없다. 파일을 종료한 후에 삭제가 가능하다.

38 ②
[내레이터 시작]을 사용하면 사용자가 키보드를 이용하여 탐색할 때 화면의 모든 텍스트를 소리 내어 읽어주도록 설정할 수 있다.

39 ④
- 디스크 관리 : 새 드라이브를 초기화하고 볼륨을 확장하거나 축소하는 등의 작업을 수행
- ClearType : 모니터의 색상이 종이와 같이 선명하고 깨끗하게 보여 읽기 쉽게 만들어 주는 기능

40 ①
QoS 패킷 스케줄러는 흐름 속도 및 우선순위 서비스를 포함하여 네트워크 트래픽 제어를 제공하는 데 사용한다.

3과목 PC 기본상식

41 ①
여러 대의 컴퓨터를 네트워크로 연결하여 사용하는 분산 처리는 네트워크가 크게 발달되는 4세대의 특징이다.

42 ①
오답 피하기
- IEEE 1394 : 개인용 컴퓨터와 디지털 오디오 등에 사용되는 표준 규격
- PS/2 포트 : 개인용 컴퓨터의 키보드와 마우스에 쓰이는 접속 규격
- 디스플레이 포트 : 컴퓨터용 디스플레이에 사용되는 구형 VGA와 DVI에 사용되는 포트

43 ④
샘플링할 때 디지털 오디오 데이터 파일의 크기에 영향을 미치는 요소에는 샘플링 비율(헤르츠), 양자화 크기(비트), 지속시간(초) 등이 있다.

44 ③
- 그레이(Gray) 코드 : 각 자리에 가중치가 부여되지 않은 코드로, 인접한 값 두 개를 합하여 내려 값을 구하는 코드
- 가중치 코드 : 각 자릿 수에 고유한 값을 부여한 코드로, 8421 코드(BCD), 2421 코드 등이 있음

45 ②
셰어웨어(Shareware)는 상용 앱의 홍보를 위해 일정 기간 동안 무료로 사용하다가 돈을 지불하고 사용하는 소프트웨어이다.

오답 피하기
프리웨어(Freeware)는 무료로 사용할 수 있으나 저작권이 있어 누구나 수정이 가능한 것은 아니다.

46 ③
컴퓨터 바이러스 백신은 바이러스의 치료를 목적으로 만드는 것으로 컴퓨터 범죄와 관련이 없다.

47 ④
사물 인터넷(IoT)은 사물에 센서를 부착하여 인터넷으로 연결되어 서로 정보를 주고받는 기술로, 방문객의 위치, 관람객의 정보 등 그때그때 상황에 맞춰 정보를 제공한다.

48 ④
벡터 방식은 비트맵 방식에 비해 기억 공간을 적게 차지한다.

49 ③

오답 피하기

- 연관 메모리(Associative Memory) : 주소가 아니라 기억된 데이터의 내용을 이용하여 원하는 정보에 접근하는 방식
- 캐시 메모리(Cache Memory) : 고속의 중앙 처리 장치와 주기억 장치의 사이에 존재하는 메모리
- 플래시 메모리(Flash Memory) : 전기적인 방법으로 여러 번 읽기 및 쓰기가 가능한 EEPROM의 일종으로, BIOS, MP3 플레이어, 휴대전화, 디지털 카메라 등에 사용

50 ①
스캐너는 그림이나 사진과 같은 영상 정보를 입력하는 장치이다.

오답 피하기

- 트랙볼(Track Ball) : 볼이 위쪽에 달려 있는 마우스로 입력 장치
- 디지타이저(Digitizer) : 아날로그 데이터인 좌표를 판독하여 컴퓨터에 디지털 형식의 설계 도면이나 도형을 입력하는 데 사용하는 입력 장치
- 광전 펜(Light Pen) : 펜의 모양을 한 입력 장치

51 ②

- 객체 지향 프로그래밍 언어 : C++, C#, JAVA
- 절차 지향 프로그래밍 언어 : C, COBOL, FORTRAN

52 ②
서버, 워크스테이션에 사용되는 방식은 RISC 마이크로프로세서이다.

53 ①
DRM(Digital Rights Management)은 출판, 음반, 영화, 게임 등의 디지털 콘텐츠의 무단 사용을 막아 제공자의 권리와 이익을 보호해 주는 기술과 서비스를 말한다.

오답 피하기

- CRM(Customer Relationship Management) : 고객 관계 관리 시스템으로 기업과 고객과의 관련 활동을 계획, 지원, 평가하는 시스템
- DCRP(Digital Contents Rights Protection) : 콘텐츠 분배를 위한 디지털 권한 관리
- PICS(Platform for Internet Contents Selection) : 웹 사이트 내용에 대해 선택적으로 접근하도록 해주는 기반 구조로 웹 사이트에 포함된 정보 내용의 등급을 판단하는 표준 규격

54 ②
디지털 컴퓨터 특징으로는 논리 회로, 코드화된 문자나 숫자 입력 형식, 연산 속도 느림, 프로그래밍 필요, 범용성 등이 있다.

오답 피하기

아날로그 컴퓨터 특징으로는 증폭 회로, 전류·전압·온도 등의 연속적인 물리량 입력 형식, 연산 속도 빠름, 프로그래밍 불필요, 특수 목적용 등이 있다.

55 ①
CMOS SETUP은 컴퓨터의 BIOS 등의 각종 사항을 설정하는 것으로 소프트웨어 업그레이드와는 관계가 없다.

56 ①
방화벽은 외부에서 불법적으로 침입하는 것을 막는 시스템으로, 내부에서 외부로 나가는 패킷을 체크하지는 못한다.

57 ③

- 멀티프로그래밍(Multi-programming) : 동시에 두 개 이상의 프로그램을 주기억 장치에 기억시켜 놓고 하나의 프로세서가 고속으로 처리하는 방식
- 멀티 처리 시스템(Multi-processing System) : 한 대의 컴퓨터에 2대 이상의 CPU를 설치하여 대량의 데이터를 신속하게 처리하는 방식

58 ②
회신은 상대방이 보낸 메일에 답장을 하는 기능이다.

오답 피하기

전체 회신은 받은 메일에 대하여 답장을 하되, 발송자는 물론 참조인 모두에게 전송하는 기능이다.

59 ②

오답 피하기

- 스마트 앱(Smart App) : 스마트폰 등의 모바일 기기에 설치하는 응용 앱으로 사용자의 목적과 용도에 따라 설치하여 일상생활에서 편리하게 활용할 수 있는 앱
- 앱 스토어(App Store) : 스마트폰에 탑재할 수 있는 다양한 애플리케이션을 판매하는 온라인상의 모바일 콘텐츠 장터
- 앱북(App Book) : 스마트폰, 태블릿 PC, 개인용 컴퓨터 등 단말기에서 별도의 애플리케이션으로 실행되는 전자책으로, 소프트웨어적 성향이 강하여 애니메이션의 음성, 동영상, 3D 그래픽스 등을 통해 보고, 듣고 만질 수 있는 서비스를 제공하는 앱

60 ③
멀티미디어 메시지(MMS)는 자제하고 블루투스는 사용할 때만 켜 놓고 사용 후 꺼 놓는 것이 좋다.

2024년 상시 기출문제 03회 232P

01 ④	02 ②	03 ③	04 ③	05 ④
06 ①	07 ③	08 ③	09 ②	10 ②
11 ③	12 ②	13 ④	14 ①	15 ④
16 ②	17 ④	18 ②	19 ④	20 ④
21 ④	22 ④	23 ④	24 ④	25 ②
26 ④	27 ①	28 ③	29 ②	30 ④
31 ④	32 ④	33 ④	34 ②	35 ④
36 ③	37 ④	38 ④	39 ②	40 ④
41 ②	42 ④	43 ④	44 ①	45 ④
46 ②	47 ③	48 ①	49 ③	50 ②
51 ②	52 ③	53 ②	54 ①	55 ①
56 ③	57 ③	58 ②	59 ③	60 ④

1과목 워드프로세싱 용어 및 기능

01 ④
유니코드는 한글, 한자, 영문, 공백 등 모든 문자를 2바이트로 표현한다.

02 ②
플로터(Plotter)는 건축, 전기 등의 설계 도면을 인쇄하는 출력 장치이다.

03 ③

오답 피하기
- CPS(Characters Per Second) : 1초에 인쇄할 수 있는 문자 수
- LPM(Lines Per Minute) : 1분에 인쇄할 수 있는 줄 수
- DPI(Dots Per Inch) : 1인치에 인쇄되는 점의 수

04 ③
국제 표준 코드는 유니코드이고, 완성형 코드의 경우 코드가 없는 문자는 사용이 불가능하다.

05 ④
문서의 경유되는 곳을 줄이고 지체 시간도 줄여야 한다.

06 ①
파일링 시스템(Filing System)은 문서를 언제든지 쉽게 찾아볼 수 있도록 정리, 보관, 폐기하는 일련의 제도로 시간과 공간을 최소화하여 처리한다.

07 ③
- 주제별 분류법 : 주제를 정하고 대, 중, 소로 분류하는 경우 듀이의 10진 분류법을 이용하면 편리
- 지역별 분류법 : 같은 지역이나 범위에 따라 분류

08 ③
종이 문서는 원본은 두고 복사본을 발송한다.

09 ②
스타일(Style)은 자주 사용하는 글자 모양이나 문단 모양을 스타일로 만들어 한꺼번에 적용시켜 통일성 있는 문서를 작성하기 위해 사용한다. 복잡한 수식은 수식 편집기를 사용하여 입력한다.

10 ②
정보 통신망을 이용한 전송에는 항상 보안에 주의해야 한다.

11 ③
전자문서는 종이 없는 사무실을 실현하기 위한 것으로 출력하여 보관할 필요가 없다.

12 ②
캡션(Caption)은 표, 그림 등에 설명을 붙이는 기능으로 위치는 작성자가 지정할 수 있다.

13 ④
워드프로세서의 문서의 내용은 되도록 쉽게 인식할 수 있어야 한다.

14 ①
영문 균등(Justification)은 워드 랩 등으로 생긴 공백을 처리하기 위해 단어와 단어 사이의 간격을 균등 배분하여 전체 길이를 맞추고 균형을 유지하기 위한 기능이다.

15 ④
◡(삭제), ⌒(붙이기), ⌐(내어쓰기)로 모두 문서 분량이 감소할 수 있는 교정부호이다.

오답 피하기
- ① : ⌒(붙이기), ✿(원래대로 두기), ◡(삽입)
- ② : ⌐(줄 바꾸기), ∨(띄어쓰기), ◡(수정)
- ③ : ⌐(끌어 내리기), ◡(수정), ⌒(자리 바꾸기)

16 ②
⌐천재는 노력하는 사람을 이길 수 없고, 노력하는 자는 즐기는 자 를 이길 수 없다.

17 ④
서식 자료 파일에는 주소록, Outlook 주소록, 한글 파일, 한셀/엑셀 파일, DBF 파일이 있다.

18 ②

직무 편람은 부서별 또는 개인별로 그 단위 업무에 대한 업무 계획, 업무 현황, 기타 참고자료 등을 체계적으로 정리하여 활용하는 업무 자료철 등을 말한다.

오답 피하기
- 행정 편람 : 업무 처리 절차와 기준, 장비 운용 방법, 그 밖의 일상적 근무 규칙 등에 관하여 각 업무 담당자에게 필요한 지침, 기준 또는 지식을 제공하는 업무지도서 또는 업무 참고서
- 공고 : 일정한 사항을 일반인에게 알리는 문서로 효력이 단기적이거나 일시적인 것
- 민원 편람 : 민원 업무에 편의성을 위하여 보기에 편리하도록 간추려 놓은 자료

19 ④

인쇄 해상도를 높게 설정하면 선명하게 인쇄는 되나, 출력 속도는 느려진다.

20 ④

전자출판은 출판과 보관 비용이 감소한다.

2과목 PC 운영체제

21 ④

다시 시작
- [시작]–[전원]–[다시 시작]을 클릭하여 실행
- 앱을 모두 닫고 시스템을 다시 시작하는 기능으로, Windows의 설정을 저장하고 메모리의 모든 정보를 하드 디스크에 저장한 후 다시 시작

22 ④

바로 가기 아이콘은 원본 앱의 경로를 지정한 1KB 크기 정도의 작은 크기의 파일로 확장자는 .LNK이다.

23 ④

오답 피하기
- ① : 파일 백신 및 치료 프로그램
- ② : 압축 및 해제 관련 프로그램
- ③ : FTP 프로그램으로 파일 송수신 관련 유틸리티

24 ②

설치된 앱을 완전히 제거하려면 [프로그램 제거 또는 변경]에서 앱 제거를 선택하거나 uninstall을 이용한다.

25 ②

지우개로 이미지의 일부분을 삭제하면 빈 공간은 '색 2'(배경색)로 채워진다.

26 ④

네트워크 연결에 필요한 파일 및 프린터 공유를 위한 프로토콜을 설치할 수 있고 연결 상태를 확인할 수 있다.

27 ①

다른 사람이 공유 여부를 모르게 하려면 폴더나 드라이브의 공유 이름 뒤에 '$' 기호를 표시해야 한다.

28 ③

메모장은 서식이 없는 텍스트 형식(*.txt, html 등)의 문서를 열거나 작성하는 텍스트 편집기로, 서식이 있는 문서나 OLE, 그래픽 기능 등은 지원되지 않는다.

29 ②
- 바탕 화면에서 [Ctrl]+[N] : 파일 탐색기 창이 실행
- 바탕 화면에서 [Ctrl]+[Shift]+[N] : 새 폴더 만들기

30 ③

전원 단추 동작은 [제어판]의 [전원 옵션]에서 설정할 수 있다.

31 ④

[제어판]의 [기본 프로그램] 항목으로는 기본 프로그램 설정, 파일 형식 또는 프로토콜을 프로그램과 연결, 자동 재생 설정 변경, 컴퓨터의 기본 프로그램 설정이 있다.

32 ④

아이콘 정렬 기준은 이름(가나다 또는 ABC 순), 수정한 날짜, 유형(파일 종류, 파일 형식), 크기 등이 있다.

33 ④

기본 프린터는 반드시 1개만 지정이 가능하다.

34 ②

[실행] 창에서 'ipconfig'를 입력하면 내 컴퓨터의 IP 주소, 서브넷 마스크, 게이트웨이 주소를 확인할 수 있다.

35 ④

[시작] 메뉴에서 [잠금]은 사용자 계정에 암호를 두어 컴퓨터를 잠금 상태로 켜놓는 것으로 암호를 입력하여 사용 상태로 해제하여 사용한다.

36 ③

[마우스 속성] 창에서 마우스 기종을 변경할 수는 없다.

37 ④
파일은 휴지통에서 [복원]한 후 실행할 수 있다.

38 ④
- 현재 사용자를 로그오프하거나 연결 끊기를 할 수 있으나 새로운 사용자를 추가할 수는 없음
- 새로운 사용자는 [제어판]의 [사용자 계정]에서 추가

39 ②
작업 표시줄에는 현재 사용 중인 데스크톱에서 실행 중인 목록만이 표시된다.

40 ④
레지스트리는 [시스템 복원]이나 [레지스트리 편집기]에서 백업을 받을 수 있다.

3과목 PC 기본상식

41 ②
불분명한 전자우편을 열면 컴퓨터가 감염될 수 있으므로 열지 않는 것이 좋다.

42 ①

오답 피하기
- ② : 명령 레지스터(IR)는 현재 수행 중인 명령의 내용을 기억하는 레지스터
- ③ : 부호기(Encoder)는 명령 해독기로 해독한 내용을 신호로 변환하여 각 장치에 전달
- ④ : 메모리 버퍼 레지스터(MBR)는 메모리 주소 레지스터(MAR)의 내용을 기억

43 ④
- IMAP : 제목과 송신자를 보고 메일을 다운로드할 것인지를 결정하는 프로토콜, 전자우편의 수신을 담당
- SMTP : 메일 전송 프로토콜
- POP3 : 메일 수신 프로토콜

44 ①
통신 회선의 데이터 전송 방식에 따라 단방향, 반이중, 전이중 통신 방식으로 구분한다.

45 ②

오답 피하기
- HMD(Head Mounted Display) : 안경처럼 머리에 착용하고 대형 영상을 즐기면서 사용하는 영상 표시 장치(모니터)
- 노트북 컴퓨터 : 노트 크기만 한 컴퓨터
- 랩탑 컴퓨터 : 손바닥 위에 올려놓고 사용할 만한 크기의 컴퓨터

46 ②
MIDI는 파일 크기가 작고 여러 가지 악기로 동시에 연주가 가능한 파일 형식이 장점이나, 음성이나 효과음의 저장이 어렵다는 단점이 있다.

오답 피하기
- MP3 : 고음질의 오디오 압축의 표준 형식
- WAVE : PC 오디오 표준 형식으로, 소리의 원음이 저장되고 재생이 쉽지만 용량이 큼
- RA/RM : 리얼 오디오 파일 형식

47 ③
컴퓨터의 사용 목적에 따라 특정한 분야에 사용하는 전용 컴퓨터, 여러 분야에 광범위하게 사용하는 범용 컴퓨터가 있다.

오답 피하기
- 디지털 컴퓨터 : 코드화된 숫자나 문자를 자료의 형태로 받아 이산적인 자료로 결과를 얻는 컴퓨터로, 일반 사무용이나 계산용의 범용 컴퓨터
- 범용 컴퓨터 : 여러 분야에서 광범위하게 사용할 수 있도록 제작된 컴퓨터
- 하이브리드 컴퓨터 : 디지털 컴퓨터나 아날로그 컴퓨터의 장점만을 혼합한 특수 목적용 컴퓨터

48 ①
제어 장치의 프로그램 카운터(Program Counter)는 다음에 수행할 명령어의 주소를 기억하는 레지스터이다.

49 ③
접근시간(Access Time)은 탐색시간(Seek Time)+회전 대기 시간(원하는 섹터가 헤드 아래로 오는 시간(Latency Time))+데이터 전송 시간(Data Transfer Time)이다.

오답 피하기
- 섹터(Sector) : 한 개의 동심원을 같은 길이로 분할한 구역으로 데이터를 기록하는 단위
- 실린더(Cylinder) : 디스크 중심축으로부터 동일한 거리에 위치하는 트랙들의 모임
- 탐색시간(Seek Time) : 자기 디스크의 헤드가 원하는 자료가 있는 트랙으로 이동하는 시간

50 ②
게이트웨이(Gateway)는 두 개의 서로 다른 네트워크를 상호 접속하는 장치이다.

오답 피하기
- 리피터(Repeater) : 신호를 증폭시켜 먼 거리까지 전달하는 장치
- 서버(Server) : 클라이언트의 요구에 서비스를 제공하는 시스템
- 클라이언트(Client) : 서버에게 서비스를 요청하는 시스템

51 ②
DTP(Desk Top Publishing) 소프트웨어는 컴퓨터를 이용하여 출판물을 만들어 주는 프로그램이다.

52 ③
프로그램 개발 절차
문제 분석 → 입출력 설계 → 순서도 작성 → 코딩 → 번역과 오류 수정 → 테스트 → 프로그램 실행 → 문서화

53 ②
메모리 버퍼 레지스터(MBR)는 제어 장치로, 메모리의 주소 레지스터의 내용을 기억한다.

54 ①
- DMA(Direct Memory Access) : 주변 장치가 직접 메모리 버스를 관리하여 CPU의 부담을 줄이고 전송 속도를 향상시키는 것
- 채널(Channel) : CPU 대신 입·출력 조작의 역할을 담당하는 입·출력 전용 프로세서

55 ①
BMP는 Windows 표준 비트맵 파일 형식으로 입·출력 속도가 빠르나 파일의 크기가 크다.

56 ③
전송 계층에는 TCP, UDP 프로토콜이 해당한다.

57 ③
사용 가능도(Availability)는 시스템을 신속하게 사용할 수 있는 정도로, 빠를수록 좋다.

58 ②
빅데이터는 대용량의 데이터를 빠르게 처리하는 기술이다.

59 ③
오답 피하기
- 카피라잇(Copyright) : 판권, 저작권이라는 뜻으로 창작자가 가지게 되는 법적 권리
- 카피레프트(Copyleft) : 카피라이트에 반대되는 말로서 지적 재산권을 인정하지 않고 창작물에 대해 모든 사람이 공유하고 활용할 수 있도록 하는 것

- 스패밍(Spamming) : 수신인이 원하지 않는 정보임에도 불구, 무차별적인 광고성, 종교성, 정치성 정보를 불특정 다수에게 전송하는 행위

60 ④
오답 피하기
- 일괄 처리 시스템 : 처리할 데이터를 일정한 분량이 될 때까지 모아서 한꺼번에 처리하는 방식
- 듀플렉스 시스템 : 한 쪽의 CPU가 가동 중일 때 다른 CPU가 대기하며, 가동 중인 CPU가 고장나면 대기 중인 다른 CPU가 가동되는 시스템
- 분산 처리 시스템 : 네트워크로 연결된 컴퓨터에 의해 작업과 자원을 분산하여 처리하는 방식

2024년 상시 기출문제 04회

01 ②	02 ④	03 ②	04 ④	05 ②
06 ③	07 ④	08 ②	09 ③	10 ②
11 ③	12 ③	13 ③	14 ④	15 ④
16 ④	17 ④	18 ④	19 ④	20 ①
21 ②	22 ②	23 ②	24 ②	25 ②
26 ④	27 ②	28 ③	29 ④	30 ②
31 ③	32 ③	33 ①	34 ③	35 ①
36 ④	37 ②	38 ④	39 ④	40 ④
41 ④	42 ③	43 ②	44 ②	45 ②
46 ④	47 ③	48 ④	49 ①	50 ④
51 ②	52 ③	53 ①	54 ②	55 ①
56 ②	57 ②	58 ③	59 ①	60 ④

1과목   워드프로세싱 용어 및 기능

01 ②
워드프로세서의 저장 형식에는 텍스트 문서, 서식 문서, 플래시 문서, PDF, JPG 등의 이미지 문서가 있으나, 포토샵이나 동영상 파일 형식으로는 저장할 수 없다.

02 ④

오답 피하기
- ① : 특정 영역만 범위를 지정한 후 한자로 변경 가능
- ② : 한글/한자 음절 변환, 단어 변환, 문장 자동 변환(한자 음을 아는 경우)
- ③ : 부수/총 획수 입력, 외자 입력, 2Stroke 입력(한자 음을 모르는 경우)

03 ②

오답 피하기
- 미주(Endnote) : 문서의 보충 구절을 표시하되 문서의 맨 마지막 페이지에 모아서 표시
- 문단(Paragraph) : 문서 입력 중 Enter로 구분되며, 한 페이지는 한 개 이상의 문단으로 구성
- 클립아트(Clip Art) : 문서를 만들 때 편리하게 사용할 수 있도록 미리 만들어 저장해 놓은 여러 가지 그림

04 ④
파일로 인쇄는 종이로 인쇄하지 않고 *.prn 형식의 파일로 저장된다.

05 ②
비트맵 글꼴은 확대하면 계단 모양으로 표시된다.

06 ③
전자이미지관인의 인영은 컴퓨터 등 정보처리능력을 가진 장치로 처리과의 기안자가 찍는 작업이다.

07 ④

오답 피하기
- 제목 표시줄 : 창의 위쪽에 위치하며, 파일명, 제어상자, 빠른 실행 도구 모음, 창 조절 단추를 표시하는 곳
- 스크롤(Scroll) : 문서를 작성할 때 화면을 상·하·좌·우로 이동하는 기능
- 상태 표시줄 : 커서가 있는 쪽 번호, 커서 위치, 삽입 또는 수정 상태, 자판의 종류 등의 정보를 표시

08 ②

공문서 항목 구분
- 첫째 항목 : 1. 2. 3. …
- 둘째 항목 : 가. 나. 다. …
- 셋째 항목 : 1) 2) 3) …
- 넷째 항목 : 가) 나) 다) …
- 다섯째 항목 : (1) (2) (3) …
- 여섯째 항목 : (가) (나) (다) …
- 일곱째 항목 : ① ② ③ …
- 여덟째 항목 : ㉮ ㉯ ㉰ …

09 ③
문서과에서 직접 받은 문서는 지체 없이 처리과에 배부하여 접수한다.

10 ②
경계치(넘어지지) 않는 것이 아니라 넘어질 때마다(일어서는 것) 거기에 삶의 가장 큰 존재(영광)이 존재한다.

11 ③
우리나라는 공문서가 수신자에게 도달된 때 효력이 발생하는 도달주의를 채택하고 있다.

12 ③
메일 머지에 사용하는 자료(데이터) 종류로는 주소록, Outlook 주소록, 한글 파일, 한셀/엑셀 파일, DBF 파일이 있다.

13 ③
- 행두 금칙(행의 처음에 올 수 없는 문자) : . , ' " ? !)] } 〉 》 ! : ; 」 』 ℉ ℃
- 행말 금칙(행의 마지막에 올 수 없는 문자) : ' " ([{ 〈 《 # $ ☎ : 「 『

14 ④
머리말에 숫자, 문자, 그림, 표 모두 입력이 가능하다.

15 ④
한 번 정렬된 내용도 오름차순이나 내림차순으로 재배열할 수 있다.

16 ④
하이퍼링크(Hyperlink)는 문서의 특정한 위치에 현재 문서나 다른 문서의 웹 페이지, 전자우편 주소 등을 연결하여 참조하거나 이동하는 기능이다.

오답 피하기
- 위지윅(WYSIWYG; What You See Is What You Get, 보는 대로 얻는다) : 문서 편집 과정에서 화면에 표시된 대로 출력물이 나오는 방식
- OLE(Object Linking&Embedding) : 응용 앱 간의 개체 연결 및 포함으로 자료를 공유하는 방식
- EDI(Electronic Data Interchange) : 네트워크를 통한 업무 문서의 전자표준교환시스템

17 ④
문서의 분류는 문서 분류법에 따라 문서를 나누는 작업을 말한다.

18 ④
- ♂ : 수정
- ㄴ : 내어쓰기

오답 피하기
- ① : ∨(사이 띄우기), ⌒(붙이기)
- ② : ∽(삽입), ♂(삭제)
- ③ : ⌐(줄 바꾸기), ⌒(줄 잇기)

19 ④
바꾸기는 검색할 방향을 아래쪽, 위쪽, 문서 전체로 지정할 수 있다.

20 ①
오답 피하기
- 렌더링(Rendering) : 2차원의 이미지에 광원, 위치, 색상 등을 첨가하고, 사실감을 불어넣어 3차원적인 입체감을 갖는 화상을 만드는 작업
- 리터칭(Retouching) : 기존의 이미지를 다른 형태로 새롭게 변형·수정하는 작업
- 필터링(Filtering) : 작성된 이미지를 필터 기능을 이용하여 여러 가지 형태의 새로운 이미지로 탈바꿈해 주는 기능

2과목　PC 운영체제

21 ②
CON, PRN, AUX, NUL은 시스템에 예약된 단어로, 파일명으로 사용할 수 없고 확장자로는 사용할 수 있다.

22 ②
삭제한 폴더의 복원은 휴지통에서 가능하다.

23 ②
Windows Media Player는 미디어 파일을 재생하고 설정하는 기능으로 mp3, midi, avi 등의 파일을 지원하며, xlsx, hwp, doc 등의 파일 형식은 열 수 없다.

24 ④
저장된 이미지를 이용하여 동영상으로 편집이 가능하다.

25 ②
네트워크 기능 유형에는 클라이언트, 서비스, 프로토콜이 있다.

26 ④
'시스템 이미지 만들기'는 현재 설치된 윈도우를 실행하는 데 필요한 드라이브의 복사본을 만드는 기능으로, [제어판]-[백업 및 복원]-[시스템 이미지 만들기]에서 백업을 저장할 위치를 선택하여 만들기하면 된다.

27 ②
오답 피하기
- 내 PC나 파일 탐색기 창에서 Alt + H, R 을 차례로 누르고, 새 이름을 입력한 후 Enter 를 누르기
- F2 를 누르고, 새 이름을 입력한 후 Enter 를 누르기
- 내 PC나 파일 탐색기 창에서 [홈] 리본 메뉴의 [이름 바꾸기]를 선택하고, 새 이름을 입력한 후 Enter 를 누르기

28 ③
마우스로 [시작] 메뉴의 앱 목록의 크기를 조절할 수 없다.

29 ④
[디스크 조각 모음 및 최적화]는 디스크의 액세스 속도를 향상시킨다. 디스크 용량을 증가하려면 [디스크 정리]를 실행한다.

30 ②
바로 가기 아이콘을 작성할 항목을 Ctrl + Shift 를 누른 채 드래그 앤 드롭하여 바로 가기 아이콘을 만든다.

31 ③
화면 보호기는 1~9999의 분 단위로 설정할 수 있다.

32 ③
폴더에는 [자세히] 탭이 없고, 파일 속성 창의 [자세히] 탭에서는 프로그램 이름, 만든 날짜, 유형, 크기 등을 확인할 수 있다.

33 ①
디스크 공간이 부족할 경우에는 [디스크 정리] 등으로 불필요한 파일을 제거해야 하며, 메모리 공간이 부족할 경우에는 불필요한 응용 앱을 종료해야 한다.

34 ③
그림판에서는 레이어 기능을 사용할 수 없다.

35 ①
날짜 계산은 시작 날짜와 종료일 간의 차이, 일 합산 또는 빼기의 기능이 있다.

36 ④
클립보드의 데이터를 지우려면 [설정]의 [시스템]–[클립보드]에서 [지우기]를 클릭한다.

37 ②
어댑터는 컴퓨터를 네트워크에 물리적으로 연결하는 하드웨어 장치이다.

오답 피하기
프로토콜은 컴퓨터가 네트워크에 있는 자원을 액세스할 수 있게 해 주는 통신 규약이다.

38 ④
[제어판]의 [프로그램 및 기능]에서는 응용 프로그램의 표시, 제거, 변경, 복구를 할 수 있다.

39 ④
디바이스 장치의 제거는 디바이스의 바로 가기 메뉴나 속성에서 할 수 있다.

40 ④
PC의 잠금화면 설정은 [설정]–[개인 설정]–[잠금 화면]에서 변경 가능하다.

3과목 PC 기본상식

41 ④
오답 피하기
정보 보안 요건
- 기밀성 : 데이터를 제3자가 읽지 못하도록 비밀성을 유지
- 무결성 : 데이터에 결점이 없도록 보호
- 가용성 : 인가된 사용자에게는 언제든지 사용 가능하게 함
- 인증 : 시스템에 접근하는 사용자의 신원을 확인하는 절차
- 부인 방지 : 송수신 여부를 확인하여 송수신 사실을 부인하는 것을 방지

42 ③
화면 보호기는 모니터를 보호하기 위한 프로그램이다.

43 ②
다중 프로그램의 도입은 2세대 컴퓨터의 특징이다.

44 ②
명령어 처리 상태에는 인출 상태, 간접 상태, 실행 상태, 인터럽트 상태가 있으며, 지문은 간접 상태에 대한 설명이다.

오답 피하기
- 인출 상태 : 하나의 데이터를 기억 장치로부터 읽어 들여 명령어 레지스터(IR)에 저장
- 실행 상태 : 구한 유효 번지에서 자료를 읽어 들여 해당 명령을 수행
- 인터럽트 상태 : 예기치 못한 일이 발생했을 경우 현재 실행 중인 프로그램을 일시 정지하고 인터럽트 처리 루틴에 의해 일을 처리한 후 복귀하여 원래의 프로그램을 계속 수행

45 ②
EEPROM은 전기적인 방법을 이용하여 여러 번 변경이 가능한 ROM으로, BIOS, MP3 플레이어 등의 플래시 메모리로 사용한다.

오답 피하기
- SSD : 보조 기억 장치
- RAM : 휘발성 메모리로, 처리 속도에 따라 SDRAM, RDRAM, DDR SDRAM으로 구분

46 ④
공개키 암호화 기법은 비밀키 암호화 기법에 비해 속도가 느리다.

47 ③
클라우드 컴퓨팅(Cloud Computing)은 인터넷과 연결된 중앙 컴퓨터에 소프트웨어와 데이터를 저장하여 두었다가 인터넷에 접속하면 언제 어디서든지 데이터를 이용할 수 있는 서비스이다.

오답 피하기
- 모바일 컴퓨팅(Mobile Computing) : 휴대용 PC 등을 이용하여 외부에서 다니면서 손쉽게 컴퓨터를 사용하는 환경
- 분산 컴퓨팅(Distributed Computing) : 이기종 컴퓨터 간에 응용 프로그램을 분산하여 처리하는 환경
- 그리드 컴퓨팅(Grid Computing) : 모든 컴퓨터 기기를 하나의 초고속 네트워크로 연결하여 컴퓨터의 계산 능력을 극대화한 차세대 디지털 신경망 서비스 환경

48 ④
응용 계층 프로토콜에는 FTP, HTTP, TELNET, DNS 등이 있다. RS-232C는 단말 장치(DTE)와 회선종단장치(DCE)를 상호 접속하기 위한 물리 계층의 프로토콜이다.

49 ①
가상 기억 장치는 소프트웨어적인 방법으로 실제로 존재하지 않는 기억 공간을 존재하는 것처럼 보이게 하여 사용하는 장치이다.

오답 피하기

연관(연상) 기억 장치는 기억 장치에 기억된 내용을 찾을 때 주소를 사용하지 않고 기억된 데이터의 내용을 이용하여 원하는 정보에 접근하는 방식이다.

50 ④
숨은 참조(Bcc)는 함께 받을 참조자의 전자우편 주소로 받는 사람에게 표시되지 않는다.

51 ②
라우터는 네트워크 계층에서 작동되며 가장 최적의 경로를 설정하여 전송하는 장비이다.

오답 피하기
- ① : 허브(Hub)
- ③ : 게이트웨이(Gateway)
- ④ : 리피터(Repeater)

52 ③
문자, 그림, 소리 등의 데이터는 디지털 데이터 방식으로 변환하여 통합 처리한다.

53 ①
- 플로팅 앱(Floating App) : 스마트 기기의 멀티미디어 관련 애플리케이션 실행 시에 영상 화면을 오버레이의 팝업창 형태로 분리하여 실행하는 기능
- 지그비(Zigbee) : 저속 전송 속도를 갖는 홈 오토메이션 및 데이터 전송을 위한 표준 기술

54 ②
- HCI(Human-Computer Interaction) : 과학과 인문학 사이의 인터페이스로 인간과 컴퓨터 사이의 상호작용에 관한 연구를 하는 분야
- AR(Augmented Reality; 증강현실) : 사용자가 눈으로 보는 현실 세계에 가상 물체를 겹쳐 보여주는 기술

오답 피하기
- CISC(Complex Instruction Set Computer) : 명령어가 많고 회로 구조가 복잡하며 가격이 비싼 마이크로프로세서 설계 방식
- CAI(Computer Assisted Instruction) : 컴퓨터로 지원받는 컴퓨터 학습
- VCS(Video Conferencing System) : 화상 회의 시스템
- VR(Virtual Reality) : 컴퓨터로 만든 가상의 세계

55 ①
ⓘ은 저작자 표시(BY)로 저작자와 출처 등을 표시하면 영리 목적으로 이용할 수 있고, 저작물의 변경 및 2차적 저작물의 작성을 포함한 자유 이용을 허락한다는 의미이다(BY; Attribution).

56 ②
오답 피하기
- 로토스코핑(Rotoscoping) : 촬영한 영상을 애니메이션 키 프레임으로 바꿔 그 위에 덧붙여 그리는 기법
- 메조틴트(Mezzotint) : 이미지에 무수히 많은 점을 찍은 듯한 효과로 부드러운 명암을 다양하게 표현하는 기법
- 인터레이싱(Interlacing) : 이미지가 처음에는 거친 모자이크 형식으로 나타나다가 서서히 선명해지는 기법

57 ②
IPv6는 128비트로 16진수 8자리로 표시하고, IPv4는 32비트로 10진수 4자리로 표시한다. IPv6에는 클래스 구분이 없고, IPv4는 A~E 클래스까지 있다.

58 ③
- 세션 계층 : 송수신 프로세스 간에 대화를 설정하고 그 사이의 동기를 제공
- 표현 계층 : 데이터 표현 형식을 표준화하고 암호화와 데이터 압축을 수행

59 ①
오답 피하기
- ② : 개인에 대한 간접적인 정보도 개인정보에 해당함
- ③ : 개인정보 자기결정권은 자신에 관한 정보를 보호받기 위하여 자신에 관한 정보를 자율적으로 결정하고 관리할 수 있는 권리를 말함
- ④ : 프라이버시권은 개인이 타인의 간섭과 공적인 영역으로부터 고유의 정보를 노출시키지 않는 자유를 확보하는 권리를 말함

60 ④
텔레메틱스(Telematics)는 텔레커뮤니케이션+인포매틱스의 합성어로 무선 통신과 GPS 기술이 결합되어 자동차 등 운송장비 안에서 다양한 이동통신 서비스를 제공하는 기술을 의미한다. 자동차 안에서 외부의 정보를 수집하여 제공하는 것으로 네비게이션, 위치정보, 교통정보, 자율 주행차 등에 활용된다.

2024년 상시 기출문제 05회   252P

01 ②	02 ④	03 ①	04 ③	05 ②
06 ①	07 ②	08 ②	09 ②	10 ③
11 ④	12 ③	13 ②	14 ④	15 ①
16 ③	17 ②	18 ①	19 ①	20 ①
21 ①	22 ③	23 ②	24 ④	25 ④
26 ③	27 ③	28 ③	29 ③	30 ③
31 ①	32 ④	33 ④	34 ③	35 ④
36 ②	37 ③	38 ③	39 ①	40 ③
41 ③	42 ③	43 ①	44 ④	45 ③
46 ②	47 ③	48 ③	49 ④	50 ③
51 ③	52 ③	53 ③	54 ②	55 ④
56 ①	57 ①	58 ①	59 ②	60 ①

1과목 워드프로세싱 용어 및 기능

01 ②
암호를 지정할 수 있으나 암호를 모를 경우 불러오기를 할 수 없다.

02 ④
화면의 확대가 인쇄물의 결과에는 영향을 주지 않는다.

03 ①
서식의 중간에서 끝났을 때 마지막 자의 다음 칸에 '이하 빈칸'을 표시한다.

04 ③
표의 내용은 맞춤법 검사할 수 있으나, 화학식이나 수식의 오류는 검사할 수 없다.

05 ②
공문서는 한글 맞춤법에 따라 가로로 작성한다.

06 ①
• 행두 금칙 문자 : 행의 처음에 올 수 없는 문자(. , ' " ? !)] } 〉 ℃)
• 행말 금칙 문자 : 행의 마지막에 올 수 없는 문자(' " ([{ 〈 # $ ☎)

07 ②
교정할 부호가 겹칠 경우 겹치는 각도를 크게 하여 교정 내용을 알아볼 수 있게 한다.

08 ②

오답 피하기
• 초크(Choke) : 이미지의 변형 작업, 입출력 파일 포맷, 채도, 명암도 등을 조절
• 모핑(Morphing) : 두 개의 이미지를 부드럽게 연결하여 변환하는 기법
• 리터칭(Retouching) : 기존의 이미지를 다른 형태로 새롭게 변형·수정하는 작업

09 ②

오답 피하기
• 지역별 분류법 : 거래처의 지역이나 범위에 따라 가나다 순으로 정리
• 명칭별 분류법 : 거래자나 거래 회사명에 따라 이름의 첫머리 글자를 기준으로 가나다 순 혹은 알파벳 순으로 분류
• 번호식 분류법 : 문서가 일정량 모이면 개별 폴더에 넣어 숫자를 지정하여 정리

10 ③
센터링(Centering)은 문서의 가운데를 기준으로 좌우로 정렬되어 있는 상태이다.

11 ④
• ① : 찾기 기능은 대·소문자를 구별하여 찾기 가능
• ② : 찾기의 방향은 현재 커서 아래로, 위로, 문서 전체로 설정 가능
• ③ : 찾기 기능에서 띄어쓰기를 무시하고 내용을 찾을 수 있음

12 ③
간인은 하나의 서류가 2장 이상으로 서로 이어졌다는 것을 확인하기 위해 앞장의 뒷면과 뒷장의 앞면에 걸쳐 도장을 찍는 것을 의미한다.

13 ②

오답 피하기
• ① : 개행(Turnover)은 본문의 아무 곳이나 Enter 를 눌러 강제로 행을 나누는 기능
• ③ : 매크로(Macro)는 사용자가 입력하는 일련의 키보드 조작 순서를 기억했다가 그대로 재생하는 기능
• ④ : 문자 피치(Pitch)는 문자와 문자 사이의 간격으로, 피치가 클수록 문자 사이의 간격이 좁아짐

14 ④
공통으로 사용되는 문서는 공통 문서함에 보관하지만, 개인별로 작성된 전자문서는 자신의 문서를 관리할 수 있는 개인 문서함에 보관한다.

15 ①
결재의 종류
- 선결 : 일반적인 형태로 먼저 결재하는 것
- 전결 : 결재권을 위임받은 자가 결재
- 대결 : 직무를 대리하는 자가 대신 결재
- 사후 보고 : 중요한 문서는 결재권자에게 사후에 보고

16 ③
③은 메일 머지 기능에 대한 설명이다.

오답 피하기

매크로는 자주 사용되는 반복적인 키보드 동작을 단축키로 저장하였다가 필요할 때 단축키를 눌러 쉽고 빠르게 작업할 수 있는 기능이다.

17 ②
매크로는 사용자가 입력하는 일련의 키보드 조작 순서를 기억했다가 그대로 재생하는 기능이다.

18 ①
더블클릭하면 단어가 선택되고, 세 번 빠르게 클릭하면 한 줄 전체 범위가 지정된다.

19 ①
⌒는 자리 바꾸기이다.

20 ①
복사, 잘라내기(이동) 모두 필요한 부분의 영역을 지정해야 한다.

2과목 PC 운영체제

21 ①
바로 가기 아이콘은 하나의 응용 앱에 대해 여러 개 만들 수 있다.

22 ③
[*]을 누르면 현재 폴더의 모든 하위 폴더가 확장되어 표시된다.

23 ②
윈도우에서 기본적으로 사용할 프로그램을 선택하는 기본 프로그램은 기본 프로그램 설정, 파일 형식 또는 프로토콜을 프로그램과 연결, 자동 재생 설정 변경, 컴퓨터의 기본 프로그램 설정으로 구성된다.

24 ④
작업 표시줄의 크기는 마우스로 드래그 앤 드롭하여 화면의 1/2까지 조절할 수 있다.

25 ④
작업 표시줄의 [찾기] 창에서는 수정한 날짜나 크기의 속성 검색은 할 수 없고, 파일 탐색기의 [검색] 메뉴에서 수정한 날짜, 크기, 종류 등으로 검색할 수 있다.

26 ③
공유 프린터도 기본 프린터로 설정할 수 있다.

27 ③
임시 인터넷 파일, 휴지통 파일 등 불필요한 파일을 검색하여 삭제하는 것은 [디스크 정리]이다.

28 ④
이미지 뷰어 앱은 이미지를 표시하는 응용 앱으로 네트워크 연결과는 무관하다.

29 ②
[휴지통]의 속성 창에서 휴지통의 크기, 사용 가능한 공간을 확인할 수 있으며, 복원은 삭제한 원래 위치로만 복원되고 다른 위치로 이동하여 사용할 수 있다.

30 ③
[작업 관리자]-[프로세스] 탭에 실행 중인 응용 프로그램의 목록이 표시되며, 특정 작업을 선택하여 [작업 끝내기]를 실행한다.

31 ①
캡처한 화면은 HTML, PNG, GIF, JPG 형식의 파일로 저장할 수 있으나 편집할 수 없다.

32 ④
플러그 앤 플레이(Plug&Play)는 새로운 하드웨어의 자동 감지 기능으로 소프트웨어적인 오류를 복구할 수 없다.

33 ④
암호화된 압축 파일을 전송할 경우 시간이나 비용이 감소된다.

34 ③
파일 압축과 복원 앱의 종류에는 알집, 윈라(WinRAR), PKZIP, 빵집, 다집, 반디집 등이 있다.

오답 피하기

- 파일 송수신 FTP 프로그램의 종류 : 알FTP, CuteFTP, 파일질라 등
- 이미지 뷰어 프로그램의 종류 : 포토뷰어, 알씨, ACDSee 등
- 바이러스 체크 및 백신 프로그램의 종류 : V3, 알약, 바이로봇 등

35 ④
모든 파일과 하위 폴더를 한꺼번에 선택하려면 [Ctrl]+[A]를 사용한다.

36 ②
서브넷 마스크는 네트워크 아이디와 호스트 아이디를 구별하기 위한 주소로 컴퓨터의 규모를 알려주며 32비트로 구성된다.

37 ③
프린터의 추가 설치 순서
① [제어판]의 [장치 및 프린터] 창에서 [프린터 추가]를 클릭
② 로컬 프린터인지, 네트워크 프린터인지를 선택
③ 프린터에 사용할 포트를 결정
④ 프린터 제조업체와 모델을 선택
⑤ 프린터 이름 입력
⑥ 공유 여부를 선택
⑦ 기본 프린터 설정 여부와 테스트 페이지를 선택하고 완료

38 ③
오답 피하기
- ① : Install은 앱을 설치할 때 사용
- ② : 단축 아이콘(바로 가기 아이콘)은 실행 앱의 복사본으로 삭제해도 앱이 남아 있음
- ④ : 폴더를 삭제해도 앱이 모두 삭제되는 것은 아님

39 ①
네트워크 드라이브 연결은 파일 탐색기에서 [내 PC]를 선택한 후 [컴퓨터] 메뉴의 [네트워크 드라이브 연결]에서 연결할 드라이브를 선택한다.

40 ③
[공유 폴더]에서 공유 폴더의 이름과 경로, 종류 등을 확인할 수 있고, 공유 설정은 폴더의 바로 가기 메뉴의 [공유] 탭에서 설정한다.

3과목 PC 기본상식

41 ③
바이오스(BIOS) 프로그램은 ROM에 저장되어 있다.

42 ③
프로토콜이 데이터의 전송 도중 오류의 수정은 할 수 없다.

43 ①
오답 피하기
- 외부 인터럽트 : 전원 오류, 입출력 요구, 기계 착오
- 내부 인터럽트 : 명령어에 불법 연산자 사용, 0으로 나누기 실행, 오버플로(Overflow) 발생 등
- 소프트웨어 인터럽트 : 프로그램 내에 특정한 요구에 대한 명령, SVC 명령 수행 시 발생

44 ④
④는 주기억 장치의 역할이다.

45 ③
오답 피하기
- 가상 메모리 : 소프트웨어적 방법으로 보조 기억 장치의 일부를 주기억 장치처럼 사용할 수 있게 하여 주기억 장치의 용량을 확대하여 사용하는 메모리
- 버퍼 메모리 : 컴퓨터의 처리 과정에서 프로그램이나 데이터의 일부를 저장하는 데 사용되는 임시 기억 장치
- 플래시 메모리 : 전원 공급이 중단되어도 내용은 사라지지 않고 내용 변경이 가능한 EEPROM으로 최근에는 BIOS를 저장하는 용도로 많이 사용

46 ②
오답 피하기
- SSO(Single Sign On) : 하나의 아이디로 여러 사이트를 이용할 수 있는 시스템
- RSS(Rich Site Summary) : 업데이트가 빈번한 웹 사이트의 정보를 사용자에게 보다 쉽게 제공하는 서비스
- 가상현실(Virtual Reality) : 어떤 특정한 환경이나 상황을 컴퓨터로 만들어서, 그것을 사용하는 사람이 마치 실제 주변 상황의 환경과 상호작용을 하고 있는 것처럼 만들어 주는 시스템

47 ③
GIF는 인터넷 표준 형식으로 256가지의 색을 표현할 수 있고 애니메이션도 표현할 수 있다.
오답 피하기
- TIF : DTP에서 사용하는 파일 교환을 목적으로 개발
- PNG : 투명한 배경의 이미지를 만들 수 있고 다양한 컬러 모드와 고해상도의 이미지를 표현
- JPG : 정지 영상을 표현하는 국제 표준 파일 형식

48 ③
실린더(Cylinder)는 디스크의 중심축으로부터 동일한 거리에 위치하는 트랙들의 모임이다.
오답 피하기
- 섹터(Sector) : 한 개의 동심원을 같은 길이로 분할한 구역으로 데이터를 기록하는 단위
- 클러스터(Cluster) : 하드 디스크에서 파일을 저장하는 논리적인 단위
- 폴더(Folder) : 관련 있는 파일을 보관하는 곳

49 ④
MIME는 전자우편으로 화상이나 음성을 포함한 멀티미디어 정보를 보낼 때 사용하는 프로토콜이다.

50 ③

오답 피하기

- 누산기 : 산술 및 논리 연산의 결과를 일시적으로 기억하는 레지스터
- 가산기 : 2개 이상의 수를 입력하여 이들의 합을 출력하는 논리 회로 또는 장치
- 상태 레지스터 : 연산 실행 결과와 양수, 음수, 자리 올림, 오버플로, 인터럽트 등의 상태를 기억하는 레지스터
- 인덱스 레지스터 : 색인 주소 지정에 사용되는 레지스터

51 ③

아주 큰 수나 작은 수를 표현하는 것은 부동 소수점 표현이다.

52 ①

오답 피하기

- ASP : 마이크로소프트사에서 제작한 언어로 웹 서버에서 분석되어 실행된 후에 클라이언트 쪽으로 실행 결과만을 전달하는 언어
- JSP : 자바로 만들어진 서버 스크립트 언어
- VRML : 인터넷 문서에서 3차원 공간을 표현할 수 있는 텍스트 파일 언어

53 ③

오답 피하기

- 응용 계층 : OSI 7계층으로 사용자의 위치에서 응용 프로그램의 실행을 담당
- 표현 계층 : OSI 6계층으로 데이터의 표현 형식을 표준화하고 암호화와 압축 등을 수행
- 전송 계층 : OSI 4계층으로 네트워크 종단 시스템 사이의 신뢰성 있는 데이터 전송을 담당

54 ②

오답 피하기

- 일반적 정보 : 이름, 주민등록번호, 주소, 전화번호 등
- 정신적 정보 : 종교, 노조가입 여부, 소비성향 등
- 사회적 정보 : 학력, 성적, 상벌기록, 직무평가기록 등

55 ④

도시를 연결하는 망은 MAN이고, 국가를 연결하는 망은 WAN 광역 통신망이다.

56 ①

오답 피하기

- ② : 가상 메모리
- ③ : 연상(연관) 메모리
- ④ : ROM(Read Only Memory)

57 ①

캐시 항목은 CPU의 처리 속도를 향상시키는 것으로 메모리 인식과 관계없다.

58 ①

스푸핑(Spoofing)은 악의적인 목적으로 웹 사이트를 구축해 방문을 유도한 다음 정보를 빼가는 행위이다.

오답 피하기

- 스니핑(Sniffing) : 네트워크 주변을 지나다니는 패킷을 엿보면서 계정과 패스워드를 알아내기 위한 행위
- 세션 하이재킹(Session Hijacking) : 로그인된 상태를 가로채는 행위
- 크래킹(Cracking) : 권한이 없는 사용자가 불법적인 접근을 하여 데이터를 파괴하는 행위

59 ②

테더링(Tethering)은 휴대폰을 모뎀으로 활용할 수 있는 기능으로, 노트북과 같은 IT 기기를 휴대폰에 연결하여 무선 인터넷을 사용할 수 있다.

오답 피하기

- 증강현실(AR) : 기기에 내장된 카메라를 이용해 실제 사물이나 환경에 부가 정보를 표시하는 기술
- GPS : 인공위성 위치정보 신호를 수신하는 기술
- 블루투스(Bluetooth) : 근거리에서 데이터의 무선 통신을 가능하도록 해주는 기술

60 ①

오답 피하기

- RFID(Radio-Frequency IDentification) : 전자태그 기술로, 무선 주파수를 이용해 빛을 전파하여 먼 거리의 태그도 읽고 정보를 수신할 수 있음
- I-PIN(아이핀) : 인터넷상에서 주민등록번호를 도용하여 발생하는 범죄를 방지하기 위해 만든 인터넷 신원확인번호
- Mirroring(미러링) : 해킹이나 장비 고장 등의 사고가 발생했을 때 데이터가 손실되는 것을 막기 위해서 데이터를 하나 이상의 장치에 중복하여 저장하는 것

2025년 상시 기출문제 01회   261P

01 ②	02 ②	03 ③	04 ①	05 ①
06 ③	07 ②	08 ③	09 ③	10 ③
11 ③	12 ③	13 ④	14 ④	15 ②
16 ④	17 ④	18 ②	19 ③	20 ②
21 ④	22 ②	23 ④	24 ③	25 ④
26 ③	27 ②	28 ③	29 ②	30 ③
31 ④	32 ④	33 ③	34 ③	35 ③
36 ②	37 ①	38 ③	39 ③	40 ②
41 ④	42 ④	43 ②	44 ③	45 ①
46 ①	47 ③	48 ③	49 ②	50 ③
51 ②	52 ③	53 ③	54 ③	55 ②
56 ③	57 ②	58 ①	59 ①	60 ③

1과목 워드프로세싱 용어 및 기능

01 ②
워드프로세서는 주로 문서 작성과 편집에 관련된 기능을 제공하며, 복잡한 수학적 계산은 주로 스프레드시트 프로그램에서 처리한다.

02 ②
문서의 내용을 찾기(Find)하고, 찾은 내용을 다른 문장으로 바꾸는 기능을 치환(Replace)이라고 한다.

03 ③
③은 보관문서에 대한 설명이다. 보존문서란 보관이 끝난 문서로 보존 기간은 1년, 3년, 5년, 10년, 30년, 준영구, 영구로 구분되고, 보존 기간 계산의 기산일은 기록물 생산연도 다음 해 1월 1일로 한다.

04 ①
시간과 공간의 최소성을 원칙으로 하며, 극대화(크게)되면 시간과 공간의 낭비가 발생한다.

05 ①

오답 피하기
- ② : 디더링(Dithering)에 대한 설명
- ③ : 리터칭(Retouching)에 대한 설명
- ④ : 오버프린트(Overprint)에 대한 설명

06 ③
서식의 중간에서 기재 사항이 끝난 경우에는 기재 사항의 마지막 자의 다음 칸에 '이하 빈칸'이라고 표시하고, '끝' 표시는 생략한다.

07 ②
문서과의 기안자가 아니라, 처리과의 기안자가 전자이미지관인을 찍어야 한다.

08 ③
유니코드에서는 영문, 한글 등 모든 문자를 2바이트로 표현한다.

09 ③
- 한자의 음을 모르는 경우 : 부수 입력, 외자 입력, 2Stroke 방법을 사용
- 한자의 음을 아는 경우 : 한글/한자 음절 단위 변환, 단어 단위 변환, 문장 자동 변환 방법을 사용

10 ③
③은 워드 랩(Word Wrap)에 대한 설명이다. 영문 균등(Justification)은 워드 랩으로 생긴 공백을 처리하기 위해 단어와 단어 사이의 간격을 균등하게 배분하여 전체 길이를 맞추고 균형을 유지하기 위한 기능이다.

11 ③
붙임(첨부)은 본문의 내용으로, 본문은 제목, 내용, 붙임(첨부)으로 구성된다.

12 ③
인쇄 미리 보기는 문서를 인쇄하기 전 미리 보는 기능으로 문서의 내용을 편집할 수는 없다.

13 ④
워드프로세서는 문서를 작성하고 편집, 저장, 인쇄 등의 처리를 할 수 있는 컴퓨터와 하드웨어를 말한다.
- ⌐ : 줄 바꾸기
- ∨ : 사이 띄우기
- ♂ : 수정

14 ④
④는 ♂(수정), ⊂(들여쓰기) 교정부호이다.

오답 피하기
- ① : ⌐(끌어 내리기) ↔ ⌐(끌어 올리기)
- ② : ⌐(줄 바꾸기) ↔ ⊂(줄 잇기)
- ③ : ⌣(삽입) ↔ ♂(삭제)

15 ②
업무 실명제는 업무를 처리한 작성자의 이름이 자동으로 삽입되어 기록하는 제도이다.

16 ④
문서는 보관 비용을 고려하여 필요한 문서만을 선별하여 보관하는 것이 원칙이다.

17 ④
트루타입 글꼴은 벡터 형식으로 저장되어 해상도가 변경되더라도 품질 저하가 발생하지 않는다.

18 ②
파일링 시스템(File System)이란 문서관리에 있어 원하는 문서를 언제든지 쉽게 찾아볼 수 있고 필요 없는 문서는 적시에 폐기할 수 있도록 문서를 유형별로 정리, 보관, 폐기하는 일련의 제도를 말한다.

19 ③
모아 찍기를 해서 하나의 용지에 여러 페이지를 인쇄할 수 있다.

20 ②
명칭별 분류법은 거래자나 거래 회사명에 따라 이름의 첫머리 글자를 기준으로 가나다 순 또는 알파벳 순으로 분류한다.

2과목 PC 운영체제

21 ④
선점형 멀티태스킹은 운영체제가 제어권을 갖는 방식으로 앱 실행 중 문제가 발생하면 해당 앱을 강제 종료시키고 모든 자원을 반환한다.

오답 피하기
비선점 멀티태스킹은 MS-DOS와 같은 운영체제에서 사용하는 방식으로 앱에 제어권이 있어 하나의 앱이 종료되지 않으면 다른 앱을 사용할 수 없다.

22 ②
레지스트리
- 레지스트리는 백업을 통해 복원 가능함
- [파일]-[내보내기]에서 내보내기할 파일 이름(파일 형식 *.reg)을 지정하여 백업함

23 ④
하드 디스크 공간이 부족할 경우에는 [디스크 정리]를 하여 디스크의 여유 공간을 확보해야 한다. [드라이브 조각 모음 및 최적화]는 분산되어 저장된 파일들을 연속된 공간으로 최적화시켜 디스크의 접근 속도를 향상하는 기능이다.

24 ③
아이콘 보기 형식에는 아주 큰 아이콘, 큰 아이콘, 보통 아이콘, 작은 아이콘, 목록, 자세히, 타일, 내용이 있다.

25 ④
[접근성 센터]는 컴퓨터 시스템 사용자의 시각이나 청각적인 설정을 위해 다양한 옵션을 제공하여 컴퓨터를 사용하기 쉽게 만드는 기능이다.

26 ②
[설정]-[계정]-[로그인 옵션]에서 장치에 로그인하는 방법에는 Windows Hello 얼굴, Windows Hello 지문, Windows Hello PIN (권장), 보안 키, 비밀번호, 사진 암호가 있다.

27 ②
[마우스 속성] 창에서 포인터의 모양을 변경할 수 있으나, 포인터의 생성 및 수정, 삭제는 불가능하다.

오답 피하기
- [포인터] 탭 : 마우스 포인터의 모양 지정(사용자 지정)
- [휠] 탭 : 휠을 한 번 돌릴 때 스크롤할 양 지정
- [단추] 탭 : 클릭 잠금 사용과 두 번 클릭의 속도 지정

28 ③

오답 피하기
- ① : TCP/IPv6는 새로운 디바이스에서 지원하는 최첨단 프로토콜임
- ② : TCP/IPv6는 이전 버전과 호환성을 고려하여 설계됨
- ④ : TCP/IPv4는 32비트 주소 체계를 사용함

29 ②

오답 피하기
- ① ⊞ + Tab : 모든 가상 데스크톱 보기
- ③ Ctrl + Alt + Delete : 작업 관리자 실행
- ④ ⊞ + Ctrl + F4 : 가상 데스크톱 지우기

30 ③
스티커 메모에서 이미지를 추가할 수 있다.

31 ③
- CMOS : BIOS의 각 사항을 설정해 주며 메인보드의 내장 기능 설정과 주변 장치에 대한 사항을 기록하는 곳으로, 부팅 순서 변경, 시스템의 날짜와 시간, 하드 디스크 타입, 순서, 칩셋, 시스템 암호, 전원 관리 등을 설정 가능
- POST : 하드웨어의 이상 여부를 체크
- 부팅 과정 : ROM BIOS에서 CMOS 점검 → POST 수행 → MBR 읽기 → 부트 섹터 실행

32 ④
[캡처 도구]-[모드]에는 자유형 캡처, 사각형 캡처, 창 캡처, 전체 화면 캡처가 있다.

33 ③
휴지통의 크기는 드라이브마다 MB 단위로 다르게 설정하여 사용 가능하다.

34 ③
같은 드라이브에서는 파일이나 폴더를 드래그 앤 드롭하면 이동이 되고, 다른 드라이브에서는 복사가 실행된다.

35 ③
날짜 계산 기능은 일정 관리가 아니라, 두 날짜 간의 차이를 계산하는 기능이다.

36 ②
방화벽은 해커나 악성 소프트웨어가 인터넷을 통해 들어오는 것을 차단하는 기능으로, 바이러스를 치료하지는 않는다.

37 ①
스풀링(Spooling, Simultaneous Peripheral Operations On-Line)은 입출력 속도가 느린 장치(예 프린터)의 성능 문제를 보완하기 위한 기법이다. 인쇄 데이터를 임시 저장 공간(디스크, 메모리 등)에 저장한 후, 프린터가 처리할 수 있는 속도로 순차적으로 출력하므로 인쇄 속도가 저하될 수 있다.

38 ③
한글 Windows 10 이상에서는 클립보드에 여러 개의 항목을 저장하고 사용할 수 있다.

39 ③
그림판 3D에는 [Shift]를 누르고 드래그하면 수직선이나 45도 대각선을 자동으로 맞추는 기능이 없다.

40 ②
서브넷 마스크(Subnet Mask)는 해당 컴퓨터가 속한 네트워크 세그먼트를 식별하는 데 사용되며, 일반적으로 '255.255.255.0'과 같은 형식으로 표현된다.

오답 피하기
- ③ : ARP에 대한 설명
- ④ : DNS에 대한 설명

3과목 PC 기본상식

41 ④
- 4세대 : 가상 기억 장치 도입, 개인용 컴퓨터 등장, 네트워크 발달
- 5세대 : 인공 지능, 전문가 시스템, 패턴 인식, 퍼지 이론 등장

42 ④
오답 피하기
- RAM은 휘발성 메모리, ROM은 비휘발성 메모리
- 주기억 장치가 보조 기억 장치보다 접근 속도가 빠름

43 ②
오답 피하기
- BCD 코드 : 6비트로 구성
- ASCII 코드 : 7비트로 구성
- EBCDIC 코드 : 8비트로 구성

44 ③
오답 피하기
- 다중 처리 시스템 : 하나의 컴퓨터에 두 개 이상의 CPU가 메모리와 입출력 장치를 공유하여 프로그램을 처리하는 방식
- 분산 처리 시스템 : 네트워크로 연결된 컴퓨터에 의해 작업과 자원을 분산하여 처리하는 방식
- 실시간 처리 시스템 : 자료가 들어오는 즉시 처리하는 방식

45 ①
오답 피하기
- 프라이버시권 : 개인이 타인의 간섭과 공적인 영역으로부터 고유의 정보를 노출시키지 않는 자유를 확보하는 권리
- 지적재산권 : 아이디어, 발명, 문학작품 등 창작물을 법적으로 보호해 주는 권리
- 초상권 : 자신의 얼굴이나 개인 모습(초상)을 함부로 사용하지 못하도록 보호받는 권리

46 ①
스니핑(Sniffing)은 네트워크 주변을 지나다니는 패킷(Packet)을 엿보면서 사용자 계정과 비밀번호 등을 가로채서 몰래 알아내는 해킹 수법이다.

47 ③
오답 피하기
- 스위치(Switch) : 같은 네트워크의 여러 기기들을 서로 연결하는 역할
- 허브(Hub) : 네트워크를 구성할 때 가까운 거리에서 여러 대의 컴퓨터를 연결하는 장치
- 모뎀(Modem) : 디지털 신호를 아날로그 신호로 바꾸고(변조), 아날로그 신호를 디지털 신호로 바꾸는 장치(복조)

48 ③

오답 피하기

- 클라우드 컴퓨팅(Cloud Computing) : 내 컴퓨터나 서버에 설치하지 않고 인터넷을 통해 필요한 컴퓨팅 자원을 빌려서 사용하는 기술
- 사물 인터넷(IoT) : 인터넷을 통해 사물(Things)이 서로 연결되어 데이터를 주고받고, 정보를 수집·분석하거나 자동으로 작동하도록 하는 기술
- 증강현실(AR) : 현실 세계에 가상의 정보(영상, 이미지, 텍스트 등)를 겹쳐 보여주는 기술

49 ②

오답 피하기

- 모핑(Morphing) : 사람 얼굴이나 사물의 형태가 점차적으로 다른 형태로 바뀌는 장면에 사용하는 기법
- 벡터 그래픽(Vector Graphics) : 점, 선, 곡선, 도형 등 수학적 수식을 기반으로 이미지를 표현하는 방식
- 레이 트레이싱(Ray Tracing) : 빛의 경로를 시뮬레이션하여 3D 그래픽에서 매우 사실적인 그림자를 만들고 반사, 굴절, 광원 효과를 재현하는 렌더링 기법

50 ③

오답 피하기

①, ②는 누산기에 대한 설명이다.

51 ②

디지털 컴퓨터의 특징으로는 이진수(0과 1)로 데이터 표현, 이산적인 데이터 처리, AND, OR, NOT 등의 논리 회로 사용 등이 있다.

52 ①

FTP는 파일 송수신 프로토콜이다.

오답 피하기

- IMAP(Internet Message Access Protocol) : 서버에 저장된 이메일을 원격으로 관리하며, 여러 장치에서 이메일을 동기화할 수 있도록 하는 프로토콜
- POP3(Post Office Protocol version 3) : 서버에서 이메일을 다운로드하여 로컬 컴퓨터에 저장하는 방식의 프로토콜
- SMTP(Simple Mail Transfer Protocol) : 이메일을 전송하기 위해 사용되는 프로토콜로, 발신 서버와 수신 서버 간의 이메일 전달을 담당

53 ③

RISC 방식은 회로가 간단하고 최소의 명령어를 사용하여 설계된다.

54 ③

- SRAM : 플립플롭(Flip-Flop) 회로를 사용하여 데이터를 저장하므로 접근 속도가 빠르며, 주기적인 재충전이 필요 없음
- DRAM : 축전기(Capacitor)를 사용하여 데이터를 저장하므로 SRAM보다 접근 속도가 느리고 비용이 저렴하며, 주기적인 재충전이 필요

55 ②

준비 상태(Ready State)는 프로세스가 필요한 모든 자원을 할당받고 프로세서를 할당받기 위해 기다리는 상태로, I/O 작업을 기다리지 않는다.

56 ③

컴퓨터의 기억 소자 발전 과정은 '진공관 → 트랜지스터 → 집적 회로(IC) → 고밀도 직접 회로(LSI) → 초고밀도 집적 회로(VLSI)'이다.

57 ②

일반적인 소프트웨어 개발 순서는 '요구 분석 → 설계 → 코딩 → 테스트 → 유지 보수'이다.

58 ①

오답 피하기

- 메인 프레임 컴퓨터 : 대형 컴퓨터로, 수백 명 이상의 사용자가 동시에 작업할 수 있는 능력을 가진 컴퓨터
- 슈퍼 컴퓨터 : 가장 고성능을 요구하는 작업을 수행하는 컴퓨터로, 날씨 예측, 과학적 계산, 시뮬레이션 등에 사용하며 높은 속도와 처리 능력을 가진 컴퓨터
- 미니 컴퓨터 : 슈퍼 컴퓨터보다는 작고 마이크로 컴퓨터보다는 큰 중형 컴퓨터로, 마이크로 컴퓨터보다 처리 용량과 속도가 우수하며 연구소나 학교의 서버용으로 사용

59 ①

오답 피하기

- ARP(Address Resolution Protocol) : 네트워크 상의 IP(Internet Protocol) 주소를 물리적인 MAC(Media Access Control)으로 변환하는 프로토콜
- SLIP(Serial Line Internet Protocol) : 전화선 등의 직렬 통신 회선을 저속회선으로 일시적으로 접속하기 위한 프로토콜
- SNMP(Simple Network Management Protocol) : 네트워크 장비의 관리 및 모니터링을 위한 프로토콜

60 ③

킬 스위치(Kill Switch)는 스마트폰, 자동차, 소프트웨어 등을 원격으로 정지할 수 있는 기능이다.

2025년 상시 기출문제 02회 — 270P

01 ①	02 ③	03 ②	04 ③	05 ②
06 ④	07 ①	08 ①	09 ②	10 ①
11 ①	12 ④	13 ③	14 ③	15 ②
16 ③	17 ④	18 ①	19 ③	20 ④
21 ②	22 ③	23 ②	24 ①	25 ④
26 ①	27 ①	28 ②	29 ①	30 ①
31 ④	32 ②	33 ④	34 ②	35 ①
36 ③	37 ①	38 ②	39 ①	40 ③
41 ②	42 ②	43 ②	44 ①	45 ②
46 ①	47 ②	48 ④	49 ①	50 ①
51 ④	52 ③	53 ③	54 ②	55 ④
56 ①	57 ④	58 ③	59 ④	60 ②

1과목 워드프로세싱 용어 및 기능

01 ①
오답 피하기
- ② : 문단을 너무 길게 하면 가독성이 떨어짐
- ③ : 다양한 글꼴 사용은 일관성이 낮아질 수 있음
- ④ : 띄어쓰기는 가독성에 큰 영향을 줌

02 ③
문서관리 절차
- 문서 분류 : 문서를 성격에 따라 체계적으로 나누는 과정
- 문서 편철 : 분류된 문서를 더욱 세분화하여 정리
- 문서 보관 : 필요할 때 쉽게 찾을 수 있도록 저장
- 문서 이관 : 장기 보관이 필요한 문서를 기록보존소나 다른 부서로 이동
- 문서 보존 : 보존 필요성이 있는 문서를 일정 기간 유지
- 문서 폐기 : 보존 기간이 만료된 문서를 규정에 따라 폐기

03 ②
- 한자의 음을 모르는 경우 : 부수/총 획수 입력, 외자 입력, 2Stroke 방법을 사용
- 한자의 음을 아는 경우 : 한글/한자 음절 단위 변환, 단어 변환, 문장 자동 변환을 사용

04 ③
- 디폴트(Default) : 전반적인 규정이나 서식의 설정 등 기본이 되는 표준값
- 소프트 카피(Soft Copy) : 화면을 통해 결과물을 표시하는 기능
- 하드 카피(Hard Copy) : 화면에 표시된 문서나 내용을 그대로 프린터에 인쇄하는 기능

05 ②
인쇄(Ctrl + P)를 눌러 나오는 인쇄 창에서 인쇄 범위를 지정하여 인쇄할 수 있다.

06 ④
⊏(들여쓰기), ⌣(삽입), ⌇(수정)으로 모두 문서의 분량이 증가할 가능성이 있는 교정부호이다.

오답 피하기
- ① : ⊐(내어쓰기), ⌇(삭제), ⌐(줄 바꾸기)
- ② : ⌒(자리 바꾸기), ⌣(삽입), ✡(원래대로 두기)
- ③ : ⌇(삭제), ⌒(줄 잇기), ⌒(붙이기)

07 ①
글자를 교정할 때에는 원고의 색과 다르게 눈에 잘 띄는 색을 사용한다.

08 ①
오답 피하기
- ② : 기록 관리 비용이 절감됨
- ③ : 문서 검색 시간이 짧아짐
- ④ : 문서의 체계적인 관리가 이루어짐

09 ②
주제별 파일링은 문서 내용으로부터 주제를 정하여 이를 기준으로 대·중·소로 정리하는 방법이다.

오답 피하기
- ① : 명칭별(가나다 순) 문서정리 방법
- ③ : 지역별 문서정리 방법
- ④ : 번호식 문서정리 방법

10 ①
오답 피하기
- ② : 대결이 가능함
- ③ : 전결 시 전결 표시와 서명이 필요함
- ④ : 전자결재시스템에서는 일정 조건하에 문서 수정이 가능함

11 ①
찾을 방향은 아래, 위, 문서 전체에 대해 검색이 가능하다.

12 ④
오답 피하기
- 포스트스크립트(Post Script) 방식 : 글자의 외곽선 정보를 그래픽 소프트웨어로 제공하며, 그래픽이나 텍스트를 종이, 필름, 모니터 등에 인쇄하기 위한 방식
- 비트맵(Bitmap) 방식 : 점으로 글꼴을 표현하는 방식으로 계단 현상이 나타남
- 트루타입(True Type) 방식 : 윈도우에서 기본적으로 제공하는 글꼴로 위지윅 기능을 제공

13 ③
금액을 표시할 때에는 아라비아 숫자로 쓰고, 숫자 다음에 괄호를 하고 한글로 기재한다.

14 ③
완성형 한글 코드는 정보 교환용(통신)으로 사용하고, 조합형 한글 코드는 정보 처리용으로 사용하며, 유니코드는 정보 교환용과 정보 처리용으로 모두 사용한다.

15 ②
직무 편람은 단위 업무에 대한 업무 계획, 업무 현황 및 그 밖의 참고자료 등을 체계적으로 정리한 업무 자료철 등을 말한다.

16 ③
명도는 낮을수록 어두워지고, 높을수록 밝아진다. RGB는 가산혼합이고, CMYK가 감산혼합이다.

17 ④
EDI의 3대 구성 요소는 EDI 표준(Standards), 사용자 시스템(User System), 통신 네트워크(VAN)이다.

18 ①
CPS(Characters Per Second)는 초당 인쇄되는 문자 수를 나타내는 단위로, 프린터기의 속도를 측정한다.

오답 피하기
- PPI(Pixels Per Inch) : 1인치당 인쇄되는 픽셀 수로 해상도의 밀도 단위
- DPI(Dots Per Inch) : 1인치당 인쇄되는 점의 수로 해상도 단위
- RPM(Revolutions Per Minute) : 분당 회전 수로 하드 디스크의 속도 단위로 사용

19 ③
공문서는 정부 기관, 공공기관, 기업 등에서 공식적인 목적으로 작성하는 문서이고, 사문서는 개인이 사적인 목적으로 작성하는 문서를 말한다.

20 ④

오답 피하기
- ① : 렌더링(Rendering)에 대한 설명
- ② : 하프톤(Halftone)에 대한 설명
- ③ : 오버프린트(Overprint)에 대한 설명

2과목 PC 운영체제

21 ②
선점형 멀티태스킹(Preemptive Multi-Tasking)은 운영체제가 제어권을 행사하여 특정 응용 프로그램이 제어권을 독점하는 것을 방지하는 안정적인 체제이다.

22 ③
[그림판]에서는 다중 레이어 작업을 할 수 없다.

23 ②
메모장 앱에서는 글자 색을 변경할 수 없다.

24 ①
스풀은 고속의 CPU와 저속의 프린터를 병행 사용할 때 속도를 조절하기 위한 기능으로, 인쇄가 되지 않는 경우와는 상관없다.

25 ④

오답 피하기
- ipconfig : IP 주소, 서브넷 마스크, 기본 게이트웨이 주소를 표시
- tracert : IP 패킷이 목적지 주소까지 이동하는 경로를 추적할 때 사용
- nbtstat : IP 주소로 TCP/IP 연결 상태를 검사하여 IP 충돌 여부를 확인할 때 사용

26 ①
디스크 검사는 물리적인 충격, 반복된 프로그램의 실행과 삭제 등으로 생긴 파일 시스템의 오류를 검사하여 수정하는 기능이고, 드라이브 조각 모음은 디스크 내에 흩어져 단편화되어 있는 파일이나 폴더의 조각들을 재배치하여 디스크의 처리 속도를 향상시키는 기능이다.

27 ①
- BIOS : 부팅 시 하드웨어 초기화 및 점검을 수행하며, 이후 운영체제를 로드하는 데 필요한 기본적인 설정을 제공
- POST : 하드웨어가 제대로 작동하는지 점검하는 과정을 담당

28 ④
[내 PC]에서 연결에 사용할 드라이브와 폴더를 선택한 후, [컴퓨터] 메뉴의 [네트워크 드라이브 연결]을 클릭하여 [네트워크 드라이브 연결]을 하거나 [네트워크 드라이브 연결 끊기]를 할 수 있다.

29 ①
[제어판]-[네트워크 및 공유센터]-[고급 공유 설정 변경]에서 [파일 및 프린터 공유 켜기]를 하면 네크워크의 다른 컴퓨터 사용자가 이 컴퓨터에서 사용자가 공유한 파일이나 프린터에 접근할 수 있다.

30 ①

오답 피하기
- ② : [Windows 탐색기] 프로그램은 [프로그램 및 기능]를 통해 삭제할 수 없음
- ③ : 제거된 응용 앱은 [휴지통]에 임시 저장되지 않고 바로 삭제됨
- ④ : 운영체제를 재설치할 때에는 Windows 원본 DVD나 USB를 넣고 설치함

31 ④

로컬 디스크(C:)의 속성 창에서 디스크 정리는 가능하지만, 윈도우가 설치된 디스크 포맷은 실행할 수 없다. 포맷은 디스크 드라이브의 바로 가기 메뉴에서 [포맷(A)]을 선택하여 실행할 수 있다.

32 ②

네트워크에 연결하려면 DHCP를 통해 자동으로 IP 주소를 할당받거나 수동으로 IP 주소를 설정할 수도 있다.

33 ④

바로 가기 아이콘은 원본 파일을 참조하는 링크이므로, 하나의 원본 파일에 대해 여러 개를 작성하여 사용할 수 있다.

34 ②

파일 탐색기에서 새 폴더를 생성하는 바로 가기 키는 Ctrl+Shift+N이다.

35 ①

가상 데스크톱은 하나의 컴퓨터 시스템에서 여러 개의 가상 화면을 사용할 수 있는 기능이다. 하나의 가상 데스크톱에서 여러 개의 앱을 동시에 실행할 수 있으며, 작업을 전환할 수도 있다.

36 ③

오답 피하기
- ① : 시스템 아이콘은 작업 표시줄 오른쪽에 있음
- ② : [시작] 메뉴를 열면 모든 앱이 표시되며 최근에 실행한 앱도 표시됨
- ④ : [시작] 메뉴에서 앱을 실행하면 작업 표시줄에 바로 표시됨

37 ①

사용자 계정에 암호가 설정되어 있고 [다시 시작할 때 로그온 화면 표시]를 선택하면 화면 보호기의 암호를 사용할 수 있다.

38 ②

오답 피하기
- ① : Windows, macOS, Android, iOS에서 사용 가능
- ③ : Internet Explorer의 후속 브라우저로, 최신 웹 표준을 지원
- ④ : 모바일 환경에서도 사용 가능

39 ①

오답 피하기
- ② : Windows Defender 방화벽은 소프트웨어적인 보안 기능
- ③ : Windows Defender 방화벽은 허용되는 앱 목록에 있는 모든 들어오는 목록을 차단할 수 있음
- ④ : 방화벽이 있어도 인터넷은 사용 가능

40 ③

앱을 삭제해도 캐시 데이터, 레지스트리 정보, 임시 파일, 로그 정보 등이 남아있어서 항상 완전히 삭제되지는 않는다.

3과목 PC 기본상식

41 ②

단위의 크기
- 밀리(m) = 10^{-3}
- 마이크로(μ) = 10^{-6}
- 나노(n) = 10^{-9}
- 피코(p) = 10^{-12}

42 ②

엑셀과 워드 문서에 있는 매크로 바이러스는 매크로 기능을 사용하여 '파일'을 감염시킨다.

43 ②

크래킹(Cracking)은 합법적인 사용자의 권한을 획득하는 것이 아니라, 보안 시스템을 무너뜨려 불법적으로 시스템에 침투하는 행위이다.

44 ①

개인정보의 유형 및 종류
- 일반적 정보 : 이름, 주소, 주민등록번호, 출생지, 혈액형, 성별 등
- 신체적 정보 : 얼굴, 지문, 홍채, 음성, 건강상태, 진료기록, 장애등급 등
- 정신적 정보 : 종교, 노조가입 여부, 소비성향 등
- 사회적 정보 : 학력, 성적, 상벌기록, 생활기록부 등
- 재산 정보 : 소득내역, 신용카드 정보, 통장계좌번호 등

45 ②

광섬유(Optical Fiber Cable)
- 빛을 이용하여 데이터를 전송하는 방식으로, 구리선 등 금속선보다 더 빠르고 안정적인 데이터 전송이 가능
- 전자기 간섭에 강하고, 긴 거리에서도 신호 손실이 적어 장거리 전송에 매우 유리

46 ①

오답 피하기
- 가로채기(Interception) : 송신한 데이터를 수신자까지 가는 도중에 몰래 보거나 도청하는 행위로, 비밀성에 대한 위협
- 수정(Modification) : 메시지를 원래의 데이터가 아닌 다른 내용으로 바꾸는 것으로, 무결성에 대한 위협
- 위조(Fabrication) : 사용자 인증과 관계해서 마치 다른 송신자로부터 데이터가 온 것처럼 꾸미는 것으로, 무결성에 대한 위협

47 ①
텔레메틱스(Telematics)는 자동차에 탑재된 통신 시스템과 GPS 기술을 결합하여, 실시간으로 위치 추적, 차량 상태 모니터링, 운전 습관 분석 등의 서비스를 제공하는 기술이다.

48 ④

오답 피하기
- 연관 메모리 : 저장된 내용의 일부를 기반으로 데이터를 읽어오는 기억 장치로, 주소가 아닌 저장된 내용을 이용하여 원하는 정보에 접근하는 방식을 사용
- 가상 메모리 : 보조 기억 장치의 공간을 주기억 장치처럼 사용할 수 있는 메모리
- 캐시 메모리 : CPU와 주기억 장치 사이에 있으며, 컴퓨터의 처리 속도를 향상시켜 메모리 접근시간을 줄이는 데 목적

49 ①
- 가상 메모리(Virtual Memory) : 실제 물리적 메모리(RAM)의 한계를 보완하기 위해, 하드 디스크(또는 SSD)의 일부를 임시 저장 공간으로 사용하여, 프로그램이 더 큰 메모리 공간을 사용하는 것처럼 동작하게 하는 기술
- 캐시 메모리(Cache Memory) : CPU와 주기억 장치(RAM) 사이에 위치한 소용량의 초고속 메모리

50 ①
운영체제의 목적
- 처리 능력(Throughput)의 향상 : 일정한 시간 동안 시스템이 처리할 수 있는 일의 양을 향상
- 응답 시간(Turnaround Time)의 단축 : 사용자가 일을 컴퓨터에 지시하고 나서 그 결과를 얻을 때까지의 소요되는 시간으로 짧을수록 좋음
- 사용 가능도(Availability)의 향상 : 사용자가 컴퓨터를 사용하고자 할 때 신속하게 사용할 수 있는 정도를 향상
- 신뢰도(Reliability)의 향상 : 주어진 문제를 정확하게 해결하고 작동하는 정도를 향상

51 ④
Access-3(3초과) 코드는 비가중치 코드이다.

52 ②

오답 피하기
- 쿠키(Cookie) : 사용자가 어떤 사이트에 등록한 후 해당 사이트에 다시 접속하였다면 사용자에 대한 정보를 기억하기 위한 용도로 이용
- 스트리밍(Streaming) : 인터넷에서 음성이나 영상, 애니메이션 등을 실시간으로 재생하는 기법
- 로밍(Roaming) : 멀리 떨어져 있는 서로 다른 통신 사업자의 서비스 지역에서도 통신이 가능하게 연결해 주는 서비스

53 ③
플로팅 앱은 화면 위에 떠 있는 형태로 실행되는 애플리케이션을 의미한다.

54 ④
WAN은 LAN보다 지리적으로 넓은 범위를 커버하지만, 전송 거리와 인프라 특성으로 인해 일반적으로 LAN보다 데이터 전송 속도가 느리다.

55 ④

오답 피하기
- ① : RFID(Radio Frequency IDentification) 기술
- ② : 블루투스(Bluetooth)
- ③ : SSO(Single Sign On)

56 ①
MPEG는 손실 압축 방식을 사용한다.

57 ④
IPv6은 총 128비트로 16비트씩 8부분(콜론으로 구분)으로 구성되어 있다.

58 ③
프리웨어는 공개 소프트웨어로 누구나 무료로 사용하는 것이 허가된 프로그램이나 저작권이 있으므로 누구나 수정이 가능한 것은 아니다. 개발자가 소스를 공개한 소프트웨어로 누구나 수정 및 배포가 가능한 것은 오픈소스 소프트웨어이다.

59 ④
보수기(Complementary)는 뺄셈을 할 때 사용하는 논리 회로이다.

60 ②

오답 피하기
- iOS : 애플사의 운영체제로 보안성과 안정성이 뛰어남
- 하모니 OS : 화웨이가 자체 개발한 운영체제
- 심비안 OS : 노키아에서 개발한 초기 스마트폰 운영체제

2025년 상시 기출문제 03회　　280P

01 ③	02 ②	03 ②	04 ①	05 ②
06 ③	07 ②	08 ②	09 ①	10 ③
11 ③	12 ①	13 ②	14 ①	15 ④
16 ②	17 ①	18 ①	19 ④	20 ④
21 ④	22 ①	23 ④	24 ①	25 ①
26 ①	27 ②	28 ④	29 ①	30 ③
31 ④	32 ①	33 ③	34 ②	35 ②
36 ①	37 ④	38 ③	39 ①	40 ①
41 ②	42 ③	43 ④	44 ③	45 ④
46 ③	47 ①	48 ④	49 ②	50 ②
51 ③	52 ①	53 ③	54 ③	55 ③
56 ①	57 ①	58 ②	59 ①	60 ④

1과목　워드프로세싱 용어 및 기능

01 ③
문서는 순차적 또는 비순차적으로 구성이 가능하고, 글자 색도 다양하게 변경이 가능하다.

02 ②
유니코드는 16비트로 구성되어 전 세계의 모든 문자를 표현할 수 있다.

03 ②
아무 것도 배우지 않고 있기보다는
쓸모없는 것이라도
배우는 편이 낫다. – 세네카 –

04 ①
제목은 '본문'의 구성 요소이다.

05 ②
하프톤(Halftone)은 신문, 잡지 등에서 사용되는 점묘 기반의 인쇄 기법으로, 미세한 점(Dot)의 크기 및 간격을 조절하여 명암을 표현한다.

06 ③
- 벡터 그래픽은 수학적 계산을 통해 점과 선을 정의하므로 이미지 크기를 자유롭게 조정할 수 있음
- 비트맵 그래픽은 픽셀로 이미지를 정의하므로 해상도에 의존하며, 확대 시 품질 손실이 발생할 수 있음

07 ②
한자 입력은 대부분의 한글 입력기에서 제공하는 기능을 통해 가능하며, 한자 전용 입력기가 필수는 아니다.

08 ②
문서를 저장할 때 새 파일 이름을 지정할 수도 있지만, 기존 파일을 저장하는 경우 이름을 변경하지 않고 덮어쓸 수도 있다.

09 ①
소프트 카피는 화면을 통해 결과물을 표시하는 기능이고, 하드 카피는 화면에 표시된 문서나 내용을 그대로 프린터에 인쇄하는 기능이다.

10 ③
⌒는 지정된 부분을 위로 올리라는 부호이다.

11 ③
명칭별(거래처별) 분류법은 주로 거래처나 회사명을 기준으로 문서를 분류하는 방법이며, 주제별 분류와는 관련이 없다.

12 ①
- 전결 : 결재권자가 설정한 특정 범위 내에서 하위 직원이 결재를 할 수 있도록 위임하는 시스템
- 대결 : 결재권자가 휴가, 출장 등의 사유로 결재할 수 없을 때 그 직무를 대리하는 자가 행하는 결재

13 ②
제목은 본문에 포함되어야 하며, 본문 내용의 핵심을 간결하게 전달할 수 있어야 한다.

14 ①
> 오답 피하기
- 병합(Merge) : 정렬된 두 개 이상의 파일을 하나의 새로운 파일로 합치기
- 정렬(Align) : 왼쪽, 오른쪽, 가운데를 중심으로 정렬하는 기능
- 소트(Sort) : 작성된 문서의 내용을 일정한 기준으로 재분류하는 기능
- 디폴트(Default) : 전반적인 규정이나 서식 설정, 메뉴 등 이미 갖고 있는 값으로 기본값 또는 표준값
- EDI(Electronic Data Interchange) : 네트워크를 통한 업무의 교환 시스템으로 문서의 표준화를 전제로 운영

15 ④
미주는 문서의 마지막 부분에 위치하고, 각주는 페이지 하단에 위치한다.

16 ②
공고 문서는 고시 또는 공고가 있은 후 5일이 경과한 날부터 효력이 발생한다.

17 ①

> 오답 피하기

- ② : 모핑(Morphing)
- ③ : 워터마크(Watermark)
- ④ : 렌더링(Rendering)

18 ①
문서 편집 시 설정한 용지 크기는 인쇄할 때 크기를 변경하여 출력할 수 있다. 즉, A4로 작성한 후 B4로 변경하여 출력할 수 있다.

19 ④

> 오답 피하기

- ① : 금액은 숫자와 함께 한글 병기하여 입력
- ② : 날짜는 연도 4자리를 입력
- ③ : 시간은 12시간제가 아니라, 24시간제(14:30)로 표기

20 ④
전자출판은 대량 인쇄 시 시간을 단축하고 품질을 높일 수 있는 장점이 있다.

2과목 PC 운영체제

21 ④
[폴더 옵션] 창은 [일반], [보기], [검색] 탭으로 구성되었으며, ①·②는 [일반] 탭, ③은 [보기] 탭에서 설정할 수 있다.

22 ①

> 오답 피하기

- 미디어 재생기 소프트웨어 : 곰플레이어, VLC 미디어 플레이어, Windows Media Player
- 문서 작성 소프트웨어 : 한컴오피스 한글, Microsoft Word
- 문서 편집기 : Notepad++
- 사진 편집 소프트웨어 : Adobe Photoshop
- 오픈소스 에디터 : Visual Studio Code

23 ④

- 상태 표시줄 : 선택한 항목(개체) 수, 보기 정보를 표시
- 주소 표시줄 : 현재 사용하는 드라이브와 폴더의 위치가 표시되며, 폴더 이름을 선택하면 해당 폴더로 이동하는 공간

24 ①
장치 드라이버 연결이 안 될 때, 드라이버를 삭제하고 컴퓨터를 재부팅하면 Windows가 자동으로 드라이버를 다시 설치하여 문제를 해결할 수 있다.

25 ①
작업 표시줄을 마우스 오른쪽 버튼으로 눌러 표시되는 팝업 메뉴에서 '작업 관리자'를 선택하여 [작업 관리자] 창을 실행한다.

26 ①
[설정]-[장치]-[프린터 및 스캐너]에서 기본 프린터를 설정하여 사용한다.

27 ③
바로 가기 아이콘은 원본 파일을 가리키는 링크일 뿐이므로, 바로 가기를 삭제한다고 해서 원본 파일이 삭제되는 것은 아니다.

28 ④

> 오답 피하기

- ① : 표준에는 일반적인 사칙 연산이 가능하고 변환기를 사용하여 통화 환율, 길이, 부피 등의 계산 가능
- ② : 산술 시프트, 논리 시프트 계산은 프로그래머용 계산기에서 가능
- ③ : 날짜 계산은 두 날짜 간의 차이, 추가 또는 뺀 날을 계산 가능

29 ①
'#' 기호가 아닌 '$' 기호를 표시한다.

30 ③
[보안] 탭에서 해당 폴더에 대한 사용자별 사용 권한을 설정할 수 있다. [자세히] 탭은 폴더의 속성 창에는 없고, 파일의 속성 창에서 설정하며, 파일명, 유형, 경로, 크기, 만든 날짜, 수정한 날짜, 특성, 소유자를 표시한다.

31 ④

> 오답 피하기

- 허브(Hub) : 가까운 거리의 컴퓨터와 장비를 연결하는 장비
- 리피터(Repeater) : 디지털 신호의 장거리 전송을 위해서 수신한 신호를 재생하고 감쇄된 신호를 증폭하는 장비
- 게이트웨이(Gateway) : 다른 네트워크에 데이터를 보내거나 다른 네트워크로부터 데이터를 받아들이는 출입구 역할

32 ①
플러그 앤 플레이(Plug&Play) 기능을 활용하기 위해서는 하드웨어와 소프트웨어 둘 다 지원이 필요하다.

33 ③
프린터 포트는 USB나 네트워크 포트, LPT1(프린터 포트)을 사용한다. COM1, COM2는 마우스나 모뎀을 연결하는 직렬 포트이다.

34 ②
오답 피하기
- 에어로 스냅(Aero Snap) : 창을 화면의 가장자리로 이동하여 위치에 따라 자동으로 창의 크기가 변경되는 기능
- 에어로 피크(Aero Peek) : 바탕 화면 미리 보기, 열려진 창들의 축소판 미리 보기 가능

35 ②
오답 피하기
F2를 누르고, 새로운 이름을 입력한 후 Enter를 눌러도 이름 바꾸기를 할 수 있다.

36 ①
화상 키보드는 [제어판]의 [접근성 센터]에서 설정한다.

37 ④
[고급] 탭에서는 스풀링을 설정하고, [일반] 탭에서는 인쇄 해상도 설정, 테스트 페이지 인쇄 등을 지정할 수 있다.

38 ③
[폴더 옵션] 창의 [보기] 탭에서 숨김 파일 및 폴더를 설정한다.

39 ①
ipconfig 명령을 이용하면 네트워크 구성을 확인할 수 있지만, 변경할 수는 없다.

40 ③
어댑터는 컴퓨터를 네트워크에 물리적으로 연결하는 하드웨어 장치이다. 프로토콜은 컴퓨터가 네트워크에 있는 자원을 액세스할 수 있게 해주는 통신 규약이다.

3과목 PC 기본상식

41 ②
캐시 메모리는 CPU와 주기억 장치 사이에 있는 고속 메모리로, CPU가 자주 사용하는 명령어를 임시로 저장하여 처리 속도를 향상시키는 역할을 한다.

42 ③
EEPROM(Electrically Erasable Programmable Read-Only Memory)은 비휘발성 메모리로, 전원이 꺼져도 데이터를 유지한다. RAM(Random Access Memory)은 휘발성 메모리이므로 전원이 꺼지면 데이터가 사라진다.

43 ④
RFID(Radio Frequency IDentification)는 물체의 정보를 자동으로 인식하는 기술로, 대량의 데이터를 실시간으로 저장하고 처리하는 기능은 없다. 데이터는 RFID 태그나 리더를 통해 읽히며 데이터베이스와 연결될 수는 있으나, 대량 데이터의 실시간 저장 및 처리는 RFID의 주된 목적이 아니다.

44 ③
오답 피하기
- 스캐너 : 그림이나 사진과 같은 영상 정보를 입력하는 장치
- OMR : 광학 마크 판독기로, 특수한 연필이나 사인펜으로 마크한 카드를 판독하는 장치
- MICR : 자기 잉크 문자 판독기로, 자성을 가진 특수잉크로 기록된 문자를 판독하는 장치

45 ④
오답 피하기
- POP : 전자우편을 수신하기 위한 프로토콜로, 주로 POP3를 사용
- IMAP : POP와 달리 전자우편의 제목이나 보낸 사람만 보고 메일을 다운로드할 것인지 선택할 수 있는 프로토콜
- SMPT : 전자우편을 송신하기 위한 프로토콜

46 ③
데이터베이스 관리 시스템(DBMS)은 데이터의 독립성을 확보해야 한다.

47 ①
BMP 파일 형식은 Windows의 표준 비트맵 파일 형식으로, 압축을 지원하지 않아 입출력 속도는 빠르나 파일의 크기가 큰 편이다.

48 ④
C++ 언어는 C언어를 기반으로 확장하여 만들어진 객체 지향 프로그래밍 언어이고, C언어는 구조적인 개념을 도입한 절차 지향 프로그래밍 언어이다.

49 ②
- CAD/CAM(Computer Aided Design/Computer Aided Manufacturing) : 컴퓨터에 의한 제도 설계/컴퓨터의 지원에 의한 제품 제조
- CAI(Computer Assisted Instruction) : 컴퓨터를 이용한 교육용 콘텐츠 시스템

50 ②
정보 사회의 부작용으로 인간관계의 유대감이 약화되고 있다.

51 ③
- PING : 원격지에 있는 다른 컴퓨터를 현재 인터넷에 연결하여 데이터가 잘 도달되어 정상적으로 작동하고 있는지 확인하는 서비스
- 메일 보안 관련 프로토콜 : PEM, PGP, S/MIME

52 ①
오답 피하기
- WAVE : 아날로그 형태의 소리를 디지털 형태로 변형하는 샘플링 과정을 통하여 작성된 데이터로, 실제 소리의 원음이 저장되어 재생이 쉽지만 용량이 큼
- RA/RM(Real Audio/Real Media) : 인터넷 실시간 플러그인 프로그램 사운드 포맷으로 압축률이 뛰어남
- MP3 : 고음질의 오디오 압축 형식으로 음성이나 효과음 저장이 가능함

53 ③
오답 피하기
- 와이브로(WiBro) : 이동하면서도 초고속 인터넷을 이용할 수 있는 무선 휴대 인터넷
- 블루투스(Bluetooth) : 근거리 무선 통신 기술
- 아이핀(I-PIN) : 인터넷 개인 식별 번호로, 인터넷상에서 주민등록번호 도용 범죄를 방지하기 위해 만든 인터넷 신원확인번호

54 ③
인터럽트는 프로그램 실행 중 예기치 못한 일이 발생하는 경우로, 소프트웨어 인터럽트는 내부 인터럽트라고도 하며 대표적으로 트랩이 있다. 트랩(Trap)은 어떤 프로세스가 특정 시스템 기능을 사용하려고 할 때 그 기능을 운영체제에게 요청하는 방법(예 0으로 나누기)이다.

55 ③
- 스니핑(Sniffing) : 네트워크 주변을 지나다니는 패킷(Packet)을 엿보면서 사용자 계정과 비밀번호 등을 몰래 알아내는 해킹 수법
- 혹스(Hoax) : '남을 속이거나 장난을 친다'는 뜻을 가지며 실제로는 악성코드로 행동하지 않으면서 겉으로는 악성코드인 것처럼 가장하여 행동하는 프로그램

56 ①
- GPS : 위성에서 보내는 신호를 수신해 사용자의 현재 위치를 알아내는 시스템
- 증강현실(Augmented Reality) : 현실 세계의 배경에 3D의 가상 이미지를 중첩하여 영상으로 보여 주는 기술

57 ①
인트라넷(Intranet)은 기업, 기관 등의 내부 사용자만 접근할 수 있는 네트워크 시스템이다. 인터넷과 동일한 기술(TCP/IP, 웹 브라우저, HTTP 등)을 사용하지만, 외부에서는 접근할 수 없다.

58 ②
오답 피하기
- 기밀성 : 시스템 내의 정보와 자원은 인가된 사용자에게만 접근을 허용하여, 제3자가 읽지 못하도록 비밀성을 유지하는 것
- 부인 방지 : 데이터를 송수신한 자가 송수신한 사실을 부인할 수 없도록 증거를 제공함
- 가용성 : 인가된 사용자는 언제라도 사용 가능함

59 ①
부동 소수점 방식은 고정 소수점 방식에 비해 연산 속도가 느릴 수 있으며, 더 복잡한 계산에 사용한다. 고정 소수점 방식은 부동 소수점 방식에 비해 더 빠른 연산 속도를 제공한다.

60 ④
오답 피하기
- 그리드 컴퓨팅(Grid Computing) : 분산 병렬 컴퓨팅의 한 분야로, 원거리 통신망(WAN)으로 연결된 서로 다른 기종의 컴퓨터들을 하나로 묶어, 가상의 대용량 고성능 컴퓨터를 구성하여 고도의 연산 작업 혹은 대용량 처리를 수행하는 것
- 클라우드 컴퓨팅(Cloud Computing) : 하드웨어, 소프트웨어 등의 컴퓨팅 자원을 자신이 필요한 만큼 빌려쓰고 사용요금을 지불하는 방식의 컴퓨팅
- 웨어러블 컴퓨팅(Wearable Computing) : 유비쿼터스 컴퓨팅의 일종으로, 웨어러블 디바이스(Wearable Device)로 불리는 착용 컴퓨터를 의미함. 안경, 시계, 의복 등과 같이 착용할 수 있는 형태로 구성됨

2025년 상시 기출문제 04회 — 290P

01 ④	02 ②	03 ②	04 ②	05 ②
06 ③	07 ④	08 ④	09 ①	10 ①
11 ②	12 ③	13 ②	14 ③	15 ①
16 ③	17 ②	18 ④	19 ③	20 ①
21 ②	22 ③	23 ③	24 ②	25 ④
26 ①	27 ③	28 ④	29 ③	30 ②
31 ③	32 ③	33 ②	34 ④	35 ①
36 ②	37 ②	38 ②	39 ②	40 ④
41 ②	42 ②	43 ①	44 ②	45 ②
46 ①	47 ②	48 ①	49 ③	50 ②
51 ①	52 ①	53 ③	54 ④	55 ③
56 ④	57 ③	58 ①	59 ①	60 ①

1과목 워드프로세싱 용어 및 기능

01 ④
워드프로세서는 문서의 내용뿐만 아니라 서식도 자유롭게 수정이 가능하다.

02 ②
보존 기간이 끝나도 검토 후 문서의 폐기 여부를 결정해야 한다.

03 ②
단념하지 말라.
당신의 첫 실패는
당신이 더 나아지게 만들 것이다. 〈토마스 에디슨〉

04 ②
스타일은 문서의 제목, 본문, 인용 등의 서식을 미리 정의해 두어, 빠르게 서식을 적용하고 문서의 일관된 형식을 유지할 수 있게 해주는 기능이다.

05 ②
매크로는 사용자가 입력하는 일련의 키보드와 마우스 조작 순서를 기억했다가 그대로 재생하는 기능이다.

06 ③
기안이란 기관의 의사결정을 위해 문서를 작성하는 것으로, 전자문서를 원칙으로 한다. 행정기관명에는 그 문서를 기안한 부서가 속하는 행정기관명을 표시하되, 다른 행정기관명과 동일한 경우에는 바로 위 상급기관명을 함께 표시할 수 있다.

07 ④
프린터 드라이버(Printer Driver)는 워드프로세서에서 산출된 출력값을 특정 프린터 모델이 요구하는 형태로 번역해 주는 소프트웨어이다.

08 ④
각주나 미주 등의 주석은 문서의 본문에 사용한다.

09 ①
메일 머지(Mail Merge)는 문서 템플릿을 사용하여, 개인화된 문서를 여러 사람에게 자동으로 보낼 수 있는 기능이다.

10 ①
명함은 일반적으로 사람의 이름, 회사명 등을 기준으로 하여 한글 또는 알파벳 순서대로 분류한다.

11 ②

오답 피하기
- 디폴트(Default) : 전반적인 규정이나 서식 설정, 메뉴 등 이미 가지고 있는 값
- 문단(Paragraph) : 문서 입력 중 Enter 로 구분되며, 한 페이지는 한 개 이상의 문단으로 구성
- 클립아트(Clip Art) : 문서를 만들 때 편리하게 사용할 수 있도록 미리 만들어 저장해 놓은 여러 가지 그림

12 ③
프린터 해상도를 높게 설정하면 더 선명한 인쇄가 가능하지만, 출력은 더 느려진다.

13 ②
맞춤법 검사(Spelling Check)에서 수식의 오류는 검사할 수 없다.

14 ③
치환(바꾸기) 기능에서 글꼴의 크기, 모양, 속성 모두 바꾸기를 할 수 있다.

15 ①
①은 (글자 바로 하기), (자리 바꾸기), (되살리기)로 모두 문서의 분량에 변동이 없는 교정부호이다.

오답 피하기
- ② : 삭제, 내어쓰기, 자리 바꾸기
- ③ : 붙이기, 줄 잇기, 되살리기
- ④ : 내어쓰기, 사이 띄우기, 줄 잇기

16 ③
??e**는 세번째 글자가 e로 이어지며 그 뒤로 다른 문자가 올 수 있는 단어를 찾을 때 사용한다.

17 ②

공문서는 결재권자가 해당 문서에 서명의 방식으로 결재함으로써 성립하고, 수신자에게 도달된 때 효력이 발생한다.

18 ④

전자문서 관리 시스템은 주로 문서의 보관, 검색, 수정 등을 관리하며, 자동 삭제 기능은 일반적으로 제공되지 않는다.

19 ③

중요한 문서 파일은 삭제하기보다는 정리하고 보관하는 것이 바람직하다.

20 ①

전자출판은 디지털 파일 형식으로 저장되므로 물리적 공간을 차지하지 않아 공간을 절약할 수 있다는 장점이 있다.

2과목 PC 운영체제

21 ②

오답 피하기
- ① : 바로 가기 아이콘을 삭제하여도 원본 폴더는 삭제되지 않음
- ③ : 바로 가기 아이콘은 바탕 화면, 폴더 등 여러 곳에 만들 수 있음
- ④ : 일반 아이콘과 구분하기 위하여 바로 가기 아이콘은 왼쪽 아래에 화살표가 표시됨

22 ③

Microsoft Edge는 웹 브라우저이고, Microsoft Access는 데이터베이스 프로그램이므로 서로 관련이 없으며 통합되어 있지 않다.

23 ③

한글 Windows 10에서 네트워크나 인터넷을 통해 불법적인 사용자가 컴퓨터에 접근하지 못하도록 설정할 수 있는 것은 방화벽이다.

24 ②

휴지통의 속성에서는 드라이브마다 휴지통의 크기 설정, 파일을 휴지통에 버리지 않고 삭제할 때 바로 제거, 삭제 확인 대화상자 표시를 설정할 수 있다.

25 ④
- ⊞ + R : [실행] 창 표시
- ⊞ + S : [검색] 창 표시

26 ①

오답 피하기
- ② : 작업 표시줄의 시스템 아이콘에는 날짜, 시계, 볼륨, 전원, 마이크 등의 정보가 표시됨
- ③ : 작업 표시줄에 있는 시작 버튼을 눌러 앱을 실행하면 다른 프로그램이 최소화되지 않음
- ④ : 작업 표시줄의 실행 목록은 제거할 수 있음

27 ③

하드웨어의 이름은 사용자가 임의로 바꿀 수 없다.

28 ④

프린터를 추가하더라도 기본 프린터로 무조건 자동 설정되는 것은 아니다. 단, 기본 프린터가 없는 경우에는 추가한 프린터를 기본 프린터로 설정할 수 있다.

29 ③

폴더를 선택한 후 숫자 키패드의 +를 누르면 선택된 폴더가 확장되고, -를 누르면 폴더가 축소되어 표시된다.

30 ②

압축된 폴더의 파일은 일반 파일과 같이 편집할 수 없고, 압축 해제하여 사용하거나 다른 이름으로 저장한 후 편집하여 사용할 수 있다.

31 ③

오답 피하기
- ① : 디스크 공간이 부족할 때는 디스크 정리를 실행
- ② : 디스크의 접근 속도가 느려질 경우에는 디스크 조각 모음 및 최적화를 실행하여 디스크 단편화를 제거
- ④ : 메인 메모리 용량이 적을 경우에는 휴지통을 비우거나 실행 중인 불필요한 앱을 종료

32 ③

오답 피하기
- 서비스 : 내 컴퓨터에 설치된 파일, 프린터 등의 자원을 다른 컴퓨터에서 공유할 수 있도록 하는 소프트웨어
- 프로토콜 : 사용자와 서로 다른 컴퓨터 간에 통신을 할 때 사용하는 통신 규약
- 어댑터 : 컴퓨터를 네트워크에 물리적으로 연결하는 하드웨어 장치

33 ②

편집 중인 이미지의 일부분을 선택한 후 삭제하면 삭제된 빈 공간은 '색 2'(배경색)로 채워진다.

34 ④
[디스크 관리]는 컴퓨터에 설치된 하드 디스크의 파티션 재설정이나 포맷 등의 디스크를 관리하는 기능이다.

35 ①
[모든 문서 취소]는 스풀러에 저장된 모든 문서의 인쇄를 취소한다.

36 ②
Ctrl + Z 로 삭제한 파일을 복원할 수 있다.

오답 피하기
- ① : 임의의 폴더를 다른 드라이브로 이동시키려면 Shift 를 누른 채 드래그 앤 드롭
- ③ : Delete 를 눌러 하위 폴더도 함께 삭제 가능
- ④ : USB 메모리에 있는 파일을 Shift 를 누른 상태로 하드 디스크 드라이브로 드래그 앤 드롭하면 복사가 아닌 이동이 실행

37 ②
파일이나 폴더를 선택한 후에 [홈] 메뉴의 [삭제]를 선택해야 한다.

38 ②
[개인 설정] 창에서 화면 보호기를 설정할 수 있으나, 화면의 해상도는 [시스템] 창의 [디스플레이]에서 변경할 수 있다.

39 ②
IPv6은 총 128비트 구성되며, 16비트씩 8부분으로 구분한다.

40 ④
레지스트리는 백업할 수 있으므로 복구가 가능하다.

3과목 PC 기본상식

41 ②
운영체제의 구성
- 제어 프로그램 : 감시 프로그램, 데이터 관리 프로그램, 작업 관리 프로그램
- 처리 프로그램 : 언어 번역 프로그램, 서비스 프로그램, 문제처리 프로그램

42 ②
멀티미디어는 텍스트, 이미지, 오디오, 비디오 등의 여러 매체를 결합하여 정보를 표현하고 전달하는 기술이다.

43 ①
증강현실은(AR) 실제 환경에 가상의 이미지를 추가하여 현실과 가상 세계를 결합한 경험을 제공하는 기술로, 비디오 게임 외에도 교육, 의료, 제조업 등 다양한 분야에서 활용된다.

오답 피하기
②, ③, ④는 모두 가상현실(VR)에 대한 설명이다.

44 ③
DVD는 MPEG-2 방식의 영상 압축 기술을 사용하며, MPEG-1은 CD-ROM 기반의 영상 저장에 사용된다.

45 ②
- 대칭키 암호화 기법(비밀키 암호화 기법) : 대표적인 알고리즘은 DES로, 키의 크기가 작고 알고리즘이 간단하여 경제적이며, 암호화와 복호화의 속도가 빠름
- 비대칭키 암호화 기법(공개키 암호화 기법) : 대표적인 알고리즘은 RSA로, 암호키와 복호키 값이 서로 다르며 속도가 느림

46 ①
스타형(Star)은 중앙 집중식으로 중앙에 서버 컴퓨터가 있고 나머지 컴퓨터들이 1:1로 중앙 컴퓨터와 연결되는 형태이다.

47 ②
RAID(Redundant Array of Independent Disks)는 여러 개의 디스크를 하나로 묶어, 하나의 대용량 논리 디스크처럼 작동하게 하는 기술이다.

오답 피하기
- DVD : CD-ROM(700MB)과 크기가 비슷하지만 대용량(4.7GB~17GB)의 고선명 광학 디스크 저장 장치
- HDD : 하드 디스크로 GB, TB 등의 대용량 보조 기억 장치
- Jaz Drive : PC 파일을 백업하고 보관하는 데 사용되며 속도가 빠른 디스크 드라이브(2GB)

48 ①
SSO(Single Sign On)는 여러 개의 사이트를 하나의 아이디로 이용할 수 있는 시스템이다.

오답 피하기
- OSS(Open Source Software) : 소스 코드가 무료인 소프트웨어
- CGI(Common Gateway Interface) : 클라이언트가 아닌 서버와 응용 프로그램 사이에 데이터를 주고받는 표준화된 방법
- Wibro(Wireless Broadband Internet) : 이동하면서 초고속 인터넷을 이용할 수 있는 무선 광대역 인터넷 서비스

49 ③

Hamming 코드는 자기 정정 기능이 있고, 패리티 검사 코드는 단순히 오류가 발생했는지를 검사하기 위한 코드이다.

오답 피하기
- Gray 코드 : 인접 비트 사이에 1비트만이 변화하여 연속된 아날로그 자료에서 오류 체크
- Excess-3 코드 : BCD 코드에 3을 더하여 보수를 간단히 구하는 코드
- 패리티 검사 코드 : 전송 도중에 발생할 수 있는 오류(외부 잡음, 전압의 불안정 등)를 탐지하기 위해 비트 하나를 추가하여 전송 오류를 탐지하는 코드

50 ②

광대역 종합 정보통신망(B-ISDN)은 광케이블을 사용하여 넓은 대역폭을 사용하는 통신망으로, 속도는 빠르나 사용료가 저렴하지는 않다.

오답 피하기
③은 LAN(근거리 통신망)에 대한 설명이다.

51 ①
- 디지털 컴퓨터 : 숫자, 문자, 부호 등의 이산적(불연속)인 데이터를 처리하며, 논리 회로로 구성
- 아날로그 컴퓨터 : 그래프, 곡선 등의 연속적인 데이터를 처리하며, 증폭 회로로 구성

52 ①
- 파밍(Pharming) : 피싱 기법의 일종으로 사용자가 자신의 웹 브라우저에 정확한 주소를 입력해도 가짜 웹 페이지로 이동하여 개인정보를 훔치는 행위
- 스파이웨어(Spyware) : 적절한 사용자의 동의 없이 사용자 정보를 수집하는 프로그램

53 ③

오답 피하기
- 단방향(Simplex) 통신 방식 : 한쪽 방향으로만 데이터의 전송이 가능한 방식
- 반이중(Half Duplex) 통신 방식 : 양쪽 모두 송신과 수신이 가능하지만 동시에는 전송할 수 없는 방식

54 ④

Windows 10과 같은 운영체제는 하드 디스크와 같은 보조 기억 장치에 저장되었다가 실행된다.

55 ③

오답 피하기
- 분산 시스템(Distributed System) : 지역적으로 분산된 여러 대의 컴퓨터를 연결하여 작업을 분산하는 방식
- 오프라인 시스템(Off-Line System) : 네트워크에 연결되지 않고 직접 처리하는 방식으로 주로 일괄 처리 방식에서 사용
- 일괄 처리 시스템(Batch Processing System) : 처리할 데이터를 일정량이나 일정 기간 동안 모았다가 한꺼번에 처리하는 방식

56 ④

유닉스는 커널(유닉스의 핵심), 쉘(명령어 해석기), 유틸리티(응용 프로그램을 처리)로 구성되어 있다.

오답 피하기
- IPC : 프로그램 간의 통신
- Process : 컴퓨터 내에서 현재 실행 중인 프로그램
- Shell : UNIX의 명령어 해석기

57 ③

TCP, UDP는 전송 계층에 해당한다.

58 ①

오답 피하기
- png : 비손실 그래픽 파일 형식
- bmp : Windows 표준 비트맵 파일 형식으로, 데이터의 압축이 지원되지 않아 그림의 입출력 속도가 빠르나 파일의 크기가 큼
- pcx : ZSoft사에 의해 개발된 그래픽 파일 형식

59 ①

오답 피하기
- 베타 버전 : 제품을 공식적으로 발표하기 전에 일부 관계자와 사용자에게 제공하여 성능을 테스트하는 것
- 상용 소프트웨어 : 정해진 금액을 지불하고 정식으로 사용하는 프로그램으로, 프로그램의 완전한 기능을 이용 가능
- 번들 프로그램 : 하드웨어나 소프트웨어를 구입할 때 끼워주는 프로그램

60 ①

오답 피하기
- ② : 개인에 대한 다른 사람의 평가나 견해 등의 간접적인 정보도 개인정보에 포함됨
- ③ : 개인정보 자기결정권은 자신에 관한 정보를 보호받기 위하여 자신에 관한 정보를 자율적으로 결정하고 관리할 수 있는 권리를 말함
- ④ : 프라이버시권은 개인이 타인의 간섭과 공적인 영역으로부터 고유의 정보를 노출시키지 않는 자유를 확보하는 권리를 말함

2025년 상시 기출문제 05회 300P

01 ③	02 ②	03 ②	04 ②	05 ②
06 ③	07 ③	08 ②	09 ②	10 ①
11 ③	12 ④	13 ③	14 ④	15 ①
16 ④	17 ③	18 ④	19 ③	20 ①
21 ③	22 ②	23 ①	24 ③	25 ①
26 ④	27 ③	28 ③	29 ①	30 ②
31 ①	32 ④	33 ②	34 ③	35 ④
36 ④	37 ④	38 ④	39 ③	40 ④
41 ④	42 ④	43 ②	44 ①	45 ①
46 ①	47 ③	48 ②	49 ②	50 ②
51 ①	52 ③	53 ①	54 ③	55 ①
56 ④	57 ②	58 ③	59 ②	60 ④

1과목 워드프로세싱 용어 및 기능

01 ③
워드프로세서에는 그래픽 작업과 같은 복잡한 이미지 편집 기능이 없다.

02 ②
♂(삭제), ⌒(줄 잇기), ⌒(붙이기)로 모두 문서의 분량이 감소할 수 있는 교정부호이다.

03 ②
인생이란 네가 다른 계획을 세우느라
바쁠 때 일어나는것이다.

04 ②
유니코드(Unicode)는 전 세계의 문자와 기호를 통합하여 각 문자에 고유한 번호(코드 포인트)를 부여하는 국제 표준이다. 유니코드는 한글, 한자, 영문, 공백 등 모든 문자를 2바이트로 표현한다.

05 ②
상용구는 반복되는 텍스트나 문구를 미리 저장해 두고 삽입함으로써 문서 작성 시간을 절약하고, 표현의 일관성을 유지하는 데 도움을 준다.

06 ③

오답 피하기
- 병합(Merge) : 정렬된 두 개 이상의 파일을 하나의 새로운 파일로 합치는 기능
- 매크로(Macro) : 사용자가 입력하는 일련의 키보드의 조작 순서를 기억하여 재생하는 기능
- 기본값(Default) : 사용자가 변경하기 이전의 값으로 전반적인 규정이나 서식 설정 등에 대해 미리 가지고 있는 값

07 ③
맞춤법 검사는 문법적인 오류와 어휘의 올바른 사용을 검사하는 도구로, 문장의 순서나 글자 크기는 포함되지 않는다.

08 ②
둘 이상의 행정기관장의 결재가 필요한 문서는 각각의 행정기관 모두가 기안하는 것이 아니라, 문서 처리를 주관하는 곳에서만 기안하면 된다.

09 ②

오답 피하기
- 옵션(Option) : 메뉴나 기능을 수행할 때 제시되는 선택 항목
- 색인(Index) : 문서의 내용을 쉽게 찾을 수 있도록 중요한 용어를 쪽 번호와 함께 수록한 목록
- 마진(Margin) : 문서 작성 시 페이지의 상·하·좌·우에 두는 공백

10 ①
OLE(Object Linking and Embedding)는 다양한 응용 프로그램에서 생성된 개체를 문서에 연결하거나 포함하는 기술로, 다른 프로그램에서 작성된 개체를 편집 가능하게 만드는 기능이다.

11 ③
전자문서는 수신자가 수신할 컴퓨터를 지정한 경우, 해당 컴퓨터에 입력된 때 효력이 발생한다.

12 ④
찾을 내용과 글꼴, 문단 모양, 스타일을 이용하여 찾기를 수행할 수 있다.

오답 피하기
- ① : 대문자와 소문자를 구분하여 내용을 찾을 수 있음
- ② : 찾기 기능에서 찾을 방향은 아래로, 위로, 문서 전체 중에서 선택 가능
- ③ : 찾기 기능에서 띄어쓰기를 무시하고 내용을 찾을 수 있음

13 ③

오답 피하기

- ① : 스풀링(Spooling)은 프린터와 같은 저속의 입출력 장치를 상대적으로 빠른 중앙 처리 장치와 병행하여 작동시켜 컴퓨터 전체의 처리 효율을 높이는 기능을 말함
- ② : 줄의 끝에 있는 영어 단어가 다음 줄까지 연결될 때 단어를 자르지 않고 단어를 다음 줄의 처음으로 옮겨주는 기능을 워드랩(Word Wrap)이라고 함
- ④ : 문서 병합은 두 개의 문서를 하나로 합치는 기능으로, 워드프로세서에서 메일 머지(Mail Merge)로 실행할 수 있음

14 ④

강제 개행은 줄 바꿈을 강제로 수행하는 기능으로, 텍스트의 위치를 강제로 바꾸지만 글자 간의 간격을 설정하는 것과는 관련이 없다.

15 ①

- 한 줄 블록 지정 : 문서의 왼쪽 여백을 한 번 클릭
- 문단 블록 지정 : 문서의 왼쪽 여백을 두 번 클릭
- 문서 전체 블록 지정 : 문서의 왼쪽 여백을 세 번 클릭

16 ④

전자문서 관리 시스템은 텍스트, 이미지, 영상을 통합하여 관리한다.

17 ③

간인은 2장 이상으로 이루어진 문서에서 그 용지가 서로 이어졌다는 것을 확인하기 위해 앞장의 뒷면과 뒷장의 앞면을 만나게 하여 각 장마다 도장을 찍거나 서명을 하는 것이다.

18 ④

문서는 당해 문서에 대한 문자서명이나 전자문자서명, 전자이미지서명에 의한 결재가 있음으로써 성립한다.

19 ③

다수의 사용자가 동시에 같은 내용에 접근할 수 있고, 접근 순서에 제한 없이 자유롭게 이용할 수 있다.

20 ①

문서가 이동되고 경유되는 곳을 줄여야 지체 시간이 줄어 신속하게 처리할 수 있다.

2과목 PC 운영체제

21 ③

작업 표시줄의 색상을 밝게, 어둡게로 변경할 수 있으나, 기본 모양은 변경할 수 없다.

22 ②

폴더의 복원은 휴지통에서 실행할 수 있다.

23 ①

오답 피하기

- ② : 불필요한 파일을 정리하여 디스크 공간을 늘릴 수 있음
- ③ : Windows 폴더를 제거하면 Windows를 사용할 수 없음
- ④ : 디스크 드라이브 조각 모음 및 최적화에 대한 설명

24 ③

[작업 관리자] 창의 바로 가기 키인 Ctrl+Alt+Delete 또는 Ctrl+Shift+Esc를 눌러 [작업 관리자]-[프로세스] 탭에서 응답하지 않는 앱을 선택한 후 [작업 끝내기]를 선택한다.

25 ①

휴지통에 있는 파일은 복원한 후 실행할 수 있다.

26 ③

[설정]-[업데이트 및 보안]-[Windows 업데이트]는 최신의 Windows를 업데이트하는 기능이고, 하드웨어의 업데이트는 [장치 관리자]에서 가능하다.

27 ③

프린터 아이콘을 더블클릭하면 문서의 이름, 소유자, 포트, 페이지 수 등이 표시된다.

28 ③

Windows Defender 방화벽은 해커나 악성 소프트웨어가 인터넷 또는 네트워크를 통해 액세스하는 것을 방지하는 기능으로, 전자 메일의 알림 표시를 설정할 수는 없다.

29 ①

캡처한 화면을 HTML, PNG, GIF, JPG 파일로 저장할 수는 있지만, 내용을 편집할 수는 없다.

30 ②

공유된 프린터도 기본 프린터로 설정할 수 있다.

31 ①
바탕 화면의 배경 설정은 [설정]-[개인 설정]-[배경]에서 선택한다.

32 ④
- DNS : 문자로 되어 있는 도메인 네임을 숫자로 구성된 IP 주소로 변경해 주는 시스템 또는 서버
- DHCP : 동적인 IP 주소를 할당해 주는 프로토콜

33 ②
설치된 하드웨어의 제거는 [제어판]-[장치 관리자]에서 실행한다.

34 ③
디스크 조각 모음 및 최적화를 통해 디스크의 접근 속도를 향상시킬 수 있으며, 디스크 정리를 통해 디스크의 공간을 확장할 수 있다.

35 ②
특정 시간이 지나면 모니터 화면에 자동으로 보호 프로그램이 실행되도록 설정하는 기능은 [개인 설정]-[잠금 화면]에서 할 수 있다.

36 ④
메모리 모듈이 호환되지 않으면 인식되지 않거나 시스템 오류를 일으킬 수 있다.

37 ④
메모장은 서식이 없는 텍스트 형식(*.txt, html 등)의 문서를 작성하거나 열기하는 텍스트 편집기로, 서식이 있는 문서나 OLE, 그래픽 기능은 지원되지 않는다.

38 ④
라이브러리에 필요에 따라 폴더를 추가하거나 제거할 수 있다.

39 ②
현재 사용 중인 C드라이브는 포맷할 수 없다.

40 ④
동시 사용자의 수를 최대 20명까지 제한할 수 있다.

3과목 PC 기본상식

41 ④
- 디지털 컴퓨터의 특징 : 논리 회로, 이산적인 데이터, 사칙 연산 형식, 프로그램 필요, 범용성, 정밀도는 필요한 한도까지
- 아날로그 컴퓨터의 특징 : 증폭 회로, 연속적인 데이터, 미적분 연산 형식, 프로그램 불필요, 특수 목적용, 정밀도가 제한적

42 ④
비선형성(Non-Linear)은 정보의 흐름이 여러 방향으로 처리되어 다양한 정보를 얻는 것을 말한다.

43 ②
②는 응용 계층에 대한 설명이다. 데이터 링크 계층은 두 개의 인접한 개방 시스템들 간에 신뢰성 있고 효율적인 정보 전송을 할 수 있도록 하는 계층으로, 링크의 확립, 유지, 전달의 기능을 제공한다.

44 ①
①은 비밀키(대칭키) 암호화 기법에 대한 설명이다.

45 ①
①은 연상(연관) 기억 장치에 관한 설명이다.

46 ①
방화벽은 하드웨어적인 방법과 소프트웨어적인 방법을 모두 사용한다.

47 ③

오답 피하기
- 은닉 바이러스 : 메모리에 상주하고 있으며 다른 파일을 변형한 사실을 숨기고 있어 운영체제로부터 피해 사실을 숨기는 바이러스
- 논리 폭탄 : 프로그램 속에 오류를 발생시키는 서브루틴이 들어 있어 특정한 날짜와 시간, 파일의 변경, 사용자나 프로그램의 특정한 행동 등 조건이 만족되면 실행되는 바이러스
- 스크립트 바이러스 : 스크립트로 작성되었고 파일 안에 작성되어 있는 스크립트를 감염시키는 바이러스

48 ②
RFID는 무선 주파수를 이용하여 데이터를 전송하기 때문에 물리적 접촉 없이 식별이 가능하다.

49 ②
- RISC(Reduced Instruction Set Computer) 아키텍처 : 단순하고 고정된 길이의 명령어를 사용하여 각 명령어를 한 사이클 내에 실행할 수 있도록 설계
- CISC(Complex Instruction Set Computer) 아키텍처 : 회로가 복잡하고 많은 명령어를 사용하며 다양한 길이의 명령어를 가짐

50 ②
바이오스(BIOS)는 하드웨어와 소프트웨어의 중간 형태로 펌웨어 ROM에 저장되어 있어 ROM-BIOS라고도 한다.

51 ①

오답 피하기
- Back Door(백도어) : 크래커가 시스템에 침입한 후 자신이 원할 때 침입한 시스템을 재침입하거나 권한을 획득하기 위해 만들어 놓은 일종의 비밀 통로
- Sniffing(스니핑) : 네트워크 주변을 지나다니는 패킷을 엿보면서 계정과 패스워드를 알아내기 위한 행위
- Spoofing(스푸핑) : 악의적인 목적으로 임의로 웹 사이트를 구축해 일반 사용자의 방문을 유도하여 사용자의 시스템 권한을 획득한 다음 정보를 빼가거나 사용자가 암호와 기타 정보를 입력하도록 속이는 행위

52 ③
DRM(Digital Rights Management)은 디지털 콘텐츠의 불법 복제와 유통을 방지하여 저작권 보유자의 이익과 권리를 보호해 주는 기술과 서비스를 말한다.

53 ①
VCS(Video Conference System)는 화상 회의 시스템으로, 원격지의 서로 다른 장소에서 화상으로 회의를 하는 커뮤니케이션 기술이다.

54 ③
클라우드 컴퓨팅(Cloud Computing)은 정보의 처리를 자신의 컴퓨터가 아닌 인터넷으로 연결된 다른 컴퓨터로 처리하는 컴퓨터 환경이다.

55 ①
한글 Windows와 같은 운영체제는 시스템 소프트웨어이다.

56 ④
- 인터레이싱 : 이미지가 처음에는 거친 모자이크 형식으로 나타나다가 서서히 선명해지는 기법
- 솔러리제이션 : 사진의 현상 과정 중에 빛을 쪼여 주면 색채가 반전되는 효과

57 ②

오답 피하기
- ① : Cc(참조)는 받는 사람 이외에 추가로 메일을 받을 사람을 지정하는 기능
- ③ : SMTP는 메일을 보낼 때 사용하는 프로토콜
- ④ : 첨부는 문서, 이미지, 동영상 등의 파일을 첨부하는 기능으로, 반드시 암호화할 필요는 없음

58 ③

오답 피하기
- JPEG : 용량이 작지만 화질이 떨어짐
- PNG : 화질이 좋고 JPEG나 GIF보다 용량이 큼
- BMP : 선명한 화질을 가지나 용량이 크며, 웹 브라우저마다 제한이 있음

59 ②
광섬유 케이블은 리피터의 설치 간격을 넓게 설계한다.

60 ④
④는 SSO(Single Sign On)에 대한 설명이다. NFC(Near Field Communication)는 약 10cm 이내의 근거리에서 무선으로 데이터를 교환할 수 있는 비접촉식 통신 기술로, 스마트폰 등에 내장되어 교통카드, 신용카드를 기기에 접촉하면 자동으로 결재되는 시스템 등으로 활용된다.

이기적과 함께 또, 기적
또, 합격

이기적 강의는
무조건 0원!

이기적 영진닷컴

공부하다가
궁금한 사항은?

이기적 스터디 카페